100

Years

1920-2020

武汉大学信息管理学院百年纪念丛书

丛书主编　方卿　傅兴荣

世纪筑梦

武汉大学信息管理学院百年纪念文集

肖希明　宋恩梅　主编

WUHAN UNIVERSITY PRESS
武汉大学出版社

武漢大学
School of In

摄影　傅玲

武汉大学信息管理学院百年纪念丛书

编　委　会

百年信管　盛世华章

——从昙华林到珞珈山

2020年，对于武汉来讲，注定是不平凡的一年。当人们还沉浸在成功主办“军运会”、喜迎庚子鼠年春节的欣喜之时，一场突如其来的新冠疫情肆虐全城。一时间，曾经繁华的都市陷入了不安与惶恐之中。然而，英雄的城市、英雄的人民并没有被疫情所吓倒，而是立即行动起来，精诚团结，众志成城，奋力抗疫。4月8日，在经历76天的“战疫”后，江城迎来初胜，得以“重启”。然而，不幸的是，这场灾难旋即在全球降临，世界又因此陷入停滞。

正是在这样一种凝重的氛围中，武汉大学信息管理学院迎来了她的百年华诞。虽然国内抗疫初胜，人心甫定，但全球疫情形势严峻，前景堪忧，“人类命运共同体”面临巨大挑战。面对此情此景，我们无心“院庆”，唯有全力以赴，共同抗疫，方为学人本分。原本规划的各种“院庆”纪念活动，选择了“让路”，转而以一种特别的方式、以抗疫实际行动为“院庆”献礼。

疫情期间，我们信管人秉承“智慧与服务”的文华精神，始终坚守岗位，各尽所能，服务抗疫大局。教师们坚守教学一线，停课不停教，同学们克服重重困难，坚持学习，停课不停学，199门课程如期保质保量在线完成教学任务。21位在校在汉干部教师，积极响应号召，踊跃参与社区“值守”72天，守望相助，服务社区居民。一些离汉干部教师，立足家乡，积极主动参加当地志愿者活动，服务社区抗疫工作。不少干部教师以及院友们，积极奉献爱心，慷慨捐款捐物。一些教师利用自己的所学所长，积极主动开展抗疫科研，发表抗疫研究论文，提交抗疫咨政研究报告，开设抗疫学术讲座。同学们更是以自己的方式服务抗疫大局，如联合发起“共抗疫情、爱国力行”主题宣传教育活动，联合开展“共饮一江水，抗疫两院情”“同心抗疫”主题党日活动，发表“同心抗疫，青年有责”致全国图书情报与档案管理学科青年学子的倡议书等。这些行动，为抗疫中的江城增添了一抹亮色，为处于困境中的人们带来了温暖和希望。在这样一个非常时期，我们信管人用自己的行动、以这些特别的方式纪念我们的“院庆”，有一种别样的意义。

阳光总在风雨后，经历劫难的江城终将迎来新生。武汉的重启，意味着生活和工作秩序的逐步恢复。学院的各项工作也将陆续恢复常态。然而，由于前期抗疫工作和当前全球疫情形势的影响，原本规划的系列“院庆”纪念活动，大多难以按原计划进行，或者改变方式举行，或者推迟，或者取消。如四场国际学术研讨会，两场以虚拟会议的形式在网上召开，一场推迟，一场取消。但是，规划中的“武汉大学信息管理学院百年纪念丛书”仍将如期付梓。丛书包括《世纪华章——信息管理学院教师代表性学术论文专辑(上)》《世纪筑梦——武汉大学信息管理学院百年纪念文集》《世纪历程——武汉大学信息管理学院百年院史(1920—2020)》《世纪映象——武汉大学信息管理学院百年图册》《文华图专珍稀史料图录》《文华图专存留文献书目集编》《武汉大学信息管理学院校友名录(1920—2020)》共七本。我们谨愿借此机会对学院和学科的发展历程做一个简要回顾，并向广大院友和关心学院发展的各界朋友简要汇报学院与学科目前的建设和发展成就。由于时间跨度长，涉及内容多，不足甚至错误在所难免。不妥之处，敬请批评。

一、从文华图专到武大信管

百年信管，缘起于昙华林，成长壮大在珞珈山。从文华大学的一个专业到独立建制的专科学校再回归到综合性大学的二级建制，从教会大学到私立学校再到公立大学，从专科到本科再到本硕博结构完整的人才培养体系，从图书馆学单一学科到“图书情报与数据科学”学科群。就这样一路走来，从一颗不起眼的幼苗得以跻身科学殿堂。期间的点点滴滴，无不诉说着学院初创、成长与发展历程中的种种艰辛和努力。

学院百年发展历程，粗线条地大致可以分为三个阶段：1920—1949 年，即从专业的建立到中华人民共和国成立前为第一阶段。这一时期，从文华大学首开图书科，到建设独立的私立武昌文华图书馆学专科学校，再到抗战“西迁”的坚持与坚守，文华先贤筚路蓝缕，开拓山林，为成就学科之百年伟业奠定了坚实基础。1949—1977 年，即中华人民共和国成立到恢复高考这段时期为第二阶段。这一时期虽然学科专业没有领域上的拓展或规模上的扩张，但其办学性质从私立到公立、从独立建制的专科学校到并入武汉大学的转变，却是学院百年发展史上最值得纪念的事件。没有学院性质的改变、没有融入实力雄厚的武汉大学，其后期的发展将会是一种完全不同的态势。1977—2020 年，从恢复高考到成立一百周年为第三阶段。这是学院高速高质量发展的一个重要时期，学院的学科专业领域大大拓展、规模或体量迅速扩张、办学条件极大改善、学术影响和声誉不断提升。百年信管，业已初步建成具有较大国际学术影响力的知名学科和学院。

正如习近平总书记所指出的，“一个时代有一个时代的主题，一代人有一代人的使命”。百年信管，从无到有、从小到大、从弱到强，正是一代代信管人的不懈努力和开拓进取的结果。他们以实际行动践行总书记讲话的精神。百年信管之盛世华章，正是一代代信管人亲手谱写而出的!

以下是百年信管发展历程中学院建制演变的一些重要时间节点：

1920 年 3 月，美籍学者韦棣华(Mary Elizabeth Wood)女士和中国学者沈祖荣先生、胡庆生先生等，于武昌昙华林文华大学创办图书科，开启我国图书馆学高等教育之先河。

1924年，文华大学改组为华中大学。文华大学文华图书科随之更名为华中大学文华图书科。

1927年夏，华中大学停办，文华图书科单独继续办学。1929年文华图书科以“私立武昌文华图书馆学专科学校校董会”名义向南京国民政府教育部提出立案申请，同年8月获准立案。1929年9月，华中大学复办，文华图书科仍为华中大学之一科。1930年6月，校董事会决议，“本校已于国民政府教育部立案，为办事便利起见，应行独立”。同年12月，正式启用“私立武昌文华图书馆学专科学校”印章，并于1931年正式脱离华中大学，成为一所独立的图书馆学专科学校。

1938年秋，为避战乱西迁重庆。1947年，抗战胜利后回迁武昌。

中华人民共和国成立后的1951年8月，人民政府接管了文华图书馆学专科学校，并改私立为公立。私立武昌文华图书馆学专科学校，相应更名为武昌文华图书馆学专科学校。

1953年8月，武昌文华图书馆学专科学校正式并入武汉大学，迁入武昌珞珈山，成为武汉大学图书馆学专修科。1956年，图书馆学专修科改制为图书馆学系。1966—1971年，因“文化大革命”停办。1972年恢复办学，学制改为两年。1977年，恢复高考招生，学制恢复为四年。1984年，经原教育部批准，成立图书情报学院。1999年，图书情报学院与新闻学院及中文系编辑学专业合并，更名为大众传播与知识信息管理学院。2000年，新武汉大学成立，原新闻学院被剥离，原武汉水利电力大学信息管理与信息系统专业加盟，学院更名为信息管理学院。

二、从图书馆学到图书情报与数据科学

百年信管，源于文华图专初创时的图书馆学专科，期间学科专业领域逐步拓展，至今已发展成为以“图书情报与档案管理”一级学科为主体，同时涵盖“管理科学与工程”和“新闻传播学”部分二级学科的“图书情报与数据科学”学科群。学院的学科领域和人才培养范围已大大拓宽，学科影响也不再限于“图书情报与档案管理”一级学科。

目前，学院现有图书馆学、信息管理与信息系统、档案学、编辑出版学、电子商务和数字出版6个本科专业；图书馆学、情报学、档案学、信息资源管理、出版发行学、管理科学与工程、电子商务、保密管理和数据科学9个科学学位硕士点；图书情报硕士、出版硕士、工程硕士和工程管理硕士4个专业学位硕士点；图书馆学、情报学、档案学、信息资源管理、出版发行学、管理科学与工程、电子商务和数据科学8个二级学科博士学位点；图书情报与档案管理、管理科学与工程两个一级学科博士学位授权点；图书情报与档案管理、管理科学与工程两个一级学科博士后流动站。

学科建设是高校安身立命之本。只有建设一流的学科，才能建设一流的学校和学院。

信管百年，正是一部以图书馆学为起点和核心的“图书情报与数据科学”学科建设史。学院的“图书情报与数据科学”学科群，不仅是图书馆学自然发展、开枝散叶的结果，更是一代代信管人以图书馆学为核心、为起点，守正出新，开疆拓土的必然产物。曾经名噪一时的哥伦比亚大学、芝加哥大学“图书馆学院”，落下一个“关张”的结果，恰好从反面印证了百年信管学科建设的成就。正是百年来一代代信管人应时代变化与社会需求，对图书馆学学科内涵的深挖和外延的拓展，武大信管才得以傲立学科之林、立于不败之地，才能成就学科伟业，谱写盛世华章。

以下是百年信管发展历程中各学科专业建立与发展的一些重要时间节点：

图书馆学：1920 年，武昌文华大学开设图书科，仿美国纽约州立图书馆学校办学制度，招收大学毕业和肄业学生学习图书馆学；1956 年，升格为本科；1978 年，开始招收硕士研究生；1992 年，开始招收博士研究生；2005 年，获图书情报与档案管理一级学科博士学位授权。

情报学：1978 年，开设科技情报学本科专业，后更名为情报学专业，本科层次现名为信息管理与信息系统专业；1980 年，开始招收硕士研究生；1991 年，开始招收博士研究生。

档案学：1934 年，文华图书馆学专科学校开设档案管理特种教席；1940 年，开设档案管理科；1984 年，重建档案学本科专业；1999 年，开始招收硕士研究生；2005 年，开始招收博士研究生。其中，20 世纪 90 年代，在图书馆学专业曾招收过档案学方向的博士研究生。

编辑出版学：1983 年，开设图书发行学本科专业，后更名为编辑出版学。2002 年，正式招收出版发行学专业硕士和博士研究生。2012 年，新增数字出版本科专业。其中，20 世纪 90 年代，图书馆学专业陆续以“文献与出版”“现代出版”和“出版发行学”等方向招收编辑出版发行学领域的硕士和博士研究生。

电子商务：2001 年，开设本科专业，2006 年，开始招收硕士和博士研究生。

保密管理：2016 年，组建武汉大学国家保密学院，挂靠信息管理学院。同年开始招收硕士研究生。

信息资源管理：2002 年，开始招收硕士和博士研究生。

管理科学与工程：2004 年，开始招收硕士和博士研究生。

数据科学：2019 年，开始招收硕士和博士研究生。

专业学位：2004 年，开始招收工程硕士和工程管理硕士（软件工程方向）研究生；2010 年，开始招收图书情报硕士和出版硕士研究生。

三、从默默无闻到荣誉加身

百年信管，从一株幼苗已长成参天大树。学院的声誉或口碑，获得学界及社会的广泛认同，学院和学科也因此获得了无数荣誉。这些年来，学院主流学科在国家“211 工程”“985 工程”和“双一流”计划等国家高等教育重大建设战略工程或计划、教育部学科评估、国家重点学科建设、教育部“双一流”计划、各级各类教学和科研奖励计划以及各级各类人才支持计划中，均有上佳表现，取得不俗成绩，可谓“从默默无闻到荣誉加身”。

学院主流学科，连续入选国家高等教育重大建设战略工程或计划。1995 年，学院“图书情报与档案管理”学科入选国家“211 工程”重点建设学科；1998 年，学院“图书情报与档案管理”学科入选国家“985 工程”重点建设学科；2019 年，学院“图书情报与数据科学”学科入选国家“双一流”计划之世界“一流学科”建设计划。入选这些重大战略工程或计划，既是促进学院和学科更好发展的动力，也是国家对学院和学科建设的重视与肯定。

学院“图书情报与档案管理”一级学科在教育部学位与研究生教育发展中心所组织的四轮学科评估中，均取得了骄人的成绩。在 2001 年、2006 年和 2012 年的前三轮学科评估中，学科排名均为全国第一；2016 年第四轮评估结果为 A+学科。教育部学位中心组织的学科评估，涵盖“师资队伍与资源”“人才培养质量”“科学研究水平”和“社会服务与学科声誉”四大一级指标，是学科综合实力的全面反映。连续四次获得理想的骄人成绩，表明我们的学院和学科建设得到了学界和社会的高度认可。

学院国家重点学科建设，成效卓著。2002 年，图书馆学和情报学两个学科同时被评为国家二级学科重点学科。2006 年，国家增设一级学科国家重点学科，学院的“图书馆、情报与档案管理”学科被认定为国家一级学科重点学科。国家重点学科是国家根据发展战略与重大需求，择优确定并重点建设的培养创新人才、开展科学研究的重要基地，在高等教育学科体系中居于骨干和引领地位。入选国家重点学科，是对学院和学科教学与科研实力的最好诠释或印证。

学院在教育部“双万计划”建设中旗开得胜。2019 年，图书馆学和编辑出版学两个本科专业，双双入选首轮国家级“双万计划”本科专业建设点。双万计划，也称“双一流”计划，是教育部以建设面向未来、适应需求、引领发展、理念先进、保障有力的一流专业为目标，实施的一流本科专业建设计划。入选“双万计划”，是学院本科专业人才培养质量的见证。

学院在各级各类教学和科研成果奖励评选中都有不俗表现，曾多次斩获包括“国家科技进步”一等奖、“国家教学成果”一等奖、“国家教委高等学校优秀教材”一等奖、“教育部人文社会科学优秀成果”一等奖、“教育部科技进步”一等奖、“中国出版政府奖”、“湖北省社会科学优秀成果”荣誉奖和一等奖、“湖北省教学成果”一等奖等在内的各级各类教学和科研成果奖励数百项。高水平教学与科研成果奖励，无疑是学院和学科教学与科研水平的最好反映。

学院教师中 30 多人次先后入选各级各类高层次人才计划。其中，国家级教学名师、武汉大学人文社会科学资深教授、“万人计划”等国家级人才计划入选者 18 人次，省部级人才称号获得者 20 人次。一流的师资，既是保证学院和学科高水平发展的关键资源，同时也是学院凝聚力和向心力的见证。

百年信管，桃李芬芳。数以万计的信管学子在各自的岗位上勤奋工作，取得了骄人的业绩，为学院和学科带来了无限荣光。武大信管学子的这种影响，不仅体现在全国，而且在全球；不仅在本行业，而且在更广阔的领域；不仅在业界、学界，而且在政界、商界。学子们用自己的行动兑现了入学时的豪迈誓言，“今天我为你骄傲，明天你为我自豪”。

学院和学科发展所取得的成就得到了相关部门和产业界的肯定和认同，不少单位因此为学院发展给予无私的支持。1983 年，国家科委支持学院建设经费 140 万元以及学院办公大楼建设用地指标和部分建材。同年，新华书店总店无偿捐赠学院建设经费 287 万多元。2013 年，高等教育出版社、长江出版传媒股份有限公司、湖北三新书业、安徽时代出版发行有限公司和电子工业出版社等出版单位无偿捐赠学院建设和发展经费 700 余万元。2016 年，武汉新七建设集团有限公司余宝琳董事长无偿捐赠学院建设经费 500 万元。这些无私的支持，是建立在对学科和学院发展的肯定和认同基础之上的，自然也是武大信管所获得的宝贵荣誉。

学院和学科的国际影响和声誉不断提升。学院是国际顶级信息学院联盟(iSchools)首个发展中国家成员和核心领导小组成员、国际图书馆协会与机构联合会(IFLA)会员单位、美国图书馆协会(ALA)的国际成员单位，与联合国教科文组织、国际图联、美国图书馆协会等国际组织建立了长期稳定的合作关系，同美国、加拿大、德国、法国、英国、丹麦、日本等 10 余个国家(地区)的信息管理学院建立了良好的学术交流关系。学院的国际交流频密，近几年学院每年出访和来访教师或科研人员不低于 50 人次。其中，学院曾两次承办本学科领域的重要国际学术会议，即“全球顶级信息管理学院联盟年会 iConference 2017”和 ACM/IEEE“数字图书馆联合会议年会 JCDL 2020”。这两类学术年会，均是首次由发展中国家高校主办。这两次国际学术会议的成功主办，很好地展示了学院的国际形象，扩大了学院的国际学术影响力，提升了学院的学术声誉，在全球产生了非常好的学术影响。学院教师中，有国际学术期刊编委 6 人，同行评审专家 13 人。在 2020 年 QS 全球学科排名中，我校“图书馆与信息管理”学科位列全球 35 位，是入围 50 强为数不多的发展中国家高校之一，位列发展中国家第一名。

四、一点感悟

都说“十年树木，百年树人”，学科建设更是百年大计，需要守正笃实，久久为功。没有一代代信管人坚持不懈的努力，武大信管也难以成就今天的影响和声誉。图书馆学，本乃西来之学，在西方也仅是一个小众领域，影响也相对有限。然而，我们武大信管人却能将之发扬光大，守正出新，在小领域做成大学问。

图书馆学进入我国的初期，文华学人立足中华传统文化，结合我国传统的文献、版本、目录、档案之学，建构本土化的学科体系，给这门西来之学注入了强大的生命力，也充分体现了“中学为体，西学为用”的治学理念。这应该是图书馆学进入中国且得到绵延发展和不断发扬光大的关键所在。

20 世纪七八十年代，信息技术的发展对于图书馆学科的影响初露端倪。当时的图书馆学系和图书情报学院又敏锐地捕捉到这一契机，及时增设学科专业，拓展学科范畴，重构学科体系。学科得以从单一图书馆学发展到更具生命力的图书情报学。这可以看作百年信管历史上的一次“华丽”转身。没有这一次转型，很难有学科今天的发展。

世纪之交，西方图书情报学院纷纷改走技术路线，学科更名、专业调整、内容重建、课程重构，图书情报学科危机四伏，甚至面临存亡危机。正是在这种极端背景下，学院完成了从“图书情报学”到“信息管理学”的“惊险一跃”，跳出了危机，为学院创造了更为广阔的发展空间。

进入 21 世纪，新一代信管人不忘初心、不辱使命，同心协力，将学院和学科发展推向了新的高度，初步实现了在“图书情报与数据科学”这一更大更高的学科平台上的更好发展。

我们完全有理由相信，经过广大信管人的不懈努力，武大信管的明天将会更好！

2020 年 5 月 1 日

于珞珈山

前　言

2020年，武汉大学信息管理学院迎来了百年华诞。世纪沧桑，春华秋实。从1920年韦棣华女士设立武昌文华大学文华图书科，1929年组建武昌文华图书馆专科学校，到1953年合并成为武汉大学图书馆学系，1984年建立图书情报学院，2000年更名为信息管理学院至今，在一百年的奋斗历程中，几代学人筚路蓝缕，砥砺前行，将当年学科之林中一棵幼小的树苗，培育成了今天的参天大树。如今的武汉大学信息管理学院，已成为中国图书馆学、情报学、档案学、出版发行学、数字出版、电子商务专业教育的重镇，这里作育英才无数，科研硕果累累，学科影响力与日俱增，在国内深为学界业界所瞩目，在国际上也具有重要影响。回首过去，展望未来，我们既为学院的光荣历史和辉煌成就感到骄傲和自豪，更对她在新时代的发展前景充满信心。

为展现学院百年树人的光荣历程，赓续和弘扬学院在世纪发展中积淀的优良传统和优秀文化，抒发文华情怀并展现当代信管人风貌，学院决定在百年院庆之际，编纂出版《世纪筑梦——武汉大学信息管理学院百年纪念文集》，并于2019年年初发出征文邀请函。在过去的这一年多时间里，我们收到了来自国内外的60余位院友惠赐的佳作。这些饱含深情的文字，有的来自文华图专的前辈或文华后代，他们追忆了本人或先辈在艰难的岁月里在文华图专刻苦求学，乐观生活，毕业后又辗转于全国乃至世界各地，毕生献身图书馆事业的难忘往事。有的来自20世纪五六十年代和70年代的学长，他们回顾了在那些激情燃烧的岁月，在珞珈山快乐地学习生活，在祖国各地辛勤工作，报效国家和人民的感人经历。有的来自八九十年代毕业的师兄弟姐妹们，他们以深情的笔触回忆了在改革开放的春风里进入武大，在美丽的校园里书写着他们多姿多彩的人生篇章，今天，他们已成为各行各业的翘楚和领军人物。有的来自21世纪成为武大人的年轻学子，他们以轻松愉快的笔调描绘了丰富的校园生活和浪漫的爱情故事，也诉说着他们今天在各自岗位上的奋斗和喜悦。每一篇文章的字里行间，无不饱含着对珞珈山水的无尽眷恋，对泱泱母校的炽热情怀，对百年学院的美好祝愿。

《纪念文集》是学院百年历史的缩影。校友们以各自的经历，真实地记录了学院随时代前行的足迹。世纪筑梦——一代又一代的学人怀着振兴学科，发展图书情报事业的梦想，先驱们朝乾夕惕，艰苦创业，后来者栉风沐雨，奋发有为，才使我们的学院和学科的今天如此朝气蓬勃，充满活力。《纪念文集》给我们许多宝贵的启示，更给了我们继续前行的力量。

在编辑《纪念文集》的时候，我们有幸先睹为快，读到了这些感人至深的佳作。我们特别想说的是，学院百年取得的成就，凝聚了一代又一代校友的关爱和支持，是校友们在各行各业创造的辉煌业绩，为学院增添了光彩。我们谨向广大校友致以崇高的敬意！

《纪念文集》的文章，按作者第一次进入武汉大学学习或工作的时间为序排列。文华后人或非校友写的追忆或纪念性的文章，按被纪念人物的入校年份排列，同一入学年份入学的作者，按姓名音序排列。

《纪念文集》在编纂过程中，得到了学院党委书记傅兴荣、院长陆伟，时任院长方卿、副院长黄如花等院领导的指导和支持，同时感谢学院期刊中心于媛、杨丹丹、丁念等老师的辛劳付出。

肖希明　宋恩梅

2020 年 6 月

目　录

祖父孙述万生平介绍(至1952年)[①]

孙庆力

在祖父生前，我只见过他三次，每次都是一个月左右。1967年他回武汉看病，那时我还小，一点印象也没有。另外两次是1979年和1981年，去北碚西南师范学院(西师)他那里过暑假。在我的记忆中他是一个非常温和的人，说话很慢，由于长期生活在重庆，四川话的腔调里依然带着大量的武汉口音。他看着你时，总是笑眯眯的，似乎总是有很多问题要问，很多话要讲。他最高兴的是你向他提问题，一般是在回答了之后，还会引申出更多的问题来，常让我来不及"消化"，这时他会及时打住，提醒你留待思考。我想正因为这样，学校的年轻老师以及学生也经常来家里向他请教。因为时间过长，以至等他吃饭的时间一推再推，这是我在西南师范学院时常常碰到的。在那个暑期里，我多次陪他从石岗村的住处去图书馆上班，或接他下班，已80岁高龄的他精神还抖擞，没有一丝倦意。在路上，有一次祖父给我介绍图书馆时说：书架上的书如果放进你脑袋里就变成了智慧，图书馆的工作就是如何为你更快地找到可成为智慧的那本书。

祖父孙述万，字书城，号孟贤，学号爱伦，湖北黄陂泡桐人，1902年5月1日出生于武昌，长子。我们家的祖籍在湖北黄陂的泡桐，地处大别山的边缘，土地贫瘠。据说我们的先祖是咸丰年间由江西的某地筷子街迁徙而来。曾祖父孙作新(1869—1933)，字凤祥，在家排行老四(幺房)，因为手巧勤快，很早就来到武昌崇福山街，在一家高姓裁缝店帮工。他为人忠厚，因高家无子，在老板死后，他便接下裁缝店继续经营，并足交租金。由于深知没有读书的痛苦，故曾祖父立誓培养自己的儿子读书，全家倾力供给。

1911年祖父始读私塾，之后的小学、初中、高中、大学都是在家附近的基督教美国圣公会学校读书，由于学习刻苦，成绩优异，常常半费或免费入学。1913年，祖父就读武昌圣公会府街口小学，1916年入武昌圣约瑟中学，并于1919年以优异成绩获得半费待遇进入武昌文华大学校备馆就读高中(大学预科)，于1921年入文华大学文理学院。1925年，祖父取得武昌私立华中大学(1924年由文华大学改名)文学学士暨文华图书课毕业。毕业后文华图书科推荐的工作去向有两个：一个国立北平大学图书馆，另一个私立厦门大学图书馆。由于祖父敬佩陈嘉庚先生"毁家兴学，教育救国"的理念而择定了厦门大学。

---

① 孙述万，文华图专本科第四届(1923.9—1925.6)毕业生。本文作者孙庆力为孙述万之孙。

他来到成立不久的厦门大学图书馆任馆员，配合他的师兄冯汉骥主任(文华图书科 1923 年毕业)，为厦门大学图书馆做了大量的基础工作，后在冯汉骥离开厦大后接替主任职到 1930 年 7 月。在此期间，祖父与冯汉骥一同在文华图书科学兄裘开明(文华图专 1922 年毕业，前任主任)的基础上用所学到的西方图书管理经验，规划建设厦大图书馆，并积极参与全国图书馆界的协作交流，扩大图书馆的影响，对图书馆初期的发展作出了巨大的贡献。

1927 年至 1928 年，祖父回武昌与祖母完婚。受湖北省教育厅长刘树杞之邀，任武昌湖北省立图书馆代理馆长。其间，在湖北全省教育行政会议上以馆长职提议并获通过《建设武汉大规模图书馆案》，议案列举了理由、规模、资金来源等。该图书馆于 1936 年在武昌蛇山南坡建成，是当时全国规模最大，设施最完备的省立图书馆。现在已成为全国重点文物被完好的保留下来。在湖北省立图书馆工作约半年后又返回了厦门大学图书馆。

祖父离开厦门大学图书馆后，1930 年 8 月来到杭州，任浙江大学文理学院图书馆馆员、主任，后任浙江大学图书课课员。后来因陈果夫排挤非党人员，浙江大学更换校长，反复改组调整，感到失望的祖父于 1933 年 8 月辞职回了武昌。1933 年 11 月，经文华图专校长沈祖荣和同学严文郁(同期毕业)的推荐，祖父赴北平任国立北平图书馆西文采访组、期刊组组长。

1937 年“七七事变”爆发，不久北平就被日寇占领，一部分馆员坚决不愿在日寇的占领下工作，分批流亡前往长沙。祖父留下祖母、父亲和大姑，与另外三位中层馆员于 11 月离开北平前往长沙。副馆长袁同礼召集人员，在国立长沙临时大学设国立北平图书馆办事处“商讨今后办法”。然而抗战形势的不利发展，认为长沙终将不是后方之地，长沙临时大学也将继续西迁昆明。于是 1937 年 12 月副馆长袁同礼带领部分北平图书馆员工，辗转来到香港。

英国统治下的香港在沦陷前，是抗战时期西南后方对外联系的重要桥梁，也是前往沦陷区通道。北平图书馆在此设立香港办事处于香港大学冯平山图书馆内，任命祖父为香港办事处组长。1925 年成立的中华图书馆协会在“七七事变”前就设在北平图书馆，其下设开展日常工作的理事会，理事长为袁同礼。理事会有一项重要工作就是与世界各国图书馆协会组织的交流，进行国际图书交换，接受国外图书的捐赠等。祖父一直也是中华图书馆协会会员，因祖父精通多门外语，一直兼任与各国交流这方面的工作。他也在《中华图书馆协会会报》上发表、翻译文章，如《战后我国图书馆复兴计划意见书》等。

赴港后祖父编辑翻译《日寇侵华录》(英文)一书，通过与各国的图书交换工作，向世界各国控诉日寇在中国的暴行。北平图书馆香港办事处也搜集内地沦陷区的报纸、期刊，还通过国际图书交换、接受赠与、购买图书，用于后方的需要。至 1940 年，同道赴港的北平图书馆员工陆续返回到昆明西南联大，仅留下祖父一人坚守香港办事处。这期间，不断有从沦陷区逃出的北平图书馆员工及家属，需通过香港转道前往西南后方。此时中国沿海已被日寇完全控制，去往西南地区只能乘船到法属安南(越南)的海防登岸，再转道(通过窄轨铁路)西南后方，他们的过境护照和船票需要祖父为其申请办理。1938 年 5

月，祖母也带着年幼的父亲及两个姑姑逃出北平，经天津乘船来到香港。在天津转船时遇到日寇占领军检查而受阻，祖母持祖父的信求助他的同学李汉元(文华图专 1926 年毕业，时在天津英租界工部局任职)，在他的帮助下，才得以乘船到达香港与祖父团聚。小姑这时才五个月大，祖父为她取名琳，以慰其出生时不在身边的缺憾。

1941 年 12 月，太平洋战争爆发，日寇进攻香港，经过两周的抵抗，总督杨慕琦宣布投降。由于事变突然，祖父一家被困香港。此时有四百箱交换书存放于冯平山图书馆，这些图书都是指定通过交换而收集的外文工具书，时为西南后方等单位所急需。同时存放在冯平山图书馆的还有原南京中央图书馆的一批珍贵的古籍图书，共 111 箱 3 万册，大部分为明代的版本以及极为珍贵的《汉代木简》等。这些古籍善本是郑振铎、张元济等人申请中英庚款拨款，从上海的藏书人手中购得，并秘密寄到香港，打算择机通过缅甸仰光运往重庆。

日寇占领香港后，派人查封冯平山图书馆，威逼利诱，强词夺理指这些图书为打算盗卖到西方的文物，为之后的掠夺制造借口，馆长陈君葆据理力争。同时，日本人强命原图书馆工作人员为其服务，祖父等忍辱负重，暗地里留意存书的去向。

祖父在后来留下的记录中这样写道：“香港沦亡于日寇，旧国立北平图书馆港通讯处存港中外全部图书被日寇占馆掠夺，在日寇军事占领下，香港大学图书馆人员在武力之下被迫为其临时雇员，因此通讯处不免于难，余仍担任看管原图书事，不久后日寇捆载掠劫到日本，当时属大势已去……于九月间我离开香港……”

1943 年 9 月，祖父母带着 3 个年幼的孩子，离开香港开始逃亡，经广州、梧州、桂林、独山、贵阳，于 1944 年 1 月抵达重庆，路途 1500 多公里，历时 3 个月，其间的困苦可想而知了。

抵渝述职后，祖父任设在重庆南开中学的北平图书馆重庆办事处编纂。此时的重庆物价上涨，祖父的薪水维持一家人生活已实属艰难了，经同学严文郁先生推荐转供职于天府煤矿公司图书资料室。

重庆解放后，西南文教处的马耕渔先生(前北平馆同事)邀祖父回教育界，1952 年 1 月任重庆大学图书馆主任、教授，5 月又因院系调整的需要任西南师范学院图书馆主任、图博系教授。此后，祖父一直在西南师范学院工作直到去世。

说明：

《祖父孙述万生平介绍》记载的内容，都是本人根据家里留下的资料、信件、照片，也到图书馆查阅了相关的资料相互考证整理出来的。

西南师范学院经历所知不多，可参考西南师范学院黄彝仲教授的文章《良师 同事 益友——缅念为图书馆事业奋斗终生的孙述万教授》，刊载于《四川大学学报》1989 年第 5 期。在此略过。

作者简介

孙庆力，华中航运集团公司工程技术人员，已退休。

追忆父亲严文郁先生①

严欣荣

先父生于光绪三十年七月二十二日(1904年9月1日)，出生地为湖北省汉川市。父亲有兄长一人(严文华)，年长一岁。曾祖有子三人，祖父为老大，没有受过正式教育，随曾祖父在汉川经商。二祖父和三祖父皆被送往武昌文华书院，接受新式教育。

父亲与文华伯自小在汉川圣公会所办的养正学校就读。民国三年(1914年)三祖父带父亲至武昌高家巷圣约瑟中学就读。三祖父其时在该校任职英文教师。一年后父亲又回到汉川原来的学校。1918年二祖父在安庆任职圣公会牧师，并办有座堂中学。曾祖父即命父亲和文华伯去安庆就读中学。1918年秋二祖父被调至汉口工作。父亲兄弟二人随之进入武昌文华中学。1920年祖父去世，得年37岁。次年文华伯因肺病去世，年仅18岁。

1921年父亲文华高中毕业。父亲一心想日后有一个专门职业，因此决定进入武昌文华大学图书馆系，师从美国人韦隶华女士(Mary Elizabeth Wood)并在其创办之“公书林”实习。毕业后韦师推荐父亲至北京大学图书馆担任西文书编目员。

1917年，父亲年仅13岁时，祖父和外公二家做主，同意父亲和母亲成年后结为夫妻。1926年初外公未经严家同意，单方为父母二人择定结婚日期。那时父亲已在北平工作，时值北洋军阀混战，平汉铁路中断，父亲无法回到湖北汉川成婚。父亲禀告曾祖父(届时祖父已经过世)，请将婚期改在交通恢复之后，无奈外祖父不谅解父亲苦衷，坚持将母亲扮成新娘送到严家，曾祖父只有随俗柬请亲友，办一场没有新郎的喜宴。1926年夏，父亲南归，补行婚礼。

同年，中华教育文化基金会(庚子赔款退回之罚款)办一图书馆，以“北海”命名，聘请梁启超、李四光为正副馆长，袁同礼为图书部主任，父亲被聘为该馆西文编目组组长。

1927年母亲生产一女(我大姐)，不幸次年春大姐夭折。1928年大哥欣凯出世，1929年二姐欣莲出世，1930年我降生。母亲因在四年连产四婴，身体虚弱，我的身体也因先天不足，幼年苦于多病。

1930年北海图书馆改名北平图书馆。同年该馆决定送父亲至美国哥伦比亚大学深造，母亲无法一人照顾三孩儿，所幸汉川一位亲戚愿意来北平帮忙，父亲才得顺利成行。

---

① 严文郁，文华图专本科第四届(1923.9—1925.6)毕业生。本文作者严欣荣为严文郁之子。

1932年父亲在哥伦比亚大学学成，北平图书馆又决定送他去德国柏林大学继续深造。母亲为此事非常困扰，认为父亲也有照顾孩儿的责任。父亲苦于无法带领全家去德国求学，几经商榷，父母决定仅带我一人同去德国，哥哥被送往芜湖，由二祖父母照管，姐姐则被送往汉川，为外祖父母照管。一切办妥后，父母亲和我三人在上海登船，经香港、新加坡、孟买、锡兰，经印度洋入红海，在埃及塞得港(Port Said)进入地中海，在意大利威尼斯登陆，乘火车直抵柏林，行程三十余日，甚是劳累。

在柏林我入幼儿园，学会德语，虽然是儿童语言，但朗朗上口，父母为之骄傲。1933年夏，父亲在德学成，在意大利那不勒斯(Naples)登船回国，行程又是三十多天。在上海登岸，立即去到芜湖和汉川接兄姐，一起回到北平。

20世纪30年代，北平京剧名角云集，父亲被京剧感染，成为戏迷。当时京剧在开场前要打“三通鼓”，此为过去在农村演草台戏时，为招揽观众前来观剧所设计。后来在戏院演出依旧延续此旧习。在北京开场前打三通鼓时，剧场经常空空，无一观众。据母亲叙述，父亲于周日名角演出时常去听戏，在打第一通鼓时就已入场，经常只有他一位观众，独享其乐。父亲因五音不全，听了一辈子京剧，而不能学唱一段。倒是我从小在家陪父亲用留声机听京剧唱片，成为道地的京剧“留学生”，自我学习，居然也成了戏迷，专攻老生，对老生各流派有所领悟。后来我在美国成为票友，还在纽约登台，传为佳话。

1935年北京大学蒋梦麟校长要加强图书馆，以30万元建一新馆。北大与父亲联系，邀请他任馆长，他欣然应允。6月1日上任，从此开创一新事业。

“七七事变”前，北平风雨飘摇。当时有日韩人到处寻衅，经常带领日本人拿些无聊书籍到校长办公室兜售，秘书处将责任交予图书馆，父亲每次都严词拒绝。

1937年7月7日，日军在卢沟桥发动对华侵略战争，7月29日日军进城，8月母亲带我和兄姐一同到天津投奔父亲同学李汉元。李伯父当时在天津法租界任警察局局长，他的寓所在法租界既宽敞又安全。此时父亲一人留守北平，监督部分重要书籍装箱，准备日后运往安全地方。母亲在天津得不到父亲音讯，不知学校作何准备，心急如焚，决定带子女回到北平，和父亲重聚。9月下旬，学校决定南迁，父亲则化妆为商人，携带一家五口再次去到天津。经过一整天千辛万苦的行程，在日军刺刀威胁下，冒着生命危险，终于逃到天津法租界。当时我大病，发高烧，一家不能继续前行。李汉元劝我们全家带着生病的我，立即离开天津乘船去往青岛。我们全家乘船住在三等舱。海上风浪极大，加上天气炎热，我生命岌岌可危。父母与船长恳求，晚上让我睡在官舱(头等舱)饭厅桌上，母亲衣不解带，日夜照拂生病的我，同船旅客无不叹息“天下慈母心”。第三天船抵烟台，许多青年因晕船，决定舍船由陆路前往青岛。父母亲因我还在病中，决定继续乘船到目的地。父亲同乡雷法章届时在青岛任教育局长，接我全家至他家暂住。第一件要事是送我就医，服药后烧退。青岛不是久留之地，雷法章伯帮忙买到去济南、徐州、郑州、汉口的火车联票。离开青岛，半月后才到汉口。平时此段路只需四十余小时，逃难时期，一切都极为困难。

在汉口三祖父家中暂住。三祖父因孩儿甚多，家中拥挤不堪，他的长子即著名儿童文学作家严文井。在汉口得知北大、清华、南开三校在长沙组“临时大学”开课。父亲将眷属寄居武昌，独自去往长沙，筹备临时大学的图书馆。学校租用圣经学校房屋作为校舍，以大礼堂为图书馆阅览室，后台为办公室，一切因陋就简。就绪后，父亲将母亲和儿女等接到长沙，重建流离失所后的临时家园。多月的旅途劳顿，总算有了喘息的机会。

不久武汉陷落，长沙告急，政府令“临时大学”迁往云南昆明。初闻昆明，师生都有充军边疆之感。当时交通极为不便，学生组旅行团，徒步入滇。教职员由学校安排找交通工具去昆明。学生出发当天，在操场升旗，齐唱“牺牲已到最后关头”抗日歌曲，全场师生无不热泪盈眶，真正感受到家破人亡的悲痛。

“临时大学”图书馆有书百余箱，加上中央研究院书刊数百箱，由粤汉铁路运到广州，再辗转运往昆明。我家先乘火车到广州，再到香港。由香港乘船至越南海防。当时海轮吨位极小，一路风浪颠簸非常，我又再次生病。抵海防后，改乘滇越路小火车入昆明。滇越铁路铁轨较普通轨道为窄，加之高山峻岭，火车速度极慢，非常辛苦。

学校在昆明改名为“西南联合大学”。租用小西门外农业学校及昆明女中等学校建筑作为校舍。一年后在西门外空地建造一区克难的新校舍，学校才算有了规模。

日军占领越南后，飞机经常来昆明轰炸，我家住在大东门，一次日机投弹，全家几遭不测，父亲决定在西山一所庙宇(华亭寺)租屋一间，母亲带领我兄姐三人入住庙中，他自己则继续在昆明上班，周末上山探视我等。当时联大数学系主任江泽涵教授家人也住庙中，他家有三男孩，与我等年纪相当，每日除自习外，都在庙内或山上戏耍，甚是得意。我对庙中一切都产生兴趣，除念经外，和尚受戒、化身、放焰口等佛教仪式我都亲眼看过，被佛教感召，居然有终身念佛的念头。父亲发觉后，立即令我们搬回昆明，大有孟母三迁之势。

我在昆明西南联大师范学院附属小学完成小学学业，进入联大附中一年级。江泽涵夫人也是数学专业，那时他家也从西山搬回昆明，江伯母被联大附中聘为初一的数学老师。在西山庙里同住时，江伯母对我等晚辈和蔼可亲，大家终日嬉笑，没有拘束。一旦成为我的老师，不苟言笑，极为威严，让我不知所措。

西南联大图书馆虽然书籍不多，但是仍维持图书馆应有的功能。阅览室不论周末或假期，每日开放使学生有自习场所。当时虽然一切简陋，但是父亲以克难精神，将图书馆办的有声有色，获得好评。学校因为没有礼堂，游艺活动都借图书馆举办。每次将阅览室变成剧场，事后又恢复成图书馆，父亲为此付出很多精力，师生都很感激。

1942年美国战略服务处委派哈佛大学教授费正清博士(Dr. John K. Fairbank)来华搜集文化资料，兼任美国驻华大使馆出版品服务处处长。他与中国学术界一起成立“国际学术资料供应委员会”，将美国科学论文显微胶卷(Microfilm)分赠给各大学及研究所，以北平图书馆袁同礼馆长为中方执行人。袁先生因当时要去印度和美国，诚意邀约父亲去重庆代理他的工作。父亲因为我们小学已毕业，盼望我等能进入当年最好的重庆南开中学，因此答应袁馆长的邀请。经与学校沟通，获梅贻琦校长批准，向联大请假，暂时离开职务，前去重庆就任北平图书馆代理馆长。

全家抵达重庆后，父亲开始北平图书馆的工作，我们兄姐们都进入南开中学。当时南开中学为后方最好的中学，但是因为是私立学校，学费颇巨，再加上一定要住校，着校服，在食堂用餐。我们兄姐三人在南开中学的教育费，超出了父亲的经济能力。苦撑了一年有余，我们的中学教育成了问题。正值此时，重庆天府煤矿公司的总经理孙越崎先生来找父亲，他想要在该公司成立一个工矿资料室(小型图书室)，收集矿物及其他有关书籍，邀请父亲开办和主持。天府煤矿是个资金雄厚的公司，待遇较当时一般机关高出许多。父亲为了子女的教育，勉强答应了。这样我才能在南开中学读到高中毕业，给中学教育打下深厚的基础。

1945 年日本投降，我的妹妹在重庆诞生。父亲正准备返回北大回任旧职时，教育部为感念美国故总统罗斯福帮助中国抗战有功，决定设立一所图书馆以兹纪念。该馆以罗斯福命名，设在重庆原中央图书馆旧址，任命父亲为馆长。父亲于 1946 年开始筹备。该时正值中央政府复员南京，加之国共战争开始，罗斯福图书馆成立之事得不到教育部优先考量。父亲往返京渝之间，焦头烂额。

1947 年父亲去到美国，在纽约州海德公园城(Hyde Park, New York)拜见罗斯福夫人。她非常感激中国政府表扬罗斯福总统，决定捐一批图书给该馆。父亲又去到美国若干大学及图书馆亲求捐书，得到热烈响应。父亲再到纽约联合国总部告知中国成立罗斯福图书馆的计划，联合国决定捐赠若干成立初期的档案。该批档案至今仍旧保存在重庆图书馆，为该馆镇馆之宝。

1948 年我高中毕业。父亲希望我能去美国进大学。父亲对美国“常春藤学府”的八所大学相当熟悉，他认为哈佛、耶鲁等大学都太大，好教授多为研究所授教。较小的学校，在大学里教授和学生的互动更为密切。因此他认为布朗大学(Brown University)是所理想的学校，待大学毕业后再去哈佛等名校读研究所。我对此一窍不通，完全听由父亲安排。我们申请布朗大学，得到录取，并且因为我中学成绩优异，学校给我免学费的奖学金。我欣喜若狂，但是当时在南京领取护照和得到美国大使馆的签证，都是难如登天。1948 年秋季在美国入学实不可能。我们将希望寄予 1949 年。

1949 年，京沪告急，国民党政府迁往广州。罗斯福图书馆几乎得不到教育部照顾，处于半停办状态。4 月时父亲忽然收到纽约联合国总部一封电报，邀他前往联合国图书馆任职。正犹豫间，联合国要求立即回复。基于国内过于混乱，教育部已不继续理会罗斯福图书馆事务，父亲在不得已下，毅然向教育部辞去罗斯福图书馆职务，接受联合国的邀请。联合国的条件甚好，支付我们全家旅费到纽约。6 月离开香港，直飞美国纽约。就此告别我的故乡中国。

1949 年 9 月我进入布朗大学电机系。因为学校只免我学费，膳宿和杂费要自理。这笔昂贵的费用，父亲无法承担，我只得在食堂端盘洗碗，再找些其他零星工作，勉强可以自足，但是非常辛苦。1953年以优异成绩毕业，进入哈佛大学研究所，专攻应用数学。父亲为我万分骄傲。

父亲于联合国图书馆工作15年，于1964年退休。当时美国俄亥俄州立大学(Ohio State University)得知父亲退休的消息，邀请他去该校任职图书馆及任教中文系。父亲接受。

父亲在俄亥俄立大学工作7年，1971年他已六十有七，一生辛劳，他决定正式退休，得以养老。退休后与母亲搬回纽约定居。

我哈佛毕业后被美国无线电公司(Radio Corporation of America，简称RCA)邀请担任大型计算机设计工作。1968年升任总工程师职位。1970年公司派我去到中国台湾担任远东区工程设计和生产制造的负责人。我欣然前往。1977年我邀请父母来台湾地区观光，在我家小住两月。在台湾地区时图书馆前辈蒋復璁馆长，以及私立辅仁大学图书馆系主任蓝乾章先生力邀父亲回台湾地区任教。当时我极不赞成，我认为父亲年事已高，经济也不是问题，应该彻底退休休息。但父亲无法拒绝好友邀请，并且自己健康良好，愿意贡献余热，我只有由他自己决定。1978年他回台湾地区正式任教于辅仁大学。

1981年德国洪波基金会邀请父亲至德国参加该会年会，会后参观德国大都市及大学图书馆。然后去到伦敦，参观大英博物馆图书馆，该馆因为父亲贡献一生予图书馆事业，特赠一张五年阅书证，表示对同业的尊敬。

1985年，父亲决定真正退休。退休后父母亲决定回美国居住。那时家兄住在新泽西州(New Jersey)，我就在哥哥家附近为父母购一公寓，作为他们退休后的长久居所。

1987年7月1日美裔华人图书馆学会于纽约开会，颁给父亲“杰出贡献奖”(Distinguished Service Award)。我与欣凯兄皆被邀出席与会。父亲极感荣耀。

1987年为四川重庆图书馆建馆四十周年纪念。因为该馆前身为父亲1947年创办之罗斯福图书馆，因此邀约父亲去重庆共襄盛举。4月底自纽约飞抵香港，重庆派员至广州接待。30日庆祝大会开始，父亲追述四十年前罗斯福图书馆建馆时惨淡经营的经过，沧海桑田，不胜唏嘘。重庆图书馆为中国四大公立图书馆之一(其他为上海，南京，武昌)，父亲与有荣焉。会后父母亲同回武汉，武汉文化局派车送父母亲回汉川老家。本想祭祖，无奈祖坟早被铲平，无从祭扫，只有遗恨离去。然后去到北京，见到阔别多年的严文井叔。文井叔为中国儿童文学的鼻祖，父亲为他的成就感到骄傲。经过长程旅途劳顿，父亲病倒。休息数天后，父母亲决定提早返美。许多原本要去的其他城市和名胜，都被取消。

回美后父母继续住于新泽西州(New Jersey)我为他们购买的寓所中，请有二十四小时居家照拂的帮佣，生活倒也平静。2000年7月28日，母亲心脏停顿，毫无病痛，无疾而终。五年后(2005年9月25日)父亲也在无病痛中离世。父母亲都为有福长寿之人。父亲一生清苦，一直兢兢业业，为图书馆事业作出贡献。他的一生，数次遇到贵人，对他多有提携和帮助，加上自己的努力，事业虽未有轰轰烈烈，但始终为人称羡，可谓有过圆满的一生。

我因自幼多病，又为幺儿，因此父母亲多加宠爱，对我有特别期望。我也因此在求学和工作上，加倍努力。虽未达到光宗耀祖、衣锦荣归的成就，但在求学和事业方面没有让二老失望。自觉没有辜负父母亲的厚望，聊以自慰。

行文至此，思及“子欲养而亲不待”之遗憾，不禁潸然泪下。

2019 年 11 月 17 日写于美国旧金山寓所

作者简介

严欣荣，男，现已退休。美国无线电公司(RCA，Radio Corporation of America)电脑工程部总工程师。曾三度被 RCA 推荐为年度最佳工程师。美国 DEC 电脑公司(Digital Equipment Corporation)资深副总裁，负责远东工程及制造业务，地区涵盖中国大陆和中国台湾及香港、新加坡、日本、韩国、印度。为美国荣誉工程师学会终身会员。

文华校友岳良木晚年情况考述①

郑锦怀

引　言

岳良木是20世纪中国四代图书馆学人之"'文华'的一代"的重要一员[1]。自1927年6月从文华图书科毕业之后，他基本上一直在图书馆界工作，为20世纪中国图书馆事业做出了自己的贡献。

关于岳良木其人其事，尤其是他在中华人民共和国成立以后的相关情况，论者甚少。其子岳传龙在所撰《忆文华早期毕业生岳良木先生在图书馆界中几件事》一文中略有提及[2]，三种人物辞典收录的岳良木词条亦有介绍[3][4][5]，但都比较简略。近日，笔者通过网络与岳传龙取得联系。他非常热心地采用笔述的形式，介绍了岳良木晚年工作与生活的点点滴滴。下文以岳传龙的笔述资料为基础，以其他史料为补充，互鉴互辨，力争比较清晰地呈现岳良木的晚年情况。

一、改造学习

1. 留在国立社会教育学院及其后身

中华人民共和国成立之前，岳良木在苏州国立社会教育学院图书博物馆学系担任教授，主要讲授"图书选择""参考书及参考工作""图书馆推广与辅导""图书馆学专著研究"四门课程。

1949年4月27日，苏州城区解放；随后，常熟、吴江、昆山、太仓等地陆续解放；5月13日，苏州全境解放[6]。5月，苏州市军事管制委员会派徐步接管国立社会教育学院[7]。

1950年2月，国立社会教育学院与江苏省立教育学院合并，称为"公立文化教育学院"，院址设在无锡社桥。1951年1月16日，奉苏南行政公署文教处之令，公立文化教

① 岳良木，文华图专本科第六届(1925.9—1927.6)毕业生。

育学院正式更名为“苏南文化教育学院”，并启用新印信。1952年8月，根据华东地区高等学校院系调整方案，私立东吴大学的部分院系（中国语文系、物理系、化学系、生物系）、私立江南大学的数理系与苏南文化教育学院合并成立苏南师范学院，同年12月1日正式更名为“江苏师范学院”[7]。1982年，该校更名为“苏州大学”。

1950年3月以前，岳良木仍然留在国立社会教育学院及其后身工作，但具体情况待查。

2. 入苏南公学改造学习

1949年5月中旬，中共苏南区党委、苏南行政公署决定以原苏北解放区华中大学为基础，在无锡荣巷建立苏南公学，任命董希白为校长，吴天石、李仲林为副校长。1950年1月，董希白奉调至外交部，吴天石与王韦平分任正、副校长。1950年3月9日，学校迁至常熟。1953年2月，学校迁至扬州，并改名为“江苏省行政干部学校”。至此，苏南公学前后持续3年零10个月，培养了总计七届、13000多名革命干部[8]。

迁至常熟后，苏南公学开设了银行系、财经系、企业财务管理系及针对民主学派和旧社会留用人员的培训学习班。它以思想政治教育为中心，开展社会发展史和革命人生观教育、爱国主义教育、党教育、校风校史教育等，以帮助学生转变思想观念[9]。正是在此期间，岳良木以旧社会留用人员的身份被派至苏南公学改造学习，其始末时间是1950年4—9月①。

二、在苏南文物管理委员会

1949年10月，苏南文物管理委员会成立，以陈纶（字谷岑）为主任。该委员会最初设在无锡，1951年迁至苏州[10]。其主要职责是“力谋图书文物事业的发展，同时对苏南各地的名胜古迹，亦多方设法保护”[11]。

1950年9月，苏南文物管理委员会奉命开始承担苏南各市县图书馆事业的辅导职责[11][12]。岳良木恰在此时被分配到苏南文物管理委员会工作，直到1951年4月②。

苏南文物管理委员会除对于各地公私立图书馆予以一般的调查了解外，还有重点地着手辅导，曾先后派员赴苏州、镇江、无锡等地了解苏南公立苏州图书馆、镇江图书馆、无锡市立图书馆等工作情况，拟具改进意见，以便逐步改善。”[11]其中，岳良木奉派赴苏州省立图书馆与镇江省立图书馆进行考察[12]。

1950年12月22、23日，苏南行政公署文教处在无锡苏南文物管理委员会召开苏南各级图书馆座谈会（简称“苏南图书馆座谈会”）[11]，以全面了解苏南各地图书馆工作情况[12]。共有26人出席[12]，包括文教处首长、苏南文物管理委员会全体工作人员、汪长

① 此内容据岳传龙笔述资料。

② 此内容据岳传龙笔述资料。

炳和黄元福两位专家、苏州图书馆杨木轩、镇江图书馆江源岷等[11]。22日上午，首先由苏南行政公署文教处副处长陶白进行报告；然后由陈纶报告苏南文物管理委员会一年来的工作情况，包括派员赴各地图书馆考察等；最后由岳良木做了补充报告。岳良木在报告中指出苏南各地图书馆存在的六大问题，包括“组织不健全，职责不明确”“事业费太少”“人员不足”“旧的分类法不合用，新的分类法亟待编制”“阅览、推广、参考工作尚须加强”“工作人员外行较多，必须加强业务学习”。22日下午，苏州市立图书馆馆长、苏州省立图书馆馆长、镇江省立图书馆副馆长、常州市立图书馆馆长、无锡市立图书馆馆长、常熟县立图书馆馆长等六人分别报告工作概况。23日，与会人员分组讨论了21件提案，最后由苏南行政公署文教处社教科长刘定汉作总结报告[12]。

苏南图书馆座谈会共计通过了九件重要提案[11]，包括“执行苏南图书馆工作者返美爱国行动纲领”“拟订1951年上半年苏南图书馆工作计划纲要”“建立图书馆组织系统”“调整图书经费标准”“统一编目规则”等。此外，还议决组织苏南图书馆协会，并推举陈纶、汪长炳、黄元福、诸祖荫、杨木轩、江源岷、秦镕、何人俊、岳良木等九人为筹备委员，先行建立各地图书馆研究小组[12]。在苏南图书馆协会筹备会的领导下，苏州、无锡、镇江、常州等地图书馆、图书室与资料室工作者先后成立了图书馆业务研究小组，以便加强业务学习，提高技术水平[11]。

三、在上海文物管理委员会图书整理处

1949年5月27日，上海解放。同年9月7日，经上海市军事管制委员会批判，上海市古代文物管理委员会成立，隶属于上海市人民政府高等教育处，办公地址设在上海市霞飞路(今淮海中路)1708号。李亚农与徐森玉分别担任正、副主任。1950年1月20日，上海市古代文物管理委员会更名为“上海市文物管理委员会”，直属于上海市人民政府，仍以李亚农和徐森玉为正、副主任。1951年2月，上海市文物管理委员会开始筹建上海图书馆与上海博物馆。同年3月19日，上海图书馆筹备会成立并召开首次会议，由徐森玉、顾廷龙、李芳馥、王育伊、刘汝醴、顾颉刚七人组成筹备委员会[13]。

1951年4月，岳良木调至上海市文物管理委员会工作①。同年8月，上海市文物管理委员会成立了秘书室、图书整理处与文物整理处三个内设部门；李芳馥担任图书整理处主任，直接负责上海图书馆的筹建工作[14]。岳良木亦分到图书整理处，并且深度参与了上海图书馆的筹建工作。据岳传龙笔述资料：“在这一段时间内主要解决几个问题。包括：①将上图定在南京路原跑马场的建筑群中而不是思南路上；②进行了开馆所需的内部设计；③解决书目印卡问题；④培训干部问题，等等。”“在上海图书馆开馆前后的一年多时间中，李芳馥先生负责编目及审查工作，岳良木先生专心负责设计与训练人员工作，

① 此内容据岳传龙笔述资料。

分工极为明确，上图档案是可以查到的。”①现将图书整理处开展的主要工作补充介绍如下：

(1)整理图书

图书整理处的首要工作就是负责整理上海市文物管理委员会接收的图书及爱国人士捐献的图书。前者数量不多，而且大多比较普通，没有什么特色。至于后者，主要有姚石子、高吹万等藏书家的私家藏书，数量大、质量高。图书整理处首先将这两类图书整理完毕，至于新到图书则随到随整。他们一一清点，并将多册图书合并成一整套；然后按照图书来源编目、造册，复写装订了10大本，由李亚农呈送时任上海市市长陈毅审批确定。不过，由于缺少馆舍，他们只能将已经整理的图书全部装箱，每个箱子里面均附上清单，然后运到虎丘路仓库寄存[15]。

(2)确定上海图书馆馆址

图书整理完毕之后，上海图书馆筹备委员会委员们一致认为，需要选定一处适合创办大型图书馆的馆舍。经过刘汝醴与李芳馥考察，最后租定上海市南京西路跑马厅大楼作为馆会[15]。此后，他们还完成了开馆所需的馆舍内部设计工作②。

(3)选定图书分类法

刘汝醴、李芳馥与孙增番一同前往北京，向中央文物局请示要向读者提供哪些图书、使用何种分类法、是否开办儿童阅览等事宜。中央文物局专门组织了一次研讨会，与会者一致同意学习北京图书馆，使用刘国钧的《中国图书分类法》，开办儿童阅览；首先开放1950年以后的出版物，然后经过审查，陆续开放1950年以前的出版物[15]。

值得一提的是，李芳馥提出成立审查组，以确定哪些图书适宜对外开放。岳良木认为应当将工作重点放在如何防止不良图书的流通及改进工作服务态度两个方面，并且在上海图书馆正式开放之前拟就了一份《图书查对审查办法》。不过，因为有人从中作梗，岳良木后来被戴上了“要审定毛主席著作”的大帽子，受到严厉批判。③

(4)培训干部

图书整理处最初只有六名工作人员[16]。其中，只有两人学过图书馆学且有图书馆工作经验[15]，也就是李芳馥和岳良木。至1951年10月，工作人员增至19人，但仍远远不够[16]。于是，李芳馥通过个人联系，并经李亚农批准，借调了黄元福、何金铎、毛世琨、韩静华等人，由黄元福主持工作[15]。此外，上海市文物管理委员会招收了200名社会知识青年，并将其平均分配，分别派去参加上海图书馆和上海博物馆的筹备工作。到1952年夏，图书整理处共有130多名工作人员[16]。

---

① 此内容据岳传龙笔述资料。

② 此内容据岳传龙笔述资料。

③ 此内容据岳传龙笔述资料。

四、在上海图书馆

1. 上海图书馆正式开放

上海图书馆筹备工作基本完成后，上海文物管理委员会图书整理处报请李亚农批准，“由岳良木负责阅览和参考部门；王育伊负责采访部门；韩静华负责分编部门。还设有一个俄文组，实行采编、阅览、参考一条龙，由陈宗华主持。”[15]

即将开馆之际，上海文物管理委员会召开了一个庆祝晚会，李亚农当场宣布由李芳馥担任上海图书馆馆长[15]。1952 年 7 月 22 日，上海图书馆正式开放[16]，李芳馥正式担任该馆首任馆长[14]。1953 年 7 月，上海图书馆划归上海市文化局直接管理[17]，李芳馥改任副馆长。

自上海图书馆正式开放后，岳良木一直留在那里工作，直到退休。关于其职务及具体工作情况，未见权威记载。岳传龙笔述指出：“1951—1952 年，岳良木先生成为上海图书馆书目部和读者部主任。当时在很长一段时间内，上海图书馆只有这两个部。这可由留存在上海图书馆的档案中查到。几乎所有的具体业务活动都是由岳良木先生在组织、安排和落实。当时的文管会广播中称其为‘人民专家’。”①1957 年，有报纸称他时为上海图书馆编目部副主任[18]。具体情况如何，有待后续挖掘。

2. 关于分类法之争

上海图书馆开放之后，开展了一项提合理化建议活动。从收到的建议内容来看，分类法问题最受关注，也最具争议。就连该馆编目部工作人员韩静华、沈文倬、洪瑞剑等人对于采用何种分类法也存在争执。②

1952 年 9 月底，蒋铁如调任上海文物管理委员会秘书(或称办公室主任[19])，主持日常工作。他将岳良木调整到上海图书馆编目部工作③，让他负责制定新分类法，并提出了“要以马恩列斯毛为重点”“一切以苏联为准”的指导方针。岳良木表示，应当先认真进行研究，然后才能制定新分类法。经过多次交涉，蒋铁如同意成立“分类法研究小组”，并由他亲自选定小组成员。在分类法研究小组第一次会议上，岳良木提出了“新分类法的分类依据是什么?”“新分类法未完成之前，新书如何界定类别?”“是完全推翻旧的分类法重起，还是只作一些改进，以适合当前的形势?”等问题，请众人进行讨论。在另外一次会议上，岳良木指出，新分类法不可草率制定。不过，蒋铁如仍然决定以山东图书馆分类

---

① 此内容据岳传龙笔述资料。

② 此内容据岳传龙笔述资料。

③ 岳传龙笔述称，岳良木被调到上海图书馆编目部担任主任一职，但 1957 年 10 月 13 日《新民报晚刊》第 2 版所载《岳良木一贯仇恨共产党》却称岳良木时为上海图书馆编目部副主任。

法为蓝本，由刘萱负责草拟新分类法。在蒋铁如的坚持下，新分类法于两个多月后拟就，再经过不足一个月的试用与整顿，便加以应用。这导致新分类法其实很不完备。上海图书馆因此出现了重大混乱，最后不得不弃用新分类法，回归旧路。这给该馆造成了巨大的财物损失。①

3. 关于古籍及旧书整理

岳良木十分重视古籍及旧书。他认为，当代出版物多有复本，可以补充；古籍及旧书则是丢一本，少一本。因此，他下了很大的力气推进上海图书馆古籍及旧书的整理工作。②

1954 年 6 月 7—23 日，上海图书馆旧书整理组开展了连续 17 天的检查工作，主要是查验各种数字的正确性、原始清册与登录卡的联系等。检查工作结束后，岳良木代表旧书整理组提交了《旧书整理组检查工作关于藏书数量、图书处理和原始清册与登录卡等问题的小结》，介绍了检查工作的目的、发现的问题等。此后，他主持制定了《线装旧书编目简则》，由上海图书馆馆长于 1954 年 7 月 21 日核准试行。他还拟定了《整理线装书与建立复本书库工作草案》。③

除此之外，岳良木还跟同事杨柳风一起，对徐家汇藏书楼（又称大书房）的藏书进行查验，并且编纂了一本《大书房藏书目录》④。

五、遭受磨难

在上海图书馆工作期间，岳良木遭遇了种种磨难。

首先，因为图书审查问题和分类法问题，岳良木遭到了长达一年多的批判，最终病倒，不得不于 1955 年 4 月多次开刀做手术。⑤

其次，干部评级时，岳良木原本可以定为四级，但上海图书馆有关负责人声称“岳良木的水平还不如一个刚大学毕业的学生”，要求下调其职级。最后，岳良木仅被评为六级。⑥

再次，“反右”斗争中，岳良木坚持不发言、不写大字报⑦。但在“反右”斗争将近尾声时，《新民报晚刊》（1958 年 4 月 1 日起改称《新民晚报》）等上海报纸忽然刊登文章，对

---

① 此内容据岳传龙笔述资料。
② 此内容据岳传龙笔述资料。
③ 此内容据岳传龙笔述资料。
④ 此内容据岳传龙笔述资料。
⑤ 此内容据岳传龙笔述资料。
⑥ 此内容据岳传龙笔述资料。
⑦ 此内容据岳传龙笔述资料。

岳良木横加批判。为此，上海图书馆连续举行了六次批判会。

“反右”斗争结束后，岳良木被派去扫地。“文革”中，他进过牛棚，还被下放至农场劳动。他还曾两次被抄家，而且每月都要写一次检查。①

因为屡受批判，岳良木有意离开上海图书馆，换个环境，重新开始。1956 年 8 月 18 日，他拟就了一份《申请调派至全国仅有的武汉大学图书馆专修科或北京大学图书馆学专修科任教图书馆学课程报告》。在这份报告中，他介绍了自己的求学经历与工作履历，并解释了申请调离上海图书馆的原因，表示“希望能在保护国家利益的前提之下照顾到个人的利益，能照顾我的健康，不再受精神上的刺激。”8 月 20 日，他又向上海图书馆馆长车载和副馆长李芳馥打报告，请他们呈交上海市文化局并转国务院专家局或高等教育部。他在报告中指出：“个人所请调派任教图书馆学志愿，华东地区并无该项机构或设有该项课程的大学。因此，在上海或华东地区都无法安排，而在中央高等教育部或国务院专家局的通盘调度之下，可以获得解决。全国仅有图书馆学专修科两所，一所设在武汉大学，一所设在北京大学。这是我特别提出这两所大学为我调派工作的对象，请予查核。”[20]可惜的是，他最终并未如愿，只能继续留在上海图书馆工作。

六、其他

饱受磨难之后，岳良木终于在 1972 年脱去了“右派”的帽子②。

1979 年秋，应北京图书馆邀请，美国图书馆界组成访华代表团，其中就包括钱存训。该代表团访问了北京、西安、上海、南京、广州等地的图书馆，并作学术报告。其中，代表团于 9 月 21 日抵达上海，并且逗留了五天。9 月 22 日，代表团访问上海图书馆[21]。他们在馆内巧遇了岳良木，双方畅谈美国图书馆界的人与事。③

1980 年起，华东师范大学图书馆学系开始招收硕士研究生，并由顾廷龙和李芳馥分别指导古籍版本(二名)和外文书刊采访(二名)两个研究方向。1981 年，该系聘请了五位兼职教授，即顾廷龙、李芳馥、吕贞白、潘景郑、岳良木[22]。岳良木开始指导硕士研究生。1984 年，由他指导的三名硕士研究生顺利毕业，分别是孙洪(所撰硕士学位论文题为《参考工作定量测度研究》)、闻毅声(所撰硕士学位论文题为《图书馆计算机网络：过去、现在和未来》)、吴光伟(所撰硕士学位论文题为《论英文参考指南及其对机读数据库的“书目”控制》)。此后情况不详。这些研究生跟他感情深厚。有些人后来出国，但还常常写信给他。

---

① 此内容据岳传龙笔述资料。

② 此内容据岳传龙笔述资料。

③ 岳传龙笔述称：“倒是在 1980 年或 1981 年，美国图书馆界访华团要找家父，问文化局说是‘查无此人。’到上海图书馆与家父巧遇，才谈起许多美国的旧人事，包括哥伦比亚大学，国会图书馆，以及各地区图书协会主席等。”此处所说的“1980 年或 1981 年”当为误记。

1993年7月初，岳良木被查出患有肝癌，于是入上海华山医院住院三个星期，至8月6日病殁①。

参考文献

[1]程焕文. 百年沧桑 世纪华章——20世纪中国图书馆事业回顾与展望(续)[J]. 图书馆建设，2005(1)：15-21.

[2]岳传龙. 忆文华早期毕业生岳良木先生在图书馆界中几件事[J]. 图书情报知识，2011(4)：127-129.

[3]麦群忠，朱育培. 中国图书馆界名人辞典[M]. 沈阳：沈阳出版社，1991：455.

[4]上海社会科学学会联合会研究室. 上海社会科学界人名辞典[M]. 上海：上海人民出版社，1992：184.

[5]《上海高级专家名录》编辑部. 上海高级专家名录(第四卷)[M]. 上海：上海科学技术出版社，1994：438.

[6]王国平. 苏州史纲[M]. 苏州：古吴轩出版社，2009：605-606.

[7]田晓明. 苏州大学大事记(1900—2012)[M]. 苏州：苏州大学出版社，2015：30-31，591-592，614.

[8]陈应华. 苏南公学在无锡[G]//中共无锡市委党史工作委员会，无锡市档案局. 无锡革命史料选辑(第十一辑). 无锡：中共无锡市委党史工作委员会，无锡市档案局，1988：60-68.

[9]胡卜凡. 苏南公学在常熟[G]//中国人民政治协商会议江苏省常熟市委员会文史资料研究委员会. 常熟文史资料辑存(第十四辑). 苏州：中国人民政治协商会议江苏省常熟市委员会文史资料研究委员会，1987：160-164.

[10]吴雨苍. 陈谷岑先生和苏南文物管理委员会[G]//中国人民政治协商会议江苏省无锡市委员会文史资料研究委员会. 无锡文史资料(第十二辑). 无锡：中国人民政治协商会议江苏省无锡市委员会文史资料研究委员会，1985：56-62.

[11]苏南图书馆概况[J]. 文物参考资料，1951(8)：37-44.

[12]苏南图书馆座谈会概述[J]. 文物参考资料，1951(1)：29-30.

[13]柳向春. 徐森玉先生与中国的文博事业(下)[G]//杜泽逊. 国学茶座(第八期)[M]. 济南：山东人民出版社，2015：76-82.

[14]上海图书馆，上海科技情报研究所. 沉痛悼念李芳馥同志[J]. 图书馆杂志，1997(5)：63.

① 2019年10月24日，岳传龙在给笔者的电子邮件中称："关于家父病殁时日，以前文章写1993下半年得肝癌，不久病殁，被改为1994年病殁。……家父是1993年7月初查出肝癌，住上海华山医院三星期后于8月6日病殁。"他所说的这篇文章当指《忆文华早期毕业生岳良木先生在图书馆界中几件事》(载《图书情报知识》2011年第4期)。

[15]李芳馥. 对上图筹建期间的一点回忆[G]//上海图书馆. 总结·开拓·前进——建馆三十五周年纪念文集. 上海：上海图书馆，1987：8-9.
[16]李芳馥. 上海图书馆筹建工作回忆[J]. 图书馆杂志，1982(3)：4-5.
[17]上海图书馆业务辅导部. 上海市公共图书馆概况[M]. 上海：上海图书馆，1989：28.
[18]岳良木一贯仇恨共产党[N]. 新民报晚刊，1957-10-13(2).
[19]于为刚. 我的一段记忆[G]//上海图书馆. 我与上海图书馆[M]. 上海：上海科学技术文献出版社，2002：107-113.
[20]时任国立社会教育学院教授、国立中央图书馆负责人岳良木1956年"申请调派至全国仅有的武汉大学图书馆专修科或北京大学图书馆学专修科任教图书馆学课程报告"(八页 HXTX2391)[EB/OL]. [2019-11-28]. http：//www. kongfz. cn/24102372/.
[21]钱存训. 怀念顾起潜先生[M]//钱存训. 东西文化交流论丛. 北京：商务印书馆，2009：257-264.
[22]华东师范大学图书馆学系[G]//全国高等学校图书馆工作委员会秘书处. 全国高等学校图书馆工作会议文集. 北京：全国高等学校图书馆工作委员会秘书处，1981：297-298.

作者简介

郑锦怀(1981—)，汉族，福建德化人，硕士，泉州师范学院图书馆副研究馆员，兼任中国图书馆学会第九届理事会学术研究委员会图书馆史研究专业委员会委员、福建师范大学图书情报专业学位硕士生导师；入选第五届"泉州市青年拔尖人才"(2018)、泉州市高层次人才(第五层次)(2019)，获颁第12届"泉州青年五四奖章"(2019)。

主要研究兴趣为图书馆(学)史、翻译与中外交流史等。主持完成教育部人文社会科学研究青年基金项目"戴志骞外文著述整理、翻译与研究"(项目编号：13YJC870034)，目前主持国家社科基金后期资助项目"民国图书馆学教育年谱"(项目编号：19FTQB002)。已在《中国图书馆学报》《大学图书馆学报》等CSSCI来源期刊及全国中文核心期刊上发表论文20多篇，出版《中国现代图书馆先驱戴志骞研究》(中国海洋大学出版社，2017)、《林语堂学术年谱》(厦门大学出版社，2018)等著作多部。其中，《中国现代图书馆先驱戴志骞研究》先后荣获中国图书馆学会第一届"中国图书馆史志优秀图书评选活动"一等奖(2018)和福建省第十三届社会科学优秀成果奖青年佳作奖(2019)。

父亲的足迹

——纪念毛坤先生辞世六十周年①

毛相骞

2020年，迎来新千年的第三个十年，恰逢先父毛坤先生辞世60周年。先父晚年多病又接连经历了两次运动冲击，使他过早地离开了这个世界。现在，与我同在四川大学校园里成长起来的少年伙伴们，已年过古稀。比较起这批同龄人来，我就要先于他们来做这样的纪念和回顾了。

先父毛坤(体六)先生，1899年9月22日诞生于四川省宜宾县高升乡上学堂坝村白果林旧居②。20世纪20年代，先后毕业于武昌文华大学图书科和北京大学哲学系。先父一生留下大量的书稿，后来大部分散失了。除生前已发表的若干著作外，这些书稿主要是论文、译著和为教学需要而编写的讲义。学者们将先父著述按照目录学、图书馆学和档案学来分类研究。笔者协助过他们的工作并参与搜集、整理材料。循着先父生活的踪迹，这些著述先后完成于武汉、重庆和成都的工作时期。在不同的历史背景下，它们与作者的命运紧密相连。

武汉时期，在武昌昙华林，正值文华公书林的初创和发展阶段。1928年起，先父从这里开始了服务图书馆事业的道路。在文华大学图书科和后来独立办校的武昌文华图书馆学专科学校(以下简称文华图专)，先后担任助教、讲师、副教授和教授。同时他还担任学校季刊社长兼总编辑。在图书馆界和学校里他是最活跃的成员之一，曾两度代理教务长职。这一时期被图书馆界前辈严文郁先生称为中国图书馆事业的“茁壮时期”，在这一阶段里先父的著述充分地体现出当时的特色。他在学校的季刊和其他图书馆学杂志上发表的论文、译著以及教学讲义，已部分收入《毛坤图书馆学档案学文选》。

1932年夏季，先父利用假期回乡省亲，接受中华图书馆协会的委托，从四川宜宾乡村

---

① 毛坤，文华图专本科第七届(1926年9月—1928年6月)毕业生。本文作者毛相骞为毛坤之子。

② 现在的学堂坝地方已划归宜宾县孔滩乡管辖，分为上、中、下三个学堂坝，毛坤先生诞生地属于上学堂坝村的白果林旧居。2004年4月笔者前往探寻，曾有一段文字记录，节略于后：沿着中学堂坝村旁的田间小路上行，两边山势逐渐增高，不多时就到了上学堂坝村的沟底。上学堂坝村坐落在高山半腰，面临越冬的层层梯田，背坡满植竹木，其境浓郁秀美。据我们的初步了解，父亲和姑、叔辈的诞生地就在这个村落近旁。

出发，作四川省图书馆现状的调查。他克服种种困难，首先到自贡、内江、资中、资阳、简阳而达省会地成都实地考察；然后顺长江东流到宜宾、泸州、重庆、万县各地，最后写成《四川省图书馆调查报告》①。今天，我们再次阅读这篇报告，仍旧可以感受到20世纪初期，四川省地浓郁的人文风貌，特别是先父深入调查研究的优良作风值得学习和发扬。

抗日战争爆发后，文华图专西迁重庆。学校的教职员中只有先父是四川籍贯。为了减轻学校的负担并顾及家人安全，在迁校前，先父送家属回到宜宾老家漆树乡居住，安顿后就回到武汉，随全校师生一起来到山城。

文华图专最初借住重庆曾家岩求精中学校舍继续教学。当时的生活条件十分艰苦又随时有日本飞机轰炸的危险，但师生精神却很振奋。这种情景可以从沈祖荣校长的一则文字里得到体现："为图书档案安全计，特制手提书箱书袋两种。平时列成书架，便于取阅；一遇空袭警报，则男生提箱，女生背袋，转运至防空洞内。"那时，若遇敌机出动，重庆市区就会发出预行警报，学校师生随即进入防空洞内躲避。先父只身在校无需照顾家小，因而行动便捷，他便利用预行警报后的间隙时间继续读书写作，待到紧急警报响起再从容撤离。1941年5月9日敌机轰炸重庆，求精中学内的文华图专附近中弹多处。空袭警报解除之后他回到房间，发现此前摊开的书本里竟然嵌进了一块炸弹片。这年暑期，先父返乡休假，带回了那本16开的精装书本，触摸着这块可夺去中国平民生命的弹片，给童年的我带来难以想象的震撼。

同年7月7日学校再次遭日机更严重轰炸，师生宿舍中弹被毁，文华图专进入到历史上最困难的时期。此时，先父挺身而出，担任文华图专教务长职，肩负起辅助沈祖荣校长管理学校的重任。后来校址迁移到嘉陵江北岸的乡间廖家花园，这里远离中心市区，较为僻静安全，但是不通公路、没有电灯，连饮用水都只能以防空洞里的积水代替。在这样的困难条件下，教学活动正常进行，先父的著述和教学活动仍在继续。由于物资的极度匮乏，许多报刊停办，除《建国教育中之图书馆事业》一文发表在《中华图书馆协会会报》(1939年第13卷第5期)上之外，先父的其他约10篇著述，大多用毛笔精心写绘在粗质土纸手稿上。如果不是那纸质的粗糙，我们今天一定会以为它们产生于和平年代。八年抗战时期，文华图专的师生关系更加融洽，他们对学校的深情、对图书馆事业的忠诚令人敬佩。当时入学的许多川籍校友，后来成为川、渝两地图书馆界的骨干力量，推动了内地图书馆事业的发展。

抗战胜利后的1947年1月，先父接受四川大学的聘请北上成都，任四川大学教授兼图书馆馆长，踏上了他服务图书馆事业的最后一段人生之路。他主持馆务并与程永年(时学)副馆长在文学院和师范学院分别开设目录学和图书馆学等课程；他在校刊上发表文章，介绍宣传图书馆的功能。1949年，成都临近解放，在社会秩序混乱和物价飞涨的形势下，先父坚守工作岗位并撰写完成了《西洋史部目录学纲要》讲义，他竭力保护学校的图书财产免遭

① 《调查四川省图书馆报告》发表在《中华图书馆协会会报》1932年第8卷第3期，并收入《毛坤图书馆学档案学文选》。

损失。他与程永年副馆长一起，在四川大学图书馆的岗位上迎接解放时刻的到来。

中华人民共和国成立后，先父毛坤先生继续主持馆务并被遴选为四川大学校务委员会委员，积极投身工作和各项运动。

20世纪50年代中期，在向科学进军和百花齐放政策感召下，先父进入了他为图书馆事业服务后的又一个著述高潮，留下了大量文稿。这个时候先父年龄已过中年，需要及时地总结自己的学术成就和工作经验，表现出一个学者的责任和忠诚。他就是以自己这种特有的方式积极响应号召回报社会的。

在向科学进军的运动中，图书馆要做好服务工作，先父撰写了数篇有关的论文，提出自己的见解和措施。他在《标题目录与科学研究》的开头写道："我写这篇短文的目的是希望在今后有更多的图书馆进行标题目录的编制。为甚么呢？因为现在大多数人在向科学进军。进军需要广泛的材料。"他在《高等学校系组图书室管理问题》又说："在科学进军中研究者好比主帅，图书总馆、系组图书室、系组资料室……配合联系，组成后勤部队，跨进先进者的水平，并非不可能的事。"他还向学校建议成立图书馆科学研究小组，参与高校间的考察学习，推动图书馆工作。在《试论联合目录》一文里，他写道："解放后对这一工作很重视，除各地图书馆陆续编制了一些地区性和专题联合目录外，科学院及高教部系统图书馆都在编制着规模比较大的联合目录等。更可喜的，在国务院科学规划委员会的领导下，于今年9月初正式成立了《全国图书联合目录》编辑组，并已开始了工作。"

1956年秋，先父再次被遴选为四川大学校务委员会委员。

1957年，先父撰写了《略论关于旧档问题》和《中国国家档案馆规程草案》两篇有关档案学的长文。他在与戴伯行代理校长交流的信件里写道："解放后我国档案事业，为党的革命方面及历史方面重要事业之一。以苏联在档案事业上之注意与进展观之，我国重此，诚属远见。"他始终在关注着国内外档案学学术动向和发展。

1957年秋季，学校的反右运动到了深入阶段，先父的处境非常困难。他被"划右"的正式宣布时间，大约是在1958年春节。21年后的1979年3月，上级组织对他的右派问题做出改正决定："恢复名誉，消除影响。"

1960年6月1日，先父走完了人生的最后路程，在四川医学院附属医院病故。现在这个旧址已经盖起恢宏的医科大楼，装置着先进的医疗服务系统。历史翻开了新的一页。

今天，循着先父毛坤先生走过的足迹，阅读幸运保存下来的书稿——那些泛着淡淡的黄色、渗透出沧桑气息的纸片，或许我们能让这涓涓细流，重新汇入到人类文化历史发展的长河中去。回忆过去，展望未来，循着先父不断奋进的精神，踏着他走过的足迹前进。

2019年9月3日完稿

作者简介

毛相骞(千)，四川宜宾人，1936年生于湖北武昌昙华林，成都冶金实验厂高级工程师，现已退休。

好好学习，天下无敌

——学习毛坤先生关于图书馆员教育培训手稿

党跃武

毛坤先生(1899—1960)1928年6月，由武昌华中大学文华图书科毕业，是我国著名的图书馆学家和档案学家，曾任武昌文华图书馆学专科学校教授兼教务长、四川大学教授兼图书馆馆长。在毛坤先生家人将其部分遗著手稿捐赠给四川大学中，有三篇专论图书馆员教育培训相关问题的手稿，现结合当前图书馆管理实践，谈一谈个人的学习体会。值此武汉大学信息管理学院成立100周年之际，特以此文纪念文华图专的先贤们。

一、主要内容

在毛坤先生三篇专论图书馆员教育培训相关问题的手稿中，第一篇从图书馆员的数量与效率的关系切入，充分说明要提高图书馆员的服务效率必须大力开展图书馆员教育培训。在此基础上，第二篇专门讨论图书馆员教育的方法问题，第三篇则强调的是图书馆干部教育培训是图书馆员教育培训的样板和示范。现将三篇短文全文照录如下。

图书馆工作人员之多少及其效率问题

毛坤　1956年6月30日

(1)图书馆人员之多少和效率之条件

要人少效高，须工作人员品德好。要哪些品德呢？相当文化、准确判断力、专业知识可靠、礼貌、多谋、机智、敏警、对工作有兴趣、记忆力、求新知、对人有兴趣、想象力、适应性、有恒心、乐观合作、系统性健康、创造性、勤劳快速、平稳安闲、稳重忍耐、有效力、清洁。

(2)人员之文化水平、业务技术高，可以人少效高。

(3)人员之健康、年龄、性别适中，可以人少效高。

(4)人员之生活福利条件好，至少不闹情绪，如薪资之高低、住房之好坏远近等，可以人少效高。

(5)图书馆藏书之多少影响人员之多少。藏书之性质、种类，相应文字语言种、册、卷、部之计算不同，影响人员之多少与效率之高低。

(6)图书馆读者之多少，种类、性质不同，影响人效。

(7)图书馆房舍建筑之方式合用与否，集中或分散，内部之布置与设备完备与否，影响人效。

(8)图书馆所在之地域在城市，在郊区，在离文化中心、政治中心之远近，影响人效。

(9)图书馆每年的经费(主要为购书费)之多少，所购书之性质、种类、文字、册数、种数、单本、复本、本市购、国内购、国外购、难购、易购书；普通经费及普通期刊之外额外经费与书刊之多少，如重点费、特别费、馆外研究费及赠来之书、交换来书、调整来书、整旧之书、自印自打自抄自影自照之书，影响人效。

(10)图书馆管理上工作上所用之方法，是正规法吗，是临时简单法吗，有一定的规程可遵守吗，是遇事商量请示吗，影响人效。

(11)工作方法利用先进方法没有，改良作业方法没有，开动脑筋没有，用包干法吗，用流水法吗，都影响人效。

(12)人员工作职守之分配得当与否，影响人效最大，是各得其所吗，是所专非所用吗，是心有余而力不足吗，是力有余而工不足吗，有的满头大汗吃不消，有的潜力未发挥，都影响人效。

(13)图书馆有优良的业务学习制度吗，有好的建议制度吗，有好的组织制度吗，奖惩制度吗，会议制度吗，注意为人民服务发挥潜力和积极的思想政治学习制度吗，有晋升制度吗，有退休退职休息制度吗，有考勤请假制度吗，有详细规定之各组各室各人应行负责并可自行处理之事项之制度吗，都影响人效。

(14)图书馆推广事宜之多少，如有无新书报道，有无新书目录，有无要管系组图书室，有无在馆内自办之书刊装订修补工作，有无展览报告、开座谈会工作，有无参考资料工作，都影响人效。

(15)校外人士来馆参观，学习请教，来信要求解答关于图书馆技术问题，校外人士来观请求阅览、借书、抄书、打书之多少，影响人效。

(16)教职工生对于图书馆要求提意见之多少，影响人效。

(17)图书馆在工作上所用之家具、工具、用品及参考资料完备适用与否，人员曾好好地利用与否，能利用与否，影响人效。

(18)讨论问题，这些问题均有影响到人效。订购片、登记法、单简法与正规法(查重本、详考证、严区分)定量与定质法、帖袋贴签法、换字法、流水与包干法、借书法(押证法、卡片制法、开架法、闭架法)、入库法。

图书馆工作人员之学习训练问题

毛坤　1957年

由最近图书馆的动向和图书馆出版物上的记载看来，都可觉察图书馆干部问题的重要。我今步各位先生之后，对于训练的方式问题，提出一点个人的看法，请教大方。

（一）训练的三要素，一曰学生，二曰教师，三曰教材。从前愿学图书馆和愿从事图书馆工作的人不多。自从近年来图书馆事业有长足的发展及国家规定图书馆为学术性机构，地位日益提高，向往的人也日益增加。武大图书馆系一位朋友告诉我说，往年招生情形不太好，今年则甚为拥挤，考生甚多，现任馆员也都想学业务。由此可见，今后学生是不成问题的。至于（1）教师受过专业训练又有经验的人当然好，但若本来文化高、从事图书馆多年，饶有经验者，亦是好教师。况且教师不一定要学图书馆专业，如语言教学有经验的，行政工作有经验的，辅助科学如工具书、历史文学教学有经验的都是好教师。甚至照相家、会计家、美术家都用得着，目录学家更是需要的了。如此，则教师也不虞缺乏。（2）教材眼目下尚无各方面适当的教材，但正规训练学校已编有讲义，各地各馆短期训练班也印行了一些教材，可惜尚未公开发行，颇不易得。个人的意见以为不妨由热心者仿美国ALA小册子的办法各题分编，由中国图书馆学会印行，各处都可以采用。题目不妨分小些，容易成篇而专述。一题不一定只限一本，如有两三本都可取，不妨都予印行。质量不必取得太高，以通俗实用为主，而较精深巨大之作，则由专家或图书馆学系教授负责为之。

（二）几种训练方式

（1）正规训练

从前如像南京的金陵大学、武昌的文华大学，较后如像苏州的社教学院及重庆的西师等都曾作正规训练。所谓正规训练者，有较长之期限，一定之名义，固定之教师、学生，排定之功课、教本、讲义与毕业后之出路等而言。最近则北大、武大之图书馆学系规模较前宏伟，可惜每年毕业生有限，尚不足以应付全国图书馆事业发展后之需要。而训练与实习往往难于照顾各种图书馆之要求，而要人者又往往想得一为十之全面人才，其间不无矛盾。

（2）短期训练班

次于正规训练或所以补正规训练之不足者，有所谓短期训练班。此种方式，各地不同，大都以抽调在职干部受相当时期二三月之时间学习统一规定之办法，各回本馆工作。此法在目前是一项较好的办法，既可学习统一之规程又可彼此交流一些经验。举办方多由地方文化教育机关与当局提倡主持，辅助号召各图书馆协助之，或出教师或派学员。对此，东北进行最早，最近北京均有举行。设课开科，名家巨学担任讲授，闻其结果甚为满意。近日四川成都各图书馆曾组织图书馆业余学校，每周上课一整天，准备学习一年半。抽调当地各馆在职干部参加训练，已进行一学期。结果成绩好坏，尚难预见。不过，学生对于图书馆技术有一较完全之了解，则无疑属有益之事。教师由各馆适当之人员分担，并编有讲义。教师之车费及印刷讲义费则由成都市文化局担任，办法亦颇不错。

(3)单课训练

这指学校中在适当科系添设图书馆学一课，选修或必修均可。高等学校从前有所谓图书馆利用法一课，其目的有二，一则使学生能利用图书馆书刊资料，便利学习和研究；一则将来有机会亦可从事图书馆工作，对于图书馆技术不了解者为适宜。现今中学生有农村者，有作公务员及教学辅助人员，资料员者，若能在中学设法教一点图书馆学，也未始不好。曾在高等学校受过单课训练之中学教师，即可附带讲授并负责主持学校之图书馆工作，一般所谓teachers' librarian者是也。学生看一点图书馆知识，将来在大学中也较善求利用图书资料，诚一举两得之事。

(4)指送训练

这指某个图书馆新办或缺少工作人员，一时难于觅得适当或有一定训练与经验之人，则可与当地(较远一点得馆亦可)较大之馆协商，由用人之馆指定送一定数目之人员前去学习。以我们川大而论，农学院要独立时，除我们调整一部分人与他们而外，院方事先就指送数人来我馆学习。又有成都的中学及专科学校，也时有指送人员来馆学习的。我们据他们各馆的具体情况予以一年半年，一月甚至只有一周的训练，回去的情况尚觉不坏。而且既已发生关系，有问题随时见面谈或书面解决，也属彼此有利。

(5)业中训练

这指各馆在馆中的工作人员的业务训练，这在现时是重要的。以我们的大图书馆而言，屡经调整，馆中所剩旧人寥寥可数，新来生手事事均须带作，而调动频繁生手亦不易得，诚属苦境。不得已，亦只有自力更生自行训练。大家掌握了一些技术，情绪精神才能也比较安定。我们初初全体读一种书，定期讨论，效果不大。因为文化程度不同，各人工作不一，精神难于集中。几经更变，本期将所有人员分为甲乙丙三班，每班每周上课一次，双周依其程度讲述图书馆通说，单周分订购、编目、借阅期刊参考三组上课一次，讨论或讲解各组有关的业务。大家尚有兴趣也颇解决问题。主讲之人即在馆中选任，也编一些学习参考资料，由学校印刷。附近之图书馆工作者亦可来馆参加，如成都工学院隔我们近，即有四五人来我馆参加学习讨论。

(6)交换训练

这指国内国外的交换馆员，这在学习方法、交流经验尚都是很有益的。我们以为对苏联图书馆最应设法交换馆员，因为苏联有很多先进方法我们不知其详。其他国家亦可逐渐进行。国内只要有人提倡，是容易办得到的。比如北京图书馆规模大，倘若我们有一二人去交换，可以有很多收获。其详细办法可由交换馆间磋商各要何种人、好长的期限、住宿、旅费、津贴如何处理。

(7)考试训练

这指各个图书馆利用考试之法而言，由图书馆学会编出一定之教本。如前所说之小册子亦可，并分登记公布考试题目。凡能答复或完成某种题目或工作的人，就给以某级馆员之证明书，这又由有志人抽业余时间为之，殊无限制。即使没有升上其级位或甚至不参加考试，于其本人做学问之法亦是有益的。

(8)其他训练

如函授训练，这与考试训练差不多，而较有组织和步骤，与正规训练和短期训练也有相同之处。现在北大图书馆系已在试行此法，行之不久，尚未总结，效果如何尚难确说。但其必定与图书馆事业和工作之有利益，则可断言。此外，则个人带徒弟为从前之私塾然亦可训练一些人才，至于专业专事，如打字、写艺术字等更可由私人传授。

总之图书馆工作人员缺乏，不妨应用多种多样之方式来培养训练，使图书感事业更为光大。

图书馆干部训练小识

毛坤　1957 年

(1)序言

(2)正规式的学校式的(a)学校中之一系科，学校中系中之一课式的(b)留学式的训练

(3)短期二三月在职人员训练由文化教局当局及各地图书馆学会主持

(4)交换馆员训练(a)与外国交换(b)与国内交换

(5)送馆训练

(6)函授训练

(7)考试训练

(8)一般民众之普及与提高、新生入学之图书馆报告、图书馆定期为众读者作图书及目录之利用报告。

(9)图书馆刊物之灌输训练

(10)训练之要素(a)教师(b)学生(c)教本(d)环境

二、学习心得

(1)高度重视图书馆员教育培训的重要性

在2019年国庆前夕，习近平总书记在给国家图书馆老专家的回信中，为我们指明了“传承文明、服务社会”的初心和“滋养民族心灵、培育文化自信”的使命。党的十九届四中全会明确提出“坚持和完善中国特色社会主义制度、推进国家治理体系和治理能力现代化”。因此，对于图书馆来说，就是要以基本建设和资源建设为前提，促进图书馆发展方式和发展生态现代化；以制度建设和能力建设为抓手，促进图书馆治理体系和治理能力现代化。“创新发展”关键是“造就人才”。要实现这一目标，靠的就是具有强大力量的广大图书馆员。这是当前和今后相当长历史时期图书馆事业发展和改革工作的重心。

习近平总书记指出：“创新的事业呼唤创新的人才。实现中华民族伟大复兴，人才越多越好，本事越大越好。知识就是力量，人才就是未来。”今天，创新发展已经成为新时代图书馆新发展的必经之路。只有创新发展才能使作为“一个不断生长中的有机体”的图书馆生命无限、天下无敌。每一个图书馆都要准确把握党和国家的政策、努力适应事业发展的大局、充分厘清图书馆建设的目标。正如诗人雪莱所言：“一切取决于人才”。在任何时候，在图书馆创新发展中，人才就是关键，馆员就是关键。由于信息管理技术和方法发展迅猛，知识更新速度很快，加之图书馆员来源往往具有多学科性，图书馆员教育培训尤其是信息管理专门知识和技能的教育培训极有必要。

(2)充分认识图书馆员教育培训的艰巨性

习近平总书记指出：“中国要永远做一个学习大国。”图书馆要永远做一个学习型组织。四川大学图书馆的馆风就是“忠于所学”“继续求学”，语出老校长任鸿隽1937年毕业典礼训词：“到社会必须用其所学，方可望有所阐发……故应忠于所学。”“要继续求学的精神，随时随地留心，不断的努力”。对于一个图书馆，无论多么强大剽悍的馆长，一个人也干不成所有的事情啊。对于一位将军来说，最可怕的是，当你金戈铁马驰骋疆场时，回过头来，发现身后空无一人。只有加强以学习能力、管理能力、服务能力和发展能力为主要内容，开展以馆员为主体的图书馆员教育培训，才能真正造就人才，才能真正以管理服务的新举措，实现管理服务的新突破。

正如毛坤先生强调的那样，搞好图书馆员教育培训，必须重点抓好“学生”“教师”“教材”三个方面，要把握好图书馆员的需求和需要、发挥好教育形式的功能和作用、利用好环境因素的影响和导向。图书馆员教育培训的方式很多，其中最基本的方式，一是积极开展丰富多彩的馆员在职培训，二是让馆员在“大海中学会游泳”，两者必须紧密结合起来。图书馆员在职教育培训具有普及性、针对性、实用性、速成性和多样性等特点。搞好图书馆员在职教育，一定要领导重视、组织得力、班子健全、体系完善、考核严格。所谓让馆员在“大海中学会游泳”，更是要运用工作实践，尤其是大项目、大活动的机会来锻炼他们，主动给他们“压担子、搭梯子、指路子”，使他们能够更好地“干中练、干中学、干中长”。宋代林逋在《省心录》中告诉我们：“木有所养，则根本固而枝叶茂，栋梁之材成；水有所养，则泉源壮而流派长，灌溉之利溥。”只有大力抓学习，协力抓人才，强力抓服务，通力抓发展，才能夯实新时代图书馆新发展的重要基础，抓住新时代图书馆新发展的关键所在，突出新时代图书馆新发展的重点方面，凝聚新时代图书馆新发展的强大力量。

(3)努力发挥图书馆员教育的现实性

“造就人才”主要是“创造未来”。日本著名企业家松下幸之助曾经说过：“如果有顾客问，松下电器公司是制造什么的?”他说应该这样回答：“松下电器公司是制造人才的地方，兼而制造电气器具。”任何有社会责任心的社会组织，任何图书馆都要把培养人才和使用人才放在头等重要的位置上，不仅要为图书馆管理和发展提供人力资源保障，而且要为图书馆乃至社会造就一大批人才。正如毛坤先生分析的那样，人员的效能或效率不独是简单的数量或者自然形成的结果，也不是简单的某一因素的作用，是复杂而现实的系统工程效用的体现。图书馆员教育培训和图书馆干部教育培训都必须基于人的全面发展的思想，不能把人看成一种工作机器，要让“人的内在的、潜在的能动性得到最大限度发挥，人的合理的、各方面的需要得到最大限度满足”。无论是开展岗前培训还是开展在职训练，无论是进行短期培训还是进行专门训练，无论是给予工资福利保障还是提供晋升发展机会，无论是组织文化的形成还是组织氛围的改良……归根到底都是要为图书馆每一个馆员创造发展良机、促进潜能发挥、协同实现价值。

习近平总书记号召我们：“只争朝夕，不负韶华。”让我们以百倍的勇气、千倍的用心和万倍的毅力，向一切挑战和困难进军，通过更加积极、主动、有效地开展图书馆员教育培训，突出图书馆干部教育培训的示范和引领作用，努力把学习贯彻落实党的十九届四中全会精神的实效，在促进图书馆治理体系和治理能力现代化中，真正转化为发展的动力、前进的方向和优异的成绩，真正把图书馆锻造成为深化改革的先锋队、智慧服务的火车头、创新服务的力行者和文化建设的排头兵。

参考文献

[1]梁建洲，廖洛纲，梁鳣如．毛坤图书馆学档案学文选[M]．成都：四川大学出版社，2000.

[2]党跃武．现代信息机构管理[M]．成都：四川大学出版社，2001.

作者简介

党跃武，四川大学图书馆馆长，四川大学公共管理学院教授，教育部高等学校图书情报工作指导委员会副主任委员，四川省高等学校图书情报工作委员会副主任兼秘书长。主要研究方向：图书情报服务，信息资源开发，大学文化建设。

旧雨新知

——写于武大信管院百年庆典之际

黄传宁

1950—1960 年，我还在念中学时，家中常有父亲朋友来访，他们坐在竹篱墙内的院子中，喝茶聊天，四周围着茂叶的高树，头上顶着点点的繁星。徐徐的晚风渐渐吹散台北的炎热。当夜凉如水时，他们才尽兴离去。

至今 60 年后，我仍记得两位父执的大名，是姜文锦和蓝乾章两位伯父。多年后我知道他们后来都在美国图书馆系任教。原来他们与父亲都是文华图专的同学，我推测他们大约是 1930 年前就读文华的吧。

最近一两年，我才从彭敏惠教授处得知文华图专就是如今武汉大学信息管理学院的前身。真是又惊又喜，相信 60 年前在我家院中乘凉聊天的文华父执辈们一定也万分欣慰及无限骄傲。

我大学毕业后来美，也修了图书馆硕士及资讯科学博士，似乎是这些前辈们在召唤。虽然后来我从事的是电信通信业，却仍努力在多媒体研发，就是希望能用新科技来丰富图书馆学的发展，使它能更有效的去经营资讯及知识的管理、传播及应用。

我要特别感激彭教授，她使我知道文华图专与武大的渊源，家母吴耀玉也毕业于武大哲教系。希望武大同学有空时看一下家母所写的“三教蠡测”或她的四本英文书，由美国南加州大学出版的。

恭喜武大信息管理学院 100 岁了。家父母一定非常欣慰，因为他们深爱武汉大学。我们全家也会永远感激及珍藏彭教授为他俩编撰的画册：

”倾尽一生一世，相伴花月诗文”，是一本精美典雅的文艺创作。

敬祝贵院全体师生生日快乐，从此更加出类拔萃。

黄传宁　敬笔　2019 年 10 月 24 日于美国加州

作者简介

黄传宁女士，美国图书馆学及资讯科学博士。曾任职美国贝尔实验室（AT&T Bell Labs），主持研发、市场管理、企业发展和公司策略等工作。并创立亚太妇女联盟（AT&T Asian/Pacific Islander Women's Forum）。黄传宁博士乃武汉大学校友吴耀玉教授与文华图专校友黄作平先生之女。

一段祝福语

黄景行

武汉大学信息管理学院：

值此亲爱的母校武汉大学信息管理学院创立一百周年纪念之际，敬致诚挚的祝贺！

祝母校日益发展壮大，为新时代我国的信息管理教育、培养高质量专业人材，作出进一步重要贡献！

校友 黄景行 上

2019 年 10 月 14 日

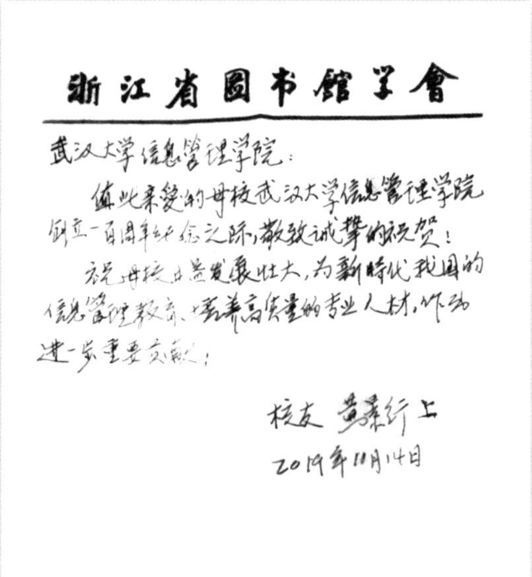

浙江省圖書館學會

武汉大学信息管理学院：

值此亲爱的母校武汉大学信息管理学院创立一百周年纪念之际，敬致诚挚的祝贺！

祝母校日益发展壮大，为新时代我国的信息管理教育、培养高质量的专业人材，作出进一步重要贡献！

校友 黄景行 上

2019年11月14日

地址：杭州大学路 电话

作者简介

黄景行，研究馆员。原名黄金印，陕西洋县人。1945 年 9 月于重庆入读文华图书馆学专科学校图书科第八班，1947 年毕业。

1947 年 8 月由学校介绍到台湾省图书馆工作。1949 年 2 月离开台湾地区，到杭州浙江图书馆工作，在四十余年的业务实践中，工作遍及阅览流通、图书采编、科技服务、书目参考、业务辅导、图书馆学专业教学、浙江省图书馆学会会刊编辑等各个方面。

著有《黄景行文集》。编有《茅盾著译图书系年》《茅盾研究参考资料》《中国文学工具书辑略》《中国文学部分类名释义》《目录学讲稿》等。

抗日战争时期的一朵奇葩

张明星

“浩浩天宇，茫茫神州，人类进化悠悠，经籍辉煌，典藏博大，圣贤教化永留，文华图专，循循善诱，知识诸宝是求，博我以文，约我以礼，智慧服务群俦，愿同学勤研究，立功立言不朽，亲爱精诚团结，为国为民奋斗”。

一曲质朴、优美、安详的校歌，唱出了文华图专建校的宗旨，对青年学子的殷切期盼，和当代学生们的奋斗目标。

早在八十多年以前，美国著名学者韦棣华女士来到中国，她为了在中国发展图书馆事业，不辞辛苦，八方奔走，捐募办校资金，争取到庚子赔款，又竭尽全力选拔人才，运筹帷幄，倾其一生的精力，终于在20世纪30年代初，创立了这一所全国闻名、独一无二的文华图书馆学专科学校。自从该校的成立，到我入校学习，文华图专已有二十来年的校史，继承韦女士事业的是美国留学生，名冠全国、荣称“中国图书馆学之父”的沈祖荣校长。

追溯到1937年以后，东方巨龙觉醒，抗日战争爆发，举国上下，同仇敌忾，为了逃避敌人轰炸和奴隶统治，保护珍贵的文化遗产，我国各文化团体、大中学校纷纷内迁，沈祖荣校长不惧艰险，1939年冒着枪林弹雨和敌人的轰炸，将学校从武昌的珞珈山迁往陪都——重庆，两年以后，为了躲避日寇的轰炸，又迁往重庆江北的廖家花园。

1945年春，我考入文华图专后，才知道它在当时已有十五年以上的校史。通过两年的学习，到今日我依旧深深地感到：文华图专，这一质朴、深邃、博大、精深的图书馆学最高学府，在抗战时期不愧为重庆市的一朵奇葩，它骄而不艳，低而不俗，默默地耕耘，无私地奉献，总结有以下独特的优点：

1. 学费低廉

旧社会的私立学校都是要缴纳过高的学费，而中下贫苦阶层，只得望洋兴叹，如上海的圣约翰、天津的南开中大学，老百姓称为“贵族学校”。而文华图专自建校以来就以服务人民为宗旨，尽可能向贫困生敞开大门。1926年，一位才华横溢、风华正茂的年轻学子为武昌的文华大学所接纳，那就是毛坤老师。

1945年年初我考入文华图专，依靠家兄在滇缅前线当兵微薄的收入供养，完成了两年的学业，在校偶尔还能有勤工俭学的机会，我感到无比幸运和对母校的感激。

2. 师资优秀

毛坤老师为图书馆学、档案学和目录学专家，尤其在档案学方面，他创造性地开启了中国档案学和档案管理的先河。他有10本以上的著作，为我国图书馆情报方面做出了不朽的贡献。

徐家麟教授曾留学美国，教西洋目录学，他对于中国传统文化有精深的研究，又能将西方图书的科学管理与之有机结合。他在任教期间仍是孜孜不倦地刻苦钻研，为我校勤奋博学者师之最。

梁建洲老师教档案课，他一贯教学认真，循循善诱，耐心辅导。他继承了毛坤老师对档案学的创建，又进一步发扬、推广、付诸实践，听了他的课以后，感到档案学再不如以前印象中那样的呆板、枯燥，而是一门生动灵活、能运作于各个机关、部门、企业的学科，而且档案内容通常是该部门的要害、核心，学习档案学有比图书馆学更为广阔的天地。

李涌泉老师曾留学英国，他专门研究英文从拉丁语演变的语言结构。我还记得在一次有美国友人参观之际，他用英语问我：“莎士比亚的戏剧作品是悲剧还是喜剧(Comedy or Tragedy)?”我一时蒙了答不出来，他和蔼地说：“是悲剧(Tragedy)”。

沈宝环老师是校长之公子，是一位年轻有为充满朝气的好老师，当时年仅二十七八岁就写成了一本十进分类法，有数百页。他为图六班的主任，由于他善于团结群众，图六班成为全校闻名的模范班，其特点是互助互敬，和谐友善。

李永增老师的特点是有理想、能吃苦、十年如一日。在西北大学从基层凭着不懈努力，埋头苦干，得到多次提升，最后成为馆长。他有一整套的图书馆行政管理经验，也是德才兼备的典范。

陆华深老师曾留学德国，取得博士学位，他对于德国及欧洲图书馆事业了如指掌，听了他的课更开阔了眼界，得以知晓当时欧洲国家与美国图书馆之间各方面(包括分类、编目)的异同点与优缺点。

苗慧生老师教英文打字，她要求我们特别严，考试时每打错英文单词中的一个字母，就要倒扣10~12个英文单词，如果打字不练得纯熟，有时就得0分，甚至变成负数，如此，谁能不拼命苦练呢？她为人和蔼可亲，是我们女同学最尊敬的老师。

3. 环境优美

“廖家花园”在重庆江北，可以说是风景区中最最美丽的地方。记得我入学时是在1945年3月，春光明媚的一个早晨，走出喧啸的重庆，渡过嘉陵江沿着崎岖的青石板路过了小石桥就进入文华图专的校园，火红的山桃花和手掌大的粉红玫瑰是我永远难忘的。后来在图书馆看书时，一股从远方飘来的花香令人精神舒畅，问人才知道那就是野花“七里香”。忽又听到鸟鸣，抬头一望，是美丽彩色的小鸟，我在北方平常只见到麻雀和乌鸦，做梦也见不到有这样美丽的鸟呀！

同学们讲究卫生，注意保持衣物被褥的态法。当时很多学校都要有宿舍管理员、清洁工，而我校如此的清新整洁，全靠同学们自觉的清理打扫，人人都有劳动习惯。

校长沈祖荣不但是一校之主，整天要处理校内外重大事宜，但谁也没想到他又是学校花园唯一的园丁，每株花草、桃、李、橘子、丁香、海棠都是他亲手培育。想起这一切，对校长肃然起敬，自责我当时没有帮他出过一把力，多么遗憾！

4. 具有灵活的招生制度

一般高校必须等暑假后才能录取新生，而文华图专是半年招一次新生，这样就给失学者更多的入学机会，这在当时也是一个创举，给失学的青年学子争取到宝贵的时光。我也是提早半年入学的幸运者。

5. 有广阔的就业渠道

图书馆学在当时是个“冷门”，一般学生争上文科、理科，忽略了这门文理科大融合的图书馆学科，而这一学科又包含了丰富的外延和内涵。历届的文华图专毕业生，分布在全国各大都市图书馆和有名大学的图书馆，由于毕业学生本着文华的校训艰苦奋斗多年，已成为该馆的骨干力量，新毕业生正好是老学长的接班人，为此，在当时文华图专的各届毕业生都能受沈校长的推荐，绝大多数能有满意的工作，更不致尝到旧社会所常遇到的“毕业等于失业”之苦。

光阴荏苒，转眼已是耄耋之年，回忆母校，千言万语一句话，“它有独特的优点和魅力，是学校丛林中的一朵奇葩”。

2010 年 9 月 30 日

作者简介

张明星，女，现名张明，副研究馆员，1923 年 7 月 18 日生。1943 年 2 月天津耀华中学高中三年级时，从天津出发赴重庆求学，穿越日寇占领区和封锁线，跋涉千里，过豫、皖省登川鄂交界的兴山、神农架而到达长江口岸，9 月乘江轮到达重庆。1945 年 3 月，经历了两年的流浪生活后，考入文华图专。毕业后，任职于在河北工学院(天津大学前身)图书馆、台湾省立图书馆、天津市中苏友好协会资料室和俄文图书馆。1970 年下放至天津西郊王稳庄公社，为该地区成立农村社区图书馆，协助公社建立了“知青档案”。1979—1988 年落实政策到天津图书馆工作。

1984 年编写《西文编目实施规则》一书，为初学图书馆编目者参考。1985 年与人合译《图书馆使用电子计算机的先决条件》及《英美图书馆编目条例第一版》(未刊)。1986 年加入美国国会图书馆协会，1987 年参加美国国会图书馆协会年会(亚特兰大)。

追忆崇福山街的文华图专生活

讲述者：邓铭康　彭斐章　记录者：彭敏惠

邓铭康女士和彭斐章先生是文华图专的最后一届毕业生。他们于1951年入学，1953年毕业，当时的文华图专已改为公立，在武昌崇福山街2号办学。他们在文华图专共同学习和生活了2年并由此结缘，偕老白首。当他们回顾往昔岁月，对文华图专有着共同的记忆，也有不同的体验。试以以下5个问题为引，分别将他们的追忆记录如下：

1. 当时您为什么报考文华图专？入学前了解图书馆学吗？

邓：我报考文华图专主要是受到我大姐的影响。她名叫邓铭萱，是中华人民共和国成立前到文华图专求学，学图书馆学的。她告诉我这个专业很适合女孩子。中华人民共和国成立以后，社会变化特别大，而我当时报志愿的时候年纪还轻，才十八岁，外面这些事情我根本就不清楚，所以很愿意听取别人的建议。这是我第一次听说这个学校，对图书馆学也没有什么认识，但我想先读出来再说，所以就报考了文华图专。

彭：我和图书馆学结缘完全是偶然的。我到文华图专之前已经有过工作经历，在彭氏好古小学当老师，后来曾在湘阴县玉池地区高明乡中心学校当小学校长，但总是还想多读些书，所以就辞去校长一职，参加了1951年的全国第一次统一高考。当时我还年轻，一心只想到外面去，希望到远方去上大学，所以填报志愿的时候，选的都是华北地区的一些名校，最后选择“服从分配”。结果填报华北的考生太多，所以其他各区都被安排到生源地的区域内统一分配，我就这么非常偶然的被分配到武昌文华图书馆学专科学校的图书馆学科了。

当时的录取信息都在报纸上刊登了。《中南区高等学校1951年度统一招生委员会录取新生名单》是登在《长江日报》上的。文华图专的录取名单分了两批刊登，第一批在1951年8月23日《长江日报》上，里面写到文华图专录取了40名，第一个被录取的就是邓铭康。她当时是填了这个志愿的。由于我是华北区未录取而再分配的，所以在8月30日第二批名单上。我接到录取通知书一看，完全不了解图书馆学的情况，虽然想办法去打听，但直到上学还心存疑虑。后来在“土地改革”的工作中，我的思想也慢慢发生了转变，干一行爱一行，爱我所学，无怨无悔。

2. 你对文华图专的第一印象是?

邓：这个学校很小，像一个不是很大的家庭。学校里什么都有，食堂、图书室、宿舍……学校的校园很小，宿舍楼下面就是教室还有打字室。进了学校稍微大声一点，不用特别用力，说话全校都听得见。所以我记得后来迎接第三班(1952 年入学)的时候，欢迎他们办的墙报标题就是“怎么这么小”。我们去了以后，比我们高一届的只有 12 个人，我们这一届也就二十几个，一起总共也就三四十个学生。加上老师，人数也不是很多。住在学校的老师有皮高品，汪柏年，李涵、孙德安(管图书的)。另外一些老师不住在学校，像田洪都、汤成武、陈颂、陈培凤，他们都在外面住。大部分住校的老师和我们一起在食堂吃饭。食堂的杨师傅、副校长甘莲笙、李涵老师都和学生一起打篮球。大家就像一家人一样生活在一起。

彭：我从湖南长沙到湖北武昌去上学的时候，下了火车问路，问了好多人才找到学校，于是对学校的第一印象就是：学校太小了，小得让人不容易找到。

这个学校不仅校园小，人也少。我到了学校之后，有位女同学来迎接，她名叫傅椿徽，后来也和我一样留校当了老师。我跟着她进了校门，一进大门就是一个操场，尽头是几栋楼。右边前面两栋是女生宿舍，后面一栋楼的一楼是办公室和会议室，二楼是上课用的教室，三楼是男生宿舍。男生宿舍右边同样是一栋三层小楼，布局也和这栋楼差不多，一楼是总务、会计这些行政办公的地方，二楼是会议室、校长宿舍、打字室、教室，三楼是女生宿舍。

和她的聊天中我得知上一届同学总共 12 人，全部都是女生，我们这一班录取 60 人，只来了 28 人，加上教职工，全校总人数也不到一百人。所以正如文华图专老校长沈祖荣先生的儿子沈宝环先生所说的，“文华图专就是一所袖珍型学校”。

3. 您觉得文华图专的教学在哪些方面比较有特色?

邓：文华图专学习环境还蛮好的。当时课程很多，俄语和政治经济学等政治课，都由华中大学那边的老师来讲，他们学校的学生大多是工农兵的干部，教学质量还是很不错的。

我们当时不但上俄语，还上英语，图书馆学的专业课很多，像田洪都讲的图书馆经营法，吕绍虞讲的参考咨询，孙德安讲的中文编目，当时的教务长叫李廉，给我们讲分类。徐家麟也讲西文编目。在这里学的东西很新颖，都是以前没有学过的，所以我觉得都要好好学。除了理论，还要和实际结合。孙德安老师在学校图书馆工作，有时候他就叫我们去帮忙，打号、登记、编目这些工作我们平时都做。这些工作比较具体，我很有兴趣。

我当时还是年纪比较轻，让我去听课就听课，做作业就做作业。有些人年纪比我们大一些，特别是一些年龄比较大的女同学，她们学得更认真一些。

彭：注重实习和实践，这是文华图专的一大特色。学校的图书馆比较好，尤其是晚上，我们可以在图书馆里写作业、看书、进行自主学习。不仅如此，还可以让学生轮流到馆里值班。全校学生人数比较少，我们互相都比较熟悉，值班的时候特别方便。平时要是没有事情，图书馆那里有工作，我们也会帮着去做。比如图书馆要是没有人值班，我们学生就直接去值班，帮忙办理各种借阅手续。有时假期不回去，也会去图书馆帮忙。大家从进大学开始就在图书馆里做这些事情，就像孩子从小在家做家务一样，做得多了，自然就非常熟悉了。

4. 您对当时的几位校长有什么印象？

邓：我们的正校长是王自申，他兼任了华中大学的校长，所以基本上不管我们这边，就是一些政治学习开会、听报告会和华中大学一块儿。文华图专老校长沈祖荣在我们那时做了副校长，他年纪比较大了。主要管理学校具体事务的是另外一位副校长甘莲笙。这位校长待人简直是太好了！他是上海的老地下工作者，也是一个南下干部，从来没听他发过脾气，总是和你轻言细语的。他当时年纪也有五六十岁，住在学校，吃饭都和我们一块儿吃，有时也和学生一起去打打球。

彭：甘莲笙校长待人真是好得没话说，他当时一直住在学校里，也经常跟我们学生一块儿洗洗衣服。退休以后，他虽然长期重病缠身，双目失明，但仍然坚持每天听广播，听读报。我当学校学生会主席的时候，甘莲笙校长对我一直很信任，很多事情，他都交给我做，也支持我们年轻人多做事，他还是我的入党介绍人。

沈校长为文华图专奉献了毕生的精力，他的英语一直很好，后来他教俄文编目，就自己学习了俄语，因为懂英语，所以自学俄语也很快，只有发音不太准确。后来沈校长在 1977 年 2 月 1 日去世，当时“文化大革命”结束还没多久，由傅敬生、廖延唐和我为他在武汉大学开的追悼会拟定悼词，最后是由我致悼词，对沈校长“清白正直，成就斐然的一生”进行了肯定。

5. 校园生活中哪些事情给你印象最为深刻？

邓：当时的校园生活不像现在这么丰富。周六晚上有时去买票看看电影。校园活动以打球为主，大多数时候打篮球，打排球的时候都比较少。后来学校也组织过一些庆祝活动，要跳舞，男生女生大家一起排舞蹈，像黄洲生、曹彦芳他们都参加了的。学校有文娱部，曾经组织过唱歌。宣传活动相对多一些，吴勋泽是学校宣传队的，他负责组织大家一起剪字拉标语，这样的时候就需要很多同学一块儿帮忙剪字。我很喜欢参加，一边工作一边和同学聊天，大家在一起很开心。

同学们在一块儿一般都处得很融洽。当时其他学校学费很贵，像华中大学，学费讲几担机米，按照价格折成钱。我们学校是全公费的，不但学校不收学费，还给我们提供人民助学金。如果有同学家里实在是困难，学校还买棉花和布，让同学一起做棉垫子。做好的棉垫子给困难的同学用，而做这个活儿的同学还有工钱。学校是很为学生着想的。

彭：1951 年入学后一个月左右，湖北省政府需要一部分人去参加“土地改革”，就组织了我们文华图专和华中大学的师生去参加，直到大概是 1952 年 4 月才回来。虽然可能有人觉得参加“土改”耽误了一些学习时间，但对于我个人来说，收获特别大。

我高中毕业后已经工作了几年，还当过一年多的小学校长，工作时也做了些事情，有一定的经验。虽然具体到“土地改革”仍是不太了解，不过地方干部对我还是很重视，让我和他们一起，没有和其他同学在一个队。好在我的记忆力非常好，所以在阅读了一个小队队员的花名册以后能够迅速记住所有人家的成员，后面开展工作就比较顺利了。在工作中，我发现地方干部处理一些问题的方式很值得学习，我和他们之间的差距还很大。我们当时和农民同志同吃同住同劳动，充分接触，对当时农村的情况也熟悉了很多。“土改”不仅让我得到了很大的锻炼，还提高了我的思想觉悟，对国家的需要和人民的需要有了更深的认识和体会，之前对于学习图书馆学的疑虑从此打消。

后来回校学习，思想改造以后大整顿，学校成立了学生会等各种组织，我被推选为学生会主席，学校很注意利用学生会干部协助校方做学校的各种管理工作。我深切地体会到这所小学校有种自强不息的劲头。当学生会主席期间，我需要代表文华图专参加武汉市学联召开的各种会议和运动会。虽然我们学校人少，但是在市学联开会的时候，我和其他学校的学生会主席一样，都有投一票的权利。当时武汉市学联召开的运动会，只给我们学校两个名额，每次都是我和副主席胡家柱两人去，因为我们不去，也没有其他人去了。我一直都比较喜欢和擅长体育运动，在运动会中，参加了跳高和三级跳远项目。中华人民共和国成立初期，每年国庆的时候，我们还会去街上游行。游行的时候，我们文华图专就 40 个人，也打着旗子出去。文华图专就是凭着一股精神力量才能在中华人民共和国成立前度过那些艰难困苦坚持办学的。我认为文华精神可以总结为：自强不息，团结奋斗；兼容并蓄，开拓创新；爱岗敬业，服务社会。这种精神一直传承到今天。

作者简介

邓铭康，女，1953 年毕业于武昌文华图书馆学专科学校，长期任职于湖北省图书馆，1978 年 5 月调图书馆学系资料室工作，1983 年 9 月退休。

彭斐章，男，1953 年毕业于武昌文华图书馆学专科学校并留校任教。1956 年由国家选派到国立莫斯科图书馆学院(今国立莫斯科文化艺术大学)研究生部学习，1961 年 3 月毕业，获教育学副博士学位。同年回国，任武汉大学图书馆学系讲师，1978 年升任副教授，1983 年晋升为教授，1990 年 11 月国务院第 4 批确定为博士生导师，自 1991 年起享受国务院颁发的政府特殊津贴。1984 年至 1992 年任武汉大学图书情报学院院长。2004 年 9 月被遴选为武汉大学人文社会科学资深教授。2010 年 11 月荣获中共湖北省委授予的首批“荆楚社科名家”荣誉称号。从事图书馆学教育、教学、研究及教学管理工作直至 2019 年退休，主要致力于目录学、社会科学情报理论与方法的研究，出版专著、主编、参编、译著共 20 余部，发表学术论文 100 余篇。

百年院庆忆当年

——缅怀已故黄宗忠老师

詹德优

一、从文华图书科到武大信管学院

众所周知，武汉大学信息管理学院的历史，可追溯到1920年美国传教士韦棣华女士和我国“图书馆学之父”沈祖荣、胡庆生创办的文华大学图书科，以及1929年沈祖荣先生独立开办的私立武昌文华图书馆学专科学校。他们为开辟中国图书馆学教育事业，作出了不可磨灭的贡献。从文华图书科到1953年院系调整，图书馆学和图书馆工作研究取得了一些可喜的成果，相继出现了沈祖荣和胡庆生、查修、桂质柏的仿杜、改杜图书分类法，裘开明的《哈佛大学中国图书分类法》，以及皮高品先生的《中国十进分类法及索引》等。

从1953年院系调整到“文革”前夕，甘莲笙先生、沈祖荣教授、孙冰炎老师、徐家麟教授及黄宗忠老师，先后为院系调整、1956年的专升本及图书馆学系的教学改革，做了大量的工作。这个阶段，老师们编写了多本内部教材，并与北京大学图书馆学系、文化学院合作编写了《图书馆学基础》《藏书与目录》《读者工作》《目录学》等新教材，而且编制出版了《武汉大学图书分类法》。

从1972年恢复办系到1984年成立图书情报学院，黄宗忠、傅敬生、彭斐章、孙冰炎、严怡民等老师，为恢复办学、师资队伍建设、学科和专业的发展，作出了重大的贡献。先后调进了张琪玉、严怡民等知名学者，引进了胡昌平、邱均平等年轻有为的老师，教师队伍从几十人发展到100多人。学科专业，由图书馆学系发展为图书馆学系、情报学系、出版发行学系和档案学系等多学科专业。这个阶段，教材编写取得了丰硕的成果。编撰出版了黄宗忠老师的《图书馆学导论》，彭斐章等老师的《目录学》，詹德优、谢灼华、彭斐章等老师的《中文工具书使用法》，陈光祚老师的《科技文献检索》，张琪玉老师的《情报检索语言》，严怡民老师的《情报学概论》等教材。这些教材均荣获国家教委颁发的国家级优秀教材奖或高校优秀教材一、二等奖。

从图书情报学院到信息管理学院，彭斐章、傅敬生、黄宗忠、孙冰炎、严怡民等老师，以及马费成老师、陈传夫老师、方卿老师等，先后为学院的建设和发展，作出了突出的贡献。目前已拥有图书馆学系、信息管理科学系、档案与政务信息系、出版科学系、信息系统与电子商务系、保密管理系等多个系科专业。科研成果丰硕，出版了一系列著作与教材，仅图书馆学系就有黄宗忠老师的《图书馆管理学》《文献信息学》《图书采访学》，彭斐章老师的《书目情报及服务的组织与管理》《书目情报需求与服务研究》，谢灼华老师的《中国图书和图书馆史》《中国文学目录学》，周继良老师等的《图书馆分类学》，傅椿徽老师的《图书馆编目》，郭星寿老师的《社会科学文献学》《图书馆与资料室管理手册》，王秀兰老师的《英文工具书》，曹之老师的《中国古籍版本学》《中国古籍编纂史》《中国印刷术的起源》和《中国古代图书史》，陈传夫老师的《高新技术与知识产权法》《图书馆学方法论》，俞君立老师的《文献分类学》，黄葵老师的《阅读学基础》，肖希明老师的《信息资源建设》《文献资源共享理论与实践研究》《中国图书馆藏书发展政策研究》，袁琳老师的《图书馆信息服务与管理》《图书馆管理学》，黄如花老师的《网络信息的检索与利用》《信息检索》《网络信息组织：模式与评价》《数字图书馆原理与技术》，詹德优老师的《信息咨询理论与方法》《中文工具书导论》，司莉老师的《信息组织原理与方法》《信息组织的分类语言》，吴丹老师的《跨语言信息检索：翻译优化理论与技术》《多语言网络学术信息挖掘与检索》《信息描述实验教程》，孙更新老师的《文献信息编目》，张燕飞老师的《连续出版物管理教程》《信息组织的主题语言》，李明杰老师的《中国古代图书著作权研究》《中国古籍版本文化拾微》《宋代版本学研究》，邱晓琳老师的《图书馆知识管理理论与实践》，冉从敬老师的《数字参考咨询》，吴志强老师的《数字图书馆教程》，陆颖隽老师的《网页设计与网站建设》等著作与教材。

看到老师们科学研究硕果累累，甚为欣喜！尤其看到年青老师科研成果颇丰，顿感长江后浪推前浪，一代更比一代强，咱们信管学院后继有人啊！

二、黄宗忠老师留下的印象

1. 学科建设雷厉风行

黄宗忠老师从 1972 年至 1984 年，执掌我国图书馆学教育的发祥地与重镇武汉大学图书馆学系长达 12 年之久，为从一个图书馆学系发展成拥有包括图书馆学系在内的四个系科的全国第一个图书情报学院，作出了不可磨灭的成绩。他以对图书馆学教育的卓著贡献而闻名于我国图书馆学界和图书馆界。

20 世纪五六十年代，全国只有武汉大学和北京大学设置图书馆学专业，且两校每年招生人数不超过一百名。黄老师早在“文革”以前，就极富前瞻性地注意发展图书馆学专业教育。他与系行政的徐家麟教授、孙冰炎老师等同仁，做了不少工作。首先是抓教学改革。他鉴于原有的教学计划有些陈旧，1960 年年底写了一个报告，建议把全国图书馆学的教材、教学计划统一起来。他的意见得到了高教部的采纳。1961 年 3 月，在高教部领导下，武汉大学图书馆学系、北京大学图书馆学系和文化学院的有关领导和同志，在北京重新讨论和制订图书馆学专业教学计划，高教部指定他主持会议。会后三个院校教师在北京、武汉等地合作编写了《图书馆学引论》《藏书与目录》《读者工作》《目录学》等一系列新教材。

其次是开展图书馆学函授教育。1960 年，武汉大学图书馆学系第一次举办函授教育，在武汉、长沙、南昌、成都、重庆、贵阳、昆明、广州、南宁、福州等地，招收高中毕业的图书馆在职人员入学，学制三年，并在各省设立了函授站，为我国图书馆界培养人才。

1972 年 4 月，武汉大学决定恢复图书馆学系，任命黄宗忠老师为系主任兼系党委副书记(次年改兼第一副书记，后为书记)。1972—1984 年的 10 多年，黄老师和其他领导一起抓了几项重要工作：

(1)加强师资队伍建设。重建教师队伍是摆在当时系里的一项最紧迫、最重要的任务。黄老师亲力亲为，多方罗致人才，从 1972 年招生至 20 世纪 80 年代初的短短几年时间，共调进近 40 名教师和工作人员。张琪玉、严怡民等一批知名学者，就是这期间从外省调进武大的。

系领导还注意改善师资队伍的知识结构、专业结构和年龄结构，大量引进人才，招收大学毕业生加以培训，引进了外语、数学、计算机、物理、化学和生物学等多个专业的人才。胡昌平、邱均平等年富力强老师，就是在那个时候引进的。

(2)加强对外学术交流。为加强师资队伍的建设，系领导还加强了对外学术交流。一方面请进来，邀请美国、日本、澳洲和英国的代表团，到武汉大学图书馆学系来考察、讲学。20 世纪七八十年代，系里请进来很多人，包括美国国会图书馆的副馆长，请他们讲学、介绍国外的发展情况。另一方面走出去，大量派教师、研究生，到英国、美国、日本、前苏联、德国(西德)、南斯拉夫去学习。通过去国外学习，开拓了眼界。因而，从 1977 年开始，到 20 世纪 80 年代，系里的教师队伍基本上建设起来了，大体能够适应教学和学科发展的需要。

(3)设置新专业，开设新课程。黄老师在美国考察时亲眼看到，传递信息已主要依靠计算机和网络。因此，早在改革开放之初，他就极富前瞻性地抓住发展机遇，拓宽图书馆学专业教育。他与傅敬生、彭斐章、孙冰炎、严怡民等老师，于 1978 年建立起我国第一个科技情报专业。而且，系里很重视计算机在图书馆学和情报学教学中的应用，为此，建立了计算机实验中心。接着，与新华书店总店合作，设立了全国第一个图书发行专业，1983 年开始招生。1984 年，档案专业也开始招生。至此，武大图书馆学系就由一个专业，发展成为四个学科专业。

（4）大力抓教材建设。20世纪70年代，专业教材比较缺乏，系领导为了适应教学需要，组织教师编写和出版各种专业教材。当时国家教委搞全国统编教材，图书馆学系基本上承担了主要的任务。编撰出版了《图书馆学导论》《目录学》《中文工具书使用法》《科技文献检索》《情报检索语言》《情报学概论》等教材。我们的教材、文章引用率都比较高，多次重印，多部教材荣获国家教委授予国家级优秀奖和高校一、二等奖。教材建设，对于促进武汉大学图书馆学系以及全国的图书馆学专业的发展，起到了极大的促进作用。

（5）努力抓科研，创办学术刊物。1980年，系里创办了专业期刊《图书情报知识》，后来发展成为全国核心刊物，为我系教师及全国图书馆界的同仁提供了一个开展学术研究的园地。

（6）积极改善办学条件。办学是要花钱的，为解决资金问题，系领导通过努力，由美国的亚洲教育基金会等机构给我们提供了约70万美元的资助，用于教师到美国访问学习。并从香港引进了计算机，从国外进口了复印设备，购买了大批的英文图书。在科委和新华书店总店的支持下，还盖起了图书情报学院大楼。

（7）恢复办函授班，培养更多的专业人才。1980年，系里恢复了函授教育，并在校内相继开设了图书馆学专科、情报学专科、图书发行专修科，以及各种补习班，以培养更多的图书馆学、情报学、图书发行人才。

从1974年到1984年的10年间，系里的教职员工，由原来的几个人发展到100多人，学生则由100多人发展到1000多人。专业教育的层次，由本科到研究生，办学类型，由校内多种形式办学，到校外函授教育、自学考试等。这为1984年设立武汉大学图书情报学院，以及之后的信息管理学院，打下了良好的基础。

2. 学术研究开拓进取

黄宗忠老师从1972年到1984年任系主任兼党委副书记、第一副书记和书记，行政党务工作比较忙，占用了不少时间，但还是坚持挤出时间做学问。当然，除了他自己的努力，也和学校、系里给他提供的条件分不开的。他因此有机会到国外考察，对国外的情况了解得多一些，眼界也开阔了一些。

黄老师的第一篇文章，是发表在1959年1月10日《新文化报》上的《略谈人民公社图书馆》，当时的《图书馆学通讯》等几种杂志也都进行了转载。他一生总共发表了200多篇文章，共计200多万字。其中有50余篇，被中国人民大学复印报刊资料《图书馆学、情报学、资料工作》转载。其中《十五年来我国图书馆的干部培养工作》《新中国图书馆事业三十年》《武汉大学图书馆学系六十年——兼评文华图专和韦棣华在我国图书馆事业史上的作用》等文章，先后被日本、美国、韩国等国的学者翻译发表。20世纪90年代开始，我国台湾地区的图书馆专业杂志，也发表过黄老师的多篇文章。

黄老师共计出版了10多部著作，其中专著5部，包括《图书馆学导论》《图书馆管理学》《文献信息学》《图书采访学》《中国图书与图书馆》（译著）。他的第一本书《图书馆学导论》，由武汉大学出版社出版，重印了9次。该书成为全国通用教材，荣获国家教委颁发的“全国优秀教材奖”（国家级）。《图书馆学导论》和《图书馆管理学》，曾由我国台湾天肯文化出版有限公司出版发行，在台湾地区也产生了广泛的影响。

黄老师以他的学术成就饮誉海内外图书馆学界。他的学术思想敏锐，时刻关注国内外图书馆学的前沿和发展动态，与时俱进不断探索图书馆学新领域、拓展新境界，为中国图书馆学做出了重要贡献。

黄老师主要在以下几个方面形成了他自己的观点：

(1)图书馆学基础理论研究方面，他提出了“藏用矛盾说”，即藏与用是图书馆的特有矛盾。图书馆学就是研究图书馆搜集、加工、整理、保藏、控制图书与一定社会读者利用藏书之矛盾产生与发展规律的科学。

(2)图书馆事业研究方面，他通过调查研究，系统回顾和总结了我国图书馆事业发展历程，提出了一系列的改革意见和措施。1978年，他与彭斐章、谢灼华老师合作，提出图书馆现代化应包括图书馆组织的网络化、图书馆工作的标准化、图书馆技术的自动化和图书馆学研究的系统化等四个方面内容的观点。他还提出了“图书、情报、档案一体化”的观点，并从历史的、内在的、社会的和自然发展需要等角度，进行了论证。

(3)图书馆管理研究方面，他认为，在藏书、工作人员、读者、建筑和设备、技术方法及其管理等构成图书馆的六个要素之中，藏书与读者是其中最主要、最基本的要素，而管理则是一种生产力，是图书馆各要素之间相互联系的纽带。图书馆管理是“计划、组织、指挥、控制、协调图书馆工作中的人力、物力、财力的合理运动，达到以最少的消耗来实现图书馆的既定目标，取得最大的效果，完成图书馆任务的过程。”

(4)文献信息学研究方面，他认为，文献信息学是研究文献信息的集聚、存贮、转化、传递、利用与组织管理的活动及其规律的一门综合性的应用学科。建立文献信息学不是要取消或合并图书馆学、情报学、档案学等，而是要使这些学科能在共同理论的指导下，形成一个相互联系、相互补充的有机整体，建立一个完善的“大”学科体系。

(5)图书馆学教育研究方面，他认为，图书馆学教育的改革是发展我国图书馆事业的关键，要通过改革逐步建立起图书馆学、情报学、计算机科学相结合的新的教育体系。采用各种形式，分层次、分系统地培养各种人才，并加强师资对外交流。

黄宗忠老师对图书馆事业的卓越贡献，得到了图书馆界普遍的认可，因此而受到图书馆界广泛的敬重。2010年夏，《高校图书馆工作》杂志社和e线图情联合举办了一次“新世纪十年图书馆风云人物”评选活动。以网上投票和选票投票的方式，评选出10位表现突出者，称为“新世纪十年图书馆风云人物”。评选结果显示，黄老师不但入选，且票数遥遥领先而名列前茅。

3. 人生经历砥砺前行

黄宗忠老师于1931年10月13日出生于湖南省涟源县一个普通农民家庭。1942年他

10 岁时父母去世，小学没读完就辍学了。1946 年，他独自一人到湘潭做过报童卖报纸。后在两个哥哥的支持和接济下，1947 年在湘乡县的一个高小读书。1948 年夏天，他考上了湖南省安化县兰田镇的省立第十五中学，但是由于生活拮据，不久之后又辍学了。

黄老师的两个哥哥是地下党，1949 年湖南有一个湘中游击队，在宁乡、安化一带活动。黄老师年龄小，不太引起别人的注意，经常帮助游击队送信。生活虽然艰辛，但他觉得有乐趣和希望。

1949 年 8 月，人民解放军南下，长沙和平解放。他就去长沙报考解放军和湖南新办的革命学校。1949 年 9 月 20 日，他考上了中国人民解放军中南军政大学湖南分校，参了军。他在中南军政大学湖南分校读了一年书，入了团，1950 年毕业，分配到第四野战军第二十一兵团，同年年底，随部队去广西剿匪，荣获三等功。那时他在团里管武器弹药等军械。1951 年 10 月，到了湖南祁阳，在那里训练了 3 个月。1952 年 1 月，他所在的师改为中国人民解放军水利师，第一个任务是赴湖北参加荆江分洪。后来中南军区把他们这些管军械的同志一起调到军区，这样他就到了武汉，在中南军区军械部下属一个仓库工作，还是负责军械管理。1952 年秋，部队要提高全军的文化水平，办了大量的速成中学，抽调部队的年轻干部去学习，他当时是排级干部，被保送到中南军区第五文化速成中学读书两年，这个学校在湖南衡阳。在速成中学他被评为模范共青团员，1954 年 5 月毕业前夕入了党。毕业后分到广州军区炮兵司令部，在中央军委军械部在武汉的一个军工厂工作。

他到了军工厂之后，逐渐萌生了考大学的想法，于是自己补习，把高中的课程都基本上补完了，1955 年他向组织申请参加全国统考，结果考上武汉大学图书馆学系，从此告别了军旅生活。他入学时，武汉大学图书馆学系只有两个党员，他担任过系团总支书记。他在学校几年，各门功课都很优秀，获得三好学生等荣誉。他 1958 年 9 月毕业留校，此后一直留在武汉大学工作。在珞珈山学习、工作、生活了 57 年。

黄宗忠老师是中华人民共和国培养的中国当代著名的图书馆学家和图书馆学教育家，他以努力工作回报党和人民的培养。他在学校多次被评为省级以上(含)先进工作者、劳动模范。1960 年荣获“全国文教先进工作者”称号。1978 年被评为“湖北省劳动模范”。

黄老师善于学习和借鉴国外的先进经验，结合中国国情，应用于实际。在他后半生 40 年中，共有过 3 次美国之行。每一次美国之行，都产生了积极的成果。回国后作报告、写文章，推介美国图书馆先进的科学技术和办馆理念，学习和借鉴美国图书馆学情报学教育的组织与管理经验，为缩短中国与世界图书馆学情报学教育的差距，作出了不懈的努力。

第一次美国之行始于 1973 年 9 月 27 日至 11 月 4 日，他作为以北京图书馆馆长刘季平为团长的中国图书馆代表团的成员，到美国参观、考察。这是新中国成立 24 年来，中国图书馆界第一次组团访美。通过对哥伦比亚大学、西蒙斯大学、密执安大学、芝加哥大学、伊利诺伊大学、加利福尼亚大学、夏威夷大学的图书馆学教育的考察，以及随团参观访问了美国国会图书馆、多个州的公共图书馆、大学图书馆和其他各种类型的图书馆，以及档案馆、博物馆和著名杂志社。他看到了中、美图书馆学教育的差距，更明确了武大图书馆学系的发展方向。回国之后，积极酝酿情报学教育，筹办科技情报专业，以培养科技情报人才。

第二次是 1982 年 11 月 12 日至 1983 年 2 月 10 日，黄老师和副系主任孙冰炎老师，应美国西蒙斯大学图书馆学情报学研究生院院长斯图亚特的邀请，对美国进行了将近 3 个月的访问和考察。这次是以波士顿西蒙斯大学图书馆学情报学研究生院为重点，对该院的行政组织与管理进行全面、深入的考察和调研。回国后撰写了《美国图书馆学情报学教育的组织与管理——关于美国西蒙斯大学图书馆学情报学研究生院的考察报告》《美国图书馆学情报学教育的发展》《试论我国图书馆学教育的发展和改革》等论文。它山之石，可以攻玉。他借鉴美国的经验，对我国图书馆学教育的改革与发展，提出了许多建设性意见。

2004 年，他第三次踏入美国。这次是和夫人一道为探望儿子、儿媳和襁褓中的孙子而飞赴大洋彼岸的。他在美国整整生活了 1 年时间，走访了波士顿、匹兹堡、克里夫兰、布法罗等地的大学图书馆和公共图书馆，撰写和发表了《数字图书馆发展的新阶段——关于 Google、欧洲数字图书馆筹建的评价与对策》的研究报告和《服务是图书馆的永恒主题——兼评国外图书馆服务的新观念、新方法》的论文。

黄宗忠老师是一位时刻都在关注中外图书馆事业的发展变化，真正把对图书馆事业的热爱融入自己生活之中的图书馆学家。黄老师已于 2011 年离开了我们，但他的工作业绩，学术成就及为人的品质和精神，永远留在我们心中！

参考文献

[1]罗德运．黄宗忠：图苑的一片旗帜[J]．图书与情报，2012(5)：128-132.

[2]韩淑举．高山仰止，景行行止——访武汉大学信息管理学院黄宗忠教授[J]．山东图书馆学刊，2012(1)：1-13.

[3]刘锦山．黄宗忠：老骥伏枥，志在千里[EB/OL]．[2011-11-16]．http://www.chinalibs.net/ArticleInfo.aspx?id=240705.

作者简介

詹德优，男，1940 年 10 月出生于广东省潮州市饶平县，1959 年 9 月至 1963 年 7 月，就读于武汉大学图书馆学专业。毕业后留校在图书馆学系(即信息管理学院)任教，一直工作到 2006 年退休。被聘为武汉大学教授、博士生导师。曾任图书馆学系主任，兼任中国图书馆学会常务理事、学术研究委员会副主任，后被授予名誉理事。

学术著作：与谢灼华、彭斐章先生合著《中文工具书使用法》(1982 年商务印书馆出版，2006 年增订出版，获国家教育委员会高等学校优秀教材一等奖)；主编《信息咨询理论与方法》(2004 年武汉大学出版社出版，2010 年第二版，被列入“普通高等教育‘十一五’规划教材”)；独著《中文工具书导论》(1994 年湖北教育出版社出版，2006 年修订版，获图书馆学会第二届图书馆学情报学学术成果奖二等奖)等。学术论文：独撰《20 世纪中国参考咨询服务发展历程：成就与局限》(载《高校图书馆工作》2000 年 1 期)等。科研项目：主持“当代图书馆学发展趋势研究”(教育部博士点基金项目)等。教学研究项目：主持“教学实践与理论研究相结合，不断探索图书馆学学科建设的新路子”(2001 年获湖北省高等学校省级教学成果奖三等奖)等。

老骥伏枥，志在千里

——缅怀黄宗忠先生

刘锦山

作者按：2011年10月31日，我在云南大理接到黄力老师的电话说黄宗忠老先生不幸去世，初时不敢相信，以为自己听错了，竟然没有反应过来，为确证还和郑章飞馆长通了电话。回想起2011年5月18日“新世纪十年图书馆风云人物”评选结果发布会暨新世纪图书馆发展趋势研讨会以及会后采访黄老先生的情景，老先生言谈举止、音容笑貌，仍然历历在目。当时和郑馆长还聊到，看到老先生精神矍铄，心里很是高兴。后来采访稿完成，请老先生审阅，又于2011年9月中旬与老先生联系过两次。谁想世事无常，老先生竟然离我们远去了。

先生已逝，音容宛在。德馨思博，泽被后学。

谨以此文表达对黄老先生最诚挚的思念……

作为我国图书馆学、情报学的重镇，武汉大学信息管理学院对于我国图书馆事业的发展作出了人所共知的贡献，这是1920年武昌文华图专成立以来一代又一代武大信管人共同努力的结果，而黄宗忠先生是武汉大学信息管理学院几代同仁中的杰出代表，为武汉大学信息管理学院的发展作出了卓越的贡献。为此，e线图情采访了黄宗忠先生。

一、惟楚有才

刘锦山：黄先生，您好！非常感谢您能接受我们的采访。首先祝贺您荣获“新世纪十年图书馆风云人物”称号。您1958年从武汉大学图书馆学系毕业留校工作，1994年离休，30多年来为我国图书馆学情报学事业的发展作出了卓越的贡献。请您谈谈您是如何走上图书馆学情报学事业这条道路的？

黄宗忠：我能够入选“新世纪十年图书馆风云人物”，感到非常高兴。《高校图书馆工作》杂志社和e线图情举办的这个活动很好，这是一种创新，对于促进我国图书馆事业的发展很有意义。我 1931 年 10 月 13 日出生于湖南省涟源县也就是现在的娄底市娄星区百亩乡共荣村一个普通的农民家庭。1942 年我十岁的时候父母去世了。当时我正在读小学，父母去世后由于经济条件不是太好，就辍学了。1946 年，我独自一人到湘潭当过报童卖报纸。我的两个哥哥在农村教书，在他们的支持和接济下，我 1947 年在湘乡县的一个高小读书。1948 年夏天，我考上了湖南省安化县兰田镇的省立第十五中学，但是由于生活拮据，不久之后又辍学了。

我的两个哥哥是地下党，1949 年湖南有一个湘中游击队，在宁乡、安化一带活动。我年龄小，不太引起别人的注意，就经常帮助游击队送信。生活虽然艰辛，但有乐趣和希望。我还遇到了两位帮助过我的好人。第一个人是我在省立第十五中学读初中时遇到的，因为家庭困难，我住在这个人家里，有半年的时间，吃啊、住啊都在他家里。我自己也穷，没有钱给他。后来我再找这个人，找不到了。第二个好人是我在给游击队送信的过程中遇到的。1949 年 6 月的一天，我给游击队送信，到了安化的一个地方，游击队转移了，又找，找到了宁乡的一个地方，结果游击队又转移了。当时已经下午五点了，我自己没有钱，什么也没有。有个卖肉的老板，看着我那么小，就告诉我他们都走了，天也晚了，你是找不到他们的，这边都是山，就住到我家里吧。那天晚上我就住到他家里，他给我做饭吃。他是卖肉的嘛，还炒了一碗肉给我。第二天早上喊我起来，给我吃了早饭，给了我双草鞋。然后我又去找游击队。这些人都是好人啊，我一直记得这些人。

1949 年 8 月，解放军南下，长沙和平解放。我就去长沙报考解放军和湖南新办的革命学校，我报考了湖南革命大学、中国人民解放军第十二兵团军政干校、中南军政大学湖南分校，结果三个学校都考上了。1949 年 9 月 20 日，我选择了中国人民解放军中南军政大学湖南分校，就参军了。在部队我待了 6 年，一直到 1955 年。我在中南军政大学湖南分校读了一年书，入了团，1950 年毕业，分配到四野第二十一兵团，就是陈明仁的起义部队。同年年底，随部队去广西剿匪，荣获三等功。期间，走遍了广西的山山水水，从柳州走到北海，又走到李宗仁、白崇禧的家乡永福、临桂，从九万大山走到十万大山。那时我在团里管武器弹药等军械，一个团的武器弹药都归我管。1951 年 10 月，我们到了陶铸的家乡湖南祁阳，在那里训练了 3 个月。1952 年 1 月，我们这个师改为中国人民解放军水利师，这是解放军最早的水利师，第一个任务是赴湖北参加荆江分洪。中南军区把我们这些管军械的同志一起调到军区，我们把武器弹药都押送到了军区的仓库和修械工厂，因为部队都不要武器弹药了。随后我到了武汉，在中南军区军械部下属一个仓库工作，负责军械管理。1952 年秋，部队要提高全军的文化水平，办了大量的速成中学，抽调部队的年轻干部去学习。我当时是排级干部，被保送到中南军区第五文化速成中学读书两年，这个学校在湖南衡阳，我们主要学的是语数理化。在速成中学我被评为模范共青团员，1954 年 5 月毕业前夕入了党。毕业后分到广州军区炮兵司令部，组织上让我在河南、湖北、广东这个三个地方选择工作单位，我选择了中央军委军械部在武汉的一个军工厂。

以前我没有想到考大学，到了军工厂之后逐渐萌生了考大学的想法，自己补习，把高中的课程都基本上补完了。1955年我向组织申请参加全国统考，当时领导舍不得放我走，后来经过军委军械部的批准，我考上武汉大学图书馆学系。我入学时，武汉大学图书馆学系只有两个党员，都在我们班里，学生里基本没有党员，我就担任系团总支书记。在学校几年我各门功课都很优秀，获得三好学生等荣誉。1958年9月毕业留校，此后一直留在武汉大学工作。

大学之前的小学、中学阶段，由于父母去世，我没有受到系统的教育，虽然中间上过几次学，但屡有中断。好在我一直没有放弃，特别是参军之后，条件改善，我不仅上了中南军政大学湖南分校和中南军区第五文化速成中学，而且没有放弃自学。在部队我开始有机会从事一些读书和写作活动。参军后，我经常利用附近公共图书馆，每天都读书写日记，这对我后来的学习和写作打下了较好的基础。

二、风华岁月

初试锋芒

刘锦山：黄先生，我们知道武汉大学信息管理学院的前身是1920年创办的文华图专。武汉大学信息管理学院从1920年创办到现在有过两次大的飞跃，第一次自然是文华图专的创办了，这是由韦棣华女士完成的；而第二次是1984年武汉大学图书情报学院的成立。您从1958年毕业留校一直在武汉大学工作，直到1994年离休，从1972年至1984年您是武汉大学图书馆学系系主任，1989年前您是图书情报学院副院长，为武汉大学信息管理学院和我国图书馆学情报学事业的发展作出了卓越的贡献。请您向读者朋友谈谈您在武汉大学工作的情况。

黄宗忠：我从1958年大学毕业留校，就一直从事图书馆学的教学研究和行政管理工作。

1955年考入武大后，我就担任系团总支书记。1958年毕业留校后，学校任命我为武大图书馆学系党总支副书记。1959年我带领一些学生下乡下厂实习，到湖北浠水的农村图书馆、黄石的工厂图书馆广泛开展调查。1958年至1959年，我组织系里的老师和一些学生编写了武汉大学图书分类法，由湖北人民出版社出版。1960年还带队参加了汉丹铁路的修建劳动，在工地我被评为“一等功臣”。这一年我荣获了“全国文教先进工作者”的称号，到北京出席了“全国文教群英会”，受到中央领导的接见。1960年，系党总支书记调走了，我被任命为系党总支书记。因为年轻，非常有活力。此后直到“文革”之前，我与系里同仁们做了不少事情，其中大的事情有两件。

首先是教学改革。因为原来的东西比较陈旧，1960年我们重新编制了教学计划，重新编写了一部分教材，当时向全校教师大会介绍了经验，湖北省教育厅也派人指导和总结经验。1960年底我向高等教育部写了一个报告，建议把全国图书馆学的教材、教学计划统一起来。学校把报告转到了高等教育部高教司，高等教育部高教司采纳了我的意见。

1961 年 3 月，在高等教育部的领导下，武汉大学图书馆学系、北京大学图书馆学系和文化学院的有关领导和同志在北京重新讨论和制订图书馆学专业教学计划，高等教育部指定我主持会议，花了一个月的时间讨论教学计划、编写教材大纲事宜。会后组织三个院校教师在北京、武汉等地合作编写了《图书馆学引论》《藏书与目录》《读者工作》《目录学》等一系列新教材。

其次是开展图书馆学函授教育。1960 年，武汉大学图书馆学系第一次举办函授教育，在武汉、长沙、南昌、成都、重庆、贵阳、昆明、广州、南宁、福州等地招收高中毕业的图书馆在职人员入学，学制三年，并在各省设立了函授站，共同为图书馆培养人才。函授招生了两届，1966 年“文革”开始，被迫停止。

1966 年“文革”开始，大部分图书馆关闭，武汉大学图书馆学系和北京大学图书馆学系停止招生，师生进行“斗、批、改”，大部分师生主张撤销图书馆学系，只有我、皮高品、王远良三人主张继续办。此时教师开始分散，图书馆学系处于解散状态。我和部分留在武大的教师被分到武大图书馆工作。其间，我组织了流动图书馆，中午、晚上主动为读者服务，受到全校师生欢迎，反映强烈，并向全校做报告介绍经验。

厚积薄发

刘锦山：黄先生，1971 年全国教育工作会议召开以后，武汉大学和北京大学图书馆学专业恢复招生，武汉大学图书馆学系的工作逐步走上正轨。1973 年您又有机会考察美国图书馆事业发展状况，既开阔了眼界，又受到很大的启发。此后，在您的领导下，武汉大学图书馆学系发生了深刻的变化，为以后的发展奠定了坚实的基础。请您谈谈这阶段的情况。

黄宗忠：1971 年全国教育工作会议召开之后，教育部决定武汉大学和北京大学恢复图书馆学专业招生。我从武汉大学图书馆抽调出来，着手准备招生工作。1972 年，学校任命我担任武汉大学图书馆学系系主任并先后兼任系党委副书记、系党委第一副书记、书记。学校为了图书馆学教学理论联系实际，从 1972 年至 1978 年 2 月武大图书馆学系与图书馆实行“馆系合一”，以“系领导馆”。

1972 年，基辛格访华并与周恩来总理会谈，双方提出应加强中美民间交流。当时有新闻代表团、科学代表团、医学代表团等先后赴美考察。而图书馆行业也有一个中美交流项目，由美中学术交流委员会邀请成行。文件由外交部、国家文物局报到国务院批准的。中央批准以后就开始组织中国图书馆代表团，我随代表团去了美国。代表团一行 9 人，团长是时任北京图书馆馆长的刘季平，他曾经担任过上海市副市长、山东省委书记处书记、教育部常务副部长等职。考察时间是从 1973 年 9 月 26 日到 11 月 5 日，时间比较充裕。

这是中华人民共和国成立后到美国考察的第一个中国图书馆代表团，美国方面很重视。在夏威夷，美国派了三个人接待我们，并负责安全保护。到达华盛顿以后，第二天上午 9 时，基辛格在白宫罗斯福厅会见我们，当时他是美国国家安全委员会的主任和国务卿。基辛格说他的父亲就是图书馆员，他说美国图书馆的计算机利用和读者服务搞得很好。与基辛格会见不到一个小时，我们就参观白宫。在美国访问了42天，许多有名的大学校长都去了。芝加哥大学校长、哈佛大学校长、麻省理工大学校长、斯坦福大学校长、哥伦比亚大学校长、密西根州立大学校长、俄亥俄州立大学校长、伊里诺伊州立大学校长、加州大学(伯克利)校长、夏威夷大学校长以及波士顿、塔尔萨等地的市长都出面接待了我们。国际图书馆协会联合会由派出代表在纽约哥伦比亚大学与我们会面。我们参观了各地大学、图书馆、档案馆、博物馆和有关中小学、著名杂志社等，受到很大的启发。那时，美国图书馆已经开始使用计算机了，做了很多演示给我们看，缩微技术、视听技术广泛应用。美国图书馆很开放、服务周到，称读者是上帝，欢迎读者来馆。这次考察，对大家影响很大。我们既看到了我国图书馆事业与美国的差距，又对世界图书馆事业发展现状一目了然。当时，对于武汉大学图书馆学系如何发展，我心里已经有数了，这就是要符合世界图书馆事业发展的趋势和要求，我们应该有所作为才对。

从美国回来后，1974年到1984年的10年间，我们抓了几项重点工作。

第一，加强师资队伍建设。20世纪70年代我们系只有几个教师，教师资源严重缺乏。针对这种情况，我们首先加强了师资队伍的建设，改善师资队伍的知识结构、专业结构和年龄结构。我们开始大量引进人才，招收大学毕业生。引进了外语、数学、计算机、物理、化学和生物学等许多专业的人才，图书馆学的发展不仅需要图书馆学专业的人才，而且需要上述专业的人才。

第二，加强对外交流。为加强师资队伍的建设，我们还加强了对外交流。一方面，我们邀请美国、日本、澳洲、英国等代表团到武汉大学图书馆学系来考察、讲学。80年代初，我们请进来很多人，包括美国国会图书馆的副馆长，请他们讲学、介绍国外的发展情况。另一方面，我们走出去，大量派出教师、研究生，到英国、美国、日本、苏联、德国(西德)、南斯拉夫去学习。只有这样，才能赶上世界图书馆学的发展。研究生有些没回来，教师基本回来了。通过去国外学习，开阔了大家的眼界。从1977年开始不断交流学习，到20世纪80年代的时候，我们的教师队伍基本建立起来了，适应学科发展需要了。

第三，扩大专业，开设新课。1978年，我国第一个科技情报专业在武汉大学图书馆学系建立。在确立情报学发展方向的时候，我们确立了以计算机为基础与情报学理论相结合的方向，开设的课程是情报学理论课和计算机利用课。起初我们自己没有计算机教师，我们就请计算机系的教师给我们上课。现在看来，这个方面是符合发展要求的。那时很重视计算机在图书馆学和情报学中的应用，因为我在美国看到，传递信息主要依靠计算机和网络，传统的情报传递方式再快也没有计算机快。为此，我们建立了计算机实验中心。1983年，我们与新华书店总店合作，图书发行专业开始招生，这也是全国第一个图书发行专业。1984年档案专业也开始招生。档案专业文华图专虽办过，但停办几十年，一切从零开始。我们由一个专业变成四个专业，由一个系变成四个系。1984年，武汉大学图书情报学院成立，一直到现在的信息管理学院，基础都是那个时候打下的。从1974

年到1984年的10年，教师由原来的几个人发展到100多人，学生由100多人发展到1000多人，由本科到研究生，专业教学由校内多种形式办学到校外函授教育、自学考试等。

第四，教材建设。20世纪70年代教材比较缺乏，我们为了适应教学需要，组织教师编写各科教材并出版。当时国家教委搞全国统编教材，我们基本上承担了主要的任务。我们的教材、文章引用率都比较高。教材建设对于促进当时武汉大学图书馆学系以及全国图书馆学专业的发展都起到了积极的作用，我们编写的教材都是经过多次重印的。

第五，搞好科研，创办学术刊物。1980年我们创办了《图书情报知识》杂志，经过发展现在是全国核心刊物。

第六，积极改善办学条件。办学是花钱的事情，没有必要的资金支持，许多事情做不了。为解决资金问题，我们也想了不少办法。通过努力，美国的亚洲教育基金会等机构给我们提供了约70万美元的资助，用于教师到美国访问学习。20世纪70年代初至80年代初计算机、复印机很少，我们从香港引进了计算机，从外国进口了复印设备，购买了大批的英文图书。在科委和新华书店总店的支持下，我们把学院大楼也盖了起来。

第七，恢复函授班，培养更多的图书馆专业人才。1980年我们恢复了函授班，并在校内相继开设了图书馆学专科、情报学专科、图书发行专修科，以及各种补习班、助教班、自考班，培养更多的图书馆学、情报学、图书发行人才。全国各地不少图书馆馆长、新华书店的经理都是我们的学生。

三、学术生涯

硕果累累

刘锦山：黄先生，您在30多年的工作生涯中，为开创武汉大学图书馆学系发展的新局面可谓呕心沥血，作出了卓越的贡献。正是由于您和您的同事的努力，1984年武汉大学图书馆学系升级为武汉大学图书情报学院，这是当时国家教委批准的我国第一家图书情报学院。而三十多年来，您一直担任系、院的主要领导，党政工作双肩挑。就是这样的情况下，您在学术研究领域仍然硕果累累。请您谈谈您在学术领域方面的情况。

黄宗忠：从1972年到1984年我是系主任兼副书记、第一副书记和书记，行政党务工作比较忙，占用了不少时间。例如，作为书记，要做学生的思想工作，经常在晚上与学生进行座谈，学生在晚上开会我都要去参加，这样才能掌握学生的思想动态。20世纪50年代末至六七十年代初，有几年时间我就住在学生宿舍里，与学生待在一起。很多时候，学生下乡劳动或调查，都是我带队。那时各种会议也多，也占用了不少的时间。尽管行政党务工作用去不少时间，我还是坚持挤出时间做学问。看书学习研究，白天没有时间利用晚上时间，正常工作日没有时间利用星期天。写文章怎么办呢？利用暑假、寒假时间，关起门来搞一、两个月，把文章写出来。

我的观点就是活着就要努力工作，在学术和工作上都要有所成就和贡献。当然，除了自己的努力，也和学校、系里给我提供的位置和条件分不开。我一直兼任系里党政主要领导职务，有条件做些事情，而且也因此有机会多次到国外考察，对国外的情况了解多一些，眼界也开阔一些。只要认真努力，总能做出些成绩的，无论在工作上还是学术上。

我的第一篇文章是发表在1959年1月10日《新文化报》上的《略谈人民公社图书馆》。《新文化报》用了一个版面刊载这篇文章，当时《图书馆学通讯》等四个杂志对这篇文章进行了转载。从此，我就走上了学术研究的道路。到目前为止，大概发表了二百多篇文章，共计二三百万字。平均每年总要发表五六篇文章。从1981年起，有50余篇被中国人民大学复印报刊资料《图书馆学、情报学、资料工作》转载。从20世纪60年代开始，国外就翻译我的文章。最早是日本石桥正子翻译了我与人合著的发表在北京《图书馆》1964年第3期的《十五年来我国图书馆的干部培养工作》，翻译的日文发表在日本图书馆协会出版的《现代的图书馆》1966年12月第4卷第4期。《新中国图书馆事业三十年》发表在《武汉大学学报》1979年第5期，1980年日本菱沼透译成日文发表在日本中国研究所出版的《亚洲经济旬报》1980年2月上旬1141期，转载在日本中国研究所出版的《中国研究月报》1980年10月号(总392号)，随后美国也翻译。《武汉大学图书馆学系六十年——兼评文华图专和韦棣华在我国图书馆事业史上的作用》发表在《武汉大学学报》(哲学社会科学版)1980年第6期，这篇文章几个国家都翻译了。最早是日本濑户宏译成日文，发表在日本《亚洲经济旬报》1981年6月号第1191期，日本永井淑子写了题解，对韦棣华与本文作者作了评介。1984年韩国延世大学李炳穆教授译成韩文，发表在韩国图书馆协会《图协会报》1984(9-10)25卷5期。20世纪90年代开始，台湾地区的图书馆专业杂志也发表我多篇文章。

我共计出版了10多部著作，其中专著5部，它们是《图书馆学导论》《图书馆管理学》《文献信息学》《图书采访学》和《中国图书与图书馆》(译著)。我的第一本书《图书馆学导论》由武汉大学出版社出版，印了9次，是全国统一教材，先后获得中国图书馆学会优秀著作奖、湖北省社会科学优秀著作二等奖。1992年获国家教委普通高校第二届“全国优秀教材奖”(国家级)，这个奖全国只有25种书获得。《图书馆学导论》和我的另一本教材《图书馆管理学》，1995年由台湾天肯文化出版有限公司以繁体字出版发行，在台湾也产生了广泛的影响。

我从1959年起承担图书馆学基础理论、图书馆管理学教学，1979年开始招收研究生，培养硕士研究生33人。1990年获武汉大学图书情报研究生培养教学二等奖。1987年至1993年兼任《图书情报知识》主编。1992年享受国务院政府特殊津贴(终身)。

历久弥新

刘锦山：黄先生，有学者指出，您在长期的研究过程中，逐步形成了自身独特的学术思想体系，您在图书馆学的许多方面都提出了许多新的思想，现在我们仔细品读，仍然可以感受到理论的吸引力，此可谓历久弥新。请您简要向读者朋友谈谈您的基本学术思想及其在整个图书馆学研究上的主要贡献。

黄宗忠：我在从事学术研究过程中，主要在以下几个方面形成了一些自己的看法。

第一，图书馆学基础理论研究方面，我着重提出了“藏用矛盾说”，即藏与用是图书馆的特有矛盾，它规定着图书馆特有的本质，是图书馆学区别于其他学科的根本点。图书馆学就是研究图书馆搜集、加工、整理、保藏、控制图书与社会读者利用藏书之矛盾产生与发展规律的科学。

第二，图书馆学事业研究方面，通过调查研究，系统回顾和总结了我国图书馆事业发展历程，针对我国各类型图书馆的发展现状和问题，提出了一系列的改革措施和意见。1978 年，我与彭斐章、谢灼华合作，提出图书馆现代化应包括图书馆组织的网络化、图书馆工作的标准化、图书馆技术的自动化和图书馆学研究的系统化等四个方面的观点。我还提出了“图书、情报、档案一体化”的观点，并从历史的、内在的、社会的和自然发展需要等角度，对这一观点进行了论证。

第三，图书馆管理研究方面，我认为，在藏书、工作人员、读者、建筑和设备、技术方法及其管理等构成图书馆的六个要素之中，藏书与读者是其中最主要、最基本的要素，而管理则是一种生产力，是图书馆各要素之间相互联系的纽带。图书馆管理是“计划、组织、指挥、控制、协调图书馆工作中的人力、物力、财力的合理运动，达到以最少的消耗来实现图书馆的既定目标，取得最大的效果，完成图书馆任务的过程。”

第四，图书馆学教育问题研究方面，我认为，图书馆学教育的改革是发展我国图书馆事业的关键，通过改革逐步建立图书馆学、情报学、计算机学相结合的新的教育体系；应注意改革单一的教育模式，采用各种形式，分层次、分系统地培养各种人才，加强师资对外交流，了解世界教育动态，把握总体教育方向。

第五，文献信息学方面，我认为，建立文献信息学不是要取消或合并图书馆学、情报学、档案学等，而是要使这些学科能在共同理论的指导下，形成一个相互联系、相互补充的有机整体，建立一个完善的“大”学科体系。文献信息学是研究文献信息的集聚、存贮、转化、传递、利用与组织管理的活动及其规律的一门综合性的应用学科。

作者简介

刘锦山，男，1968 年 10 月 20 日出生，1988 年 9 月—1992 年 6 月在武汉大学化学系学习，获理学学士学位，2008 年 9 月—2014 年 6 月在武汉大学哲学学院学习，获哲学博士学位。目前在北京雷速科技有限公司和北京碧虚文化有限公司工作，任董事长。参加或主持过中国期刊网、书生之家数字图书馆、e 线图情、方略知识管理系统、哲摄线、碧虚网和碧远网等项目的研发与运营，取得了良好的效益。发表文章 60 余篇，合作出版专著 10 本。

三 十 而 立

——回忆在武大图书馆学系的最初十年

谢灼华(口述)　严红(笔录)

2019年，信息管理学院正式筹备庆祝建院100周年。当时，我心血来潮，从文华图专到现在信管院，自己经历了100年的2/3，2019年还是我登上讲台一甲子，真是岁月不饶人啊！今年春节以来，武汉经历了不平凡的历史时刻，思想上经常浮起一个念头，有事要抓紧做。5月份，当社会生活比较正常后，觉得选取人生中经历的重要阶段做些回忆，譬如说说武汉大学图书馆学系的最初十年，就是相当有意义的一件事。就我个人而论，1956年到1966年，年龄从21岁到31岁，从经历来看，包括我上学、工作、成家立业，而且最后事业上好像还有那么点成绩，这就是人们通常说的"三十而立"吧！我想从三个方面来讲述，即：一是入门；二是教学；三是研究。

一、入门

第一个就是入门。

1956年8月，接到武汉大学录取通知书，被录取到图书馆学专修科，学制三年，9月1日，正式成为武汉大学一员。

1956—1959年：这是我求学的阶段。这个阶段的情况来看，当时的图书馆学系，它原来叫图专，1955年前是两年制，1955年改两年为三年制，1956年开始四年制的图书馆学系。听说当时的教学计划内容是武汉大学和北京大学共同商量的。而当时的这个背景，实际上对图书馆学系办学是很有好处的：我们国家1956年开始号召向科学进军了，国家制定了1956—1967年的12年"科学规划"。"科学规划"中的社会科学这个部分包括图书馆学。这个规划里面提出了科学技术各方面赶超世界水平的主要目标，目标正是通过这些规划项目的实现，使中国逐步走上现代化强国这条路。图书馆界在当时来看提出了比较重要的目标，即学习世界先进的图书馆技术与方法，发展中国图书馆事业，建立为社会公共服务的图书馆系统，培养和提高图书馆干部队伍。所以向科学进军，是一个向新的社会发展的动员令，这实际上就对图书馆干部提出了比较新的要求。

进校以后，当时的系领导给我们作介绍时就说得很清楚。他们说，根据学校总的要求，图书馆学系学生培养目标是：具有社会主义觉悟，拥护社会主义革命和建设，有扎实的图书馆学专业知识和文化知识，能从事各系统大中型图书馆工作和图书馆学教育与研究的人才。从图书馆学系招收的学生来看，培养干部就是我们的主要目标，就是培养在省或市公共图书馆、高等学校图书馆和科学院系统图书馆三大系统图书馆的工作人员和图书馆学的教师。这个主要目标我们听了以后就感到实际上说了“三大”：第一个是大城市，第二个是大机关，第三个是大图书馆。为了适应三大类型图书馆对工作人员的需求，除了政治思想上的要求，业务上还强调专业基础要更加广泛一点，还有文史基础、科学知识的基础，即知识面要广，而且要提倡理论和实际相结合。

虽然当时对培养目标这一点上，我们新生听了以后也不是很有印象，但通过几年的学习过程回头来看，我们就感到为了实现这样的培养目标，图书馆学系课程设置上很有特点。

提出这样的培养目标也是符合我们国家图书馆事业发展要求的。如 1957 年全国公共图书馆发展至 400 所；高等学校图书馆从 1949 年的 132 所，藏书 794 万册，发展到 229 所，藏书超 4000 万册。科学院系统图书馆达到 101 所，藏书发展至 550 万册。所以，图书馆学系提出的四年制学生培养目标是三大类型图书馆工作人员，这是适应时代要求和国家需要的。

课程设置包括四个方面，即政治理论课、文化知识课、专业理论与技术课和工具课（包括外语和古汉语）。如政治理论课有“中国革命史”“辩证唯物主义历史唯物主义”等课程外，“时事政治教育”是非常重要的课程。文化知识课系列有“中国通史”“世界通史”“中国文学史”和“外国作家与作品”。“科技概论”是科学知识的入门与向导。还有工具课如“古代汉语”“俄语”“英语”等，从这里可以看出，图书馆学系对学生要求不仅知识面宽广，外语基础也要比较扎实。

关于专业理论与技术这方面课程，粗分一下，如专业理论方面有“图书馆学引论”“中国图书史”“中国图书馆事业史”“普通目录学”等；专业技术课有“图书分类与编目”“古籍整理”，再有“图书馆复制技术”，编目技术又分“中文图书编目”“西文图书编目”。“目录学”课程发展为专科目录学，如人文社会科学系列的“马克思列宁主义著作目录学”“文学目录学”“历史目录学”等课程。读者服务则有“读者工作”和“参考工作”等课程。专题研究有“地方文献”“苏联目录学”等课程。①

除此之外，我们课程的设计要求整个学习过程理论联系实际。我们有专业课叫“课堂实习”这一类的，就是“图书馆参考工作”，以后发展成“中文工具书”这类课程，不仅要

① 笔录者注：其中，谢灼华老师主讲“中国图书馆事业史”（1959 年），“地方文献”（1964 年）；后于 1965 年再新开“图书采购”课程。

学习和熟悉工具书，而且要学会如何利用工具书解答读者咨询，帮助读者查找所需文献。入学两年以后还有教学实习，毕业的时候还有毕业实习。当时提出的口号是“真刀真枪干”，这就很有难度了。实际上当时对我们的培养，基本上做到了课堂上能够吸收知识，还能够动手做图书馆工作。所以图书馆界大家很喜欢武大毕业的学生，他们到图书馆以后基本上能够拿得起放得下，直接就能够做，能够动手。

这让我想起 1958 年 11 月，系里派我参加文化部举办的全国省市图书馆馆长研究班，主要去做一些教学工作。这个班是为总结文化工作经验和提高干部理论素养的目的开办的，设在文化学院①。刚经历“大跃进”，省图书馆、市图书馆作为整个文化教育发展很重要的阵地，从工作指标到服务手段，应该说都需要进行总结和研究。所以，为这个研究班组成了一个三人教学小组②，主要就是做辅助教学方面的工作。研究班最后出的成果就出了部书，叫做《社会主义图书馆学概论》，署名“文化学院图书馆研究班第一期学员集体编写”。现在图书馆界研究图书馆学基础理论，研究中国现代图书馆学历史都对这本书进行研究。

这里再谈谈我们班同学的情况。图书馆学系 1956 级学生比之前的几届学生是有些特殊性。(1)学生来源。56 级当年招生 60 人，前几届每年招生 20~30 人，本届学生广东、广西来源生达全班学生的 1/2(广东籍生 20 人，广西籍生 13 人)，而本省籍学生不足 10 人。这种情况说明武大招生超出常规。(2)学生成分。56 级学生中当年普通高中毕业生占多数。他们是中华人民共和国成立后培养的高中生，德智体全面发展，知识扎实系统，是班上文娱体育骨干。56 级学生中还有约 20 人是所谓干部生，即国家公职人员、中小学老师、转业军人考入的。他们的生活经历、工作经验和人文素养等具有优势，所以成为班级团支书、班长和班主席的主要人选。此外还有少数港澳学生。学生中年龄、爱好和学习能力均有差别。(3)文化差异。56 级有少量港澳生，他们英语基础好；1957 年后从外校转入学俄语的一二年级学生，他们俄语基础好。外语学习分班分级，各取所需，但其他学习和日常生活上也会有所差别。

正是由于这些特点及差异下的交流，在武汉大学这种学习环境和教育实践中，图书馆学系 56 级同学健康成长。他们接受文华图专也是中国第一代图书馆学家的教学传统，在武大浓厚的人文环境和文史哲教育熏陶下，德智体诸方面都得到全面锻炼。他们经历了 1957 年“反右”的直接冲击，也经受了 1958 年教育革命的磨炼，有的同学遭受了不公正的待遇，十分令人惋惜。1960 年毕业时，我们的同学走向大江南北，有的同学分到边

---

① 北京文化学院，1958 年由文化部建立，1961 年撤销，是北京印刷学院的前身。1958 年设立图书馆学研究班是第一届。差不多同时期的几个专科班都于 1962 年前后停办，仅剩北大、武大两个点坚持正规图书馆学教育，直到 1978 年后才续有其他学校开班。

② 三人是：北京大学朱天俊、武汉大学谢灼华、文化部图书馆处李峰。《社会主义图书馆学概论》1959 年由《图书馆学通讯》连载发表，其编后语指出：这“是我国图书馆界的一件新事情，它标志着，在这门科学方面，我们已经开始在系统地建立自己的理论体系”。

远高寒地区，在艰苦的条件下，勤勤恳恳贡献青春和才华，踏踏实实为图书馆事业贡献毕生。

1958 年 10 月，图书馆学系抽调邹鸿斌和我留校担任行政工作。工作之外，我一直跟着 56 级随班上课、参加劳动等，但 1959 年后转向教学工作。

1959—1963 年：我在“中国图书馆事业史”方面的教学研究起步。

1961 年夏，我从武汉经广州回梅县老家，系里另给我一个任务，即经广州时找杜定友先生，带回他赠送图书馆系的物品。记得离汉时彭斐章老师还叫我带一工艺品，是苏联克里姆林宫或是冬宫的大钟模型，说是苏联专家雷达娅送给杜先生的礼物。我在广州找到杜先生在文德路的寓所。杜家室内陈设简朴实用，杜先生和我讲起 20 年代广东图书馆还是老派主持，基本上看不到新图书馆设备和服务，他说他是洋派学生，他们不欢迎。我带着一籐箱物品回武大交给系里，应该说是杜先生珍藏之物，如他在菲律宾写的学位论文和早期出版的著作，还有用心做的图书馆用品模型。过了一段时间，他还写了一篇《广东图书馆新旧之争》的文章寄给我。杜先生赠送的著作和物件，几十年间图书馆系资料室数次搬迁，可能会有所损失，但杜定友先生对武大图书馆系的感情和关心是值得我们怀念的。

1963—1966 年：是我作为年轻教师经受考验的阶段，比如下乡锻炼，接受新课任务等。

1963 年秋季，全国在农村开展社会主义教育运动，一般是抽调大学文科师生参加社教工作队。我们参加了 1963 年湖北省农村社教工作队。图书馆学系教师和学生进驻孝感县草店公社，系里带队主要是黄宗忠、彭斐章两人。1964 年夏，结束孝感县社教锻炼后，全体师生回校继续学习与工作。就在这之前，1963 年 5 月，我们的第一个孩子出生，为了锻炼提高，我们把三个月大的小女儿由外婆带至广东抚养，参加了工作队。当时把党的事业看得很重，认为凡事在前是一个共产党员的义务。1963 年，我还被派参加“地方文献”课的教学工作。

1964 年秋季，系里安排了我的工作，给本科生上“图书采购”课，还安排我参加中文系开的“阅读指导”课的辅导。1963 年以后，文化艺术界开始有整风的运动，主要是端正为工农兵服务方向，这是一个反对厚古薄今的整风运动。中文系为更好地指导学生阅读和创作，就开设了这样的课程。由现代文学史家刘绶松先生主持。刘先生是著名的现代文学史专家，我们图书馆学系的同学参加听课、阅读和讨论，有助于提高阅读能力，可以在图书馆工作中开展读书辅导、书籍评论，更好地发挥图书馆公共服务的职能。由于经常接触文艺作品，加上现场观摩、课堂自由讨论，“阅读指导”课深受同学的欢迎。

1964 年，学校提升部分年轻教师职务，图书馆学系有黄宗忠、陈光祚和我三人被提为讲师。加上彭斐章 1962 年返校定为讲师，图书馆学系教师队伍中有教授 4 人，讲师和助教多人，各科教学科研活动相当活跃。

二、教学

现在讲第二个方面，教与学。

从1959年后，我正式作为教学人员参加教研室。

先介绍一下图书馆学系的教师队伍。

1956年我入校时，图专的专任教员有徐家麟(教授)、沈祖荣(教授)、皮高品(教授)、吕绍虞(教授)，人称“四大师”；另有陈颂、吴鸿志、汤成武、孙德安、傅椿徽、孙冰炎、阳光。1956年留校毕业生是周继良、王文杰。1957年，北大毕业生陈光祚、廖延唐分配至教研室。

1958年，通过教育部商调黄元福(教授)担任校图书馆副馆长，并在图书馆学系任教。1958年毕业生留校有黄宗忠，又选留邹鸿斌和我担任行政工作。黄宗忠和我两人1959年起转为教师编制。有些老教师退休或清理出队。

1960年，出于事业发展和选留四年制本科毕业生，60届毕业生荀昌荣，沈继武、郭玉湘、樊长新、钱印飞、刘昭芸、范应桐留校工作。由于文化学院停办，卢子博、卢中岳到图书馆学系工作，61届毕业生王秀兰，张安珍、王远良、郑锋分配到图书馆学系担任教学工作，王晋卿分到资料室工作。

1962年，彭斐章从苏联留学回校，62届毕业生杨建东留校任教。毕业生朱志钧、傅敬生担任党务工作。

1963年，潘伯善、詹德优毕业留校。至此，图书馆学系教师队伍壮大，学生人数在文科系也更上一层。

再来介绍党政系统。

自1962年高等学校贯彻“高教60条”，一切都逐步走上正轨，当时系教学管理与行政管理大致是：

一、党务系统。系总支下设支部，有党总支办公室，含党总支书记、副书记和干事。

二、教学系统。系主任下有图书馆学教研室、目录学教研室，另有资料室、实验室为教学科研服务。

三、行政系统。设系办公室，有主任、干部，并管理资料室、实验室。

接着谈谈教学管理情况。

1962年，国家颁布《高等学校工作条例》，即通称的“高教60条”。贯彻国家条例，结合各个专业传统，加上管理者水平、队伍团结等因素，往往不同学科教学水平都有差别。图书馆学系在教学管理上有些方面是相当到位的。

(1)保证教学一线的传统。我从1956年入学后，看到系里教学一线往往都选派学术水平和教学质量高的老师担任。如一年级上课老师是：一是“图书馆学概论”，陈颂主讲；二是“中国图书史”和“图书分类”，皮高品主讲。到了二年级时，一是“普通目录学”因为吕绍虞老师高血压不能上课，由张遵俭主讲；二是“中文图书编目”，孙德安主讲。三年级“外文图书编目”，沈祖荣年事已高，请桂质柏主讲。

当时，教研室的管理也相当到位。如青年教师试讲制度，就是保证教学一线的重要措施。当时我们青年教师要上讲台，首先要求只能担任一两次两节课的教学时间。其次，教研室主任审查讲稿，先安排在教学小组试讲，然后到教研室正式模拟讲课，讲完后全体老师评论和指导。通过这些活动，为保证教学质量打下坚实基础。

(2)培养提高青年教师的措施。图书馆学系由于各种因素的影响，20 世纪 50 年代教师队伍变动较大，所以培养青年教师的任务相当繁重。当时，采取了这些措施：①鼓励个人努力，适应教学需要。②老带新，大部分老教师配备年轻教师协助教学科研工作。如皮高品“图书分类”方向有周继良，“中国图书史”方向有荀昌荣；沈祖荣“俄文图书编目”方向有傅椿徽；徐家麟“古籍整理”方向有廖延唐等。③选派出外进修。鉴于“科技概论”课程之内容，教师和教学质量难以保证，1961 年开始选派青年教师出外进修，让他们熟悉某些专业知识，为将来开出专科文献学作准备。如选派张安珍到化学系，王远良到数学系，杨建东到生物系进修 1~2 年。这些老师返回教研室后，都从事了专科文献学方面的教学。④能者为师。组织本系教师开设专题讲授，提高教师业务水平，扩大专业知识面，适应教学需要。

1962 年，武大图书馆学系教学水平逐步提高，专业基础课选用北大和武大合编教材，必修课和选修课齐全，教学方法多样，教师队伍中青年教师成长较快。

前面讲到的 1956 年制订图书馆学 12 年发展规划，当时提出的就有好些新的课题，还包括应该开设的一些新课，如提出图书馆事业史和专科目录学。作为学习图书馆的人，熟悉图书馆历史，不仅对我们整个学科有全面的了解，而且它对我们现在图书馆发展也是很有借鉴作用的。而后者是因为当时大学里面只有“普通目录学”课程，还应该发展专科目录学，学科才更完备。

但在当时北大没有开“图书馆事业史”这门课，武大也没开，所以 1958 年时他们怎么讨论的我不太了解。我从北京回来以后，就找我要我开这门课，所以我就从 1959 年开始筹划。到去年 2019 年，正好是我参加开拓和研究中国图书和图书馆史经历了 60 年。

当时开出这门课实际上最主要的是学习，我们在学习“中国书史”“中国目录学史”课程和阅读参考书的过程中，就曾经知道一些汉代官府藏书的整理与保存，从而得到了一些启发。再一个就查阅了中华人民共和国成立前的期刊，看到其中有个人叫马宗荣，他写过《中国图书馆之史之研究》，他这个表达上可能是从日本学来的，他的研究简要地把中国古代的图书馆怎么发展的，一代一代地列举。第三个是专门找了老的图书馆学家的文章阅读，如袁同礼的私人藏书研究，陈登原的历代典籍聚散研究，都得到启发，慢慢地就形成从古到今图书馆发展的轮廓。好像当时是编了一个简要的讲义。

当时思考的重点主要是：为什么要开这门课？开课的目的是什么？它有什么内容范围？这样慢慢形成自己的一些看法，个人就大胆写了一篇文章《关于图书馆事业史研究的几个问题》①。这篇文章没有收录在我的《文集》里，现在回忆一下这篇文章，提出了研究图书馆历史的目的，初步规划了研究的内容和范围，并认为图书馆历史分期划分应遵循社会历史时期的特征和图书馆历史的特点。但其缺点是有点以批判性的口吻评说过去的研究，说过去的研究没有给予劳动人民应有的地位；还有比较多地否定以前封建社会出现的私家藏书，当时我们都是这样讲的，劳动人民是创造历史的主人，强调应该批判性地来看待历代的藏书家，说他们藏书在目的上都是为了巩固统治，为了培养统治阶级的接班人。作为专业知识来说，当年这门课是比较单薄一些，但是在我们当时条件下，教学还是很认真的。

到 1962 年修改时，我们这门课实际上有个教学小组，有三个人，我、卢中岳、樊长新。由我负责古代，加强对宋代以后图书馆发展的介绍。樊长新对近代图书馆做介绍，卢中岳对五四以后图书馆发展史颇有兴趣，由他对五四运动以后图书馆发展做介绍，编了一本讲义，还编了一本资料集，内容比 1959 年的讲义充实多了。

三、科学研究

第三个问题就讲一讲科学研究了。

作为高等学校教师来看，我觉得武汉大学这样的学校鼓励教师做科学研究，应该是非常重要的。当时图书馆学系，所有教材没有什么统编不统编，没有这个说法，所有任课教师必须编写教材，并且不断更新，所以你必须通过自己的研究来提高教学内容，提升自己的教学质量，而且通过科学研究能够使自己在研究领域上发现新的课题，新的内容。在这一点上，到 20 世纪八九十年代后，效用更加明显，因为电脑、网络等现代通信技术不断发展和应用，信息传播快，使得知识更新也在加快。

教师应该结合所在专业、国家需要、业务需求、学科前沿，在教学的同时积极开展科学研究。我的研究，基本 1959 年以后，就是结合课程建设来写文章。如前面提到过，结合新接受的开课任务，曾经写过一篇文章叫《关于图书馆事业史研究的几个问题》。第二篇是《五四运动——第一次国内革命战争时期的上海通信图书馆》，起因是当时系里派廖延唐到上海，他主要是做古书方面的调研，但是系里经费比较紧，不可能每个老师都去出差，所以系里让他捎带下，看有没有哪些关于图书馆史的材料。他很有心，当时也可能问过其他老师，抄回了部分的上海当时一些进步图书馆的材料。讲图书馆史主要还是要讲进步的，这是大家的共识。20 世纪 20 年代，上海有一个上海通信图书馆；30 年代上海还有蚂蚁图书馆、申报图书馆……我看到材料里面有些文字的东西，上海通信图书馆当时是采用新的拉丁法，叫 S. T. T.；他们的工作特点是通过发一个传单一样的东西发

① 笔录者注：此文发表于《武大学报人文科学版》1959 年第 7 期。文中首次提出了图书馆事业史的研究范围、内容和主要任务等一系列图书馆史理论问题，其中关于图书馆史分期的观点，不仅深深影响了中国同业，而且为日本学者所采用。

给读者，用通信方式寄、还书；还有一些流通的书目，包括借书的方式，读者读后感；图书馆有个《月报》，一个月出一个传单那种月报。有一个很重要的人叫应修人，30 年代的中共地下工作者，在上海从事地下工作，敌人想抓他时，他从楼上跳下来牺牲了，属于革命烈士。还有一个潘漠华，实际上是当时进步作家行列里的人。于是我利用这些材料写了一篇文章①。

结合课程做研究，根据新材料找到课题。我经常泡图书馆，发现一些书目。当时看到有一个叫《古越藏书楼书目》，把它前面后面地看，当时就做过这样的思考：20 世纪初年世界图书馆发展很快，古越藏书楼建立对中国近代图书馆发展可能产生重要影响。这个书楼 1902 年申办，1904 年开放。杭州藏书楼是 1903 年开办的，它(古越藏书楼)比杭州藏书楼(浙江图书馆前身)还早。1904 年，还有湖北省图书馆和湖南省图书馆建立。我利用《古越藏书楼书目》所附材料和书目内容，分析该书楼建立目的和意义，内部管理制度和开放的影响，并作出结论，说它的成立是中国近代图书馆发展的重要事件。这篇题为《古越藏书楼在中国近代图书馆史上的地位》②的论文首先在武汉大学校庆学术讨论会报告；而最早见诸报刊就是《光明日报》第一版里面学术动态栏进行了报道……因为古越藏书楼和蔡元培有关，蔡元培在绍兴办中西学堂，古越藏书楼就成为当时整个绍兴重要的文化传播机构，它在近代文化传播中的作用理应得到肯定。文章发表后，到最近几年还被列入那个时期的重要文章重新刊发。

还有就是 1963 年，当时纪念武汉大学校庆，我与黄宗忠老师，我们两个写了个《武汉大学图书馆五十年》。因为通过各个图书馆研究，使自己对整个图书馆事业的面貌有所了解。

1964 年，系里叫我讲个专题。图书馆学系有比较好的传统，即专门举办讲座，请系里教师和外面专家作些讲座，介绍学术动态，交流研究心得。我想要我讲，就讲一些学术界争论的问题，比如图书馆起源问题、对过去的图书馆如何评价问题。所以当时我在做专题讲座时，就提出图书馆起源要看到有几个标志性的东西。第一个，文化发展问题。人类不仅要有语言，而且必须要有文字，光有文字还不行，还要有多种载体保存，要过渡到保存文献。第二个就是生产的发展、经济的发展，社会上形成脑力劳动和体力劳动的分工。所谓脑力劳动就会形成早期的史官，脱离了体力劳动的桎梏，产生了文化的创造，才会产生文献。第三个就是生产、技术发展就会产生文献的载体，就会记录文字。而且还应该考虑图书馆形成的条件，国家机构的建立，比如朝廷里面、王朝里面你要有史官，要有史官制度，这样就会形成中国图书和图书馆史研究的官府藏书。我觉得我这

① 笔录者注：文章首发于《武汉大学学报》1960 年第 2 期。《图书馆学通讯》(今《中国图书馆学报》)1960 年第 5 期转载。

② 笔录者注：《光明日报》1963 年 12 月 16 日；《图书馆》1964 年第 1 期。41 年后，2005 年被中国图书馆学会主编的《百年文萃——空谷余音》收录，为 1964 年唯一被选录的一篇。2018 年《〈中国图书馆学报〉创刊 60 年文选》(1957—2017)再收录，此时距此文首发已有 55 年。

些探讨，还是有益的。

1956 年入学以后到 1966 年“文革”开始，参加教学工作后，每年都有文章发表，而且都是在比较高级别的期刊，如学报和全国的图书馆杂志。1966—1976 年，这十年里面，我从 30~40 岁出头，应该是一个人出成果的时候，但是这一段时间基本上就断了。1972 年到 1973 年，结合教《中国图书知识》这门课，我教同学们做图书评介。我们当时只有写鲁迅才有出路，我就写了 2 篇关于鲁迅著作版本的文章，所以“文革”十年靠近业务的或者说跟图书馆学靠边的文章只有 2 篇。我前面的起步应该是好的了，但是中间很多时候浪费了，那时候你自己个人意志已经不能控制了。

所以我感到的是，1956 年进武大到 1966 年，这十年里面，自己无论从哪方面实际上都进入到了一个新的高度。为什么这么说呢？我从上大学，到毕业留校工作，最后再在高等学校还算是当了个教师，还评了个讲师。那么业务上来看，1959 年开始发第一篇文章，应该来说成果符合当时的需要，以后有几篇文章比如古越藏书楼研究，影响时间较长，这可能与当时整个社会风气转向很有关系。尤其是从 1962 年“高教 60 条”颁布以后，高等学校改变了前几年的做法，转向重视教学，对知识分子的批判都纠正过来了，因此非常深刻地体会到正确的政策、良好的学习环境，以及从专业的要求和学生的需要出发制订教学方案，教育学生懂得需要什么样的知识和能力，这些都是很重要的问题。

回顾武汉大学图书馆学系前十年，我现在主要是讲前十年，因为它在文华图专这个基础上发展过来，所以它原来的传统和措施起了重要作用，老师都是第一代图书馆学的专家，经过他们的教育和培养，代代相传。武汉大学图书馆学系以后发展成为图书情报学院，最后成为现在的信息管理学院，在全国是比较先进的教学单位，在世界图书馆学教育上产生重大影响，我们觉得这个和传承是很有关系的。

2020 年 6 月 16 日第六稿

作者简介

谢灼华，男，1935 年 7 月生，广东省梅州市梅江区人。1956 年入武汉大学图书馆学系，1958 年提前毕业留校。历任助教、讲师、副教授、教授，任中国图书馆事业史、中国图书和图书馆史、中国文学文献学课程教学与研究，并招收相关专业硕士、博士研究生。曾任武汉大学图书馆学系图书馆学教研室主任，图书情报学院图书馆学系主任。出版有《中国文学目录学》《蓝村读书录》《谢灼华文集》；主编有《中国图书和图书馆史》《世界与中国图书馆事业发展趋势》《中国藏书楼的故事》；共同主编《中国藏书通史》。社会兼职有湖北省图书馆学会常务理事、秘书长，中国图书馆学会学术委员会委员，学术委员会副主任，目录学分委员会主任。2000 年退休。

智慧服务一校耀神州
求是拓新三科立寰宇
五七级校友谢灼华

岁月如歌

——我在武汉大学十九年

荀昌荣

我于1956年8月考入武汉大学图书馆学系，1960年7月毕业留校任教。1975年4月离开武大，调往湘潭大学。先后在武大学习、工作、生活了十九年。

一、武大求学

1956年，在中华人民共和国历史上是具有特殊意义的一年。当年1月，党中央召开了知识分子工作会议。周总理代表中共中央作了“关于知识分子问题”的报告，首次提出绝大部分知识分子是工人阶级的一部分，并向全国发出“向现代科学进军”的号召。会议期间，许多专家教授提出，要向现代科学进军，就必须加强图书资料工作。当时《光明日报》发表评论“大军未动，粮草先行”，并借用一位专家的话说，图书资料工作搞好了，可以“天增日月，人增寿”。会后，文化部在北京和上海建立了图书馆协作网络，以北京图书馆和上海图书馆为首，联合科学院系统图书馆和高校系统图书馆成立了全国第一和第二中心图书馆委员会，各省也相继成立了地区性中心图书馆委员会，以实现图书馆资源社会化。教育部则增加了北京大学和武汉大学图书馆学专业的招生名额，两校各招收60名新生，创历史新高。

武昌文华图书馆学专科学校1952年并入武汉大学后，1953年和1954年均为两年制专科，1955年为三年制专科。从1956年起，招收四年制本科，成立图书馆学系。因此，1956级的学生，是我国图书馆学专业的第一届本科生。

当年我报考图书馆学专业纯属偶然。当时我所在的四川省邻水县中学，把全国各高校的招生简章都集中存放在校图书室。由于我常去图书室借阅图书，与管理图书的胡老师比较熟悉，在我选择报考志愿时，她主动向我推荐武汉大学图书馆学专业。没想到，从此以后我便和图书馆、图书馆学研究、图书学教育结下了不解之缘。

我于1956年8月上旬，收到武汉大学录取通知。8月中旬我赶赴重庆，在市教育局新生接待站领取了赴武汉的轮船票，两天后便乘船去武汉。当年长江三峡航道尚未整治，不能夜航，船在万县码头停靠一夜，次日凌晨起航。当船经过三峡，看到猿猴在悬崖峭壁攀沿时，李白的诗句“朝辞白帝彩云间，千里江陵一日还。两岸猿声啼不住，轻舟已过万重山。”便涌上心头，兴奋不已。轮船抵达宜昌港时，已是傍晚。全部乘客上岸，在码头待了一两个小时，然后换乘较大轮船，次日上午到达汉口港。

当武大新生接待站的校车把我们送到老斋舍楼下时，从未见过大学校园宫殿式建筑的我感到异常惊喜。我们年级入住宇字斋，第一次集合就在斋舍门口，由黄宗忠老师主持。他宣布分班及班干部名单，说的是湖南湘乡口音很重的普通话。他说全年级同学分成甲班、乙班，我听成早班、夜班，还因此闹了一个笑话。

我分在6001班，全班29人，其中来自中国香港的同学3人，他们是欧阳治中、江彩馨和一位陈姓同学，到大学三年级时，又转学来一位香港同学李毅恩。当年由于扩招，应届高中毕业生按录取比例人数不足，于是国家动员部分符合条件的在职干部(公务员)报考大学。这批学生大多比较优秀，不仅政治素质较高，而且高考成绩较好(没有降分录取，全凭实力)。全班29人中，这类调干生有9人，他们是：谢灼华、郭玉湘、丁美才、刘昭芸、陈冠忠、黄介白、梁凯、沈佩萱、罗叶英。由于我家庭经济比较困难，经评定大学四年一直享受甲等助学金，伙食费、学杂费和教材费全免，每月还补助2元零用钱。

第一学期开设的课程有：图书馆学概论、中国图书史、俄语、中国通史、中国革命史、中国文学史和体育。除俄语课有少量作业外，其他课均无作业。我在高中时，俄语成绩比较好，虽然大学被编在俄语快班，仍感到学业轻松，有大量课余时间自学。学校图书馆是我常去的地方，借阅了许多中国历史、人物传记和中外文学作品。两门专业课和俄语属于考试课程，期末通过系统复习，知识掌握较好，尤其是中国图书史为口试，考试前既紧张又兴奋，考试后多数同学都比较满意。讲授中国图书史的皮高品教授满头银发，很有学者风度，同学们都很敬重他。考试期间，武汉下了一场大雪，积雪淹过了脚背，珞珈山银装素裹，真有“忽如一夜春风来，千树万树梨花开”的意境。我的家乡从未下过这么大的雪，因此印象很深。

进入大学没有班主任，学生自己管理生活学习及思想政治工作，由班长、班主席及团支部书记负责。从三年级起，我担任班团支部书记，同学们称我们为“班三角”，各种事务均由我们管理。武大学术氛围浓厚，经常举办学术讲座。是年11月，在老斋舍学生食堂楼上学生俱乐部，由我国著名历史学家范文澜先生作学术报告。他对当时史学界一些人质疑清王朝的合理性提出批评。

当时同学们学习自觉性很高，主要活动空间就是教室、图书馆和宿舍(睡觉和自习)，同学们编了句顺口溜：“一个书包、一个碗、教室宿舍图书馆”。第二学期开设的课程有：图书分类、图书馆目录(中文编目)、俄语、中国革命史、中国通史、中国文学、苏联文学和体育。其中图书分类课是最受同学们欢迎的专业课，课堂实习时同学们向实习指导老师提了许多问题。

1957年4月全国爆发了流感，武大有近千名学生患病。住老斋舍的男生，都集中在校体育馆隔离治疗。由于患病学生较多，同时怕交叉传染，学校只好停课一周。

6月开始，学生中开展了大鸣大放大字报大辩论。校园里，大字报铺天盖地。6月下旬，学校在小操场连续三晚组织辩论会。中文系三年级学生吴开斌作中心发言，就许多敏感的政治问题长篇大论。我是从高中升入大学的，又是一年级新生，对"四大"毫无兴趣。而学校已停课，我每天除了看看大字报，就是去大操场学骑自行车或到东湖游泳池游泳。

7月中旬放暑假前，许多学生贴大字报，要求假期照常发放助学金。经李达校长同意，无论学生假期在校与否，一律发放助学金。这样我就领到了两个月的伙食费及零用钱，共计28元。这对我来说，是一笔可观的收入，足够支付我往返四川老家的路费(由于路途较远，花费较大，这是我大学四年唯一一次回老家)。

9月开学后，学校决定教学和"反右"运动两不误。本学期开设的课程有：目录学、俄文编目、俄语、苏联文学、世界文学、世界通史和体育。同学们对俄文编目课的俄文打字兴趣较浓，利用许多课余时间练习。

此外，政治学习时间占比较大，由"班三角"组织大家反复学习《人民日报》社论《这是为什么?》和报上刊载的反击"右派"言论的文章。我第一次知道了"秋后算账"和"引蛇出洞"的政治含义，"班三角"在系党总支领导下，对全班同学的政治表现划分为"左中右"派。我所在的6001班，划出了4名"右派"。过去朝夕相处的同学，现在突然成了"右派"，在感情上一时转不过弯。

这个学期还有一个变化，就是从北京、重庆、哈尔滨转学来了10位学习俄语专业的同学。1956年苏共二十大赫鲁晓夫上台后，中苏关系逐渐紧张，国家已不需要那么多俄语人才，教育部决定将其中大部分学生转学其他专业。转入我系的同学是：钱印飞、曾维新、尹素文、王宝昆、邹鸿斌、蔡秀娟、李平杰、白磊、卢国臣、王晋卿。

进入1958年，全国兴起了"大跃进"运动，高校则开展了轰轰烈烈的教育革命。当时《人民日报》发表了中央宣传部长陆定一的长篇文章，提出"教育必须为无产阶级政治服务，必须与生产劳动相结合。"我们系是组织师生和校图书馆专业人员，批判校图书馆使用了近二十年的"皮氏图书分类法"，按新的图书分类体系对全馆藏书进行改编，重新编制《武汉大学图书馆图书分类法》。并提出了不切实际的口号："皮氏图书分类法"用八年时间编制完成，我们只需要八天就可编制完成《武大图书分类法》。为了赶时间，在八天之内完成编写任务，师生们只能天天苦战加班，不到凌晨三、四点不能睡觉。李远煜同学写了首打油诗"苦战何时了?半夜睡觉还嫌早。衣服一大堆，何时洗好?"这就是我们当时生活的真实写照。

武大理科系的同学则在校内办了许多小型工厂，如化学系办化工厂，生产灭火剂；物理系办无线电厂。还有一些理科系和文科系的学生，则在四区小操场建起了若干小高炉炼钢，由于没有铁矿石，他们就把老斋舍上下台阶两端的大铁门拆下来，拉去炼钢。

后被学校发现，立即通过全校广播制止。武大校办工厂影响很大，湖北省委及时向正在武昌主持召开中共八届四中全会的毛主席作了汇报。毛主席在9月12日下午特地来武大视察校办工厂，并于傍晚在大操场接见了全校师生。见到毛主席，全场师生欢声雷动，情不自禁地高呼“毛主席万岁！”

进入二年级下学期，开设的课程有：中文工具书与参考工作、俄语和科技概论；三年级上学期，我们先在校内上课，开设的课程有：古籍整理、英语、科技概论（数学概论）、逻辑学；三年级下学期，只开设了英语和科技概论（化学概论、生物学概论）以及英文编目。之后全班同学分为两组，一组由系领导孙冰炎老师负责，修改《武汉大学图书馆图书分类法》，按分类法大类，组成若干小组，到科研单位和专业图书馆征求类目设置的意见。另一组则是系领导黄忠宗老师带队，去全国劳模饶兴礼所在的湖北浠水县十月公社，创建人民公社图书馆。

自党中央提出，“教育必须为无产阶级政治服务，必须与生产劳动相结合”的方针后，大学生参加劳动已成为常态。1959年冬，武大停课半个月，全校学生开赴汉口东西湖农场劳动。1960年春，开学不久又停课半月，去修筑汉口至丹江口的铁路。返校后，学校为了犒劳大家，只要交了晚餐票进入食堂，可以无限量吃饭。我和樊长新、沈继武同学，吃饱后就在食堂内转圈散步，再接着吃，直到食堂关门。那餐饭，我们都终生难忘。

回校后，稍事休息，我们就开始上课。由于是毕业班，只是撰写毕业论文和毕业实习。论文题目自选，并提倡自由组合，组成多个写作小组。我和同班的李培均同学结对，写作的题目是《论中学图书馆》。论文写完后，在全班同学会上宣读，听取意见。同学们对论文评价较好，最后由系里组织老师修改定稿。全班同学的毕业论文都刊登在《武汉大学学报·社科版图书馆学专号》（1960年版）。

当年5月在小操场召开毕业生大会，表彰优秀毕业生。我们系受到表彰的有我和沈继武同学，李达校长亲自为我们颁发奖状。5月中旬开始，全年级同学分赴湖北省图书馆、武汉市图书馆和中科院武汉分院图书馆进行为期一个月的毕业实习。实习结束后，回校毕业鉴定。

进入毕业分配阶段，由于我们是第一届本科毕业生，留校从事教学科研工作的共有七位，他们是沈继武、钱印飞、苟昌荣、樊长新、郭玉湘、范应桐、刘昭芸。此外，还有廖源兰、汤甲荣、罗焕君，他们在1958年暑期提前毕业，留在校图书馆工作。之后，谢灼华和邹鸿斌也提前毕业，留系从事教学和学生工作。毕业分配时，系领导动员大家到祖国最需要的地方去，有几个同学分配到青海、宁夏、内蒙古、吉林、云南、贵州等边远地区。其中分到宁夏回族自治区图书馆的杨绍光同学的事迹尤其感人，他是复员退伍军人，爱人在武汉东湖八一幼儿园工作。系里为了照顾他，最初将他分到武汉市，但他坚决要去边疆，最后只好将他分去了宁夏。

二、留校任教

我从1960年8月开始，领取武大财务科发放的工资43.50元/月。一年后转正，每月工资53元。10月下旬，系里安排钱印飞、陈光祚、范应桐、孙德安、王秀兰和我去上海图书馆实习。上图是我国第二大图书馆，藏书十分丰富。其中古籍善本、地方文献、方志家谱尤为丰富，其管理水平也属国内一流。三个多月的实习，收获颇丰。

1961年，全系老师按所教课程分为图书馆学教研室和目录学教研室。目录学教研室主任是刚从苏联留学归来的彭斐章博士，副主任是陈光祚讲师。我作为皮高品教授的助教，一同分在目录学教研室。皮先生学识渊博、治学严谨，要求严格。第一次见面，他给我布置了三项任务：①认真校对正在校印刷厂印刷的由他编著的《中国图书史》讲义；②把他的讲义和北京大学图书馆学系刘国钧教授著的《中国书史简编》进行比较研究，并写出读后感；③认真阅读著名历史学家范文澜先生的《中国通史》，并写出读书笔记。

教研室主任彭斐章老师对青年老师的要求极为严格。他在苏联读博期间，经过严格训练，把促进青年学者学术成长行之有效的方法，用来培养青年教师。他要求我们，每学期制订进修提高计划，列出必读书目。每月向他口头汇报，期末向教研室汇报。

每学期我除了全程随同皮老师上课外，还到历史系旁听中国古代史、中国近代史，去中文系旁听古代汉语。我虽然在大学一、二年级学习过中国通史和古汉语，但并未系统深入研究。此次我是带有备课和研究的双重任务，学习效果大不一样，受益终身。20世纪80年代，我在湘潭大学承担《曾国藩全集·奏稿》的标点整理工作时，就比较得心应手。

1961年，党中央发布“高教六十条”，提出要对我国高等教育“整顿、巩固、充实、提高”，并规定从1962年起，在学生中设立政治辅导员，通过思想政治工作，引导学生建立正确的人生观、世界观。1961年冬，彭斐章主任向我传达了系党总支的决定，要我担任1962级学生的政治辅导员，并提出这是首次在高校建立政治辅导员制度，具有开创性，要求辅导员具有较高的政治素质和业务素质。当时，我欣然接受了党总支的决定，并表示要积极创造条件，争取早日加入中国共产党。

1962级新生入学后，我把大量精力投入学生工作中。经常深入学生宿舍，帮助学生解决学习和生活中的困难，和学生建立了良好的师生关系。我还到家住武汉市的郑行仁、俞君立、张桂玉同学家进行家访。四年中培养了一名共产党员，多名要求入党的积极分子和共青团员。我自己在学生工作中得到了锻炼，1963年3月加入了中国共产党。入党介绍人是彭斐章老师和系办公室主任邹鸿斌同志。

武大历来重视青年教师的培养。1963年下学期，系里邀请武大教务长孙祥钟教授来系里同青年教师座谈。他在讲话中要求青年教师要潜心钻研业务，认真备课；讲课时要融会贯通、旁征博引，举一反三；老师要给学生一杯水，自己起码要有一桶水。这些话我记忆犹新，在以后的讲课中身体力行。按武大当时的规定，青年教师要大学毕业三年后，经过试讲合格，才能走上讲台。1963 年 11 月，我开始给学生讲授中国书史的近代和现代部分。

1964 年秋，按照湖北省委统一部署，武大部分师生到孝感县农村参加“四清”运动。我随 62 级学生进驻生产队，与贫下中农同吃同住同劳动。1965 年 6 月返校后，上了不到一年的课，武大作为湖北省的重点，开展了轰轰烈烈的“文化大革命”。自此以后十年，全国都处于动乱之中。1971 年初，学校把我爱人从四川调入武大，当时武汉市户口控制很严，我爱人和两个女儿的户口只能落户武大沙洋分校所在的荆门县沙洋镇。下半年我从武大总校调入沙洋分校。1975 年初，我意外获知经党中央、国务院批准，在毛主席家乡要恢复重建湘潭大学，于是我积极申请调往湘大。1975 年 4 月，我去武大人事处办理调动手续时，开具介绍信的王桂英同志主动提出，可否在姓氏“苟”字中加一笔，改为“荀”，我当即表示同意。自到湘潭大学以后，我就改称荀昌荣了。

三、以武大图书情报学院为样本，创建湘大图书情报系

调入湘大后，校领导给我两项任务，一是参与筹建校图书馆；二是主持筹建图书情报系。在湘大图书馆基本建成后，1984 年 3 月，学校成立图书情报系筹备组，我担任组长。当年即招收图书情报专业两年制专科，次年经教育部批准招收四年制本科。1998 年设立图书馆学硕士点。2018 年获教育部批准设立图书情报与档案管理一级学科博士点。2019 年获人力资源与社会保障部批准，设立图书情报与档案管理一级学科博士后科研流动站。

在 1998 年之前，我一直担任系主任。在创建图书情报系过程中，我多次回武大，全面了解图书馆学专业的教学计划、教材建设、师资培养、科研课题以及最新教学手段等，在很多方面借鉴武大的做法。如我在湘大率先开展青年教师讲课比赛，还要求学生不仅要学好专业课，也要学好英语和计算机课。在全校四级英语考试中，我系曾连续三年荣获第一名。1987 年学校党委书记刘聘同志找我，就档案专业从历史系并入我系征询我的意见，我当即表示同意，主要基于两点考虑：一是教育部提出，图书情报和档案一体化；二是武大图书情报学院早就设有档案学专业。当时这一决定也为 2018 年博士点的设立打下了基础。曾有人说，湘大图书情报系是武大图书情报学院分院，可谓名副其实。

2018 年 9 月 6 日，湘大建校六十周年前夕，习近平总书记对湘大作出重要批示：“一定要把湘潭大学办好，是毛泽东同志的殷殷嘱托。希望湘潭大学不忘初心，牢记使命，扎根伟人故里，弘扬优良传统，坚持立德树人，勇于改革创新，努力把学校办得更好，更有特色。”

2019 年 11 月 11 日　二稿

附录：武汉大学图书馆学系1956级教学计划及专业课任课教师

年级	学期	课程名称	任课教师	备注
一	1	图书馆学概论	陈颂	
		中国图书史	皮高品	
		中国革命史		
		中国通史		
		中国文学史		
		俄语		快班、慢班
		体育		
	2	图书分类	皮高品 周继良	
		图书馆目录(中文编目)	孙德安	
		中国革命史		
		中国通史		
		中国文学		
		苏联文学		
		俄语		快班、慢班
		体育		
二	1	目录学	吕绍虞 张尊俭	
		俄文编目	付椿徽	
		苏联文学		
		世界通史		
		俄语		快班、慢班
	2	中文工具书与参考工作	黄元福、陈光祚	
		世界通史		
		世界文学		
		俄语		快班、慢班
三	1	古籍整理	徐家麟、廖延唐	
		英语		
		科技概论		数学概论
		逻辑学		
	2	英语		
		科技概论		化学概论、生物学概论
		英文编目	桂质柏	

续表

年级	学期	课程名称	任课教师	备注
四	1	毕业论文		
	2	毕业实习		

作者简介

荀昌荣，男，1938年5月生，四川邻水人。1956年9月至1960年7月就读于武汉大学图书馆学系。毕业留校任教，担任我国著名图书馆学家皮高品教授的助手，从事《中国图书史》教学与研究。1975年4月调入湘潭大学，任湘潭大学图书馆副馆长、信息管理系主任。1992年晋升教授，硕士生导师。曾任湖南省政府信息化工作领导小组专家组成员、湘潭市政府信息化工作领导小组专家组组长。2003年退休。

出版著作8部(含合著)，其中《中国图书馆事业十年》获省首届优秀社科成果三等奖、中国图书馆学会优秀著作奖；《理论图书馆学教程》和《图书馆文化论》被海内外多家图书馆收藏。曾参与广受海内外读者关注的《曾国藩全集》标点、辑佚工作。

参与《“解放军报”40年全文数据系统》制作并主持文献标引，1998年10月该项目和个人均获中国人民解放军总装备部颁发的全军科技进步二等奖。发文40余篇，其中《关于〈中介世界〉的思考》一文，被多种文集收录。

致敬珞珈山

白　磊

光阴荏苒，似箭离弦。我从母校图书馆学系60届6002班毕业后，分配到中国农业科学院图书馆直至1999年4月退休，阔别母校转瞬已有60个春秋，弹指一挥间。60年生生不息的追求，60年风霜雨雪的坎坷，60年百折不挠的攀登，每个人都是一路风尘，一路拼搏，一路欢歌，但又充满艰辛和曲折。值此母校百年华诞到来之际，循着走过的奔波足迹，回溯当年的种种记忆，追寻我们这一代人脑海中永远割不断、挥不去、抹不掉的情缘和故事，对我这个眉间发梢已沾染岁月痕迹年届80的人来说，真可谓“朝花夕拾”，令人感慨万千。

一、入学珞珈山

说起我的入学经历，还有一段插曲。1956年，我怀着满腔的热情、执着的追求和美好的憧憬，考取了当时的辽宁大学俄语系。20世纪50年代，由于苏联“老大哥”的背信弃义，使得我们这届作为培养苏联专家翻译的大学生，培养目标发生了改变，学校要求我们转学转系。这一决定公布后，全国好多院校的招生简章接连不断地发来，纷纷在辽宁大学俄语系招生。当时，武汉大学图书馆学系在辽宁大学只招收1名学生，而报名者多达53人，我却幸运地被录取了。

1957年入学报到，按新生分配我被分在6101班。入学不久，班上几名调干转学的同学发起要求插班的申请，当问到我提不提插班申请时，我就想小学、中学我一直在跳级，这回应该按部就班好好学习了，但我清楚记得李平杰同学(后来是班长)对我说，咱们先提出申请嘛，看系里怎么决定，就这样我也签名申请插班了。系里很重视我们的插班申请，经系领导研究，同意了我们插班的申请，但必须经过专业课考试及格才准予插班。于是，我们从全国各地院校转学来的十几名同学，经过3个多月的强化专业课补习，考试及格就可插班。年仅十七八岁的我，竟然考试及格被允许插班了，就这样我由原来的6101班分配到了6002班。

二、洗礼珞珈山

在校的学习生活是紧张而有序的。当时的政治运动较多，从“修筑汉丹铁路”直至最后的“教育与生产劳动相结合”的思想教育。当时的我作为新一代大学生，正面临如何对待自己与祖国的命运。这些经历引领我走向正确的方向，乃至影响我的一生。可以这样说，整个大学生活和学习，过得是充实的。从我系开设的专业课到各门必修课，都十分切合我后来工作所需。其中一门开了两年的科技概论课，系里都是请我校各系专家、教授给我们上课，所学内容相当丰富，上至天文下至地理、化学、物理、生物等，我们学得津津有味。因为授课的老师，都把自己本学科的内容，用高度的概括为我们讲解，至今我依然十分感谢他，这门课对我从事专业科技图书馆是多么重要！再比如，我系开设的哲学课，李达校长亲自为哲学系把关，而我们作为图书馆学系的学生，既学习了辩证唯物主义，又学习了二分法。在我后来的分类工作中，既用到辩证法，也常常会用到二分法来检查书的分类对不对。

在我工作的39年中，既感谢母校教给我专业知识，更感谢在那风起云涌的年代，珞珈山为我打下了坚实的为人民服务的人生目标。大学生活，有青春的纯真无邪，有远大的共同理想。正是那时的岁月磨炼了我的意志，正是那时的岁月坚定了我的信念，正是那时的岁月积累了宝贵的人生财富。无论岁月如何更迭，无论岁月如何沉淀，大学生活，青春犹在，岁月如歌，历久弥新，永生难忘。

图1　1959年李达校长(前排右2)参观“教育与生产劳动相结合”展览后，接见图书馆学系的同学。前排右1为本文作者。

三、回报珞珈山

说到回报珞珈山，我实在不敢说“回报”二字，就权且是我对母校的汇报吧。在校学习生活的结束，意味着我走向社会，开始了职业生涯。

(1)母校的校训激励我度过峥嵘岁月。1960年7月，我从母校毕业，被分配到中国农业科学院图书馆。中国农业科学院是周恩来总理1957年提出向科学进军时建立的我国三大科学院之一(中国科学院、中国农业科学院、中国医学科学院)，我被分配到此工作是母校辛勤培养的结果。当时，中国农业科学院图书馆被定位为全国农业中心图书馆，到这里工作我心中充满了敬畏。这里收藏了我国最古老、最全面、最丰富的农业文献资源。面对如此丰富、庞大的文献资源，对农业一窍不通的我来说，要想做好工作谈何容易。那时，刻在我脑海中的母校校训“自强”二字激励着我。不懂，只有努力学习，学习，学习；难关，只有刻苦钻研，钻研，钻研；并虚心向老同事求教。

工作开始我即被分在图书馆采编部，负责俄文图书的分类、编目，边干边学，逐渐掌握。中国农业科学院图书馆是农业专业图书馆，又是全国中心图书馆，承担着国际农业机构农业书刊的交换任务，工作量很大。我在负责俄文分编的同时，又在老同志的带领下承担了部分国际交换工作。外事无小事，对交换来的和交换送出的所有书、刊、资料，均需细心验收、分编。工作量虽大，但我投入了全部精力做好工作，这段经历也为我以后的工作打下了较为扎实的基础。1966年，“文革”风暴席卷全国。工作虽然受到了干扰，但中国农业科学院图书馆的国际交换工作始终没有中断，直至1969年11月我随中国农业科学院土壤肥料研究所由北京“下放”到山东后才被迫中止。而这一走就是10年。

“下放”的10年，虽然在农村劳动，但我们是干农业的，正好与农业、农民相结合。中国农科院土肥所到山东后科研工作没有完全停止，我们的图书资料工作就要跟上。于是，我就努力学习土壤、化肥、有机肥以及土壤微生物等方面的专业知识。在这10年中，我将一个只有百十本书、刊、资料的研究所资料室，办成了藏书5万多册、中外期刊200多种的专业小型图书馆，受到科研人员的欢迎，同时也迅速地提高了我的专业水平，工作起来得心应手。直到1979年11月，我们又从山东德州搬迁回京。

回京后，中国农业科学院图书馆请我回馆工作。我因10年中从书刊采购到分编流通、从资料翻译到读者咨询的基础工作均得到了全面锻炼，所以回馆工作的动力不大，一直拖到20世纪80年代初，感到不能一而再再而三地拒绝邀请，一切听从“党安排”吧，就这样我又回到了中国农业科学院图书馆。20世纪80年代初，正是钱学森同志所提“加强科研管理”之时。中国农业科学院此时也大兴加强科研管理之风，图书馆正在筹备成立业务处，而我一调回来就作为业务秘书投入工作。百废待兴的工作环境使我清楚地意识到，图书馆这个行业，要更好地服务于农业，发挥农业文献资源的作用，只有把农业系统的图书馆组织起来，走资源共享之路。

（2）竭尽全力创建中国农业图书馆协会。1982年初，我想把农业系统的图书馆组织起来的设想和建议向馆长作了汇报，在此基础上与馆内各业务部门室主任交流协商。这项倡议得到了馆领导和同事们的支持。从业务范围讲，中国农业科学院图书馆与本院各所以及各省、市、自治区农业科学院图书馆是业务辅导关系。多年的实践使我了解到，农业科研单位的藏书丰富，孤本、善本较多，但馆员水平、素质欠佳；而全国高等农业院校图书馆的藏书较单一且复本率高，但工作人员专业水平较高。我想，把这两种藏书与工作人员的不足相互补充，发挥共有优势，将农业高校图书馆邀请来，走共享资源的道路。这种思路在当时来说是大胆的，用现在的话来说就是跨行跨界了。我的想法是先将各自为战的单位，通过协作组织组织起来成立协会。这一想法又得到了领导和同事们的力挺。

1982年9月初，我与另一位年轻同志，按我事先拟订的调查提纲及时间地点，从北京出发，对东北、西北、华中、华东、西南5大区26个单位进行调研。馆里要求必须在国庆节前返回北京，在时间紧任务重的情况下，只好边调查、边整理调研报告。当回到北京时，我的调查报告已撰写完成。按内容分为10个问题，向领导作了全面汇报，接着又写出正式报告向部院两级领导提出成立协会的申请。在我的记忆中，中国农业科学院领导从未有过为图书馆的业务工作而召开专门的院务会议。这次会议不但是由中国农业科学院时任院长卢良恕亲自主持，而且一致同意成立中国农业图书馆协会的申请报告并报请部领导审批，经部长审批后又转给了中国农学会。中国农学会接到批转文件后，同意中国农业图书馆协会为中国农学会的下属二级协会。

经过一番精心筹备，1983年5月23日，在北京西山宾馆召开了中国农业图书馆协会成立大会。时任农业部副部长朱荣出席大会并讲话。他首先代表农业部对中国农业图书馆协会的成立表示热烈祝贺，对在比较困难条件下辛勤工作、甘当无名英雄，为农业作出贡献的农业图书馆工作者表示敬佩。他充分肯定了农业图书馆作为农业科研和教学三大支柱之一的作用，同时指出农业科研和教学两个方面的图书馆要进行规划与协调，以更有效地为农业生产、科研、教学和技术推广服务。朱荣副部长的讲话，极大地鼓舞了与会的127位代表，他们每一位均代表一个图书馆。应该说，1983年5月23日，既是中国农业图书馆协会成立之日，也是农业科研及农业高校两大系统农业图书馆工作者的盛大节日，它开创了农业系统图书馆走协作、资源共享之路的先河。在协会诸多工作中，有两项是值得特别提及的：一是根据农业图书馆系统专业人才匮乏的情况，我们能以协会的名义向高教部提出申请在南京农业大学建立了“农业图书情报专业”，目前已培养了多届毕业生，这在学科建设上实属罕见；二是协会成立伊始就于1983年试办了《农业图书馆》杂志，试办3期后即公开发行，1989年更名为《农业图书情报学刊》。该刊为农业图书馆系统提供了学术交流平台。中国农业图书馆协会的成立，也为5000多名农业图书馆工作者提供了业务、工作交流和活动的平台。我作为协会的创建者和协会首届秘书长，对此感到无比荣幸、无比兴奋。这是我毕业以后对图书馆学界和业界的最好献礼！

(3)在社会实践中锤炼成长。1983年，作为访问学者我被派往加拿大，参观、学习、访问了加拿大5个省和1个特区(该国有10个省、1个特区)。期间，我了解了加拿大农业图书馆的历史、藏书及其管理服务的情况，其中最大收获是在20世纪80年代初，加拿大图书馆业即开始使用计算机，用CD-ROM为读者服务，令我十分惊讶。因为CD-ROM的检索方式太快、太准、数据量太大，这在当时真可谓图书馆的先进技术。同时我在想，我们国家什么时候也能用上如此先进的技术呢?

从加拿大回国后，因工作需要，我于1987年被选派为第二届中央讲师团成员并任分团团长。讲师团的作用就是让应届和往届大学毕业生进行为期一年的支教锻炼，主要是为边远山区扶贫教学，同时强化大学生的工作实践。我们农业系统被派往东北三省，我所在团主要负责黑龙江省的北安市、德都县、黑河市3个县市，团员24名，按专业分到各个农业中等专业技术学校任教，我则负责3个县市讲师团的业务管理。工作开始前，许多同志担心现在的年轻人很难管理，替我捏着一把汗，而我自己心中确实也没底。这时我想到母校校训"弘毅"精神，于是就抱着向实践学习的态度，与同学们同吃、同住、同教学，很快打消了顾虑和隔阂。支教一年下来，工作很有起色，24名团员有13人被评为相当于省级劳模的荣誉，占我团成员的54.2%。虽然只有一年的支教实践锻炼，但珞珈山"与生产劳动相结合"的教育，引领我做好工作，激励我在平凡中磨砺人生，在奉献中实现自身价值。这是我人生中很有意义的一段经历。

(4)使用计算机检索的前因后果。20世纪90年代初，美国农业图书馆馆长霍华德先生来我馆访问，我与馆长一起接待了他。会谈中，霍华德先生提出，希望我馆参加美国农业图书馆Agricol数据库的建设，当时馆长犹豫不决，我当即暗示馆长先接受下来。Agricol数据库的问题，我当时因有赴加拿大学习的经历，很想把这套先进技术应用到我们农业系统图书馆业务工作中。经我与馆长商量，后来就决定参加美国农业图书馆Agricol数据库的建设并成为其成员。霍华德先生回国后，就将数据库建设的资料寄至我馆。由于当时图书馆这方面的技术人员稀缺，我虽然负责业务管理，但为了数据库的建设就主动承担了这项工作并做了一年多。我首先从本馆1700多种中文农业期刊中挑选，因当时没有核心期刊标准，在挑选期刊中我就根据自己的理解与经验，拟订了10条"核心期刊标准"，选出127种"核心农业期刊"。结果在这127种期刊中，就有73种是美国农业图书馆馆藏的，命中率高达54.1%。当馆长回访美国把我按数据库标准做好的文本带给霍华德馆长时，他当即惊呼：It's very wonderful(太棒了)！同时将3张Agricol数据库光盘回赠馆长。

一年后，讲师团工作结束我回馆时，馆长当即把这3张光盘又交给我并说馆里没人会使用，就这样我又开始对Agricol数据库光盘进行学习使用。数据库都是英文版本，文字上和计算机操作上的困难，都促使我下定决心要啃下这块硬骨头。经过艰苦的努力，试运行一年多以后，正式开始为本系统图书馆及其读者进行计算机检索服务。这在20世纪90年代初，在农业系统是首创，用计算机检索在全国也属凤毛麟角。计算机检索得到了读者的普遍欢迎和高度认可，这极大地鼓舞了我，母校教给我的基本功全用上了。扎实的基本功，使我工作起来应对自如。在评上副高级专业技术职称以后，为了拓展业务，总结我几十年的工作经验，更因为我是武汉大学培养出来的学生，感到必须把自己的所学、所用写成文字。为此，我每天利用下班后的2个小时开始写作，整整用了5年业余的时间，写了近37万字的文稿，后又五易其稿，最终以27万字定稿。首先交我单位学术委员会审查后，同意报中国农业科学院学术委员会审批，中国农业科学院学术委员会获准申请中国农业科学院农业科技专著出版基金。当得到批复后，我想既是学术专著，就向科学出版社投递了书稿。经过漫长的两个多月的审稿，最终由科学出版社和龙门书局于1997年出版，书名为《农业科技资源分类配置与光盘检索指南》。

四、感恩珞珈山

1999年4月，在我60岁到来之际，我退休了。从1960年到1999年，我工作了整整39年。在学院百年华诞这个值得记忆和纪念的时间节点，最是师恩难忘时。教诲如春风，师恩似海深。我心潮澎湃，心旷神怡。拂去历史的尘封，回眸走过的岁月，我以回报和感恩母校之心，追寻艰辛跋涉一路前行的闪光足迹，向母校、向老师汇报我在平凡的岗位上风雨兼程勤奋耕耘的人生历程，向母校、向老师汇报自己平凡而非平庸、普通而向上的人生经历，以表达我心灵深处难以割舍和挥之不去的做珞珈山人、做好珞珈山人的浓浓情怀，让母校、让老师知道并放心，为做好珞珈山人，我一生都铭记武汉大学的校训"自强、弘毅、求是、拓新"，指引我奋发努力、好好工作，以出色的成绩回报和感恩母校、老师对自己的精心培养。挚爱珞珈山，我完全发自内心；做个珞珈山人，我感到无比荣光；做好珞珈山人，为我一生增添力量、勇气和智慧。光荣的珞珈山，骄傲的珞珈山，我爱你！珞珈山精神，已在我心中永驻，也必将在我的夕阳生活中永存。

感谢母校和老师对我的精心培养与辛勤付出！

衷心祝贺学院百岁华诞！

致敬珞珈山！

2019年8月28日

作者简介

白磊，女，中共党员，图书馆研究馆员，1939年2月生，1957—1960年在武汉大学图书馆学系60届6002班学习，1960年毕业后分配在中国农业科学院图书馆工作直至1999年4月退休。

代表性学术性研究成果：(1)20世纪80年代我代表中国农业系统图书馆参加了美国农业图书馆主办的Agricol文献数据库的建设，将我国120多种核心期刊编入该数据库，向全世界介绍了我国农业发展的历史和现状；(2)参加了中国社会科学院和教育部高教司立项的满铁(满洲铁路株式会社简称)资料数据库的建设，将我国农业系统索偿日军侵华罪行的日文期刊与图书2300多个词条输入该数据库，至今仍有读者查询；(3)撰写并出版了学术专著《农业科技资源分类配置与光盘检索指南》，27万字。此书由中国农业科学院学术委员会审批、中国农业科学院拨款，科学出版社和龙门书局共同出版，中国农业科学院院长金善宝院士作序。

突出业绩：(1)1983年创建了农业系统中国农业图书馆协会，受中国农学会领导，担任首届秘书长。协会有5000多名会员和123个集体会员，协会将农业科研和农业高校两大系统的图书馆组织起来开展学术交流、资源共享。(2)以协会名义申报由高教部批准，在南京农业大学建立了学制4年的农业图书情报专业，从上世纪80年代以来为本系统人才队伍的建设作出了贡献。(3)协会成立伊始于1983年试办了《农业图书馆》杂志，试办3期后即公开发行(1989年更名为《农业图书情报学刊》)，此刊为农业图书馆系统提供了学术交流平台。(4)1987年参加了由胡耀邦同志主持组建的中央讲师团，受中国农业科学院选派，担任第二届中央讲师团黑龙江省分团副团长。(5)率先在农业系统乃至全国图书馆界，开展了计算机CD-ROM文献检索，将先进的图书馆技术服务于读者。(6)被中国农业科学院研究生院聘为兼职副教授、教授，连续3年为研究生讲授文献检索知识。

工作简介与荣誉称号：1960—1982年从事专业图书馆各部门业务工作，获得先进工作者、模范职工、五好团员等称号；1983年被选派赴加拿大做访问学者；1984—1991年从事图书馆管理工作；1992—1999年从事CDROM计算机文献检索工作。

从学业到职业的感悟

——武汉大学图书馆学教育百年赘言

黄俊贵

岁月悠悠，史迹昭昭。武汉大学图书馆学系作为中国图书馆教育的先行，经百年先贤风雨兼程，开拓进取；莘莘学子勤奋耕耘，奉献图苑，今专业教育全面发展，各类学术成果尽显光华。“历史是过去传承未来的回声，是未来对过去的反映”(法国雨果)。或许，在关键的百年点上回望历史，是拥抱未来的最佳时刻。1957 年，笔者考入武汉大学图书馆学系学业四年，先后于中国国家图书馆、广东省立中山图书馆就业，至 1999 年年初退休，与图书馆结缘六十多年，朋友甚多，不懈情结，谈论常有图书馆学术及事业发展话题。去年，欣悉母校将举办纪念中国图书馆学教育百年活动，拟出版文集；笔者有幸应约撰稿，特以从业感悟直抒胸臆，聊表学子寸心。

一、守住根，莫思迁

“文献是记录有知识的载体”。它作为人类生存发展的精神动力，是图书馆社会作用的根基。我国图书馆发展从古到今曾历经因汉字及纸张、笔、墨、印刷术发明，继而产生众多手抄与刊刻的各类典籍及其收藏；从古代社会教育(官学、私学、书院)及科举考试制度，至近代各类学校教育兴起，社会各阶层迅速滋生文献阅读需求，促使藏书楼向社会开放，图书馆问世；现代社会进步，文化科技昌明，酝成图书馆馆藏文献载体多元一体(含纸张型、缩微型、电子型、音像型，以纸张型为主)，读者自主阅读与图书馆知识宣传推广互动，各类型图书馆定点服务、流动服务与联盟协作及网络服务并进，逐步实现图书馆向自动化、数字化、网络化全面进步。可以说，文献始终是图书馆生存的基础，社会阅读需求始终是图书馆发展的动力。这应该是，图书馆人职业认知的出发点和事业建设的着力点。

百年来，全国图书馆界同人，长期坚持以文献收集、整理、开发、利用服务社会的科学理念，发挥引导图书馆事业发展的积极作用；正视图书馆发展的历史与现状，坚持以文献为根基去阐述图书馆现象，特别是围绕各类文献开展社会阅读，注重社会效益，积极发挥图书馆作为文化教育机构作用。

然而，自21世纪人类逐步“信息时代”，世界图书馆事业悄然经历着一场巨变，从“信息”“知识”演化出众多新名词、新概念、新理论，大有取代传统图书馆的势态。由此，我国出现一种颇有影响的观点，将图书馆社会职能定位于“三大中心”：“图书馆是知识中心，它将超越图书，超越传统图书馆”；“图书馆是学习中心，阅读依然是图书馆的核心业务，但图书馆工作将不限于阅读，还包括信息素养、技术素养、健康素养教育”；“图书馆是交流中心，它是各类社群互动对话空间”。这些观点的实质在于表明，文献作为图书馆根基已经发生变化；图书馆社会职能全面扩展，只是沿用传统名称，实为“知识中心、学习中心、交流中心”。

众所周知，知识有书本知识与实践知识，有客观知识与主观知识。“超越图书(文献)”，进而网罗实践知识、非文献的客观知识及主观知识，这不仅超越了图书馆社会职能，而且要成为“知识中心”，亦即涵盖各类科学、教育、文化知识的机构，简直难于登天。“读万卷书，行万里路”，图书馆只能向读者提供各种载体的客观文献知识，将图书馆作为超越文献、包罗万象的“知识中心”，当今世界不存在，将来亦未必出现。有人还常将“信息”与“知识”相提并论，其实信息概念更大，知识属于信息，但信息不一定是知识。信息有知见的，尚未知见的，有自然的、有社会的、有各门学科的动态信息，其中都包涵有用或无用信息，同时还有各类保密的信息。不可忽视的是，即使图书馆文献信息资源，其选择与传递亦受社会政治、经济及读者需求等社会因素制约；社会读者查阅知识、信息，只能限于某一文献信息，而根本无法获得尚未形成文献的自然与社会信息、知识，更不可能取得尚未公开的经济、政治、科技、军事、人事等保密的动态信息。图书馆不是“全知全能的上帝”，怎样是“知识中心”？更何言脱离文献去承担社会各类信息的“交流中心”？至于，所谓“图书馆是学习中心”，并未具体说明其中内容；图书馆阅读只是学习文献知识，难道还要包括各类技能的培训、学习，诸如，体育与武术、绘画与艺术表演、种植或手工艺等，颇令人纳闷。图书馆不仅不能脱离文献，也不能轻易自称“中心”。虽然，图书馆具有社会教育职能；文献阅读的效果与作用是全面的，可以获得知识，启迪思想，提升素质，但无法作为“学习中心”或“阅读中心”。现在大学、中学、小学、幼儿园都未称“学习中心”，因学习面极广，除自学、学校教育外，还有家庭教育、专门技术教育等。即使称“图书馆是全民阅读中心”亦不恰当，因为图书馆难以承担，话语权甚少；没有阅读立法保证，是无法承担组织、管理全民阅读的。拙见以为，今“全民阅读”似应为“社会阅读”，因“全民”是指公民，取得国籍，根据宪法和法律享有权利和承担相应义务的人，而“社会阅读”则更能体现图书馆面向社会“有教无类”的社会教育职能。

毋庸讳言，图书馆定位于“三个中心”的理念与我国图书馆学教育及学术研究不太关心图书馆实际，忽视文献始终作为图书馆生存发展的根基，而过于热衷西方图书馆理论，具有直接关系。当今，业界同仁只要去阅读图书馆学专业教材，或全国各地图书馆学刊，即不难发现“信息资源”“信息管理”“信息描述”“信息组织”“信息服务”等大量不接地气，又难以卒读的研究文章。可以说，它们多由“舶来品”信息管理学理念中派生出来的概念。据有关资料得悉，早在第一次世界大战前，英美等西方国家的一些学者力求建立一个新学科，与图书馆学分道扬镳；20世纪初，在国际文献工作协会策划下，建立文献学，后更名为情报学或信息学；20世纪八九十年代初随着信息快速增长，英国专业图书馆协会又进而改名信息管理协会，情报学亦更名为信息管理学或信息资源学。

国际图书馆界不断更迭学科名称，为我国图书馆学教学科研同人密切关注，着力编写相关教材，撰写文章加以效法推广。诚然，科学技术没有国别界线，而作为社会文化教育则应考量符合国情，能否与中国文化传统相融，是不可掉以轻心的。

我们崇敬图书馆学界前辈，学习他们坚持文化自信，有选择地采用西方图书馆学术理念，而不屑盲从挟洋的精神。1947年，美国S. H. Ditzion《民主文化的武器库》将公共图书馆视为“民主政治的武器”“社会民主的保障”(有人称它是“公共图书馆核心价值”)。随后，1949年《联合国教科文组织公共图书馆宣言》给予肯定，并加以宣扬推广。然而，在我国并没有多大响应，普遍认为，“与我国图书馆实际不符”，不可照抄搬用推广，进而执着坚持“有教无类”又“嘉惠士林”的服务理念。同样，侪辈黄宗忠教授既关注世界发展潮流，又讲求实际，尊重中国文化传统，把“信息”引入图书馆学，认为“图书馆是文献信息存贮和传递中心”的论述，值得学习、效法。

任何一个组织、机构，乃至个人不应随心所欲地改变传统习用的专业名词、术语，应具有群众基础，为业界说明其合理性、必要性，容社会择优认同，以利推广。也许图书馆教育与学术界忽视2018年1月1日由国家公布施行的《公共图书馆法》多处采用“文献信息”行文，而不泛论“信息”。令人遗憾，今所见图书馆学著作、论文几乎皆以“信息”涵盖，仅说“信息描述”一词，按汉语通常解读是“对信息的描写叙述”。其中，信息宽泛无边，描述对象不明，目的与结果亦未知，为何不以“文献编目”，明示是对文献外表的描述及内容的提示，旨在进而集中众多文献资料，以(款目)组成文献目录。有人称，“信息描述”是“学术界对传统的文献编目概念的一种继承和发展”。其实，我国文献编目从古代到近现代的方法规则逐步中西合璧，已经实行标准化、国际化；编目技术手段从手工操作步入计算机化、网络化。然而，它始终没有脱离以文献为对象，及其国际统一的文献编目原则、方法。现在，专业术语却抹去“文献”，以“信息”取代，已名不符实，还能继承、发展吗？“编目”以“描述”取代了，目录学还存在吗？难道我国图书馆学也在因袭西欧图书馆学的易名，另辟蹊径，改换门庭，以“信息”涵盖一切？“信息管理”不局限于技术方法，它涉及社会道德操守、国家政策法规，乃至自然与社会的方方面面。专业名称涉及专业宗旨定位及课程设置等，应名实相符，不求时髦，不致误导。诚然，图书馆应紧跟时代发展，有所作为，但它必须以文献为根基，进而去实行自动化、数字化、网络化，而不是脱离实际，忘却文献根基去空谈“知识”“信息”；将异化图书馆社会职业属性，误导发展方向，难免沦于乱作为或无作为。1982 年，美国图书馆专家兰开斯特(F. W，LanCaster)曾预言："在下一个 20 年(1980—2000 年)现在的图书馆可能完全消失，只留下几个保存过去的印刷资料的机构……这些机构将是消极被动的档案室而不是积极主动的情报服务单位"。这一"从未来看现在"的预言已不断被当今的图书馆现实所击破，成为历史笑谈。

应该指出，图书馆多元化发展是必然趋势。有人却称"今大部分图书馆还在比较传统的阶段，即使有一些数字化项目，也不过是一种点缀，图书馆服务与数字化服务仍然属于'两张皮'的状态"。又说，"传统的规划编制有两个明显缺点，一是从过去判断未来；二是从自己的角度设计未来"。众所周知，传统是指世代相传、具有特色的社会因素，如文化、道德、制度等等，而不在于局部的数字化、网络化的现代方法、技术。我国图书馆学理论与实际确有"两张皮"现象；图书馆发展不可数典忘祖，作为知识载体的文献是数千年的文化根基，难道时代发展，技术进步就可以抛弃文献这个图书馆安身立命的基础？"参天之木，必有其根；怀山之水，必有其源"。图书馆唯有坚持文化自信，才能永葆旺盛生命力，充分发挥其应有社会作用。

二、创效益，有作为

历史表明，图书馆以服务社会阅读为天职，它必须以社会需求为动力，以其服务水平与社会效益体现职业价值。这是图书馆之魂，魂旺业兴，魂去业亡。当前图书馆服务须努力解决政府经费投入，逐步完善服务系统，争取更大社会效益；解决资源分配与均等服务矛盾，强调完善服务理念，创新服务，建立敬业乐群的服务团队。图书馆工作具有连续性、积累性，当不该奢望立竿见影，以求产生轰动效应。有所作为一般呈现于渐进中的社会效益，并能确保持续发展。"有作为"应着重体现图书馆的核心价值——办馆效益，为公众认可，具有旺盛的服务人气，即对图书馆热爱、追求、利用的强度。反思以往，图书馆对"作为"有两种行为应该克服：一是追求"创新""特色"，忽视效益。往往热衷于创"品牌"，一哄而起，不日即终。其实，创新必须以改革为前提，而改革不一定就是创新，创新一定要有所突破，重在与办馆效益挂钩，否则就是劳民伤财，实属"乱作为"。二是追求"业绩"，着力造声势，脱离实际。一般推出"有作为"项目，流于想当然，为显示业绩向媒体吹嘘，往往言过其实，甚至毫无根据。为此，我赞成图书馆"搞事"并不难，主要在于搞成事、干实事的观点。诚然，图书馆也有不愿"搞事"对现实常显"淡定""深沉"，只求开门借阅，维持现状，甘于作"守门人""看摊子"，实则不思进取，众称"无作为"，这远比"乱作为"更糟。因为"乱作为"贵在对事业具有激情、进取心，只要不是出于私心，固执己见，事实证明想法有误，措施难行，吸取教训，及时纠正就进步了。

仅回顾广东图书馆百年，历尽沧桑，锐意进取，代不乏人，其中有所作为的亮点，堪为社会认可、同仁赞许、既有特色、又有效益、得到持续发展的据知大概有以下几个方面。

一是由中国近代图书馆先驱杜定友先生开创的地方文献工作。杜定友先生提出“保存广东文献为第一的办馆方针”，全面收集广东地方文献，成为岭南文化(广府文化、潮汕文化、客家文化)发展与研究的重要信息基地，对全国各地区图书馆地方文献工作建设具有示范与推动作用。

二是1991年广东省中山图书馆启动的海外中文报刊专题信息开发。由于其开发定位好，信息价值高，成为我国图书馆一枝独秀的信息开发成果，今得以健康、稳定发展，广受社会青睐。同在90年代该馆着力自动化与数据库建设，自2000年开展网络参考咨询，并牵头与福建、广西、天津、长春、山东等16个省市的40多个公共图书馆合作建立的“联合参考咨询与文献传递网”，广得公众喜爱，产生良好的社会影响。

三是广东各城市公共图书馆实行全面开架，自助借阅，每天开馆12~14小时；

四是广州市图书馆向市民敞开发放书刊借阅证，佛山市图书馆办借阅证免收押金；

五是东莞、佛山、深圳城市设自助图书馆，24小时开放服务；

六是广州市少儿图书馆推行“亲子阅读”“家庭阅读”，天天“爆棚”；

七是中山大学图书馆书刊借阅不限量，按需供给。

人生有休止，事业无穷尽。百年只是一瞬间。图书馆事业好不好，有没有作为，所谓“人心一把秤”，“金杯银杯不如群众的口碑”，更要看公众对它怎样评价。事实表明，图书馆事业发展必须薪火相传，自强不息，永跟时代潮流不落伍，关键在于重视培育具有事业理想、读者情怀、文化视野与勤奋敬业的团队及其有所作为的带头人。

三、重需求，构和谐

国家发展图书馆事业的目的在于实现保障公民的“基本文化权益，满足公众的基本文化需求”。图书馆一切工作都应围绕读者阅读需求，解决文献资源与读者需求的矛盾，其中读者需求是主要矛盾方面。图书馆首先要摆正与读者的关系，把读者永远置于主体、“上帝”的位置。服务社会是图书馆的天职，不了解读者，未满足读者需求，即使具有宏大建筑、精良设施、丰富藏书，而未能提供良好服务，将失去图书馆的社会价值，不为公众欢迎。

广东省中山图书馆为构建阅读和谐，有两件事使我难忘：(1)1993—1994年，曾组织参考咨询与信息开发人员深入企业基层作信息需求调研，开展专题信息服务；(2)1998年，为促进图书馆与社会读者双向交流互动，曾计划与广州市南华西街协作，开展评选“好读者，好馆员”活动。可惜，前者只是临时行为，未能形成制度，长期坚持；后者却因本人离任，被退回协作单位的活动赞助款，致无疾而终。建立和谐阅读作为图书馆永恒的研究课题，有许多经验值得总结，这里仅就点滴略述。

一是树立面向社会需求观念。传统图书馆服务工作长期面向资源，所谓“资源为王”，往往囿于自身藏书，所谓“靠山吃山”，无求以人，炫耀藏书或埋怨资源匮乏而忽视社会需求。在当今网络环境下，社会实行资源共享，互通有无，图书馆务必实行“需求—资源—服务”法则，以需求去寻找资源，组织各类型图书馆联盟，开展有针对性服务。

二是建立流动导读岗与专家定点参考咨询制。传统图书馆“等客上门”，少有主动热情服务，今医院有“导诊”，商场有“导购”，建立流动导读岗相当于“导诊”“导购”，向读者主动征询服务项目，协助检索及解决服务中方法、技术的指引(在发达国家的图书馆，凡读者都能随处听到“需要帮助吗”的主动导读)，以克服一味强调读者“自主阅读”，改变对读者不闻不问、冷漠生硬的态度，增强图书馆的亲和力；开展社会科学与自然科学专家定点信息参考咨询，可根据社会发展需要，与教学、科研单位开展协作，由专家、学者结合，开展文献阅读与信息咨询的辅导、交流，以提高图书馆服务能力、水平，改变社会读者认为“图书馆就是借借还还”的陈旧眼光，提升新时代图书馆社会形象。

三是开展承诺服务。承诺服务是图书馆服务的发展和深化。以往不少图书馆服务流于空洞宣传、粗放实施，在实际工作中常以“没有”“不知道”“没办法”去打发、对付读者，致使社会读者对图书馆缺乏信心，背向而去。如果我们的服务以明确、具体的承诺，以“安民告示”，如“信息咨询根据公共信息与学科专业不同情况，一般在5~30分钟回答”，“凡本馆尚未入藏书刊可通过馆际互借，3~7天满足需要(若通过国家图书馆国际互借需20天左右)”等昭示公众，并“兑现承诺”，必将广泛吸引读者，让他们对图书馆的信任与时俱进，让图书馆成为社会阅读乐园，成为“人生第三空间(家庭、职场、图书馆)”。

四是尊重读者，与读者交朋友。构建和谐阅读，必须以尊重读者、了解读者为前提。有图书馆为显示阅读成果，对读者在科学技术或学术研究中取得的成就，授予读书贡献奖。其实，有些读者根本就很少到馆借阅、咨询，图书馆也无法了解他们的读书生活，将读者成就简单地归结于读书所得，这一异化读者成就的行为是不足取的。热爱读者应该是调研社会需求，要落实于日常服务工作中，从与读者交朋友中体现。这使我想起，20世纪60—80年代工作于广东省中山图书馆的潘景研同志。她忠诚服务读者，视读者为亲人，数十年如一日地从事读者服务工作，特别是帮助一位全身瘫痪的青年，选借外文书刊，坚持送书上门，并鼓励他学文化，读俄文，攻医学，战胜病魔，后来该青年自学成才，翻译出版上百万字著作，还被评为全省建设社会主义青年积极分子。她对少儿读者循循善诱，敢于规劝小学生莫去参加“造反行动”，安心阅读……潘景研同志全心全意为读者服务的先进事迹曾以专稿披露于1982年8月24日《羊城晚报》，还刊载于某作家的散文集中，被誉称为“志在服务，以读者为友；安于艰苦、清贫，又通达事理、懂得图书馆事业使命。”她的事迹值得发扬光大，学习效法。

构建阅读和谐，应体现在读者与馆员对图书馆服务具有同质关注点的契合，即读者渴求获得便捷、优质服务，馆员盼望能达到读者满意的需求。由于图书馆的供需矛盾，并非如市场一样受利益驱使，全凭馆员的职业道德、敬业精神去运作。可以说，读者的关注点是执著的、永不衰竭的；馆员的关注点则往往显得松弛、有所离散。图书馆服务必须关心热爱读者，提倡“知识、友爱服务”，要求馆员具有胜任为读者服务的知识水平，同时，练就永远保持“笑容写在脸上，温柔挂在嘴边”的职业素养。为此，图书馆管理者应“重需求，创和谐”，凝聚读者与馆员的关注点，并构建图书馆职工团队的和谐为基础，以旺盛的团队人气去促进图书馆服务人气。事实表明，凡服务人气较高的图书馆，都具有团结、合作、敬业的团队；图书馆领导者善于“合众人之私，以成一人之公”，发扬民主，集思广益，而不是陶醉于天马行空，做孤家寡人的“独行侠”。记得我在广东省中山图书馆工作期间职工活动较多，文化生活颇为丰富，如各类全馆大会(报告、总结)、馆长或主任星期例会、向离退休人员的征询意见或通报工作会、学术研讨会、文艺汇演、体育比赛、病号或长者家访、职工生日祝贺、各种节日活动等等，致全馆上下民主、祥和，精诚团结；图书馆与各方面关系良好，乃至整个广东公共图书馆(特别是珠江三角洲各馆)感情融洽，信息互通，联络不断，至今人们仍津津乐道，留恋昔日那美好时光。

四、调结构，促转变

当今图书馆的社会作用尚未充分施展，办馆效益并不尽如人意，在图书馆管理理念上重规模，轻效益；重资源，轻服务；重“守摊”，轻需求；重单干，轻协作。在实际工作中表现为服务不足，管理无序，干部缺失等。有鉴于此，转变图书馆发展方式势在必行，以体现图书馆核心价值，落实科学发展观。图书馆科学发展观在于实现：(1)重点发展，重在体现图书馆核心价值，追求服务社会的广度与深度，追求服务社会的水平与效应；(2)和谐发展，图书馆具有良好的社会环境，内部形成团结协作的团队，外部实现和谐阅读，培育具有亲和力、凝聚力的读者群体；(3)协调发展，要促进图书馆的构成要素即各类资源、各项管理与读者需求的科学整合，以质量发展、效益发展和谐共进，特别是要建立图书馆科学资源观，明确馆员是各类资源的决定要素；(4)持续发展，要营造图书馆服务长效机制和影响力，做好基础工作，苦练内功，以服务求发展，与时俱进。

转变图书馆发展方式，或称图书馆转型，就是改变传统图书馆格局。务必在客观认识自己的基础上深化改革，锐意创新，确立图书馆发展的定位，以崭新的服务内容、方式，脱胎换骨，紧跟社会进程，以适应读者需求。拙见以为，图书馆转型可以包括如下几个方面：

一是转变图书馆核心价值取向——追求服务效益。

二是转变服务理念——面向社会需求，定期深入社区、学校、机关调查阅读需求，征求服务工作意见。

三是转变服务方式——开展多元化服务(凸显参考咨询，实行专家咨询与一般咨询结合，实行全开架服务，“借阅藏合一”)。

四是转变阅读观念——开展与机关、学校、企业、家庭协作的社会大阅读。

五是转变文献服务结构——实行一站式服务。以学科或专题组织服务场所，改变以文献类型或文种划分服务区域(可考虑建立地方文献区、专题或学科区、公共信息区三大服务板块)。

六是转变全国图书馆系统管理——明确各类、级图书馆的职能定位(克服各馆只是规模不同，没有职能任务差别)；加强全国与地区中心图书馆的指导作用，加强国家图书馆与省(区)图书馆协作；国家图书馆研究院应面向全国，吸纳事业建设研究人才，每年发布研究成果报告；要建立以区、县馆为主体的总/分馆制。

七是转变省(区)中心图书馆扶助行为——确保基层图书馆自主发展，而不是引用政务"扁平化"管理，去包办代替。

八是转变图书馆管理制度——完善社会管理，建立相关机构，实行公众参与。

五、多读书、勤研究

我常以现身说法向同仁宣传"要读者阅读，馆员先要重视自己阅读"的职业理念；具有相当的知识水平，并对社会知识需求有所了解、分析，应该是图书馆职业人理应具备的文化素养。这如同工厂的生产者、商店的售货员都必须了解产品及其市场一样，否则就不可能胜任本职岗位。今纵观图书馆从业同仁的文献知识水平，其中对某一学科具有学术成就、或对某一学科文献具有系统研究的人才奇缺，有的虽喜爱读书，但不能持之以恒。可以说，图书馆职业人不看书，甚至不看专业书刊的现象大有人在。其中发人深省的还在于业内人士对此往往安之若素，习以为常。而对于从事图书馆学教育及学术研究者，就更应该践行多读书，特别是对中外经典名著，有必要开设课程研读，作为专业的文化基础课程。同时，还要提倡不仅读"有字书"，还要注重读"无字书"，建立与馆员群体的互动交流，研究图书馆实际，不断深化图书馆学理论。

在图书馆的读者、文献、设备技术、馆员等诸要素中，馆员是最为重要的资源，注重自身阅读是提升职业形象的需要；唯有提高馆员的阅读量，才能激活知识资源的价值，才能提升服务质量；图书馆了解社会需求，指导阅读，馆员必须具备一定的知识视野，才能开展有针对性的服务；图书馆服务不应停留于"借借还还"及一般技术服务，而应重在知识服务，具有深层专业知识，实行学科馆员制；馆员阅读既要提高学养，更要提高修养，自己身体力行，既注重从书本涉猎知识，熟悉各类工具书，更应加强在开展服务中向读者学习，促进服务与被服务的双向良性循环。我辈曾经历不重视读书，甚至认为"书读得越多越愚蠢"的时代，再加上自身缺乏勤奋读书习惯，至今仍悔疚知识不足。我国图书馆界前辈大多具有良好的学问功底，为后人难以企及，他们一般都接受过国学教育，都接受过某一学科专业的高等教育，或有相当的外语水平，又注重理论联系实际，这些都是值得同仁效法、学习的。多读书，还要勤思考，扩大视野同时，善于联系实际，研究问题，提升综合素质与学术水平。图书馆同仁应以终生阅读作为自己的职业需要，目标在“博”，以“博”求“专”；贵在坚持，不断积累，方能运用自如，顺利服务读者、服务社会。“莫等闲，白了少年头”，倘至垂老，即使焚膏继晷以苦读、“猛补”，已无济于事，唯“观海知深”，悔之晚矣！为此，大、中型图书馆设立学术管理部门，指导馆员制订读书计划，定期开展读书活动，谈心得；组织业务研究，出成果，将读书成绩与工作表现作为职工业绩考核与职称评定的依据，都是很有必要的。

多读书增学问，长见识，扩视野，旨在提高图书馆人的事业理想与读者情怀；面向新时代，展现图书馆职业素质，开创新业绩。图书馆职业素质，特别是图书馆事业管理者与图书馆学人，必须具有基本的专业视野，从理念、理论到实践致力于研究解决图书馆事业发展中的常态规律性问题，包括：(1)图书馆发展规模外延扩展与图书馆工作内涵充实；(2)图书馆的国家投入与图书馆服务的社会效益产出；(3)图书馆文献资源供给与社会读者需求(即解决供给侧与需求侧关系)；(4)图书馆管理结构与资源配置(包括国家图书馆与各省、市公共图书馆、其他系统图书馆关系，一个图书馆内的服务结构，以及各系统图书馆的资源配置——均等资源与均等服务问题)；(5)图书馆管理能力与馆员素质；(6)弘扬中华文化与选纳外国文化；(7)图书馆学教育与图书馆工作实践结合，等等。凡此均涉及图书馆改革、发展的顶层设计与职能定位；以规划引领、进而整合图书馆工作与图书馆学科研资源，形成图书馆服务社会合力，又促进图书馆教育发展。

百年树人百年计，世纪兴图世纪功。事业建设的关键在以人为本，强化团队，集思广益，协同进取；图书馆教育与图书馆事业振兴的关键在改革创新，优化服务，继往开来，立功千秋。百年不算老，老未必是价值，唯与时俱进，永葆青春，方显图苑魅力与社会风采。

参考文献

[1] 乔好勤. 信息管理学研究方法导论[M]. 北京：北京图书馆出版社，2007.
[2] 谢灼华. 中国图书和图书馆史[M]. 武汉：武汉大学出版社，1987.
[3] 谢灼华. 世界与中国图书馆事业发展趋势[M]. 武汉：武汉大学出版社，2000.
[4] 吴建中. 从未来看现在——图书馆的下一个十年(2015 年在中国图书馆年会闭幕式上的讲话)[J]. 图书馆建设，2016(1)：4-9.
[5] 吴建中. 2025 年，图书馆什么样[N]. 解放日报，2016-01-23.
[6] 广东省立中山图书馆编. 情书——致中山图书馆[M]. 广州：广东教育出版社，2012.

个人简介

黄俊贵(1936—　)，男，研究馆员，北京师范大学、中山大学及湘潭大学兼职教授，曾任广东省立中山图书馆馆长，广东省政协委员。1961 年毕业于武汉大学图书馆学专业。1961—1990 年，国家图书馆(北京图书馆)工作，历任采编部副主任、中文采编部主任、读者服务部主任；中国图书馆学会秘书长、《中国图书馆学报》主编、全国文献标准化技术委员会目录著录分委员会副主任。主要从事文献分类、编目及其审定业务，是我国编目学科带头人。20世纪八九十年代曾组织领导，并直接参与全国文献著录国家标准的制定和推广工作，起草《文献著录总则》《普通图书著录规则》，主编《中国文献编目规则》。1987年，组织并参与编制《汉字属性字典及其软件系统》，获文化部科技成果一等奖、国家科技进步三等奖。1992年，以《全国文献工作标准化研究及标准制定》项目，获全国文献工作标准化委员会评为全国优秀科技成果一等奖。

1990年8月，从国家图书馆调任广东省中山图书馆馆长，在全国率先提出以文献信息开发，提升服务质量，促进传统图书馆向现代化转型的办馆思路。自1991年积极进行管理改革，开发文献信息，实行编目数据标准化，加快文献数据库及自动化与网络化建设。1994年在全国省级公共图书馆评估中，广东省中山图书馆被评为全国文明图书馆，获得总分第一名，其本人被授予广东省文化系统先进工作者称号，1992年获政府特殊津贴。2016年，参与国家图书馆中国记忆项目，作为"中国图书馆界重要人物专题"的接受采访人。

在学术研究方面，曾任中国图书馆学会委员会及编译出版委员会委员，《中国大百科图书馆学、情报学、档案学卷》图书馆学编辑委员会委员、文献整理主编。1986年编著《新编图书馆目录》(与罗健雄同编著)，获中国图书馆学会颁发的新中国40年优秀成果专著一等奖，列入《20世纪中国图书馆学文库》。于20世纪八九十年代，主编出版《图书馆学情报学丛书》(与倪波合作，其中《文献著录与目录组织管理》、《汉字与汉字排检法》为执笔人)，《图书馆继续教育丛书》以及作为《图书馆岗位培训教材》(杜克主编)的《文献编目工作》执笔，各种编著计20多种。2010年，还编著有《社会阅读与图书馆服务》(与邓以宁合作)。50多年来，坚持理论联系实际，不尚空谈，撰写发表图书馆学及其他文章130余篇。

热烈祝贺信息管理学院百年盛典

傅敬生

韦女士庚款办图专
图系久经风雨沧桑
求发展创办图情院
信管腾飞续谱华章

不忘创业艰辛岁月
珍惜发展美好时光
开拓创新前程似锦
团结奋斗再创辉煌

傅敬生 2020 年元旦

热烈祝贺信息管理学院百年盛典

韦女士庚款办图专
图系久经风雨沧桑
求发展创办图情院
信管腾飞续谱华章

不忘创业艰辛岁月
珍惜发展美好时光
开拓创新前程似锦
团结奋斗再创辉煌
傅敬生 2020 年元旦

作者简介

傅敬生（1938—2020），男，教授，江西高安市人。1962 年毕业于武汉大学图书馆学专业，同年留校任教。历任武汉大学图书馆学系助教、党总支委员、团总支书记；武汉大学图书馆、图书馆学系党委副书记；武汉大学图书馆学系党总支书记，校纪委委员；武汉大学图书馆副馆长；武汉大学图书情报学院党总支书记兼副院长、党委书记兼副院长，校纪委委员等职。傅敬生同志在学院领导岗位上任职 25 年之久，为学院的发展作出过重大贡献。

百年风云拓新路　一个甲子未了情

——信息管理学院院庆百周年感言

郭星寿

我国图书馆学正规的专业教育，1920年悄无声息地诞生在中国贫瘠的土地上。从此，它以羸弱之躯顽强地坚守和拓展，且随着时代风云的变换和社会的进步与发展，如今已经成长为一株参天大树。在它的引领下，中华人民共和国图书馆学专业教育不再是一家独秀，而是具有全国规模。这真是百年沧桑剧变。

我与图书馆学的结缘，从1959年考入武汉大学算起，至今已有整整60年。从对图书馆学的一无所知到通过学习和实践成为一名专业人员，并坚守了一生。这体现了我的专业情怀。我的这种专业情怀，概而言之就是，读大学时理性培养的"幽绵"之情；到图书馆工作，实践让我情由心生；转入教学岗位后，是日愈浓烈的"燃烧"之情；退休之后则是暖心回忆的未了之情。

一、百年风云，拓新之路

武汉大学信息管理学院起源于1920年文华大学建立的文华图书科。文华图书科的创建揭开了中国图书馆学专业教育新的一页。此后，历经文华图书馆专科学校(简称文华图专)，再到新中国成立后并入武汉大学，成为其图书馆学系，乃至在改革开放的20世纪80年代成为武汉大学首批建立的学院——图书情报学院，以及发展到今天展现出蓬勃生机的信息管理学院，走出了一条不断拓新的道路。

1920年文华大学文华图书科的创建可以说是中国正规的图书馆学专业教育的发端，走出了拓新道路上从无到有的第一步。

1929年文华图专的建校是中国图书馆学专业教育的又一拓新之举。它说明现代西方图书馆学专业教育的模式逐步融入中国，开始落地生根。这也为中国图书馆学专业人才的培养奠定了基石。

中华人民共和国的成立为图书馆学专业教育的发展带来了新的活力。文华图专在中华人民共和国成立初期随着全国高校院系大调整并入武汉大学，这为探索具有中国特色的图书馆学高等教育创造了高起点的平台。特别是1956年武大将图书馆学专业升格为本科专业，更是具有里程碑的意义。这不仅是图书馆学专业教育的拓新之举，更是拓新之路上新的动力。

1984年武汉大学经原教育部批准建立的图书情报学院是中国图书馆学专业教育拓新道路上又一具有里程碑意义的事件。它不仅是武汉大学首批建立的两所学院之一，也使得武大的这一拓新之举提升了图书馆学专业教育在全国独占鳌头的地位。在我看来，这是我校乃至我国图书情报学教育从建起来到大起来再到强起来，走出的最为关键的一步。

谁说不是呢？回想起图书情报学院成立之初，只有图书馆学和科技情报学两个系，只设有图书馆学、档案学、图书发行学和科技情报学4个专业，一年招收的本科生仅有200多人，硕士生教育起步不久，成人函授教育也才恢复。全院教职工也仅有40来人。而从2001年更名的信息管理学院，发展到如今，无论是学科层次、招生规模，还是教学设施，以及社会影响等，在国内已处于领先地位。在世界上与发达国家的同行，亦可与之比肩。在这里，作为“信管人”，我们应当铭记刘道玉校长。因为他的拓新之举，为中国图书情报学教育开创了新的局面。这不仅使武大的图书情报学教育在全国高校中独领风骚，更上层楼，更重要的是为聚集我院发展的资源创造了优越条件。这已为我院空前发展的历史所证明。

信管学院能够发展到今天这样的规模和水平，应当归功于学院历届领导班子团结一心，秉承追求卓越，敢为人先的精神，鼓励全院师生不断进取、开拓创新的结果；也是全院教职工务实勤奋、一步一个脚印打拼的结果。我作为一名老教师，深感振奋。并且，作为拓新之路上的参与者和实践者之一，为有幸尽我绵薄之力而深感荣光和自豪。回想我与图书馆学专业结缘的60年，百感交集。

二、学以明理，培之以情

1959年9月4日清晨当我踏上珞珈山这片土地，应该说就与图书馆学专业结下了不解之缘。但是，我对这个专业的感情直至大学毕业时，还只是一种“幽绵之情”。所谓“幽”，是指虽然建立了感情，但并没有内化于心，达到深爱的程度，处于一种隐幽之态；所谓“绵”，则是指这种感情，虽然有了不可割舍的情愫，但还不至于浓烈。之所以如此，主要是因为进校之后，我(也还有一些同学)不安心于专业学习，闹对专业认识不足思想的折腾。这也是当时系领导和老师们感到头疼的问题。不过，人的思想是可以通过学习和教育而转变的。我们的专业思想慢慢转变过来，靠的就是正确的思想引导和自己的觉悟。首先，我们这批青年人进校时有着较高的政治觉悟和热情，服从祖国的需要，听从党的安排，是出自内心的意愿，而眼下做好专业学习，就是服从党的需要的具体表现。其次，我们也开始认识到，在专业思想上折腾，就是浪费时间，实在是一种愚蠢的行为。

我自己的行动转变就是，学以明理，培之以情。学什么？当然首先是学习马列毛泽东著作，还有自己必须掌握的专业知识。我所要明的“理”，就是一切服从党的需要，牢记无论做什么工作，都是“为人民服务”。努力用毛泽东思想来武装自己的头脑，是那个时代青年知识分子的追求，我也身在其中。有了这样的认识之后，我逐渐克服了一些不切实际的空想，把精力引导到专业课的学习上来，并且慢慢培养起对本专业的兴趣和感情。同时我也慢慢明白，在大学学习也不能仅限于本专业的范围。要充分利用时间和大学的优越条件，广泛涉猎各种著作，包括哲学和中外文学名著等，这样才能使自己的大学生活充实而有意义。

我还意识到，带头安心于专业学习，是我作为班团支书的一份责任。以身作则，时时以一个共产党员的标准来要求自己，这也是我提交入党申请书时的初心。回忆大学生活的历程，我要感恩于武汉大学，感恩于图书馆学系。系团总支曾授予我“优秀团干”的称号，说明我的工作得到认可。尤其让我终生不忘的是，1963 年 7 月 13 日图书馆学系学生党支部大会讨论，一致通过了我的入党申请。8 月 16 日系党总支组织干事曾四喜同志向我祝贺说，学校党委正式批准我成为中共预备党员。他还告诉我，这几年学校就培养了两名学生党员(还有一位是化学系的学生)，鼓励我今后一定要做一个合格的共产党员。每当我忆及这些往事，感激之情总会充盈心间。

正是怀着对本专业的“幽绵”之情，我毕业时做了两件有意义的小事：一是，助力一位同学使其得以毕业。该生 1955 年入校，本应在 1958 年毕业。但因为当时特殊情况，毕不了业。学校后来安排他到我班跟班学习。毕业前，出于惜才之心，也冒着一定的风险，我在给学校保卫科写的《报告》中明确提出摘掉其“右派”帽子的建议。学校据此准予他毕业，发了毕业证书。当年虽然没有参加我班的分配，但不久之后分配到了天津一所高校图书馆，后来还走上了领导岗位。二是，完成了一次报答系里培养之恩的任务。毕业分配方案宣布之后，潘伯善(留在系里)和我(留校图书馆)，还有经济系的方运发 3 人被通知第二天就到学生科去有事帮忙。当我们来到学生科之后又立即要我们去人事处帮忙搞工资调整工作。在人事处我的工作开始是抄写历史系和物理系教师的工资资料。工资调整之后，又让我对当时文科 7 个系的教师工资资料逐一进行了复核。当时系里通知，要我带队 61 级的学生下乡劳动和开展访贫问苦活动，并让我负责联系和安排。想到，系里今后就是我的“娘家”了，怀着这种感情，于是我乐意接受了这一任务，并前往关山胜利公社(现在的鲁巷一带)进行了联系和安排。这样，我就和 20 多位同学一起在乡下参加劳动及访贫问苦，直到 9 月下旬返回学校。这也算是我基于“幽绵”之情对图书馆学系培养之恩的一次小的回报吧。

三、升堂入室，情由心生

我把进入图书馆这个实践的场所看做是“升堂入室”，并且，在几年的工作实践中也升华了我对这个专业的感情。1963 年 9 月 26 日是我到武大图书馆报到的第一天。我被分配到流通组，同时还要兼做馆办公室的一些杂务事。因此，我的工作杂而不专。好在我先就有些思想准备，这得益于毕业实习中受到的教育及感悟。同时，我感到图书馆工作也适合我的个性。因为我为人向来不爱张扬，甘愿做些具体的、实实在在的事情，图书馆正是适合于我个性的场所。最主要的是，我认识到，自己入党之后一定要起到党员的先锋模范作用。因此，我抱定决心，到工作岗位后，事情不分大小，工作无论分内分外，都要竭尽全力去做好。但在那个特殊的环境中，你主动地找事做有时还被误解，甚至被挑刺而受到委屈。尽管如此，我对于在图书馆做些小事的热情并没有衰减。

图书馆给我分配的还有一项任务，是兼作一些行政事务工作，当然也是打杂性质的。这就使得我在武大图书馆的独特经历是，当过接待员、调查员、炊事员和管理员。

一是校庆 50 周年的“接待员”。1963 年武大校庆 50 周年举行隆重的活动，来宾不少。各单位都选派接待员，经过学校简短培训，上岗接待各方来宾。我也是其中的一员。这项工作随着校庆活动结束，任务也就完成了。

二是图书馆业务内外的“调查员”。这个调查员的工作几乎伴随我在图书馆工作的八九年时间。我还记得第一次走出武汉市的外调，是在 1963 年 11 月 26 日至 12 月 1 日，地点是湖北省云梦县。我所从事的调查工作，内容有专业性的，也有非专业性的，但都是同武大图书馆有关的。主要是：第一，对全校各系资料室的全面调查工作。具体有两项任务：一是为图书馆召开全校的系资料室工作会议做准备。这次会议于 1964 年 6 月 26—27 日正式召开，与会者 40 余人。在会上各资料室交流了经验，我也有个关于图书馆开展参考咨询工作问题的发言。二是完成学校图书馆与各系资料室之间的“清产核资”工作。这项工作相当繁琐、细致，时间持续半年有余。第二，调查落实“五反”运动中揭露出来的问题(多半是经济问题)的材料。根据安排，我还要承担武大业余教育科的这项清查工作，因此任务相当繁重。于是学校于 1964 年 3 月安排了生物系应届毕业生陈志贤、李振刚和刘岂凡(女)三位来协助我的工作，任务才得以顺利完成。第三，图书馆的“清队”调查。“文革”时期军宣队和工宣队先后进驻武大，当“斗批改”进行到“清队”阶段，外调的任务就更为繁重了。当时在学校其他单位的支援下，驻馆的几位工宣队员也参与其中，图书馆曾派出了四五个调查组，十来人参加外调工作。我自己从 1968 年 9 月至 1970 年 8 月，几乎两年的时间都是奔波在外。期间历过险，生过病，淋过雨，抢过座位，睡过澡堂，挨过饥渴。那是居无定所，夜难安眠的日子。

三是当过“炊事员”。第一次是，1970 年 12 月 19 日至 1971 年 1 月 15 日，当时驻校工军宣队指挥部组织了一次全校干部百十来人的拉练锻炼，我是为大部队准备粮草的先遣队员之一。第二次是 1972 年下半年我在沙洋“五七干校”参加轮换劳动，当炊事班长。本来，这与图书馆扯不上关系，但我的归属感和“单位意识”总是记住自己“图书馆人”的身份，要尽我所能展现“图书馆人”的精神风貌，哪怕付出很多，也不能让他人认为“图书馆人”都是些平庸之辈。这或许也是我专业情怀的一个体现吧。

四是图书馆的管理员。在“文革”时期，为了维系武大图书馆的正常运转，我和我的同事为之付出了心力，相当于做了些管理员的工作，这当然是在军工宣队领导之下。1966年国庆节之后，武大各单位都开始出现瘫痪景象。这时，军宣队首先进驻武大。当时图书馆是一个排，排长由军代表担任，王文杰和我担任副排长。工宣队进驻武大后，在成立“抓(革命)促(生产)”领导小组时，我们被选为小组成员，并由我担任组长。在馆系合一之前的几年里，在工宣队的领导下，我们维系了50多人的图书馆的基本正常运转。一是，维持了图书馆基本正常的上班秩序，没有人无故脱岗。不像有些单位松松垮垮，一盘散沙。二是，图书馆基本的业务工作没有停顿下来。还有，当时中文系和历史系搬迁到襄阳分校之后，两系所需的书刊等资料，图书馆给予了保证。再就是在“反修批修”中，一些图书馆大量停订了苏联出版物。我们请示学校领导，并得到了批准，这样才保留了当时武汉地区唯一的一份苏联《真理报》。三是，我们为武大图书馆的长远发展，包括专业人才问题进行了考虑。例如，我们向学校争取到两个用人指标，将图专两位毕业生俞君立和陶炼留在了武大图书馆工作。再如，当我们得知武大要安排一些复员退伍军人，也是立即去向学校有关领导争取能给图书馆安排几位，并且还同一位名叫陈火生的同志进行了一次面谈。这事虽然没有办成，但说明当时学校领导对图书馆工作还是相当重视的，也多少能看出我们为武大图书馆的正常运转在谋划和尽力。总之，我之所以主动地去参与这些事，实在也是对图书馆日渐加深的一种情感，正可谓“情由心生”。

四、情之所系，为之以力

学校决定图书馆学专业1972年恢复招生。因此，馆系领导班子于1971年12月14日正式宣布成立教学专班，我被安排为专职的教学人员，这是我教学生涯的正式开始。1972年我去沙洋“五七干校”参加了半年轮换劳动。从干校回来之后，正式投入到教学准备工作中。1974年2月11日，是我第一次走上大学讲台的日子。走上讲台，让我产生一种神圣感和使命感，但心中不免有些惶然。所幸我所教的这44位学员，人人重学尊师，个个待人热情诚挚，这给我以鼓舞和信心。

图专73级至76级第一门专业课的教学都是我承担的，其间虽有72级毕业留校的赵纪元老师参与，可惜时间不长。那时实行开门办学，每年我都要带领这些学员到基层进行专业调查，开展教学活动。因此，我对这几届学员都比较熟悉，对他们的青春活力也感受颇深，这让我在教学工作中心情愉悦，也增强了信心。我真心感谢这几届学员对我这个“半路出家”教师的理解、支持和认可。

我的教学工作在1977年出现了空档，但我不习惯那种悠闲的日子，于是想到：一是要复习多年没有顾及的外语(俄语)。这给我后来的教学带来了益处，让我能及时追踪苏联图书馆学界的动态，开阔了学术视野。二是申请开新课。根据当时自己的条件，向教研室申请开“马列主义经典著作目录学”这门新课。感谢教研室主任谢灼华老师的开明，得到了批准。没想到因为开了这门课，还被一本中国目录学家词典把我的名字也收了进去，至今都令我汗颜。开出这门新课并为之编写教材，让我在课程教材建设上迈出了第一步，为后来开出的“社会科学文献学”课程及其教材的出版奠定了基础。

改革开放，全国上下一心搞经济建设的热潮也激励着我，使我意识到：现在正是可以心无旁骛地给自己充电的良机。我也有那种要把“文革”耽误的时间弥补回来的急迫感，更何况我是“半路出家”，如此才能让自己站在大学讲台上有足够的定力。因此，我心里首先就要明白今后在教学与研究上提升自己的努力方向，做到静心修为。

我想到从现实着手，就是扩展我现在所教的“马列主义经典著作目录学”这门课程的内容，并去进行新的探索。这个探索是从社科情报工作的理论与方法着手的。以我的体验和观察，认为图书馆员是有条件(如果也有兴趣的话)选定某一学科深入进去，对其文献进行深度开发，从而为读者和用户提供多种产品的。这就需要在掌握一定的专业知识的基础上，具备特有的技能与方法。为此，我写作了系列文章。我开设的“社会科学文献学”课的教学重点就是要培养学生的文献开发利用能力，特别是要能够从事文摘和文献综述这类情报产品的规范化的生产或制作。我的研究引起了学术界的关注和共识，例如，以往难登大雅之堂的文献综述这类我把它视之为情报产品的文章，从20世纪80年代起受到学术界的普遍重视，甚至成为对研究生必备的一种科研能力的要求。我自认为，这是通过研究来促进教学的一个收获，也是我在明确了提升方向之后静心修为的一个结果。

图书馆管理也是我明确下来的提升自己的一个方向。我在武大图书馆工作多年，虽然没有担任过领导职务，但实际经历和观察到的问题，结合我后来所学到的管理学知识，促使我进行思考。这时中国图书馆学会1979年召开的第一次科学讨论会在进行征文，我抓住这个机会写了篇《谈谈图书馆科学管理的问题》的应征文章，比较系统地阐述了我对图书馆管理问题的思考。让我意外的是这篇文章引起的反响，会后收到了许多索要该文和交流探讨的来信。文化部在武汉召开的公共图书馆馆长会议，还邀我在会上作了专题发言。还有一些省市举办馆长研讨班也邀我去讲课。我因此受到鼓舞，相关论文不断得到发表。我提出的图书馆管理的系统论和科学管理的经济原则及图书馆智力资源的开发等观点，引起同仁的关注与共鸣。“图书馆管理学”课程的构想也逐渐成熟，并且第一个向武大出版社申报了教材出版计划。这是我在明确了提升方向之后静心修为的又一结果。

图书馆学基础理论是我结合所承担的任务而明确下来的一个方向。20世纪80年代北大和武大两校合编《图书馆学基础》教材时，系里派沈继武老师和我等人参加，我感到这是机会也是动力。因此，决心以百倍的努力来完成这一任务。在教学和研究中我觉得，我国图书馆学的教育模式应该是一个特别值得重视的问题。因此，提出了应当从图书馆技术教育模式向信息资源管理教育模式转变，明确主张培养合格的信息资源管理(IRM)人才的目标。为此，我写了一系列关于IRM的文章。这在当时引起一些专业人士的共识。我还利用这个机会，协助彭斐章教授，邀约焦玉英、詹德优、董慧等教授参与，向国家社会科学基金成功地申报了课题。从课题的动议、策划、论证到填表上报，算是当了一回操盘手。这件事让我进一步体会到，只有不断学习与思考，才能保持对学科前沿的敏感性，有所创新。

1984年图书情报学院成立时委任我以图书馆学系副主任一职，让我诚惶诚恐。我得知消息的当晚，就去了彭斐章院长家里申述我不能胜任的理由。我进门后，彭院长的夫人邓铭康老师的第一句话就是："郭老师，你一定要支持彭院长的工作啊！"我同邓老师在湖北省馆实习时就已认识，得到过她对我们实习生的悉心指导。看到邓老师殷切期盼和信任的目光，我不好再说什么了。当晚，我还向彭院长建议，要同中国社科院情报所加强联系，重视社科情报这一领域。彭院长海纳百川，当即决定将社科情报纳入他带的研究生方向，并让我参与指导。这就是我在1985年提升副教授之后，招收社科情报硕士生的由来。

在系副主任的职位上，我的分工是管理全系的教学事务。当时系里有图书馆学、档案学和图书发行学3个专业，我感到挑起这副担子是个挑战，因为需要付出精力和时间。但既然承担了下来，就要履职尽责，拼力干好。没想到在两届期满之后，谢老师因年龄关系卸任，院党委书记傅敬生同志和即将上任的马费成院长找我谈话，要我接手系主任的工作。我当时正在家养伤，以身体难以胜任为由起初婉拒了两位领导的好意。因为1991年8月28日我在校内遭遇车祸，导致颅脑2级挫伤和锁骨骨折，住进医院至国庆节前才出院，遵照医嘱在家养伤一个月。但是，两位领导的诚意让我感动，也就答应了下来。这样，我就在系里管理职位上干了12个年头，共11年整。

这些年，我在完成自身所承担教学任务的同时，还做了一些应该说对于本专业和我系的发展有着积极意义的事。这些事都是全系干部教师共同努力完成的，我当然也起到了一些组织和协调的作用。

一是主持完成了各专业教学方案的一次大修订。为了把学分制的优越性真正发挥出来，学校在1984—1986年花了两年时间对各专业的教学方案进行了一次集中的修订。教学方案的修订实际上又是动态的过程，边实施，边修订，往往是实施若干年后又修订一次。在我的任期内就经历过3次。最后一次是俞君立副系主任主持完成的。这项工作的难点有二：一是要压缩传统必修课的学分，为新的选修课腾出学分来；二是要鼓励教师多开新课，尤其是能够反映学科前沿的新的选修课。这两者对教师都有压力。因此，要调动每一位教师的主动性，积极参与。

我系3个专业教学方案的修订要解决的问题也各有不同。图书发行学是新专业，必修课和选修课的安排在教师之间少有纠结，比较容易取得共识。档案学专业刚恢复招生，教师人又少，困难是开不出选修课来。因此，要想办法使其达标。图书馆学专业传统课程多，要压缩学分有些难度。但3个专业教学方案的修订都按要求如期完成，尤其是图书馆学专业的方案还得到了教务处"满意"的评价。

二是助力成人教育的发展。当时，我系的成人教育，主要是图书馆学的函授教育和自学考试。图专的函授教育1980年恢复专科层次的招生，1987年上升到本科层次即专升本。其培养方案和课程设置相应地进行了修订和完善。先后面向包括湖北在内的15个省

(区)招生，覆盖了大半个中国，学员人数有数千之众。当时在图书馆界的积极影响，有口皆碑。这都是全系老师们共同付出的结果。

图书馆学专业的自学考试是一项创举。学院成立之后，彭院长把这项管理工作交到我的手上。这项工作很耗时间和精力，且责任重大。但看到一些青年人能够通过自学考试而成才，觉得自己的付出也值得。记得有一位自考生取得图书馆学专科文凭之后，她十分高兴地专门找到我表达谢意，这情景让人感动。同时，我在主管自学考试工作时，还尽力争取开考新的专业，如档案学和经济信息学等。虽然前者没有成功，但却争取到“经济信息系统管理”专业的成功开考。

三是开展了创收活动，也获得了一定的经济效益。系里的创收活动实在说也是被逼上梁山。我系创收工作的有效开展，要归功于当时被委任为系秘书的张煜明老师，是张老师为我系的创收作了贡献。

我作为系里的双肩挑干部，按照学校的政策，是可以减少部分教学工作量的，但我并没有提出这个要求。从院里考核个人的工作量开始，每年我的工作量在教师中都排名靠前，其中连续3年排在前三名。其实还有好多工作是难于计量的。

我感到自担任系副主任以后，生活中发生的最大变化，就是从静心修为到马不停蹄。一是讲课的任务不轻，有本科生的、研究生的、助教班的、自考生的、走读生的、研讨班的等。二是开会的时间不少。据我不完全记载，这11年间共参加正式的会议344次(短的数小时，长的数天)。三是出差十分频繁。这11年间共出差(开会和面授等)52次，累计409天，年平均超过4次，年均37天多时间在外。四是职称评审的额外负担，有校内的，校外的，省市的，外地的等。五是学位论文指导和评审的压力较重。尤其是每年的“毕业季”，就像农村的抢收抢种一样。因为有本科生和研究生的学位论文的指导和答辩，有时博士论文的评审和答辩也被邀请参加。黄宗忠老师因年龄关系不再招收研究生，院系领导要我把他的两个方向接手下来，这样1990年之后，我实际上要带3个方向的研究生。“毕业季”要在短短的时间内，数十万字的文字得去仔细阅读(往往数遍)和思考，并且写出对毕业生，对本专业，也是对自己负责的评语，就要花去不少的时间和精力。而手头的其他工作也不能停下来。还有，这期间我还向出版社交了两本数十万字的书稿，尽管主要是利用假期的时间。

压力之重，有时感到身体难以承受。本来，我从小就是弱体质。中华人民共和国成立前家穷，食不果腹；“土改”后上小学和初中，面黄肌瘦；高中时口粮定量，又得钩虫病，严重贫血；读大学，恰逢三年困难时期。由于超负荷地运转，而且长期睡眠不足，使得我的体重降到不足50公斤。这样一来，身体终于发出了警报。两次怀疑患癌：一次是长期的腹泻，久治不愈而又查不明原因，担心是癌症。因为情绪紧张，乃至于恶性循环，迁延数年。另一次是颈部淋巴结突然肿大。因为一位朋友类似情况被确诊为癌症而去世，让我心生恐惧。又因为害怕穿刺检查而采取了保守疗法。就这样，在医院反复拍片、打针、吃药，折腾了半年时间。我后来横下一条心，去省肿瘤医院做了穿刺，才得以排除癌症。

多年来，尽管我感受到压力日增和病痛的困扰，但仍能保持着对工作的热情和不懈追求，支撑我的力量正是源于我对本专业的挚爱和甘愿为之付出的决心，以及蜡烛成灰的信念。我深知，自己的能力和水平有限，但我努力践行着情之所系，为之以力，锲而不舍。

作者简介

郭星寿，男，汉族，中共党员，教授。1937 年 1 月 13 日出生于湖北省枝江县百里洲一户贫农家庭，幼年时饱受贫寒生活的磨难。中华人民共和国成立前后，在农村的劳动生活中度过。“土改”后于 1952 年秋进入枝江县冯口小学读书，当年加入中国新民主主义青年团。深知读书的机会来之不易，因而勤奋向学，历久成习。1956 年初中毕业免试进入宜昌二高学习。1959 年高中毕业后考入武汉大学图书馆学系。1963 年 7 月毕业前夕加入中国共产党。毕业后被分配到武大图书馆工作。1971 年年底转入教学岗位。1985 年晋升为副教授，1991 年晋升为教授。1994 年获国务院政府特殊津贴。

1984 年武汉大学图书情报学院成立时担任图书馆学系副主任，连续两届，负责管理全系图书馆学、档案学和图书发行管理学 3 个专业的教学事务。1992 年担任图书馆学系主任。同时，还兼任武汉大学文科教学指导委员会委员、第三届全国文献工作标准化委员会委员、中国图书馆学会学术委员会图书馆科学管理组副组长及编辑出版组副组长等职。

在教学工作岗位，主要从事图书馆学基础理论和图书馆管理学及社会科学文献(情报)学的教学与研究工作。先后出版独著《图书馆与资料室管理手册》(四川科技出版社，1987 年。1988 年获西南西北九省区优秀科技图书一等奖；1995 年获武汉大学第七届社会科学研究优秀成果奖)、《社会科学文献学》(高等学校文科教材)(武汉大学出版社，1990 年)和《现代图书馆学教程》(山西高校联合出版社，1992 年)，以及合著《图书馆学基础》(北大和武大两校图书馆学系合编，商务印书馆 1981 年初版，1991 年修订版。1988 年获国家教委优秀教材一等奖)、《图书馆管理学教学大纲》(高等教育出版社，1996 年)、《信息资源管理人才培养研究》(彭斐章教授主持的国家社会科学研究重点项目成果，彭斐章教授主编，武汉大学出版社，2002 年)等。发表学术论文 80 余篇，其中 10 余篇被收录于 10 余种学术论文集之中。

母校，6301 班同学对你说

谭祥金　赵燕群

依稀揖别正方道　　琅環乐业岁月稠
醉观图林花果盛　　逐浪网海驾飞舟
情满珞珈六十载　　群贤喜归聚金秋
岂敢妄言功成就　　唯盼年年报丰收

今年金秋，对于我们来说很不平凡。9 月，武汉大学信息管理学院领导来函，邀请我们撰稿庆祝学院创建 100 周年。恰逢国家图书馆建馆 110 周年，国家主席习近平总书记给国家图书馆老专家回了一封信。这是中华人民共和国成立以来，第一位国家主席对图书馆工作的重要指示，意义深远。十一前夕，中山大学资讯管理学院请我们结合自己几十年的经历，向老师同学谈谈“不忘初心　牢记使命”主题学习，以及学习习近平总书记回信的体会。紧接着《谭祥金赵燕群口述史》一书作者肖鹏等，在“口述历史——中国图书馆界重要人物专题项目”完成后，选书稿中近万字送出发表，请我们校阅送审稿。

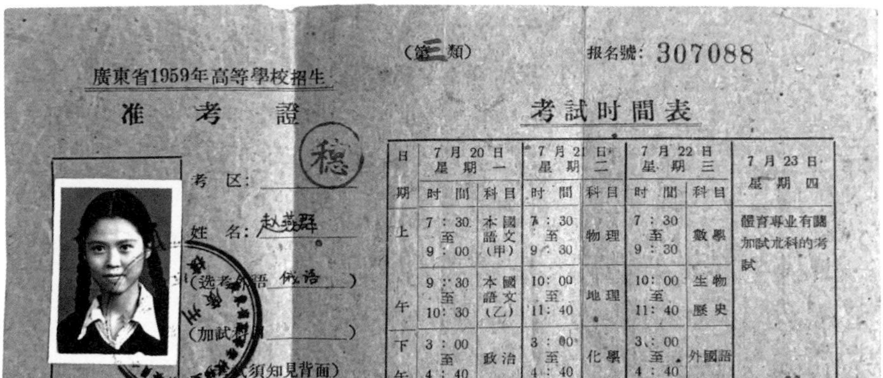
廣東省1959年高等學校招生
准　考　證
考区：
姓　名：赵燕群
（加試科目　　）
（須知見背面）
（第三類）　報名號：307088
考試时間表

日期	7月20日 星期一 时間	科目	7月21日 星期二 时間	科目	7月22日 星期三 时間	科目	7月23日 星期四
上午	7:30 至 9:00	本國語文（甲）	7:30 至 9:30	物理	7:30 至 9:30	數學	體育專业有關加試北科的考試
上午	9:30 至 10:30	本國語文（乙）	10:00 至 11:40	地理	10:00 至 11:40	生物 歷史	
下午	3:00 至 4:40	政治	3:00 至 4:40	化學	3:00 至 4:40	外國語	

当我们一遍遍忆述自己从事图书馆事业 60 年的过去、现在，展望未来的时候，我们

6301班同学四年珞珈山生活，毕业后的风风雨雨全都涌现在眼前，现以感恩之心，梳理成文，献给我们的系院，告慰远在天国的先师们。

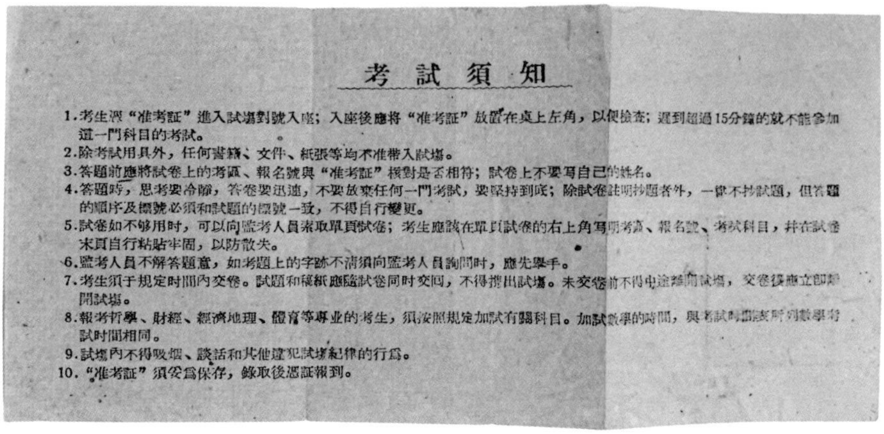
考試須知

1. 考生憑“准考証”進入試場對號入座；入座後應將“准考証”放置在桌上左角，以便檢查；遲到超過15分鐘的就不能參加這一門科目的考試。
2. 除考試用具外，任何書籍、文件、紙張等均不准帶入試場。
3. 答題前應將試卷上的考區、報名號與“准考証”核對是否相符；試卷上不要写自己的姓名。
4. 答題時，思考要冷靜，答卷要迅速，不要放棄任何一門考試，要堅持到底；除試卷註明抄題者外，一律不抄試題，但答題的順序及標號必須和試題的標號一致，不得自行變更。
5. 試卷如不够用时，可以向監考人員索取單頁試卷；考生應該在單頁試卷的右上角写明考區、報名號、考試科目，并在試卷末頁自行粘貼牢固，以防散失。
6. 監考人員不解答題意，如考題上的字跡不清須向監考人員詢問时，應先舉手。
7. 考生須于規定时間內交卷。試題和稿紙應隨試卷同时交回，不得携出試場。未交卷前不得中途離開試場，交卷後應立即離開試場。
8. 報考哲學、財經、經濟地理、體育等專业的考生，須按照規定加試有關科目。加試數學的時間，與考試時間表所列數學考試时間相同。
9. 試場內不得吸烟、談話和其他違犯試場紀律的行爲。
10. “准考証”須妥爲保存，錄取後憑証報到。

难忘珞珈情

1959年秋，60年前我们按国家规定怀揣准考证和户口转移证明，汇集在珞珈山。湖光山色，绿树葱葱，行政大楼与图书馆隔山相望，气势恢宏；以千字文头十六字命名的老斋舍，中西合璧。美丽的校园，我们的母校！在这里我们度过难忘的大学生活。四年学成毕业，1963年奔赴东西南北各个工作岗位，历经几十年风风雨雨，对师长、对同窗有说不完的思念和期盼。

30年后，1993年我们班同学第一次回母校重聚，珞珈山的一草一木，老斋舍、“桂园四舍”(新八栋)那些当年我们曾经住过的房间，勾起太多回忆。珞珈山，梦魂萦绕的珞珈山！“客从远方来，遗我一书札，上言长相思，一言久别离。长驱千里骑，来叙万里思。”这是我们同学所诗，所思。东湖漫步，游览校园，千里寻故地，旧貌换新颜。

珞珈山庄师生欢聚是这次聚会的高潮。学院的领导们和我们促膝谈心，当年的任课老师，啊，久违了！孙冰炎老师，傅椿徽老师、陈光祚老师、黄宗忠老师、谢灼华老师、周继良老师，还有已是学院老师的学姐钱印飞、王秀兰。记得给我们上课吗？记得为我们的毕业论文操心吗？记得……席间，同窗逸事，师生情怀融进浓浓的谈笑中。

1998年，我们班同学都开始迈进人生第二春。退休前夕，我们相聚在广州。“珠水洗却征袍汗，齐诵当年豪情诗”。大家非常珍惜这次再聚首。生活和工作的积淀，情感的涵蕴，同学们纷纷以诗抒怀。

我们同学几十年以来，在一起从来不谈职务职称高低顺逆，贫富差距，只谈当年轶事，家国情怀。徐仲甫感慨称颂：“交谈创业事，回忆寒窗情，彼此平等待，高低位不分”。

江求安赋诗忆往事：

风华正茂赴珞珈，读书筑路又种瓜。
三年灾害平安渡，漫步湖边观彩霞。
同窗四载似手足，意重情深谁不誇？
今日花城重聚首，相约来年看樱花。

我们的大姐王德震赋诗三首，诗中说道：

四十来年长相忆，谈笑不离当年情。
点点滴滴在心间，推推拉拉似童顽。

老班长张泽厚在聚会时感言：

珞珈一别三五载，劳燕分飞各自归。
同窗欢聚忆往昔，好友述旧能几回。
难忘当年风华茂，喜看今日夕阳辉。
成败得失烟云散，往事笑谈酒一杯。

郭星寿毕业留校，将青春和智慧献给了我们的系院，他的“羊城重聚”情深意长：

羊城一聚，感慨万端，既感同窗友情，情深意笃，终身共享，又叹岁月如流水，春华已逝，人生入暮年。几天来，情绪激奋。夜难成眠，特赋小诗一首，以志此次盛会。

同窗共进珞珈山，一别已过卅五年。
羊城七月重聚会，此情无尽意绵延。
风云变幻催人老，岁月艰辛非等闲。
往事如烟风去也，留得青山可耕田。

2003 年，我们 6301 班毕业 50 周年，大家约定共赴沪苏杭相聚。11 月 14—19 日，短短几天，道不完四年珞珈事，说不尽 50 年珞珈情。依依惜别时刻，谭祥金提议，大家一致赞同编印出版一本集子，每人动笔，由赵燕群汇总，我们俩人负责编印出版。两年后，2005 年 12 月，6301 班共同创作的全书 30 多万字的《难忘岁月》问世。虽然没有书号，没有首发式，但是很快就有朋友闻讯索书，粗略算来已发送了 500 多册了，反响意想不到的强烈。

正如《难忘岁月》一书“编后记”所言：“这不是一本普通的回忆录。书中记录的，是一代图书馆工作者沐浴在新中国的阳光下，摆脱了童年留下的枪炮声、饥寒交迫的阴影；珞珈山上接受毛泽东思想教育、师长精心培养的成长过程；40 年书山、知识海洋搏击前进的苦和乐……一句话，折射出一代忠诚于祖国图书馆事业的同仁们的人生轨迹。”

书中道不尽的四年大学生活，好多动人的细节，豪迈的诗句，以及毕业后三次聚会，表达了我们对武汉大学图书馆学系院、对老师和同窗的浓厚之情。

树红心　报效祖国志不移

我们觉得，“传承文明、服务社会”的确是我们一代图书馆员初心，从对图书馆一无所知，或者知之甚少，到对我们的事业形成一种情怀，那份真诚，无怨无悔服务一辈子，是我们在四年大学图书馆学专业学习逐步确立的。在这里，我们满怀理想扬帆远航，一生追寻。

清楚记得 1959 年金秋，珞珈山金桂飘香，系里的老师和高年级同学把我们迎进学校，帮助我们办好入学手续，我们发现全年级新生只有 38 人，广州市只录取 1 人，上海市区只录取 3 人，河南省全省只录取 2 人，很多同学都是家里、家族的第一个大学生，心情无比激动！

当我们男生住进法学院四楼，敞亮的大开间，双人或四人的大书桌，摆放整齐的上下铺，进校的同学中不少和谭祥金一样，拿着只有两三件换洗衣服的小箱子上学，大家脑子里都浮现出山村、偏远小镇居住了十几二十年的破旧小平房。想起中华人民共和国成立不久，家里还脱离不了贫困二字的困境。想起家里凑钱给我们买火车票的期盼，我们久久不能平静。心里暗自叮嘱自己：好好读书，不能辜负家人的期望。

我们是时代的幸运儿。进了大学，很快系里就根据我们的经济情况，给我们每月发放助学金。最困难的同学领取甲等助学金 10.5 元伙食费(直接发食堂用餐的饭票)，还有 1.5 元零用钱，除了吃饭，还有钱理发、买肥皂等，生活不发愁，可以安心学习。助学金最少的每月领取 4 元，那时候 4 元相当于当时女同学半个月的伙食费了。全班除了两位复员军人和赵燕群，全都领取到助学金。到了冬天还给经济困难同学发棉衣棉裤。系里对我们的照顾，真的很暖人心。

武汉大学不但环境优美，为了培养学生健康成长为全面发展的三好学生(身体好，学习好，工作好)，除了创造一个浓郁的学习氛围，还开展很多课外活动：校级乐队、运动队；周末小操场风雨无阻放电影，还有外语影片；组织班际、系际球赛等各种比赛。1960 年 7 月，武汉组织万人横渡长江，我们班李建标胜利渡过天堑长江；赵燕群一年级被选入学校垒球队，曾代表湖北高校垒球队参加全国锦标赛。

和我们的父辈相比，和很多同辈人相比，我们的确非常幸运。我们都出生在日本侵

赵燕群和垒球队长合影

华最艰苦的岁月，童年在战乱中过着颠沛流离、食不果腹的生活。女同学更是旧社会饱受“三座大山”压迫的受害者。共产党解放了我们，我们开始从小学一直读到大学，百里挑一考进著名学府武汉大学(据说 1959 年全国高考录取率是 26%)。不但不用交学费，还给我们助学金。对于共产党的恩情，在我们的“七一”诵诗中表达无遗，这是一种朴素的阶级感情，亲身感受没有共产党就没有新中国，我们就不可能上大学。这种朴素的阶级感情也体现在同学之间，在师生关系中。然而在大学阶段，更需要培养中国急需要的、为革命事业献身、为人民服务的高尚情操的新一代的图书馆员。

我们大部分是高中应届毕业生，中学的学习环境毕竟比较单纯，世界观价值观还没有形成。帮助同学们树立正确的世界观、人生观和价值观显得非常重要。

系里很重视学生的思想政治教育，为我们开设了“总路线教育”“马列主义基础”“辩证唯物主义与历史唯物主义”“政治经济学”“社会主义”等课程，还开展一些活动，例如班会、党团组织生活会等，使我们的视野从小家逐渐扩大到全世界，开始以马列主义的基本原理去思考人生。在我们走向社会、走上工作岗位之前，通过一系列教学活动，使我们从朴素的阶级感情升华到人生哲学的层面。

大学教育对同学们的信仰问题和世界观人生观的初步形成都非常重要。几十年来以小我融入大我，为我们的崇高事业贡献自己的智慧和力量。可喜的是我们班很多同学毕业后，在不同岗位都先后成为共产党员。

听毛主席的话，跟共产党走不是一句口头语，而是贯穿到我们的实际行动中。除了思想政治课，在其他文化课中，我们学到了国内外特别是中华文明的精华。《古代汉语》所选的内容，从诸子百家到《文心雕龙》，到历代诗词歌赋、苏俄文学史，从普希金的“假如生活欺骗了你”到马雅可夫斯基的“好”“我赞美，祖国的现在，我三倍赞美祖国的将来”热情豪迈的诗句，道出了我们年轻的心声：我们对党，对祖国无比热爱……

我们上课除了结合专业学习文献方面的基本知识以及各学科知识，还学习了人生的高尚情操：向善、与众同乐、坚强、豁达、乐观等。我们读到了孟子的民本思想，懂得要“以人为本”；我们的同学曾经夜里讲梦话背诵《文心雕龙》片段，好多当时课本里的名句至今熟练背出。学校还不失时机地用各条战线的英雄人物给我们树立榜样，最有印象是劳动模范马学礼的三句话：“见困难就上，见荣誉就让，见先进就学，见后进就帮。”

所有我们这些思想上的进步，体现在三年困难时期，那正是我们急需营养、长身体的时候。由于物资匮乏，饥饿和营养不良，我们有的同学全身浮肿，每当夜晚，饥肠辘辘，直冒酸水。上课发给我们的讲义都是手刻蜡纸，用油墨印在没有漂白深咖啡色的粗糙的再生纸上。那是最困难的岁月，我们没有怨言，因为我们知道今天的幸福来得不易，跟着共产党，再大的难关也能渡过。我们在 1961 年庆祝“七一”的诗歌朗诵会上，每一首诗都是我们发自内心对党对祖国的热爱：

党，赋予我们强大的生命力
人民，在把我们苦心培养。
我们年轻
我们爱幻想：
我们要作星际旅行
我们要地下献宝藏
我们要划破层层浪
我们要把理想的船只
驶向共产主义彼岸
……
我们一切属于党
为党的事业
我们将发出全部热和光。
(赵燕群当年诵诗片段)

值得骄傲的是，我们班同学没有逃避困境，没有人掉队。面对艰难我们相扶相助，团结、乐观、坚强。患难见真情，共同的理想信念，让我们的班集体凝聚力更强。从山上挖来野菜，我们用洗脸盆煮熟，错将洗衣粉当盐，大伙儿分享，不分你我；吃饭时，我们都自觉地将本来不多的“饭”，拨一些给饭量大的同学，共渡难关。就这样，我们 38 人毕业时一个也不少，不仅没减少一人，相反还增加到了 48 人。

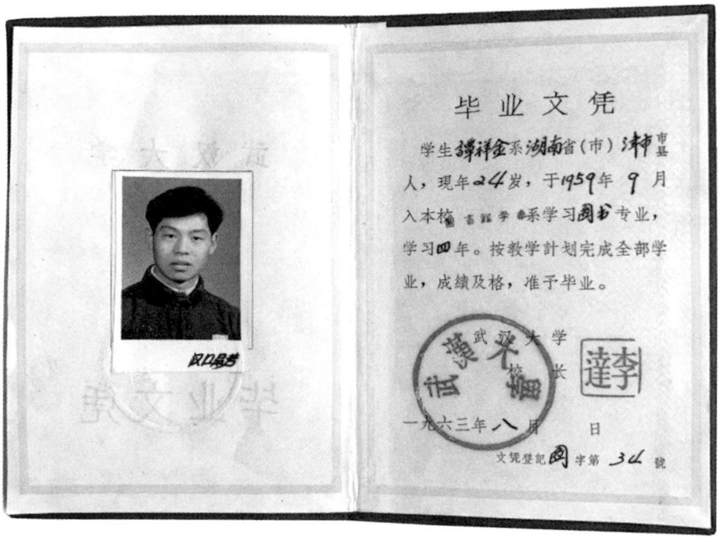

毕业文凭

学生谭祥金系湖南省（市）津市市县人，現年24岁，于1959年9月入本校图書館学系学习图书专业，学习四年。按教学計划完成全部学业，成績及格，准予毕业。

武汉大学校长 李達

一九六三年八月　日

文凭登記图字第34號

谭祥金毕业证书

四年过去，我们站在人生新的起点，在我们蓄装待发的时候，敬爱的周总理像往年一样，给全国大学毕业生作报告，送上祝福，告诉我们要做好“过五关”的准备——家庭关、婚姻关、生活关、工作关、社会关。勉励我们好男儿志在四方，“青山处处埋忠骨，何必马革裹尸还。”大家深受鼓舞。服从国家分配是革命的表现，大家表决心：“服从党的安排，到祖国最需要的地方去！到最艰苦的地方去！”我们班没有一个人不服从分配。

说起来，我们那一年的分配方案很不错，分配到北京各部委报到的共 20 人，其他同学都分配到上海、广州和各省会大城市、大单位。可是真正的工作地点，就有变化了。去安达市其实是去大庆油田，去北京××机关报到却被分配到边远的大山荒漠，那时候的贵州省会贵阳，就是一座简陋的小城市。我们的同学明知未来的工作地点生活很艰苦，但是都毫不犹豫地告别母校，告别亲人，走向未来。

记得分配到大庆油田的赵光玉，1959 年部队复员不久考上武大。毕业分配时，位于黑龙江省萨尔图的大庆油田有一个分配名额，班里好几位同学报名，可是大庆油田急需一位曾是复员军人的毕业生，而我们班只有他符合条件。赵光玉是父母的幺儿（小儿子），部队复员上大学后，没在家待几天，现在又要远离故土，而且是北上参加很艰苦的大庆石油大会战！父母年近古稀，需要照顾，家里怎么也不让他远离，可是为了祖国的需要，他冲破阻拦，去到北大荒。在大庆油田，钻工、采油工、地质工所有工种都干过。在部队时他是技术能手、先进气象员，在大庆油田是劳模和先进生产者。这，就是 6301 班同学，好样的。我们班同学不但在学校成绩优异，到了工作单位无论是下放劳动、“四清”，还是业务工作表现都很出色，很快受到重视，成为单位的骨干力量。

我们班同学毕业后历经磨炼，为党和祖国奉献一生无怨无悔，对党和人民一片忠心不变。当我们从工作岗位退下来的时候，我们班每一位同学都向党和人民递交了一份满意的答卷。

在《难忘岁月》的“序”中，我们由衷地感谢母校和我们学院，四年教导陶冶了我们的情操，树立了坚定的人生准则，60 年来，我们把信仰融进了图书情报事业，在这五光十色、非常复杂的世界上，没有堕落沉沦。相反，大风大浪的洗练，很多同学政治上更成熟，成为党的好儿女，革命事业的接班人。

为事业　真诚团结勇奋蹄

春雨润新苗

杏坛薪火传

每当我们以感恩之心，手握满蘸浓情之笔写珞珈山时，60 年前老师们的身影立即跃然纸上，仿如昨日，历历在目。

大学四年是我们人生最美好的时光。系里招进来我们 38 位湖北、湖南、河南、广东、上海等地的莘莘学子，我们很快就融合成一个友爱、和谐的集体，上课、劳动都在一起。生活上互相照顾，学习上互相帮助。男同学衣服破了，女同学的针线活很好，很快就帮忙补好。为了一位同学体育课长跑达标，其他同学忍着饥饿和疲惫，在操场分段陪跑，定点保护。

我们的授课老师都非常好，俄语慢班好几位同学都感谢彭质纯老师，记得她耐心地反复纠正每个同学的发音。俄语快班的同学都记得那位男老师教的翻译技巧课，以及活跃的课堂气氛。四年来，我们像海绵汲水一样汲取知识，充实自己。

我们更记得系里领导和老师是如何把我们领进图书馆学这个陌生的领域。

除了个别同学，我们年级基本上是应届高中生，从小学到高中文史地理，数理化生的学科知识有较好的基础。可是对于图书馆，特别是图书馆学，脑子里却是空白。对于未来从事的工作不了解。图书馆需要我们做什么？不知道。简单地说，我们是一块没琢的玉，需要在校四年精心塑造、培养。因此四年的专业人才培养规划和措施非常重要。毕业 50 多年后，我们见面就会谈起这个问题。普遍认为，当年系里从课程设置、教学内容与教学方式、师资配备等方面都作了精心安排。

我们觉得系里有明确培养目标：当时中华人民共和国成立不久，国家百废待兴，经济建设特别是 1956 年国家提出向科学进军，亟须大批图书资料和情报人才。课程体系建设是人才培养的基础和关键，为适应国家图书情报事业发展的需要培养专业人才，系里在课程体系方面，很重视培养学生独立从事图书情报工作的实践和科研能力，拓展学生视野，以及对学生的知识结构的深度和广度培养。

有关文献内容的课程囊括古今中外的知识和信息，读懂看懂文献是最重要的基础，于是为我们开设的外语课“俄语”和“英语”，还有“古代汉语”都是连续上两学年的课。书目、目录学是描述文献，以简练标准的语言为读者提供了解书刊、查找所需文献的基础。为此，系里为我们开设了古今中外的目录学，英、俄、中三种语言的文献编目，以及古书处理等课程。此外还开设了外国文献、地方文献等课程，加上到图书馆实习，让我们从基础知识到实际操作都有了一定基础。

图书馆专门人才需要扎实的图书馆专业知识和技能，系里开设的专业课由浅入深，从课堂到图书馆实习，让我们比较全面地掌握了图书馆专业知识，还是那句话：“学然后知不足，做然后知困。”工作后觉得有些课囿于当时的历史条件，有同学感到分类课学得少了些，只是作为“图书工作”其中的一部分内容，有点美中不足。但是我们都十分念及讲授图书分类的皮高品教授。别看他对我们很严，他的文化底蕴和专业水平，让我们听课时感受到分类课专业性强，内容丰富，有深度，我们很喜欢上他老人家的课，特别是“杜威十进分类法批判”。皮教授当然首先批判《杜威法》将马克思主义类放到经济类是“反动的”，还有将书分类就是放在“笼子里”的说法也是“错误的”。然后就尽量详细讲解《杜威法》的分类体系，对十进制与当时国内编制的《大型法》《科图法》等的分类体系进行比较，让我们印象深刻。毕业后分配到科技图书情报部门的同学，尤其觉得上皮教授的课受益匪浅。记忆中我们进校时“红专大辩论”“拔白旗”已进入尾声，皮教授好像是受“批判”的，可是他还是按照他的教学理念给我们讲这些，坚持自己的学术观点，直到晚年他还在学术上孜孜以求，仍然以实事求是的态度发表自己的看法。尤其令人敬佩的是皮老教授9旬高龄，仍然在刊物连续两期发文，对《中国图书和图书馆史》第一版内容逐字逐句提出修订意见，这种严谨治学的态度实在令后辈汗颜。

《读者工作》课内容很难吸引人。孙冰炎老师讲课条理清晰，备课很认真。我们很认真听她讲课，特别是她辅导毕业论文，一丝不苟，很受教育。作为一位党员老师，她在教书育人、立德树人等方面都起到了表率作用，关心我们的学习和生活，发现我们有思想困惑就会及时给我们做思想工作，循循善诱，我们毕业后仍然得到她的关心。所以我们班同学每次回母校，都一定要到她家拜访。她对她弱智的养女精心照料，让我们非常感动。

彭斐章教授从苏联回国后，我们班是第一个听他课的班级，在当年系里的教师中，彭老师给我们的感觉是风华正茂，风度翩翩。图专毕业不久留学苏联，中外知识合璧，给人形象一新，讲起课来旁征博引，带一点湖南口音的话语生动幽默。彭老师不但对四年在校的学生热情教导，同学们毕业后，只要他出差到外地，都会找当地的同学嘘寒问暖，关心大家的工作，鼓励大家进步。在俄文版《目录学普通教程》一书出版不久，受国家教委委托，彭老师和李修宇、赵世良几位精通俄语的大家共同翻译出版中文版，彭老师却带上赵燕群——这个大学只上了两年俄语课的快班学生参加翻译工作，使她有机会在专业俄语方面补上了一课，非常感谢彭老师的提携，还有两位已在天国的学长，感谢与追思。

20世纪60年代初，陈光祚、卢子博、周继良等老师都还很年轻，可是他们给我们上课认真负责，平易近人，印象至今未忘。陈光祚老师事业心很强，在之后应用新技术以及不断更新专业课程内容方面造诣很高，真正做到生命不息，探求不止。

傅椿徽老师年纪和孙冰炎老师相仿。她讲授俄文图书编目。为什么编目课要按语种开三门课？我们那时并不了解，只是觉得编目课枯燥无味。而我们的老师却一讲就是三四十年。后来才知道，开设俄文编目课是由于20世纪50年代初，图书馆大量入藏俄文文献，急需进行编目整理。为此我们的图书馆学教育先驱沈祖荣老前辈根据图书馆编目工作需要，从1951年开始，千方百计收集俄文图书编目的有关资料，编写《俄文图书编目讲义》，还在当时的文华图专开设俄文图书编目课程。那时年轻的傅椿徽老师是沈老前辈的助教，她陪着沈老前辈讲课。到了我们入学，沈老前辈由于年纪和身体状况的原因已经不能给我们上课，傅椿徽老师就责无旁贷地接过沈老前辈的教鞭，给我们上俄文编目课。我们知道，俄语属斯拉夫语系，跟英语从语音到语法，还有词汇都不同，我们是从中学到大学上了5年俄语课的学生，可是傅椿徽老师却要从熟悉的英语，从零开始，转变为根据语音、语法到俄文文献的特点和编目规则进行教学，难度之大可想而知。傅椿徽老师勇挑重担，“焚膏油以继晷，恒兀兀以穷年”，从事大家公认的、枯燥无味的编目教学研究、教材建设、教学内容、教学方法等方面的工作数十年，她主编的《图书馆文献编目》是高等学校文科教材。她教过的学生有著名的文献编目专家。她关心同学，毕业多年后见了面还能叫出学生的名字，教书育人于系院以终天年，是我们非常敬重的老师。

徐家麟、黄元福、吕绍虞等教授在图书馆学领域造诣很高，他们的学者风度，温良恭俭让，传道授业解惑有方，受到了我们的敬重。

特别是教我们古书处理的系主任徐家麟教授，他浓浓的双眉，上课时说话慢而清晰，略带湖北口音，深刻印在我们的脑海中。徐教授20世纪20年代毕业于文华图专，年轻时赴美国哈佛大学、哥伦比亚大学留学。获硕士学位后在哈佛大学中日文图书馆任职。回国后毕生从事图书馆学的研究与教育，可以说是一位为人低调、著作等身、高风亮节的图书馆学家、教育家。从他的教学、任职以及《显微摄影制书术的器材与影法图书》《关于图书馆学的认识几点观察》《十五年来我国图书馆干部培养工作》《试论科学图书馆在职干部培养提高工作中的若干问题》等遗著，可以看到徐教授对培育新中国图书馆专门人才的杰出贡献。更可贵的是在乱云飞渡的岁月，他不计较个人得失，1975年去世前将自己收藏的所有图书资料和1万元存款全部捐献给武汉大学图书馆学系。当时大学生的月工资只有50多元。1万元可是徐教授毕生的积蓄啊！徐家麟教授，可敬可亲的老系主任，德高望重，后世的楷模。

我们对于入学后最早给我们讲授的专业课印象特别深刻。因为是两位乡音很浓的年轻老师黄宗忠老师、谢灼华老师给我们上课，我们是他们的“开山弟子”。

那时候两位老师刚从学生“转型”为老师。黄老师是1958年最后一届专科班毕业生，谢老师根据教学需要，以及他的业务水平和能力，提前从56级抽调出来任教。他们从编写教材、教案、备课，到上讲台，仅仅一年时间！“做然后知不足，学然后之困”，当我们后来接过他们的教鞭，走上讲台，才深深地感到他们的不易。

既然是入门基础课，就不可能有高深的、系统的理论，几十个学时，黄老师反复强调图书馆的社会功能，和为工农兵服务的重要性。今天我们回过头来思考，老师当时的教导是符合社会需要的。是要我们懂得，工农大众政治上翻身了，可是需要文化上接着翻身，要掌握科学知识，图书馆责无旁贷要为他们服务，提供精神食粮。可是我们那时的认识还没跟上，只觉得道理太显浅。不过，我们通过黄老师的课，特别是毕业后深入农村工厂，慢慢懂得知识对于工农大众改变命运的重要性，我们记住了图书馆必须服务社会，为工农大众以及一切渴求知识的人民服务。“服务”二字深深在脑海里扎根。

谢老师的课讲述的是从古到今图书馆事业的发展变迁。我们初步了解了书的载体以及内容的发展进化，以及图书馆工作如何为各个朝代的统治者服务。继而讲到社会主义社会图书馆事业的建设问题，对于社会阅历太浅的我们，当时对很多问题的理解有限，我们上课就努力记笔记，课后找参考书看，以求加深理解。

薪火相传在谢老师的教学生涯和学术研究中，体会最深刻。20世纪80年代初，谢老师作为主编，组织武汉大学、北京师范大学、中山大学、华东师范大学师生7人共同编写《中国图书和图书馆史》。该书是谢老师受国家教委委托编写的高校图书馆学专业基础教材，该教材也供古典文献、图书发行管理和编辑出版等专业参考。写作要求以中国文化史、文化与政治、经济发展的相互关系为线索理顺典籍发展与利用。赵燕群当时在北师大讲授的课程是分类主题课和报刊管理(即连续出版物工作)。自1959年以来，从未接触过图书和图书馆史，而且分配编写内容的时间段又是民国时期。这个时间段的资料在图书馆当时还处于“封存”状态，也没有人做过系统研究。可是作为谢老师的“开山弟子”，只能迎着困难上。后来发现，谢老师作为学科带头人，是在通过这本书的编写，为书史、图书馆史的研究选择、建设一个梯队。谢谢他选上了20多年前的“老”学生，同时他在用心培养虎虎生气的在读研究生。正因为谢老师的提携，赵燕群后来还发表“图书馆教育史”“新技术应用以来中国图书馆发展20年”等有关的研究论述，从而加深了对资料、史料收集重要性的认识，实现了高效率收集水平与能力的提高。王子舟、程焕文更是年轻有为、图书馆史学术有专攻的学科接棒人、佼佼者。图书馆学从学术研究到事业发展就是这样代代相传，永不停息。

回顾四年大学生活，我们没有忘记为我们营造良好学习环境的师长。物质生活上，三年困难时期贯穿着整个四年。1959年进校开始，买一块小饼都要粮票，两尺八寸布票包括买鞋买线团，一年无法添置一件衣服。但是，我们系的老师给了我们温暖。很多同学在回忆中都念念不忘系办公室杨锡洪老师，每次见到她时，她总是站着和同学说话，剪得短短的头发，带湖北口音的亲切的话语，同学们有什么问题向她反映，都会得到热情接待，合理解决，她诚恳地为同学们服务。

入学时系党总支书记徐鸿老师给我们讲授“总路线教育”课，很务实，理论联系实际。特别是她的真诚和爱心，让我们印象深刻。我们刚入学，她就请班长到办公室，布置了解新生困难补助问题。班长将了解到的情况报告给她，她当即面对面落实补助名单和补助等级，还根据同学困难情况及时为缺棉被、蚊帐的同学送上物资。

还有邹鸿斌老师。当时简陋的“新八栋”刚建成，墙上只刷了一道白灰，窗户可以飘进雪花，楼上扫地，尘土透过木地板的缝飞到楼下房间。邹鸿斌老师却和我们一起搬进去住，他的房间最靠西头。由于“三病”(浮肿、肝炎、妇女病)流行，学生健康状况恶化，学校决定“劳逸结合”停课一个学期。我们虽然饥饿难受，求知欲望却没有减弱。邹鸿斌老师的伙食不比我们好，可是他及时组织我们同学，到他的房间教授日文。从五十音图，片假名，平假名学起，到学期结束时，我们已经学到日文动词活用，还学会了查日汉字典。这样，停课期间，我们又多学了一门外语。虽然很基础，但是在科技情报所从事国外情报资料收集整理时，非常有用。所以非常感谢邹鸿斌老师。

在《难忘岁月》一书序言中，我们表达了对母校和系院、对师长的由衷感谢，是你们给予我们知识，给予我们智慧和力量，使我们懂得图书情报工作需要务实并耐得住寂寂无闻，业精于勤而孜孜不倦，让我们在社会上找准了自己的位置，学以致用，作出了我们应有的贡献。

感悟　感恩　祝福

图书馆学相对于数理化生、文史哲等学科来说，是一般人不了解的学科。可是对于我们来说，这是大道无垠、追寻不休的学科。当文献载体从甲骨文、金石简帛发展到纸质文献，乃至当今声像、视听、数字资源等，当现代技术特别是高科技日新月异，这仅仅是记录知识信息量的变化，载体的变化，图书馆学没有没落。相反，只要融会贯通，触类旁通，掌握了图书馆学的精髓，它的服务社会以求生存与发展的与时俱进的思想，它的从无序的万事万物中获取所需知识信息，进行有序化梳理，为服务对象提供高效精准服务的技术，以及条理清晰的逻辑思维，都体现出了自身的价值。

记得《孟子·尽心下》：“尽信书，则不如无书。”在学科飞速发展的当今世界，在学科综合复杂、文献新型多元、社会需求不断发展变化的今天，要以服务为导向，综合多种高科技和跨学科研究发展图书馆学，重要的是运用正确的、辩证的、与时俱进的学术观点，不迷信，不盲从，不妄自菲薄，善于取其他学科之长，补图书馆学的短板，而不是对图书馆学进行否定。这样，图书馆学就会不断发展。在这个问题上，我们在实际工作中有很深刻的体会，以图书馆学与情报科学为例。

赵燕群毕业后分配到铁道部科技情报研究所。工作中比较了当时情报工作与图书馆工作的异同，发现两者获取文献、整理文献和服务方面的程序是相同的，文献类型都是纸质文献(当时情报科学的信息来源也是纸质文献)，都是利用纸质文献提供知识信息服务，但是对于获取文献信息的理念和手段，以及情报服务的理念和方式，二者有程度上的差别，情报学跟图书馆学最大的不同，就在于情报强调主动服务，要求“广快精准”服务；它有很明确的服务目标，并且非常主动地提供服务，所以当时在情报部门跟在图书馆不一样。比如说获取文献，图书馆是按照传统的通过书刊征订目录打勾订购，情报不光这样，还必须整天看资料，看出版等信息，然后主动向当时的中国图书进口公司提出订购征订目录上尚未出现的书刊。还有当时大量内部情报资料尚未正式出版，为了获取这些情报资料，情报所都安排专门的人去各个部门通过建立交换关系等来获取信息。服务的方式也有不同。更主要的是情报服务特别重视服务效果。所以她从情报服务转为教学工作、图书馆工作，都力求将情报服务的理念融进新的工作中，特别是退休后，不论是建网站、建库、建数字图书馆，都以图书馆学的精髓，针对用户需求，结合最新科技的进展，不断学习，不断探索。

十年树木，百年树人。当我们回首往事时，正是我们母校文华图专从创办到升格为图书馆学系，再发展到今天的信息管理学院，整整 100 周年的光辉岁月。百年图书馆学专业教育，从一年送出几位学生发展到今天每年逾千学子毕业，既出人才，又出成果，硕果累累。这是一个古老的学科，又是一个插上现代高科技翅膀正在腾飞的学科。回顾 20 世纪 70—90 年代，正是我们人生“年富力强”的中年时期，恰逢我国图书馆事业经历从传统图书馆转变为现代化图书馆的嬗变。我们瞄准了新的方向，分别在各自岗位不断革新传统观念，更新知识，克服重重困难，做出了应有的贡献。退休后，大家发挥余热，在图书馆、学校仍然看到我们的身影。迈入图书馆领域 60 年，我们用理想信念和专业智慧，默默奉献，终生不渝地为推动中国图书馆事业的不断繁荣进步尽了微薄之力。

是的，图书馆事业与我们的命运相连，即使退休了，只要事业需要，我们仍会尽力而为。2012 年，我们两人以 73 岁年逾古稀之年，双双带领研究生远赴重灾后的四川汶川，克服各种困难，进行汶川图书馆灾后重建。由于我们都有图书馆的专业知识，没有脱离图书馆实际，短短 3 个星期时间，我们和同学们夜以继日，为汶川图书馆完成馆藏书目系统建设，建起汶川各个乡镇 10 多个示范农村书屋，开展阅读推广活动。赵燕群根据馆里要求，结合地区民族文献与藏书特点，为图书馆编制既符合《中图法》要求，又适合汶川图书馆需要的《民族文献分类法》。退休近 20 年，我们分别参加深圳图书馆新馆建设，还有多个大型图书馆新馆建设。作为班主任，我们负责广州市委宣传部举办的广州各图书馆馆长的高级研修班的组织领导，两年两期脱产 3 个月的教学培训，培养了许多广州的图书馆高级管理人才。我们更多的时间是为基层图书馆建设资源库、数字图书馆和网站，编制各种分类主题表。直到现在，80 岁的我们，还在继续进行这些工作。由于比较牢固地掌握了图书馆学的知识，并努力跟进网络技术、数字化技术等高科技的进展，融会贯通，为我所用，作为图书馆人，我们始终如一地服务社会，将所学回馈社会，这就是党培养成长的中华人民共和国第一代图书馆人的价值观。

金秋，是收获的季节。我们在珞珈山，接受四年专业洗礼，学到了知识和本领；当我们揖别珞珈山，满怀理想融入图书情报事业，不论在哪个岗位，我们勤奋钻研、努力创新，我们以奉献精神，甘于做默默耕耘的无名英雄。今天，在学院百年丰收的欢乐时刻，我们送上几十年耕耘的累累硕果。

“喜看稻菽千重浪，遍地英雄下夕烟。”20 世纪 20 年代伊始，中国诞生了第一个图书馆学专修科。100 年后，21 世纪 20 年代的今天，文华图专已发展壮大为武汉大学信息管理学院。当我们学院迎来百年丰收的欢庆时刻，我们和逾万学子为您骄傲！立德树人辛勤劳动的老师们，我们向你们致以最崇高的敬意！我们衷心祝福学院未来的 100 年更加灿烂辉煌！

2019 年 11 月完稿

作者简介

谭祥金，男，教授 1939 年 4 月出生，湖南省津市人。1992 年获国务院特殊贡献专家津贴。1959—1963 年入读武汉大学图书馆学系 6301 班。1963—1988 年任职中国国家图书馆。1973—1988 年任副馆长，在此期间除了分管部分业务工作外，还兼任国家图书馆新馆规划办公室主任和搬迁指挥部总指挥，参与了新馆工程建设全过程。

筹建中国图书馆学会，曾任第一届秘书长、第 2~5 届副理事长。曾任全国善本书目工作编辑委员会副主任，全国文献工作标准化委员会副主任和全国缩微标准化委员会主任等职，退休后被聘为中国图书馆学会建筑设备委员会顾问。

曾赴美国、加拿大、日本、斯里兰卡、澳大利亚、法国、德国、荷兰、瑞典、苏兰、意大利、比利时、卢森堡、苏联及我国台湾、香港、澳门参观访问或参加国际会议。其中为建国家图书馆新馆，应澳大利亚国家图书馆邀请赴澳大利亚考察访问两年(1981—1982 年)；应台湾大学邀请赴台湾地区考察访问 3 个月(1996 年 11 月—1997 年年初)，专门了解台湾地区图书馆事业的发展。

1988—2000 年任教中山大学。先后任信息管理系(现改名资讯管理学院)主任、信息科学与技术学院副院长、中山大学学术委员会委员、职称评审委员会委员、教学指导委员会委员等职务。

2000 年退休至今　一直力所能及地参与图书馆事业的多项工作。

第一，在参与图书馆新馆建设方面的工作。

2001—2006 年被聘任深圳图书馆的顾问，参加该馆新馆建设，该馆面积 5 万平方米，投资 8 亿元人民币，是我国目前技术最先进的现代化图书馆。2006 年被聘任广东省立中山图书馆顾问，参加该馆扩建工程。10 多年来参与广东各地图书馆建现代化新馆。新馆建设包括新馆设计方案的制定，馆内布局、装修，设备(从自动化管理系统到阅览桌椅、书架等)，文献资源建设与管理、服务，人员编制等。先后参加全国各地几十家图书馆新馆建设方案的评审，包括广东省立中山图书馆、广州新图书馆、深圳市图书馆等大型图书馆新馆的评审工作，被聘任暨南大学图书馆等多所图书馆顾问。

经常被请去参加项目论证，制定业务规程，为各种问题提供咨询和解决方法，还带队负责建新馆的区、市有关领导、设计人员去外地参观考察，例如广州图书馆、深圳图书馆、东莞图书馆、佛山市图书馆、中山市图书馆、肇庆市图书馆、增城图书馆、从化图书馆、番禺图书馆、越秀区图书馆、乳源图书馆等。

第二，在赵燕群退休后，与她一直为图书馆事业做力所能及的事，主要有：

1. 培训图书馆业务人员。2006年、2007年广州市委宣传部拨专款(一年数十万元)，举办图书馆高级研修班，分两批三个月脱产培训市、区级图书馆馆长和管理人员。聘请国内外图书馆专家讲课，到北京、上海、香港、澳门等地图书馆参观考察。赵燕群被聘为班主任，我与她全面负责组织、安排课程，专家的接待，带队到外地参观考察(因为我们与国家图书馆以及港澳图书馆的馆长都是老朋友，请他们接待，能让学员深入详细了解图书馆的情况)。学员通过脱产学习(时任宣传部长的陈建华经常来听课)，上交论文，结集出版。

紧接着2008年深圳图书馆举办同样的高级研修班，赵燕群聘为班主任，我们负责组织、安排课程，专家的接待，带队到北京、上海、香港、澳门等地图书馆参观考察。

除了办班，还根据图书馆的要求到各地给工作人员讲课。

2. 2012年(72岁)带领9位硕士生远赴汶川，灾后重建汶川图书馆。2018年是汶川地震10周年，该馆馆长陈红丽5月12日来短信，感谢我们灾后重建图书馆的团队在汶川图书馆的恢复重建中所做的一切努力和付出。参加灾后重建图书馆的同学纷纷来短信，表示这次活动是他们宝贵的人生资源，非常珍惜。

3. 参加海内外各种学术活动，参加各种学术研讨会，参加筹建中国目前唯一的公共图书馆研究院。

4. 在中山大学创建“谭祥金赵燕群奖学金”。为了培养更多优秀的图书馆专业、情报与档案专业优秀人才，程焕文教授提议，设立“谭祥金赵燕群奖学金”，每年奖励品学兼优的同学，很快得到同行亲朋好友的支持，他们纷纷捐资。从2007年至今，已经12年，获奖同学200多人。这个奖学金还在继续提供资助。每年我们都会参加颁奖大会，和获奖同学交流互动。

赵燕群，女，研究馆员，硕士生导师。1940年11月出生。广东鹤山人。1993年获国务院特殊贡献专家津贴。1959—1963年入读武汉大学图书馆学系6301班，1963—1980年任职于铁道部科学技术情报研究所，1980—1988年任职于北京师范大学图书情报学系，副系主任，副教授。从事图书情报专业教育(硕士生导师)与科研。1988—2001年任职于中山大学图书馆，任馆长；图书情报学硕士生导师，并从事科研工作。

担任社会职务主要有：中国图书馆学会理事，广东图书馆学会副理事长，广东社会科学情报学会副理事长，广东高校图书馆工作委员会副主任等。

2001年退休至今。奔八十之年，每天仍应用数字化技术、网络技术为需要的人提供服务，为图书馆事业的发展多做一些事情。

一、科研情况

(1)检索语言研究与编制。参与《汉语主题词表》的编制，主持编制《教育主题词表 教育专业分类表》(教育部项目)，是1999年全国第二届教育科学优秀成果奖二等奖(部委级)；参与《社会科学检索词表》《中国分类主题词表》等大型分类主题词表的编制，担任全国性大型检索工具《中国图书馆分类法》第三届至五届编委会委员，第六届编委会顾问、《中国分类主题词表》《社会科学检索词表》的编委会委员、顾问，《中国人民大学图书馆图书分类法第六版》修订委员会委员。负责教育等学科类目的编制与修订。

为汶川图书馆编制《民族文献分类主题表》；为建资源库、建网站编制《瑶族文化分类主题表》《孙中山研究分类主题词表》《家具专业分类主题表》《企业信用信息分类主题表》等。

(2)1974年开始参与铁路文献库建设，而后建成多个文献专业库和孙中山数字图书馆(全国第一个数字图书馆)。由我主持，联合海峡两岸包括国家图书馆在内的12所大型图书馆文献部门共建。由我主持港澳和珠江三角洲数据库建设，最早开展数字图书馆研制，1997年美国发起加拿大、日本、新加坡、澳大利亚、中国等国家和地区图书馆参加创建环太平洋数字图书馆联盟，我是发起人之一，中山大学图书馆与北京大学图书馆作为大陆两个成员馆，参与了该项目的工作。

退休后参与建成的网站、资源库如下：

瑶族文化网(广东省文化厅项目)

教育资源库(全国首个，广东省高教厅立项)

港澳文献资源库(全国首个)

珠江三角洲文献资源库(全国首个)

《"广州记忆"(青少年版)特色数据库》(全国首个图书馆制作的动漫库，参与策划与建设)

有色金属资源库(为禅城区图书馆提供用户服务)

作为主要成员参与建设的还有《潮汕文献库》等。

(3)目前正在进行两个项目

①《中国记忆项目"中国图书馆界重要人物专题"》的项目，访谈工作基本告一段落后，正在进行文字整理和补充材料出版单行本。

② 国家社会科学基金重点项目"《中图法》最终用户版体系结构及可视化研究"。参与项目案例《佛教文献分类表》的编制，该分类表的编制也是应广东省佛教协会要求进行的，是为了全省寺院等入藏佛教文献的统一科学管理而编制的一部分类法。

根据广东新兴县要求，参建《六祖慧能数字图书馆》。

二、著述的编辑与出版

1. 本人主要著述

正式出版著作 300 多万字。包括论著 10 种，分类主题词表若干。

独著：《谭祥金赵燕群文集 下卷　赵燕群文集》，《期刊工作浅说》，《文献分类与主题标引》，《报刊管理》。

主编或副主编：《文献信息检索与利用》，《连续出版物工作》，《中国图书和图书馆史》。参与《目录学普通教程》，《谭祥金　赵燕群论文选》，《中国图书馆学史》等编著、译著。

分类法主题法部分：主要出版 3 种：《教育主题词表 中国图书馆图书分类法教育专业分类表》(主编)，获 1999 年全国第二届教育科学优秀成果奖(教育部级)；《中国分类主题词表》教育类；《社会科学检索词表》教育类等。

2. 参与编辑出版各类著述

参与编辑出版大型巨著《图书馆学家文库》工作，已正式出版 6 位美国、中国台湾和大陆等海内外著名图书馆学家 6 套文集近 1000 万字。我负责组稿。审稿以及编辑出版全过程。

主编《图书馆工作论丛》(已出版第 3、4 两辑)，编印《难忘岁月》，《培道和她的儿女》(3 辑)，《纪念袁振英诞辰 120 周年》等共 100 多万字。

此外，曾经由赵燕群组团，带领 15 位广东地市级基层图书馆馆长赴台湾地区考察交流，还指导博士生硕士生论文写作等。

奠基和飞跃

——武汉大学图书馆学教育史上的两个重要时期

乔好勤

武汉大学图书馆学教育从1920年创立，到现在，走过了100年艰难曲折的道路，其中1920—1929年和1978—1988年是前后两个重要时期：前10年是开创和奠基时期；后10年是飞跃转型时期。

一、奠基

18—19世纪，西方工业资本主义的快速发展和对外疯狂掠夺，积累了大量财富。东方中国这片肥沃的土地和数千年创造的物质与文化财富成为他们觊觎和瓜分的对象。借义和团造反之机，东西方列强胁迫中国政府签订了《辛丑条约》，使中国沦为半封建半殖民地社会。但从魏源、郑观应、容闳到梁启超等一些睁眼看世界的知识分子，开始把图书馆看作开启民智的重要工具，大力倡导。从1902年起，中国逐渐形成一个其势颇大的图书馆运动。

1902年罗振玉奏请全国普遍设立公共图书馆。徐树兰在绍兴创办古越藏书楼。1904年长沙创办我国第一个官办公共图书馆——湖南图书馆。到辛亥革命前夕，十八行省中除江西、四川、新疆外，都有了省立公共图书馆，公私合计达21所。同时，随着各类学校的兴办，学校图书馆和图书室也日渐增多。

历史的偶然也是必然。正在这时，美国纽约州巴塔维亚市图书馆职员韦棣华女士来到中国。职业的兴趣爱好、坚毅的个性和超强的组织能力，使她成为中国图书馆学教育事业的开创者。

韦棣华(Mary Elizabeth Wood)1861年8月22日出生于美国纽约州，中学毕业后即在纽约州巴塔维亚图书馆工作。1899年为探视其弟韦德生(Robert E. Wood)来到中国武汉，受聘于文华书院作英文教员。有过图书馆工作经验的她，在院方支持下创办了一个小型图书室。1900年冬她还去上海，协助圣约翰中学图书室整理藏书，建立编目制定。也许出于图书馆工作的深度之爱，也许她深感图书馆在学校教学和民众教育中的重要，她萌生一个创办更大图书馆的梦想。于是，准备工作就此开始了。

首先她希望用系统的新的图书馆学知识武装自己。1901 年她返回美国，一方面进普拉特学院图书馆学校(Pratt Institute Library School)学习，另一方面奔走各处游说，募集图书，筹措资金。其间得到哥伦比亚大学和一些教会人士的赞助和支持。1903 年回到中国，不久就买下文华书院附近的龚家花园地皮，于 1905 年举行了图书馆建设的开工典礼。

1907 年 5 月，她参加了在美国北卡罗来纳州召开的美国图书馆协会年会，并在会上宣读了《中国城市图书馆工作》的论文，向国际社会介绍中国图书馆发展的情况，以扩大影响。

1909 年 5 月，在文华学堂正式命名"文华大学"的典礼上，图书馆主体工程宣告落成，并正式命名为"文华公书林"。经过五年的努力，1910 年 5 月 16 日，文华公书林竣工并举行了隆重的开馆典礼，韦棣华任图书馆总理。这座图书馆是一个私立学校图书馆，却取名"公书林"，可见其办馆理念的开放性、先进性。事实上，这所不大的图书馆不仅为文华大学、文华中学师生服务，也为当地其他学校和个人服务。为了扩大服务范围，还在市内长街等处设立了 3 个分馆和 1 个流动图书馆(巡回书库)，因而被誉为"带有公共图书馆性质的学校图书馆"。实际上后来它又是武昌文华图书馆学专科学校的实验图书馆和实习基地。

为了培养图书馆学专业人才，为师资队伍作准备，韦棣华于 1914 年和 1917 年先后选派沈祖荣、胡庆生去美国学习图书馆学。沈祖荣在纽约公共图书馆图书馆学校(Library School of the New York Public Library)学习三年，1917 年回国，继续服务于文华公书林，并协助韦棣华筹建图书馆学教育机构。

1920 年 3 月，我国第一个图书馆学教学单位——文华大学图书科在武昌诞生。韦棣华任主任和教授。文华大学图书科吸收美国先进的办学理念，并结合中国实际，开设的主要课程有：中国目录学、中文书籍编目学、中文参考书举要、西文书籍编目学、中文书籍分类法、西文书籍分类法、图书馆经济学、中国图书馆史略、西洋图书馆研究、打字法、书籍选读等，逐步形成符合中国图书馆需要的中西结合的课程体系。

1922—1924 年，韦棣华教授奔走于中国和美国各地，为获得部分庚子赔款退款付出了极大努力，终促成用庚款退款推动中国图书馆建设事业和图书馆学教育事业的发展。

1925 年，韦棣华教授参加中华图书馆协会，任图书馆学教育委员会书记。1926 年，她代表中华图书馆协会出席美国图书馆协会 50 周年大会，并代表中华图书馆协会倡导成立国际图书馆与目录学联合会，后改名为国际图书馆协会联合会(IFLA)，使中国成为国际图联 15 个创始国之一。1927 年又代表中华图书馆协会出席了英国图书馆协会成立 50 周年大会。她为加强中国图书馆界与国外的联系、扩大中国图书馆的国际影响、引领中国图书馆事业走向世界做了大量的工作。

1929 年，韦棣华以宏大的气魄和无畏的胆略，克服重重困难，促成图书科从文华大学独立，创建了中国历史上第一所图书馆学专门学校——私立武昌文华图书馆学专科学校。

二、庚款

美国退还庚子赔款对中国图书馆和图书馆学教育的发展，客观上起了重要推动作用。

光绪二十六年(1900年)，鉴于各国侵略势力对我国的骚扰掠夺，清廷贸然与各国宣战。5月驻京甘军杀日本使馆书记生彬山彬，义和团攻打东交民巷各使馆，虎神兵营杀德国使臣克林德等。是时，英、法、日、美等八国联军大举发兵，陷大沽，进天津，犯北京。直隶总督聂士成、总督裕禄先后战死和自杀，各地总督不听宣战诏书，拥兵自保。7月杀大臣许景澄、袁昶、联元、立山、徐用仪等。联军进逼，烧杀淫掠，慈禧挟光绪帝仓皇出逃，命庆亲王奕劻议和。9月李鸿章至北京与各国谈判，议定条款十二条，其中就有赔偿各国军费4.5亿两白银。这年是农历庚子年，故称“庚子赔款”。次年(1901年)李鸿章与各国正式签订《辛丑条约》。李鸿章签字时即知难辞卖国骂名，因之一病不起，9月即与世长辞。

4.5亿两白银是按当时中国人口每人一两来计算的。这真是对全中国人民的奇耻大辱。4.5亿两白银要求39年还清，本利达9.8亿两。加上对传教士等私人的赔偿，共10亿两，摊派各省督办。

1924年5月21日，美国两院会议通过“退还庚子赔款余额”的决议，要求这笔赔款主要用于中国向美国派遣留学生，划出50万美元用于建造北平图书馆，资助清华大学图书馆等六所学校图书馆建设。文华大学公书林和文华大学图书科每年可获得5000美元，用于图书馆学教育奖学金的支出。

美国何以发此善心，退还庚款发展中国文化教育事业？首先庚子赔款本身就是帝国主义对中国的无耻掠夺。美国作为新发展起来的资本主义国家的侵略本性是不会改变的。虽然到1894年美国工业总产值已跃居世界第一，1913年比英法德日四国的总和还多。1911年清政府被推翻，庚款本该停付，但它们照例索取赔款。1905年美国出台排华法案，激起中国人民无比愤慨，掀起抵制美货浪潮，美华贸易大受影响。去美国留学人数也大量减少。据统计至1906年去日本留学者达11900多人，而至1908年去美国留学生才300人。

为了平息中国人民的愤怒，美驻华大使柔克义向美国总统罗斯福建议，退还庚子赔款余额，将这笔钱用于中国向美国派遣留学生及文化教育事业。中国驻美公使梁诚也曾向美国国务卿约翰逊建议，希望美国率先退还庚款，在各国中带个头。这有助于平息民众对美国的敌意。

经过三年多的交涉，美国国务卿鲁特通知梁诚，美国政府决定1908年12月31日起退还庚款余额。要求中国从1909年起每年派100名留学生到美国学习，并在北京设立一个留美学生预科学校(这就是清华大学的前身)。但直到 1921 年 8 月美参议院才正式通过这一议案。正在此时，美国一位在华人士被中国士兵枪杀，要求赔偿未果，退款一事又被搁置。后经外长顾维钧、公使施肇基以及中国教育界人士多方活动，才于 1924 年 5 月 21 日美国两院联席会议通过，继续退还庚款余额。与中国高层和美参众两院交涉最多的是无职无权的韦棣华女士。

据有关资料显示，韦棣华女士曾亲赴北平，拜访过顾维钧、黎元洪和美国驻华大使。她又去美国首都华盛顿，在此遇上《米勒顿评论》编辑鲍威尔(John B. Powell)，请教他如何才能争取庚款用于图书馆建设。鲍威尔给了她一本国会纪要，建议她去拜访每一个议员。韦棣华真的在美国待了近六个月，不辞劳苦，不畏艰难，除直接给美国总统写信外，还走访了 82 位参议员，420 位众议员。她的行动曾受到蔡元培先生的高度赞赏，也感动了不少上层人物。终于将退还庚款的一部分用于北平图书馆和其他六所图书馆的建设，每年批拨 5000 美元给武昌文华大学图书科作奖学金之用。

苏联在 1917 年革命成功之后，即宣布放弃赔款。德、奥为战败国，抵消赔款。英国受美国影响，宣布退还庚款用于中国文化教育事业。法、比、意、荷等国也先后声明退还庚子余款。只有日本一直向中国索要赔款，直到 1939 年 1 月 15 日，国民党政府才宣布停止向日本赔款。由此也可以看出日本侵略者的贪婪和中国执政者的用心。

韦棣华女士终身未婚，生活俭朴，全身心投入中国图书馆事业和中国图书馆学教育。晚年她还利用自己的人脉和社会关系，募集到 1.1 万美元，设立韦棣华基金，用于图书馆学奖学金。直到 1931 年 5 月 1 日在武昌病逝，她将自己的一生献给了中国图书馆和图书馆学教育事业。她著有《庚子赔款与中国图书馆运动》一书，对此当有详细记载，应该有人翻译整理出版。

三、飞跃

在经历了极“左”思潮的干扰和“文革”十年动乱之后，武汉大学图书馆学系和全国高校一样，于 1977 年恢复高考招收本科生，并于 1978 年招收硕士研究生。

我于 1962 年考入武汉大学图书馆学专业，本该 1966 年毕业，因“文革”延期一年。1967 年底分配到河南省图书馆。1978 年我在辅导部工作，得南京大学图书馆函知施廷镛先生招收目录学硕士研究生，请各省图书馆代为宣传。我到省招生办查阅报名情况，方知武汉大学图书馆学系彭斐章、谢灼华老师联名招收目录学硕士研究生三名。我遂即心动：我为他人组织报名，自己为何不报名？我急忙办完报名手续，离考试时间只有 35 天了。不久收到武汉大学方面的考试指南，除了考试科目和时间表外，一无所知。我一边上班工作，一边盲目地投入紧张的复习备考。不想我两门专业课均以最高分的成绩被录取，开始了我人生路上又一次转折。

我国图书馆学教育，“文革”前只有武大、北大两个图书馆学专业招生，每年也仅有

100~200 人。最少的 1962 年，北大图书馆学系没有招生，武大图书馆学系也只招了 30 人。1965 年以后停止招生。所以，长期以来，毕业生供不应求，各地各类图书馆人才短缺十分严重，高层管理人才的需求更是如饥似渴。1977 年恢复高考，武汉大学图书馆学系领导及时抓住这一机遇，赶上头班车，并于第一时间申报硕士研究生，使图书馆学教育不仅尽快恢复高考招生，还使办学层次上了一个台阶。在这点上，彭斐章先生是有贡献的。他凭着在苏联攻读副博士学位的经验，积极向学校申报目录学硕士生。当时学校领导瞧不起我们这个小学科，反问："你们有书让他们读吗?"彭老师用大量的事实据理力争，最终招生目录榜上有名，在图书馆学教育史上跨出了重要一步。

事物的发展总会有那么一些时期：困难的背后是机遇。如果有远见卓识的带头人带领大家克服困难，抓住机遇，就会完成一次飞跃。当时的武汉大学图书馆学系就是在彭斐章、黄宗忠、傅敬生等一批学科带头人和党政领导的带领下，克服困难，抓住机遇，进入了快速发展的轨道。

20 世纪 80 年代初，各行业工作人员青黄不接，培养接班人的愿望十分迫切。其中主动上门要求合作办学培养专业队伍的就有科技情报系统、新华书店系统、中国社会科学院系统等。科技情报系统通过时任科委副主任、党组副书记武衡院士出资先开办了科技情报学进修班(回炉班)，再开办科技情报学本科。新华书店总店汪轶千总经理，通过教育部部长何东昌找到武汉大学图书馆学系，愿出资助学，创办图书发行管理专业。社科院系统则一次性在北京招生 50 余人，在武汉大学图书馆学专业培养，四年毕业后全回北京社科院系统各所图书馆(室)工作。系领导班子看准了这些专业的社会需求和良好的发展前景，立即拍板成其好事。同时，又恢复了久违的档案学专业，一并列入 1983 年招生计划。这样武汉大学图书馆学系由原来的图书馆学单一专业，一下子扩张到图书馆学、情报学、图书发行学、档案学四个专业，形成了一个由文献、信息为中心的学科体系。

1984 年经教育部批准，武汉大学图书情报学院成立。她是武汉大学成立的第一个二级学院，也是中国第一个图书馆学、情报学专业教育的学院。此后不久，武汉大学图书情报学院又被批准设立情报学、图书馆学博士学位授权点，建立全国第一个图书馆学情报学研究所，建成全国第一个文科专业中的现代信息技术实验中心。

武汉大学图书情报学院在努力构建一个以文献、信息为核心的学科体系，提高办学层次和教学质量的同时，还大力开展对在职人员的函授、培训、自学考试和远程教育。如图书馆学、出版发行学专业证书班和助教进修班、自学考试辅导班、中央电大图书馆学专业班等。还恢复了从 20 世纪 50 年代就广泛开展的图书馆学专业函授教育，新开办图书发行管理函授教育等，遍及北京、济南、太原、西安、重庆、兰州、南京、贵州、郑州、武汉、长沙、南昌、昆明、杭州、福州、上海、合肥、广州、深圳以及佛山、韶关等。规模之大，受教育人数之众，国内其他专业所少见。特别是电大学员，前几届达数万人，为中国各类图书馆工作者专业技能和业务素质的提高做出了巨大贡献。

同时，图书情报学院与全国图书馆界、情报界、档案界、出版发行界建立了广泛的联系，丰富了物质、信息、人脉资源，改善了办学条件，为学院的进一步发展打下了坚实的社会基础。图书情报学院教学、办公大楼的修建，耀眼地、长时间地吸引着教育界同行的目光，亮点突出。

但是更为突出的是，在20世纪80年代，图书情报学院形成了一支强有力的师资队伍和国内一流的学者群体，如目录学家彭斐章、图书馆学基础理论家黄宗忠、图书馆史学家谢灼华、情报检索学开创者陈光祚、情报语言学创建者张琪玉、情报理论学家严怡民、专利管理学专家王昌亚、信息技术专家毛玉姣、图书分类学家周继良和孙冰炎、编目学家傅椿徽、中文工具学家詹德优、社科文献学家郭星寿、西文工具书学家王秀兰、档案史学家查启森等。已在国内颇具影响的第二梯队，有马费成、焦玉英、曹之、俞君立、王余光、胡昌平、邱均平、罗紫初、黄凯卿、马大川、黄葵等。我，也可以忝列其中。

还应该指出的是，时任院党委书记傅敬生同志在武汉大学图书馆学、信息管理学教育飞跃发展中发挥了重要作用。他在情报学、发行管理学专业建设、全院师资队伍建设和人才引进、函授教育的开拓与管理、办学条件的改善等方面，都亲力亲为，四处奔波，付出了艰苦的劳动。

时间进入21世纪，早已冒泡的第三梯队逐步成为教学科研的主力军，一批博士、博士后成为各学科学术带头人，开始执掌信息管理学院大印。他们以更新的教育理念和现代信息学知识，鞭策学院各个学科以更快速度发展，第二次飞跃早已开始。

作者简介

乔好勤，男，1942年9月生于河南杞县。1962年考入武汉大学图书馆学系学习，毕业后任职河南省图书馆。1978年回母校读硕士研究生。1981年获硕士学位，留校任教，先后任图书馆学教研室副主任、图书发行教研室主任、图书情报学院副院长，《图书情报知识》主编。1986年晋升为副教授，任硕士生导师，1992年晋升为教授。1995年调华南师大，任图书馆馆长兼信息管理学系主任、研究所所长。2003年退休后继任广东岭南学院，广东华商学院图书馆长，直至72岁才离开这一职业。先后兼任中国图书馆学会学术委员会委员、教育与培训组副组长、湖北发行业协会教科委主任、广东省图书馆学会学术委员会主任、资深专家委员会主任及广东高校图书情报工作指导委员会副主任、高评委主任等。先后出版《目录学》(合著)、《中国目录学史》《岭南文献史》《信息管理学科研方法导论》《行走书林——乔好勤文集》等著述，以及普及性读物《读书灯》《读书声》《风雅尽在读书时》等30余种，发表论文译文140多篇。《中国目录学史》被中国图书馆学会评为优秀学术著作一等奖，2002年广东图书馆学会授予“杰出贡献奖”。

我与图书馆学系的一世情缘

张白影

一、求学：从“误入师门”到真心向学

我1962年高中毕业于长沙市第二中学。当年毕业生参加高考，规定填报10多个志愿，并且一定要在最后加写一句“愿意服从分配”。这种形式的志愿填报，既是要求学生最大限度服从国家需要，也是对毕业生政治思想觉悟一种现实而具体的考量。但我上交的表格只填了一个志愿：武汉大学中文系。

念由心生，祸起笔端。高三文史班班主任是政治课教师唐日瑞，一位党性修养与原则性很强的女老师。我作为文史班班长，在填报志愿时这种离经叛道的另类表现，引发了唐老师的震怒，师生情绪对立。长沙市第二中学李人琢校长，是一位在中教界享有盛誉的著名教育家，他知道，在高考前夕不能激化考生与校方的冲突。李校长出面调解：我加一个志愿，唐老师不再追究批判，由此私了，掐断事件影响。我作为学生，当然也愿意就坡下驴，摆脱受批判的处境，何况，这确实是我的过错。

加填一个什么志愿呢，我搜索的目光停留在“武汉大学图书馆学系”上，念图书馆学系不是可以成天读书吗？

我被图书馆学系录取了。武大寄来的录取通知书写道：“欢迎你，欢迎你。东湖水波澜壮阔，绚丽夺目，珞珈山绿树成荫，红旗招展。为你们欢奏胜利的凯歌，向你们表示最热烈的祝贺。”我固然如愿以偿，考进了心仪的大学，但通知书上这些动人的语言没有给我欢乐和快慰，我一时愁肠百结，满眼茫然。武汉大学出版社1996年7月出版了一本由俞君立教授等主编的《中国当代图书馆界名人成功之路》，我应邀写了《人生悟道话沧桑》入编，该文开篇描述了我当年入学时的心境：

“少年时，我酷爱文学、艺术和音乐，在寒暑假看小说通宵达旦，又如醉如痴地读诗、写诗。一个接一个地做作家梦、艺员梦、诗人梦。我的名字原本是笔名，表示想成为像白杨那样杰出的电影艺术家。在‘文化大革命’那场滚滚浓烟中，人们纷纷改名‘向阳’‘永革’，追求烈火中永生，我却干脆将毫无革命意蕴的‘白影’更作正式名字……但从34年前我踏进珞珈山那夏末初秋的朝晖夕阳之日起，儿时的梦想就似乎破灭了，命运

将我永远定格在‘图书馆员’这一形象上……那座美丽的校园里，无论樱花浪漫的林荫下，还是幽静的山道弯弯，在我面前都是通向职业图书馆员之路。”

当年，图书馆系新生不少人不安心专业，我算一个。加之图书馆系开出的几门课程似乎不太难学，我依旧花费大量的课内课外时间，读小说，读诗；依旧做着作家梦，诗人梦。我们班编号为6601班，郑行仁被指定为团支部书记，我被指定为班长。郑行仁任团支书实至名归，我这个不安心专业、且非党非团的“白丁”学生当班长却明显“来头不正”。事后，我才明白，这是系领导的一种策略性安排。

我13岁被吸收进长沙市南区文联创作组，16岁担任长沙市中学生歌舞团乐队队长，高中阶段担任校学生会文娱部长，乒乓球拿过校级地区级冠军……我少不更事，将这些零七杂八都一股脑填写在高考志愿表的“有何文艺体育特长”一栏了。这些文字给我惹了麻烦。

我进校大约一年，已经与系党总支委员、系办公室主任邹鸿斌老师，班级政治指导员荀昌荣老师关系处得十分亲密了。邹老师是长沙西乡桃花垅人，我祖辈原籍长沙西乡黄金园，两处相距不远，所以与邹老师是真正的老乡。大学一年级将近结束的某天，在邹老师湖边宿舍一次亲密交谈时，他告诉我：去年，正是他到长沙招生时把我录取的，他和中文系负责招生的老师住同一房间。招录中，中文系老师很高兴地对他说，录了一名有文体特长的学生张××。邹老师感兴趣地问了情况，与对方说：这名学生也填了图书馆学系，你给我们系吧。中文系老师应允。由此，我这名“文体特长生”从中文系转到了图书馆系。图书馆系当时在武汉大学是办学规模最小的系，需要有些“文体特长生”来搞点动静、搞点影响。20世纪60年代，这种做法似乎很流行，例如中南矿冶学院(现中南大学)曾设“文体楼”，将“特长生”集中住宿、学习、训练。某大学数学系曾将几名篮球高手毕业生留在系实验室或行政岗位工作，以继续为系的门面张扬。我这种学生类似“调剂生”，当年图书馆学系在武汉地区招录的学生中还有其他“调剂生”。

我多少兑现了一些“特长生”的责任，为图书馆系争光效力：入学第一年即在1962年武大秋季校运会上，获得乒乓球男子单打冠军。运动会后，武大体育教研室宗主任吸收我进入乒乓球校队训练。同时期，还参加了武汉大学文工团活动，随后将图书馆系学生彭庆元、方柏莲拉进了文工团，彭在乐队，方则安排管理服装道具。1964年上学期将尽时，武汉大学文工团团长、哲学系四年级学生韩长根找我谈话，他说：他快毕业了，五年级将会很忙碌，他要求我担任文工团副团长。我那时已得知下学期(1964年9月以后)我们将要离开学校去搞一年“社会主义教育运动“(即“四清”运动)，我说明了不能接任的情由，并推荐彭庆元任副团长。老韩答应了。韩毕业后分配去了《河南日报》，一段时间中我们有联系。

我入学第一年，武汉大学中文系创办《珞珈山文艺》，杂志由郭朝绪、古远清等人担纲，前两期几乎全部是中文系师生的作品，我送去一首诗《革命的左轮枪》在第2期发表了，编辑部还写来很热情的约稿信。当时，对我这名图书馆系一年级新生无疑是一种很大的鼓励。二年级后，我又陆续在《中国青年报》《武汉晚报》上发表时政评论。那种年代，在党报党刊上发表文章，编辑部预先要发函到作者单位进行“外调”“政审”，这类函件依例全由系办公室主任、系总支委员邹鸿斌老师处理。邹老师也每每都签署“同意发表”之类的“组织意见”，并盖上大红公章。

呼应前文，我能“白丁”就任班长，我偏离图书馆专业的写作行为能得到系领导纵容默许，原来正是邹老师、荀老师几位师长对我从中文系“调剂”来图书馆系念书的一种“情感补偿”。我至今认为：这是有远见有能耐的大学教师入理入心、感化润物、因材施教的育人高招，比那种对青年学生生硬的、俨然的“人生指南”奏效得多。人之初，性本善，以善感人。面对性善的老师，面对亲密的同学，我还有什么理由不安心专业，掂起这瘦小的脚杆这山去望那山高呢。我终于转变成了一名无怨无悔的图书馆系学生。1965 年 9 月，系领导之所以派我去给 65 级新生作报告，“现身说法”帮助新同学安心专业，就因为我是“过来人”，是一名转化的典型。图书馆系 65 级罗德运、吴曼华、姚光荣等同学，都曾在他们相关文章中回忆过我那场“颇具煽动力”但确实“能说服人”的报告。

毕业后，我任过图书情报专业教师，办过图书情报专业杂志，做过 31 年图书馆管理工作，参与过 3 幢图书馆新大厦的建设，在“图书馆的社会援助”“比较图书馆学研究”“大学图书馆为社会信息化服务”等主题领域略有建树。职业生涯中，也有过 4 次出去做“厅级”官员的机会，例如某城市的市委副书记、某城市的宣传部长、文化局长等。我还被新闻出版署王强华先生推荐去办过报纸，被北京大学庄守经先生推荐拟赴北京工作，但最终，我仍坚守在图书馆连绵的书架之间，仍劳作在图书馆这方肥沃的田土之上。其原因，受益于图书馆系的知识智慧，珞珈山天地精华的滋养，根植于心灵深处的职业理念，为我人生一路导航。

二、办班：仰仗图书馆系的老师和同学

1978 年，在岳麓山下的湖南大学校园里，诞生了一个迥异于这间千年学府办学历史的新型本科专业——图书情报专业。这是“文革”之后，我国除北京大学、武汉大学两所学校开设的传统图书馆学系之外，诞生的第一个关联专业。湖南大学图书情报专业的开办，不仅适应了当时高等教育蓄势待发的时代需要，其千年学府深厚文化积淀迸发出的智慧思考，也极大地影响启示了全国高校办学理念和专业设置的战略思想。随即，以湖南大学图书情报专业为基本办学模式的新型图书馆学、信息管理学专业如一夜春风，吹遍大江南北大河上下。据 1989 年出版的《中国图书馆事业十年 1978—1987》记载：截至 1987 年底，全国高校中新设立的图书馆学情报学本、专科专业有 42 个之多。这批新型专业像一支沐浴着新时代、新技术雨露阳光而活力四射的水流奔腾向前，其滥殇之源当在湘江之畔、麓山之下。

1977 年高考恢复。1978 年全国高考考生 610 万人，录取 40. 2 万人，录取率接近 7%。而且由于“文革”造成的人才累积，由于当时严格无隙的录取程序，当年“百里挑七”录取

的学生可以说是实实在在的真金白银。湖南大学图书情报专业本科 1978 年原计划录取学生 30 名，但经过扩大名额和接收湖南师范大学、湘潭大学、湖南中医学院同年招生录取送来的委培生，该班最后有学生 49 名。这届学生，以通俗的“专业技术职称、行政职务、学术成就”等指标考量，可以说得上“全优”。范并思、谢俊贵、陈飞虎等在其各自专业领域站立 C 位；郑章飞、屈义华、罗益群等在不同类型图书馆管理上挥手领军；贺修铭、白国庆、刘尚军等成为国家科技文化艺术界“厅级”官员；图书馆馆长、专业期刊主编、教授、研究馆员、外交官、政府部门和事业单位局长处长等称谓头衔，是该班学生名录的全覆盖。本文无意全面评价湖南大学 82 届学生的学前学后，行文的主题是想说：办班，多仰仗武大图书馆系的老师和同学。

湖南大学 1978 级图书情报专业教学及管理工作，学校明确由图书馆负责。而当时湖南大学图书馆仅有我与武大图书馆学专业 1958 届毕业生陈岭峨 2 人可勉充专业课教师。如此情势之下，我们求助于湘潭大学的荀昌荣、邹鸿斌、曹素芳、王晋卿、樊长新诸位老师，他们都是原来武汉大学图书馆学系的教师。稍后，又有姜戈、张安珍、刘炳炎等几位老师和同学参与了教学工作。我们在四年时间里，完成了专业办学调研、教学计划制定、专业教材编写、专业教学实施、毕业实习，毕业论文写作与答辩等整个教学过程。除政治、外语、体育等几门课程由校方安排教师之外，常任专业课教师 12 名，除上述 10 人外，还有武汉大学经济系毕业、长期在图书馆工作的付予行(后任湖南财经学院副院长)，北京大学图书馆学系毕业生朱建亮(后任华南师范大学图书馆长)。武汉大学图书馆系教师和同学占专业教师比例为 83%。另外，也常请武大的教授和校友举办“大学图书馆管理”“国外图书馆学情报学研究”“图书馆建筑”等专题讲座。不论哪个教学环节，荀昌荣教授都起了核心主导作用。

湖南大学图书情报专业继 1978 年招收本科班后，于 1983 至 1987 年还面对全国、全省招收过四届全日制专科班，共培养本、专科生 262 名。毕业生遍布北京、上海、湖南、甘肃、吉林、辽宁、山东、广东、江苏、香港以及美国、澳大利亚、日本、瑞士等地。这个诞生于 1978 年，掩卷于 1987 年，曾经奔腾澎湃过的图书情报专业，后来被业界戏称为“武汉大学图书馆学系的南方支流”。

在湖南大学岳麓书院厅堂内，有今古两副对联，一为中国社会科学院哲学所研究员虞愚撰写：

千百年楚材导源于此　近世纪湘学与日争光

道出了岳麓书院千百年来，在培育人才和学术研究方面的地位和作用，湖湘学派对近现代中国学术的巨大影响。还有一副是清代学者王恺之的对联：

吾道南来，原是濂溪正脉

大江东去　无非湘水余波。

“道”即理学，“濂溪”指理学开山始祖周敦颐。“大江”者，长江也，“湘水”即湘江。对联大气磅礴，表现了湖南人及湖南文化对近代中国社会进程的担当。我在湖南大学工作期间，陪武汉来的学者与同行参观岳麓书院，每当读此对联，常有人对“大江东去，无非湘水余波”一句有些疑思与纠结。其实，这只是依人而异的不同解读。湖南大学图书情报专业，既被称为“武汉大学图书馆学系的南方支流”，不正是“吾道南来”之“濂溪正脉”吗？这“支流”者也，弥足后劲，跃起的浪花，无不滋润着20世纪80年代湖南高校图书馆职工夜大学、湖南图书馆全行业业务培训、专业职称考试考前全省巡回辅导等形式的教学与教育。再后来，全国第一间湖南图书情报中专学校在长沙诞生，湖南医科大学医学图书情报系成立，湘潭大学信息管理系创办以及现在拥有博士和博士后教学点，凡此等等，显现的仍然是武汉大学图书馆系学人的身影与功力。湘水余波流芳，一江蜿蜒如带，最终仍旧是返祖归根，纳入那东去的大河长江。

三、办刊：依赖图书馆系老师和同学助力

1980年12月，在湖南省高等学校中心图书馆委员会①成立大会上，我被指定为新创办的《高校图书馆工作》杂志主编，会议还要求1981年3月《高校图书馆工作》准时出刊。我领命之时，寒假年关临近，诸如组稿、作者联络、编辑、排版印刷等，时间上都显得有些急促。我第一时间想到的就是求助我的老师和同学们。

1981年3月15日，《高校图书馆工作》创刊号准时出版，封面由湖南大学谭子厚设计，白色底版上仅蓝、红、黑三条横杆：蓝色代表书刊荟萃的知识海洋，红色代表求知向学热情如火，黑色代表图书馆的静穆与素雅。谭子厚还根据我们的要求，以刊名中“高、图、工”三字的汉语拼音首字母GTG设计了一个刊标沿用至今。

《高校图书馆工作》创刊号上，除去领导讲话、通讯报道、专题资料梳理汇编，新书评介一类文稿，作为专业刊物支柱的“理论探讨”“工作研究”“读者之友”以及译稿4个部分，计收文章16篇。其中，12篇文章的作者是图书馆学系的老师和同学，包括黄宗忠、陈岭峨、宋承林、曹素芳、秦铁辉、张帆、陶炼、邱昶、姜戈、蔡婕、廖子良、张白影等。如果计上贺词贺文中孙冰炎、言海存、常书智3位师友，图书馆系这15位老师和同学撑起了作为一本图书情报专业杂志创刊号的大半版面。

《高校图书馆工作》创办，尽得天时、地利、人和三者之便。所谓“天时”，1981年正值我国高等教育事业升帆出港的大好时机，同年10月颁发的《中华人民共和国高等学校图书馆工作条例》第1章第9条，第2章第10条都讲到要加强图书馆学、目录学、情报学

① 湖南省高校中心图书馆委员会，后更名为湖南省高校图书馆工作委员会。

理论和应用研究，积极参加国内外学术交流。要“研究”、要“交流”，必得有平台，有园地，热气腾腾的形势加上法规性根据，天气正好，下地干活，所以办专业期刊，幸遇天时。所谓“地利”，是湖南省教育厅的领导人和一批高校图书馆长群言共识，一致想办好一份有“湖南”和“高校图书馆”特色的刊物，来填补国内高校图书馆工作专业特色期刊的空缺。所谓“人和”，就是我有武汉大学图书馆系老师和同学们强大阵列的专业依靠。《高校图书馆工作》创办之初是季刊，在1981年后三期上撰文的武大图书馆系老师同学还有：彭斐章、荀昌荣、邹鸿斌、刘湘生、陈光祚、沈继武、周绍萍、黄葵、黄昕、杨炀、吴曼华、刘炳炎、周江南、姚光荣等。

《高校图书馆工作》创办之时，国内图书情报专业期刊有10种左右，以“高校图书馆工作”为主题特色的杂志，仅广东省零星出过几期内刊且已停办，所以，当1981年9月教育部在京隆重召开全国高校图书馆工作会议时，这份《高校图书馆工作》杂志便名正言顺地活跃在会中会后。编辑部现场组织了若干座谈会，记录下老中青代表们总结历史、讴歌春天、展望未来的深情感言，又及时在刊物上发表“特约评论员”文章，为高校图书馆事业的春天热情鼓呼，全方位留下盛会的珍贵历史文献。在北京那段时光里，《高校图书馆工作》露脸可大了。

我文艺创作的情怀不知不觉浸透到了这份图书馆学专业期刊之中，创刊号的“编后记”就露出原形。“编后记”结尾时我写道：

“说来不怕读者诸君见笑，本刊专职编辑无有一丁，只是三五条汉子业余在弄，所以，来稿务请以有格稿纸书写清楚，免得排字师傅多费考证。”云云。这几句大白话，当即引起一名所谓“专家”的不满，他说：“图书馆学术期刊怎么写得这样油腔滑调。”我将这一情节说给荀昌荣、言海存两位师长听，他们哈哈大笑，那笑声里分明有一丝对那“专家”的轻蔑。第2期至第4期，我陆续刊发了长沙诗人钟黜宁、木人，沈阳诗人陈进化的诗：《脚印——记毛泽东同志青年时代在湖南图书馆》《在图书馆》《图书馆抒情》以示叫劲。我们发表的武大图书馆系6701班周江南的采访：《春种秋收时——访老作家康濯》《毛主席答友人诗中“友人”是谁》两文影响甚大，全国几十家报刊，尤其是各种“文摘报”纷纷转载周江南文中揭秘的友人乐天宇。

在主编《高校图书馆工作》那些年，我曾想利用手中的版面搞个“图书馆文学”与外界互动，为图书馆员的生活与形象做些装点。我以“荀昌荣老师改姓”“王晋卿老师喝酒”“樊长新老师吸烟”为故事原型写微型小说，在《高校图书馆工作》发表。荀老师原姓苟，“文革”中不“造反”，不“揭批”，友爱师生，清正公允，一时当逍遥派，恋爱、结婚。他的夫人姓安。我以荀老师“文革”中逍遥、恋爱、结婚，不投身“革命”洪流，“苟且偷安”为故事眼，写了《荀先生改姓》。后两篇写成后叫《王先生戒酒》《樊先生戒烟》，均调侃、打趣、明志，抒情，勾画图书馆人的纯洁、可爱、善良。这些微型小说，包括再后来写的《郑先生扯草》《侯先生治馆》《佳人夜半有鼾声》等，在《高校图书馆工作》刊发过后，都先后发表于山东《都市潮》，湖南《同力》《长沙晚报》《开放日报》等报刊上。故事的原型都是我武大的老师和学友，他们都看到了这些小说。

这一段文字我想说的是：在办刊过程中，遇到困惑或者喜悦，想“另类”想“偏门”时，都会与他们——我图书馆系的老师和同学们请教、共庆、分享。而他们总是衷心支持我的工作，纵容我的任性，实实在在地帮扶助力。我自 1981 年至 1996 年担任《高校图书馆工作》杂志主编。郑章飞接任主编后，刊物质量逐年进步，现已跻身南大版核心期刊名录。我虽然南调广州工作，但一直关注着这份期刊的发展成长，因为，这孩子我带过，亲！

四、出书：一直与图书馆系老师同学联手

1987 年 7 月，在一次专业会议之后从北方南返的火车上，我向湘潭大学荀昌荣、武汉大学杨建东等几位先生提议：是否可以编纂一部类似图书馆年鉴的资料性工具书，梳理检视从改革开放至今 10 年间中国图书馆事业的进步与发展。我还即兴说道：此书就名作“中国图书馆事业十年”吧。各位表示了一致支持的热情。

《中国图书馆事业十年 1978—1987》一书，作为向中华人民共和国成立 40 周年、中国图书馆学会成立 10 周年的献礼项目，1989 年 7 月由湖南大学出版社出版。全书 104 万字，由“文件规章”“图书馆事业发展概况”“图书馆学研究综述”“组织机构”“重要会议”“学术活动”“专业刊物”“国际交流”“图书馆学情报学教育”“图书馆建筑”“图书馆现代技术”“专业著作目录”“十年纪事”共 12 个部分组成。全国政协副主席、中国科协名誉主席周培源先生和上海图书馆名誉馆长、著名版本学家、书法家顾廷龙先生题赐书名。中国图书馆学会理事长、北京图书馆馆长任继愈先生在其序言中评价：“《中国图书馆事业十年》一书，全面总结了新时期十年我国图书馆事业的建设成就和经验；充分反映了十一届三中全会以后，我国图书馆事业发展的重大事件，图书馆界的重要活动，图书馆学各个领域的研究成果，各类型图书馆的发展概况及图书馆学情报学教育的基本情况，向人们展现了十年来我国图书馆事业发展的宏伟画卷。”

继《中国图书馆事业十年 1978—1987》之后，我们于 1997 年在四川科技出版社出版了《中国图书馆事业 1988—1995》；于 2002 年在湖南科技出版社出版了《中国图书馆事业 1996—2000》。这三部书，“真实地记述了 1978—2000 年中国图书馆事业的发展概貌，展示了 20 世纪最后 23 年中国图书馆事业发展的全景，是一幅中国现代图书馆事业的绚丽画卷”。①

《中国图书馆事业十年 1978—1987》出版的 1989 年，官方主持的时领风骚的“当代中国”丛书中《当代中国图书馆事业》还未面世，被称为“第一部专业年鉴”的《中国图书馆年

---

① 罗德运. 中国图书馆事业的绚丽画卷——评〈中国图书馆事业十年 1978—1987〉及其续编、三编[J]. 中国图书馆学报，2004(2)：73-74，78.

鉴1996》则是1997年10月才出版，因此，当“类似年鉴”的《中国图书馆事业十年1978—1987》一经推出后，理所当然地受到了业界欢迎，首次印刷5000册很快售罄。随后日子里，学术界发表若干赞许肯定的书评。《中国图书馆学报》曾刊载研究、评价改革开放以来图书馆学领域学术成果专文，文中将《中国图书馆事业十年(1978—1987)》评价为新时期26种“经典图书”之一。该书1992年获湖南省委、省政府颁发的“湖南省首届优秀哲学社会科学著作”三等奖。

《中国图书馆事业十年(1978—1987)》及其再编、三编，主编共5人，张白影、荀昌荣两人3书连任，首卷主编加沈继武，第二卷主编加刘元奎，第三卷主编加曹晓莉。如果三书主编以9人份额计算，武大图书馆系师生占78%。这三部书，每书篇幅在100万字左右，如果全书“论著”“综述”“词条”“文献汇集”等，均以1份额“作者”(编者)数计，那么，全书撰写人(编辑人)超过200位。黄忠宗、彭斐章、陈光祚、谭祥金、荀昌荣、杨建东、黄俊贵、詹德优、张安珍、赵燕群、麦群忠、吴勋泽、潘伯善、张帆、廖子良、文甲龙、罗德运、张厚生、高加望、方平、陈耀盛、常书智、吴曼华、谭圣剑、潘妙辉、张欣毅等武大图书馆系的老师和同学均是文章作者，出自武汉大学图书馆系的撰稿人占作者总人数过半。

五、做事：受益于图书馆系老师同学帮扶

我们虽然1966年9月毕业，但时值“文革”，毕业生都留校继续“革命”了一年，直至1968年2月，我才到湖南大学报到①。我那些年辰写作，主要围绕“越来越好”的“大好形势”，写过：《工人手上出磨床》《冰涯犹有花枝俏——评日本松山芭蕾舞团演出》，音乐剧《曙光初照大地红》等②。66届毕业生分到工作岗位后，大多下去劳动两年。很多人去了“军垦农场”“五七干校”之类。我被留在湖南大学附属机械工厂“劳动锻炼”，也曾去“深挖洞”③。但经常被校内外单位以“政治任务”为由借调出来“搞创作”，因此，1969—1976年，我还写了一大批“快板”“渔鼓”“三句半”“对口词”“表演唱”“朗诵诗”等。这种混沌状态一直延续到“文革”结束。

“文革”结束了，在鞭炮声中我写了个活报剧《打倒“四人帮”》，湖南长沙、湘潭、株洲三市21家业余文艺团体排演了此剧。剧本全文发表在1977年1月15日《湖南大学》报上。据当时湖南大学宣传部负责人石耀昆先生告诉我，当期《湖南大学》报加印了1000份，以应各地索要剧本之需。1978年我开始为中国传奇性外交官和集邮家姜治方先生写

---

① 66届毕业生因“文革”原因，延至1967年9月开始分配，1967年底陆续离校。自1962年9月至1967年底，在校时间5年多。

② 《工人手上出磨床》(《新湖大报》1969年7月3日)，《冰涯犹有花枝俏——评日本松山芭蕾舞团演出》(《湖南日报》1971年11月9日)，音乐剧《曙光初照大地红》(长沙市歌剧团排演)。

③ 当年口号为“深挖洞，广积粮，不称霸”，意为备战而使各地挖防空洞。

回忆录①，书名《集邮六十年》，15万字，自1979年8月开始在香港《文汇报·百花周刊》连载。

罗列上述文字之后，我想说的是：我专业研究与写作的回归，得益于武大的学长袁咏秋和同班同学廖子良，是他们及时矫正了我的研究写作方向，为我的专业研究与写作启幕。

1979年，我注意到遣唐使团中一位日本留学生阿倍仲麻吕终生留仕长安，并做到从三品秘书监，也就是皇家图书馆馆长。中、日两国图书馆事业史上都没有记载。我将这个选题报告给了北京《图书馆学通讯》②主编袁咏秋先生。袁先生是武大图专早年毕业生，服务于北京图书馆。她鼓励我成文。我随即写出《中国图书馆事业史上的一朵樱花》，发表于《图书馆学通讯》1980年第1期。我的同学廖子良在广西社科院工作，我寄去《鲁迅与工具书》一文，他安排在《广西社会科学》1980年第3期发表了。

在广东《图书馆论坛》上，我发表过两篇友情浓厚的书信体文章：向远在美国的李华伟先生呼唤“等你来”，向调到计生委工作的肖自力呼唤“常回家看看”。行文至此，我脑子里冒出歌手刘若英那首歌的歌名《后来》。

后来——

我主编的第一种文检课教材《科技文献检索与利用》1996年1月由华中理工大学出版社出版后，我的同学、华中师范大学张帆教授即刻撰文，拔高评价；湖南省政协主办的《同力》杂志拟改名《协商与监督》，我到国家新闻出版署找王音同学，她热情援手，我心想事成。我的朋友、曾三度摘取“中国曹禺剧本奖”的安徽籍剧作家刘云程路过武汉，我请刘泽泉同学予以关照。事后，刘云程来信感谢：他说，“你的同学太好了”。我带学生做毕业实习，天津的胡世炎、广西的麦群忠即敞开图书馆的大门。我的学生贺修铭拟考武大研究生，我给彭斐章院长写信推荐，贺修铭获彭教授博士毕业，现官至湖南省科技厅党组书记、副厅长……还可以往下举例。联系前文我“办班”“出刊”“编书”所述，我想说，做事：也得益于图书馆系老师同学帮扶。

20世纪80年代，各地电台、电视台、报纸杂志曾纷纷开设“名人名言”“人生格言”一类教育栏目。这种语录式教育形式做久了，人们便感觉单调。我曾给集邮家姜治方写过回忆录，多少有些集邮知识，而且听说郑州大学等好几间河南高校还给学生开“集邮”课程。我想，如果改换一下形式，请当代各界名人在集邮首日封、纪念封上写他们的人生格言，这样，载体版面丰富活泼了，当代名家与当代青年的时空距离拉近了，意义不

① 我执笔为集邮家姜治方先生写出的回忆录书名叫：《集邮六十年》，15万字。1979年先后在香港《文汇报百花周刊》、湖南《湘江文艺》、日本《集乘》杂志连载。1981年9月由香港南粤出版社出版单行本。《集邮六十年》经我后来改写，1982年7月由外文出版社出版中文/日文两个版别的图书《集邮和我的生活道路》。新华社《半月谈》1983年第7期发表书评。

② 《图书馆学通讯》，即现今的《中国图书馆学报》，1957年创刊，短时期更名《图书馆》，后又改回《图书馆学通讯》，1991年改名为《中国图书馆学报》。

更大吗，效果不更好吗。当时资料载：全国集邮爱好者超过6000万人，这是一个多么大的受众群体呵。我在随后几年，征集到了包括国家领导人、科学家、文学家、艺术家及各界别名流大家签名题赐的纪念封、首日封550多枚，获中央电视台、湖南电视台、《人民日报》《湖南日报》《湖南科技报》等媒体报导。我也在《人民日报·海外版》《广州日报》，及长沙多家报刊上著文介绍藏品。2012年6月，我的挚友、首都经贸大学出版社社长周嘉硕教授以礼品书的规格，采用画报纸出版了我编写的《隽言心语 无限封光》一书。我想说：即便是我征集"名人题签纪念封"这样与"专业""研究""学问"似乎不太搭界的事，我也想到了寻求图书馆系老师和同学们的帮助。像万里、胡乔木、钱其琛、刘宁一等国家领导人的题签，就是通过荀昌荣、刘湘生、邱德鑫、熊光荣几位师友征集到的。姚雪垠、徐迟、碧野、方方等一批湖北作家题签，就是通过刘泽泉、张帆同学征集到的；一批中科院农学口的院士，一批北大、人大社会科学大家的题签，就是通过蔡婕、王维和、李昆玉同学征集到的……还有金高尚、李高远、廖子良、周世辟等同学，他们都给予了热情帮助。

六、升职：幸得图书馆系老师学长提携

中国共产党十一届三中全会以后重新提出和强调的关于"知识分子是工人阶级的一部分""科学技术是第一生产力"等理念，带来了科学教育事业的春天，而恢复职称评定，则使知识分子感到了被全社会尊重的喜悦。我接触职称工作始于20世纪80年代初。1981年1月25日，湖南大学[81]人字第16号文件通知："张白影等6人评定为'馆员'职称"；1982年6月23日至7月18日，我参加湖南图书馆学会组织的讲师团，赴湘潭、常德、益阳、长沙等地，巡回讲课辅导，为全省铺开的职称考核评审作准备。从此，我在自身业务积累，争取进步，以获得逐级升职的同时，全面介入湖南、广东图书资料系列的中高级专业技术职务评审工作，自1982年至2011年持续30年。

20世纪80年代，湖南省教委主任周忠尚①，湘潭大学校长杨向群先后担任湖南高校图书资料系列高评委主任，我给他们两位做秘书，后来任评委组长、评委会副主任。1983年恢复技术职称评定之初，我国专业技术工作设置了22个职称系列，图书资料系列是其中之一。1986年以后，经国家正式批准设立的专业技术职务扩充到17大类，29个系

① 周忠尚教授任中南矿冶学院(中南大学前身)副院长期间即十分重视图书馆工作。1981年全国高校图书馆工作会议在北京召开，湖南代表团即是以省教育厅副厅长王向天(后任湖南省教育厅厅长、省委宣传部部长、湖南省副省长)、中南矿冶学院副院长周忠尚为正副团长带队参会。王向天任省委宣传部部长时，亲自给湖南《高校图书馆工作》杂志批发公开出版刊号，他任副省长期间，主持召开全省大学生读"地球的红飘带"读书活动总结颁奖大会。周忠尚后任湖南省教委主任，他和王向天一起批准建立全国第一所图书情报中专学校——湖南图书情报学校。职称工作启动初期，周忠尚亲任图书资料系列高评委主任。

列，涵盖了国民经济社会各个领域的所有行业。

我于 1988 年 4 月获副研究馆员任职资格。1994 年 10 月，经文化部图书资料系列高级专业技术职务评审委员会评审，获研究馆员任职资格。当年晋升正高级专业职称的流程是：校方拨给名额—校内学术委员会评审—湖南省高评委评审—中央文化部高评委评审—评审结果反馈至湖南省—如获通过，由湖南省职称改革工作领导小组发布文件确认。这是评审工作程序，后台还有两项考核：一项是申报人参加外语(或古汉语)考试成绩，另一项是申报人要提交代表作由同行专家评阅。两篇代表作，共需 4 位专家评审。参加过职称评审的同仁都知道，这一环节很重要，论文评审的专家评语，对现场评委的评审结论有很大影响。在这一关键环节上，我选择了将代表作送给恩师彭斐章教授、黄宗忠教授、荀昌荣教授、师兄谭祥金教授评审。尽管我 1991 年已升任湖南大学图书馆馆长，1993 年已获国务院特殊津贴专家资格，也出了书，写了点文章，但 1994 年申报研究馆员职称时，还是心里不托底，就因为 4 位专家的评语我事先看不到。

过了一些时日，估摸着北京方面评审已经结束了，我终于忍不住给彭斐章教授打了电话，我知道这会让老师为难，在组织公布评审结果之前，评委预先透风是违纪的。我打电话说："彭老师，评审已经做完了吧。"彭老师显然"不满意"我打电话，他说："你还需要打电话问吗？不要问了"电话挂了。彭老师作为资深专家评委，他是绝不会违规事先透露评审通过与否信息的，但电话中这仅有的一句话使我瞬间明白：不要问了，是的，我还需要打电话问吗！

湖南省职称改革工作领导小组发布文件时，附带将申报材料退还给申报者，我看到了 4 位教授的评语："作者学术根底深厚，基础扎实，学识广博，有很强的驾驭资料的能力"；"作者思路开阔，学识专深，文字根底深厚，是我国中青年图书馆学家的佼佼者"；"……具有广博的文化科学知识，工作经验丰富，担任现职以来工作业绩突出，对图书馆学有系统研究和较深造诣，学术成果显著，社会影响较大……已达到研究馆员任职资格"……几乎全是溢美之词。我的老师们呵，我的学长，给予后学以多么温情的关爱，给予一名基层图书馆员以何等偏溺的提携。

在过往岁月，我曾十数次回到母校。在新建的校门广场，我仰望着牌楼上那端庄、大气、淳厚的"国立武汉大学"校名肃然而立，心静如谷，人生彻悟，喃喃自语：母校！我是此间永远的门生。

七、致意：临当背面时 裁诗示缱绻

在久远的过去几个短暂的时日里，曾经，有过关于武大图书馆系与北大图书馆系之间"门户"隔膜的小小杂音，但我和我的朋友们从来不在意下。在我半个多世纪的职业生涯中，我有庄守经、周文骏、吴慰慈、肖自力、孟广钧、王世儒、丘东江、辛希孟、潘寅生、李万健、刘喜申、金恩晖、李晓明、蔡成瑛、朱强……一批并非"同门"师友，他们是我敬爱的导师，真挚的朋友，推心置腹的哥们。我在路上，他们是面前的灯，耸立的标杆，拂面吹来的春风；在我心中，他们是一束灿烂的光，一股甘甜的水，一片永远的绿荫。

在不远的前几年的某一天，我的同学康军组了一个微信群，荀昌荣教授和健在的同班同学都成了群友。在这个“七老八十”的微信群里，我们互通信息，互问平安，也转发一些保健、旅游、养生的视频与文字，也关注着国事家事天下事，祝愿伟大祖国青山长青绿水长流，与其他群友无异，与其他老人无异。但这批群友独特的是，经常忆及东湖水沫珞珈枝，早春三月樱花树那些辰光、那些场景；经常会说起系里的师友班上的事，小操场的电影老斋舍的门……50 多年前那 5 年多的岁月，老师、同学、课堂，那人、那山、那水，成了叨念个没完的话题。在这个群里，我们将消逝了的时光酿成了蜜，用今天的牵挂，将校园一遍一遍翻新。

这个群的名字叫“武大 6601”。

作者简介

张白影(原名振球)，男，汉族。1943 年 4 月(农历)出生。湖南长沙市人。中共党员、研究馆员、作家。1966 年毕业于武汉大学图书馆学系。自 1981 年至 2012 年历任湖南大学图书馆副馆长、馆长，广州师范学院图书馆馆长，广州大学图书馆馆长。其间，先后兼任湖南大学人文社会科学系副系主任，《高校图书馆工作》杂志主编，《中国图书馆学报》编委，广州大学信息研究所所长等职；1993 年被国家教委授予“全国高等学校图书馆先进个人”称号。1993 年 10 月起享受国务院颁发政府特殊津贴。1995 年调任广州后，同时享受广东省及广州市政府专家津贴。1998 年任广州市第 8 届政协委员。2012 年 11 月获准退休。2014 年至今，任广东省图书文化信息协会名誉会长、学术委员会主任、《岭南书屋》杂志主编。已出版各类图书、教材 24 部(含主编及第一作者与人合著)。发表图书情报学文、论文及小说、诗歌、剧本、评论、人物专访等 240 余篇。

岁月留痕

——记武汉大学图书馆学系 6601 班的同学们

郑 植

岁月是一首歌，传唱着人生的喜怒哀乐；岁月是一条河，流淌着人生的悲欢离合。在人生路程步入收尾阶段之时，我想起了许多往事。而武汉大学图书馆学系 6601 班，那个鲜活的群体，也总在我眼前挥之不去。

20 世纪 60 年代，全国高校仅武汉大学和北京大学有图书馆学专业。我们参加高考的 1962 年，北大这个专业停招，就武大招了一个班，班号 6601。全班 30 个同学都来自中南地区，其中武汉八个：王维和、康永立、俞君立、罗贤富、李长寿、郑行仁、张桂玉、周杏桃；河南六个：刘延章、乔好勤、陶传德、赵忠立、李昆玉、蔡木兰；湖南九个：张振球、秦铁辉、姜次眠、陶柒贤、黄帮高、黄孝文、黄璐君、刘雪莱、王桂环；广东三个：邱家有、刘月泉、罗坤焕；广西四个：廖子良、陆崇基、梁明江、吴武才。周杏桃进校时体检不合格而离开我们班休学一年。三年级上学期先后转来马鸿兰和杨素蓉两位大姐，王维和转到外文系学习，但毕业分配时王维和又回到本系本班参加毕业分配。6601 班毕业人数实为 31 人。

因为住在武汉，进校时间比外地同学早，于是我也参与了迎新工作。第一次接触到的同学中，给我印象最深的是刘延章，记得是在武汉大学四区操场，他风尘仆仆地挑一担行李，一脸憨笑。大学期间，刘延章勤奋努力，当过班上的劳动委员、组织委员和班长，是我们班唯一入党的同学。6601 班应该是 1966 年毕业，由于“文革”而延期到 1967 年底才分配。刘延章被分配到新疆 89801 部队情报资料室工作，1979 年调到位于湖北十堰的第二汽车制造厂档案处，随后又调到二汽科技图书馆，1985 年到郑州大学信息管理系执教。工作期间他勤奋拼搏，夜以继日爬格子，写论文、编教材，手指磨出了茧。他说自己就像汽车轮子，上承压力，下受磨难，却勇往直前。他是在郑州大学教授岗位上退休的。退休后刘兄潜心书法，颇有造诣。

我们班 22 个男生住在四区学生六舍，分住四个寝室。和我同住 46 室的有罗贤富、姜次眠、张振球、秦铁辉。我们五人中，只有姜次眠是从农村来的，他朴实无华，学习勤奋，生活俭朴，待人真诚。“文化大革命”中我们班大部分同学改了名字，姜次眠也改名姜戈。毕业时姜戈被分配到陕西渭南中国科学院326工程，1971年下半年到北京大学地球物理系天文专业进修一年，1978年调到湖南湘潭大学图书馆，1988年调到广州大学图书馆，曾任该校图书馆副馆长，副研究馆员。姜戈是个踏实厚道的人，正如他自己所说：40年人生路，从黄土高原到珠江之滨，一路走来，都是踏踏实实工作，认认真真做人。在陕西渭南，他亲手建起了326工程科技情报室，和其他同志一起筹建了326太阳物理研究室。在湘潭大学，他为湘大图书馆和图书情报系的建设出力出汗。调到广州大学后，他又为该校图书馆的建设竭尽全力。

罗贤富家住汉口，他看上去少年老成，同学们开玩笑叫他“罗老头”。他思维缜密，性格沉稳，加上勤奋拼搏，在人生路上注定要大放异彩。他当过班长，又当过系学生会干部。“文革”中罗贤富改名罗慕磊。毕业后罗慕磊被分配到北京京字173部队，1972年调回武昌县文化馆，是一把小提琴改变了他的人生走向，从此开始编剧生涯，创作激情一波接一波，成为国家一级编剧、武汉剧协副主席、市管优秀专家、省劳模、享受国务院政府特殊津贴、市政协委员等。他创作的楚剧《狱卒平冤》获文化部剧本创作一等奖和第三届全国优秀剧本奖，楚剧《彩凤搏鸦》获第二届中国戏剧节优秀剧目奖，电视戏曲连续剧《狱卒平冤》《鸳鸯绣》《清明过后》分获三届飞天奖，《不称心的女婿》《梅岭情》等作品曾五次获省市创作一等奖和“五个一工程”奖，被人戏称为“得奖专业户”。罗慕磊是我们班少数几个学非所用的同学之一，用他自己的话说是“歪打正着”，开创了一片多姿多彩的崭新天地，实现了人生价值的最大化，也为6601班增添了光彩。

我和张振球、秦铁辉三人从进校到离校五年多时间，始终同住一个房间，可谓铁杆同窗。他俩都来自长沙，个性鲜明，特点突出。张振球给我的第一印象就是个人才。刚进校，他就被指定为班长。果然，他很快就显露出多才多艺，成为班上的“三好”学生，二胡拉得好，乒乓球打得好，文章诗歌写得好。大学期间，张振球写的诗文经常见诸报端。“文革”中张振球改名张白影。毕业后张白影回到家乡，担任湖南大学图书馆馆长，后调任广州师范学院图书馆馆长和广州大学图书馆馆长。他领导建设了三个颇具规模的高校图书馆新馆，参与创办了湖南大学图书情报专业和专业杂志《高校图书馆工作》并任主编，还参与筹建湘潭大学图书馆和图书情报系并担任兼职教授，在广州大学又兼任该校信息研究所所长。张白影社会兼职很多，如中国图书馆学会编译出版委员会委员、《中国图书馆学报》编委、广州市图书馆学会理事长等。1993年张白影被国家教委授予“全国高等学校图书馆先进个人”称号，当年起享受国务院颁发的政府特殊津贴。1995年调任广州后，同时享受广东省及广州市政府专家津贴。1998年任广州市第8届政协委员。张白影涉猎广泛，笔头老到，是我们班的一大写家，出版各类图书、教材20余部，发表专业论文及小说、诗歌、剧本、评论、人物专访等200余篇。身兼图书馆学专家、教授、作家与社会活动家的张白影，情商智商皆高，交际四海，活力充沛，组织管理与掌控能力极强，在工作岗位上一直干到70岁才获准退休，是6601班最晚退休的一个，可见张兄的确是一位了不起的人才。

有人说湖南出人才，此言非虚，我感觉张振球是，秦铁辉也是。和秦铁辉同窗五年多，他最大的特点是为人真诚率直，表里如一，特重感情。平心而论，大学时期的秦铁辉经常提个书包跑图书馆，不显山不露水，并无过人之处，很少有人想到他是在聚能蓄势、振翅待飞。毕业后秦铁辉被分配到中国科学院图书馆工作。1979 年考上北京大学图书馆学系研究生，毕业后留在北大任教，后来成为北京大学信息管理系教授和博士生导师，还被遴选为国家社会科学基金评审委员、北大社会科学部学术委员、系学术委员会主任，也曾兼任多所高校客座教授。在北大执教的 25 年中，秦铁辉主持和完成了国家级、省部级十来个研究项目，给函授生本科生研究生博士生开了四门课程，撰写了数以百计的论文，出版了《情报研究概论》《成才之路：学习、研究与修身的艺术》等 6 部著作，其中《信息分析与决策》《企业信息资源管理》被列为国家级规划教材。他还多次获得国家级和部委级科技进步奖和优秀成果奖。更加值得一提的是，在北大百年校庆出版的一本纪念文集《如歌岁月》中，收录了从数千名北大博士生硕士生中遴选的 57 位高材生，秦铁辉竟然也在其中，这是为我们 6601 班增光添彩啊！在高校教学科研领域，秦铁辉所取得的成就是十分突出的，他是 6601 班的唯一一位博导，这正印证了"梅花香自苦寒来"这句古语。秦铁辉有句名言："我一直无须扬鞭自奋蹄"，他是这么说的，也是这么做的。工作期间他始终尽职尽责，勤勤恳恳，关爱学生，曾两次获得北大桐山优学教学奖，被国家教委评为"全国科技信息系统先进工作者"，两次获得北大优秀班主任奖，2004 年还被评为北大优秀共产党员。

开学后，我被任命为班上的团支部书记。其实，以我的能力和条件，是胜任不了这个工作的，比我强的同学多的是。最近，我跟我们班的政治辅导员荀昌荣老师谈起这件事，他告诉我："根据你们学籍档案，武昌实验中学对你评价很好，说你是品学兼优。"这话让我羞愧。在武大那几年，荀老师给予我充分的信任和帮助，他是我思想和行动上的靠山。加之他性格温和，处事慎重公正，我十分尊敬和信任他，至今还很想念他。他有恩于我，他与我的师生之情我会永远牢记心中。回想起来，系里的老师们都给我留下了美好的印象，系领导黄宗忠老师和彭斐章老师一直信任和关心我，令我至今难忘。皮高品、徐家麟、吕绍虞、黄元福等老先生或者亲自给我们上过课，或是我们学过他们编写的教材。孙冰炎老师讲课条理清晰、娓娓动听，同学们都喜欢听她的课。王秀兰老师在孝感参加社教期间的"劳模"形象让我印象深刻，谢灼华老师后来屈尊为我写的一本通俗读物《中国图书馆史话》写序，这里我要再次感谢谢老师。记忆中还对下面各位老师印象深刻，如孙德安、周继良、傅椿徽、卢子博、卢中岳、邹鸿斌、樊长新、廖延唐、陈光祚、钱印飞、沈继武、王远良、杨建东、詹德优、郭星寿、傅敬生、潘伯善、张安珍、王晋卿、杨锡洪等。令我不安的是，我的进取心不强，没有做出多少像样的成绩来回报他们，深感辜负了老师的培养和期望，每每想起，十分内疚。

6601 班有许多才子。看到王维和、赵忠立、康永立在一起，同学们不约而同地叫他们“三人行”。三个人都才华横溢，英俊帅气。王维和的才主要体现在学习外语的天分上，他的外文水平无疑是我们班最高的。进校后前两年都是跟高我们一届的6501班上外语课，三年级开学不久，随6601班到孝感参加“四清”运动。经外语老师推荐，王维和又被学校抽调回外文系报到，这正好遂了他当初报考外文系的心愿，也就正式离开了6601班。1968年初，根据有关文件精神，王维和又回到图书馆学系6601班参加毕业分配，被分到国防科委。王维和退休时为中央某部副局级干部，研究员，二级警监。感谢王兄为6601班开创了一片新的天地。赵忠立的才主要表现在他古文根基深厚，唐诗宋词脱口而出，同学们都叫他“老夫子”。而且他口才好，思维敏捷，能言善辩。“文革”中赵忠立改名赵晖。离开学校后，赵晖说自己一天也没从事所学的图书馆学专业，而是投身于祖国的石油事业。他在感叹“三生有幸沐教泽，本业未就愧师恩”的同时，更表达了献身祖国石油事业的自豪感。赵晖先后在石油部科技情报所、广东茂名石油公司、河南油田工作，从普通员工一直干到宣传部长，出任过中国石油文联理事、河南省杂文学会会员、河南企业家协会理事等，发表各种文论200多篇，编辑《中州明珠》《托起炽热的太阳》《回归本质》等画册、文集多部，著作《油海心潮(杂文集)》《欣欣集》两部。同罗慕磊、王维和一样，赵兄也为6601班开创了一片新的天地。康永立的才主要表现在他思想活跃，思路新颖，能歌善舞，能写会画。他热情开朗，乐于助人，不怯社交，帅气中又多少带点“傻气”。“文革”中康永立改名康军。康军毕业后被分配到太原钢铁公司，后调到山西省科技情报所，再到山西省科协，再到太原理工大学图书馆，最后调入天津图书馆任《图书馆工作与研究》常务副主编，后任该馆信息部主任，研究馆员。发表学术论文数十篇，多篇论文曾获全国图书馆学会、情报学会及省科协优秀论文奖。康军曾任天津市政协委员和南开大学客座教授。他视野广阔，点子多，“文革”中我们班的改名风潮他是一个重要的发起者。作为天津政协委员，康军第一个提出建立天津创意经济的提案，促成天津创意产业协会和创意产业园区的建立。他在天津音乐学院艺术管理系开设“创意产业概论”课，到欧洲考察艺术节管理，到台湾地区做文创交流，以天津中俄文化交流中心顾问的身份访问俄罗斯等，都是围绕文化创意产业概念进行的。康兄身上似乎有着社会活动家的因子，热心公益活动且精力充沛，他还是武汉大学天津校友会的负责人。

要说6601班的才子，邱家有是当之无愧的一个。他是班上的学习委员，但他“功夫在身外”，15岁就开始发表作品，率真硬朗的性格中透出一股中国文人的骨气，被同学们戏称为“邱夫子”。邱夫子不是书呆子，他多才多艺，爱好广泛：文笔好，书法好，游泳、跳高是强项，吹笛子、敲扬琴是好手，尤其喜欢打篮球，是系和校队的成员。邱家有是办墙报的高手，他和乔好勤、康永立几个人把我们班的墙报办得有声有色，有一年全校评比，6601班居然超过中文系而夺得文科第一，邱家有为系里争了一口气！他还组织编印过一本《6601班五四青年文集》(油印)，他的写作和编辑才能在学生时代就崭露头角。“文革”中邱家有改名邱昶，毕业后先后供职于湖南图书馆、衡阳市图书馆、湖南省出版局、湖南文艺出版社、广州文化出版社和信息时报社，编辑出版各类图书报刊30余种近千万字。他是广东省作家协会会员，2004 年被广州市人民政府聘为市文史研究馆馆员，还被广东省社科院省情调研中心聘为客座研究员。邱昶集编辑、记者、作家、诗人和社科、文史研究员于一体，一生坐拥书城，勤于观察思考，笔耕不辍，出版诗词、小说、特写、报告文学、学术论著等各类作品凡 93 种，是 6601 班最大的写家，也是公认的杂家。1982 年，邱昶与同学妻子黄昕合作完成学术论文《论我国新时期的图书馆学研究》，提出了新时期中国图书馆学研究的战略思考，获中国图书馆学会优秀论文奖，并在图书馆界引起较大反响。2010 年，邱昶提出创建“广州学”的倡议，得到广州市委市政府的肯定与支持。以多年积淀，倾一年心血，邱昶与黄昕合著的《广州学引论》于 2014 年 5 月正式出版。这本被学界誉为“广州学的奠基之作、开山之作”一面世，即受到不少学者的赞许，给予高度评价。2014 年 5 月 6 日，在《广州学引论》面世之时，邱兄因积劳成疾去世，令人十分悲痛和惋惜。然而，邱兄实现了一生中不停顿地追梦与圆梦的抱负，“不忘初心”的本色人生最终画上了一个圆满的句号，正如他自己所说“无悔今生”。

乔好勤无疑是 6601 班的佼佼者。他给人的印象是成熟稳重而自信，性格有点内向，人称“乔老爷”，学习和生活能力都很强。作为 6601 班的才子，乔好勤喜爱书画，绘画和书法都行，是办墙报的主力。进校后他就当上了宣传委员，后来又担任过团支部书记。毕业后乔好勤被分配到河南省图书馆工作，十年后回母校读研究生，师从彭斐章教授。读研毕业后留校任教，先后担任图书馆学专业、出版发行专业教研室主任和系主任，武汉大学图书情报学院副院长，《图书情报知识》杂志主编。1995 年调任华南师范大学图书馆馆长兼信息管理学系主任，图书馆学情报学研究所所长，兼任广东省图书馆学会学术委员会主任、广东高校图工委副主任、广东高校信息服务中心主任和广东高校图书资料系列高评委主任等职，成为广东省图书情报界的精英人物。出版《中国目录学史》《对外图书贸易学概论》等著作十余部，发表论文和译文百余篇，其中《中国目录学史》一书获武汉大学优秀成果奖和中国图书馆学会优秀著作一等奖。在高校教学科研领域，乔好勤的学术成就在 6601 班可谓名列前茅，成为图书馆学情报学专业的知名教授和专家，不愧为 6601 班的高材生。2009 年深秋，6601 班同学聚会广州，以乔兄为首，包括姜戈、黄昕、白影等广州地区同学通力协作，让我们再一次重叙学友情青春梦。夜游珠江，游览羊城八景，参观广州大学城，车游深圳，而且广州、深圳的所有同学还分别做东招待我们，这种同学情谊令人终生难忘。

陶传德在我们班是年纪比较小的一个同学，人很聪明，也很朴实，学习生活循规蹈矩。他爱好书画，参与班上的墙报板报制作，有时忙得废寝忘食，乐此不疲。“文革”中陶传德改名陶冶，意即陶冶情操吧。陶冶毕业后被分到一机部技术情报所工作，1969 年春被下放到位于家乡罗山的“五七干校”劳动锻炼，后来干脆留在家乡罗山做了县图书馆业务副馆长。1984 年当上县文化局局长。随后又到县委办公室做副主任。未几，又调任信阳地区档案局业务副局长。八年后调任信阳师范学院图书馆馆长，副研究馆员。2001 年转任该馆书记。有一次我看见他在班群里秀肌肉，那凸起的胸肌和臂膀格外显眼，简直像个健身运动员！

廖子良自称“岭南村夫”，是6601班的又一个才子。他个性独特，随性无羁中透出灵气，而这种灵气与勤奋结合起来，会产生相当大的能量。毕业后廖子良被分配到北京图书馆，1970年5月调回广西，创建钟山县图书馆。1979年调入广西社会科学院。广西社科院给廖子良提供了一个展示人生价值的更大更好的平台，在那里，他的才华得到充分发挥，事业蒸蒸日上。作为研究馆员，他担任了社会科学情报研究所所长、院学术委员会委员、《社科与经济信息》杂志主编、广西图书馆学会副理事长、学术委员会主任等一系列要职，还是广西第九届人大代表和民族委员会委员。他的科研成果很多，发表专业论文数十篇，译文数万字，主编（副主编）《广西社会科学要览》《岭南文化百科全书》《广西大百科全书》《广西文化百科词典》《广西年鉴》《中国—东盟年鉴》等。廖子良在他的后期工作中将工作重点和主要精力放在了编辑工具书上面，举凡索引手册年鉴和百科全书他都编过，称得上是一位编工具书的大家。令我没想到的是，一向身体不错的廖兄，竟然于2016年12月20日上午与世长辞了，但和他促膝谈心的情景却永存我心中。

1964年10月，大三开学后不久，我们到孝感农村参加“四清”运动，和黄陂地方干部混合编组进驻生产队，与农民同吃同住同劳动，直到第二年夏天才返回学校。工作队中的一位黄陂姑娘对李长寿颇有好感，让他幸运地收获了爱情。“文革”中李长寿改名李皓。李皓毕业后被分配到武汉图书馆，从一般馆员一直干到馆长，研究馆员。李皓还担任武汉市图书馆学会理事长、武汉社会科学联合会学术委员会委员、中国图书馆学会理事、湖北省图书馆学会副会长等职，发表论文数十篇，参与过《中国分类主题词表》的编制和《馆藏古籍稿本提要》《武汉抗战史料选编》的编纂工作，为武汉市的图书馆事业作出了卓越的贡献。李皓是2019年7月14日离世的，他的老伴，那个我们班的同学都认识的“小郑”，已经早于李皓走了。真是人生苦短啊。

1965年秋天，我们进入大学的第四年。从农村返回学校，又开始了正常的大学生活。上完一学期课，冬去春来，接着进入毕业实习阶段，实习完后写毕业论文，搞毕业鉴定，就等着毕业分配了，一切看来都挺顺利的。1966年6月初“文化大革命”开始，珞珈山便动荡起来了。班上的团支部立刻改组，并宣布成立班文革，我这个团支书就“下课”了。因为家庭出身的原因，我是有心理准备的，所以表现得很平静。十多年后在我加入党组织时，知道了毕业鉴定中的一句话“对‘文化大革命’不理解”。1967年深秋，我们终于等到了毕业分配，同学们又聚到了一起，但那气氛已经不能和原来的6601班相比了。没有毕业典礼，没有毕业合影，没有毕业会餐。分别的时候，好像每个人都心事重重的，人人都有难言之隐，留恋惜别之情淡化了许多。但我要说，在“文革”留校期间，尽管对那场运动的理解和参与程度各不相同，同学之间的关系虽然蒙上阴影，但感情基础早已深深扎根在每个人的心中，不会因为最后那个特殊时期的干扰而发生根本性的改变。这就是为什么许多同学早就急切盼望能重返校园，重聚珞珈；这就是为什么分别40年后，当我们一个个双鬓染白之际，竟然朝圣般心齐地奔向曾经学习生活过五年之久的母校。

2006年11月5日，6601班返校聚会的第一天，在明珠园大厅里，25位同学久别重逢的那种激动和喜悦，是无法用言语来形容的。这次返校聚会，武汉地区的几个同学齐心协力做好筹备工作，这其中要数俞君立付出最多，他考虑问题周到细致，办事认真负责，有些事情认真细致到让你不得不佩服，确保了毕业后的首次聚会圆满成功。这次聚会，很高兴见到梁明江，他朴实而有个性，有时也容易冲动。梁明江毕业后被分配到四川西南物理研究院工作，后来调回广西，在柳州科技情报所工作，曾任该所文献室主任，柳州市图书馆学会副理事长。聚会见面，得知他在改革开放的大潮中下海经商，和医药行业结了缘。

说起陶柒贤，有的同学爱开玩笑地直呼他"淘气"。其实，"淘气"一点也不淘气，倒是个很争气的人。陶柒贤出生在洞庭湖畔，自幼家境贫寒，读小学时课余时间还要砍柴放牛，但学习成绩却很好。他在极度困难的环境中坚持刻苦学习，考上武大。与陶柒贤同窗几年，感觉他是个能吃苦耐劳、有头脑、也有自制力和上进心的人，还喜欢运动，笑起来很灿烂。"文革"中陶柒贤改名陶炼。据陶炼自述，从洞庭湖畔到扬子江边，走出了人生中最为紧要的一步，是武大这个母校给了他人生坚实的最重要的起点。大学毕业后留校，在武大图书馆工作十多年。而后从长江之畔来到南海之滨，又是极其关键的一步，是他人生中的第二平台。陶炼是1984年调到深圳大学图书馆的，先后担任该馆专科教育部、参考部、情报部、教学部主任，副研究馆员。

6601班有八个同学结成了四对夫妻，这四对伉俪，都是优势互补，刚柔相济，相得益彰。李昆玉是革命干部家庭出身，她口才一流，一口京片子娓娓动听。她当过我们班的副班长，进校时是班上女生中唯一的共青团员，她学习好，乐于助人。李昆玉毕业后被分配到山东胜利油田，后来调到北京人大图书馆，副研究馆员，任过该馆情报研究室副主任兼学术委员、馆长业务助理，编辑出版《全国文献资源调查与布局研究成果汇编》《中国人民大学图书馆图书分类法(第六版)》等，发表学术论文数十篇。据她披露，当初她是在学校大操场边上的一棵梧桐树下"注意"到王维和这个"白马王子"的。返校聚会，他俩特意又来到那棵见证爱情的梧桐树下合影留念。1996年趁出席第62届国际图联大会之际，6601班的大多数同学和荀老师共约20人相会北京，于是我们借机召开了一次庆祝毕业30周年的纪念会，姜戈、蔡捷、老乔等同学热情张罗，而王维和李昆玉夫妇会后两次做东宴请大家，并安排我们同游香山植物园，那次聚会可以说是将6601班失散多年的纽带重新连接起来了。

刘月泉来自粤北山村，进校后曾任过副班长。"文革"中刘月泉改名刘泽泉。刘泽泉毕业后被分配到国家粮食部，后到商业部办公厅工作。1978年调入湖北省图书馆，曾任该馆科研服务部、外文部、信息咨询部主任，研究馆员。他长期从事参考咨询和信息服务工作，主参编《图书资料结硕果》(1～3辑)，参加国务院立项的《中国历史地震资料汇编》等课题工作，著述《信息咨询研究》及论文40多篇。毕业前夕，他与张桂玉的爱情曝光。张桂玉上进心强，为人热情大方。这两人性格反差较大，唯其如此，才更显出刚柔相济的功效。“文革”中张桂玉改名张帆。张帆毕业后被分配到华北电力设计院。调回武汉后，张帆便鼓满风帆节节攀升。她先是在武大图书馆上班，后调到华中师范大学信息管理系任教，曾任系主任多年，教授，硕士生导师，主持和参与多项国家级和省部级科研项目研究工作，出版《信息组织学》《信息存储与检索》《分类语言与主题语言》《图书馆咨询》等著作，发表学术论文数十篇。作为一个女性，她事业心强，精力充沛。她说：“回想人生历程，这些年我是在奋斗和拼搏中走过来的。”刘、张两人，相辅相成，在事业和子女教育上都是成功者。刘泽泉病重住院多年，张帆每天为他送饭伺候，不辞辛苦，任劳任怨，尽到了做妻子的责任。张帆告诉我，刘兄是2016年11月1日晚7时被上帝接走的。愿他一路走好。

俞君立和黄璐君两人是天生的一对，两位君子都涵养极好，性格文静，对人彬彬有礼，对事业和信念执着追求。大学毕业后，俞君立留校在武大图书馆工作，干得很有成效。为照顾妻儿而调到陕西省图书馆工作八九年，1981年夫妻俩调回武汉，回到武大图书馆学系任教，主讲文献分类学基础、文献分类研究、阅读学、信息人才学等课程。俞君立教学和科研的重点是文献分类学，曾连续16年担任《中图法》第3、4、5、6届编委，他说自己的学术生涯与《中图法》的发展息息相关。在这一领域，凭借多年的潜心钻研和教学科研实践，使得他成为国内文献分类学方面很有影响的教授和专家。著名文献分类学家白国应先生在《俞君立的文献分类思想》(载《重庆图情研究》2010年第3期)一文中认为：“俞君立的文献分类思想是比较全面、系统、丰富的，而且有重点、有深度、有特色，值得我们大家学习与研究。”俞君立还曾任中国图书馆学会第五届理事会理事暨学术研究委员会委员、编译出版委员会委员、图书馆学著作编辑出版专业委员会委员、标引与编目专业委员会委员以及全国文标会第五分会委员、国际知识组织学会(ISKO)会员、武汉大学图书资料系列职称评审组组长、教育部高等学校重点学科通讯评议专家等。出版《中国文献分类法百年发展与展望》《文献分类学》等著作6部，参编著作6部，发表论文60余篇。其中《中国文献分类法百年发展与展望》被选入《国家社科基金项目成果选介汇编(第一辑)》(全国哲学社会科学办公室编，中国人民大学出版社2004年)，《文献分类学》被认为是我国“图书馆、情报与文献学”领域“最有学术影响的137种国内外学术著作”之一(贾洁《我国图书馆、情报与文献学图书影响力报告——基于CSSCI的分析》，《中国图书馆学报》2010年第3期)。俞君立研究课程教学理论，讲究教学方法，注重教学质量，取得了很好的教学效果，深受学生欢迎。1999年6月，俞君立获湖北省高等学校优秀共产党员称号。在高校教学科研领域，俞君立严谨的学风与取得的成就十分突出，堪称6601班的骄子。黄璐君给人最深的印象就是朴实本分任劳任怨。在校期间，她始终保持艰苦朴素的本色，勤奋好学，从不多言多语，与同学和睦相处，执着地追求进步。“文革”中黄璐君改名黄葵。毕业后黄葵被分配到陕西省图书馆，在业务辅导部工作14年，后来和俞君立一起调回武大图书馆学系任教，副教授，主讲文献编目、阅读学等课程。她爱生如子，图专97级学生在BBS珞珈山水上称“黄老师像妈妈一般的好老师”，“很想念她”。黄葵多次被评为武汉大学优秀教师。出版《阅读学基础》等著作2部，参编著作4部，发表论文40余篇。其中《阅读学基础》被引量122次，王子舟教授在《一身黄河水 两度珞珈山》一文中提到，该书“是当时高校最有代表性的一部阅读学教材”。前几年她还协助俞君立修订《文献分类学》。他俩携手并肩几十年，在珞珈山东湖的山水天地间教书育人，潜心学问，同甘共苦，相敬如宾，堪称夫妻楷模。

邱家有和黄孝文的结合，套用一句成语，叫做“珠联璧合”；若用一句时尚语汇，叫做“强强联合”。邱家有才气过人，是广东的才子；黄孝文以武大文科新生“状元”的身份进校，是湖南的才女。才子加才女，才气冲天，使得6601班光彩夺目。初识黄孝文，我就感觉她比我们一般同学显得成熟懂事一些，看上去知书达理，为人处世热情大方。在校期间，黄孝文学习和文体活动都是一流。进校后不久，她就当上了系学生会文体部长，把系里的文体活动搞得红红火火。在“文革”的那段日子里，黄孝文遭受过不公正待遇，她与老邱的爱情也一度被人非议。但他俩彼此坚定不移，经受住了考验。毕业后他们以顽强的毅力和积极进取的心态走上社会，面对人生。黄孝文更是以坦荡自信、宽厚包容的胸怀，荡涤了“文革”在她心中留下的阴影。“文革”中黄孝文改名黄昕。大学毕业后，她携手邱昶一同回到湖南，供职于湖南省图书馆。1971年一同调入衡阳市图书馆，1980年又一同调入湖南省出版局。1988年调到广州，黄昕调任广东外语外贸大学图书馆馆长，研究馆员。她是广东省图书馆学会资深专家委员会副主任，还曾担任广东省图书馆学会常务理事、编辑出版委员会副主任、省高校图工委常委、省高校职称评委和广州市图书馆学会副理事长等职。她主、参编摄制电视专题片多部，编写教材数十万字，编辑信息报刊数百万字，发表论文数十篇，出版专著4部，多项科研成果获得全国、省、市图书馆学会和广东省人民政府奖励；1996年在62届国际图联(IFLA)大会圆桌会议上宣读论文，是广东省有史以来第一位在IFLA大会上宣读论文的女专家。2002年广东省图书馆学会授予黄昕“杰出贡献奖”。黄昕与邱昶这一对学友情侣，在工作上互相支持帮助，共襄盛举，心有灵犀，十分默契。黄昕支持邱昶倡建“广州学”，合著《广州学引论》直至出版，帮助邱昶了却心愿。而邱昶对黄昕也是关爱呵护有加。夫妇二人互为“身旁”“幕后”，你中有我，我中有你，相互激励，相互支持，展现了一对学友情侣志同道合的情缘。

大学一、二年级时，班上有七名女生，堪称七朵金花。她们个个了得，学习上互帮互学你追我赶，生活中互相关心照应，是个团结友爱的小集体。除了黄孝文、黄璐君，刘雪莱也是个湘妹子。在我的印象中，她是个很清纯的女生，典型的学生模样，看上去有些矜持，言语不多。刘雪莱爱学习，也会学习，和黄孝文一样，善于记课堂笔记，对所学功课全面复习整理，认真准备，所以考试总能名列前茅。刘雪莱不仅学习好，也是文体活动积极分子，喜欢体育运动，班上女生出演节目，她必定是其中的一个。毕业后她被分配到北京图书馆从事期刊工作，1978年调回湖南，在湖南省图书馆从事历史文献和地方文献工作，研究馆员，其间曾赴日本滋贺县立图书馆研修，先后发表论文数十篇，主编参编和辑录出版各类书籍6种。刘雪莱是个喜欢淡泊宁静的人，几十年来从不追逐名利，安心本职工作，潜心学问，书法也很有造诣。

蔡木兰是个朴实无华的同学，心地善良，为人厚道，生活俭朴。她酷爱读书，学习刻苦认真，关心集体，乐于助人，因此无论男女同学都对她印象不错。“文革”中蔡木兰改名蔡捷。大学毕业后蔡捷被分配到中国农业科学院图书馆工作，农科院图书馆当时是全国四大专业图书馆之一，这给了蔡捷一个充分施展才华的平台。其间蔡捷曾到日本图书馆情报大学进修一年，获研究生证书。蔡捷担任农科院图书馆副馆长多年，兼任过文献加工部主任，领导主持一系列业务工作。还兼任过中国农科院研究生院授课教师。蔡捷的科研成果很多，主(副)编、著(译)作8本，参编著作20余本，发表论文译文60余篇，主持过8个项目的课题，获中国农科院科技进步一等奖、国家“八五”期间优秀科学成果，所撰写的《中国农业图书馆为振兴农业的服务活动》获得1996年国际图联优秀论文奖。蔡捷的社会兼职也很多，诸如中国图书馆学会中央国家机关和科学研究系统图书馆学会理事、农业部图书档案文博系列高中级技术职务评委等。蔡捷的诗词功底好，加之她勤学苦练，已然成为这方面的专家，主编出版了好几部诗词集，我曾多次向她请教。

6601班年龄最小的同学是王桂环，她是班上的小妹妹，聪明又漂亮，一双大眼睛忽闪忽闪的，普通话说得倍儿棒，学习成绩好，跳舞也精彩，又会演话剧，曾在武大出演过当年红极一时的话剧《青年一代》中的女主角林岚。她尤其擅长朗诵，常年担任学校广播台的播音员。作为6601班的一颗“明星”，她的“人气”很旺，班内班外对她的“追星族”都不少，其中不乏铁杆星迷，可惜武大的学子她一个也看不上，最终被一位北大学子得到了。“文革”中王桂环改名王音。王音毕业后被分配到文化部出版局版本图书馆工作，1984年调入国家出版局出版处工作，其间曾受国家派遣，以中文专家身份赴朝参加金日成著作校阅工作，获朝鲜国家二级友谊勋章，1995年调到全国扫黄打非工作小组办公室工作，巡视监管全国文化出版领域(副局级)，有权力，有权威，真个是王者之音，为6601班挣足了面子。

6601班有两位出生于20世纪30年代的大姐，一位是生于1934年的马鸿兰，一位是生于1939年的杨素蓉，她俩都是在我们读三年级的时候插班来到6601班的。马鸿兰是6601班的第一个共产党员，无论从年龄上还是政治上都是我们班的老大姐，所以班上同学都亲切地叫她马大姐。她为人热情真诚，办事果敢，口若悬河。毕业后马大姐被分配到湖北省图书馆，1981年调到中南民族大学图书馆，副研究馆员。她对6601班很有感情，说非常庆幸自己能到这么好的班。杨素蓉于1965年2月来到6601班，她为人朴实，很快就融入6601这个集体了。“文革”中杨素蓉改名杨帆。杨帆毕业后果然扬帆远航，大展宏图。她被分配到重庆建筑工程大学图书馆，1973年调入广西师范大学图书馆，研究馆员，先后担任该馆流通部和参考咨询部主任，还兼任过学校社科联常委、广西高校图书馆研究会副理事长等，是桂林市第五届政协委员。先后发表论文30余篇，主持编辑出版《图书资料理论与实践研究论文集》等三种，参编二种，曾获广西师大、广西图书馆学会和中国图书馆学会科研成果奖。2011年秋天同学聚会桂林，杨帆在她先生的大力协助下，承担了繁重的会务接待和组织工作，考虑得十分周到，聚会很圆满成功。同学们饱览桂林山水，在阳朔漓江边观看《印象——刘三姐》，游览兴安灵渠，夜游两江四湖，度过了几天美好的时光，令人难忘。

6601 班 31 位同学，就我所知，已有八位同学去世。除上面提到的邱昶、刘泽泉、廖子良、李皓，还有四位也走了，他们是黄帮高、吴武才、罗坤焕、陆崇基。黄帮高毕业后在河北石家庄市图书馆工作，他是 6601 班离世最早的一个，不知离开时是否已过花甲之年。吴武才毕业后供职于湖北省图书馆，于 2005 年 1 月 28 日去世，武汉的几个同学都参加了遗体告别仪式。罗坤焕毕业后先后供职于清华大学图书馆、深圳教育学院图书馆和深圳大学图书馆，于 2006 年上半年去世。陆崇基毕业后分配到北京哲学社会科学学部，不久回广西梧州市图书馆任馆长，于 2007 年 5 月去世。离世八位同学，超过 6601 班人数的四分之一。他们都兢兢业业，为中国图书馆事业做出了贡献。我们深切怀念这八位同学，他们的名字和 6601 这个符号永远凝聚在一起。

1967 年的最后一天，我来到甘肃兰州，到化工部化工自动化研究所报到，从此走上社会。十多年后又回到武汉，在武钢党校图书馆任馆长十多年，研究馆员。跟我的同学们相比，我太不争气，愧对师恩。但我也是幸运的，能来到珞珈山下，成为武汉大学图书馆学系 6601 班的一员，置身这个充满灵气朝气志气的群体之中五年，我体会到班上的每个同学都是一本书，值得我认真阅读，也使我受益匪浅。几十年来，我努力地坚守着学生时代的那份情操，使我在纷繁复杂的社会生活中不致随波逐流。对于 6601 班，对于那些曾经和我同窗共读的同学，对于那些教育过我帮助过我的老师，我要说，我永远怀念和感激你们，如同珞珈山和东湖水一样，永在我心中。

2007 年 4 月初稿　2008 年 11 月修订 2020 年 8 月终稿

参考文献

《珞珈，我心中的圣山》——武汉大学图书馆学系 6601 班毕业四十周年纪念文集 1966—2006

作者简介

郑植，曾用名郑直、郑行仁，出生于 1942 年 11 月，研究馆员。1966 年毕业于武汉大学图书馆学系，先后供职于化工部化工自动化研究所情报研究室、武钢党校图书馆。担任过部属科技杂志《化工自动化及仪表》编辑与记者、武钢党校图书馆馆长、全国党校文献情报学会学术委员。发表专业文章数十篇，编撰出版图书两本《中国图书馆史话》《中国行政地名手册》，参编图书多本，多篇论文被收在公开出版或内部编印的论文集中。此外，公开出版两部诗集《我想起黄河》《长江情》。

珞珈以远

程亚男

一提起珞珈山，人们自然会想到武汉大学。

珞珈以远是哪里，龟山、蛇山？北京、上海？甚至纽约、伦敦？

珞珈以远，作为一个地理概念，距离有长有短；而作为一所有着百年历史、世界著名的高等学府，珞珈以远，是其教书育人所创造的高度，享誉全球的广度，至高至远，至深至厚。

我于1963年就读武汉大学图书馆学系四年。四年，在漫漫的人生中，只是极短、极短的一瞬。然点点滴滴，铭记于心。

珞珈以远，辽阔而悠长。

来不及认真

50多年前的一个夏天，正在资江临津门码头挑水的我接到了小伙伴送来的大学录取通知书，看到信封上武汉大学几个红色的大字，心中一阵狂喜。但当我展开通知书看到“图书馆学系”几个字时，不免生出几分无奈。

武汉大学不是我报考的第一志愿，我的第一志愿是北京大学；图书馆学不是我心仪的专业，我最想报考的是中文系，当作家是我从小的梦想。

母亲问我：“图书馆学系是学什么的？”

“管书的吧。”其实我也不知道。

母亲又说，管几本书，还要读大学？

……

迎着夏日的熏风，几分憧憬，几分无奈，一天一晚的绿皮火车，我终于看到了那耸立在街道口入口处“国立武汉大学”的牌坊。四柱三间，方正敞亮。

入住老斋舍盈字斋。一座仿布达拉宫琉璃瓦建筑。灰色的花岗岩楼基和墙体，厚重沉稳；绿色的单檐歇山式亭楼，古色古香。整个建筑依山而立，百步石梯直达山顶。站在第一级石级上，抬头仰望，第一次感受到大学的威严。

系办公楼位于学校南区，人称预科大楼，与中文系同在一栋楼，分层而治。

专业的入门课是“图书馆学引论”。教这门课的老师是当时的系主任黄宗忠，他是湖南湘乡人，一口地道的湘乡话，让许多非湖南学子如听天书。为了让更多的学子能听懂他的课，黄老师讲课板书较多。记得他第一次上课，先是在黑板上写下自己的姓名，然后写了一个很大的“口”字，再在“口”里写上一个繁体“书”，告诉我们如何用一个字代表“图书馆”三个字——原来图书馆就是一个藏有书的围子。我们的专业课也就这样从认识前辈编造的一个字开始了。

“图书馆学引论”一科的教材是1963年武汉大学印本，由北京大学、武汉大学、文化学院“图书馆学引论”编写小组编写。那时的专业课教材基本上是刻印的16开油印本，封面是牛皮纸、内页是黄色的光板纸，由于手工刻写蜡纸时用力不均，字迹深深浅浅，还有一股浓浓的油墨味。如果手上有水或是汗，手臂上就会留下一道道油渍，有时甚至还会印上一道文字。

教“中国书史”的是系里少有的一位二级教授皮高品，他高高的个子，直挺挺的腰，长长的腿，很精干的样子。据说即使在1958年的“大破资产阶级教学体系、教学内容和教学方法运动”中，他曾与徐家麟教授被当作“白旗”被拔掉，但他也从不中断坚持多年的体育锻炼，还在学校的竞走比赛中拿到较好的成绩。走路快步如风，腋下总是夹着一个黑色大皮包，不苟言笑，没有一句寒暄，身后还跟着一个年轻的助教。我想，那种严肃，可能就是教授的做派。图书的产生源于文字。他从仓颉造字开始，讲了不少关于文字的故事。印象最深的是他描述的一张贴在山野茅屋门板上的“家有恶狗，行人慎之”的小纸条。在他看来，图书馆不仅要收藏图书，还要收藏一切文字，包括上面说到的那种小纸条。皮教授讲得很认真，我们则把它当作课间饭后的一则笑话。

“目录学”源于古代的显学“校雠学”，比图书馆学的历史还要早。课堂上，老师用极大的篇幅讲述目录学的历史，从西汉的《七略》开始，直到20世纪的目录学名家余嘉锡、姚名达等，以过去的辉煌告诫我们“目录学”的重要。

“图书编目”是传统图书馆学较为活跃的一门课，但我最不愿意听，不是说老师教得不好，而是我觉得这门课的内容实在太没有科学含量，太枯燥。不就是在一张小小的卡片上介绍一本书吗，何必弄得那么麻烦和繁琐。没想到的是20多年后，自己也在湖南省职称考试培训、武大函授、湖南师范学院业余大学和中央电大湖南站担任编目老师。以其昏昏，使其昭昭。一个天大的玩笑！

我不是一个好学生，虽然没有逃课，但从来不好好听课，也不觉得图书馆学有多大的学问，而是把更多的时间花在阅读课外书籍上，特别酷爱外国小说，包括普希金、屠格涅夫、托尔斯泰、莱蒙托夫，以及罗曼·罗兰等的作品。还时不时在做着“作家梦”。坐在武汉大学老斋舍的窗旁，看樱花开了又落，落了又开。捧读外国小说，悲叹达吉亚娜的命运。为此，我这个“可以教育好的子女”又多了一个“资产阶级小姐”的“雅号”。

我的这点小心思终于被老师发现了。一天，卢子博老师找我谈话。其实卢老师并不是我们的辅导员，至今我也不明白他为什么会找我谈心。几十年后，我与卢老师谈到此事，他已经不记得了，于我，却记忆犹新。卢老师出了一道算术题：全国有多少座综合性大学、有多少个中文系，每个学校、每个系、每年会培养多少个学生，而其中又出了多少作家？如果你能认认真真在图书馆学这个小之又小的领域深耕细作，或许，会有所收获！

也就是在这一刻，我仿佛是被人在背后狠拍了一下，开始从漫不经心的状态中惊醒。人应该有梦，但必须面对现实，何况我还是一个“可以教育好的子女”。

可以教育好，还是不可以教育好？

无论是可以，还是不可以，我都应该好好想想了。然而正当我觉得应该“改邪归正”的时候，“文化大革命”开始了。

还没来得及认真，我的大学生涯就这样结束了。

时过境迁。我经常不能忘怀就是这样一个事实：即便我们已经把老师所教的都忘记了，但种子却始终会留在心中，它总是在不经意地影响着我们对职业、对生活的看法，激发着我们的潜能，以及对自己能力的信念——这就是师德的力量！

第二次考试

如果说，高考试卷是我交给武汉大学的第一份试卷，那么毕业后的成长与从业过程，就是我交的第二份试卷。而在我书写这张答卷的时候，身后始终站着武汉大学的一群老师们。

1968 年。毕业分配。我像一颗野核桃被掌握分配大权的“造反派”抛撒在贵州的苗乡侗寨。

毕业的告别是那样的草率和匆忙，然而就在这匆忙中，陈光祚老师特意为我给当年在贵州省图书馆工作的北大同学周鼎老师写了一封推荐信。虽然当时的贵州省图书馆已与全国的各级图书馆一样都关门搞革命，无法接收我，但陈老师的信，犹如一股暖流久久地温暖着我。想起毕业前停课闹革命期间，陈光祚老师被分配到我们 6701 班参加政治学习，面对言辞激烈乃至狂热的学生，他总是提醒大家说：这情景，让我想起 1957 年“反右”，大家还是冷静一点好。陈老师言简语轻，却是发自内心最真诚的规劝。可惜没有多少同学能听得进去。

贵州省锦屏县印刷厂捡字工是我的第一份工作。在那一个个由 3000 多个汉字排成的八字木格的车间里，我一边捡字，一边数着日子。整整三年，一千多个日夜。好在有《中文工具书》各种捡字法的基本功，让我的捡字速度不输于有着多年经验的捡字工。

1980 年金秋。西子湖畔。我第一次参加了中国图书馆学会首届年会。聆听名师的讲学，领会中国图书馆学的思想精髓，学术兴替的风云。会上还见到了阔别多年的彭斐章、黄宗忠等多位老师，正是因为老师们对我论文的肯定，给了我专业的信心。在青春即将逝去的年代赶上了一个学术大辩论、大变革的年代，可谓是三生有幸。

我的第一本习作《书海漫游》于1981年在贵州人民出版社出版。该书在书写的过程中，重温《中国书史》，想象着在茅屋前，在丛林中，在猎猎山风中，我们的先祖如何开始用一根麻绳，一枚甲骨，一片贝叶，一支竹篾，一匹绢帛，将远古的生活一一记录写下来……是皮教授"敬惜字纸"的论述，让我明白，尊重文字，尊重书本，是为世间之礼，天地之敬！这既是我学习的起点，也是我们职业的起点。

20世纪80年代前后，武汉大学图书馆学系的邹鸿宾、荀昌荣、王敬卿、樊长新等多位老师调到湘潭大学筹办图书馆学系，老师们想到了远在贵州的我们。尽管后来由于该系筹办延缓的原因，我们没有能调入湘潭大学，但我们因此而回到了湖南。一家四口能调离贵州回湖南，在当时是一件非常难的事情，但老师们为此四处奔走，多方敦促，终于将难事办成。以至于湖南图书馆传达室的工作人员见到我们时，还以为我们是哪个高官的亲戚。

20世纪80年代的湖南各级各类图书馆的新馆建设可谓是蓬蓬勃勃，如1981年建成开放的湘潭大学图书馆、1984年建成的湖南图书馆、1985年建成的湖南大学图书馆等，这些馆都因其建筑及其工作成绩，名噪一时。可以毫不夸张地说，当时湖南省图书馆界的馆长十有八九是武汉大学图书馆学专业的学生，从公共图书馆到学校图书馆、从省级图书馆到区县图书馆概莫能外。致使中国的图书馆界，几十年来一直维持着与北京大学南北联手，分而治之的局面。可谓是"珞珈代有人才出"。

1994年的春天，我只身来到深圳市南山区，受命负责筹建南山图书馆。

这里曾经是一片瓦砾荒地，这里曾经是几间"大排档"。一个被人戏称为"一条泥土路，一间破厕所，一个卫生院"的小镇。当然，也没有图书馆。也就是在我们刚刚开始拓荒之际，文化部的领导和图书情报界的学者纷纷为南山图书馆奠基题词，彭斐章老师为我们写下"南国奇葩"四个大字。观其书，如见其人。温厚儒雅，见而生敬。

为了给南山图书馆培养人才，武汉大学图书情报学院破例在南山图书馆举办了一期研究生班。彭斐章、谢灼华、马费成、王子舟、黄如花等多位老师前来讲学。

陈光祚老师在"南山图书馆业务规划论证会"上为我馆的现代化建设出主意，定方向。后来陈光祚老师和张琪玉两位老师又多次来到我馆，指导开展图书馆现代化、智能化的研究，并一直支持和关心《南山人文多媒体数据库》这一课题的申报、建设。该课题之所以能顺利通过文化部的验收，都与陈、张两位老师的指导分不开。

如果说把人生比作杠杆，那么，武汉大学的老师们就是我人生的"支点"。正是因为有老师们的支持，我才得以在深圳这片完全陌生的土地上做了自己想做和应该做的事情。

南山图书馆在20世纪90年代提出的开放办馆和免费、平等的服务理念，以及种种创新举措，在今天看来，已不觉新鲜，但在当时多少有点"离经叛道"，有悖传统。以至于在2010年，仍有记者撰文认为当时南山图书馆的种种做法是一种创举，在业界也是闻名遐迩。

纸上有乾坤

在我家小小的书房里，至今收藏着很多老师亲笔题赠的著述和文集。

改革开放以来，图书馆学教育凤凰涅槃，浴火重生，面对过去陈旧乏力和大片的理论处女地，武汉大学图情专业的老师们通过一次大讨论，对教育思想、教材进行了认真的评价和梳理，开始了学术拓荒之旅。在几近荒芜的废墟上，从理论建设的高度重新构建了图书馆学的学科体系，编辑出版了一系列图书情报专业方面的奠基和扛鼎之作。

文如其人。读书读人。现依著述的出版时间择其要而述之。

黄宗忠老师的《图书馆学导论》(武汉大学出版社 1988 年版)，是全国统一教材。淡粉色的封面，黑体方正的书名，简朴，清朗。全书系统地概述了图书馆学基本理论和基础知识，包括图书馆学的研究对象和定义、图书馆学的体系结构、图书馆类型、图书管理、图书馆现代和及其未来等。

1985 年以来，我国图书馆学基础理论研究硕果累累，连续出版了多部图书馆学基础理论教材，但黄宗忠老师编著的《图书馆学导论》最具特色，详细论述，框架清晰，是图书馆学教材性质的奠基之作，也是作者长期教学实践的结晶。

黄宗忠老师一生致力于中国的图书馆学教育，教书育人，笔耕不辍，著述等身。最让我读之锥心是黄宗忠老师于 2011 年 10 月 10 日从珞珈山寄给《图书馆论坛》的一篇学术论文，“充分发挥图书馆功能”(《图书馆论坛》2011 年第 6 期)。文章刊发时，先生已于邮寄稿件的 20 天后驾鹤西去，与世长辞。然而就是在生命的最后一刻，他还在关心着图书馆事业，向后学发出呼吁：“图书馆如何充分满足全社会的需要，这是每一个图书馆从业人员应该牢记和经常思考的问题”，“充分发挥现有图书馆的功能，这是每个图书馆最基本的和不可推卸的责任。”正如《图书馆论坛》编辑部在编者按所言：“这是黄先生最后发出的学术呐喊，更是振兴图书馆事业的时代强音。黄先生走了，留给我们的是具有远见卓识的图书馆学思想与理论。哲人其萎，思想不朽。”

书架上还有彭斐章老师的《书目情报需求与服务研究》(武汉大学出版社 1990 年版)和《彭斐章文集》(武汉大学出版社 2005 年版)。彭老师长期勤奋耕耘于图书馆学和目录学领域，在目录学基础理论、中国目录学史、苏联目录学、各类型书目、书目控制和社会科学情报理论与方法等方面都有建树，并建立起现代目录学理论体系，推动着我国图书馆学、目录学的传承与发展。面对信息社会海量的文献信息，彭老师提出，现代目录学要解决庞大而混沌的文献体系与人们特定需求之间的矛盾，利用书目为工具研究社会化和多元化的情报需求与利用效率。要为传统的目录学找到另一只翅膀，充分发挥现代目录学在信息社会鲜明的时代特征和应用价值。

“立下园丁志，甘为后人梯”，是彭老师的座右铭。他说：“红烛春蚕是我的思想基础。”“我作为一名园丁，寄厚望于学生，希望他们青出于蓝而胜于蓝。”“平生最觉开心处，喜看桃李结满枝。”

最近一次见到彭老师是在深圳，我陪他登莲花山。他已进入人生的秋天，他把自己的青春年华、所有的学识都深深地融入了我们几代学子的生命，成就了我们这个时代关于图书馆学教育、关于图书馆的经典集体记忆。冬日的阳光把他的脸映照得好红。满头银发任风吹动，只有真正的智者，才有这种潇洒而悠然的风度。

《中国图书和图书馆史》(修订本)(武汉大学出版社 2005 年版)是由谢灼华老师主编的一本教材。谢灼华老师自 20 世纪 50 年代末开始致力于中国图书馆史的研究和图书馆史学的学科建设，领一域之先。

《蓝村读书录》(河北教育出版社 2005 年版)。谢灼华老师在书中娓娓道来，书的命运、古籍典章，以及藏书楼兴衰和图书馆的发展，似一幅绚丽多彩的“历史文化”画卷，极富文献价值和文化含义。这也是谢老师数十年钟爱书籍文化、探究古今藏书的真实写照。掩卷沉思，可谓是“清言究微”。

《图书馆学情报学探索的足迹——陈光祚文集》(北京图书馆出版社 2006 年版)淡灰色的封面上是一长串大大小小、深深浅浅的脚印，意喻陈老师拓展学术领域和攀登科学高峰的足迹。陈老师数十年如一日，在目录学、图书馆学、情报学的知识融合中不断探索和思考，为“文献检索”课程奠基，为个人数字图书馆鸣锣开道，不遗余力地、免费为多家图书馆提供数字图书馆管理软件(其平台是联合国教科文组织的 WINISIS 软件，陈光祚汉化)。退休后陈老师曾在深圳指导工作多年，他总是付出的多，要求的极少。学生们有感于陈老师的辛苦，时不时让他去尝尝广式茶点和菜品，可他却偏爱辣椒炒肉。读陈老师的书，印在头脑中的是他长年伏案、清晰而肥胖的背影，而且他用背影默默地告诉我们：“再前进、再探索，跟上时代的步伐和学科的发展。”

老师们题赠的大作不胜枚举，限于篇幅，只好割爱。

笔底波澜，纸上乾坤。

老师们的著述，既是一部学术史，也是武汉大学图书馆学系从系到院的成长史。他们用笔为我们呈现了百年来图书馆学起起伏伏、波澜壮阔的历史。书上的字便是一颗颗晶莹的水珠，浇灌并滋润着曾经荒芜、正待开垦的图书馆学园地。就是这些文字给我们以专业的启蒙，包括思想、哲理和思辨力，并带领着我们走向一个一个学术的高地。也正是在老师治学精神的感召下，自己也先后出版了《图书馆与社会》《书海听涛——图书馆散论》《流动的风景——图书馆之旅》等书，并主编、参编了多部著作。

百年来，老师们建立学科，筹办学院，他们谱写的不仅仅是一部厚重的理论巨著，更是一代人为中国图情事业奋斗精神的写照，体现了老一辈图书馆学家的家国情怀、使命担当！这种职业的坚守，创造了图书馆学的一个时代，影响了几代人。

芳香的纸，挺拔的笔，那是坚韧而高贵的书的世界！

2019 年 6 月，于深圳双韵书斋

作者简介

程亚男，女，1967 年 7 月毕业于武汉大学图书馆学系。在校时间 1963 年 9 月—1968 年 7 月。

历任湖南图书馆副馆长、中国图书馆学会第四、五、六届理事、湖南省第九届政协委员。深圳南山图书馆馆长。研究馆员。

主持建设的深圳南山图书馆堪称全国开放图书馆典范；主持深圳建设图书馆之城多项规划的制订和系列课题研究。

多年致力于图书馆管理与服务研究，刊发论文百余；主要著述：《书海漫游》(贵州人民出版社，1981)《图书馆与社会》(书目文献出版社，1993)《书海听涛——图书馆散论》(北京图书馆出版社，2001)、《走出家庭教育的误区》(湖南少年儿童出版社，2003)、《流动的风景——图书馆之旅》(北京图书馆出版社，2006)；主编《图书馆工作概论》(北京图书馆出版社，2000)、《图书馆文明服务手册》(北京图书馆出版社，2003)等。多项成果获中国(湖南省、广东省)图书馆学会奖。上榜中国哲学社会科学最有影响力学者排行榜(2017版)。

主持与参与的国家级主要科研课题有：国家“八五”社科项目《全国文献资源调查·湖南》；国家古籍整理出版规划项目《曾国藩全集(奏稿)》；国家“九五”社科基金项目《现代化过程中我国社科信息工作管理模式及发展研究》；建设部与文化部项目《公共图书馆建设标准》(2008年)等。

武大求学

——我职业生涯的基石

蔡 毅

一

我的人生道路主要经历了三个阶段：在北京从小学读到初中二年级；17岁上山下乡去了北大荒；23岁开始在新华社摄影部从事照片档案工作，其间被选送到武汉大学图书馆学系学习，完成学业后继续从事照片档案工作，直到60岁在这个岗位上退休。

几十年来，虽然经历了坎坎坷坷，但我觉得自己是幸运的：在祖国的文化中心接受了虽然只有8年但是比较正规的基础教育；在祖国最寒冷的东北边陲经历了5年艰苦生活的重重困难和肢体劳作的残酷磨炼；在我开始自己职业生涯不久有了专业学习的机会。

我清楚地记得：45年前的一个秋天，领导把我叫到办公室：

“小蔡，交给你一个任务能完成吗?”

“能”嘴里这样说，其实心里忐忑、茫然，不知道会是什么。

“送你去学习，到武汉大学!”

“啊……”霎时间，这意想不到的消息使我激动得说不出话来，脑子一片空白，甚至有点不敢相信。我从小喜欢学习、觉得能读书学习是人世间最美好的享受，永远把作业写得整齐、清爽，作文时常作为范文得到老师的赞扬；在北大荒劳动之余的炕沿上我通读了《毛泽东选集》、马列选集精选本、《赤脚医生》等当时能够找到的书籍，还趁人不注意偷偷阅读了从北京带去的几本简易版英文小说，如《爱丽丝奇遇记》等；在新华社工作后感觉到自己的知识欠缺太多，该学的东西太多，又不知如何下手，时时感到困惑，就在这个时候，得到了学习的机会，我能不激动能不高兴吗?

第一次踏进坐落在珞珈山上的武汉大学，学长用板车帮我推着大行李，我背着简单的行装随行，从校门口沿着宽宽的柏油马路缓缓走上山坡，一个感觉，学校真大，像一座森林公园，柏油路旁是好粗好粗的大树(后来知道了叫梧桐树)，高耸着沿路上行，大树深处是各种植物，郁郁葱葱，形状各异，颜色从绿到黄到红……长期生活在北方的我立刻被一派南国风光吸引。当我们沿着柏油路走到一排沿路而建的非常壮观的建筑群的拱形楼口时，更是被震撼了。抬头望去，近百级大石头台阶，有高耸入云的感觉，楼舍依山而建，灰墙碧瓦金顶、古香古色典雅……我兴奋而吃力地爬上顶层，放眼望去，整个校园就在起伏的山峦中。透过枝繁叶茂的树叶，看到点缀着的无数红色横标“欢迎你，来自三大革命实践的战友”“将教育革命进行到底”“人民送我上大学，我上大学为人民”……这些20世纪70年代中国教育史上特殊时期——工农兵学员时期的语言，今天的年轻人可能觉得陌生、可笑甚至愚昧，但当时的我们能进入大学读书，确实是激动万分、豪情万丈。

二

我像干裂的土地遇到春雨拼命吸吮一样，全身心地投入这来之不易的学习时光。我首先对自己的学习内容进行了统筹规划，在专业知识学习上，除了老师规定的内容，我还查阅了校图书馆和系资料室的全部卡片，选出值得读的专业书目，逐本借出阅读并认真做笔记。当年的读书笔记上记录了我自修的书籍，其中我重新选读了马恩列斯毛著作的重要篇章，读了世界通史、中国通史、中国哲学史、中国文学史，读了《拿破仑传》《第三帝国的兴亡》《基辛格》《和平的反革命》《关于国际共产主义运动总路线的论战》，以及《约翰·克利斯朵夫》《古里雅的道路(第四个高度)》《笑面人》《复活》《战争风云》《欧也妮葛朗台》《剑与火》《伊加利亚旅行记》《斯巴达克思》等近百本书。那时候学校的英文教材内容比较浅显，我自己选择了英文原版教材 *ESSENTIAL ENGLISH*（1~4 册），2 年全部自学完。我的同学陈君辉、张息珍、刘荣也把这套教材学完。由此我们的英文水平有了很大提高，后来在工作中都派上了用场。周末和晚上没有课的时候，我永远是在图书馆读书，2013 年回到武大时还专门找到当年读书的座位，40 年前在图书馆专心读书的情景一下子浮现在眼前。记得毛主席逝世的时候，学校的追悼活动搞了两个多月，图书馆不开，没办法只好在校园里的山坡上、大树下，有时还到东湖边去读书，经常是蚂蚁还有不知名的小虫爬到身上，把头、脸、胳膊咬得一个个大包。有几天实在没地方念书了，我和陈君辉等几个同学买了几个烧饼带了点水背上书，爬到珞珈山顶读书念英文，一待一整天。虽然当时的社会风气很左，但好在班长和书记对我们这些专注学习的人比较宽容。其实，我对政治没有太多的见解和研究，只是想利用这难得的学习时光，多读点书多学点知识，恶补一下自己匮乏的文化知识。

三

同学们来自全国各地，两个班七十多人来自十八个省和直辖市，年龄相差最大的有十岁。今天，人们普遍认为工农兵学员文化知识基础差、当时的教育不正规等，应该说，这些都是不争的事实。但是在我眼中，我的同学们，五光十色、丰富多彩、格外光鲜，他(她)们有的是军人、农民、工人，也有从下乡知青进入图书馆的工作人员。同学们相处融洽，班级就是一个社会大课堂，所学东西不输于书本知识的学习。他(她)们热情、朴实、真诚、善良、踏实、吃苦耐劳、思想和行为都非常干净，生活能力工作能力非常强。虽然文化基础有高有低，但大家渴望学习、拼命学习，很快就显示出其实学习能力都很强。

地域和经历的不同使得同学们的语言和行为显得格外有趣。直到今天，我还记得来自湖南的李东方同学一个扁担两头挑着行李，一走一颠乐呵呵地来到宿舍的情景；永远记得走过长长的走廊拐角深处盥洗室那女生的嬉笑声伴随着哗哗的洗刷流水声；永远忘不了放假回来共同分享家乡特产的热闹情景；永远忘不了我的上铺祁思妍同学每天无数次像猴子一样蹿上爬下，翻来覆去，我俩的竹床永远吱吱呀呀地响个不停，当然我很感谢她让我睡下铺，我在北大荒落下了腰腿病还有恐高症，睡在下面就不吃力不害怕了；永远忘不了我因发高烧被隔离在校医院的病房，两层楼的病房只有我一个人，病房周围是茂密的树丛，同寝室的周苏华同学主动来到医院照顾我，我怕她被传染不让她进屋、她怕我夜里没人照顾一定要进屋，一扇门我们俩一里一外僵持了有一个小时，最后因为我不开门，她拗不过我，只好一个人回寝室了。事后想想，她一个人在漆黑的夜里，独自穿行在满是树丛黑影的偌大校园里也是需要勇气的。两年时光，同学们的亲情、友情、真情组成一幅幅美好的画面，一直延续到离开学校后的几十年：得知程桂英同学毕业后在四川三线的宿舍着火，被褥和日用品都被烧掉了，刘荣、朱亚萍马上邮寄了被褥、布票和钱；得知郑金玉同学因癌症并脑梗病危，吴正芳、陈观风带着同学们的问候专程从宜兴和杭州前往福州看望；同学到某地出差，就是当地同学大聚会的幸福时刻；各地同学纷纷邀请同学们到自己所在地区相聚，三峡、宁夏、临沂、宜兴等地都留下了同学们游览观光、畅叙友谊的身影。在为信息管理学院100年庆典文华赋石碑的筹款活动中，大家积极踊跃参与其中，为了实现不让一人落下的初衷，不愿意透露姓名的同学为没有联系上、生病或去世的同学代为交款。

四

我不知道如何评价我们经历过的大学教育，但我觉得，毛主席《实践论》中提到得“实践、认识、再实践、再认识”的理论一直贯穿于我们在武大的教与学中。

武大图书馆学系历史悠久师资雄厚。我们入学时正值“文革”中后期，“极左”思潮尚存，教师队伍不完整，教材不成熟。但是老师们还是克服困难竭尽全力完善教材，尽可能全面详尽地讲授图书馆学的基础理论和各项专业知识。记得当时的系主任是黄宗忠老师，他讲授“图书馆概论”；彭斐章老师讲授“社会工作参考工作”；谢灼华、詹德优老师讲授“中文工具书的使用”；陈光祚、焦玉英老师讲授“科技文献检索”；王秀兰、王作梅老师讲授“西文图书编目”；卢子博、卢中岳、周继良、张燕飞、孙秉彦老师讲授“图书分类”；廖延唐老师讲授“古籍整理”；张琪玉老师讲授情报学；李之柱老师讲授英语。除了本校老师，系里还请了其他学校和部门的老师来讲课。据我当时的读书笔记记载，曾经请华中师范学院图书馆采购组的老师来讲图书采购，请武汉中医学院图书馆和四川省图书馆的老师来讲分类。

我们的同学很大一部分是从基层经过了艰苦劳动锻炼之后被选拔到各级各类图书馆、情报所、博物馆、档案馆工作的。这些同学有图书馆工作的实践经验，也有工作中遇到的困难，更有通过学习解决工作中的问题并提高工作能力的渴望。没有图书馆工作经历的同学在这种环境和氛围的熏陶下，也很快就对图书馆工作有了了解。

老师们对我们这些学生很有耐心、非常客气，总是根据我们的不同情况深入浅出地教授课程，课下和同学们进行广泛的交流。老师们紧紧抓住一个原则——交给学生实用的东西。我翻阅自己当年的学习笔记，学校的教学内容涵盖了图书馆工作的方方面面，没有太多理论，但很具体很实用，都是干货。老师尽可能引导我们学习在图书情报档案工作中如何解决问题的路径、方法和能力，这让我们一生受益。

课堂的教学使同学们的实践水平得到了理论上的提升，我们又在老师们安排的各项实践活动中，经历了再实践到再认识的不断循环的学习过程。

在课堂教学、开门办学、毕业实践中带着问题进行认知的提高是我们当时比较主要的学习方式，从我仅有的文字记录可以管中窥豹：

罗建国同学：关于目录组织的内容；陈秀生同学：怎样查找马恩列斯毛语录的出处；朱亚萍同学：一般性字词的查找；张汉珍同学：关于书刊论文资料的查找；贾秀丽同学：成语典故诗词的查找；李建民同学：中图法参考手册；程桂英同学：科技情报分析；朱南同学：哲学社会工作参考工作教材修改；吕述衡同学：怎样办好街道图书馆；陶雪成同学：鲁迅著作版本研究；马力同学：评价图书的几个因素……

实践，认识，再实践，再认识，这个毛主席在《实践论》中循环往复的理论，不仅贯穿了我们在武大教与学的过程，也贯穿了多数同学几十年的工作生涯。所以，我的很多同学在后来的工作岗位上担当重任，成为各级图书馆、档案馆、情报所的领导和骨干。我们这些学生能够在之后的职业生涯中有底气有尊严地务实笃行，和老师传承给我们的武大人的风骨和学养分不开。

五

除了用上述学习方式提高自己外，同学们之间广泛交流、深入探讨图书馆工作中的理论和实践问题，也使我获益匪浅。我永远难忘我和来自上海图书馆陈君辉同学的一次交谈。当时，中国无论图书还是档案管理都是沿用几千年来的分类法并以此排架。这种方法一个最直接的问题是随着入库量的增加，永远需要倒库。这是一个困扰了图书馆和档案馆多年的问题，每一个长期从事图书馆工作的人都有切身的体会。陈君辉说，其实美国图书馆界已经实行了按“流水号”排架，方法是给图书按入库先后次序分配一个流水号，对图书进行著录后按流水号排架，从根本上避免了倒库的问题。陈君辉似乎随意说出的一句话，对我真是醍醐灌顶，因为这也是我在短短两年照片档案工作中发现并一直困惑的问题。她的一席话让我找到了一把钥匙，好像在苦苦探索的黑暗中打开了一扇天窗。后来，我用我仅有的英文知识查阅了相关刊物，证实了君辉的说法。在 20 世纪 70 年代，在沿用了几千年的图书分类管理中，这种极为简单的管理理念难以让人接受，但却在我心中深深地扎下了根。应该说，两年的图书馆学知识的学习，不仅教给了我图书文书管理的基础知识，而对这种先进管理理念的知晓、查阅、思考和研究，让我收获极大，使我在返回工作岗位后，一直思考并努力实践这种管理理念。2000 年，国家档案局颁布的《文件管理法》中，这个管理理念被作为档案管理的方法在全国推行。2001 年在中国照片档案馆实现数据管理电子化的同时，照片档案实现了所谓的“流水号”排列，基本避免了倒库倒架。二十多年前武大读书时的思考和梦想终于成为现实。

六

在武大，除了如饥似渴地读书，还忙里偷闲、尽情享受了珞珈之山和东湖之水。我们的宿舍在依山而建的老斋舍，从宿舍的窗户就可以看到顶层的风光和游览的人群。图书馆和教室就在顶层的平台上，我们随时都可以在平台上一览无余地眺望坐落在山峦中的整个校园，色彩斑斓的树木掩映着飞檐翘翅、碧绿琉璃的建筑屋顶，美妙绝伦。到武大的第一天，我就放下行李，顾不上整理顾不上铺床，就沿着小路下山来到心中念念想往的东湖边，迫不及待地跳进湖里游泳，湖面宽阔湖水清澈，顿时感觉神清气爽，心里无比敞亮愉悦。从此，一有时间，我都会和三两同学漫步在东湖边，有时还会花上几毛钱坐着那种老式木船，船工师傅摇着木桨，带我们到湖中心的岛上去玩。周末一早，我经常是天蒙蒙亮就起来，翻山下到湖边，绕湖走上一两个小时，回来正好赶上开早饭，之后就是图书馆一坐几个小时。有一次我忍不住让自己放任了一把，沿着湖边漫无目的地走了几个小时还不尽兴，事后听说我已经走到了磨山。武大的美真不是语言能够描述的，桃红樱白桂香，相比于桃花樱花，我更喜欢桂花。秋天满山满园都是桂花的溢鼻香气，甜甜的、浓浓的、润润的，甚至夜间我们都开着窗户，静静地闻着桂花香气入睡。能在这样一个历史悠久、学养深厚、风景优美、有山有水的地方读书、漫步、游泳、赏花，真是如入人间仙境。那时候我曾想，可能一生中不会再有如此享受了，后来的人生果然如此。武大的湖光山色鸟语花香深深地印在了我一生的记忆中。

七

1977年10月，结束了武汉大学的学习，我又回到了新华社摄影部照片档案部门工作，1984年，成立了国家级照片档案专门管理部门——中国照片档案馆。中国照片档案馆保存着上千万张记录中国国家发展的形象历史文献，是较为完整、系统、全面的“中国照片总汇”。在这个平凡、寂寞，但责任重大的岗位上，我从照片档案的基础工作到现代化管理，默默劳作了近四十年。

2010年底，我离开工作岗位退休。一个能力平平、智力平平、体力平平的人，用了一生的时间，专心做了一件于国家、于民族、于人民有益的事情，是我的幸运。而武大求学，是我职业生涯的坚实基础。我感恩武大，感恩我的老师同学们，感恩并永远怀念自己生命中曾经享有的武大读书时光。

2019年12月6日

作者简介

蔡毅，女，1950年12月生于北京，1975年至1977年就读于武汉大学图书馆学系，从事照片档案管理近40年，退休前为中国照片档案馆研究馆员。曾参与起草国家标准《照片档案管理标准》；参与编写国家档案局《照片档案管理》视频教程；领导并参与中国照片档案馆数字管理系统建设，获国家档案局科研成果二等奖；公开发表文章10万余字，其中《中国照片档案管理史略》获中国档案学会优秀论文一等奖，被选入国际档案理事会会刊《户门神》杂志刊载；应邀为中央电视台系列节目《照片背后的故事》撰稿20集。

难以忘怀的武汉大学学习生活

彭　飞

我家中书桌上放着这么一张照片——武汉大学120周年校庆暨75级图书馆学系校友返校合影留念，天天能看到它！2013年11月22—24日，我们42名75级图书馆学系的同学从全国各地汇集到母校。在这短短的三天时间里，我们看望老师、师生座谈、参观新建成的信息管理学院大楼，感到无比欢乐！许多同学自1977年毕业36年来还是第一次回到母校，当年曾经读书学习的教室、图书馆、宿舍以及操场都使同学们流连忘返，激动不已。我2013年5月从南京图书馆退休，刚开始很不适应退休生活，百无聊赖、无所事事，受编辑部QQ工作群的启发，灵机一动就创建了同学QQ群，先后有42名同学加入，大家互通信息，交流心得，十分热闹。不久，大家倡议并且在朱南、李建民、祁思研等同学的热情主持与帮助下，从而促成了这次大聚会。大家在一起畅谈毕业后的工作，退休后的生活，更多谈到大学时代的美好学习生活。

1975年9月，“文化大革命”还没有结束。在那个特殊的年代、特殊的教育环境下，学校从全国各地招来我们这些大学生(当时称为“工农兵学员”)。同学们来自农村、农场、工厂、部队、文化单位，“肩负着党和人民的期望”，从祖国的四面八方来到位于珞珈山的武汉大学学习图书馆专业。同学们中有知青、工人、干部、现役军人，还有许多从各级专业文艺单位来的学员。我们这些学员有许多特点。记得当时75级图书馆学系有70名学员，分成两个班(我在7501班)，近一半的同学是党员，许多人还是单位的培养对象。同时，文化水平相差也很大，有初中文化的，也有新老高中生(包括老三届)。再者，同学们的年龄相差悬殊，有的才十八九岁，面带稚嫩、充满阳光，有的却已经是到了三十而立之年、沉稳而老练。许多同学对图书馆专业一无所知，而有些同学已经在省级图书馆从事业务管理、图书分类等专业工作。图书馆学系的老师们尽自己最大的努力来教授我们这些文化基础和专业基础参差不齐的学生。武汉大学老师的业务水平、敬业精神给我们留下了深刻的印象、许多事情还记忆犹新。彭斐章、詹德优老师开设的“社会科学参考工作”是一门综合利用工具书开展读者咨询工作的课程，对学识要求比较高，使大家实实在在地看到了图书馆工作的学术性。陈光祚、焦玉英老师的“科技文献检索”则对英语能力提出很高的标准。陈老师授课生动直观，同学们都很愿意听。卢子博、卢中岳老师讲授的“图书分类”课程知识性强，条理清晰，也受到同学们的普遍喜爱。王秀兰老师的

“西文图书编目”课实用性强，通俗易懂，取得很好的效果。还有廖延唐老师的“古籍整理”也受到同学们的欢迎。记得我们捧着厚厚的古汉语教材，第一次见到廖延唐老师，“硕鼠硕鼠，无食我黍！三岁贯女，莫我肯顾……”自此，诗经及古典文学的其他名句就经常缭绕在课堂和宿舍中。后来卢老师、廖老师还来到孝感，边教学边实习，向我们讲解《中国图书馆图书分类法》和经、史、子、集四库分类知识，手把手教我们类分湖北孝感地区图书馆古今图书，颇有收获！

文化课有哲学、政治经济学等课程，特别要提到的应该是公共英语，任课是李志柱老师，他教课极其认真，对我们真可以说是不厌其烦、罄尽一切的教授，许多同学都是受到感动而开始学习英语的。我们所使用的教材比较简单，从零开始，二年级开始学习专业英语，有一定的难度。当时对学习英语有不同的观念，兴趣不一，基本上是女同学重视，而且基础好，有的同学刚进学校就已经能够读简易小说了，而男同学基本无所谓。我在其中可能是一个另类了，除了规定教材，自己觉得不够学还另外买了几本英语书自学。班里有一批以英语学习为重要目标的女同学，向李志柱老师提出希望辅导系统学习 *Essential English* 的要求，李老师欣然同意，在校期间带着她们学完了四册原版教材。我是后来才听说的，感到十分遗憾，因为失去了一个极好的提高机会。

记得当时有一个很热门的词汇叫做“开门办学”，尽管是时代的产物，但却歪打正着使我们接触到很多的图书馆实际工作。图书馆学是一门实践性很强的专业，由此我们到了武汉测绘学院图书馆、孝感地区图书馆、葛洲坝水利工程局。在湖北孝感，我们住在地委党校三个多月，一边学习《中国图书馆图书分类法》，一边参加孝感地区图书馆的图书整理工作。待课程结束，图书也整理完毕，图书馆也对读者开放了。在这个图书馆我们还有个意外的“收获”。同学们在小阁楼上发现几大捆封存的图书，原来就是当时被称为“封资修”货色的图书。毫不耽搁，大家悄悄把书借回宿舍，夜以继日地阅读起来。就这样我看了《复活》《斯巴达克思》等世界文学名著，与以往看过的小说多有不同，深感震撼！我们结合《科技文献检索》为葛洲坝水利工程局查找世界大坝截流的文献资料，汇编成研究书目。特别是毕业实习我还有幸到上海图书馆，在张琪玉老师的指导下进行课题研究 40 多天，完成了《文献复制》教材初稿的编辑。其中许多选目还收集进入另一个课题组编辑的《图书馆员手册》。实习结束，这两本厚厚的油印资料就是我们的毕业成果了。这些学习和实践确实为我后来在南京图书馆的工作提供了很好的基础和思路，特别是课题研究方法让我受益终身。同学们与任课老师同吃、同住、同学习工作，师生结下了深厚的情谊。

学校生活比较清苦，但学杂费、伙食均是免费的。少数同学有带薪的待遇(非常羡慕)，大部分同学就是依靠免费伙食和家里补贴了。生活困难的同学能够得到助学金，但很少，寥寥数元而已。记得每人每月的伙食标准是 13.5 元，那是一大张分成日期绿色的饭票券，由生活委员发给大家，同学们据此到食堂打饭菜。菜多是青菜、萝卜等素菜，有豆制品吃是好的，偶尔吃上一次粉蒸肉则欢呼雀跃。1979 年寒假来临，平时热闹的校园变得十分冷清。因为路途遥远，寒假时间也比较短(十天)，我就没有回家。记得全系只有赵继元老师和三名同学留住空空荡荡的宿舍里，想起远方的父母，心中就不由得感到寂寞孤独起来。谢灼华和王秀兰老师、郭星寿老师热情地约请我们到他们家里过年。喝着黄鹤楼酒，吃着平时难以吃到的美味佳肴，我们感到温馨无比，至今心里暖烘烘的！

我们于1977年9月毕业，尽管在武汉大学我们只学习了两年时间(当时其他系科均为3年制)，但在此受到全国一流、高水平老师的培养与教育，教会了我们从事图书馆工作的基本技能(学术研究是后来的事情)，也有了为之奋斗、贡献一生的图书馆事业。我们这群特殊的学子，刚出炉走向了社会，就赶上中国改革开放的大潮。国家百废待兴，图书馆界人才青黄不接，"文革"前毕业的专业人员奇缺，我们就成了图书馆承上启下的专业人员。几十年来，我们经历了由传统图书馆向数字图书馆的过渡、网络化发展的过程。大家在图书馆事业建设上恪尽职守、爱岗敬业，以实际行动默默无闻地实践和传承着文华精神。多年来，同学们干中学、学中干，努力跟上时代的步伐。我们的学历不高，曾经有人对我们这一批人还有成见，但大家通过工作实践与学术研究不断地来证明了自己。此外，许多同学还通过考研、在职学习不断地提高自己的学识与竞争力。聚会中，我曾讲到本人是整40岁拿到北京大学学士学位的，有同学说她是50岁取得硕士学位的，真令人叹服！据统计，在这届70名同学中，绝大部分毕生从事图书馆工作，都是图书馆的骨干力量。许多人早已成为高校图书馆、各级公共图书馆的馆长，近20人具有正高职称。

我从武汉大学毕业即有幸分配到南京图书馆(江苏省级公共图书馆)工作，当时在办公室下属业务组，主要从事业务辅导、办培训班、接待来访等工作。南京图书馆是一座历史悠久的图书馆，前身是1907年创办的江南图书馆和1933年建成的国立中央图书馆，因此藏书丰富、学术底蕴深厚。我一到单位就有幸得到汪长炳先生的关心与帮助。汪老早年毕业于武昌文华，曾经留学美国获得硕士学位，原任南京图书馆馆长，当时是顾问。在他的指导下，我写出第一篇论文，并且公开发表。十年后，卢子博老师于1987年8月调任南京图书馆副馆长，当时我已经在参考阅览部从事咨询工作，刚刚评上馆员，就向他提出继续学习的愿望，得到支持。但当时馆内工学矛盾突出，因此规定各个部门在职学习的人员不能超过10%，于是调我到了刚刚成立的业务研究室工作。尽管我对已经上手的外文参考咨询工作有所不舍，但当时也只能如此了。由此我有了参加北京大学在职学习考试的机会，1988年被录取。此后，我一边学习，同时带领几位同事编辑《图书馆学情报学论文索引》。几年后，这本工具书由书目文献出版社出版。与此同时，经过三年艰苦学习，1991年我取得北京大学图书馆学情报学系本科文凭，次年参加英语统考，获得文学学士学位。

在职时，我平时比较喜欢阅读图书馆学专业期刊，特别关注几种核心期刊的研究热点、动态。遇到学术研讨会征文，我也有一种跃跃欲试的冲动，总是努力撰写论文，参加评审、交流。这些能使我了解专业学术动向，从同行中不断汲取知识与动力。我于1999年9月调任南京图书馆学报编辑部副主任(主持工作)，后任《江苏图书馆学报》副主编，主编即卢子博老师。2004年起任《新世纪图书馆》主编，2005年通过竞聘担任编辑部主任兼主编，2011年7月起任专职主编，至2013年5月退休。这样算起来，我从事学报编辑工作长达15年，其中担任主编10年。《新世纪图书馆》多次被中国图书馆学会表彰，中国社会科学评价中心多次将本刊列为CSSCI扩展版，还被江苏省新闻出版局评为一级期刊。

斗转星移，日月如梭。从武汉大学毕业分配到南京图书馆工作至今退休转眼间四十多年过去了。今天我们都已经到了耳顺之年，开始步入老年人的行列。我在感慨之余，也在回忆、梳理这几十年的历程。尽管我已经退休，离开了工作岗位，但每当想到自己在学校的一些经历，许多往事总是历历在目，似昨日发生。武汉大学的学习生涯是我人生的转折点，至今，我心中仍充满对武汉大学和各位老师的感激之情，是他(她)们传授给我基本的专业知识与技能，帮助我树立了牢固的图书馆专业思想，才使我有了奋斗一生的事业，并且后来在学术研究上偶有心得，小有收获。两年的专业学习加上36年的图书馆工作经历在历史的长河中也许是短暂的一瞬，但相对于个人的人生来讲却是漫长的。也许会有一些缺憾，但作为武汉大学图书馆学系的毕业生，我们无愧于学校的教育、无愧于图书馆员这个称号、无愧于图书馆事业!

2019年6月12日 于南京家中

作者简介

彭飞，男，1952年8月2日出生，江苏省盐城县人；中共党员，大学本科毕业、学士学位，退休前在南京图书馆(江苏省级公共图书馆)工作，先后任编辑部主任，《新世纪图书馆》主编等职务，职称研究馆员。

1975年9月选送到武汉大学图书馆学系图书馆学专业学习，1977年9月毕业分配到南京图书馆工作，1988年7月考取北京大学图书馆学情报学系大专起点本科，1991年本科毕业，第二年经过北京大学遴选并通过英语考试获得文学学士学位。2001年评为研究馆员(正高)。

先后在南京图书馆研究辅导部、阅览部、书目部、参考阅览部工作。1988调到南京图书馆业务研究室工作，1991年任副主任(主持工作)。1999年9月调任南京图书馆学报编辑部副主任(主持工作)，后任《江苏图书馆学报》副主编。2004年起任《新世纪图书馆》(省级公开发行的学术刊物)主编，2005年通过竞聘担任编辑部主任兼主编，2011年7月起任专职主编，至2013年5月退休。十年间，《新世纪图书馆》多次被中国图书馆学会表彰，中国社会科学评价中心多次将本刊列为CSSCI扩展版，还被江苏省新闻出版局评为一级期刊。

在图书馆工作36年来，共发表论文、综述等50余篇，其中十余篇论文在全国图书馆学会年会征文、专业研讨会、省文化厅文化理论创新工程分获1~3等奖。主持与参与编著专著、工具书十种(正式出版)。个人研究方向与兴趣：图书馆学理论、工具书编辑与研究、近现代人物及史志研究等。曾经社会学术兼职：中国图书馆学会编译出版委员会委员、江苏省图书馆学会学术委员会副主任；文化部选聘的第一批文化科技专家(2008年)、中国图书馆学会于2008年表彰为“全国图书馆学期刊优秀编辑”；2011年被江苏省文化厅聘请为“江苏省公共文化服务体系建设专家组”成员(此项工作截至2016年)。

图书馆生涯　一生的情缘

吴艳兰

2013年，我们图书馆学系75级同学在毕业分别36年后，在母校120周年校庆之际聚会在珞珈山，师生欢聚一堂，共叙36年不变的情怀。大家久久沉浸在无比激动的海洋里，有说不完诉不尽的师生情。我们看望了年过耄耋的师长，重温流逝学生时光。

人生苦短，我们现已进入"60后"。蓦然回首，大学时光犹如昨天。1975年9月，通过考试推荐入学图书馆学系。由于当年河南遭遇特大洪水，火车走走停停近30个小时，我背着简单的行李卷走进校园，像做梦一样开始了大学生活。学农、学军、开门办学，是特殊年代工农兵学员的课程表，但其中所学的专业课程也都使我在自己的图书馆职业生涯一生受用，包括彭斐章、詹德优老师开设"社会科学参考工作"；陈光祚、焦玉英老师的"科技文献检索"；卢子博、卢中岳老师的"图书分类"；廖延唐老师的"古籍整理"等。

我们从对图书馆学一无所知到逐步掌握各类专业技能。毕业实习在张燕飞老师带领下，通过参与《中国图书馆图书分类法》编辑修订工作，对分类法五大类二十二个基本类目的组成、细则以及二级学科类目包含的内容有了比较深刻的印象。感谢母校的培育，奠定我们人生的基础。

我们的学习活动以小组为主，大家来自农村、工厂、部队以及文艺团体，虽然年龄、背景不一，但我们像大家庭一样，互相学习、互相帮助。记得当年王今民、朱南、易雪梅、李晓红同学属带薪学习，我们其他同学时不时"打土豪"。在那物质匮乏的年代，有次小琴过生日，向老大提出申请，买来卤蛋罐头，每人一个，我们吃得津津有味，以后再也没有吃到比那更香的；晓红从山下饭馆顺来食醋，加在食堂的素菜里，味道好极了。周末，能在外吃碗热干面就算改善伙食了，但我们无比快乐。我们班长朱南同学，很有号召力和影响力，无私帮助每个同学，记得当年我的一块小花布，在朱南手里，一会儿工夫做成了一件短袖衬衫，大家觉得很神奇。我有一个表侄两三岁时大量出血查出血小板缺少症，据说花生米皮可治，朱南托父亲关系从上海寄来一大包，这在当年花多少钱不一定能搞到，我的表侄后来完全恢复，现在已是三个孩子的父亲。1976年10月，我父亲因病去世，我的家庭雪上加霜。在我悲痛万分时，朱南、王今民、吴玉珍、沈文珍、李晓红、袁刚、易学梅、刘晓琴、邓永安、吕述珩、王伟等同学伸出援助之手，在精神上极大地安慰我，同时积极凑钱助我回家料理后事。我永远在心底深深感激我的这些同学们，祝福所有老师同学及家人身体健康，万事如意。

武大的风景美丽是出了名的。作为北方人，每当春暖花开，不由想起学校珞珈之山，东湖之水，樱花之美、桂花之香，其山水与建筑交相辉映，科学与人文完美融合，是世界最美大学之一，被郭老赞誉是“物外桃园”，是大师汇聚和学子向往的神圣殿堂。在我走向社会的几十年时间，不论我在工作生活顺境或逆境，我都忘不了我是毕业于美丽如画的武汉大学，我师从国内外著名的图书馆学家和图书馆教育学家，接受过系统的图书馆学教育，是武大授予我一生的财富。作为武大人，我骄傲，我自豪。

23 岁大学毕业，我回到专业人员特别缺乏的基层公共图书馆工作，利用所学专业知识，带头对该馆所有的图书资料进行规范的分类编目、卡片著录、目录整理、排架、上架等工作，同时也承担起读者咨询、培训等工作，引领该馆的各项业务步入正轨，基层工作全方位的锻炼也使我在以后的工作中如鱼得水、轻松应对。

1985 年结束了八年的两地分居，31 岁调入北师大图书馆，先后在期刊部、典藏部、阅览部和院系资料室工作，勤勤恳恳，认真踏实为所热爱的图书馆事业奋斗至退休。

在典藏部的工作中，主要负责对编目加工后的中外文图书进行分配和调拨，对图书馆库本、文科理科、基本书库、开架书库以及资料室等各部门的读者对象、研究方向、阅读需求和室藏结构有了系统的了解。在此期间，还及时、不断地将读者的阅读倾向与需求反馈给有关采访和加工部门，为他们采购、征订提供一手信息，为各学科的教学科研提供了保证。边工作、边学习和总结，发表了《典藏在图书馆工作中的地位和作用》的文章、编辑了《馆藏清末至民国时期教科书书目》。

在库本阅览室，读者工作也是库本书库的一大内容。由于扩招，读者座位日益紧张，我和同事们千方百计想办法，调整、扩大读者座位，满足读者的需要。因为从来不肯闲着，被同事们称作“工作上特别能折腾的人”。

作为图书馆工作者，我时刻想着该如何把服务变被动为主动，率先开启读者咨询的工作，将每批新调的图书及时在醒目的位置作详尽的宣传，包括书名、出版社、作者、内容提要等，同时向读者开展了解课题项目、毕业论文写作等针对性的推荐服务，取得了良好的效果，室内意见本上写满了读者的感激和表扬之语。如今北师大“京师文库”“学位论文库”也是在库本阅览室期间最早提出概念并做出大量前期工作，是北师大图书馆特色之一。

繁重的工作之余，我也不忘总结和进行科研工作。通过多年的准备和积累，小有成果。《近年来我国图书馆立法的讨论研究》发表在《改革与探索——面向 21 世纪的中国图书情报专业》一书中；在全国哲学社会科学“九五”规划项目中，和中央教科所合作，参与《基础教育课程教材研究中文参考文献指南》《中国教育书录（1991—2000）》等的编写；还有历时 8 年编辑整理出版的《北京师范大学图书馆馆藏师范学校及中小学教科书书目：清末至 1949 年》作为了学校百年校庆的丛书之一，这本书不仅是研究百年来我国普通教育的教材教法、教育史与教材发展史、教材编撰与教材出版的珍贵实物，其中蕴含着的某些主张和做法也对开拓21世纪教材教法改革的思路大有裨益。目前作为馆藏珍品，得到了海内外专家学者和广大师生的青睐和研究。

在多年的工作中，我一直在思考图书馆工作重点到底侧重在哪里，怎样才能算极大满足了读者的需求？我也经常看到一些现象，阅览部都是等读者上门，整个图书馆工作与读者尤其是院系教学科研脱节。我有一种渴望，尝试走进教学科研队伍里，与他们近距离接触，了解教学科研的动向，有针对性地提供文献信息服务。

2003年，学校进行资源整合，图书馆接受了院系资料室的管理工作。在明知是自讨苦吃的前提下，危急中我毅然决然接受了馆领导的安排，承担起资源与环境资料室的再建工作。院系资料室工作人员已经离岗关门，新书资料严重积压，排架混乱，没有电话通信，没有水喝等困难并没有动摇我的信心。一边正常接待读者，一边埋在库里整架、倒架，每天一身汗、一身泥，埋头苦干两个多月后，书库的面貌有了很大的改观，踏实肯干的精神和坚实的图书馆专业技能赢得了院系领导和师生的信任和尊重，为日后资料室的服务打下了坚实的基础。

资环资料室面向当时的资源所、环境所、地理系三个院系师生、中外访问学者开展服务和接待，藏书内容上至天文、下至地理，文理兼具，涉及内容涵盖中国图书分类法14个类目以及大批地形图、航空相片、影像资料、气象数据等，服务对象和内容十分复杂。我一切从头，制定了资料室的规章制度、建立了新书展柜、教师成果展柜、工具书展柜、赠书展柜等，并且在众多资料室中率先建设资料室网页，开展网上服务，还主动联系院系对新生进行培训，都取得了良好的效果。在不断学习和探讨的基础上，我发表了《高校图书馆员整体素质分析》《整合校内文献，实现资源共享》等文章。

2009年退休后，我依然关注图书馆事业，也有割舍不了的情缘。但我过得快乐坦然，觉得对得起人生，很知足。反省这一辈子在工作岗位上，该付出的付出了，该努力的努力了，有的有回报，有的没有回报；该得到的得到了，没有得到的永远也不想得到，也不再纠结，不后悔也无遗憾。

我无愧于武汉大学对我的培养。祝福母校发展壮大，祝福友谊地久天长！

作者简介

吴艳兰，女，现年66岁，中共党员，副研究馆员。1977年武汉大学图书馆系毕业分配甘肃永登县图书馆工作，于1986年解决两地分居调入北京师范大学图书馆，先后从事图书期刊的整理编目，以及阅览、典藏等工作。2009年退休。

工作期间学术研究成果主要有：

(1)“近年来我国图书馆立法的讨论研究”发表在《改革与探索——面向21世纪的中国图书情报专业》中国档案出版社1997年出版。

(2)参与全国哲学社会“九五”规划项目，和中央教科所合作，作为主编之一编辑出版

《基础教育课程教材研究中文参考文献指南》1999 年由吉林教育出版社出版；《中国教育书录(1991—2000)》2001 年由北京师范大学出版社出版。

(3)历时 8 年编辑整理出版《北京师北京师范大学出版社范大学图书馆馆藏师范学校及中小学教科书书目：清末至 1949 年》作为学校百年校庆的丛书之一，2002 年出版。

(4)《民国时期总书目——中小学教材分册》编辑之一，1995 年由书目文献出版社出版。

(5)“典藏在图书馆工作中的地位和作用”发表在《青海省图书馆》杂志 1996 年第 4 期。

(6)“高校图书馆员整体素质分析”发表在《图书馆学研究》2004 年刊。

(7)“整合校内文学 实现资源共享”发表在《大学图书馆学报》2004 年第 6 期。

百年沧桑弘扬中华文化　百年风雨砥砺教学树人

——热烈祝贺母院“武汉大学信息管理学院”百年院庆

胡承仁

金风送爽东湖，红叶染遍珞珈。十月庆祝祖国70华诞国庆的喧天锣鼓犹然在耳，我们又将欢天喜地的迎来母院，武汉大学信息管理学院（原“武汉大学图书情报学院”“武汉大学图书馆学系”）的建院百年。身为海外学子，远隔重洋遥望祖国，心系母院难以忘怀，梦牵魂绕，思绪万千，感恩老师们的传道授业解惑，使我立业至今，终生受益；感谢同窗们的相益相助情深谊长，令我身处海外情系珞珈，“天涯若比邻”！借此文回忆四十年前在母院的学习生活，感谢师恩，感激同窗，敬祝母院百年诞辰！

武汉大学的信息管理学院始于1920年，美国西蒙斯学院图书馆学系毕业生韦棣华（Elizabeth Wood）女士，在武汉创建了中国的第一所以西方近/现代图书馆管理理论基础为主的武昌文华图书专科学校，由此开始了中国的近/现代图书馆管理和近/现代图书馆学的教学和研究，也开始了与西方图书馆学和信息学的学术交流，以及图书馆学和信息管理学人员的交流培养。百年来风风雨雨，地覆天翻，祖国的图书馆事业与教学由单一传统的图书馆管理与图书馆学教学发展到如今门类多样，其中包括图书馆学，信息学，档案学，文献学，出版发行，信息管理和技术，以及相关的多种学科；图书馆与信息管理及技术的事业发展发生了巨大的变化；相关各类理论研究机构，教学院校遍及大江南北，专业的从业人员已是桃李满天下。追忆百年历程，我们的武大信息管理学院对祖国的图书信息事业的发展，对中华优秀文华的继承与传播，尤其是为祖国乃至世界培养图书信息专业人员作出了不可磨灭的贡献！

武大信息管理学院的发展是与祖国乃至世界的图书馆学信息学事业的发展息息相关、齐头并进的。尤其是祖国改革开放四十年，不仅是祖国迅速发展强大的四十年，也是祖国的图书情报事业重大发展的四十年，是武大信息管理学院里程碑式的改革、变化和发展的关键四十年。1977年恢复高考制度不仅奏响了教育部门改革的前奏曲，也吹起了祖国四十年改革开放的进军号。我本人幸运地乘东风加入这次改革大潮，参加了“文革”结束后恢复的第一届高考，也就是1977年的77级高考，成为这奋发大进军中的一员，进入了当时的武大图书馆学系，成为了77级(7701班)的学生。从此我在图书信息管理的大洋中搏击风浪，遨游奋进。

由于77级是积“文革”十年的学生和青年一起参考而成，班上的同学年龄相差最多的达十余岁。因当时系里教师缺乏，只集中招收了一个班，图书馆学7701班。我们班上共有56人，来自全国各地，五湖四海，工农兵学商各行各业。其中有来自农村的农民和下乡知青，有来自各类型工矿的工人及企业的职工，有来自中小学的老师，也有解放军现役军人。有的已婚有儿有女，有的是稚气未脱的应届中学毕业生(年龄最小的)。同学们都十分珍惜来之不易的上大学机会，学习都很刻苦努力，友爱相帮，切磋学问，互助成风。

我们入校时，武汉大学校长刘道玉是全国教育改革的先行者。在他的领导下，我们有幸“沾上”了教改的福分，“搭上了”改革的复兴号快车。刘道玉校长提倡课程有“必修课”和“选修课”，“选修课”可到外系选修自己爱好的课程。他开启了“学分制”，提前修满学分并达到毕业要求的学生可提前毕业。这在当时的全国高教系统中是首创试点。我选课较多，所以成为本系提前毕业的本科生(见所附照片)。

实行学分制后的第一批提前毕业生(前排左五为毕业生胡树祥，左六为党委书记庄果，左七为刘道玉)前排右二为毕业生胡承仁

照片转自刘道玉校长著作《一个大学校长的自白》188页

当时的图书馆学系主任是黄宗忠老师，他思想开放，勇于改革创新。他曾是1979年中美建交后第一个中国图书馆界赴美访问代表团的成员(1980)。黄宗忠老师是研究和教授“图书馆学基础理论”课程的。他强调我国图书馆要学习和赶上美国等发达国家的图书馆现代化管理，尽快搞出中国的图书馆计算机自动化管理系统和理论，我们必须要自己培养从事中国的图书馆自动化的人员及教学研究人员。因本系，包括全国当时没有这方面的师资，系领导们决定从我们班挑选出几个学生去计算机系学习相应的课，自己试验，

探讨，学习，然后培养为这方面的师资，我有幸被选上。我们班共四名同学从入学后第二个学期开始除学习本系所有课程外，选修计算机系与图书馆计算机应用有关的课程。也正因如此，奠定了我后来一生的专业方向（图书馆/信息管理自动化，联机信息检索及其网络等），终生受益！我的大学毕业论文是“探讨我国图书馆自动化的道路”（1981）；我在考取本校张琪玉教授的“信息检索语言”专业硕士研究生后，又赴美国西蒙斯学院图书馆学与信息学研究生院念硕士学位。当时我选修的大部分课程是有关计算机在图书馆的应用、联机信息检索等，参与的研究课题是“微机在图书信息部门的应用软件”，发表的论文是“微机在图书信息部门应用软件的统计分析”（1984）；我在美国伊利诺斯州立大学-香槟分校的图书馆学与信息学研究生院师从F. 兰卡斯特（Frederick Wilfrid Lancaster）教授，获博士学位（1987），我的研究课题和博士论文是“人工智能技术应用于选择联机数据库网络系统的评估”（1987）。我在美国工作一直是负责大学图书馆的计算机和网络系统，在实践中获得图书馆的计算机和网络系统实用技术和管理知识，为后来我转做信息研究管理系的教师积累了较好的实践技能和知识，我的教学课程和研究课题多为图书馆与信息管理的计算机和网络系统及有关的技术应用。我曾为母校与美国伊利诺斯州立大学-香槟分校的图书馆学与信息学研究生院建立联系与合作做出了努力。

在大学期间，武汉大学图书情报学院各门课的恩师们对我们这一届“特殊”学生（年龄及生活背景不同，知识基础不同，社会经历不同，思想状况不同）循循善诱，无私教诲，关怀备至，思想引导。他们渊博的专业知识和丰富的教学经验给我们提供了全面的基础和专业课教育。彭斐章老师是留苏博士，他教的目录学给我们奠定了坚实的图书馆学最重要知识之一的基础；廖延唐老师的“古籍整理”，谢灼华老师的“中文工具书”，张琪玉老师的“检索语言”，陈光祚老师的“联机信息检索”，周继良老师的“图书分类学”，沈继武老师讲的“藏书建设”，王秀兰老师的“西文图书工具书”，还有其他老师们，以及赵纪元老师，严一桥老师等年轻老师们也提供给我们丰富的图书馆与图书馆学基础知识。当时，情报专业（即信息专业）正在筹办，开课后，严怡民老师给我们讲授了“科技情报学基础”等课程。除这些必修专业课程外，我们还选修了文史社会科学的基础课程，及自己选修的不同的外系的课目，以及外语课，包括第一外语（英语），第二外语，和第三外语（选修课）。

我们的辅导员是何绍华老师，她秀美聪慧，温柔善良，比我们班许多大龄同学年轻，但她却像大姐姐一样地关心照顾全班同学，获得全体同学的尊敬与热爱！我们班始终将她看作我们7701班的一员。

由于我们班有一些社会工作经验丰富的同学，所以班委和班党、团支部的核心领导力很强，将同学们组织管理得井井有条，大家团结相爱。至今四十年，许多同学仍保持热络的联系，在2017年10月武汉大学全校77级同学为“纪念恢复高考制度四十周年返校聚会”时，很多同学从全国各地甚至远渡重洋来校聚会，大部分同学已是银发退休者了，尽管有的还改了行在不同领域不同行业工作，但都是为图书馆和信息管理事业以及其他

行业做出了毕生贡献，是成就斐然的佼佼者。同学们以自己的优异业绩向母院汇报："我们没有辜负老师们的期望!"

百年风雨沧桑，百年心血育人。我们的母院从 1920 年的文华图专一路走来，发展壮大，到如今成为世界最大的信息管理学院，在国际上具有重要影响的信息管理教育机构，培养了成千上万的信息管理人才，遍布祖国大地和世界各地。我们为我们的母院感到骄傲和自豪!

衷心祝愿我们的武汉大学信息管理学院"百年集聚成就，新瑞再启华章"!

母院百年华诞，生日快乐!

作者简介

胡承仁，女，72 岁。1977—1982 年就读武汉大学图书情报学院(现为"信息管理学院")。图书馆学专业 77 级本科，81/82 级信息检索语言研究生/教师(后中断于 1982 年赴美留学)。已于 2015 年退休。曾在美国不同的高校图书馆任计算机系统图书馆员、技术服务部主任、信息研究及管理系助理教授、副教授。

历经磨难　终生无悔

——出版发行学专业创办历程中我所经历的几件难忘琐事

罗紫初

武汉大学于1983年4月在全国率先设立了图书发行管理学专业(后更名为出版发行学专业)，并于9月招收了第一届本科生，开启了出版学类专业高等教育之先河。我有幸参与了武大出版发行学专业的创建工作，见证了出版发行学专业从成立到发展壮大的全过程。对我来说，出版发行学专业就是我的全部事业。尽管已到古稀之年，但对出版专业创办初期所经历的几件琐事，至今记忆犹新，难以忘怀。

一、专业教研室的筹建，白手起家

我校图书发行管理学专业的成立过程，时任新华书店办公室主任的李廷真同志在2002年9月26日《中国图书商报》的《武汉大学图书发行管理学专业诞生记》一文作了详细描述。从中得知，为了加强图书发行专业人才的培养，新华书店总店在汪轶千总经理的积极推动下，从1981年底就开始积极寻求与高校合作，并先后与多所高校联系。是武汉大学校、系领导(李文中提到时任校长刘道玉，系党总支书记傅敬生、系主任黄宗忠)认真负责的精神、积极务实的态度及雷厉风行的作风，赢得了新华书店的信任，使我校从众多竞争者中脱颖而出，获得了极为珍贵的首创出版类专业的办学权。教育部1983年4月1日以(83)教计字第044号文批复同意武汉大学设立图书发行管理学专业。

接到教育部的批文后，我院(时为图书馆学系)立即组建了由孙冰炎、廖延唐老师和我三人组成的专业教研室，孙任主任，廖任副主任，我任党支部书记(当时教研室与系资料室、编译室合组为一个党支部)。我作为新专业的年轻教师，主要承担一些与专业教研室运转有关的具体事务。其中印象较深的是如下方面的事务。

一是办公室的安置。教研室成立时，学校特批物理楼101、102室作为教研室的办公室(毗邻新闻传播学院筹备处的103、104室)。办公用具领来后，101室摆放3张桌子和一个柜子，作为3位老师的办公室；102室摆放3个书架，一个藤制茶几和两把椅子，用来摆放各省新华书店寄来的资料和接待客人。至今我还清楚地记得，在家具摆放妥当且抹洗干净后，我们3人坐在各自的桌子前，相视一笑。现在回想，这一笑真是意味深长：图书发行学专业的办学征程就此起步了，路上该有多少艰难险阻在等着我们呀。

二是教师的选留培养。新专业的开办需要教师，选留教师的方案(进什么样的人，进多少，从哪里选进)由系里决定，我的任务就是按照系里的要求到相关单位选定合适的具体人选。为此我到过中南财政大学统计系调研与查档，到过即将毕业的79级、80级图专学生宿舍找学生座谈，到校档案馆查阅过档案，先后选留了7名优秀人才充实到专业教师队伍中。随后，又配合孙冰炎主任将这些青年教师分批安排到新华书总店、山东省新华书店等地实习，使他们较快地熟悉了发行业务。这些教师后来都成了出版学教学队伍的中坚。

三是基本教学体系的设计。专业成立之初，教研室对如何培养学生心中无数。所以，在教研室办公地安顿好之后，孙老师就迫不及待地给我布置任务：拿出一个教学方案。我参考了图书馆学与人大档案学(此前我曾参与我校档案学专业的恢复重建工作)专业的教学方案，结合新华书店的要求与设想，起草了一个材料，后经教研室与总店多次交流研讨，形成了专业创办初期(前3年)的教学方案。其中几个要点我至今未忘：(1)培养目标是为新华书店培养科级以上经营管理人才；(2)主干课程大体按新华书店业务流程设置；(3)三门核心课程："图书发行概论""图书进销学""图书发行企业管理"的教学工作由总店负责(包括教材编写与主张教师派遣等)；(4)毕业实习由新华书店总店统一协调安排。

四是对外交流与联系。新专业的创办离不开新华书店系统的支持，为此就需经常与新华书店联系。此种联系大体可分为两类：属于决策性质的与总店管理层之间的联系，都由傅敬生老师与孙冰炎老师承担。在整个办学过程中，此类联系难以数计，所以傅老师与孙老师为专业开办所作出的贡献，实在是我们这些普通教师无法相比的。我承担的联系工作，主要是一些具体事务的交流与联络，如总店发文要求各省新华书店将自办的内部报刊每期寄5份给我们专业，我就要逐省联系，告知发信地址，并要将各省发来的资料归类上架(不过一年多后，此类事务性联系就由选留的青年教师分担了)。

五是首届生招生培养。图书发行专业1983年秋季开始招收首届本科生，我参加了湖北省的招生工作。当年湖北省的文科考生质量不错，加之我们又是全国首创专业，因此第一志愿填报的高分考生不少。开学后得知，其他招生省份的情况也与湖北省差不多。首届生的高质量生源，给了我们极大的鼓舞。从1983年秋季开始，学校推行本科班导师制，我有幸被派为图书发行学专业的第一位本科生导师。在与83级本科班同学朝夕相处的日子里，我虽然牺牲了大量个人的宝贵时间(几乎每天都要去本科生宿舍转)，但收获了同学们的信任与友谊。看到30多年后的今天，他们大多成了出版领域的中坚，我就觉得值。

二、专业课程的开设，边学边上

办学之初，新华书店按照与我校签订的协议，承担了3门专业课程的教材编写与派教师上课的任务。《图书发行学概论》教材由总店郑士德副总经理率东北三省新华书店的同志编写，来校上课的是上海市店的宋玉鳞同志与湖北省店的方振益同志；《图书进销学》教材由北京新华书店编写，上课的是韩益谦同志；《图书发行企业管理学》教材由广西区新华书店编写，上课的是陆宝祺同志。我们教研室的老师分别跟各门课程老师听课，边学习边备课。我被分配跟随宋、方老师学讲“图书发行学概论”课程。

从1984年秋季开始，我独立承担了“图学发行学概论”的教学任务。作为第一个系统讲授专业课程的老师，我肩上的担子十分沉重。宋、方老师是业界元老，熟知图书发行业务，在跟随学习的一年多里，我向两位老师学到了很多东西。但是大学新专业没有可借鉴的经验，再加上所用教材虽经多次打磨，东北三省的编写者们也竭尽全力，但限于当时整个出版行业的理论研究状况：大家一般只知道这样来做，却没有用文字来描述这种做法，所以内容难免粗糙。为此，我在备课上下了一番苦工夫。对实践中遇到的，大家都清楚的一些常识性名词、术语，经反复推敲进行准确定位；对一些专业常用的知识，则按大学课堂讲授要求进行规范性描述。力求做到：讲知识，有高度；讲理论，接地气，使讲课内容能较好地适应大学本科教学的要求。

在概论课讲授两轮后，我即着手编写教材。教材以备课的文字材料为基础，反复征求学生的意见，然后不断进行增删而成。具体说来，我首先改造的是学科理论。学科理论是一门学科的根基，是这门图书发行概论课程所独有的、区别于其他学科的重要标志，包括对出版发行学核心概念的描述，对出版发行学研究对象的探讨，对出版发行学学科体系及分支学科的构建，等等。之后，又增加了出版资源、出版效益及出版作用、功能等方面内容。这些内容都是先在课堂上对学生讲授，然后再根据学生反馈的意见逐步补充到教材之中的。当时可以参考借鉴的资料十分有限，所以教材的内容必须在不断思考中一点一点地修订和完善。

经过多年的探索和积淀，我主编的教材《图书发行学概论》1988年由武汉大学出版社正式出版。教材出版后连续5次重印，1992年又推出了修订版，受到各办学高校及全国出版发行界的广泛好评。著名的书评专家刘秉书教授专门撰文《一部展示图书发行学研究新水平新进展的专著——喜读〈图书发行学概论〉第2版》，对教材给予高度评价：

“有人说，罗紫初同志的这部著作有不少内容是借鉴他人的。这话有点道理。我认为罗紫初同志令人敬佩之处，就在于他在继承前人、他人的研究成果的基础上，有所开拓、有所创新……罗紫初同志是用新的方法从新的角度来研究商品流通规律的，既取他人之长，又有所创造。正因为如此，该书的理论体系才得到不断地完善。”

教材的正式出版及内容体系的不断完善，丰富了课堂教学的内容，对课堂教学质量的提高起到了重要的推动作用。之后，又继续努力，到2005年，我主讲的由“图书发行学概论”延伸拓展的“出版学基础”课程被湖北省教育厅评为省级精品课程。

三、多元办学的践行，充满艰辛

新开办的应用类专业，往往是社会对人才需求极为迫切的专业，图书发行学专业也是如此。面对新华书店系统人才培养的急切需求，我们在校内的本科班与干部专修班毕业两届后，即着手谋划多元化办学。从1989年开始，先后在校内和校外20余个省市开办了函授班、专业证书班、短期专题培训班。多元化办学模式的践行，为新华书店队伍素质的提高发挥了重要作用，但对于具体参与教学的老师们来说，受到的“磨难”也难以言表。

在办学最鼎盛时期，我们在校外12省市开办专科函授班，还在10个省市开办专业证书班。面授时，每个人拖着个大行李箱，从广州、南宁、昆明等教学点开始授课，经福建、浙江、山东，再到辽宁、吉林、黑龙江，将近3个月连续授课，冬末穿棉袄去，夏初穿短裤汗衫回。当时很多函授站点根本没有接待条件，也不知道如何接待来讲课的老师们。我作为“冲在最前线”的第一人(所有校外教学点的课程，几乎都是我第一个去讲授)，总是在自己尝尽苦头之后，才发现教学点的不周到之处，然后尽力对当地教学点多做一些交流说服工作，争取让后面到来的老师们能有一个较好的授课条件。但即便是这样，老师们在回忆这几年践行多元化办学的情况时，最深刻的印象仍然是：充满艰辛。

记得到深圳函授站讲课的时候，他们腾出一个仓库给我睡，第一晚我浑身发痒一整晚，第二天把铺板拿出来晒烫，烫死的臭虫有40多只，只只吸饱了我的鲜血。第二晚还有，连续烫了三天，第二位老师来上课时才好了些。临走时我特别叮嘱函授站的人员，接着来的是一位女同志，一是要把臭虫烫干净，要买个帐子遮蚊子，买双拖鞋以便洗澡用。还有一次到河北函授站去上课，住在职工宿舍内，算是有了间房子，但房门正对厕所，厕所也不是像现在这样用水冲的厕所，而是农村里的那种露天茅坑，没有门。秋风一刮，阵阵臭味吹到床头。对我来说，忍忍也就过去了，后面来的吴平老师虽说有点吃惊，但也忍受了下来，再后面来的年轻女教师就真的被吓倒了，赶紧另找地方。除了住宿条件外，吃、行等诸多方面也都有问题。就行而言，坐飞机不报销，坐火车经常有买不到车票的时候，我们就只能在火车上一路站着过去。

总之，多元化办学过程中我们所遇到的各种困难难以言表。但艰难困苦不仅没有压垮我和我的同事们，反而造就出我们艰苦奋斗、自强自立、坚韧不拔的品格。正因如此，我们才能取得今天的累累硕果，才能赢得出版业界“黄埔军校”的美誉。

四、正高职称的评定，好事多磨

出版发行学专业作为新出现的小学科，学科地位难以得到承认。这样，专业教研室老师们的职称评定就容易受阻。我评教授的经历就是如此。回想历经5年的教授职称评聘的坎坷之路，至今仍是心潮难平。

在我达到评聘教授职称条件的第一年，学校没有给我们专业分配指标。第二年，学校又新增一项条件，即要在权威期刊上发表文章，而之前并没有对发表刊物级别做限定。我们小学科基本上没有权威期刊，即使是在业界影响很大的《出版发行研究》，也没有被学校认可。那时，虽然可以走捷径，在图书馆、情报学的核心期刊上发表文章，但我不愿意这样做，因为这显得有点“不务正业”，并且也不合理，我坚持认为职称评价指标应该引导、鼓励教师全心全意做到自己学科的研究。学校发现这个问题后，就发布了一道指令，允许有特殊情况的小学科增补权威期刊，但要院里提交申请报告，才可以被认定为权威期刊。于是，第三年，学院按学校要求给学校提交了一份申请报告，提出因出版专业和图书馆学专业不同，考虑专业的特殊性，可将《出版发行研究》增补为权威期刊。这样，我已在该刊物发表了7篇论文，远超了教授评定条件。然而，让人意想不到的是，院里报告却因不明就里的原因没有送达评委会上。当时任评委的马费成教授从评审会现场给我电话紧急询问时，我惊得好一阵子没说出话来。这一次机会也就阴错阳差地失掉了。第四年，权威期刊的确认已成不需另打报告的常规，可是我的职称英语成绩却又过了期，以刘俊昌书记为首的党政领导认为我的英语成绩过期是学院和学校造成的，因此又特别为我职称评聘问题专门打了个报告，要求学校特批。非常凑巧的是，来自院内的“群众意见”也几乎同时送到了学校，于是，评定正高职称的第四年美梦也就破灭了。第五年，我重新参加英语考试并顺利通过，终于历经挫折评上了教授。记得考前在家复习英语20天没下楼，待考试那天下楼时，都似乎不会走路了。

好事多磨，这一段正高职称评聘的经历，也只有我们所从事的这种新学科、小学科同事才“有幸”体验。值得庆幸的是，在我之后，出版发行学专业教师们的职称评聘再也不会如此艰难了。

上面记述的，是我在出版发行学专业创办历程中所经历的几个方面的难忘琐事。字里行间，除了较为详实地再现了出版发行专业真实的创办历程之外，也不缺少“牢骚”与“埋怨”情感的抒发。本人从1983年4月参与筹办出版发行学专业到2015年3月退休，整整31年与专业同呼吸共命运。出版发行学专业就是我的人生。我体验到了专业创业的艰辛，我分享到了专业发展的荣耀，更感受到了专业在后继们掌控下的强盛。归结到一句话就是本文的标题所示：毕生与出版发行学专业相伴，虽然历经磨难，但我终生不悔！

作者简介

罗紫初，1947年11月28日生，湖南涟源人。1965年应征入伍，1976年退役。1977年考入武汉大学图书馆学系学习，毕业后留校任教。历任图书馆学系副系主任、出版科学系系主任、信息管理学院副院长等职。2000年6月晋升教授、博士生导师。曾任全国出版专业职业资格考试辅导教材审定委员会委员，国家优秀出版奖评审专家，国家科技标准评审委员会成员，国家新闻出版总署中国出版科研人才库入选专家，湖北省书刊发行业协会副会长，湖北省编辑出版系列高级职称评审委员会委员，湖北省文化产业商会专家委员会副主席等职。2015 年 3 月退休。

作为我国第一个出版专业的创始人之一、编辑出版学科第一位博士生导师，从事出版专业教学与科研工作 34 载，主要在出版学基础理论、图书发行学、比较出版学等领域从事教学与研究。迄今为止，共指导培养编辑出版学专业硕士生 50 多名、博士生 20 多名；出版学术著作 17 部，主编国家级重点教材 6 部，发表学术论文 170 多篇，主持了多项省部级和国家级科研课题项目，其学术成果多次获得省部级以上奖励。

难忘珞珈情

曾蕾(Marcia Lei Zeng)

无论什么时候，无论在哪里，也无论我取得什么成就，我的心里总不忘感恩——我亲爱的母校、恩师和同学们!

一、求学百年名校，共结珞珈情缘

我与珞珈的不解之缘还得从四十多年前说起。

上大学，对每个年轻人来说都是改变人生的重要一步。对我们77级而言，更是一生中最关键、影响最深刻的一个转折点。武大77级图书馆学系的学生大多数在上大学前已有在工厂、农村、中小企业工作的经历，我也如此，入校前我就是一个有着两年工龄的青年学徒工。“文革”期间，我和很多同学一样，出于对知识的热爱，在每天完成繁重的体力劳动之余坚持自学，最终迎来了77年恢复高考的喜讯！正是因为我们对知识不懈地追求与探索，所以及时抓住了这一千载难逢的良机，幸运地通过了“文革”后首届高考和层层筛选，来到梦寐以求的武汉大学，开始了崭新的求学之路。

“诚实朴素，勤奋刻苦，严谨治学，勇于创新。”这是当年刘道玉校长1982年亲自为武大77级本科生毕业通讯录所做的题词，寥寥数语简洁精确地描述了母校对我们的厚望。斗转星移，岁月荏苒，转眼之间，离别母校已有数十载春秋。时至今日，我们可以自豪地说：我们做到了，我们无愧于母校的期望，这16个字就是我们人生道路的真实写照!

回顾自己的求学之路和学术生涯，深切体会到我们的每一步成功都离不开母校的栽培。在珞珈山下读本科的那四年里，武大图书馆学系的师长们无不尽心竭力地将多年来积累的知识以最佳方式传授给我们这些新入门的学生，力争将每位学子培养成未来中国各类图书馆和档案馆的骨干力量和新一代领头人。在此期间，我们见证了武大图书馆学专业扩展到图书情报学专业的发展过程。当初，图书馆学系77级招收的全是文科生。1978年系里开设了一个全新的专业——科技情报学，因此与78级图书馆学专业新生同时报到的是第一届有理科背景的科技情报学专业学生。我们这些图书馆学学生那几年中也直接得到学习情报学的最佳机遇。

本科毕业后我留在母校继续攻读硕士，有幸成为国内首个情报检索语言专业方向的研究生。读研三年中我与78级和79级毕业留校攻读硕士的同学们继续在武大汲取学术营养，一起经历了武大图书馆学系向图书情报学院的升级。1984年，中国第一个“图书情报学院”在武汉大学宣告成立，学院随后正式入驻老武大正门附近一座高大雄伟的大楼。

与我们77级本科和跨级研究生班同学们一道，我亲眼目睹了“图书情报学”这个新兴的学术领域的迅速发展与成熟壮大，而这正源于武大图书情报学院日臻完善的科研教学体系。学院严谨且有效的教学方法和丰富的研究成果，大大促进了图书情报学在从桌面到联机、又到联网的环境中突飞猛进的发展。当21世纪新的网络时代来临时，我们高兴地看到一个以“信息管理学”为标识的学科又由学院牵头发展成为当今信息社会最热门的学科之一。

二、感念武大图情，闪耀国际舞台

研究生毕业在武大留校任教三年后，1988年我为了攻读博士学位来到美国匹兹堡大学(University of Pittsburgh)。1992年取得博士学位后我获得美国肯特州立大学(Kent State University)的教职，继续从事图书情报学教育，成为中国大陆改革开放后第一个在美国图书情报学教育机构荣获大学终身教授职位的武大人。近20年来，本人多次应邀回武汉大学讲学和交流，在此期间映入眼帘的是这个国内首个“图书情报学院”已经扩展到宏伟的“信息管理学院”，并成为国际顶级信息学院 iSchools 联盟中的一员。2017年，iSchools 联盟年会 iConference 首次在欧美以外的国家召开，武大信管学院作为主办者，接待了来自世界各地的500余名参会的专家学者。此次会议的规模、阵容、运作，以及美丽的武大校园和上百位信管学院学生志愿者的周到服务都给海内外来宾们留下了极其深刻的印象。作为大会组织者之一，本人为本届年会的成功召开感到十分欣慰，而作为武大信管学院的校友，更是感到无比自豪！

武大信息管理学院不仅有一流的学科，更有一流的团队，包括师生员工和校友，人才济济。多年来我发表的学术成果中就有不少是通过与武大校友们的合作完成的，其中最有影响的是被列为2017 CHOICE 杰出学术著作(CHOICE Outstanding Academic Title)的《元数据》(第二版)一书(Zeng M L, J Qin. *Metadata*. 2016. ISBN 978-1-55570-965-5)。该书是与78级校友秦健博士(现任美国雪城大学教授)合写的。此外，我还有与师弟汪东波(现任中国国家图书馆副馆长)、师妹洪漪博士(现任美国 MedeAnalytics 医学信息公司数据架构师，兼任 DeepThink Health 公司的首席临床医学信息学家)，以及科技情报专业的“表”师弟张进博士(现任美国威斯康星大学教授)和鲁昕博士(现任美国 ProQuest 副总裁)等合作的研究报告和学术论文。

本人参与组织和主办的多个国际学术会议一直得到武大信管学院领导和教授们，以及武大校友们的积极参与和支持。最近几年，在马费成教授领导下开创的国内首个数字人文研究中心举办了多种学术活动，更是将我们的合作带入新的前沿领域。该中心和武汉大学信息资源研究中心于 2017 年 10 月底在武汉共同举办的“珞珈大数据系列：面向数字人文的智慧数据建设专题研讨会”特别邀请了我作主旨发言。2019 年 7 月，由敦煌研究院、武大信管学院等多家机构合作举办的“文化遗产数字化国际研讨会暨中国社会科学情报学会数字人文专委会学术年会”在敦煌莫高窟召开，我有幸应邀加入组委会，并作为大会发言人和主持人之一，与多位中外专家共同探讨和分享学术研究成果。

2019 年 1 月 10 日，“中国十大学术热点”发布会暨哲学社会科学学术研究展望论坛在中国人民大学举行。会上发布的十大学术热点是对 2018 年中国哲学社会科学学术研究重要成果的系统梳理和总结，客观反映了学术研究发展趋势与学术理论界的热点、焦点和亮点。令人振奋的是，与政治、法律、经济、教育等一起列出的是“热点十：大数据视域下数字人文研究”，而这个热点中列举的四个“重要文献”的第一篇，就是我与武大信管学院王晓光教授（现任武大数字人文研究中心主任）合作，在《中国图书馆学报》2018 年第 1 期发表的论文“图档博领域的智慧数据及其在数字人文研究中的角色”。

我的感慨是：武汉大学信息管理学院 = 一流的学科 + 一流的团队。

如今我在国际上享有的信息科学专家的殊荣应该归功于当年在武大图书情报学院所打下的坚实基础。我所学到的专业知识和在学术生涯中迈出的每一步都来源于那些全国一流的武大教师们开设的丰富多彩、系统实用的课程。记得读博时，我一直在匹兹堡大学的东亚图书馆打工，在工作中我不经意显露出来的关于目录学和中文工具书的知识以及分类编目的水平，让几位资深的专业图书馆员深感意外，并从此对我另眼相看，大力支持我的一切学习和研究工作。

武大是全国大学中启用“学分制”的先行者，我们 77 级就是最早的受益者。当时系里允许我们自由选修其他学科的课程，我甚至到物理系选修基础物理课，与理科学生们一起学习。还斗胆迈进一个座无虚席的大教室，与来自不同院系的同学们一同研修刚开始普及的计算机技术（那时计算机只有主机和终端，尚无个人计算机 PC），尝试 Basic 计算机程序设计语言。这些早期在武大求学时的大胆尝试是我后来敢于在计算机网络、信息系统、大数据科技新潮中冲浪的根基。

那几年在武大教我们英语、古汉语、逻辑学的教师们也都是资深教授，其课程让我终身受益。比如，我上大学两年后就开始那种全天说英语的尝试，读硕士期间为读懂某英文专著而将之全部翻译成中文，出国前就已在国际学术期刊发表英文文章。

武大图院资料室（后升级为学院图书馆）也是让我大开眼界并及时跟踪世界研究前沿的宝库。正是图院资料室提供的国际期刊让我及时读到新创刊的 *International Classification*（《国际分类》）杂志，也就是现在的 *Knowledge Organization*（《知识组织》）期刊，其中由国际知识组织领域的创始人 Ingetraut Dahlberg 博士在 1981 年发表的论文中阐述的情报检索语言兼容的问题引起了我的关注。我从此不断跟踪学习并深入研究，后来发展成为“接班人”，被世界图书情报界公认为目前这方面领头的专家。

我永远不会忘记当年武大图书情报学院的老师们的言传身教，不会忘记我们77级本科和跨级研究生班同学们的全力支持和真诚合作。正是这永生难忘的珞珈情谊让我这个当年性格内向的青年女工化蛹成蝶，成为一个荣任多个信息科学国际学会理事和负责人，若干国际组织(如W3C，欧盟，联合国)的特邀合作专家和项目负责人以及国际ISO标准制定者，一个应邀在世界20多个国家召开的国际会议上作大会发言或主讲的卓有成就的学者，以及一个桃李满天下的教师。

三、秉承恩师教诲，潜心钻研学术

每每与世界级大师们在国际会议上同台发言，我总是不由自主地想起武大图院，特别是我的导师张琪玉教授。

张琪玉教授对情报语言学学科建设的贡献是无人可比的。张老师早在1980年就完成了《情报检索语言》初稿，并为武大学生进行系统讲授，我恰好是第一批受益的本科生之一。1983年该书正式出版后随即产生轰动效应，“情报检索语言”作为一个全新的研究领域从此在国内大放异彩，而我又正是该研究方向的第一个硕士生。张琪玉教授在1983—1997年继续完善这一领域的研究内容，并正式推出“情报语言学”的概念。他的《情报语言学基础》专著(1987年出版第一版，1997年增订第二版)是他创建的情报语言学学科领域的最集中的代表作，其深度和广度至今仍然是世界水平，不仅是国内首创，而且走在了世界前沿。

由于张琪玉教授的思想智慧和理念是超越时空的，所以关于他的情报语言学思想与专著在国内已有过很多专题会议以及学术论文和专辑。不过，很少有人知道他对学生的影响。我在1996年出版的《联机环境中的情报检索语言》一书的卷首语中，曾记下我发自内心的感受：自1980年在武汉大学选修“情报检索语言”课以来，情报语言学就像一块巨大的磁石吸引着我。最初只知道这门课是国内首次开设，是张琪玉教授多年研究成果的结晶。随着课程的深入，我不由得一次次惊叹这一片新开垦的知识土壤中拥有的探之不尽的宝藏！不论是作为检索语言基础的哲学、认知科学、语言学和知识分类的原理，还是那由千变万化的各种微观结构和成分所支持的检索语言的四项功能，以及检索语言在整个检索系统中作为知识组织的工具和提高检索效率的手段所起的作用等，都包含着许多吸引我们去钻研探索的课题。之后，我有幸成为张琪玉教授情报检索语言方向的第一个研究生。读研三年中，我深深受益于张琪玉教授的精心培养和教育，较系统而且深入地触及情报检索语言学的各种研究问题。导师如站在高山之巅，对古今中外人类用于组织知识的方法一览无遗，并将长期以来分散存在的各检索方式和检索工具的理论与实践基础融会贯通，提炼出一整套情报语言学理论。

正是张老师的谆谆教导，拓宽了我的知识面和研究能力，使我得以将自己从本科、硕士、博士期间的学习和研究成果集中到《联机环境中的情报检索语言》一书中，于1996年由科技文献出版社出版。张琪玉教授在这本书的序言中写道："曾蕾像我一样，看到了情报语言学研究的重要意义，看到了这一片新开垦的知识土地上的探之不尽的宝藏，包含着许多的吸引我们去探索发掘的课题，因此非常执着地在这个领域中进行探索。""整个文集反映了她在情报语言学方面由开始到成为一个专家的历程。可以说，她走的是一条在学术上必然会成功的道路。"导师还强调他也因为我曾是他的学生而感到自豪。

张琪玉教授的思想和研究方法可以说影响了整整一代情报语言学研究者，而他对知识的执著追求和对学生的精心培养，又使得他的学生们受益最多。在我1982年初发表的第一篇作品的手稿上，几乎每一页每一段都有导师亲笔修改的工整的字迹。读研期间我得以在导师的安排下到国家图书馆和各部委的文献情报机构采访和实习，之后还参加了《中国分类主题词表》第一版的编辑。恩师严谨治学的学风和精神真是难以用文字详尽描述，当年从他那里学到的专业知识和研究方法始终影响着我的教学与研究，让我能一直致力于研究与实际应用的联系，关注研究新动向并发掘新课题。近些年我的研究领域已经扩展到其他领域，比如本体知识库、元数据、智慧数据、数字人文等，但在研究角度和方法上依然是从情报语言学入手或通过其理论和方法的应用而来的，也就是一切都源于并得益于我在武大的求学之路。

四、投身图情教育，促进中外交流

我1992年博士毕业后来到俄亥俄州(Ohio)的肯特州立大学(KSU)任教，这里有俄亥俄州唯一的图书情报学院。俄亥俄州素有"信息之都"(Capital of Information)的美称，在武大读书时就耳熟能详的几个情报检索和信息管理领域的先驱机构，如 *Chemical Abstracts*(《化学文摘》社)，LexisNexis，OCLC 等，都位于俄亥俄州。众所周知的网络时代国际通用的都柏林核心(Dublin Core)元数据标准中的"Dublin"就是俄亥俄州 OCLC 总部所在地。我的情报语言学研究背景促使我得以在这个信息之都与当地的专家团队长期深入合作，其中包括《杜威分类法》编辑部，Dublin Core 元数据团体，OCLC 研究中心等。看到我的不少研究生毕业后受聘于这些机构，深感欣慰。

凡到过我在肯特州立大学 iSchool 办公室的，都会注意到我的办公室门上贴着带有武汉大学标签和武大校园美景的图片，这是1996年武大图情学院寄来的新年贺卡。我与母校的感情是天然的，往事如烟，但情怀依旧。我在1992年受聘于肯特州立大学图情学院任教的第一年，就志愿参加了当年接待中国学者的准备活动。这是院长 Rosemary DuMont 教授和 Thomas Froehlich 教授启动的项目，得到美国信息总署-教育与文化局 United States Information Agency(USIA)基金支持，可谓是美国图书情报界的首创。从1994年起三年内我们有幸接待了分期来自武大图院的多位访问学者，包括马费成、胡昌平、黄凯卿、肖希明、刘家真等教授，后来他们均成为武大信管院的领导人，担任系主任、研究所所长、正副院长等，并且是信息科学、图书馆学、档案学、编辑出版学等专业的博导和学科领军人物。

也许正由于俄亥俄州是信息之都，具有得天独厚的学术研究环境，更因为肯特州立大学图情学院对武大和中国人热情相待和信任，我任教肯特州立大学后一直坚守岗位，不管有多么更好的单位特邀都没有跳槽。当我 1992 年在匹兹堡大学 Edie Rasmussen 教授指导下完成的博士论文被美国情报学会(ASIST)评为最佳论文后，不止一个专家告诉我可以拿到任何学校的教职，后来也不断有名校直接邀请我作教授或作院系负责人，但是我从未动心，主要原因之一就是深深感到这里有对我们武大图情学院人的青睐和信任。自从另外一位毕业于武大信管学院和伊利诺大学香槟分校(UIUC)图书情报学院的张茵博士加入我任教的肯特州立大学 iSchool 后，十几年间到我们学院来做访问学者的武大信管学院教师、博士生，以及在其他学校任教或当馆长的武大信管院校友可以说源源不断，这两年我的一个研究项目招聘的博士后也是来自武大。记得 21 世纪初，黄宗忠教授到我家附近的克利夫兰市探亲，我邀请他来我家相聚，结果得知消息的武大校友们从美国各地和加拿大多伦多专程前来拜见黄教授，大家欢聚一堂，说不尽的东湖，道不尽的珞珈，满满都是对母校的眷恋之情。

结　　语

已经记不起是第几次提笔写这篇回忆短文了，写着写着就会浮想联翩，除了回想那改变了我人生轨迹的珞珈美好时光，更多的是想念那些难以忘怀的恩师和同窗密友，常常禁不住热泪盈眶。值此武大信息管理学院成立 100 周年之际，谨以此文来表达我对母校以及亲爱的老师同学们的无限感激！

作者简介

曾蕾(Marcia Lei Zeng)，女，64 岁，武汉大学图书情报学院学士(1982)、硕士(1984)，美国匹兹堡大学信息科学学院博士(1992)。1985 年至 1988 年在武汉大学图书情报学院任教，现为美国肯特州立大学(Kent State University)图书情报学院教授。

研究与教学领域包括关联数据、数字人文中语义技术的应用、知识组织系统(含分类法、叙词表、语义网络、本体等语义工具)、元数据与置标语言、数据库质量分析与控制等。在国内及国际刊物、百科全书、各种国际学术会议上发表研究文章 90 余篇，撰写专著五本，其中《元数据》(第二版)一书被列为 2017 CHOICE 杰出学术著作(CHOICE Outstanding Academic Title)。应邀在北美、南美、亚洲、欧洲各国做国际会议特邀主讲，主持若干由美国国家自然科学基金会(NSF)、OCLC 联机图书馆计算机中心、富布莱特(Fulbright)基金会、美国联邦博物馆和图书馆服务机构(IMLS)等资助的研究项目。曾获美国情报科学与技术学会(Association for Information Science and Technology，ASIST)最佳博士论文奖和其他奖励。

曾任国际图联(IFLA)标引与分类法委员会主席、国际知识组织学会(ISKO)执行委员会理事、美国情报科学与技术学会(ASIST)理事(Director-at-large)、都柏林核心元数据组织(DCMI)顾问委员会主席及执行委员会委员、美国专业图书馆协会(SLA)编目委员会主席和技术标准委员会主席、W3C 图书馆关联数据(LLD)工作组特邀专家成员、欧盟 EU-ISA 项目资产描述元数据标准(ADMS)工作组特邀专家成员等。参与或主持编写的文献有美国国家信息标准组织(NISO)国家标准 Z39. 19、国际标准组织(ISO)ISO-25964、联合国粮农组织(UN-FAO)关联书目数据指南 LODE-BD、盖蒂中心 Getty《艺术与建筑叙词表(AAT)》的关联数据项目计划、《IFLA 主题规范数据的功能要求(FRSAD)》等。现任国际知识组织学会(ISKO)执行委员会理事。国际联盟 iSchools 数字人文课程委员会(iDHCC)主席。

永远的珞珈山

倪晓建

珞珈山，武汉大学，是我半个世纪工作学习中最为神圣的地方。没有武汉大学，没有信息管理学院，也就没有我在大学执教、在图书馆做管理工作的根基。1978 年 9 月—1981 年 12 月，在武汉大学图书馆学系学习，拜彭斐章先生、谢灼华先生为导师，是第一届硕士研究生。40 年来，不管走到哪里都感觉到武汉大学及其信息管理学院与我如影随形，一刻也没有离开过，从他那里时刻感受到自豪及荣幸。

从北大到武大

我是 1977 年北京大学图书馆学系的毕业生。毕业时系里领导约我谈话，要我毕业后留校工作。因为毕业实习在山东省图书馆，馆里领导邀我到省馆工作，并说你是山东人，要为山东人民服务，这里需要专业毕业的干部。另外，系里的老师也认为到山东省图书馆工作更能发挥作用。鉴于上述两个方面的因素，我回绝了留校工作的安排。1977 年 7 月，我是系里最后一个离校的学生。背着书包来到了山东省政府大学生分配办公室，出乎意料地被分配到山东师范大学聊城分院工作，系里的老师得到消息后，一方面要求我返校重新分配，另一方面鼓励我继续努力学习。鉴于当时的情况，我无奈地到聊城分院报到，很不情愿地开始了工作学习。当时山东省农业学大寨，抽调部分各系统职工组成工作队，我单身一人，还未正式参加工作，被派到山东省高唐县赵庄公社农业学大寨工作队。工作队大部分是山东师范大学刚毕业的大学生，我们组成一个集体，自己做饭，每人负责一个生产队，参加队里的劳动和会议。晚上自由时间我就学习外语、古代诗词。北京大学图书馆学系的老师始终关心我的工作状况，朱天俊老师、李纪有老师常有书信往来。在 1978 年元旦前后，朱天俊老师来了一封信，告诉我教育部恢复研究生招生。咱们系因阵线不清，明年不能招生，武汉大学图书馆学系招生，要我报考武汉大学。春节过后，我向农业学大寨工作队请假。工作队向高唐县工作大队请示后批准了我的请假要求。1978 年 3 月 18 日，在全国第一届科学技术大会的广播声中，又一次踏入北京大学的大门，系里的老师都非常热情，李纪有老师在当时宿舍非常紧张的情况下在北大 31 楼 4 层给我安排了一间房，朱天俊老师几乎每周来宿舍看我，在系资料库复习时，周文骏老师指导我要抓住重点资料，赵凤仪老师把王重民先生“中国目录史”讲义油印本拿出来让我学习。刘新芝、薛美华同学给我买食堂饭票。大家对我都报以希望。经过近两个月的上午许国璋外语、下午专业课、晚上政治课学习，5月15、16、17日，在北京师范大学考场考试。先外语，政治，后基础课，专业课。三天的考试，稍作休整，又回山东农业学大寨工作队等待考试消息。非常幸运的是，于6月底，接到了武汉大学图书馆学系的研究生复试通知书。复试期间，来自全国各地的研究生被安排在体育馆大厅里，凭复试通知书领取一件草垫子、一件床单。乔好勤、张厚生、惠世荣，我们四个人紧邻而居，虽刚认识，马上成为同学好友，复习资料拿出来共享，我把北京大学图书馆学系五四学术研讨会的论文拿出来让大家看。乔好勤、张厚生他俩是武汉大学图书馆学系62级、63级的学生，把20世纪60年代的讲义贡献出来。天气虽在38度左右，大家都在大厅里席地而坐认真复习，迎接即将开始的笔试及面试。经过两个单元的考试，自我感觉良好，能否录取，心里没底，毕竟他们三人都是20世纪60年代的大学生，学科基础比我好。复试结束后，与张厚生同学乘船顺长江东下，先庐山，后南京。南京分手后，我回到山东省高唐县赵庄公社农业学大寨工作组，继续与生产队的社员下地劳动。北大的老师首先得到录取的消息，马上打电话给我，我立即打电话给武汉大学，与彭斐章先生直接通了长途电话。彭先生说，通知书马上寄出，准备一下来读书吧。放下电话，坐在赵庄公社的电话机旁沉思了许久。回到工作队，队员们(刚留校任教的大学教师)为我录取而高兴。临告别工作队之前给朱天俊老师、李纪有老师分别写了一封信，把一年间的经历汇报了一下，于1978年10月5日，踏进武汉大学的校门，正式成为武汉大学图书馆学系目录学专业的研究生。

从读书到悟道

入学初始，彭斐章、谢灼华两位导师语重心长地说，研究生不是本科生，要重在研究，三年时间不算短，要充分科学地利用好这三年，为以后的研究工作打下基础，又强调说咱们系起源于武昌文华图专，积累了大量图书馆学、目录学的图书文献，有你们看不完的书。为了叫我们打下坚实的基础，从入学开始布置了一项大作业，从历代文献中摘录与目录学有关的论述，条件成熟时，编辑出版一部目录学研究参考资料，这样既是你们的读书成果，为研究所用，也为其他研究者提供一部学习研究的参考书。20世纪70年代末没有现代技术设备，只能用纸抄写。两年的时间，我们四位学生除了上课外，就是到校图书馆和系资料室，周遍性地查检文献、阅读文献，看到与目录学关联处就摘录抄写，每段内容的最后注明文献出处。当时学校图书馆的文科阅览室坐落在主楼后边的山坡上，学校为了给研究生创造好的学习条件，享受教师的待遇，可以凭研究生证到书库里看书。因为目录学的相关文献分散在大量文史文献里面，我们四人需查检的图书范围非常广，数量也比较多。钻进书库里就忘了时间，闭馆时间到了还在书库里聚精会神地翻阅，多次险些被锁在书库里。图书馆的工作人员说，“就你们图书馆学系的研究生不遵守闭馆时间，书那么多你们读得完吗?!”我们也只能点头抱歉。系资料室的书也无条件地对我们开放，当时邓老师、贾老师及戴秀丽老师管理资料室，对我非常照顾，书架上的书看完后，就把打捆没开箱的文华图专时的图书期刊拿出来让我看，我也如获至宝，如饥似渴地用了两个多月时间，周遍性地看了一遍，摘录了不少可用的资料，也阅读了许多有价值的文献，开拓了眼界。在这里我要再次感谢邓老师、贾老师及小戴老师。

白天在图书馆、系资料室，晚上在宿舍阅读借来的图书期刊，在摘抄资料时，张厚生同学用复印纸摘抄，一式两份，一份上交供编书用，一份留给自己做研究时参考。我与乔好勤、惠世荣同学觉得有道理，我们也如此摘写。下届的况能富同学、曹植同学、杨筱玉同学等也认为我们这样做资料工作的方法很好。在四区十二舍的研究生楼里，每天最后一个熄灯的就是我们在二层的宿舍。经过近三年的广泛地深入地读书，我们加深记忆地字字句句段段地摘录，从甲骨文的骨臼刻辞、诗书之序，《庄子·天下篇》《荀子·非十二子》、司马谈《论六家要旨》，正史中的儒林传、刘向刘歆的《别录》《七略》、班固的《汉书·艺文志》，到历代的官修书目、史志书目、私家藏书书目，专题专科书目；从郑樵的《通志·艺文考》、章学诚的《校雠通义》、钱曾的《读书敏求记》、张之洞的《书目答问》、姚名达的《中国目录学史》、余嘉锡的《目录学发微》、王重民的《中国目录史》，到梁启超、张舜徽、张遵俭、刘纪泽、程会昌、汪辟畺、蒋伯潜、容肇祖、杜定友、吕绍虞、钱亚新、任继愈等名家著作的研读，深刻地体会到彭斐章、谢灼华两位导师良苦用心和“板凳要坐十年冷，文章不写半句空”的治学之道。形式上看摘录的是资料，重要的是把历史上关于目录学、文献学的文献系统地研读了一遍，为研究打下了坚实的基础。今天回想起来，我毕业后无论从事教学科研工作，还是做图书馆管理工作，如果说还有点成绩的话，都要归功于两位导师的教导和培养，都是源自三年的读书摘录的功底，为了把导师的治学之道发扬光大，我也把导师的治学之道用于我的教学及指导研究生之中。

团结、向上

武汉大学、武汉大学图书馆学系、图书情报学院、信息管理学院，有一个好传统，那就是团结与向上。1978 年入学时，学校里议论着教育部的五所综合性重点大学，武汉大学能否列入其中是全校关心的焦点，学校及系里的老师们说，以学科种类、学校历史、校园规模、教师及学生数量、知名教授等条件论，武汉大学应排在前三名。那时全校一条心为列入五所重点综合性大学并名列前三而努力。能否列入并排名前三是一个名次问题，但其中蕴含的是一种团结向上的精神，是一种敢为天下先的气魄，这种精神影响着全校每位师生。那时的图书馆学系及后来的图书情报学院、信息管理学院也是一个团结、求新、奋进的集体。1978 年仅目录学专业我们 4 人，1979 年图书馆学、分类学相继招收研究生，1980 年情报学也开始有研究生入学。全系研究生近 20 人，虽不是一个专业，但我们非常团结。在学习上互相帮助，在生活上互相照顾，在大操场每周六晚上看电影大家也形影不离。印象较深的是，每个学期大家在一起包顿饺子，杨筱玉、王冰和面，况能富买馅，情报专业的去大东门买韭菜，马费成、乔好勤两位协调，我擀皮儿。周六计划，周日实施，通过包饺子加深了了解，其他系的研究生对图书馆学系的这一活动甚是羡慕。

毕业后我来到北京师范大学图书馆学系执教。虽然武汉、北京分隔两地，但是与武汉大学的联系始终非常紧密。前几年每年审读几篇博士论文，院里还约我为研究生讲课座谈。2000 年教育部启动学科基地建设，受教育部高教司的邀请，参加学科基地的评审工作。到工作现场，司长要我做组长，打开申报材料一看，有武汉大学信息管理学院及中国人民大学档案学院两家单位。评审的那天，我一出现在评审会场，彭先生看到我后，内心非常高兴和激动，马费成院长也喜出望外。在全天的评审中，无论是质询，还是现场，无论是会场还是在机房，全院从领导到教师，非常协调，互相提醒，基本上没有任何缺漏，真正体现了团结、向上的那股精神，关键时刻，全院一条心，一股劲。在这种团结、向上、创新精神的激励下，学院近年来取得了大跨越的发展，成为学科门类齐全、科研水平领先、教师队伍强大、在世界上有影响的学术团体。

北京大学把我引入图书馆学的大门，奠定了我工作的基础，武汉大学图书馆学系把我推向学术高地，为我的执教与管理工作开辟了一片新天地。

武汉大学图书馆学系是我永恒的武汉大学图书馆学系，珞珈山是我永恒的珞珈山。

作者简介

倪晓建，男，68 岁，1978 年 9 月—1981 年 11 月在图书馆学系目录学专业读硕士研究生。首都图书馆馆长、教授、博士生导师。1995 年被授予北京市优秀教师称号，2001 年获国家优秀教学成果二等奖，2004 年被北京市总工会授予首都劳动奖章，2005 年被北京市人民政府授予北京市先进工作者称号，2006 年享受国务院政府特殊津贴。

我的学号是 780001

张克科

从 1920 年韦棣华女士设立武昌文华大学文华图书科，1929 年组建武昌文华图书馆专科学校，到 1953 年合并到武汉大学，成为武汉大学图书馆学系，1984 年建立图书情报学院，2001 年更名为信息管理学院，到 2020 年，我们的学院已经走过一百年的光荣历程。近 40 多年来，我们有幸与学院一路同行，见证着她的辉煌，这也成为我们这一代人生道路上最值得珍视的经历。自 1978 年 9 月跨入武汉大学，在 40 多年来的任何一次武汉大学校友的团聚或以武汉大学为主题的交流中，我都非常自豪地告诉大家，我在武汉大学图书馆学系的班级是 7801，我的武汉大学学号是 780001。

我们是恢复高考后实行全国统考的第一届。在校期间我们与先期在校的 76、77 级同学，以及老三届回炉班的师兄师姐同堂，之后又和陆陆续续入校的 79—81 级的弟弟妹妹同乐。我们一直以五届同堂作为我们的交集，这种友谊延续了 40 年，并将一直传承下去。在校园里的学分制，让我们打破了年级、专业和学科的界限，在不同的选修课堂上，经常可以遇到不同级的同学；在活跃的操场上、舞台上，大家也都是一起鼓劲加油，一起欢乐。毕业后，以“7902”命名的情报专业同学建立的网站成为我们五届同学的新天地，那里有国内外专业知识的交流，有院系校友的嘘寒问暖，更有赛诗词、晒作品、主题讨论和怀念等。之后，7902 又迁移到了微信群，以“7902 武大廊”为群名。这里成为我们毕业后大家的新家园。在院庆 90 周年的大会上，我们 7902 以一个新集体的名义给学院送上了全家福的祝贺。那幅大团圆照仍然保留在学院院史陈列室里。这是百年院史上的一滴小水珠，但映照出的是莘莘学子对珞珈山的忆念和感恩之心。

一、校园生活回忆一二

和很多同学一样，录取到图书馆学系并不一定就是自己特别喜欢和自愿的专业，只是在填报志愿和录取的过程中，你必须要有选择。既然进了这个门，你就要把它当成一门学问来学。我们那一届同学遇到最大的压力仍然是英语和数学。数学是必修课，有学分的。我们一天之内有三个角色，上午是大学生，下午是高中生，晚上是初中生。我们班 30 个人来自 14 个省市，有应届高中生，也有高一跳级生；有工作、当兵、做工十几年的社会精英，也有种地、下乡的知识青年，还有“文革”前就已经中专毕业的算做知识分子的专业人士；有惜别妻女来到他乡重背书包的小叔叔，也有奶奶爷爷送来上学还依恋妈妈爸爸的乖孙孙。我们这些人中，大的已过而立之年，小的年方二八。开学领教材，厚厚一沓中有那么几本是它认识我们而我们不认识它的高等数学、线性代数。老师把我们慢慢引入了高深的数学殿堂，可我们仍是一头雾水。这个问怎么解方程组，那个问什么是正弦余弦，还有更多的是只记得等号两边要相等，怎么又出来大于小于？我们和老师商量，放慢大学的步伐，上午要讲的新课，头几天下午就开补习课，上高中的内容，以整齐大家的步伐，而初中的课程只好各自为政，晚上恶补。所以，一天当中，上午当大学生，下午做高中生，晚上还要当好初中生。半年下来，作业草稿纸满地都是，笔记本也用了好几本。还好，考试出来，自力更生、奋发图强的结果是皆大欢喜。

图书馆学专业也有比较枯燥的课程。图书馆的检索、编目等，当时都认为没有多少学问，有没有学都一做就会，但是必须要学。我记得当时我和另一个同学有一段对话，他说不明白为什么要去背这些没有任何意义的东西，我说这些东西你如果懂的话就可以变成自己的东西，如果你不学把它放过去的话，你永远也不会懂。当时武大是非常好的，因为是学分制的，很多同学去上古代汉语、历史等。选课的时候我约了几个77级应届的同学到物理系去听课，选修公共计算机课程。当时文科的学生到物理系去听课的就我们三个。那个时候我们上计算机的时候是写完程序就上打孔机打纸带，然后去上机，校对程序就是对照灯光看编码，打孔补孔。其中一位后来分配到了国家海洋局数据中心，他说他到那里什么都不懂，但计算机课程的学习给了他胆量和基础。后来他成为全国第一批信息系统管理专家，去了大学当教授，后来又去了美国。那个时候我们选很多课，我最多的时候一个星期选了38节课。那时的学分记录本我还保留着，院庆90周年时也捐出来给了院史馆。

武汉大学有非常浓厚的学术研究氛围。当时学院正在试编辑《图书情报知识》，虽未正式创刊(1984年正式创刊)，但已成为武汉大学在图书情报研究领域里一个极具影响力的交流平台。但这似乎仍不足以反映大家的学习热情和对理论的追求热情，因此，由系学生会自办了一本刊物《图书情报学习》，这个刊物的主办者是系学生会学习部，主要以77、78级学生为主，还有79—81级的同学。创刊时推举我任主编，高年级毕业后，低年级的就跟上来，以这种滚动方式组成编辑部。参与的编委有周旭洲、鲁昕、葛耀良、彭建炎、康乐等非常有成就的校友，还有许多现已成为活跃在图书情报界的资深专家，如陈传夫、柯平、卿家康等。

当时，学校对学生的这种热情非常支持。首先是从资金上，给了几百元经费。我记得第一期印了200册，后来应大家之需，又加印了300册。当时在汉口找了一家誊字社打印。我和王勇顶着汗流浃背和蚊子叮咬，一字一字校对并协助油印装订，整整干了一个周末。这个刊物受到了同学们的肯定和欢迎，前后延续四年，大概总共出版了7期以上。栏目包括学术研究、毕业实践、新技术应用、事业发展情况、人才与教育改革情况等，几乎所有与图书馆相关的内容我们的刊物都关注。

当时我们利用这个内刊与全国10多家的专业杂志编辑部建立了联系，并利用交流来的刊物建立了学生自己的阅览室。这个学生阅览室甚至比系资料室还能更快获取图书情报的资料。建立学生阅览室的行为也得到系里的支持。当时，阅览室的图书除交流来的最新专业杂志外，还有从学校图书馆、系资料室集体借来的复本。这个阅览室也是同学们学习管理小型图书馆、实践读者服务的一个小窗口。我们的这个刊物也是全开放的，只要某个杂志看中的文章，都可以联系作者，转摘不受限。当时有许多杂志社都通过这本刊向我们的作者约稿，可见当时大学生的学术观点还是比较有价值的。这本刊物由此成为学生们思想交流、碰撞乃至突破的平台，激发了许多青年学生的学术激情，也成就了许多当时先进的图书情报学研究思想与理论的酝酿。

二、难忘的80年代

1982年8月毕业后，我在湖南省文化厅图书馆处工作。那是一个全新的事业平台。在湖南工作期间，学校的老师仍然为我负责的各项工作提供了很大的支持和帮助。第一次全省职称改革试点的高级评委会，彭斐章教授、孙冰炎教授就欣然应允出任评委。全省的专业工作交流活动，一些当年的老师，如：沈继武老师、廖延唐老师、张燕飞老师，还有湖南籍的系主任黄宗忠老师等，随请随到，同时还支持在湖南开办了武汉大学图书馆学函授班、干部训练班和一些重大的研讨会。

我也一直把母校当做自己最可靠的大本营，在1986年的由武汉大学图书情报学院研究生会主办的专业研讨会上，作为校友和第一线的工作人员受邀出席并“揭竿而起”，为20世纪80年代的中国图书馆事业发展留下了一段可以再忆一议的话题。

我认为，1986年在武汉大学召开第一届中青会，提出理论与实践结合的问题，并展开图书馆事业发展战略研究，这些都是顺理成章的事。

1986年，对于1977年、1978年恢复高考后进入图书馆专业学习的本科生来说，继续攻读硕士研究生的，已经毕业一年，他们在研究上都有一些成果；本科毕业就参加图书馆工作的也都工作了4年。当时在全国各地，百废俱兴，文化建设掀起高潮，他们都有一个发挥专业潜能的大舞台，有许多对图书馆事业发展的体会与认识。一些离开武汉大学继续致力学术研究的人员，如刘迅、程焕文等，他们在东北师大、中大、北大和新建的院校，也形成了自己新的学术思想。这样，所有的人都需要一个表达、交流的机会。许多中青年教师与当时年轻学生都渴望表达，希望获得大家的认同。因此，由武汉大学图书情报学院研究生会发出邀请，并担任此次会议主持方。武汉大学图书情报学院的领导也对这次会议的召开给予大力支持，研究生与青年教师参加的比较多。我作为学长，也很愿意与大家交流在湖南工作四年形成的对图书馆工作与图书馆事业发展的体会。

参加会议后，整体感觉就是太沉闷。原本带着从工作一线蓄积的热情回到母校，抱着“回炉”的心情再回武大来学习的，但在会上发现讨论的问题与社会相差太远，大家谈的都是之乎者也，谈文献目录体系、图书馆编目体系……与自己所期望的有不小距离。我觉得大家并不缺少才志，但缺乏认识。最关键的就是缺少对图书馆事业发展现状的认识。如果这个认识不被传递的话，那么学校的人才培养方向就会有偏差，教师的研究导向可能会出错。因为，不可能所有学生都走研究型路子，还有一大批最后要走向社会实际工作中去。会议中一直在考虑：面对现实，国家与科技教育文化系统对图书馆事业到底怎么定位？在国民经济发展计划中对图书馆到底提出什么要求？因此我和几个与会代表商量，与他们达成了共识，就提了一个题目——图书馆发展战略研究。这个主题贴出来后，我们用这几年社会实践来说明许多问题，第一，图书馆是需要理论指导的；第二，图书馆学教育是需要与现实相结合的；第三，图书馆理论工作者如果不能对图书馆事业管理提供理论支持的话，我们的事业是没法发展的。许多与会代表对这一主题反应很热烈。我记得原本只准备一个很小的房间，后来因参会代表太多，就另换了房间。可见在理论界，大家对于学术研究现状的突破这方面是有共识的，只是在等待一个时机。所以才会接着有随后在华东师范大学、北京大学、中山大学、东北师范大学接连而来的中青年学术研讨会。在武大的会议首先提出“理论与实践的结合部”，最重要的是开创了理论与实践相结合的学术风气，构筑了理论派与实践派交锋的平台，培养了一批学术研究的佼校者。

1983—1986年的湖南图书馆界，我们所做的创造性、基础性的有深远影响的事情，现在来评价其影响，仍然是具有积极意义的。当时，我们在建基层馆舍、培养专业人才、指导藏书建设、规范业务工作、发展图书馆的对外交流上做了许多突破性的工作。当时大多数图书馆是属于文化馆下的一个图书室，条件相当差。建馆第一需要资金，第二需要图书馆的标准；其后就需要图书馆管理与为读者服务的合格的人员等。在建馆资金上，我争取到湖南省文化厅将鼓励各县建立基层公共图书馆列入年度工作计划，采取补贴配套的方式，调动积极性，即省文化厅拨多少钱，再由基层财政配套给予相应的资金。在建设中，我们邀请湖南大学土木系巫纪光教授参与县馆馆舍设计工作，在调研基础上，制定《县图书馆建筑设计标准》，再通过省文化厅、省计委、省财政厅联合下文，文中规定了基层图书馆建设的标准如面积与阅览室、书架等的要求。这一文件对基层图书馆发展起到很有效的指导作用。在藏书建设上，1983年，省文化厅在大庸召开全省公共图书馆藏书建设研讨会，邀请了武汉大学沈继武老师作了专题讲座，会上大家对如何从实际出发，搞好馆藏建设进行了热烈讨论，并于1984年文化厅颁发了《湖南省市、县图书馆的藏书补充工作条例》(试行划案)，对市县图书馆的藏书结构、采购原则和复本标准等作了明确规定。当时，工作中最大的困难就是现代的图书馆管理方法与现代图书馆技术的推广，因此我们连续举办了图书馆从业人员的培训。特别是1982—1983年在韶山举办长达半年的培训班，系统培训图书馆业务，学员的90%以上后来成为基层图书馆的馆长或副馆长。他们后来成为建设湖南省图书馆事业的中坚力量。在设备配置上，湖南省文化厅给每个市级图书馆配置了复印机，给每个县图书馆配了打字机。

由文化部编印的1985年《文化事业统计表资料》可知，湖南省公共图书馆馆舍总面积为129267平方米，省级馆的建筑面积为48397平方米，县级馆建筑面积共为67130平方米，均在全国排名第一，领先于广东、上海、江苏等省。为什么有这样的发展，第一是有目标，第二是有资金。通过我们这些工作，可以感觉到图书馆事业是有可为的，是有空间的。

在武汉大学学习时，我做过一个社会调查，当时就发现：图书馆在国民经济计划中是没有地位的。具体表现为：(1)图书馆在国民经济体系中的发展指标不明确，国家没有图书馆发展的指标性规定；(2)国家指标对图书馆的基本配置不明确；(3)图书馆的行政管理主体不稳定，管理政策稳定性也不够。为何会出现这种情况？首先是因为政府在公共事业管理指导思想上对图书馆管理上的缺位。图书馆应该是国家基础文化设施，是国家的文化发展标志之一。在公共文化服务领域，国际上认定的应该由政府财政投入的基本上只有两项，一个博物馆，一个图书馆。博物馆是一个国家和民族文化记忆的保存设施，是记录历史的，而图书馆是国民大众文化需要、知识与教育需求的满足之所。从我国的发展现状来看，国家在这两方面的投入是欠了账的，特别是在图书馆的投入上，远远不足。另一关键的因素是我们图书馆学研究没有找准核心的突破口，即提高图书馆在社会中的定位。

图书情报学知识社会是需要的，如雅虎杨致远的起步实际所利用就是在我们专业的卡片目录上的创新，如谷歌也将图书馆的检索信息与技术利用到其赢利模式上，建立起自己的商业帝国。现在商学院的知识管理、信息管理、竞争情报等课程都独树一帜，成为信息管理系统(IMS)。与当时我们所学的情报检索课与文献目录课是一脉相承的。同时，社会也需要具图书情报学技能的人才，我们学生毕业后进入到企业、物流界、商业系统大有人在。搜索引擎公司无一没有图书情报学毕业的学生，李彦宏就是学图书情报学的。从这个角度来看，不是说图书馆没有地位，而是图书馆没有争取到地位，图书馆学研究与图书馆现状及社会发展战略是脱节的。

三、创新是图书馆事业发展的灵魂

1988年5月，经文化部图书馆司杜克司长推荐，我调到深圳图书馆，之后一直在深圳工作。1990年年底离开图书馆领域，在深圳其他部门工作。非常有意思的是，2006年，经组织安排，我担任深圳市科协专职副主席，在推动学术活动和协会工作时，又有幸多次参加深圳市图书情报学会的活动。之后在政协平台上为深圳建设图书馆城呼吁，2011—2016年连续两届出任深圳图书馆理事会的理事。这也成为我在武汉大学学习后回归的印记。在深圳高新办、科技局工作期间，我为武汉大学参与深圳的改革开放和创新发展出谋划策；武汉大学深圳研究院成为深圳虚拟大学院的首批成员单位和为数不多的建立有独立大楼的机构之一；武汉大学深圳校友会成为校友之家，武汉大学深圳校友会信息管理学院分会也成为最活跃的校友平台之一。深圳是一个神奇的城市，现在已经成为新时期建设中国特色社会主义先行示范区的标杆城市。深圳的创新发展和先行示范在国家的战略布局中有担当有责任，武汉大学的校友在深圳的发展中有奉献有情怀。

我第一次到深圳参观图书馆是1984年。那时的深圳图书馆就在东门一个广场的老房子里面，那是宝安县图书馆，一个小地方，就和我在湖南时去过的许多街道、乡镇图书馆一样，也是一个小小的屋子。我第二次来深圳是1986年，只记得那时的深圳图书馆是沿着雅园宾馆边的大马路走过去，拐个弯，见到公园穿过去就是了。1987年12月，中国图书馆学会第一次破天荒地在深圳这个没有学术土壤的地方召开年会，大家都想看看位于荔枝公园北边的深圳图书馆新馆。1.5万平方米的新馆在国内图书馆建筑中属于奇迹，深圳图书馆的馆舍、现代化的设备以及未来的定位都给全国图书馆界同仁留下了很深的印象。时任文化部图书馆司的杜克司长向我提出，为深圳图书馆这个中国公共图书馆的新生儿做些事，当时还在北京的刘楚材馆长与还在湖南的我就这样调到了深圳图书馆。

到图书馆之后，我们思索着深圳图书馆最缺的是什么？最大的优势又是什么？当时深圳得天独厚的改革开放环境，为深圳图书馆赢得了大量的购书经费，年购书费相当于湖南省年购书费的3~5倍，有发展图书馆事业最有力的本钱。我在深圳图书馆的3年，做了很多鸡毛蒜皮的小事，但是记忆犹新的事情有那么几件。

一是把深圳图书馆的工作重心转移到公共图书馆服务上来。我们把深圳图书馆所收藏的专利文献从深圳图书馆分出，交给情报所专利室，从此不再买专利资料；把各种各样的标准文献全部交给了技术监督局的标准化情报研究所，从此不再购买零散的各类标准文献，只保留了一套国家标准汇编资料。这两个措施告诉大家，深圳图书馆要回到公共图书馆行列，要为大众服务。根据深圳地区图书馆的情况来进行资源配置，大学类教育的资源，由深圳大学来收藏，医学类的文献由医学情报所收藏。深圳图书馆这一做法，也许在当时是匪夷所思，当确定其公共图书馆定位，就是为了做好公共服务。在这个基础上，我们建起了港澳台资料室，还有后来的时装图书馆、法律图书馆和视听资料馆等。这在当时受到很大的非议，说图书馆不务正业。其实图书馆的正业就是适应地方经济发展的需要，就是利用其文献资料为老百姓、政府以及社会各个方面未来的发展服务。现在来看，我不知道当时的做法是对还是错，希望大家评价。

二是以读者服务为核心价值链。我们建立了旨在联系深圳地区各类读者，包括团体读者的深圳读者联谊会。联谊会建立了区、街道和镇以及各类机构图书馆室的网络结构，建立了青年团、文化以及妇联等各界的社会联系。今天，作为全民阅读示范城市，图书馆应该高调介入，把阅读活动以活泼生动的形式开展起来。

三是开展图书馆自动化系统的开发与应用工作。在我来到深圳图书馆之前，日本给国家图书馆捐赠了计算机系统，国家图书馆当时还没有使用，后来湖南省图书馆希望得到这批设备，但看了后，发现我们没有合适的应用系统。图书馆自动化是一个非常好的手段，当时深圳图书馆有这么优越的条件，文化部决定把这个系统交给深圳图书馆，由深圳图书馆来做这个系统。我们放弃了单独开发的方式，而与其他馆联合开发。在文化部的支持协调下，黑龙江、辽宁、湖北、甘肃、湖南、湖北、四川等省都派出了精兵强将参与。这种计算机管理系统，必须符合省级公共图书馆管理要求，还要进入大学图书馆和科技图书馆。深圳图书馆开始起步的过程中，懂计算机的人员缺乏，图书馆专业人员也缺，学计算机的又懂图书馆的就更少。我们边工作、边学习，当时采取兼容的方式，满足各个研发过程的需要。万事开头难，我们在图书馆自动化过程中间看到了图书馆自动化一个好的前景。

我们是那个非常重要的年代入学的78级武汉大学图书馆学系的学生，历史赋予我们责任和担当，作为学号780001的我，当然还会继续为图书馆事业发展战略鼓与呼！

四、这里是我们的根

在我们入学四十周年回母校的纪念活动中，非常有幸请到了当年的校长刘道玉教授，他的一席话给我们很好的启示和思考。道玉校长说：“你们回校聚会，回忆四年同窗兄弟姐妹的情谊，又欣逢改革开放40周年，所以意义重大。你们和中国改革开放同步成长。我当年曾经说过武汉大学77、78、79这三届学生是从石头缝里冒出来的人才，他们具有强大的生命力，将来一定会担当大任。今天你们所取得的成绩就证明了你们有强大的生命力。”更让人感动的是，四十年过去了，道玉校长还记得我们很多同学的名字，并对图书馆学系的学生成长之路有独特的见解。道玉校长说：“原来是图书馆学系，现在叫信息管理学院，我认识的同学最多，就你们这一届，像燕今伟、张克科、黄冬冬、曾芸、秦健等，很多我都知道。不仅你们这一届，77、78、79、80、81、82届我都认识你们图书情报系很多学生，为什么？就是有一个情节：我们当时学校是把图书馆学系作为武汉大学的王牌系，真的是王牌系，和我们法学院一样的。当时图书馆学界北有北大，南有武大。北大是得天独厚，武大的学术水平是公认的。所以这就是我经常跟图书馆学系的学生联系的一个原因，从你们当中确实出了很多很多人才。我曾经考虑过一个问题：为什么从图书馆学系毕业的学生出彩最多？像现在湖北省副省长陈安丽是你们80级的，湖北大学副校长钱建国也是你们图书馆学系的，在全国各省市各大学图书馆，毕业于我们图书馆学系的比比皆是，原因就在于图书馆学系当时学习并不是很紧张，所以他们有充裕的时间阅读边缘学科的知识，这是最重要的。因为他们得天独厚，图书馆的书他们可以任意浏览。还和当时图书馆学系领导的开明作风有关，像黄宗忠，彭斐章，他们都是很开明的。所以我们值得珍惜。我们今天聚会，你们做了一个‘根·缘’的纪念碑，还种了四棵红枫树，很有意义。武大永远是你们的根。不管你们走到哪里，不管你们成为俊杰还是成为大师，这里永远是你们的家，永远是你们的根。”

2019年10月初稿，2020年3月修改

作者简介

张克科，男，中国民主同盟盟员，1951年1月出生于湖南长沙。长沙一中毕业后，1968年下乡知青，之后在长沙电线厂、长沙市十四中学工作。1978年考入武汉大学图书馆系，1982年7月毕业，获学士学位。毕业后在湖南省文化厅图书馆处、社会文化处工作。1987年调湖南省少年儿童图书馆工作，获评中级职称馆员。1988年通过组织选调到深圳，先后在深圳图书馆、深圳市政协机关、深圳市外资局(招商局)、高新办和科技局、科协工作，担任过深圳市图书馆馆长助理(副馆长)、深圳市政协港澳台侨联谊委办公室主任、市外资办招商联络处处长、投资服务处处长，深圳市高新办副主任，深圳市科技局副局长、市科协专职主席(巡视员)，担任过国家集成电路设计深圳产业化基地主任、深港产学研基地副主任(市政府与北京大学、香港科技大学合作机构)、深港产学研基地产深港发展研究院执行院长。退休后担任深圳市深港科技合作促进会会长、深圳市第五届决策咨询委员会委员、深港澳科技联盟顾问、深圳市政协研究咨询委员会委员、深圳产学研合作促进会常务副会长。深圳市政协第四届委员会委员、文史与学习委员会副主任。曾任武汉大学深圳校友会执行副会长、资深会长，武汉大学深圳校友会信管分会会长。

先后主持和参与了国家863集成电路设计专项服务平台建设、深港文化产业发展战略研究、深港跨境落马洲河套发展研究、深港智慧城市协同发展、深圳市及有关区的“十一五”“十二五”“十三五”等科技、信息化、产城发展规划等课题。特别承担深圳“十二五”信息化规划的研究和制定、参与广东省信息化建设和珠江三角洲信息化一体化重大课题调研，主持了深圳优质产业空间发展、福田—落马洲河套协同创新发展、东莞松山湖国家自主创新示范区发展战略、中山东部组团产业规划和粤港澳大湾区创新平台建设和口岸改革等重大研究。参与粤港澳青年创新创业工场的建设、深港青年创业计划、高校校友创新创业大赛的指导和项目评审等。

周旭洲——一个珞珈学子的光荣与梦想

宇业集团

他下过乡，做过工，恢复高考后，1978 年他考入武汉大学图书馆学系，1985 年硕士研究生毕业。他从过政，担任过常务副县长，也是“92 派”企业家，人生经历波澜壮阔；他吃得苦，霸得蛮，商海拼搏二十余载，开创了宇业集团，横跨地产、金融、大健康三大产业，遍布国内外三十多个城市。

他是湖南(全球)异地商会联合会名誉会长、武汉大学校友企业家联谊会副理事长、武汉大学校友企业家联谊会长三角分会会长、武汉大学杰出校友，曾获中国优秀民营企业家、全国外商投资企业优秀企业家、中华慈善突出贡献人物等多项殊荣，2018 年、2019 年连续两年入选福布斯中国慈善榜前百。在他丰富的人生履历上，治学、从政、经商……每个旋律都演绎得精彩纷呈、曼妙无比。他常说武大是他人生梦开始的地方，累计为武大捐赠逾七千万元，担任武大人才引进基金理事长。

初次见他的人，对他的感觉是有些清瘦、几分儒雅、才思敏捷。可熟知他的人都说，这个湖南汉子骨子里的光荣与梦想、拼搏与执着才是他更深刻的性格印记。

图 1　韩进书记和窦贤康校长向周旭洲颁授“杰出校友”荣誉证书

他就是宇业集团董事局主席、香港上市公司美瑞健康国际产业集团董事局主席、总裁周旭洲。

一、武大求学：自强、勤勉、不认命

周旭洲说，自己从小就是一个好学勤勉、自尊心和荣誉感极强的人。“不读书，没出息，一辈子你都走不出王家山”，父亲的话，更鞭策着幼小的他发奋学习。山野虽幽深，未能遮掩他对于未来的期待。走出深山，去看看外面的世界，成了激励他奋发学习的原动力。

他回忆说：“在我们那个年代，读书的机会来之不易。我出身平民，下过乡，做过工，执守知识改变命运的信条，在乡村的油灯下，在寒风凛冽的工地上，苦读不倦。感谢时代的际遇，在恢复高考第二年以县文科第一名的成绩考入第一志愿武汉大学图书馆学系。武大的七年，是我人生的新起点，也是我一生最美好的时光。”

武大对周旭洲而言，不仅仅是母校这么简单，这是他人生蜕变的起点，是孕育了他后来不畏艰险、不惧未知的浪漫情怀与企业家近似偏执的开拓精神的摇篮。在这里，他经历了人生中无数个第一次，为他后来的辉煌埋下了无数个生根结果的种子。

“在这里，我担任过班长、院研究生会主席，和李军跑几百里在一个县印刷厂用2000多元经费编印武汉大学《研究生学刊》创刊号。”

“在这里，我第一次在国家级刊物上发表文章，前后三十余篇；五次参加全国学术论文研讨会；出版发行人生的第一本书《出版的科学与艺术》。最难忘却的是我毕业到湖南省委办公厅后，还收到我获得的研究生学术成果的奖金。”

“在这里，我积攒了改变自己一生的知识、信念和力量。如果把人生看作一棵大树，那么武大就是我这棵树蓬勃生长、枝繁叶茂所必需的阳光雨露。”正是基于这样深沉的情感，周旭洲不遗余力地用各种形式回报母校，对信息管理学院做过两次捐赠，支持学院的学术研究。

二、商界驰骋：执着、责任、和为贵

1992年注定是一个有转折意义的年份。邓小平视察南方讲话掀起新一轮改革开放大潮，中国历史上又一个新时代轰轰烈烈地开始了。

在那激情燃烧的年代，时任湖南省桃江县常务副县长的周旭洲，怀着湖南人骨子里的光荣与梦想，凭着“吃得苦、霸得蛮”的狠劲，投身社会主义市场经济建设浪潮，一路征尘染鬓白，二十余载伴星辰。

回首往昔，周旭洲用三个词总结自己成功的秘诀——执着、规范与情怀。

天助自助者，宇业集团走到今天，周旭洲从山乡少年到商界巨贾，当然离不开时代造就的机遇，但更离不开他的拼搏与执着。他说过："要做成一份事业，必经磨难，难以忍耐的寂寞与孤独，无望与失败的抱头痛哭，但第二天起来，擦干眼角的泪水，仍然接着干，打起精神走向工地，走向远方，除却飞机与火车高铁，平均每天一百公里。"他热爱工作，如痴如醉，没有节日，没有休假，乐此不疲。用他的话说："年轻时工作是为了谋生；中年时工作成了生活的一部分；现在工作成了生活，生活成了工作。"一次随经贸代表团考察台湾地区，路经香港地区，在短短一下午的时间拜访四家投行，一气呵成达成收购一家香港主板上市公司的协议。之后，他去瑞士进行医疗与体检，却停不下工作的心思，在途中完成一家度假酒店的收购，并组建了一个面向全球高端市场的抗衰老医疗中心，这些资产随后成为现在的美瑞健康国际产业集团的发端。再之后收购法国巴黎诊所，其在中国香港、首尔、日本、美国、沙特、欧洲，以及深圳、上海、南京拥有十几个分支医疗机构。不久，公司的主营业务中又增加了大麻生物制药健康板块和干细胞业务板块，布局愈发完善。2019 年工业大麻风潮汹涌之际，美瑞健康更成为港股中工业大麻龙头股，引起业界和资本市场的热切关注。

天道酬勤，27 年来，宇业集团自中国香港起步，然后从芜湖到黄山、马鞍山、池州、滁州，再到深圳、广州、岳阳、长沙、衡阳，之后进入南京、武汉、泰州、苏州、宿迁、南通、无锡、铜陵、淮安，以"汇聚皖江，布局中国"为指向，以"中小城市运营商领跑者"为战略定位，发轫于房地产，同时向上游参与金融，向下游拓展建材、酒店、大型商业的产业格局。近年来，宇业集团进军瑞士、澳洲等海外市场，形成了横跨地产、金融投资、医疗健康三大板块生机勃勃的发展势头。回首自己的创业历程，周旭洲不无感慨地说："今天每一个真实的存在，都曾是我无限憧憬的梦想；今天我们的每一个梦想，都有可能成为明天神奇的故事。"

成就周旭洲商界地位的另一个关键词是规范。

"在我看来，责任更多的是一个企业家内心的东西。作为一个企业经营者，最低层次的责任就是坚持按规则做游戏，有底线。这是现代商人、现代企业家最基本的素质。""更高层次的责任，则是诚信。游戏规则可以通过文件、规章、合同使企业行为规范化。但是，与规章、合同这种能够显性表现相对应的是一种隐形的、发自内心的为对方着想、为社会着想的本质，这就是诚，能够经得起时间考验的诚，叫信。"这就是周旭洲对"责任"的解读。

"在法制已相对健全的今天，你们可能体会不到诚信和责任这几个字在我们这一代企业家心中的分量。多少人物风光一时，而今已销声匿迹。"在创业的十几年，大部分合同文件、员工手册都是周旭洲亲自起草、一诺千金。为了签订一份合同，他常常多日食不甘味、夜不成眠、诚惶诚恐，正是由于这种守约的责任，周旭洲不无骄傲地说，他几无违约的记录。正因为对责任二字的坚持，宇业集团成立二十多年来，在业务所及的每一个城市都留下了口碑和信誉，这正是周旭洲对诚信和责任一以贯之的极度追求所成就的。

而关于经营企业的情怀，周旭洲坚持"以和为贵"。他的"和"理念，包括三个层次：

一是踩着市场的节拍走，靠合作做大；二是靠管理做好，按规则做游戏，自定底线，不越雷池；三是靠人才做强，有容乃大，以“和”作为经商的最高境界。

《论语》有云，君子和而不同。“和”包罗万象，“和”是和谐、和美、平和、和顺，和者至善，体现了万事万物的一种生存哲学；“和”是差异化竞争；“和”是内顺，内顺就是上下一心，减少内耗，统一目标，所谓“上下同欲者胜”；“和”者，合也，不树敌，不对抗，不走“极端”，学会妥协，学会合作，用天下人做天下事。他将“和”融入自己的企业文化，并贯穿企业经营的始终。几年前，房价大幅下跌，降价销售势不可免。开发商与已购房业主的冲突成了一种社会现象，售楼处时有被砸。周旭洲采取了对已购房者退还差价款的办法解决冲突。南京东方红郡、滁州天逸华府分别向业主退还2800万和5000万，一时成为佳话，中央电视台还对其做了报道，而一个想象不到的收益就是“美名四溢”，楼盘旺销一时。

正因为如此，宇业集团27年来，在30多座城市，从来没有过重大纠纷诉讼，积攒了很多坚定的长期战略合作伙伴，比如富海银涛资本、创意集团、岭南集团、普凯基金、厦门松霖集团、万里石集团、北山集团等。现在，在武汉大学校友企业家中有泰康陈东升、小米雷军、公牛阮立平、中诚信毛振华、壹药网于刚、利泰江黎明以及曾文涛、楚天舒、余仲廉、喻杉、李亦非等几十位宇业集团的投资者和合作伙伴。依托武汉大学校友企业家联谊会的人脉，周旭洲在前年年初联合十位武汉大学校友发起成立中珈资本，十个亿的合作资本一天签约，一个月注册，两年多时间里先后投资了商汤科技、趣睡科技、小珞健康机器人、天豪新能源等几十家高科技企业，实现当年投资、当年分红、当年实现效益，成为校友经济的一个平台和范例。如此辉煌的成果，正是“和”理念的回报。

三、回馈社会：公益、教育、奉献是幸福的

被教育改变了命运的周旭洲，也同样不遗余力地支持教育。他常说，当你有更多的光和热，就应该照亮更大更远的地方。

对生于斯长于斯的故乡湖南，周旭洲难忘湘情。2015年，他向湖南省教育基金会及教育事业捐款1600万元，设立“宇业专项教育基金”，为宁乡八中、长郡沩东中学、湘潭教育局分别捐赠100万元，支持家乡教育事业发展。2018年，湘潭大学60周年校庆，周旭洲邀他的同学泰康人寿董事长陈东升一起为湘潭大学捐赠3000万元，其中宇业集团捐赠1000万元，泰康保险集团捐赠2000万元，共同助力毛泽东思想研究。同年，著名经济学家、武大杰出校友董辅礽教授母校铜陵一中举行建校80周年纪念活动，周旭洲再次募捐300万元成立辅礽教育发展基金，助力一中教育发展。今年，周旭洲回乡再为长郡沩东中学、东城小学捐赠120万元。

对于宇业集团的发源地安徽，周旭洲多有回馈。公司所在的每一个城市都留存了宇业乐善好施的故事。2011年，周旭洲捐赠1300万元发起成立安徽大学“宇业助学基金”，

多年来奖励、资助千余人次，累计捐助奖励金额达 2000 多万元，获得了时任安徽大学党委书记李仁群的赞誉，称“宇业是安大捐赠最多表现最好的捐赠者”。

对于让他华丽蜕变的母校武汉大学，周旭洲更有着深深的赤子之心，一直寻求合适的机会为母校捐赠。2013 年，他为武汉大学捐赠 2000 万元，资助母校高层次人才从事科研工作。2016 年，在他出资出力的强力推动下，武汉大学、蒙特利尔大学医学院共同成立武汉大学抗衰老国际研究中心。

2017 年春夏交替之际，应武汉市邀请回汉拜访校领导时，得悉母校想成立一个人才基金，引进高端人才，加强武大人才队伍建设，周旭洲当即表示捐赠 3000 万元，发起成立武汉大学人才引进基金。8 月 26 日，在武汉大学人才引进基金成立仪式上，周旭洲现场将一张 2000 万元的银行汇票交付学校，此举也获得了在场优秀校友企业家陈东升、孙宏斌、毛振华、曾文涛、阮立平、江黎明的积极响应，大家纷纷慷慨解囊，两年多签约认捐总额超过 5 亿元，实际到账近 2 亿元。至此周旭洲个人已累计为武大捐赠 7000 万元。

图 2　宇业集团向武汉大学捐赠签字仪式

教育事业之外，周旭洲对于扶贫救困、抗洪救灾等公益事业亦十分热心。他是黄山旅游节创办的前二三期的主要捐资人；2008 年他在加拿大看到滁州遭遇洪灾后立即电话捐赠 50 万元；因公出差路过湖南衡阳为当地雪灾捐赠 100 万元；2016 年芜湖洪灾他第一个捐赠 100 万元现金；2017 年宁乡遭遇暴雨洪灾他也是率先捐赠 100 万元；他去琼海考察还为当地教育事业捐赠 100 万元；2018 年为宿迁泗阳县政府党建扶贫捐赠 100 万元……

对于文艺事业周旭洲亦急公好义。2015 年元旦，周旭洲率集团高管团队回故乡参观彭德怀元帅故居时，得知《彭德怀元帅》电视剧已经开拍，但经费遇到困难，当即决定为该剧捐资，第二天就找到剧组，投资、捐赠近2000万元。开播仪式上，该剧编剧马继红主任接受采访时很有感情地讲起“周旭洲与彭德怀不得不说的故事”。他的师兄田源说起：“这是他作为湖湘儿女对赤胆忠诚的精神偶像，对吃得苦、霸得蛮的血性文化的一种致敬，是留给后人的传世之宝，是作为湖南人一生的荣誉与骄傲。”2016年，该剧在中央电视台创收视纪录，荣获全军金星奖一等奖、优秀编剧奖、优秀男演员奖，上海电视节白玉兰奖组委会特别奖，福建电视艺术节一等奖，全国五个一工程奖、飞天奖等几乎所有电视奖项。

奉献没有止境，据不完全统计，从1993年创业伊始，周旭洲与宇业集团共捐赠一百余次，近两三年，仅为文化教育事业就捐赠超过1亿元。2019年周旭洲以年度总捐赠额3500万元位列福布斯中国慈善榜第73位。

“赚钱是快乐的，奉献是幸福的”，在武汉大学的一次演讲中，周旭洲说，“我深切地感悟到奉献是企业家的一种责任，是衡量一个企业家社会价值的标尺，是企业家经历了商战磨砺后心灵的一种皈依，是身心幸福的源泉”。

与其说周旭洲完成了从企业家到奉献者的转变，不如说奉献者一直是他灵魂的一部分。当世事流转，洗尽铅华，透过成功企业家的外衣，他赤诚的奉献之心才被大众所逐渐知晓。

四、根植武大：合作、面向世界、投资未来

武大不止孕育了周旭洲的智识、精神，更给了他一个开拓事业、与校友共创未来的平台。武大校友在中国商界一直是一支极具开拓精神的生力军，前有泰康董事长陈东升，后有小米创始人雷军，此外还有蓝月亮董事长罗秋平、中诚信集团董事长毛振华、华讯方舟创始人吴光胜等一大批优秀企业家。事实上，武大企业家群体正成为当下中国的一个奇特商业文化“现象”。

宇业集团在2013年完成对美瑞健康国际产业集团(更名前为积华生物)的收购后，将主营业务变更为大健康产业，随后，中诚信董事长毛振华即入股美瑞，成为美瑞健康董事与战略委员会成员。之后曾文涛、江黎明、楚天舒、于刚、余仲廉、喻杉、李从文、李亦非等十几位校友加入。2016年，周旭洲甚至定向为武大校友做了一次美瑞健康股份增发。此举不仅仅表示众位校友对美瑞健康董事长周旭洲的支持，也表示了对美瑞健康未来战略的认可。

2018年，小米在香港上市之时，周旭洲专门在香港中珈宇业平台投资24.65亿港币，成为小米IPO中的最大单个投资者。于是有了小米雷军、周旭洲之一串故事。最近与雷军达成战略共识，进一步加大中珈宇业在小米的战略股权配置。同时，周旭洲又投资了在中国电器开关与插座的全球龙头企业——公牛集团，并成为公牛集团的第三大股东。

而中珈资本则是武大一群校友商业智慧和实力的结晶。中珈资本(武汉)投资管理有

限公司成立于2017年3月，是由周旭洲发起、联合十位武汉大学校友响应武汉“资智回汉”号召共同投资成立的一家大型科技产业投资管理公司，注册资本11.2亿元，致力打造成为武汉大学校友企业的投资平台联合体。股东均为武大校友企业家联谊会理事，分别为宇业集团董事长周旭洲、武汉银海置业董事长曾文涛、武汉卓尔集团董事长阎志、公牛电器有限公司董事长阮立平、利泰集团董事长江黎明、华中珠宝董事长余仲廉、湖北精诚投资董事长楚天舒、广州华艺拍卖董事长李亦非、正隆(北京)保险经纪董事长蹇宏。迄今为止中珈资本已经投资了独角兽企业商汤科技、小米生态链企业趣睡科技、小珞健康机器人等一系列优秀企业，并响应武汉大学“资智回汉”号召，将投资60亿元在武汉建设武大中小企业总部基地项目，为校友企业提供一个联合总部，方便中小型校友企业回汉落户，形成集聚效应，助推校友企业做大做强，为武汉市企业梯队建设贡献力量。

虽然创业之路无比艰辛，但周旭洲始终对时代深怀感恩。“这是一个伟大的时代，是一个充满了光荣与梦想的时代，是这个时代成就了我，造就了我，让我的人生充满了色彩，我感谢这个时代。”他走过几十个国家，始终坚定地看好中国。在他的眼中，中国充满了生机和活力，是当今世界任何一个国家或地区都不可企及的。当下的中国，正在创造最伟大的时代。他坚信，全球最适合创业的是中国，中国最适合创业的时代是当下，生逢其时，对未来，他充满信心和期待。

商海浮沉廿余载，周旭洲始终信奉“赚钱是快乐的，奉献是幸福的”。而武汉大学作为用知识的阳光雨露重塑了他灵魂和精神的母校，对于周旭洲来说更具特别的意义。他说：“武汉大学历中国百年之兴衰，薪火相传，英杰辈出。武大是‘珈’，校友有缘，武汉大学给了我一生的荣耀与梦想，我愿以东升、雷军为榜样，竭尽努力，别无旁骛，尽我余生回馈母校，给武汉大学增添哪怕一丝丝的光彩。”

守 正 创 新

——六十年来武汉大学信息管理学院学术论文研究主题发展分析

曹树金　岳文玉

一、引言

春华秋实，我们的母院——武汉大学信息管理学院迎来了百年华诞。经历百年，母院已发展成为我国实力最强、规模最大的信息管理学科教学和研究基地。回顾母院的发展，我们深深感受到，她是一个能够创造奇迹，能够化一般为神奇的学术圣地。并不聪明绝顶的学生们，经过她的培养，可以大比例地成为栋梁之材，神奇的 7901 就是一个例子。她为什么有此能耐？答案还真是有待探寻。在“守正创新”上非常突出，可能是答案之一。为此，我们准备从学院师生所发表学术论文的主题发展角度呈现她守正创新的特征。

从文献中挖掘研究主题和发展趋势，一般有两类方法①：一类是基于共词分析的主题挖掘方法，另一类是基于概率模型的主题挖掘方法。

共词分析法的主要原理是统计关键词在文献中同时出现的次数，构建共词矩阵进行聚类分析，以坐标或网络的形式进行可视化，进而分析研究领域的主题结构和研究热点。由于共词分析法具有操作灵活和易于解读的优点，被应用于多个领域，如 Wei Wen-Juan② 等利用共词分析法对人类神经干细胞的研究主题趋势和知识结构进行分析；Xing Yana③

---

① 傅柱，王曰芬，关鹏．以分类主题抽取为视角的学科主题挖掘——基于 LDA 模型的国外知识流研究结构探讨[J]．情报理论与实践，2016，39(8)：96-102.

② Wei W J，Shi B，Guan X，et al. Mapping Theme Trends and Knowledge Structures for Human Neural Stem Cells：A Quantitative and Co-word Biclustering Analysis for the 2013—2018 Period[J]. Neural regeneration research，2019，14(10)：1823-1832.

③ Xing Y，Wang Y，Zhang W，et al. The Hotspots Analysis of Education and Management of Childhood Asthma Based on Cluster Analysis Method[J]. Studies in Health Technology and Informatics，2019，264：1618-1619.

等基于 Web of Science 数据库对全球儿童哮喘教育与管理的文章进行共词分析并对得出的热点主题进行聚类分析；吴桐等①对中国知网收录的有关我国医院财务管理方面的文献进行共词聚类分析，得到 4 个研究类团，在此基础上分析我国医院财务管理实践中存在的问题并提出解决方案；李纲等②从共词分析过程中术语的高词频选择等 4 个方面对共词分析的优缺点做主客观评价，对于该方法的完善和发展提供借鉴与参考。

在基于概率模型的主题挖掘研究中，LDA 主题模型有较强的主题识别能力，因而在对不同载体文本语料的主题挖掘研究中，受到国内外学者的普遍关注。如 Zhu Lin 等③运用社会网络分析(SNA)和 LDA 模型分析医疗不良事件的潜在行为，得出良好的信息共享和反馈机制可以很好地预防医患问题；Luo④ 提出了一种结合 LDA 模型和卷积神经网络(CNN)的文本舆情分析方法，以提高网络舆情分析的性能。刘雅姝等⑤选取网络舆情突发事件评论数据构建知识图谱，利用 LDA 模型对图谱中实体的话题属性进行划分，以多维视角追踪舆情话题演化情况；关鹏等⑥将 LDA 和生命周期理论相结合，提出主题语义演化分析方法，深度揭示学科领域发展过程中继承、分裂和融合的语义演化模式。

综上所述，目前基于 LDA 主题模型的研究多是从全局语料库进行主题抽取，这种方法的局限是未能较为深入地揭示学科领域研究主题内容的演变，笔者结合共词分析法，在利用 LDA 模型主题挖掘的基础上进行高频关键词共词分析，深入探究热点主题不同历史时期的演变过程。本文通过系统采集 1958—2019 年在 CNKI 数据库中收录的学院的论文，探析学院学科领域研究热点的发展演变，探寻学院发展至今不断闪耀的学术光芒，谨以此文纪念从武昌文华大学图书科到武汉大学信息管理学院的 100 周年。

二、相关理论

(一)LDA 主题模型

潜在狄利克雷模型(Latent Dirichlet Allocation，LDA)的本质是基于“文档—主题—词”

① 吴桐，许静．基于文献计量法的医院财务管理问题及对策研究[J]．中国煤炭工业医学杂志，2017，20(02)：226-230.

② 李纲，巴志超．共词分析过程中的若干问题研究[J]．中国图书馆学报，2017，43(4)：93-113.

③ Zhu L, Reychav I, McHaney R, et al. Combined SNA and LDA Methods to Understand Adverse Medical Events[J]. The International Journal of Risk & Safety in Medicine, 2019, 30(3): 129-153.

④ Luo L X. Network Text Sentiment Analysis Method Combining LDA Text Representation and GRU-CNN [J]. Personal and Ubiquitous Computing, 2019, 23(3-4): 405-412.

⑤ 刘雅姝，张海涛，徐海玲，等．多维特征融合的网络舆情突发事件演化话题图谱研究[J]．情报学报，2019，38(8)：798-806.

⑥ 关鹏，王曰芬，傅柱．基于 LDA 的主题语义演化分析方法研究——以锂离子电池领域为例[J]．数据分析与知识发现，2019，3(7)：61-72.

的三层贝叶斯概率模型，是一种可实现文本聚类的主题生成模型。其生成过程如下①：首先，基于语料库中的每一篇文档，从主题分布中抽取一个主题；其次，从该主题的词项分布中抽取一个词；最后，重复以上流程直至遍历文档中的所有词。通过模型训练，形成从文本到主题以及从主题到词的多项式分布。每个词在一篇文档中出现的概率为②：

$$p(\text{特征词}\mid\text{文档})=\sum\text{主题}\,p(\text{特征词}\mid\text{主题})\times p(\text{主题}\mid\text{文档})$$

论文主题提取是论文主题演化研究的基础。LDA 模型具有高效的抽样推理算法和模型泛化能力，将该方法应用于学术论文研究的主题挖掘，有助于在文档语义层面实现海量文献基于主题的文本建模，对学术论文主题的提取与演化分析更加精确。

(二)主题发现相关概念

1. 主题隶属概率

依据 LDA 模型的主题识别结果，可以得出不同主题在每个文献下的主题概率分布，这些主题概率的分布作为度量标准用来衡量文献的研究主题③。若某主题在该文献呈现较高的主题隶属概率，则说明该文献的研究内容与此主题有较大关联；反之，则说明该文献的研究内容与此主题联系较弱。通过 LDA 模型生成文档主题隶属概率 $\theta_{d,k}$表示，$\theta_{d,k}$代表第 d 个文档中主题 k 的概率。

2. 主题热度

通常用主题与文档间的关联程度反映主题热度，同一主题可能在各个文档中呈现不同的主题隶属概率，同一文档中各个主题的隶属概率也各不相同。一个主题在不同文档中的主题隶属概率总和相较于其他主题越高，则表明其热度越高。

主题热度的演化分析即通过计算某一主题在不同时间段中的主题热度，来反映随时间变化的主题热度趋势。主题热度的计算方法为④：计算某一主题在所有文档中主题隶属概率的平均值。主题 T_k在某一时间段的热度可表示为：

$$H_k=\frac{\sum_{d\in D}\theta_{d,\,k}}{|D|}$$

其中，$|D|$ 表示文档集合 D 中的文档数量，d 表示文档集合中的一篇文档，$\theta_{d,k}$表示主题 T_k出现在文档中的主题隶属概率。

---

① LDA[EB/OL].[2019-11-03]. https://baike.baidu.com/item/LDA/13489644?fr=aladdin

② 刘雅姝，张海涛，徐海玲，等. 多维特征融合的网络舆情突发事件演化话题图谱研究[J]. 情报学报，2019，38(8)：798-806.

③ 王德川. 基于 LDA 模型的中美欧农业科研项目研究主题分析[D]. 中国农业科学院，2017.

④ 崔凯. 基于 LDA 的主题演化研究与实现[D]. 国防科学技术大学，2010.

三、研究设计

(一)主题抽取与演化分析框架

利用LDA主题模型和共词分析法进行主题抽取与演化分析的流程大致可以概括为三大阶段：一是数据采集与预处理阶段，二是构建LDA主题模型和计算阶段，三是主题分析和可视化阶段。整体流程如图1所示。

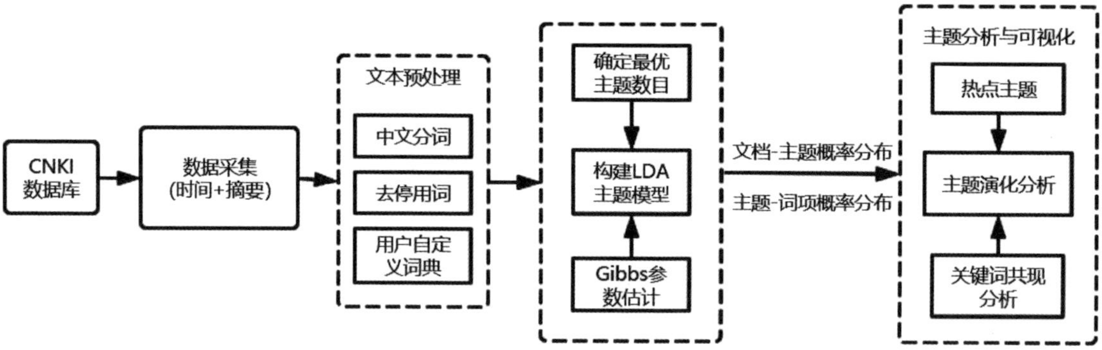

图1　主题抽取与演化分析框架

(1)数据采集与预处理阶段。

数据采集来源于CNKI数据库，LDA模型中的主题是由特征词概率构成，因此需要对采集到的文本进行预处理，具体操作包括中文分词、删除停用词以及加入用户自定义词典等。

(2)构建LDA主题模型和计算阶段。

该阶段包括三个步骤。首先，在建模前需要设置适用的参数和确定最优主题数目。其次，对原始语料文本进行LDA建模，得到模型文档—主题概率分布、主题—词项概率分布等输出结果。最后，对原始主题进行过滤，删掉无意义主题。

(3)主题分析与可视化阶段。

基于LDA主题模型输出的文件，进行热点主题分析和主题演化分析。一方面，本文依据主题强度分析不同时间段内的热点主题，挖掘学院不同时期研究的热点领域。另一方面，将时间因素引入，绘制不同主题强度变化的折线图，进行热点主题演化趋势可视化。在进行主题演化趋势分析时，结合共词分析法，利用社会网络分析软件Ucinet和Netdraw揭示不同主题内高频关键词的共词关系，从可视化角度来定量探讨热点主题在不同时期的研究热点。

(二)数据采集与预处理

1. 数据采集

19世纪20年代初，韦棣华、沈祖荣等人共同创办武昌文华大学图书科，标志着我国近代图书馆学的出现。1929年，图书科单独建校为武昌文华图书馆专科学校①。在之后的研究发展中，学校创办了由教师和学生合作编辑的《文华图书馆学专科学校季刊》以及出版《标题总录》(沈祖荣，1938)、《普通图书编目法》(黄星辉，1934)等图书馆学专著，在图书馆界引起反响。1956年，武汉大学图书馆学系成立，成为我国图书馆学教育的重要基地。本文选用CNKI中国知网数据库作为数据来源，检索作者单位："武昌文华图书馆专科学校"，未检索到相关文献，表明CNKI中国知网数据库未收录此时期的文献。检索作者单位："武汉大学图书馆学系"，检索到相关文献起始于1958年。

因此，本文使用检索策略"作者单位：武汉大学图书馆学系 or 武汉大学图书情报学院 or 武汉大学传播与信息学院 or 武汉大学大众传播与知识信息管理学院 or 武汉大学信息管理学院"进行文献检索，得到自1958年至2019年9月14日的文献记录10860条，并从中抽取出每篇论文的时间和摘要作为主题识别和分析的语料。为获取科学、规范的语料来源，排除无关文献，本文对获取到的文献进行处理，包括删除武汉大学传播与信息学院中新闻与传播类领域的文献、删除摘要缺失的文献记录以及对文献题录进行去重等，另外添加了一些在相关论文搜集过程中发现的署名单位为武汉大学但实际上是学院师生发表的文献记录。通过对数据的清洗，将得到的10179条文献题录作为实验的候选语料库。

2. 数据预处理和参数设置

为提高实验结果的准确性，对采集到的原始数据进行预处理。采用中国科学院ICTCLAS分词工具，对标题和摘要文本进行汉语分词处理，并在用户自定义词典中加入"高校图书馆""竞争情报""数字出版经济""档案治理"等相关词语。将"的""已经"等功能词、文本中应用广泛的词和标点符号等作为停用词，进行过滤处理。数据预处理阶段是一个持续重复的过程，依据模型输入需求，需对用户自定义词典进行不断扩充，直至得到满意的处理结果，最后基于开源包JGibbLDA实现LDA主题模型的参数训练。

在试验阶段，本文将主题划分为10~17类，对每一类中词的隶属概率进行分析。研究发现将主题分为11~15类时，每一类中词项的隶属概率逐渐提高，但主题间区分度不强，在分为15类主题时输出的实验结果较好，在分为16类时词项的分布概率下降。因此，将主题数目设置$T=15$，超参数设置为$\alpha=0.01$，$\beta=0.05$，迭代次数$niters=1000$次，抽取各主题下概率最高的前10个词，利用Gibbs Sampling进行参数估计和推断。

---

① 陈传夫．弘扬传统 共谱新篇——庆祝武汉大学信息管理学院九十华诞[J]．图书情报知识，2010(5)：4.

四、研究主题动态演化分析

（一）发文量分布情况

图 2 呈现了武汉大学信息管理学院 1958—2019 年发表文献数量的年代分布。由图 2 可知，至 2019 年 9 月 14 日武汉大学信息管理学院不同历史时期发表的论文大体经历了三个发展阶段：第一阶段，从 1958 年至 1983 年，自数据库所收录的武汉大学图书馆学系的第一篇文献至 1984 年经教育部批准建立图书情报学院之前。这一阶段论文数量增长缓慢，变化曲线几乎与坐标轴重合平行，主要原因是由于 CNKI 中国知网数据库只对自 1993 年之前的部分期刊进行回溯。第二阶段，从 1984 年至 2000 年，即在 2001 年更名为武汉大学信息管理学院之前，论文数量增长加快。第三阶段，从 2001 年至 2019 年，正式更名为武汉大学信息管理学院之后，逐年发文量呈现递增趋势，局部有小幅度的篇数波动，于 2014 年达到峰值 630 篇。

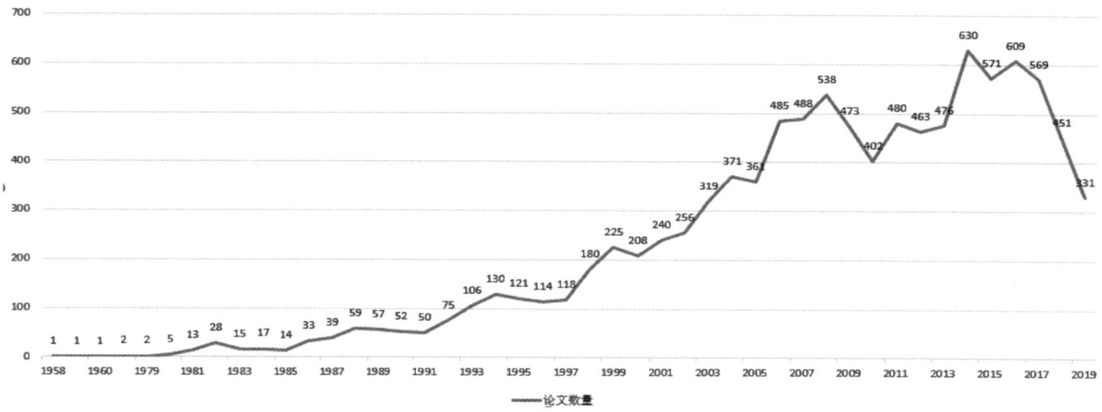

图 2　武汉大学信息管理学院发表文献数量年代分布

（二）研究主题划分

通过 LDA 主题模型计算结果分析以及过滤 1 个摘要结构信息的主题，得到最优主题数目为 14。为提高主题划分的准确性，结合每个主题下高概率词项，对主题的定义进行验证。删去主题下无参考意义的词项，例如“程度”“性质”等，最终输出每个主题下的主要词项，如表 1 所示。发现词项与主题高度相关，比如“图书馆服务与管理”主题下，“参考咨询”“服务质量”“图书馆管理”等均与主题高度相关，说明 LDA 模型在提取潜在研究主题方面是有效的。

表 1　研究主题及主要概率词项

类别	主题名称	关键词
1	图书馆服务与管理	图书馆、读者、高校图书馆、公共图书馆、参考咨询、事业、馆员、图书馆服务、网络环境、服务质量、服务方式、图书馆管理
2	目录学与信息组织	知识、组织、特征、语义、知识管理、本体、产权、文本、算法、知识服务、古籍、目录学
3	信息检索	信息检索、文献、科学、工具、语言、权利、数据挖掘、对象、科学研究、检索系统、索引
4	图书情报教育	学科、高校、课程、人才、互联网、素养、学生、职业、教材、素质、思维
5	情报学理论	图书、情报、情报学、性质、控制论、原理、基础、规律、认识、发展趋势
6	信息计量学	期刊、学术、论文、质量、指标、影响力、学者、水平、开放存取、计量学、指数
7	编辑出版学	文化、市场、产业、经济、编辑、编辑工作、出版社、出版业、数字出版、电子书、传媒
8	信息资源建设	资源、数字、元数据、长期保存、信息资源共享、信息资源建设、网络信息资源、管理系统、公共信息、互操作、关联数据
9	档案信息资源管理与服务	档案、政策、国家、档案馆、文件、事业、档案管理、法规、档案信息、记忆、电子文件
10	信息经济学	信息、商品、经济学、网络环境、效益、经济效益、信息技术、对称、分析信息、损失、参与者
11	企业竞争情报	企业、机构、战略、竞争情报、优势、电子商务、联盟、业务、物流、商务、供应链
12	电子政务与政务信息公开	数据、政府、制度、电子政务、公众、数据管理、智慧、行政、公开、政务、生命周期
13	网络舆情	网络、媒体、新闻、网络信息、群体、意见、舆情、社会、人际、舆论、受众
14	用户行为	用户、行为、因素、模型、社区、健康、意愿、理论、问卷、实证、情境

(三)各时期热点研究主题内容分析

面对 1958—2019 年学院数量庞大、主题丰富的研究成果，为挖掘出各阶段研究的热点主题，在不同时期内笔者选取各阶段出现频次占比均值较高的前4个主题进行分析，利用主题强度的方法挖掘学院不同时期研究的热点主题，分别以时间窗口 T=1958—1984年、1985—2000年、2001—2019年观察研究的热门主题，用颜色填充的方法将热门主题标出，如表2。

表2 不同时间窗口 t 下的热点主题

序号	主题	1958—1983	1984—2000	2001—2019
1	图书馆服务与管理	0. 086598747	0. 083448522	0. 06900101
2	目录学与信息组织	0. 125193743	0. 115746756	0. 119469177
3	信息检索	0. 079711109	0. 081082254	0. 078196199
4	图书情报教育	0. 079135489	0. 079950767	0. 079750581
5	情报学理论	0. 079078591	0. 055248522	0. 035975188
6	信息计量	0. 078738646	0. 079538015	0. 081223727
7	编辑出版学	0. 076453318	0. 083957727	0. 079075267
8	信息资源建设	0. 067600195	0. 075119363	0. 080546165
9	档案信息资源管理与服务	0. 038685247	0. 043117097	0. 040057435
10	信息经济学	0. 067083009	0. 081115575	0. 078626759
11	企业竞争情报	0. 064831992	0. 073512068	0. 079132012
12	电子政务与政务信息公开	0. 037141663	0. 034220102	0. 041795783
13	网络舆情	0. 035809873	0. 035256511	0. 040919924
14	用户行为	0. 035640584	0. 03539718	0. 046726275

表3 不同时期 top4 热门主题

	热门主题1	热门主题2	热门主题3	热门主题4
1958—1983	主题2 目录学与信息组织	主题1 图书馆服务与管理研究	主题3 信息检索	主题4 图书情报教育
	目录学与文献组织中文献分类与编目基础理论、方法。	图书馆管理的理论与方法、业务管理和人力资源管理等方面。	情报检索语言基础理论和情报检索系统等方面。	我国图书情报教育改革思路。

续表

	热门主题 1	热门主题 2	热门主题 3	热门主题 4
1984—2000	主题 2 目录学与信息组织	主题 7 编辑出版学研究	主题 1 图书馆服务与管理研究	主题 10 信息经济学
	计算机在文献分类领域的应用、分类主题一体化研究、计算机编目等方面。	电子出版物、网络出版物相关研究、出版经济以及高校出版类课程建设等方面。	图书馆管理与服务的信息管理系统、自动化管理等方面。	信息经济学的概念、信息经济学与情报经济学的关系以及微观经济学的研究。
2001—2019	主题 2 目录学与信息组织	主题 6 信息计量	主题 8 信息资源建设	主题 4 图书情报教育
	信息组织的理论研究、网络信息组织的研究以及对本体、语义网、自动标引和分类的研究。	期刊引文分析、文献需求分析、数据库开发应用、网络信息资源定性评价以及网络测评大学等研究。	资源整合、数据库建设、网络信息资源开发与利用、信息资源共建共享等方面。	国内外信息素质教育、数字信息素质教育课程的模式以及网络环境下用户信息素质培养等方面。

根据表 2、表 3 可知，在 1958—1983 年学院研究成果发表的第一个阶段，讨论主要集中在主题 2 目录学与信息组织、主题 1 图书馆服务与管理研究、主题 3 信息检索、主题 4 图书情报教育。分别分析每个话题在该阶段的研究内容，主题 2 主要涉及目录学以及文献组织中文献分类与编目基础理论，如陈传夫①对苏联目录学基本理论、苏联书目工作方法两方面进行综合概述；彭斐章等②提出在实现四个现代化的背景下，目录学研究面临的研究对象、目录学史等问题；周继良③提出对“马克思列宁主义、毛泽东思想”列为图书分类法五大部类之一的理解。主题 1 中，主要涉及图书馆管理的理论与方法、业务管理和人力资源管理。如黄宗忠④从人才学的基本观点出发，探讨图书馆管理队伍的建设问题；主题 3 主要涉及情报检索语言的基础理论和情报检索系统等方面，如张琪玉⑤提出一种纯

---

① 陈传夫．建国以来我国关于苏联目录学理论研究概述[J]．山东图书馆季刊，1984(4)：21-27.

② 彭斐章，谢灼华．关于我国目录学研究的几个问题[J]．武汉大学学报(哲学社会科学版)，1980(1)：90-96.

③ 周继良．对马列主义经典著作列为图书分类法五大部类之一的理解[J]．黑龙江图书馆，1980(4)：18-21.

④ 黄宗忠．试论图书馆管理队伍的建设[J]．山东图书馆季刊，1981(1)：2-14，16-17.

⑤ 张琪玉．纯标识检索系统还有实用价值——一个计算机应用课题的重新提出[J]．山东图书馆季刊，1984(3)：20-22.

标识检索系统的方案，然后就其实用价值作出分析；陈光祚①介绍了学习计算机情报检索的现实意义，以及如何利用情报检索系统查找资料；王昌亚②论述了我国科技情报检索刊物体系存在的缺点，并指出其根源是指导思想和方向的不明确造成的，并提出加强管理、集中编制检索刊物等建议。主题4主要涉及在社会主义现代化建设新时期，我国图书情报教育如何采取新思路实行改革等方面。20世纪80年代初起，谢灼华教授致力于我国图书馆史学的学科建设。一方面，在原有的本科课程教学基础上建立了完整的我国图书馆史教育层次；另一方面，通过教材建设构建了图书馆史的学科体系③。1983年，在国家科学技术委员会和武大领导的支持下，严怡民教授参与起草协议，联合创办了全国第一个科技情报培训中心，使我国情报教育基地建设迈上新台阶④。

在1984—2000年学院研究成果发表的第二个阶段，研究主题包括主题2目录学与信息组织、主题7编辑出版学、主题1图书馆服务与管理、主题10信息经济学，编辑出版学和信息经济学成为该时期新的研究热点。主题2中目录学与文献分类与编目理论研究不断深化，关于计算机分类、编目的研究逐渐增多，如陈传夫⑤论述了中国现代“新目录学”的基本流派；司莉等⑥探讨了互联网上资源编目的特点，介绍和展示了OCLC网上资源编目的计划。主题7主要涉及电子出版物、网络出版物相关研究、出版经济以及高校出版类课程建设等方面，如彭建炎⑦论述了出版业的价格政策、税收政策、信贷政策等出版经济政策的作用与制定；方卿⑧提出加大推进平衡书业的产销关系的整合等举措以推动书业产销关系的平衡；徐丽芳等⑨对网络出版进行了界定，并将其区分为主题讨论型、定期或不定期型、数据库型以及综合型4类。在主题1中，随着信息技术的发展，研究主题转向图书馆管理与服务的信息管理系统、自动化管理等方面，如黄宗忠⑩提出图书馆管理体制不健全等问题，并提出由封闭管理型转向开放管理型等新思路。主题10信息经济学主要涉及信息经济学的概念、信息经济学与情报经济学的关系以及微观经济学的研究，如马费成⑪讨论了信息经济学涉及的主要领域，以此为基础进一步阐明信息与情报等概念在我国情报工作实践中的背景，其《信息经济学》专著连续多年被评为经济学、情报学领域

---

① 陈光祚．怎样利用计算机情报检索系统查找资料[J]．图书馆，1983(5)：44-48.

② 王昌亚．谈科技情报分析研究工作[J]．情报科学，1980(3)：18-21.

③ 程焕文，王蕾．影响20世纪中国图书馆史学研究的八位史家及其代表著作——谨以此文恭贺图书馆史学家谢灼华教授70华诞[J]．图书馆论坛，2005(6)：59-63.

④ 秦季章．严怡民评传[J]．晋图学刊，1993(1)：36-40.

⑤ 陈传夫．略论中国现代“新目录学”的基本流派[J]．晋图学刊，1991(3)：51-56+50.

⑥ 司莉，朱蓓．论因特网上资源编目的实现[J]．情报资料工作，1999(3)：25-26，18.

⑦ 彭建炎．简论出版经济政策的作用与制定[J]．图书情报知识，1992(1)：69-71.

⑧ 方卿．论书业产销关系的进一步整合[J]．出版发行研究，1999(5)：37-39.

⑨ 徐丽芳，钟琼．网络出版及其类型[J]．出版发行研究，2000(11)：21-22.

⑩ 黄宗忠．创新我国图书馆管理[J]．图书与情报，1994(2)：1-8.

⑪ 马费成．信息经济学及其相关术语——与姚健同志商榷[J]．图书与情报，1995(2)：1-6.

的高被引图书。

在2001—2019年学院研究成果发表的第三个阶段，研究主题主要集中在主题2目录学与信息组织、主题6信息计量、主题8信息资源建设、主题4图书情报教育。信息组织依然是学者关注的主题，随着21世纪信息化、网络化的发展，数字信息资源建设、网络信息计量、信息素质教育研究成为新的热点研究内容。主题2的相关研究主要集中在信息组织的理论研究、网络信息组织的研究以及对本体、语义网、自动标引和分类的研究。如胡昌平等①从个性化服务的资源定位等多重定位出发，构建了以需求为导向的信息资源组织目标控制体系；周耀林等②基于本体理论，构建了非遗信息资源组织与检索研究框架，对文化遗产大数据资源的深度组织与开发具有重要参考价值。主题3中"引文分析"理论性文章减少，应用性研究增多，包括期刊引文分析、文献需求分析、数据库开发应用、网络信息资源定性评价以及网络测评大学等。邱均平等③讨论了网络计量学的研究对象和工具及其5个主要的应用；主题11主要涉及资源整合、数据库建设、网络信息资源开发与利用、信息资源共建共享等，如肖希明等④剖析了数字阅读在资源结构等方面对图书馆信息资源建设带来的影响，提出图书馆应本着虚实并重的方针开发网络资源，推动公共数字文化资源整合；李纲等⑤分析比较了垂直型、水平型、网络型3种信息资源共享模式，并对馆际互借、网络检索等共享模式进行社会收益成本分析。主题4研究方向发展为研究国内外的信息素质教育、数字信息素质教育课程的模式和策略以及网络环境下用户信息素质培养等方面。黄如花教授的研究团队发表了"信息素养教育与MOOC"系列专题论文，对MOOC环境下课程开设的现状和需求进行全面调研和分析，推动整个行业对于MOOC的教学模式有更深入的了解⑥。

(四)研究主题演化趋势分析

为了能从宏观上更好地展示研究主题的演化趋势，本文将实验所得热门主题强度值进行呈现。由于篇幅限制，笔者选取主题强度排在前5位的主题，分别为主题2目录学与信息组织、主题6信息计量、主题7编辑出版学研究、主题1图书馆服务与管理研究、主题3信息检索。绘制不同主题在1958—2019年强度变化的折线图，如图3所示。

---

① 胡昌平，王翠萍. 基于个性化服务的信息资源组织目标、原则与规范[J]. 图书馆论坛，2004(6)：137-141.

② 周耀林，赵跃，孙晶琼. 非物质文化遗产信息资源组织与检索研究路径——基于本体方法的考察与设计[J]. 情报杂志，2017，36(8)：166-174.

③ 邱均平，陈敬全. 网络信息计量学及其应用研究[J]. 情报理论与实践，2001(3)：161-163.

④ 肖希明，曾粤亮. 数字阅读与图书馆信息资源建设[J]. 数字图书馆论坛，2016(2)：2-8.

⑤ 李纲，李新生，陈颖. 论信息资源共享及其效率[J]. 中国图书馆学报，2001(3)：40-42.

⑥ 刘颖. 基于学习者和图书馆员双重视角的信息素养MOOC——以武汉大学黄如花教授"信息检索"MOOC为例[J]. 山东图书馆学刊，2015(4)：47-49.

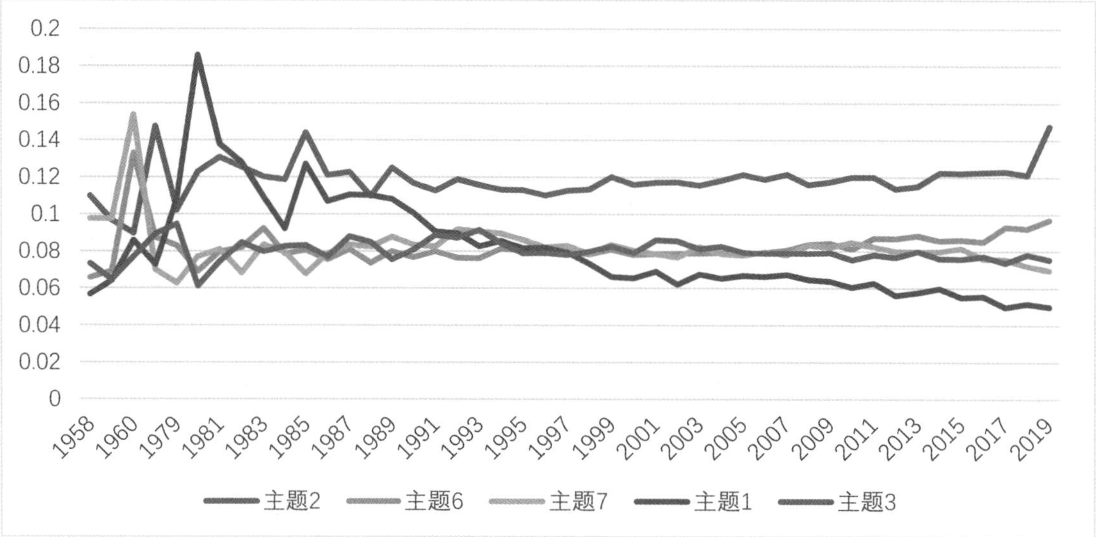

图 3　热门主题演化趋势图

依据主题强度变化的情况，可以得出以下结论：总的来说，前期各主题强度值的跨度较大，同一时期不同主题之间的强度差异较大，而后期主题之间强度差异缩小，并趋于平衡和稳定。以 2000 年为对比关键点，2000 年前的波动幅度较 2000 年之后的波动高，说明学院的主要研究方向越来越明确，对各主题有更为规律的把握。

具体来说，主题 2 目录学与信息组织主题热度维持高水平，关注度保持稳定。武汉大学是国内较早研究信息组织的机构之一，且多与北京大学、南京大学等研究机构的学者合作，是国内信息组织研究的重要机构①。20 世纪 90 年代之前，研究人员对大量馆藏文献进行整序和整合，为实现文献分类和编目进行研究，相关研究领域为图书分类法、书目工作、布鲁塞尔分类法等。1983 年严怡民教授主编的《情报学概论》出版，该书以情报的组织与利用为主线，融合情报学各领域研究成果来构建情报学体系，是国内第一部系统论述情报学主要研究领域的著作②；1986 年出版由彭斐章先生等翻译的《目录学普通教程》，是我国全面研究书目情报理论的开端③。1990 年代掀起了“中图法”研究的热潮，研究理论不断深化，并出现了计算机在分类领域的应用，涉及相关术语有中图法、自动标引、联机编目等；目录学在书目实践中不断创新，书目情报理论逐渐建立并成熟，彭斐章先生的现代目录学核心思想为创立有中国特色的现代目录学做出贡献④。目录学涉及的相关术语

① 胡逸宬．国内外信息组织研究进展态势分析[J]．农业图书情报学刊，2018，30(6)：29-34.

② 秦季章．严怡民评传[J]．晋图学刊，1993(1)：36-40.

③ 王友富．80 年代以来我国书目情报理论研究之进展[J]．图书情报工作，2000(12)：16-22.

④ 柯平，刘旭青．论彭斐章先生现代目录学思想[J]．图书情报知识，2019(4)：26-34.

有现代目录学、机读目录、数目数据库等，如图4所示。21世纪，“图书分类学”“文献分类学”逐渐被信息组织所替代，随着网络普及，研究网络信息分类和元数据编目的论文不断增多，研究内容从基于元数据的信息组织向基于本体的知识组织的研究方向发展；随着大数据的发展，目录学的新观点和新理念层出不穷，如数字书目控制、古籍目录可视化等，如图5所示。

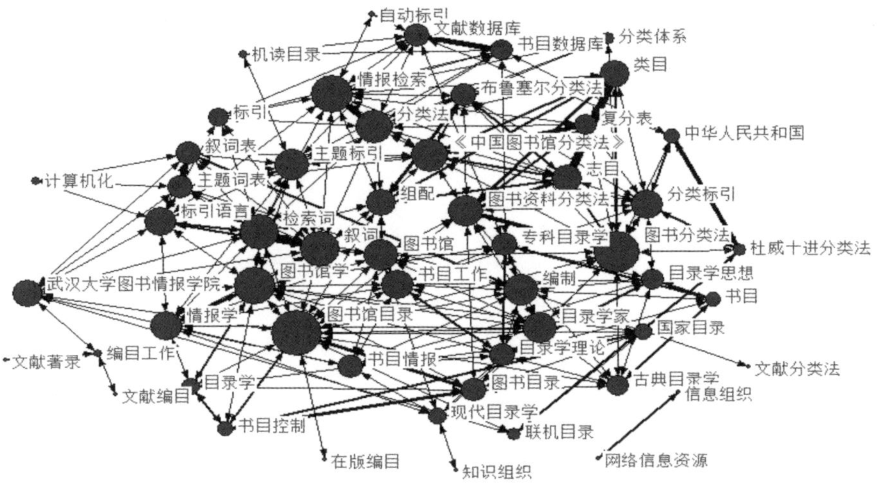

图4 21世纪前目录学与信息组织关键词共现图

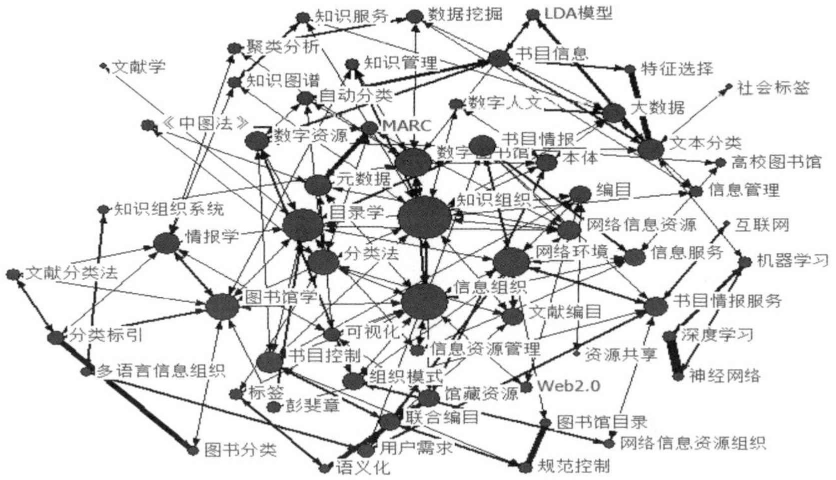

图5 21世纪后目录学与信息组织关键词共现图

图书馆服务与管理研究和编辑出版学研究在总体上呈现下滑趋势。图书馆服务与管理研究在1980年时热度排名第一，21世纪之后其热度排名已跌至第五，编辑出版学研究主题强度的比例也有所下降，表明学院对这两大热点主题的研究相对成熟，因此主题强度略有减少。改革开放以后，图书馆服务与管理研究逐渐由经验主导向理性与经验相结合的方式转变，研究论文中多涉及“读者服务”“读者工作”等内容，如图 6 所示。随着数字化、网络化发展，服务功能从单一型文献传递服务向多元化信息服务方向发展，文献自动化技术和网络技术对图书馆管理产生了重要影响，传统的科学管理逐渐演变为信息资源管理。21 世纪以来，学者的研究关注用户需要解决的问题，依据用户情景，建立知识服务和知识管理核心能力，促进图书馆服务与管理理论体系的成熟，相关术语主要涉及“数字图书馆”“个性化信息服务”“知识管理”“数字参考咨询”，如图 7 所示。胡昌平教授长期从事信息服务与用户的研究，成果丰硕，他认为包括图书馆在内的信息机构在进行信息资源组织开发的活动中，最终必须面向用户①。

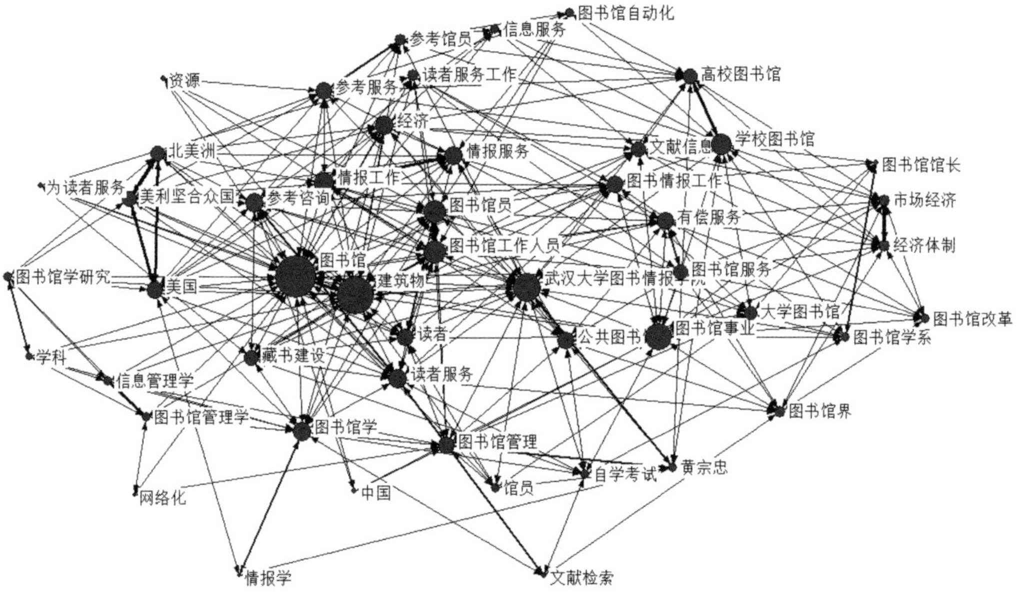

图 6　21 世纪前的图书馆管理与服务关键词共现图

编辑出版学，1983 年，经国家教育部批准，孙冰炎教授领头创建了全国第一个图书发行专业②，填补了我国高等院校专业建设中的空白③，21 世纪之前形成了 4 个主要的研究方向：出版学基础理论与管理、网络与电子出版研究、出版物市场营销研究、编辑出版史与出版文化研究④。21 世纪以来编辑出版学朝着互联网环境下出版业的现状与问题研究、出版产业的数字化转型及其版权保护研究等方向发展，主要涉及的相关术语有“数

① 吴钢．博导系列访谈：胡昌平教授[J]．高校图书馆工作，2007(5)：13-15，35，2.

② 吴平．春播桃李三千圃——孙冰炎老师创办图书发行专业小记[J]．中国大学教学，2013(10)：32-33.

③ 刘兰肖．改革开放 40 年的中国出版科学研究[J]．中国出版史研究，2018(3)：43-63.

④ 黄先蓉．武汉大学编辑出版学专业二十年[J]．出版科学，2003(4)：38-40.

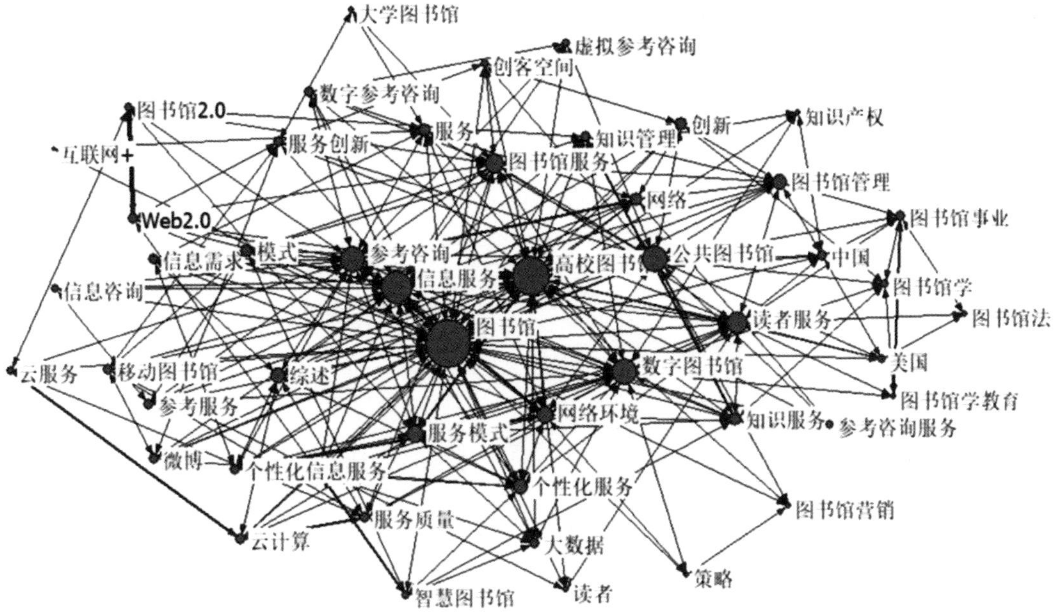

图7　21 世纪后的图书馆管理与服务关键词共现图

字出版”“版权保护”“出版产业”等，如图 8、图 9 所示。自 1998 年以来，武汉大学信息

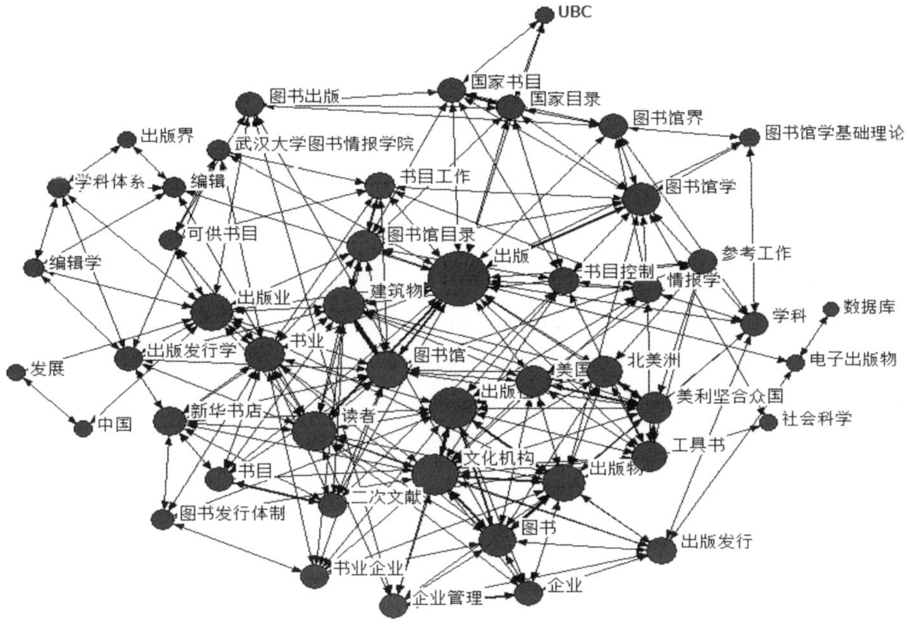

图8　21 世纪前编辑出版学关键词共现图

管理学院在出版营销领域发文量居全国第一。21 世纪以来方卿、张美娟等长期关注我国出版营销领域，贡献较为突出①。黄先蓉等在我国数字出版产业政策等领域有较高参与度，为核心研究人员②。

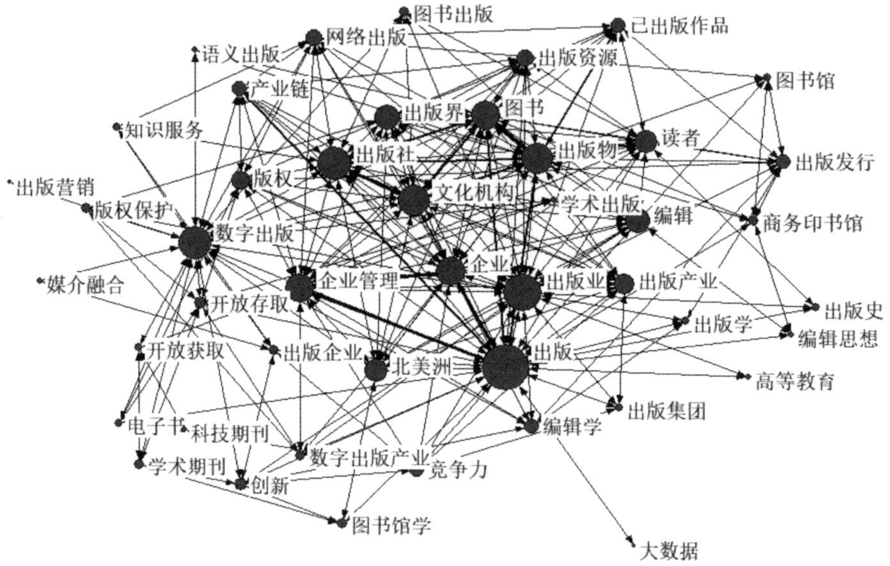

图 9　21 世纪后编辑出版学关键词共现图

信息检索、信息计量虽然在个别年份有较小波动，但从总体来看强度变化不大，处于稳定发展的阶段。改革开放初期，学院信息检索研究的内容主要围绕着检索工具的使用和分类。如图 10 所示，到了 20 世纪八九十年代，由于新的标引技术和联机服务的引入，出现了一批以自动标引和联机检索为主题的研究成果，推动信息检索相关研究达到一个小高峰。21 世纪之后，信息检索研究趋向于网络搜索核心技术和知识化的信息检索服务，可以看出“信息检索”一词与“搜索引擎”“本体”“互联网”“元数据”共现次数最多，如图 11 所示。陆伟教授、吴丹教授是国内知识检索的重要力量，在该领域发文量较多，产生贡献较大③。信息计量学，在 21 世纪之前，学者们的研究主要集中于三大经典定律、对期刊的统计分析、引文分析方面，对曲线的参数取值、文献半生期半衰期、学科发展趋势等问题进行讨论，如图 12。20 世纪 80 年代，马费成教授系统讨论了布拉德福文献分

① 朱静雯，羊晚成．我国出版营销研究知识图谱分析——基于 CSSCI 文献计量[J]．出版科学，2018，26(5)：69-74.

② 陆维仪．我国数字出版产业政策理论研究回顾与展望——基于文献计量的分析[J]．出版发行研究，2018(12)：41-45.

③ 胡德华，种乐熹，邱均平，李俊．国内外知识检索研究的进展与趋势[J]．图书情报知识，2015(3)：93-106.

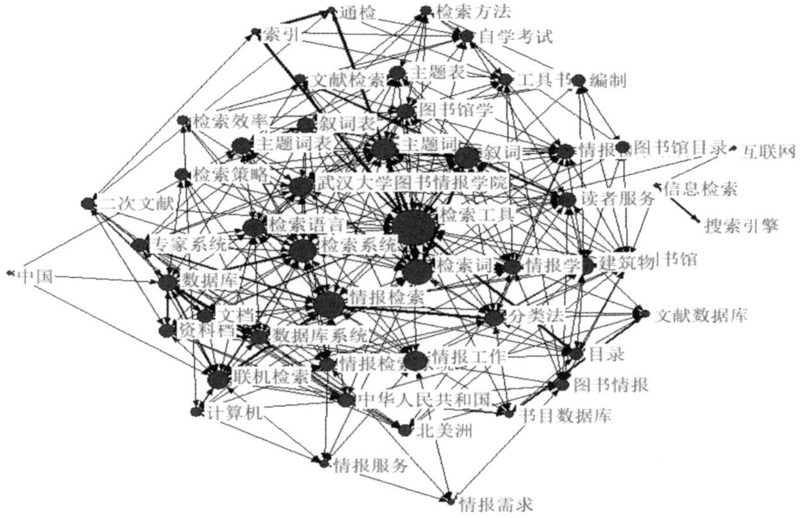

图 10　21 世纪前信息检索关键词共现图

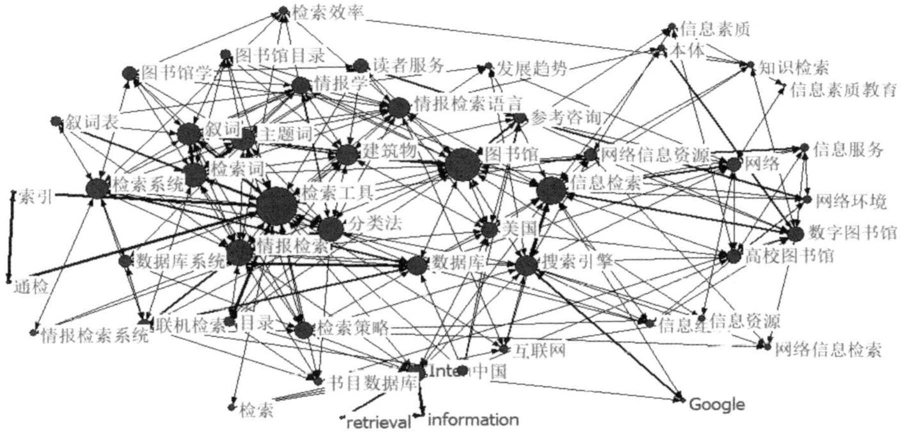

图 11　21 世纪后信息检索关键词共现图

布概率模型、布鲁克斯情报学的基本理论模型，其成果成为我国文献计量学和信息计量学的研究的基础。20 世纪 90 年代，他又敏锐地提出信息计量从语法层次向语义和语用层次的发展，该理论成为我国 20 多年来学科发展的基线①。在 21 世纪之后，网络计量分析、引文分析的应用研究逐渐成为学界研究新的增长点，学者主要讨论网络信息计量学的研究对象和研究内容、期刊评价、学科引文评价等方面，如图 13。其中，以邱均平教授为主的研究团体的文献贡献率较高，是国内信息计量与科学评价研究的主要学术带头人②。

① 裴雷．山水兼程探新知——记信息管理与情报学家马费成[J]．湖北社会科学，2017(2)：2.

② 郭颖涛. 21 世纪我国情报学研究知识图谱[D]．湘潭大学，2014.

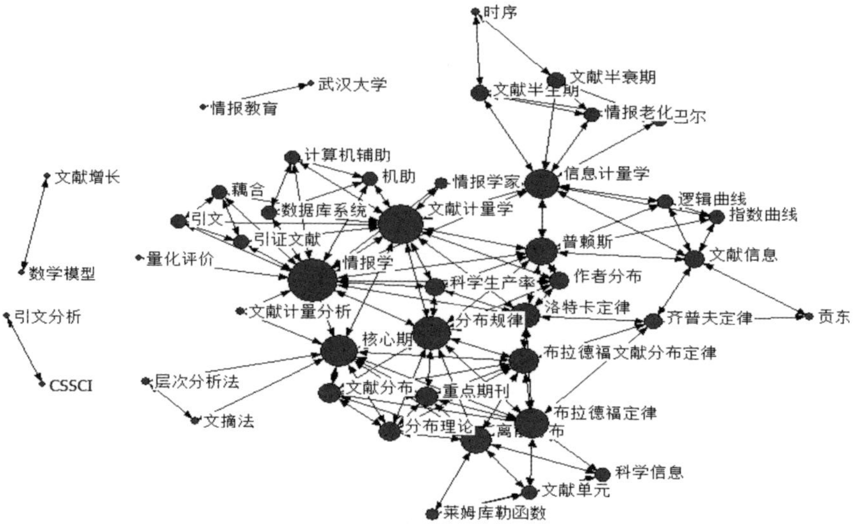

图 12　21 世纪前信息计量学关键词共现图

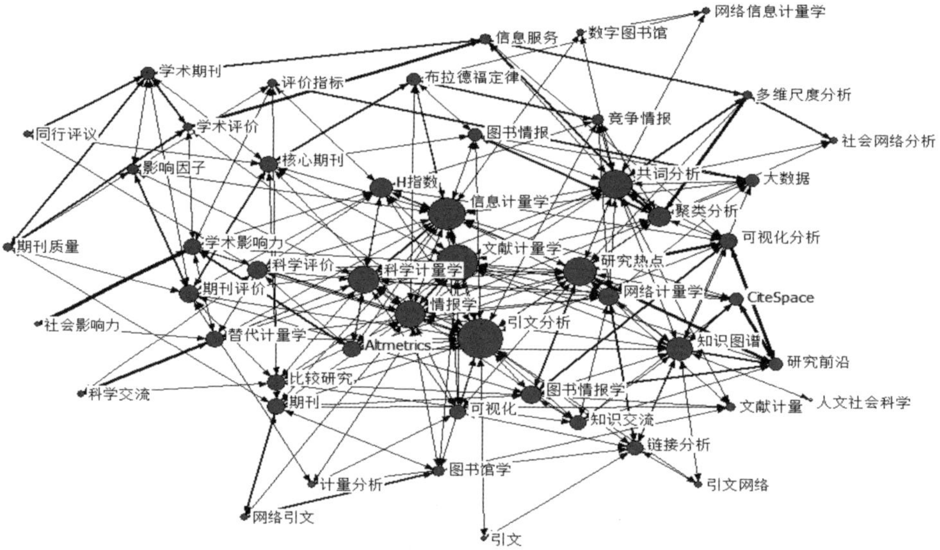

图 13　21 世纪后信息计量学关键词共现图

五、结论

本文运用 LDA 主题模型和共词分析法相结合的方法，揭示学术论文在不同时期研究热点内容的历史发展和主题演变特征。得出如下结论：以 1958—2019 年在 CNKI 数据库中收录的学院的论文为研究对象，抽取出 14 个相关主题。本文深入分析不同历史时期主题强度排在前四位的主题，同时绘制综合主题强度排名前五位的主题演化趋势图和构建不同时期的关键词共现图。可以发现：武汉大学信息管理学院在守正中不断实现新突破，在守正创新中保持强劲发展。随着时代进步，在继承和发扬前辈学者的治学作风和科研精神的基础上，学院在不同时期都会出现新的研究热点，并且在各个研究领域都有突出成就。守正不渝，创新不止，不断开创信息管理领域育人和科研的新局面。

经过100年的薪火相传，文华图专发展成如今的信息管理学院，每个时代都成就斐然。如今的武汉大学信息管理学院已发展成为拥有图书馆学、情报学、档案学、编辑出版学、信息管理与信息系统、电子商务、信息资源管理、管理科学与工程等学科的综合性研究型信息管理教育与研究机构①。名师荟萃，鸿儒云集，研究成果丰硕，内容宽广，本文无论是数据还是分析难免挂一漏万。谨以此文恭贺武汉大学信息管理学院百年华诞，并祝愿学院实现更大飞跃，迈上新的高峰！

作者简介

曹树金，男。1979年9月至1983年7月，武汉大学图书馆学系图书馆学专业本科生，1985年9月至1988年7月，武汉大学图书情报学院图书馆学专业硕士研究生。现为中山大学资讯管理学院教授、博士生导师。曾任中山大学资讯管理学院首任院长，兼任国家社会科学基金学科规划评审专家，中国社会科学情报学会副理事长，中国索引学会副理事长，中国科技情报学会常务理事，中国图书馆学会理事及编译出版委员会副主任、图书馆学著作出版专业委员会主任、信息组织专业委员会副主任，国际知识组织学会中国分会主席。主持国家社会科学基金重大项目等各级各类科研项目30余项，所著《网络环境中公共图书馆和高校图书馆用户需求实证研究》入选“国家哲学社会科学成果文库”，科研成果获广东省哲学社会科学优秀成果奖励一、二、三等奖多次。

岳文玉，女。2017年9月至2019年6月，武汉大学信息管理学院图书情报专业硕士研究生。现为中山大学资讯管理学院博士研究生。

① 武汉大学信息管理学院九十周年院庆公告(第一号)[J]. 图书情报知识，2010(3)：125-126.

我所经历的学院学科建设几件事

陈传夫

受组织的信任和老师们的支持，我有幸于1999年4月至2012年10月成为学院班子的一员，为学院发展服务。十余年间我经历了学院发展中许多感人时刻，目睹了学院学科发展乃至全国图书情报与档案管理学科发展的艰辛与奋进。今谨记下学科建设中的几件事情，也借此机会感谢学院各位领导、老师的辛勤付出与全国同行专家的支持。

一、国家重点学科评选

第一件事情是国家重点学科的遴选评审。

我院图书情报学科筚路蓝缕，在彭斐章先生等老一辈学者几代人的努力下，不断发展壮大，在全国享有很高的学术声誉，教学科研成果丰硕，校友遍布海内外。2000年，我校“图书馆、情报与档案管理”与北京大学一起获得一级学科博士学位授予权。若能冲击一下国家重点学科，必然会为进一步发展创造更有利的条件，提升建设平台。2001年2月，教育部发布《关于开展高等学校重点学科评选工作的通知》，正式启动了第二次国家重点学科评选工作。学院非常重视此次评选工作。对照教育部的通知文件内容及评选办法，认为图书馆学和情报学两个学科都符合要求，因此准备申报这两个学科。在马费成院长领导下，我协调组织了申报材料的撰写等工作。完成初稿后，学院专门组织了预答辩，彭先生等多位教师认真审阅，提出了很好的修改意见。根据老师们的意见，我们对申报材料进行了认真打磨，向教育部提交。

2001年12月，我和时任图书馆学系系主任王子舟教授一起到北京参加评选答辩。到京后获悉，当时国家给了“图书馆、情报与档案管理”一级学科3个指标。北京大学报了图书馆学，中国人民大学报了档案学，而武汉大学同时报了图书馆学和情报学两个学科。这几家水平都很高，从理论上来说三所高校各上一个学科可能性很大。由于图书馆学科有两家会上，这样武汉大学的图书馆学在竞争中就面临着更大压力。了解这一情况后，我们立即联系，并向国务院学位办领导提出建议，希望增加指标给本一级学科。校友霍国庆教授积极参与工作。我们在北京认真准备。当时会议使用的是胶片投影，我负责汇报讲授，子舟教授负责提示并装胶片。我与子舟教授配合十分默契，客观介绍了武大的成绩与学科建设设想，时间掌握得分毫不差。子舟教授与我共同回答问题，赢得了评委专家的肯定。答辩后，孟广军教授、关家麟教授、冯惠玲教授等评委给予了我们充分认可，认为武汉大学图书馆学学科在前期申报材料准备、现场答辩等各环节都做得不错。因此评委会在投票前商得一致，如果北京大学拿到了图书馆学重点学科，建议给武汉大学增加一个重点学科名额；反之，如果投票武汉大学拿到图书馆学重点学科，建议给北京大学增加一个名额。在唱票前，冯惠玲教授代表评委会写了材料，各评委签字认可，密封交给学位办。在场的学位办领导表示支持，同意向上反映。尽管如此，我们仍然十分忐忑。一直没有消息。我们又向国务院学位办主要领导汇报情况，阐述理由，得到肯定。

经国务院学位委员会研究，2002 年终于批准武汉大学图书馆学入选国家重点学科。武汉大学同时获批图书馆学和情报学两个国家重点学科，师生们都很自豪。由于有两个二级学科重点学科作支撑，2007 年武汉大学进一步获批“图书馆、情报与档案管理”一级学科国家重点学科。

二、信息资源管理、出版发行学博士学位点备案

第二件事情是信息资源管理、出版发行学博士学位点备案。

武汉大学于 1990 年获批情报学博士点，1993 年获批图书馆学博士点，2000 年获批图书馆、情报与档案管理一级学科博士学位授予权。为了促进一级学科的全面发展，加强学科群建设，学院准备在图书馆、情报与档案管理一级学科下增设信息资源管理、出版发行学两个二级学科博士学位授权点。增设这两个学科确实是师生的梦想，特别是出版发行学博士学位授权点，多年争取，论证方案就出了多个版本，作为分管研究生教育工作的副院长，接手这项工作，我看到的论证报告纸张都已经发黄了，我深知这凝结着很多老师的心血与愿望。但是，机遇始终没有到来。2002 年元旦前夕，我打电话给时任北大信息管理学系系主任王余光教授。余光教授在我们教研室工作数年，是武大很有影响的青年教师，与我们也不分彼此。我晚上 9 点多打电话，主要是新年问候，自然也聊聊工作。他突然说，最近国家学科备案，申报信息资源管理，遇到一些阻力，问我们怎么样。我立即说，我们一点都不知道这事。的确，这是全国第一次一级学科下学位点备案，截止期都过了学校还没有收到文件。我意识到这是一次难得的机会，晚上 10 点多打电话给方卿教授、黄先蓉教授和李纲教授等告知国家学科备案工作。李纲教授和方卿教授立即组织专家论证，连夜填表。与此同时，我们向学校研究生院报告情况，得到研究生院的大力支持。由于截止时间已过，我与方卿教授元旦晚乘坐特快火车，第二天早上 7 点多到达北京，直奔教育部国务院学位办。当时北京大雪，十分寒冷，我们八点多就到了教育部门口，跟领导汇报约的时间是 9 点。我们衣服都穿得不多，实在太冷没地方取暖，而出租车上还有暖气，于是我们就跟司机说，你拉着我们转转。司机问你们到底要去那里，

我们就说你随意转，只要9点到达门口就行。9点我们准时到达，见到几位学位办领导。一位处领导说，你们为什么自己来，我们回答学校十分重视这项工作，不放心邮寄，让我们自己来汇报。看在我们满满诚意的分上，领导说你们谈谈为什么要设信息资源管理，这个学科不该你们做。由于这两个学科并不在国务院学位委员会颁布的《授予博士、硕士学位和培养研究生的学科、专业目录》上，因此需要准备大量的材料，以论证增设这两个学科博士点的必要性、紧迫性和可行性。我们详细分析武汉大学在这两个学科中已经具备的条件和优势，明确培养方案，制定教学和人才培养计划。向教育部汇报后，我们又到北京大学通报情况，寻求支持，受到余光教授的招待。2002年12月，在教育部的大力支持下，国务院学位委员会批准武汉大学在"图书馆、情报与档案管理"一级学科下备案设立出版发行学博士学位授权点与信息资源管理博士学位授权点。这是本一级学科下全国第一个出版学专业博士点和第一个信息资源管理专业博士点。很多学科与院校都有建设信息资源管理的积极性，但学科归属却有很多争议，武汉大学率先在一级学科下备案成功，为上级将信息资源管理归属于"图书情报与档案管理"决策创造了条件。经过近20年的建设，出版发行学、信息资源管理学科为相关领域培养了大批高层次人才。

三、全国图书情报硕士专业学位的设立

第三件事情是全国图书情报硕士专业学位的设立。

1980年5月北京图书馆刘季平馆长代表国家文物事业管理局向中共中央书记处提交了《图书馆汇报提纲》。1980年5月26日中共中央书记23次会议讨论通过。提纲第四点意见明确提出加强图书馆专业人才培养。改革开放以来，我国图书情报与档案管理一级学科的硕士研究生教育取得了长足进步。自1978年开始招生，至2010年全国已有47所高校获得图书情报与档案管理一级学科硕士学位授予权，培养了大批专业人才。但长期以来我国的图书情报教育缺乏面向实践和职业的专业硕士教育体系，在高层次人才培养领域缺失重要的一环。

2001年，学院就向国务院学位办提交了"关于设置图书馆学硕士专业(MLS)学位的申请报告"。之后又向文化部主管公共图书馆事业的领导进行了汇报。2009年3月，学院受国务院学位办的委托组织力量再次调研，提交了"关于设置图书情报硕士(MLIS)专业学位的申请报告"。2009年9月，国务院学位委员会下发了《关于委托部分高校研究论证拟新增设专业学位类别的函》(学位办[2009]54号)，委托武汉大学就在我国设置"图书信息管理硕士"(暂定)专业学位进行论证研究。

学院非常严肃负责地开展论证工作。成立了专门的课题组，广泛地征求了北京大学、南京大学、中国人民大学、南开大学、中山大学、吉林大学等高校图书情报领域学科负责人，国家图书馆、中国科技信息研究所、中国科学院国家科学图书馆、国家工程技术图书馆、解放军医学图书馆等图书情报机构负责人，国务院学位委员会图书馆、情报与档案管理学科评议组专家，以及中国图书馆学会、中国科技情报学会的意见，形成论证

方案。

2009 年 9 月 10 日召开了由本院图书馆学、情报学专家参加的研讨会；2009 年 9 月 30 日组织了专门的研讨会。参会专家来自北京大学、南京大学、中国人民大学、南开大学、中山大学、吉林大学等高校图书情报领域专家和学科负责人，以及武汉大学论证课题组主要成员；在充分讨论的基础上，2009 年 10 月 20 日在弘毅酒店召开方案定稿会。

国务院学位委员会第二、三、四届学科评议组成员、召集人、武汉大学人文社会科学资深教授彭斐章先生，国务院学位委员会第五、六届学科评议组成员、召集人、武汉大学信息资源研究中心主任马费成教授，出席指导。校外专家包括：国家图书馆馆长、中国图书馆学会理事长詹福瑞教授，中国科技信息研究所副所长赵志耘教授，北京大学信息管理系主任、国务院学位委员会第六届学科评议组成员王余光教授，解放军医学图书馆馆长、中国图书馆学会全军医学图书情报专业委员会主任委员湛佑祥研究员，南京大学信息管理系系主任沈固朝教授，南开大学信息资源管理系原系主任、国务院学位委员会第六届学科评议组成员柯平教授，中国科技情报学会秘书长郑彦宁研究员，中国人民大学信息资源管理学院副院长卢小宾教授，中国科学院国家科学图书馆业务处长刘细文研究员，国家工程技术图书馆副馆长曾建勋研究员，中山大学资讯管理系系主任曹树金教授。武汉大学论证专家还有陈传夫教授、李纲教授、肖希明教授、黄如花教授、唐晓波教授、查先进教授。学校研究生院时任常务副院长周叶中教授出席会议。

与会专家一致认同创办图书情报硕士专业学位，针对全国图书情报人才的需求与规划进行了充分讨论，对图书情报硕士专业学位的培养目标、招生、考核、评估、质量管理等方面进行了充分讨论，形成一致意见。我们将论证报告递交到国务院学位办。学位办的领导也是十分满意，但提出，全国设置专业学位必须得到有关行业的同意与职业资格衔接，这是一条硬性要求。为此，我们又找到国家图书馆、中国图书馆学会。在国家图书馆领导支持下，我与中国图书馆学会秘书长汤更生同志一起到文化部，通过文化部文化艺术人才中心主任刘长权同志，获得文化部的大力支持，同意发文建立标准。

2010 年 1 月，国务院学位委员会第 27 次会议审议通过了 19 种专业学位设置方案，决定在我国新增包括图书情报硕士专业学位在内的 19 种专业学位。2011 年 3 月 18 日，国务院学位委员会、教育部、人力资源和社会保障部联合召开了 29 个专业学位研究生教育指导委员会成立会议，全国图书情报硕士专业学位研究生教指委正式成立，主任委员为国家图书馆馆长周和平先生，我与文化部社会文化司刘小琴巡视员任副主任委员，委员会由来自全国图书情报教学领域和实践领域的十多位专家组成。秘书处设在武汉大学。首批获得图书情报硕士专业学位授予权的培养单位有 18 家。至 2018 年，全国已有 49 家图书情报硕士专业学位培养单位，累计招收图书情报硕士专业学位研究生 5300 余人。

四、加入全球信息学院联盟

第四件事情是学院加入全球信息学院联盟(iSchools)。

进入21世纪以来，本学科教育发展很快。2003年，美国7所著名图书情报学院院长齐聚北卡罗来纳大学，共同提出发起“信息学院运动”，以推动图书情报学教育和科研的发展。2004年，北美19所图书情报及相关学院共同创建了iSchool计划。2005年，iSchools联盟正式成立。

世界上本领域比较知名的大学如伊利诺伊大学、华盛顿大学、密歇根大学、匹兹堡大学、加州大学伯克利分校、北卡罗来纳大学等都加入了iSchools(当时联盟宪章规定不允许超过25家)。iSchools的标准包括：必须有杰出的研究和杰出的博士教育；必须能提供科学、企业、教育与文化进步过程中提供任何形式的信息所需的专门技术；必须能提供信息技术及其应用、信息使用与用户方面的专门知识。联盟成员的标准主要强调研究即实质性承担研究活动，同时，致力于培养未来的研究者(通常通过研究型的博士点)，引领推动信息职业领域。2004—2006年的联盟领导委员会协调人是锡拉丘斯大学信息研究学院的Raymond F. von Dran院长。

学院及时关注了联盟组织的最新动向，积极与联盟核心成员联系，寻求机会加入联盟。2006年5月，我在加州大学访问期间应邀到锡拉丘斯大学信息研究学院做学术报告，期间与Raymond F. von Dran院长等就联盟的相关问题进行了交流。2006年6月，在美国图书馆协会(ALA)年会上，我与Raymond F. von Dran院长等进行了进一步的深入沟通。

2006年10月，在武汉大学主办的第二届中美数字时代图书馆学情报学教育国际研讨会上，特邀嘉宾华盛顿大学信息学院院长Harry Bruce教授做了《培养数字时代的信息专家》的报告，也邀请了Raymond F. von Dran教授做《信息领域的起源与发展——交汇于高等教育》的报告。两个报告介绍了iSchools的背景、目标及特征，引起了与会者的广泛兴趣。老院长马费成教授与我在《数字时代图书馆学情报学研究论丛》的总序中对iSchools运动进行了分析，提出了要予以参考。

2008年7月，华盛顿大学邀请我为其举办的夏季研究班讲授中国电子资源知识产权问题。讲课期间，我在Harry Bruce院长办公室正式就武汉大学信息管理学院加入iSchools的事宜进行了深入交流。Harry Bruce院长表示非常欢迎武汉大学信息管理学院加入，并详细介绍了加入的要求、程序，成员的权利、义务，对武汉大学的会费优惠等内容。

2008年10月，我们提交了加入iSchools的正式报告。报告介绍了学院的历史、现状与实力，强调了我们的发展目标。2009年6月，时任联盟主席、伊利诺伊大学香槟分校图书馆与信息科学研究生院院长John Unsworth教授到访武汉大学，代表联盟核心领导小组宣布武汉大学接纳为iSchools成员，我当选iCaucus成员。2010年2月，iConference 2010年会在伊利诺伊大学香槟分校召开。方卿教授、张晓娟教授、吴丹教授与我作为武大代表参加了年会。会前 John Unsworth 院长、Linda Smith 副院长与院里的老师一起设宴招待我们。此次年会正式宣布武汉大学信息管理加入了 iSchools 联盟，成为第一个来自发展中国家的成员。

加入 iSchools 对学院的国际化发展与合作，以及教学、科研、师生交流都产生了推动作用。老师们参加国际会议、合作开展国际研究、发表高水平成果的机会也增加了，学院得到了越来越多友人的了解。2015 年我院获得 iSchool 年会举办权。2017 年 3 月 22 日，由我院和韩国成均馆大学共同主办的 2017 联盟年会 iConference 2017 在武汉举行，这是该年会首次在亚洲举办，吸引了全球 500 多人参加。校长窦贤康院士莅临大会。会议被 iSchool 官方评价为杰出成功，对提高学院乃至全国本领域在国际上的地位等方面具有重要意义。

回顾学院学科发展点滴，我们要感谢国内外同行的大力支持，感谢前辈栽树，感谢各位同事、老师、学生、校友的辛勤付出。祝福学院明天更美好！

作者简介

陈传夫，男，1979 年 9 月至 1986 年 7 月在图书馆学专业学习。留校任教。1986 年任助教，1988 年任讲师，1989 年任副教授，1993 年任教授。1999 年 4 月至 2005 年 4 月任学院副院长，2005 年 5 月至 2012 年 9 月任院长。现任教授，研究生院院长。著有《图书馆发展中的知识产权问题研究》等著作，发表论文百余篇。遴选为教育部长江学者特聘教授(2009)，中组部万人计划哲学社会科学领军人才(2016)。获教育部科学研究优秀成果奖(哲学社会科学)一等奖。

Happy Six 与 7901 班

——中国图书馆界的美谈佳话

程焕文

北宋著名文学家晁补之(1053—1110)有词曰:“翛然一室内,黄卷开佳话。”古往今来,寒门士子,翛然一室,苦学精究,建功立业的美谈不计其数,成名成家的佳话举不胜举。在武汉大学信息管理学院的百年历史中,亦不乏此类广为传颂的美谈佳话,今略述两个故事,以飨读者,并庆贺母校信息管理学院百年华诞。

一、Happy Six(快乐六君子)

“Happy Six”之说,起初仅限于文华图书馆学专科学校前辈之间口头流传,并不见诸文字记载。20世纪50年代以后,文华图书馆学专科学校前辈陆续淡出,在职者多遭迫害,沉默寡语,因而“Happy Six”之说几近淹没。

1993年,在隔绝40多年后,海峡两岸图书馆界重启交流,沈祖荣先生的公子沈宝环教授随中国台湾图书馆界第一个代表团重返内地访问。在广州省亲期间,我时常陪伴沈宝环教授左右,谈天说地,问东问西。沈宝环教授生在昙华林,长在昙华林,对昙华林的一草一木,一人一事,了如指掌,且一生致力于图书馆事业,又交游甚广,坦坦荡荡,热心快语,自然如数家珍,滔滔不竭,因此,我有幸听闻了许多鲜为人知的文华图书馆学专科学校掌故与轶事。1997年我的著作《中国图书馆学教育之父——沈祖荣评传》在台湾学生书局出版,尘封了半个世纪的“Happy Six”(快乐六君子)故事昭昭乎若揭日月,由此开始在海峡两岸广泛传播,成为图书馆界的美谈佳话。

1920年,中国现代图书馆运动之皇后韦棣华女士(Miss Marry Elizabeth Wood,1861—1931)和中国图书馆学教育之父沈祖荣先生(1883—1977)在武昌昙华林创办我国第一个图书馆学教育机构——文华图书科(Boone Library School),开创了中国图书馆学教育的先河。从此文华图书馆学专科学校犹如奔腾不息的长江,滚滚向前,沾溉神州图书馆大地,滋润九州图书馆学林,成为延绵不绝的中国图书馆学之母亲河。

文华图书科仿照美国图书馆学教育制度，从大学本科生中招收修完两年课程的学生，再专修两年图书馆学，学成即可毕业并获得学士学位。文华图书科开办时先后从文华大学文学院招收了三年级学生陈宗登、裘开明、黄伟楞和二年级学生许达聪、查修、桂质柏。两个年级一共六个学生，加上韦棣华女士、沈祖荣先生、胡庆生先生和周楚蘅贡生四位教师，文华图书科最初的规模不过十人而已，是一个地地道道的“迷你”学校(mini school)。那时，文华图书科与文华公书林一套人马，两个牌子，前店后厂，彼此难分。因此，课程教学和专业实习均在文华公书林内，六个同学合班上课、集中实习，翕然一室也是自然而然的事。因文华大学调整学制，将春季入学改为秋季入学，1922 年 1 月，文华图书科第一级学生陈宗登、裘开明、黄伟楞先行毕业；6 月，第二级学生许达聪、查修、桂质柏相继毕业。两个年级同在 1922 年毕业，前后不足半年，后人不明就里，习惯将这两个年级的六个同学统称为文华图书科第一届毕业生，虽有失准确，但习惯成自然，亦无大碍。

20 世纪 20 年代，中国的大学刚刚兴起，国立大学屈指可数，教会大学名声较响，但是，无论公立，还是私立，各类大学的招生数量普遍较少，此乃新式教育刚刚兴起之故，不难理解。正因为如此，大学生凤毛麟角，虽不再十年寒窗无人问，但仍然一朝毕业天下知，各地求才若渴，毕业后自然很容易谋得高薪厚禄的美差。

那时，现代图书馆在中国刚刚兴起，图书馆学专业在中国更是亘古未有，世人对图书馆学专业一无所知，一脸茫然，加上图书馆工作清贫如水，因此更不被考生所待见。文华大学是全国名校，文学院的六个学生能够转入文华图书科攻读图书馆学，自然十分难能可贵。虽然我们今天无从了解他们当时是如何选择图书馆学专业的，但是，可以想见的是，韦棣华女士、沈祖荣先生和胡庆生先生的感召一定起到了十分重要的作用。因为这三位导师的感召，六位学生才有了致力于图书馆事业的共同理想，成为志同道合的同窗。又因为不被世人所理解，时常要面对冷嘲热讽，经受社会乃至家人的压力，非乐观无以为继，于是，他们常以“Happy Six”自诩，以彰显攻读图书馆学的愉悦和卓尔不群。从此“Happy Six”遂成为后世传颂的佳话。

“Happy Six”在文华公书林时，翕然一室，自由自在，快乐地攻读图书馆学；学成后，初心不改，矢志不渝，共同走向图书馆，筚路蓝缕，开启山林，演绎了长达半个世纪的图书馆事业辉煌。

裘开明(1898—1977)，1922 年毕业后任厦门大学图书馆首任馆长，1924 年赴美国纽约公共图书馆学校攻读图书馆学，1926 年转入哈佛大学攻读经济学博士，1933 年获得哲学博士学位。在攻读博士学位期间，裘开明获得哈佛大学图书馆的聘任，于 1928 年创办哈佛大学哈佛燕京图书馆并担任馆长。在担任哈佛燕京图书馆馆长的 38 年间(1928—1966)，裘开明白手起家，把只有几百册藏书的哈佛燕京图书馆打造成藏书量仅次于美国国会图书馆亚洲部的欧美最大东亚图书馆和东亚研究资料中心，享有东亚图书馆馆长之领袖(Dean of East Asian Librarians)的盛誉。美国的中国研究巨擘、哈佛大学教授费正清

(John King Fairbank，1907—1991)亦发自肺腑地称赞裘开明为西方汉学研究的引路人。裘开明编撰的《汉和图书分类法》被世界各国东亚图书馆奉为圭臬，成为各国东亚图书馆图书分类法的不二之法，在五大洲普遍采用，影响至为深远。退休后，裘开明应明尼苏达大学之邀，于1966年创办明尼苏达大学东亚图书馆，担任首任馆长；又应香港中文大学之邀赴香港，于1967年创办香港中文大学图书馆，担任首任馆长；一人一生创办三个图书馆，功勋盖世，在20世纪的中国图书馆史上无人可以企及。

桂质柏(1900—1979)，1922年毕业后入职北京协和医院图书馆，1923年任齐鲁大学图书馆馆长，1926年赴美留学，1928年获哥伦比亚大学图书馆学硕士学位，1931年获芝加哥大学图书馆学博士学位，成为中国获得图书馆学博士学位的第一人。回国后，历任东北大学图书馆馆长、中央大学图书馆馆长、四川大学图书馆馆长、中国科学院武汉分院图书馆馆长等职，是享誉全国的图书馆界领袖。

陈宗登，1922年毕业后担任中华政治学会图书馆主任20余年，1950年后先后担任外交部图书资料室和研究所图书馆负责人，成为外交部图书馆事业的创始人，曾经受到周恩来总理的好评。

查修(1901—1990)，1922年毕业后入职清华大学图书馆，1928年赴美国伊利诺伊大学攻读图书馆学，1930年获硕士学位，1933年获博士学位，回国后历任文华图书馆学专科学校教授、教务主任，上海暨南大学图书馆馆长，上海交通大学图书馆馆长。抗战胜利后赴美，在美国终老。在20世纪三四十年代是中国图书馆界颇有影响的人物。

黄伟楞和许达聪1922年毕业后均入职图书馆，二人英年早逝，出师未捷身先死，令人惋惜。

民国时期我国图书馆界拥有博士学位仅四人：哈佛大学博士裘开明、芝加哥大学博士桂质柏、伊利诺伊大学博士查修和威斯康星大学博士刘国钧，“快乐六君子”独占其三，由此亦可见文华图书馆学专科学校和“快乐六君子”之威武。

“Happy Six”(快乐六君子)身处战火纷飞的动荡年代，初心不改，矢志不渝，终身致力于图书馆事业，率先垂范，光照百年，可亲可佩，可歌可泣。

二、7901班故事

7901班是武汉大学1979级新生的班级编号，也就是武汉大学1979级第1班。虽然班级编号居于全校之首，但是与其他班级并没有什么差别，就是个编号而已。

“文革”十年(1966—1976)，中国的教育事业被严重破坏，读书无用论泛滥成灾，教育事业处于停滞状态。“文革”开始后，受过良好教育的66级、67级和68级高中生纷纷上山下乡，相较于其后上山下乡者，他们属于真正的知识青年，因此通常被称为“老三届”。“文革”结束后，1977年恢复全国高考，老三届纷纷应试，以图走出荒野山村，于是，77级、78级和79级又有了“新三届”之说。不同的是，老三届都是热血喷张的知识青年，新三届则是重燃希望之火的中青年，长者年过而立，拖儿带女，幼者尚未及冠，稚气尚存。77 级于 1978 年春季入学，78 级于 1978 年秋季入学，相距仅半年，多为上山下乡的知识青年，应届高中生甚少。79 级则以应届高中生为多，上山下乡的知识青年较少。到 80 级时已经是清一色的应届高中生，大学生的入学年龄开始进入常态。因此，79 级也就具有承上启下的入学年龄过度特点。

79 级入校时，高考恢复只有两年光景，武汉大学图书馆学系尚处在复苏之中，当时只有图书馆学专业和 1978 年创办的科技情报专业两个专业，两个专业三个年级五个班的学生加起来也不过 200 来人。全系教职员工只有 30 来个，因为职称评审长期停滞直到 1978 年才恢复，图书馆学专业仅有 6 位副教授：系主任黄宗忠，副系主任孙冰炎、彭斐章，图书馆学教研室主任谢灼华，以及张琪玉、廖延唐。1983 年 9 月，彭斐章老师晋升为教授，成为改革开放后我国图书馆学界晋升教授的第一人，其时 79 级已经毕业离校。

1979 年，图书馆学系招收图书馆学专业新生 61 人，远超 77 级和 78 级图书馆学专业的招生数量，按照班级编制，本应分为两个班，每班 30 人，因为没有足够的辅导员，不得已合二为一，由曾秀华老师担任班级辅导员。那时，武汉大学的年招生数量仅 1000 来人，一般每个班 20~40 个学生，7901 班有 61 人，是 79 级最大的班。

79 级入校时，学校还是大锅饭供给制。新生报到后，每人领到一摞各种各样的票。餐票分白、蓝、黄三色，分别对应早、中、晚三餐，每张 32 开大小，上面布满了 1 厘米见方大小的方格，每个方格内印有早中晚餐和日期字样。每天一日三餐，学生都要排长龙依次打饭，然后回宿舍就餐。排队打饭时，学生小心翼翼地从一大张饭票上撕下一片指甲大小的当日当餐餐票，交给饭堂的师傅，师傅才分给饭菜。所有学生的饭菜品种和数量都一样，一视同仁，只能少要不能多要，农村来的同学时常吃不饱，可是，餐票的日期是固定的，一日三餐不多不少，用一次就没有了，只好忍耐。排骨汤是武汉的美食，学生饭堂每天也有统一供应，但是没有排骨，只是筒骨板骨的拆骨肉，汤多肉少。遇到漂亮可爱的女生，打菜的师傅习惯将勺子轻轻伸入汤桶中，慢慢拿起，多打一些肉片，以讨好女生。可是，遇到男生，大多把勺子在汤中搅和一下，肉片翻滚甚是诱人，舀起来就几乎没有肉片。如此这般，男生敢怒不敢言，无可奈何，只得一步一回头地悻悻离去。如今回想当时的情景，其乐也融融，已经成为美好的记忆。开水票、澡堂票也是一样，只是没有标注日期。1980 年以后，这种状况才逐渐改变，饭票分成了一分、两分、五分和一角、两角等几种不同的单张小票，学生自行购买，自选饭菜，大锅饭才终结。

如今的高考录取率已经超过 80%，可是 1977 年为 5%，1978 年为 7%，1979 年为 6%。因此，20 世纪 80 年代初期，大学毕业生甚为稀贵，是各行各业的抢手货，许多大学毕业生踌躇满志，一心大展宏图。那时，计划经济仍占主导地位，大学毕业生由国家按计划统一分配工作，个人没有择业的自由。

1983 年 7901 班毕业时，一纸派遣通知，有人欢天喜地，有人愁眉苦脸，正是几家欢喜几家愁，好在那时大家都有“我是一块砖，哪里需要哪里搬”的革命精神，也就只好打点行装，匆匆忙忙地各奔东西，从此天南地北，各自安命。

有的同学选择继续深造。那时全国仅武汉大学和北京大学招收图书馆学专业硕士生，招生的名额有限，武汉大学图书馆学专业大约有 10 个硕士生招生名额，算是很多了，但最后考分上线的只有 7 人。7901 班考上图书馆学专业硕士研究生的有 5 人：彭斐章门下的陈传夫、柯平、刘正福，谢灼华门下的程焕文和张琪玉门下的汪东波。此外，还有 2 人考上其他专业，2 人公派出国留学，1 人自费留学，总计考取研究生者 10 人。

优秀毕业生则留校任教。肖希明班长，全校优秀三好学生标兵，留校担任图书馆学专业助教，练小川(第二任班长)、吴平(学习委员)、徐春和(第三任班长)留校任助教，参与创办编辑出版学专业，成为我国出版发行专业的第一批教师，杨励忠(第三任团支书)留校任助教，参与复办档案学专业，总计留校任教者 5 人。

其他同学则依照国家计划统一分配，奔赴各地图书馆工作或者新办图书馆学系任教，大多集中在北京、武汉、郑州、广州、成都等地。其后，因为各种原因，同学们的职业多有变幻。

有先后从政的。如曾经上山下乡的罗刚，毕业后返回大别山家乡罗田县从政，一路从罗田县城关镇镇长，做到英山县委书记，最后官至黄冈市人大常务副主任。黄金龙，毕业后入职清华大学图书馆，转考北京大学中共党史硕士研究生，再南下湖北省政府政策研究室，然后下派任职，从副县长、县长、市委书记，一直做到湖北省政府办公厅副秘书长。吴有必，毕业后入职中南财经大学图书馆，后考取经济学研究生，转入广东商学院任教，成为“南粤教坛新秀”后被选拔担任广东省河源市副市长，现任广东省公路局副局长。汪菊平，毕业后入职文化部，历任中国电影家协会副秘书长、中国电视艺术家协会副秘书长等职，官至正厅级。赵梅生，毕业后入国家专利局图书馆工作，现为国家知识产权局运用促进司副司长。还有北京的黄孝新，深圳的金吉武、孙永祥等亦颇有成就。

有先后转专业的。如法学博士余敏友现为武汉大学二级教授、中国边界与海洋研究院院长、国际问题研究院院长；经济学博士江春现为武汉大学教授、金融研究中心主任；王端廷现为中国艺术研究院美术研究所外国美术研究室主任、研究员、中国艺术研究院研究生院美术系教授，是著名的当代中国艺术评论家和西方美术史研究学者；傅小随现为深圳市委党校、深圳行政学院教授、公共管理学教研部主任、校学术委员会委员；黄太送曾任四川大学继续教育学院院长；张木早现为《中国化工报》社高级记者，专题部副主任。

有先后出国的。如夏威夷大学博士李继生，现为夏威夷的知名律师，夏威夷大学博士刘正福，现为美国圣河西大学信息管理学院教授，万大东为美国咨询专家，法国地区行政学院社会学博士朱元发在社评界有一定知名度。移民美国的练小川、郑奋、田国庆，移民加拿大的李琼，移民新西兰的邓小夏等亦各有成就。

更多的同学则一直从事图书馆工作和图书馆学教学。如中央党校图书馆副馆长刘俊瑞，中国版本图书馆研究馆员阚元汉，中央广播电台图书馆王亚，郑州财经学院图书馆馆长刘广普，华中科技大学图书馆副馆长甘友斌，中国科学院武汉分院图书馆研究馆员吴跃伟，三峡大学图书馆馆长彭传新，安徽师范大学图书馆潘杏仙，华南师范大学图书馆副馆长李韵，郑州大学信息管理系白华教授，四川大学公共管理学院信息管理系徐恩元副教授等。

诸此种种，不一而足，唯独下海经商者或自主创业者较少，张玉意、刘意成、黎萍、徐春和等几位各有成就，但尚未成为商界巨贾。

三、7901 班佳话

常言道：英雄不问出处，富贵当思原由。百年来，母校信息管理学院英才辈出，神州上下开枝散叶，大江南北桃李芬芳，大凡在图书馆界卓有成就者多为文华一脉，根本无需多问。21 世纪以来，中国图书馆界的学术论坛时常被 7901 班的同学包场，人们总免不了好奇地打探英雄的出处和富贵的缘由，于是，7901 班的名声不胫而走，成为 21 世纪中国图书馆界津津乐道的美谈和广为传播的佳话。

7091 班同学在图书馆界和图书馆学界极为活跃者甚多，可从北至南略举数端。

柯平(1961—　)，1983 年毕业后考上武汉大学图书馆学专业硕士研究生，1986 年硕士毕业后赴郑州大学信息管理系任教，由讲师、副教授升至教授、系主任，兼任郑州大学图书馆馆长，其间在职攻读武汉大学信息管理学院博士学位，1994 年获得理学博士，为武汉大学信息管理学院第一届博士毕业生。2002 年转职南开大学商学院信息资源管理系图书馆学专业任教，任博士生导师，系主任，兼任南开大学图书馆副馆长，2015 年入选教育部长江学者特聘教授，现为二级教授，南开大学图书情报专业学位中心主任。曾兼任教育部高等学校图书情报工作指导委员会委员，现兼任国务院学位委员会图书馆情报与档案管理学科评议组成员，教育部档案学教学指导委员会委员，国务院学位办全国图书情报专业学位研究生教育指导委员会委员，全国图书馆标准化技术委员会(SAC/TC389)副主任委员，中国图书馆学会学术研究委员会副主任委员、目录学专业委员会主任委员等职。主持国家社科基金重大项目等数十项科研项目，著有《图书馆知识管理研究》《信息服务与用户研究》《信息管理学》《信息管理概论》《书目情报系统理论研究》《书评学概论》《文献经济学》等著作，是知识管理、图书馆管理与信息咨询和文献目录学等领域的学科带头人。

汪东波(1962—　)，1983 年毕业后考上武汉大学图书馆学专业硕士研究生，1986 年硕士毕业后供职中国国家图书馆，由馆员、副研究馆员升至研究馆员，历任中国国家图书馆业务处处长，国家图书馆研究院院长，馆长助理等职，现任中国国家图书馆副馆长，兼任国家社会科学基金图书情报与档案管理学科评审组专家、中国图书馆学会学术委员会副主任、标引与编目委员会主任委员等职。1986 年参加《中国图书馆分类法》(第三版)

的综合编审，后任《中国图书馆分类法》编委会办公室主管，1991 年参与主持定稿《中国图书馆分类法》(简本)，1988—1994 年参与主持国家“七五”社会科学基金资助项目《中国分类主题词表》的研制，1996 年主持《杜威十进分类法》中译本项目，1996 年参与主持文化部科研项目“中文图书规范数据库建设”的研制，1997 年主持国家社会科学规划基金资助项目《中国图书馆分类法》(第四版)大型科研与工具书编制项目，1987 年后参与起草《文献叙词标引规则》等多项国家标准，曾获文化部优秀青年、文化部优秀共产党员，享受国务院政府特殊津贴专家、全国科技成果一等奖、全国优秀科技信息成果二等奖等奖励，是我国信息检索语言与工具编制，文献与信息资源建设、图书馆业务与服务管理等领域的顶尖学科带头人。

向斯(功艳，1962—　)，1983 年武汉大学图书馆学专业毕业以后，分配到故宫博物院图书馆工作，现任故宫博物院研究员，图书馆副馆长。自入职故宫博物院图书馆以后，向斯埋头古籍，潜心学术，研究宫廷版本、宫廷历史以及宫廷历史人物。自 1989 年创作的第一本书《紫禁城秘闻》出版以后，一发不可收，在中国大陆、香港、台湾和韩国出版数十本著作。有关宫廷版本和读书的著作有：《中国宫廷善本》《书香故宫》《珠联璧合——海峡两岸文物故事》《清代皇帝读书生活》《天禄珍藏》《故宫国宝宫外流失秘笈》《清宫珍籍流传宫外考》《清宫珍本流传宫外考》《中国宫廷御览图书》等；有关宫廷历史和历史人物的著作有：《皇帝品茶》《雍正如是说》《明清二十四后妃》《乾隆南巡》《慈禧私家相册》《慈禧与晚清残局》《末代女皇的一生》《向斯说慈禧》《慈禧私密花园》《女人慈禧》《乾隆养生之谜》《故宫往事》《康熙皇帝画传》《后宫的金枝玉叶》《康熙相簿》《皇帝的佛缘》《乾隆养生录》《漫游宫廷禁地》《漫游历史禁地》《斜阳下的宫殿：民国时期故宫往事》《中国古代禁卫军》《珍图本历代宫廷生活》《帝王后宫生活实录》《皇帝的女人们》《中国历朝皇宫禁卫实录(上下册)》《中国历朝皇宫生活全书》《中国皇帝游乐生活》《宫禁后妃生活》《中国古代宫廷生活》等；有关皇朝兴亡的有：《最后的紫禁城》《皇朝天运》《帝王生活》《宫闱秘史》等；主编的故宫藏品大系有：《故宫藏品大系：臣工写经》《故宫藏品大系：御笔写经》《故宫藏品大系：抄本》《故宫藏品大系：戏本(上下册)》等，著作等身，成为当代著名宫廷历史专家、作家，经常接受海内外众多媒体采访、访谈和专题探讨，在海内外享有极高的知名度，享有故宫“活字典”的美誉。

王国强(1963—　)，1983 年武汉大学图书馆学专业毕业后，赴郑州大学信息管理学院任教，1997 年以如水山人笔名编著出版的《糊涂厚黑学》，风靡海内外，2005 年获郑州大学历史学博士学位，由助教、讲师，晋升至副教授、教授，硕士研究生导师，任郑州大学文献信息资源研究中心副主任，图书馆学教研室主任等职，兼任教育部高等学校图书馆学专业教学指导委员会委员，中国图书馆学会图书馆史专业研究委员会委员，河南省古籍保护工作专家委员会委员，《河南图书馆学刊》副主编，郑州市图书馆学会学术委员会主任等职，主持国家社科基金等一系列科研项目，著有《明代目录学研究》《古代文献学的文化阐释》等十几种著作，发表学术论文百余篇，获河南省教育厅学术技术带头人称号，河南省图书馆学会河南省图书馆学优秀专家学者、学术带头人称号，是全国著名的文献学和图书馆史专家。

肖希明(1955—)，1983 年毕业后留校在图书馆学系任教，后在职攻读图书馆学博士学位，1995 年获得理学博士学位，由讲师升任副教授，1999 年应聘任佛山科技学院图书馆馆长，2001 年晋升为教授。2004 年重返武汉大学信息管理学院任教，任图书馆学系主任，博士生导师。曾兼任教育部高等学校图书馆学教学指导委员会委员、教育部高等学校图书情报工作指导委员会委员，中国图书馆学会学术研究委员会副主任委员、资源建设与共享专业委员会主任委员等职，主持国家社科基金重大项目等数十项科研项目，著有高校文科教材《文献资源建设》、普通高等教育“十一五”国家级规划教材《信息资源建设》，以及《文献资源共享理论与实践研究》《中国图书馆藏书发展政策研究》《数字信息资源建设与服务研究》《信息资源建设的变革与发展》《公共图书馆文献资源建设法律保障研究》《信息资源共享系统绩效评估研究》等著作，曾获一系列教学科研奖励，是我国信息资源建设、图书馆学基础理论和图书馆管理领域的学科带头人。

吴平(1962—)，1983 年武汉大学图书馆学专业毕业后留校任教，参与新办编辑出版专业的建设，在职攻读图书馆学专业博士学位，1996 年获理学博士学位，由助教、讲师升任副教授、教授，曾任出版科学系副主任、党支部书记，1998 年起历任武汉大学教务处副处长，教务部教研办主任，教务部副部长，教务部部长，华中农业大学党委常委，副校长等职；现任武汉大学党委常委、副校长，编辑出版专业教授、博士生导师，兼任全国高等学校教学研究会常务理事，教育部第三届高等学校文化素质教育指导委员会委员，中国高等教育学会大学素质教育研究分会理事，中国图书评论学会理事中国新闻史学会编辑出版研究委员会副会长，中国农学会教育专业委员会第六届副主任委员等职，发表编辑出版学、目录学、书评学、编辑思想研究、高等教育研究等学术论文一百余篇，著有《图书学》《图书学新论》《书评理论研究》《跨学科人才培养的实践探索》《编辑本论》《编辑学原理》《中国编辑思想发展史》《中国编辑思想史》等十几种著作，主编的《中国编辑思想史》填补了中国编辑学理论研究的空白，为编辑出版学理论建设开创了新的领域；主持国家社科基金等项目 17 项，先后获得国家教学成果奖一等奖、二等奖；湖北省社会科学研究成果一等奖，湖北省优秀教学成果一等奖、二等奖，湖北省优秀青年女教职工，武汉大学优秀教学成果特等奖，华中农业大学第十六届研究生“教书育人”奖等，是我国编辑出版学领域的学科带头人。

陈传夫(1962—)，1983 年毕业后考上武汉大学图书馆学专业硕士研究生，1986 年硕士毕业后留校在图书馆学系任教，在职攻读武汉大学法学院博士学位，2001 年获法学博士学位，一路高歌猛进，由助教、讲师晋升为副教授、教授、博士生导师，二级教授，2009 年入选教育部长江特聘教授，成为中国图书馆界入选长江学者特聘教授的第一人。历任武汉大学信息管理学院副院长、院长、武汉大学教务部主任、武汉大学本科生院院长等职，现任武汉大学研究生院院长。曾兼任中国图书馆学会副理事长、中国社会科学情报学会副理事长，现兼任国务院学位委员会图书馆情报与档案管理学科评议组成员、国务院学位办全国图书情报专业硕士教学指导委员会副主任委员、教育部图书馆学科教学指导委员会副主任委员、全国图书馆标准化技术委员会副主任委员、教育部学风建设委员会委员等职。主持国家社科基金重大项目等数十个科研项目，著有《信息资源知识产权制度研究》《信息资源公共获取与知识产权保护》《国家信息化与知识产权：后 TRIPS 时期国际版权制度研究》等著作，曾获第五届高等学校科学研究优秀成果奖（人文社会科学）一等奖等数十项教学科研奖励，是我国知识产权、信息资源管理和图书馆发展理论领域的学科带头人。

萧德洪（1964— ），1983 年毕业后入职厦门大学图书馆，后在职攻读厦门大学研究生，1997 年获硕士学位，从普通馆员做起，由馆员、副研究馆员升至研究馆员，由部主任升至副馆长。2008 年升任馆长后，继承首任馆长裘开明开创的事业，在任十年，励精图治，全力开展文献资源建设和新馆建设，相继完成厦门大学德旺图书馆（7 万平方米）、厦门大学马来西亚分校图书馆（6 万平方米）等新馆建设，其中位于马来西亚雪兰莪州沙叻丁宜的厦门大学马来西亚分校图书馆为马来西亚馆舍面积最大的图书馆，把厦门大学图书馆打造成了中国一流的高校图书馆。曾兼任教育部高等学校图书情报工作指导委员会委员，教育部 CALIS 等重大项目专家组成员，现任厦门大学信息与网络中心主任、马来西亚分校图书馆馆长，是全国著名的大学图书馆馆长。

程焕文（1961— ），1983 年毕业后考上武汉大学图书馆学专业硕士研究生，1986 年硕士毕业后赴中山大学信息管理学院图书馆学专业任教，在职攻读中山大学历史系博士学位，2003 年获历史学博士学位，由助教、讲师、副教授升至教授，二级教授，历任信息管理系副主任、主任、图书馆馆长、信息科学与技术学院副院长、网络教育学院院长、信息与网络中心主任、资讯管理系主任、传播与设计学院院长、总务处处长、校长助理等职。现任资讯管理学院教授，图书馆学专业博士生导师，历史系历史文献学专业博士生导师，中山大学文献与文化遗产管理部主任，国家文化遗产与文化发展研究院院长；曾兼任教育部高等学校图书馆学教学指导委员会副主任委员、中国图书馆学学会学术研究委员会副主任委员，广东图书馆学学会理事长等职，现兼任国务院学位办全国图书情报专业学位研究生教育指导委员会委员，教育部高等学校图书情报工作指导委员会副主任委员，广东省高等学校图书情报工作委员会主任委员；国际图书馆协会联合会（IFLA）管理委员会执行委员，中国图书馆学会副理事长，广东图书馆学会名誉理事长等职；主持国家社科基金重大项目等数十个科研项目，著有《沈祖荣评传》《晚清图书馆学思想史》《信息资源共享》《图书馆权利研究》等数十本著作，参与编纂《广州大典》《清代稿钞本》等大型历史文献丛书，曾获宝钢全国优秀教师奖、国家级精品课程等数十项科研教学奖励。在担任馆长的 20 年间（1998—2019），改建、扩建和新建图书馆 11 万多平方米，把中山大学图书馆建设成为建筑面积仅次于中国国家图书馆的中国第一大高校图书馆。2017 年当选国际图书馆协会联合会(IFLA)管理委员会委员，2019 年连任并当选 IFLA 管理委员会执行委员会委员，成为中国图书馆界有史以来在 IFLA 的最高任职者。

7901 班同学大多生于乡野山村的贫寒家庭，在校期间多靠助学金维持生活和学业，最高的甲等助学金也不过每月 17.5 元。同学们翛然一室，青灯黄卷，寒窗苦读，有珞珈共读的同窗之情，有上铺下铺的同室之谊。毕业后，虽天各一方，独自发展，仍心照不宣，守望相助；虽各为其主，各有所职，仍不约而同，殊途同归。

7901 班同学毕业后选择继续深造者不少，有十多位同学获得博士学位，如柯平、肖希明、陈传夫、吴平、程焕文、余敏友、江春、李济生、刘正福、朱元发等，有多人为博士生导师，如陈传夫、吴平、柯平、肖希明、程焕文、余敏友、江春等。

在图书馆界和图书馆学界任职者，有 3 人为享受国务院政府津贴专家(陈传夫、汪东波、程焕文)，5 人为二级教授(陈传夫、程焕文、柯平、肖希明、吴平)，2 人为教育部长江学者特聘教授(陈传夫、柯平)，4 人为国家社科基金重大项目主持人(陈传夫、程焕文、柯平、肖希明)，担任图书馆馆长、副馆长者十余人。

在全国教育部的学术机构中，有 2 人担任国务院学委员会图书馆情报与档案管理学科评议组成员(陈传夫、柯平)，3 人担任国务院学位办全国图书情报专业研究生教育指导委员会委员(陈传夫、程焕文、柯平)，2 人曾任教育部图书馆学教学指导委员会副主任委员(陈传夫、程焕文)，3 人担任教育部图书情报工作指导委员会委员(程焕文、萧德洪、肖希明)。

在中国图书馆学会中，有 2 人担任中国图书馆学会副理事长(陈传夫、程焕文)，5 人担任中国图书馆学会学术研究委员会副主任委员(程焕文、汪东波、陈传夫、肖希明、柯平)。

在国家社会科学规划中，有 4 人担任国家社科基金图书情报与档案管理学科评委(陈传夫、柯平、程焕文、汪东波)。

在中国图书馆学核心期刊中，7901 班同学发表的论文连篇累牍，“罄竹难书”。在《中国图书馆学报》《大学图书馆学报》《图书情报工作》《图书馆杂志》《图书情报知识》《图书馆建设》等核心期刊的编委会委员中，7901 班同学的名字亦“泛滥成灾”。

7901 班同学著作等身者众多，能说会道者不少，且在全国图书馆界各类组织机构中担任要职，自然成为各地竞相邀请的“香饽饽”，时常行走江湖，出没图林。因此，在全国各地的图书馆学术会议上，总免不了同台唱戏，俨然图林天下只有 7901 班，好在听众喜闻乐见，尚未审美疲劳，于是，7901 班也就成为业界的美谈和学界的佳话。

时势造英雄，英雄造时势。7901 班同学因改革开放而相聚珞珈，又因改革开放而大有作为，成为武汉大学信息管理学院新世纪的荣耀，乃至中国图书馆界的骄傲，的确无愧于业界的美谈和学界的佳话。

如今，7901班的同学已过知天命，纵横驰骋，独领风骚的时代必将逝去。未来，7901班的佳话或许会成为一个新的“神话”，如同“快乐六君子”一样百年一遇的“神话”。

2020年3月31日

于中山大学康乐园竹帛斋

作者简介

程焕文，男，1961年生，1979—1983年在武汉大学图书馆学专业读本科和硕士研究生。1983年至今在中山大学资讯管理学院任教，现任教授，文献与文化遗产管理部主任，兼任教育部高等学校图书情报工作指导委员会副主任委员，中国图书馆学会副理事长，国际图书馆协会联合会管理委员会执行委员等职务。

文华精神的光大

——从一个侧面探究信息管理学院成为TOP ONE的奥秘

柯　平

从文华图专到今天的信息管理学院已有一百年的历史。百年院庆不仅仅是武汉大学的一件大事，更是中国图书情报与档案管理教育界的一件盛事，可喜可贺！作为在这个学院学习过十年的毕业生，对它的发展变化感受深切，对它的关注与情感非同一般。值此百年院庆之际，回顾学院筚路蓝缕的历史过程，可歌可泣的事迹数不胜数，而最引为骄傲或者说最值得称道的应当是它的精神——文华精神。

一、名师智慧与团队力量

武汉大学信息管理学院一百周年，从学科建设的角度来看最值得骄傲的是百年名师和百年团队。从文华图专到武汉大学，产生了三代名师。

第一代是文华图专时期，至少有八大名师：文华图专创办人韦棣华女士；文华图专校长兼教授沈祖荣先生；担任过教务主任兼教授的汪长炳先生；担任过教务主任兼教授的毛坤先生；担任过教务主任兼教授的徐家麟先生；担任过训导主任兼教授的汪应文先生；教授皮高品先生；教授吕绍虞先生。我上大学时，听老师们讲，当年文华图专教授的水平非常高，因为外籍教师多①，很多课程都是全英文教学，学生的英文都非常好。后来逐渐了解了这些名师的事迹，更生崇敬之情。那个时候，皮高品先生还住在珞珈山上的小别墅里，学院的活动很少参加，因此一般见不到他。有一次我和同学程焕文专门到皮先生家里拜访，成为受教于皮先生的一段珍贵回忆。

第二代是文华图专并入武汉大学后直到“文革”前的新任教师。文华图专1953年并入武汉大学时，文华的八大名师尚有四位进入武汉大学，沈祖荣先生当年已69岁，皮高品

---

① 据彭敏慧《文华图书馆学专科学校的创建与发展》(武汉大学出版社2015年版)，在文华图专办学历史中可考的103名专兼教师中，有13位外籍教师，占到总数的12.6%。外籍教师除德国、加拿大、法国各一位之外，其余均来自美国。

先生 53 岁，徐家麟先生 49 岁，吕绍虞先生 46 岁。进入武汉大学的除中年教师外，还有文华最后两届毕业生留校任教的三位年轻教师：傅椿徽老师(29 岁)、孙冰炎老师(28 岁)、彭斐章老师(23 岁)。我上大学时，这三位老师都教导过我，傅椿徽老师教中文编目，彭斐章老师讲目录学，后来成为我的硕士研究生导师和博士研究生导师。经过 20 世纪五六十年代图书馆学教育的兴盛特别是 20 世纪 80 年代图书馆学情报学教育大发展，改革开放前任教的这一大批教师逐步成了享誉学界的名家，加上改革开放初期调入武大图书馆学系的名家，到了 20 世纪八九十年代，图书情报学院显露出强大的名师队伍，方阵可观。

图书馆学学科力量最强，名师辈出。彭斐章老师、孙冰炎老师、傅椿徽老师三位随文华进入武大的老师自然是有资历的，彭斐章老师 1984 年担任图书情报学院首任院长，2004 年被评为武汉大学首批人文社科资深教授。黄宗忠老师 1972 年就担任图书馆学系主任，直至 1984 年学院成立时担任副院长，我们读本科时他经常给学生作报告或开会讲话，虽然很多同学说他的湖南口音太重听不懂，但我还是努力地听懂了一些，后来读研究生时还经常向他请教图书馆学理论问题。他在图书馆学基础理论领域论著颇丰，笔耕不辍。谢灼华老师是目录学和图书馆史领域的名师，当年图书馆学系的顶梁柱之一，早期研究生导师很少，他和彭老师对我们严格培养，使我们终身受益。他的夫人王秀兰老师教过我们外文工具书课，每次到他们家，都会感受到老师对学生的鼓励和关爱。廖延唐老师教过我们古籍整理，他的水平很高，特别是有古籍版本等方面丰富的经验，那时便感觉高深莫测。周继良老师教分类，詹德优老师教中文工具书，郭星寿老师、沈继武老师也都教过我。郭星寿老师是图书馆学系 59 级的，长期从事图书馆管理以及社科情报领域的教学与研究。沈继武老师和谢灼华老师都是 56 级图书馆学系首届本科毕业生留校的，沈老师长期从事图书馆学基础的教学与研究，我读博士时，沈老师在图书馆当馆长，郭老师是图书馆学系主任，詹老师是图书馆学教研室主任。

情报学学科力量猛增，名师云聚。陈光祚老师 1957 年北京大学图书馆学专业毕业就来到武汉大学图书馆学系任教，一开始教目录学课，后来转到科技情报领域，较早地组织数据库研发和理论研究，在科技情报检索领域颇多建树。张琪玉老师是 1977 年调来的，建立了情报语言学科。严怡民老师、王昌亚老师、周六炎老师等调来后，在情报学理论、科技情报分析、科技文献管理等各个领域都成了学术带头人。

第三代是改革开放后毕业并走上讲台的新任教师。改革开放后，随着学科建设发展需要，武汉大学图书馆学系一方面，陆续将一批批优秀毕业生留校任教，另一方面引进人才，从而形成了阵容强大的师资队伍。我读博士的第二年，马费成老师接任图书情报学院第二任院长。后来是陈传夫接任第三任院长，方卿接任第四任院长。这期间有很多优秀的教师脱颖而出，他们已成为百年学院的“当红明星”，图书馆学、情报学、出版发行学、档案学、信息资源管理等各大领域知名学者颇多，恕在此不一一列举。

在新一代的名师和名家之中，有的是教过我的老师，有的则是我的同学或者师弟师妹。其中，有的是研究生留校任教的，如乔好勤老师1981年硕士毕业留校给我们研究生上课，既是我的师兄，又是我的老师，他做过副院长，后来调到广东华南师范大学。曹之老师1982年硕士毕业留校，后来成为古籍版本领域的学科带头人。马费成老师1983年硕士毕业留校，后来成为教授、副院长、院长，又被评为国家级教学名师、武汉大学人文社科资深教授。

实际上，这三代并不是一个严格且科学的划分。如果细分的话，则有的属于一代半，有的应属于二代半。像20世纪90年代图书馆学阵营中的乔好勤老师、曹之老师、俞君立老师与黄葵老师、周绍萍老师以及档案系、出版发行系的一些老师。情报学阵营中除了焦玉英老师、毛玉姣老师、张玉峰老师、董慧老师等，还有号称“两马”“两平”的即马费成老师、马大川老师、胡昌平老师、邱均平老师，在情报学界颇有影响。这些既可以算是第三代，也可以归入第二代。当然，这只是要说明在信息管理学院百年的重要历史时期人才辈出，聚集了名师的智慧和团队的力量。

从文华图专到今天的信息管理学院的老师们不仅仅以卓越的学识传授学生，还以优秀的品格影响学生，名师智慧与团队力量也是一种优秀的传承，最为珍贵的是以下两点。

为人谦逊。信息管理学院的老师们以为人谦逊著称。例如，著名分类学家、中科院图书馆白国应先生是武汉大学图书馆学系56届毕业生，他回忆吕绍虞先生说：“先生容貌慈善，从不假人以辞色，更不会摆教授架子。由于我刚从中学升到大学，经过系主任甘莲生的介绍，知道图书馆学系有知名的教授沈祖荣、皮高品、吕绍虞等，我非常高兴，有一次在路上碰到吕先生，我毕恭毕敬地称他为教授，他满脸笑容地摆摆手说：‘不用称教授，以后叫我老师好啦！’多么亲切啊！”“先生非常谦虚，总是多看别人的优点，少看别人的缺点。他在课堂上，或者在家里，一谈到系里的老师时，总是列举别人的优点，却很少谈到缺点。他重实干，不虚言，干得多，说得少。”[2]

勤于学术。信息管理学院的老师们不仅谦虚待人，而且好学勤奋，苦钻学问。例如，郭星寿老师将多年来关于图书馆学理论与实践问题的思考进行系统地归纳和整理，说“资料的积累开始于20年前，至今已数易其稿。这次定稿虽在武汉的严冬、酷暑之中，亦不敢有丝毫的懈怠”[3]。

二、学生空间与百年树人

十年树木，百年树人。武汉大学信息管理学院在培养学生的过程中，有很多重要的探索与经验。其中，最重要的是鼓励学生探究新知，在科学的天空里独立飞翔，在知识的海洋里自由畅游，授学生以“渔”，给予学生创新思维，给学生以发展空间。

我上大学时，正是刘道玉先生当校长，据说他是当时国内大学最年轻的校长，他采用全新的教育模式，最重要的一点就是开放办学，鼓励学生们自由听课，如果哪个老师讲得不好，学生可以不听他的课，这在当时的其他学校是不可想象的，当然对老师也就有些压力了，必须拿出真本事来把课讲好，吸引学生来，还须留得住。

那个年代，武汉大学的教与学都非常活跃，有一大批的优秀教师站在讲台上超过了明星的热度，我们学生一听说谁讲得好，都跑去听课。我印象最深的是外国文学史老师的课堂，教室里每次课都是满满的人，前面根本找不到座位，一个青年教师在台上来回走动，神采飞扬，是同学们羡慕的那种“帅”，那个画面美极了。不仅他的形象好，而且他每堂课都把学生们迷住了，他把外国的作品和文学家的故事讲得特别精彩，听他讲课简直就是享受。那时我们很多从农村来的，几乎没有读过外国的小说，更不用说世界名著了，这个课让我们对外国作品产生了深厚的兴趣，听完课就到图书馆借外国小说看。另一门课，中国文学史，同样也是很受欢迎。这两个文学史，虽然都是选修课，但对于我们文学素养的提升有很大帮助，进入大学后我们这些学生“恶补”了很多中外文学名著，与这些课程的影响有关。这样的课在当年的武大，不在少数。

我大学所在的7901班是武汉大学众多令人骄傲的班级之一，处于“新三届”(77、78、79级)之末，具有承上启下的地位与使命。我们班留在武汉大学的五个人，在不同岗位上给武汉大学做出了非凡的成就，江春到了经济管理学院，成为经济学的博导；余敏友到了法学院，成为法学的博导，还担任武汉大学WTO学院院长。留在信息管理学院的三位：肖希明担任过图书馆学系主任；陈传夫先后担任过信息管理学院院长、武汉大学本科生院院长，现在是武汉大学研究生院院长；吴平是图书发行系博导，担任过华中农业大学副校长，现在是武汉大学副校长。我们这些离开武汉大学的，也在各地发挥了重要作用，传播着文华精神。

教师共同指导是图书情报学院改革开放初期研究生教育的一大特色。1978年，图书馆学系在全国率先招收图书馆学硕士研究生，首届招了四位：惠世荣、倪晓建、乔好勤、张厚生，都是目录学方向的，由彭斐章老师和谢灼华老师两位共同担任导师。后来，两位老师还共同指导了80级目录学方向的黄慎伟。正因为如此，到1983年我读研究生时，虽然彭斐章老师和谢灼华老师分别指导目录学和图书馆史两个方向，但我们始终认为，他们是我们两个方向研究生的共同导师。其他方向也差不多如此，1979年图书馆学方向招了况能富、杨筱玉两个硕士研究生，是由黄宗忠老师、沈继武老师和郭星寿老师三位共同指导的。1979年分类学方向招了李景正、王冰两个硕士研究生，是由皮高品老师、孙冰炎老师、周继良老师三位共同指导的。1979年古籍整理方向招了硕士研究生曹之，是由廖延堂老师和谢灼华老师共同指导的。

图书情报学院的研究生教学独具特色。比较突出的，一是采取专题式教学，不搞体系化的知识灌输，而是选择重点专题或前沿问题进行讲解。二是重视资料积累，老师带领学生进行资料汇编工作。当时我们专业的研究生在老师的带领下编辑了《目录学研究资料汇辑》四大本。三是教学与研究结合，提高研究能力。老师不仅讲授专业问题，还指导我们写论文。有的课程是老师命题，研究生分工写作，如彭斐章老师的硕士生目录学课，布置我们写一篇《三十五年来的我国国家书目》，陈传夫、刘正福和我每人写一部分，写完后老师修改并推荐到《武汉大学学报(社会科学版)》，在1984年6期上发表。有的课程是老师带领研究生写论文，如我们上谢灼华老师的博士生文献学课，课上老师组织我、王新才、傅清波三人讨论，课后老师和我们合作完成了《关于文献定义的哲学思考》，这篇文章发表在《图书情报论坛》1993年第3期(总第19期)。

图书情报学院特别注重研究生参加科研项目训练，研究生跟着导师做项目，成为研究生学习期间的重要工作。我引以自豪的是，在武汉大学读博士期间，独立主持完成了教育部的科研项目，这在当时非常少见。当时，我的导师彭斐章老师组织申报教育部"八五"社会科学基金项目，他主持申报了一项《我国书目情报服务体系的优化与改革》，我是这个项目课题组的参与人。他还叫我牵头另外申报一项，和马芝蓓、王新才、傅清波等几位博士生组成课题组，当时虽然我已是副教授，但从没有主持过教育部科研项目，也没敢想作为学生可以申报，在导师的鼓励和指导下我大胆论证，申报了《书目情报服务经济效益及其评价》，后来这两个项目都得到了批准，这些科研项目给我们博士生以极大鼓舞。这两个项目在我毕业后顺利结项，前者1995年结项，后者1996年结项，这得益于图书情报学院的科研环境，也得益于武汉大学社科处的大力支持。

我在武汉大学求学的十年里，不仅亲身经历过图书情报学的本科、硕士研究生和博士研究生三个培养阶段，得到了老师们的培养和教益，也体会到信息管理学院的人才培养特点与秘诀。信息管理学院给了我特别多的锻炼与成长机会，我在研究生读书期间接待过很多外籍专家，参加过教研室活动，还参与过学院的函授教学工作。有一次，我还与学院傅敬生书记一起到湘潭大学图书馆学系调研，这个系的荀昌荣老师、王晋卿老师等都在武大工作过，因为很多教师都是武大图书馆学系培养的，他们把自己称为武大图书情报学院分校。

根植于卓越的教育，武汉大学信息管理学院培育了一代又一代英才，他们在学界、商界、政界等各个行业都有很好的发展。我在郑州大学当系主任时，我的大学同班同学王国强教授、白华教授都是系里的骨干力量。前任系主任崔慕岳教授升任郑州大学副校长，他是武大图书馆学系1967届毕业生，他曾告诉我这样的趣事，工商部门的朋友在学习国家工商行政总局局长的讲话，他一看局长的名字，原来是他的同班同学甘国屏。

三、质量机制与规模效应

文华图专是中国第一所独立的高等图书馆学教育机构，也是一个小而精的图书馆学校，由美籍 Mary Elizabeth Wood(中文名"韦棣华")女士联合沈祖荣和胡庆生创办，仿美建制。最开始是设在武昌昙华林的一个教会学校——文华大学内的图书科，后来成为一个独立实体——私立武昌文华图书馆学专科学校。

1953年并入武汉大学时成立图书馆学专修科，两年后改为图书馆学系，虽然比文华图专时扩大了很多，但始终没有很大的规模。直到1984年建立图书情报学院时，才开始了图书情报与档案管理的规模化发展。

从学生规模看，文华图专第一届只招了6名学生，直到1944年每年招生都不超过20人。从1920年至1950年文华图专50年共培养了毕业生670人[4]。文华图专的首届学生仅6人，在艰难困苦的条件下，文华图专自1922年至1941年，培养本科毕业生127人；从1942年至1947年，培养图书馆学专科毕业生72人。第六届档案管理专科共培养毕业生51人，档案资料管理培训班结业生为48人。文华图专并入武汉大学后开始扩大招生，第一年就招生62人。改革开放以后，77级本科56人，78级开始分图书馆学和科技情报两个班本科共57人。到1979年我们这一级有80人，图书馆学一个班61人。1984年成立学院时，本科生已增至800多人，硕士研究生50多人。自1978年开始招硕士研究生，1991年开始招博士研究生，学院1993年时有在校本科生410人，本科和专科函授生1300余人，硕士研究生46人，博士研究生10人，研究生招生规模达到每年招收硕士生约270人(其中工程硕士约120人)、博士生45~50人。至2010年，学院已培养了硕士研究生1600余人、博士研究生209人。

从师资规模来看，学院1993年时有教职工108人，教师74人，其中教授13人，副教授23人，讲师36人。2010年时有在职教职员工102人，其中教授34人。博士生导师40人，硕士生导师63人。

在专业建设上，不断拓展专业口径。早期的文华图专，只有图书馆学专业。1939年9月开始设立档案讲习班，1940年9月设立档案管理专科。1977年筹建情报学专业。1983年创建图书发行管理学专业，成为国家教委(教育部)批准的唯一的一个专业。20世纪90年代为适应国家信息化发展扩充专业方向，于1993年开始新设了信息资源管理、国际经济与技术信息管理、计算机信息管理、出版发行管理、档案信息管理等五个专业方向。2002年设立电子商务专业。

在课程建设与教材建设上，重视精品。从2004年至2010年，列入国家精品课程的图书档案类课程共有16门，武汉大学就有6门，即“目录学概论”(彭斐章/2004)、“电子文件管理”(刘家真/2006)、“信息管理学基础”(马费成/2005)、“信息服务与用户”(胡昌平/2007)、“信息资源建设”(肖希明/2008)、“信息检索”(黄如花/2010)[5]。20世纪80年代中期，全国60多种统编教材中，武汉大学图书情报学院编的就占了一半多[6]。到了1990年代初，已编写教材140余种，正式出版80种。学院教材中，列入国家级“十五”规划教材的3种，国家“十一五”规划教材16种。一批教学成果和教材获得国家级教学奖。

科研实力是学院发展的重要支撑。信息管理学院无论是科研项目还是科研成果，既有规模也有很高的水准。2018年3月，我到武汉大学参加重大项目开题会，信息管理学院一次就有四个国家级重大项目开题(以肖希明教授、周耀林教授、陆伟教授为首席专家的三个2017年度国家社会科学基金重大项目以及以安璐教授为首席专家的教育部哲学社会科学研究重大课题攻关项目)，这对于很多兄弟院系来说，如此的科研实力令人难以想象。

学科建设是衡量一个办学单位发展的重要标志。1990 年获得全国第一个情报学博士学位授权点，1993 年获得图书馆学博士学位授予权。2000 年获得全国第一个“图书馆、情报与档案管理”一级学科博士学位授权点。2001 年图书馆学和情报学被评为国家重点学科。2002 年设立出版发行学博士学位授权点。2003 年建立“图书馆、情报与档案管理”一级学科博士后科研流动站，还获得“管理科学与工程”一级学科博士学位授予权。2007 年建立“管理科学与工程”博士后科研流动站。至 2010 年学院已有 8 个硕士、博士点(图书馆学、情报学、档案学、信息资源管理、出版发行学、管理科学与工程、电子商务、古籍整理与保护)和 6 个专业学位硕士点(图书情报、出版、项目管理、工程管理、软件工程、高校师资班)、2 个一级学科博士学位授权点(图书馆、情报与档案管理；管理科学与工程)。在 2003 年至 2017 年教育部学位与研究生教育发展中心组织的全国四次一级学科评估中，武汉大学的“图书情报与档案管理”一直保持着全国领先的地位。

学院成立后，院系建制立足拓展，一开始就成立了图书馆学系、科技情报学系、出版发行系和档案系四个系。1984 年成立图书馆学情报学研究所，1998 年成立出版发行学研究所。1999 年学院与新闻学院合并组建为大众传播与知识信息管理学院。2000 年成立信息资源研究中心。2001 年在武汉大学四校合并之际，武汉水利电力大学信息管理与信息系统专业并入，学院更名为信息管理学院。2007 年成立武汉大学图书馆学情报学国际合作研究院。

毫无疑问，武汉大学信息管理学院早已是中国图书情报与档案管理一级学科规模最大的教育机构。在我国数十所图书情报档案办学院系中，如果说有“油轮级”的学院，也有“小帆船”级的系，那么，武汉大学信息管理学院无疑就是唯一的一所“航母”了。

武汉大学信息管理学院的发展，不仅仅走了一条规模化发展之路，也走上了质量化发展道路。经过不断探索，创新机制，保证质量，很好地解决规模与质量的矛盾，使学科发展和学院发展进入了良性循环。

四、学术平台与技术条件

武汉大学信息管理学院的可持续发展，得益于良好的学术环境和办学条件，除了外部环境和学校的支持，就是不断打造适应人才培养和科学研究需要的学科平台和技术条件。

我到武汉大学读本科时，最开始就被图书馆丰富的藏书震撼了。经常从山下的小路走上去，穿过老斋舍的台阶，在山顶上图书馆大阅览室里，坐在厚重的椅子上看书，那是一个大学生的知识享受。图书馆学系的资料室也是我常去的地方，图书馆学系的办公楼在校行政楼旁边，资料室在楼上，资料室的地方不大，藏书虽然没有图书馆那么多，但专业书是最多的，古今中外都有，特别突出的有两个，一个是有很多文华图专的珍贵藏书，当年翻阅这些专业书，想象着文华图专的情景，有与文华人对话的感觉。另一个是外文专业书，不仅有英文的书刊，还有俄文的书刊，这些图书馆学情报学的国外文献给我们开阔了视野。

在大学里，泡资料室成为我最重要的学习场景，如同置身于专业知识的海洋。到研究生时，因为课少，大部分时间是到资料室查阅资料，也有资料室写作，成了资料室的“常客”。因为师母邓铭康老师在资料室工作，所以对资料室有特别的亲切感。时间长了，与资料室的工作人员都特别熟悉了，平常工作人员一开门，我经常是第一个到，先是帮忙一起做卫生，打开水，然后才查阅资料，只要有送书来了，我立马帮着搬书。寒冬季节室内很冷，阅览桌椅都是冰凉冰凉，手冻着实在拿不起笔，这时才到室中间的那个小煤炉边暖一下。贾淑铭老师和邓老师、还有年轻的代秀丽老师对我都特别信任，有时缺人值班时，让我也替代一会儿。邓铭康老师是文华图专的毕业生，资料室的老师们都特别敬业，管理很严格，资料工作做得精细，给我的教育很多，让我特别敬佩。这应当就是文华精神中资料保障的传承。

我读博士时，图书情报学院资料室已经在新盖的有5000平方米的七层教学办公大楼中，地方大了，阅览室也多了，占了两层，图书资料有2万余种8万余册，外文书占了一半，还有380种中外文期刊(拥有中外文图书资料2万余种，共计8万余册，其中外文图书1万余种，非书资料1500余种，期刊380种，中外文工具书3000余种)。资料室负责人曾秀华是我大学时期的辅导员，资料室进了很多新人，除了林兰老师和李建民老师年纪稍大一点，其他如詹新文、傅西平、傅敏、乔静、梁芸几个都是年轻人，他们对我做研究都给予了很多关心和支持。

在武大十年，我觉得图书情报学院资料室是最温暖的地方。这里的专业资料始终是国内最多最丰富的，它激发我如饥似渴地求知；这里的老师始终是那么热情和专业，它给予我知识的力量；这里的氛围始终是富有创新磁力的，它让我获得了研究写作的温床和孵化器。

文华图专一直将图书馆学作为实践性很强的学科来进行建设，重实践、配备最好的设备，给学生充足的实习成为图书馆学教育的优秀传统。图书馆学系非常重视实验设备的购置和实验室的建设。我们上分类课，系里配了大部头的分类法，人手一册。我们上缩微复制课，不仅学会了照相机的操作，而且还让我们到图书馆系实验室(地下室里)操作电影放映机。最令我们骄傲的是当时系里有图书保护最先进的设备，汪华明老师上这门课，教我们原理和操作方法，才让我们真正了解到为了保护图书，需要各种仪器设备和用品，简单的有温湿度和干燥的设备、防虫药品，复杂的有测纸张酸碱度的设备等。图书情报学院有了大楼以后，实验室变成了实验中心，除了图书保护实验室，各种业务实验室纷纷建立，特别是20世纪90年代供学生计算机实习的大实验室，机位多，一排排密密麻麻的计算机、打印机、复印机等各种设备，很是壮观。很多专业课就在机房上，各兄弟院校来参观的络绎不绝，这才是大院大机房的气派。一直以来，学院的信息化设备和实验设施在全国图书情报教育界首屈一指。

做大做强学术平台，专业期刊是其中之一。信息管理学院历来重视创办专业期刊，以专业期刊为平台推进学术研究。早在文华图专时期就有以学生办理为主、集中发表文华师生成果的《文华图书科季刊》，与《图书馆学季刊》《中华图书馆协会会报》并称为民国图书馆界的三大学术期刊。到我上大学时，系学生会创办了一个刊物《图书情报学习》，陈传夫是主编，编委有我、葛耀良、彭建炎、王毅军、吴凌非、康乐、张进、沈培生。这个学生刊物激发了学生们科研的热情，在当时颇有影响。接着我们 7901 班也办了一个专业刊物《图苑小花》，我是这个刊物的主编。由此可以看到，图书馆学系学生办刊是有传统的。就在这个时期，图书馆学系筹备官办刊物《图书情报知识》，经过一段时间试刊，到 1984 年学院成立时才正式创刊，编辑部有一个专职编辑杨元生老师。我读研究生时，因为与杨老师很熟，就经常帮编辑部做些辅助工作和校对，有一期需要到印刷厂校对，印刷厂在汉川县，我随杨老师坐船到了汉川厂里去校对，那个时候条件差，出一本公开刊物要费很多周折。如今，信息管理学院有了《图书情报知识》《出版科学》《信息资源管理学报》三种刊物，全都是核心期刊，还有外刊出版，这在全国图书情报档案教育界是一道亮丽的学术风景线。

五、兼容并蓄与务实品格

文华精神是文华人的精神，它融入了每一个文华人的辛勤劳动和卓越贡献，是一代又一代文华教师办学思想的结晶，也是一代又一代文华学生继承和发展的体现。毛坤在《武昌华中大学文华图书科十周年纪念》中将文华精神归纳为创办人之精神、维持人之精神和学生之精神。这实际是文华教育者(教师)和受教育者(学生)的精神。

文华图专的校训是“智慧与服务”(Wisdom & Service)。彭斐章老师认为：图书馆学前辈们所概括的“图书馆精神”核心是对图书馆事业的坚定信仰，坚定的图书馆事业信仰、忠诚于图书馆事业、图书馆事业必须服务社会的精神构成了“图书馆精神”，这是以韦棣华、沈祖荣为代表的中国图书馆人长期积淀起来的优秀传统，是中国图书馆事业建设和发展永恒的动力，是我国图书馆界最宝贵的财富。“图书馆精神”应当在我国图书馆界得到继承和进一步的发扬[6]。以文华研究专家著称的程焕文教授在纪念文华图专暨中国图书情报学教育开创 80 周年学术研讨会上有一篇关于文华精神的演讲，对于毛坤先生归纳的三种精神进行了系统深入阐释。

我认为，文华精神有以下具体的表现和内涵：

其一，奋斗的精神——为理想而奋斗，坚忍不拔。文华人有理想有追求，积极向上，即使在最艰苦的环境下，也要拼搏而立。例如，抗战期间，文华图专被迫西迁，在文华图专校址遭敌机轰炸后，文华师生“进餐于露天之下，讲授于卧室之间”，以顽强的意志保生存。“文革”期间，图书馆学系再遭磨难，仍在十分困难的条件下办学，还采取了“系办馆”的体制。

其二，领先的精神——领先意识，引领学科与事业。文华人具有发展眼光，一直谋求新的发展，创造了中国图书馆学教育史上的许多第一。20 世纪 40 年代就创办了我国最早的档案管理专业。改革开放后，在图书馆学基础上，迅速发展情报学科。20 世纪 80 年代率先建立图书情报学院。2009 年在国内率先加入国际领先信息学院组成的 iSchools 联盟，成为 iSchools 领导小组 iCaucus 成员。

其三，开放的精神——吸收所有优秀的经验，以开放、包容的姿态办学。文华人不保守，有博大的胸怀。每一代文华人都与国内外同行保持着密切交流与合作的关系。中华人民共和国成立以前，文华图专从不以一家独大自居。中华人民共和国成立以后，武汉大学与北京大学一直保持着相互学习与促进的良好关系，两校合编教材，两校互派教师，形成了中国图书馆学教育界的南北双雄(“北北大，南武大”)并驾齐驱现象。自文华图专以来，图书情报档案教育一方面广泛吸收国外先进的知识，另一方面注重本土化，兼收并用，中西结合，走出了一条具有国际化视野，立足中国现实，符合我国人才培养需要的现代化教育道路。

其四，服务的精神——培养人的务实品格，不空谈，不虚夸，服务社会。文华时期，沈祖荣先生将图书馆学定位为“实用科学”，鉴于图书馆增多急需人才“不仅指馆员曾受图书馆学专门之教育与训练也，尤须有极热烈的情感，伟大的服务社会之精神”，因此提出了“文华图书科同学，今日在受图书馆学之教育与训练，异日将必服务图书馆界。执事所须之热烈情感，服务精神两要素，不可不于今日养成之”的人才培养目标[7]。1930 年文华图专独立时，沈祖荣先生提出将“研究图书馆学，服务社会”定为文华图专的宗旨。信息管理学院秉承了面向事业发展和行业需求培养应用型人才的传统，在教育教学中，始终坚持理论与实践相结合，坚持复合型和创新型人才培养，毕业生德才兼备，受到用人单位的普遍称赞。

文华精神讲的智慧是人的智慧，是一种大智慧，是顶天。文华精神讲的服务，是对接社会重大需求，是实务，是立地。战后图书馆学教育已有 70 周年，面向新时代，我们有责任发展光大文华精神，激发创新，服务社会，不忘使命，完善具有中国特色的图书情报档案教育。今天，站在中国图书馆学教育百年的舞台上，我们要面向世界，面向未来，引领图书情报档案教育的国际前沿，要站得更高，看得更远。

参考文献

[1]彭敏慧. 文华图书馆学专科学校的创建与发展[M]. 武汉：武汉大学出版社，2015：186.

[2]白国应. 纪念吕绍虞教授逝世 20 周年[J]. 校友通讯，1999(1)：138-143.

[3]郭星寿. 现代图书馆学教程[M]. 太原：山西高校联合出版社，1992：1.

[4]周和平. 中国图书馆事业发展报告 2012[M]. 北京：国家图书馆出版社，2013：472-495.

[5]国诚. 记我国著名目录学家彭斐章教授[J]. 黑龙江图书馆，1988(5)：55-57.

[6]彭斐章. 文华图专和中国图书馆学教育的发展[J]. 图书馆，2001(2)：2-6.

[7]沈祖荣. 我对于文华图书科季刊的几种希望[J]. 文华图书馆学专科学校季刊, 1929, 1(1): 3-6.

作者简介

柯平，男，1962年出生，1979年考入武汉大学图书馆学系图书馆学专业，1983年毕业获得文学学士学位，同年师从著名图书馆学家和目录学家彭斐章先生攻读硕士研究生，1986年获文学硕士学位。1991年考入武汉大学图书情报学院博士研究生，在导师彭斐章先生的指导下从事现代目录学研究，1994年获理学博士学位，系中国首届图书情报学博士。1996年晋升为教授。先后在郑州大学信息管理系和南开大学信息资源管理系担任系主任，还兼任郑州大学图书馆馆长、南开大学图书馆副馆长、南开大学图书情报专业学位中心主任。其个人事迹载入《世界名人录》(第21版)(Marquis Who's Who in the World 2004)。现为南开大学商学院信息资源管理系教授，博士生导师，南开大学图书情报与档案管理一级学科带头人、博士后科研流动站站长，兼任国务院学位委员会图书情报与档案管理学科评议组成员；全国图书情报专业学位研究生教育指导委员会委员；教育部档案学教学指导委员会副主任委员；国家社会科学基金学科规划评审组专家；全国图书馆标准化技术委员会(SAC/TC389)副主任委员；中国图书馆学会学术委员会副主任；中国索引学会副理事长；国际图联统计与评价组常设委员会委员。2015年度入选教育部"长江学者"特聘教授计划，获南开大学教学名师等称号。

作为文献目录学学科的领导者之一，长期担任中国图书馆学会目录学专业委员会主任，发展书目情报理论，开创数字目录学，出版《文献目录学》《从文献目录学到数字目录学》等著作，《书目情报系统理论研究》1998年获教育部第二届人文社科优秀著作三等奖；倡导和弘扬中国目录学的优良传统，与著名古典目录学家来新夏先生共同主编"当代大学读本·国学基本系列"之《目录学读本》。在知识管理、图书馆管理和公共文化等领域均有建树，出版《知识学研究》《知识管理学》等著作，《图书馆知识管理研究》2009年获教育部第五届人文社科优秀著作二等奖，《图书馆战略规划研究》2014年入选国家哲学社会科学成果文库，主持完成国家社科基金重大项目《促进我国基本公共文化服务标准化与均等化研究》(项目号：14ZDA050)，出版《文化行业标准化研究》等系列成果，还主持制定文化和旅游部第六次全国公共图书馆评估定级标准、参与《中华人民共和国公共图书馆法》立法起草修订，担任文化和旅游部全国公共文化巡讲等重要工作，发挥智库作用，为全国图书馆事业和文化事业发展作出了贡献。

我的老师我的课

吴　平

2020 年是文华图书科走至信息管理学院的百年寿诞。从 1979 年至 2019 年，百年中的这最后 40 年恰是我们 79 级图书馆学专业学生从入校接触图书馆学，毕业走进、利用图书馆，年近花甲或将离开图书馆、离开各自工作岗位，先后进入退休岁月的重要的人生历程。刚刚过去的 2019 年 11 月 22—24 日，我们图书馆学专业 7901 班 38 位同学返校，重聚珞珈山，再登樱顶，在学院楼前植树、在资料室“邂逅”自己的本科论文；在座谈会上再次聆听老师们的教诲，仿佛时光倒转，岁月无痕。相聚虽短，情谊绵长。

40 年前，我们学的第一门专业课是入校第一学期开的《图书馆学基础》，沈继武、郭星寿两位老师给我们拉开了“图书馆学”神秘的面纱。围绕着古今中外“图书馆学”的概念，教我们尝试如何定义，并分小组讨论、面向大家陈述各自关于图书馆学的“奇谈怪论”。初涉学科之水，体验学问之大，感受学术之深。如今，到底什么是图书馆、什么是图书馆学的书面意义已经不重要了，但与中学教学相区别的大学讨论课别具一格，让刚刚成为大学生的我着实践悟了一番，记忆犹新。

进校第二年，周绍萍老师给我们讲授《图书分类学》。实习课的图书分类让我们十分茫然。拿起一本书似乎放这个类里也合适，放那个类里也说得过去，可为什么老师总能找到更恰当放入的类目呢？以我们一群不到二十岁的年轻人的认识，要想准确地类分那些书名看似模棱两可、性质跨学科的图书的能力还颇为不足。我常常想起，有一天在邮局后面的小路上偶遇傅敬生老师，我们一群女生不知天高地厚，在傅书记面前七嘴八舌地提了许多建议，诸如应该先学科学分类再学图书分类、《中图法》的符号体系应该更加简洁……厚道的、慈祥的傅书记应该是听过太多类似的“提议”了，笑眯眯地边走边听，不忍“抹杀天真”。这门课考试最后得了多少分我没有印象了，但我清晰地记得后来我在图书发行专业多次讲授“图书发行分类学”课程，面对学生，特别是干部专修生解答同类问题时的情景。从学生到老师，从学习到讲授，对图书分类法的逻辑体系、标记符号以及类别之间的关系有了较深的体会，透过其中的科学性、逻辑性、助记性，掌握了群书分类、因书究学的基本知识；而上位类、下位类、同位类、参见与互见等分类的概念与内涵，应用于日常工作、学术研究、文章撰写等方面使我终生受益。纵向、横向、交叉、包容等类目之间的逻辑关系既是认识事物、也是理清头绪解决问题的方法与手段。后来我多次地将这些图书分类课程学到的理论方法告之我的学生，希望也培养他们领悟科学概念、正确处理文章里的逻辑关系。周绍萍老师教的这门课无疑授我以“渔”。

像我们班一部分同学一样，毕业后我并未从事图书馆工作，但图书馆学打开了我通向知识、学科、学术之门径，并对我后来的教学、科研、管理工作产生重要的影响。傅椿徽老师给我们上的“中文图书编目”课教给了我严谨做事的方法。没学专业时，不知道图书馆里的目录卡片是怎样做出来的。上过编目课，特别是做过编目作业才知道空半格的不能空一个格，用中圆点的不能用小圆点，这些规矩、标准都不能自以为是地去改变。这种严谨、严格的做事、做学问、做研究的方法让我受益终身。二年级下学期时，詹德优老师、李建民老师给我们上了“中文工具书使用法”、三年级时王秀兰老师讲授的“西文工具书”直接教给了我利用工具书检索文献的重要方法，知道了凡例、索引的作用，了解了如何使用《康熙字典》等工具书，也逐渐明白了工具书的重要作用。以至于毕业后的那几年，即便“囊中羞涩”，也会不时以购买一本工具书作为对自己的奖励。

对我后来工作产生重要影响的课程还有很多，如第四学年我选修的“中国图书史”。这是查启森老师开的2个学分的课程。选修它的起因是听说查老师对来自毕业班的选课生要求比较松，而我距毕业标准正好还差2个学分。听完课、考完试、顺利拿到了学分，但对“中国图书史”，除记得几个枯燥的版本名称外并没有什么特别的兴趣。1983年毕业留校到图书发行专业教研室，当了孙冰炎老师两年的助教后，接受了孙老师布置给我的新任务，从86级图书发行学专业的学生开始，开设一门新课，希望将图书的内容与形式、历史与现实结合起来的课程，这便有了我后来一直非常喜欢的“图书学”。除给四年制的本科生讲授外，还给两年制的干部专修科的“大”学生上。除校内上课之外，每年还要去校外的十多个函授站讲授，几十遍、上百遍、几百遍的边学习边讲授，不断地更新、完善讲义，提高了我的教学能力，理清了授课条理，也让学生从图书生产制作、版本变迁、载体材料、开本插图、封面设计、装帧装订等方方面面感受图书的知识性、学理性、传承性、创造性，体会艺术性与实用性的统一、从属性与独立性结合的完美，更加了解书、热爱书、爱读书。而我，与其说是教“书”，不如说是书教给了我做人的原则、做事的方法，教给了我自己的渺小和中国文化的博大精深。后来，我还陆续上过“书评学”“书籍编辑学”“编辑理论”等与书有密切相关的课程。这一切仿佛都与我毕业前冥冥中去选修的“中国图书史”有关，是查老师给了我蝴蝶装、包背装、坊刻本、三朝本等图书知识的启蒙，带我步入了书的殿堂。

对我帮助和影响很大的还有谢灼华老师以及他给我们上的“中国图书馆事业史”(一并感谢教此课的赵纪元老师)、“文学文献目录学”课程。谢老师上课，一口梅县腔，说起话来不紧不慢，内容徐徐展开，一手漂亮的好字让我羡慕不已，渊博的知识成竹在胸，讲起课来魅力无穷。关于各朝代文献典藏、古代藏书楼、近代图书馆、解放区的出版物以及中华人民共和国成立后的公共图书馆等，传授了专业知识，强化了对图书馆发展的认识。偶尔有字听不清楚，可以查看有图有文的教材。那时候的教材多是油印本，少有正式出版的，但发挥的作用很大。谢老师主编的“图书馆学自学丛书之十《中国图书史与中国图书馆史》”一直在我的书架里收藏。虽然后面出了正式出版物，但这本书上有谢老师给我的题字，我格外珍惜。它在我的“图书学”课程与教材里，也发挥了重要的学习、参考作用。谢老师上过的课、谢老师主编的教材以及谢老师和王秀兰老师对我的关心与关爱一直激励着我。我希望像谢老师一样去做人、做事、做学问。

即使是没上过课但带过我们班实习的孙冰炎老师、曹之老师等，也都给我留下了深刻的印象。孙老师那时近 60 岁了，凡是遇到她不熟悉、不了解的事物都会发问：“这是什么呀?”坦诚直率，丝毫不端老师的架子，她不耻下问的态度、谦逊好学的精神、诚恳待人的品德，特别是顽强拼搏、提携新人、创办图书发行专业的干劲一直激励着我。高山仰止，在庆祝图书发行专业成立 20 年、30 年的纪念文集中以及孙老师的追悼会上，我都多次地、由衷地表达了她在我成长过程中的影响，以及对她深切的怀念之情。

曹之老师是我们在国防科大实习小组的带队老师，那时，不知道他的学问有多大，只知道他每天坚持跑步，顽强的毅力成就了他的学术素养、学术成就，也教育、鞭策了作为学生的我们。毕业后，我时常从他的《中国古籍版本学》中搜集教学资源。而他的《中国古籍编撰史》更是使我们编辑出版专业师生直接受益，飨德怀恩。

我是彭斐章老师的学生，不仅读本科时彭老师教过我们班“目录学”(同时感谢袁琳老师)，而且他还是我们专业的系主任，是我读博士的导师，是我在图书情报学院工作时的院长。我曾多次写文章分享作为“目录学”课程的彭老师、作为研究生导师的彭博导对我的帮助与关心。有一些桥段比如“彭老师救了我”，许多同门都知晓，就是指的彭老师收我为学生，极大地鼓励了我，让我终身受益之事。我也时常跟我的学生说我考了两次才考入彭老师门下的故事。“天地君亲师”固然是封建时代的社会教义，却也被我用来尊敬师者、作为“一日为师，终身为父”意愿的深切表达，且无论何时何地，我都是“师道尊严”的拥趸。写此文时，正值新冠肺炎肆虐江城，居家封闭严控管理之时段，“彭门”大家庭各位弟子纷纷隔空问候老师和师母，表达关切之意。彭老师在微信视频里说：“我和邓老师很想念你们，但是看不到你们。”真实情感、朴实话语背后是满满的牵挂。

上面所说，都是教我们专业课的老师，还有很多教我们公共课的老师也印象深刻。教了我们两年“英语”的杨建荣老师深受全班同学的喜爱。教“高等数学”棒棒的邹应老师，后来据说是出国了。教“普通生物学”的黄诗笺老师课上得非常有激情，大家很喜欢。多年后我到教务部工作，与她接触，才知道她获过国家教学成果奖、宝钢教育奖等，一直是一位优秀的教师。还有前不久去世的、教我们“美学概论”课的刘纲纪老师，在南一楼最大的 302 教室上课，每次课学生都是挤得满满的。有一天课上，不知是讲的什么内容，只记得刘纲纪老师悠扬地唱起了小夜曲，整个课堂立马静了下来，令我感慨不已。除小学音乐课外，我从来没有听到哪位老师在课堂上唱歌，而且唱的是小夜曲。如今刘纲纪老师仙逝，但他抒情婉转的歌声永远地刻在了我的心里。我清晰地记得刘老师的课我考了 90 分，得了一个优秀。后来，我也在我的课堂上给我的学生唱过歌……

欧阳修在《答祖择之书》中说：古之学者必严其师，师严然后道尊。我们是被一群这样的老师教过的，也将成为像老师一样的人。

阳春三月，珞樱绽放，心怀念想，在疫情期间完成这篇拙文，期待着斩除新冠病魔后，师生再聚，也衷心地期待我的老师们平安、健康、快乐。

2020年3月17日

作者简介

吴平，女，汉族，湖北黄冈人，1962年2月出生，研究生学历，博士学位，1983年2月加入中国共产党，1983年7月参加工作，现任武汉大学党委常委、副校长，教授、博士生导师。

1979年9月至1983年7月在武汉大学图书馆学专业本科学习；1983年7月至2012年6月在武汉大学信息管理学院任教，其间曾担任副系主任、党支部书记，1996年7月获理学博士学位，2002年10月晋升教授，2019年被评为二级教授；1998年6月至2000年10月任武汉大学教务处副处长；2000年10月至2002年7月任武汉大学教务部教研办主任；2002年7月至2004年1月任武汉大学教务部副部长；2004年1月至2012年6月任武汉大学教务部部长；2012年6月至2019年8月任华中农业大学党委常委、副校长；2019年8月起任武汉大学党委常委、副校长。

在国内权威、核心等公开刊物上发表编辑出版学、目录学、书评学、编辑思想研究、高等教育研究等学术论文130余篇，出版著作12部，主编的《中国编辑思想史》填补了中国编辑学理论研究的空白，为编辑出版学理论建设开创了新的领域；主持国家社科基金及其他项目17项。先后获得国家教学成果奖一等奖、二等奖；教育部人文社会科学研究成果二等奖；湖北省社会科学研究成果一等奖；湖北省优秀教学成果一等奖、二等奖；湖北省优秀青年女教职工；武汉大学优秀教学成果特等奖、华中农业大学第十六届研究生“教书育人”奖等。

我和我的“图专”

肖希明

“图专”，在武汉大学是人们对图书馆学专业的简称，其起源大概可以追溯到1953年前的“文华图专”。然而对我来说，“图专”远不止是一个称谓，而是一个图腾，一方精神家园，我生命的大部分时间都与她联系在一起。在我的“图专”迎来百年华诞的光荣而神圣的时刻，我的心情很不平静，关于我和我的“图专”，我有好多话想说……

我与“图专”结缘

我是1979年考入武汉大学的。这真是我做梦都没有想到的事。考大学前，我是下乡知青，在农村已待了8年，干了4年多农活，当了3年多农村民办教师。1978年参加过高考，考理科，但数理化一败涂地。1979年改考文科，考得出乎意料的好，比考上北大的还高出好几分。但在选择专业时却犯难了。在中学当语文老师的父亲，在“文革”中因“文”而被“革”，对文史类专业心有余悸。从政法学院毕业的叔叔，在那个年代也离开了政法，对法律专业也畏而远之。但叔叔20世纪50年代在武汉上大学，对武汉大学有些了解。他主张我报武大的图书馆学专业，说这个专业离政治旋涡稍微远一点，相对比较安全，同时这个专业毕业后一般都会留在大城市工作。那时候，文科类的专业很少，武汉大学也就文史哲经外(语)，加上图书馆学。就这样，我报考了武汉大学图书馆学专业。所以说，上武大是我的梦想，而图书馆学专业虽然我并不了解，自然也谈不上热爱，却是我的选择，因而也就无怨无悔地与“图专”结缘了。

虽然在家乡就听曾在武汉大学求学的老师说过武汉大学风景很美，但进入武汉大学以后，还是被她的美所震撼，不仅是风景，还有人文。珞珈山草木葱茏，东湖水碧波荡漾，老斋舍古风流韵，校园里钟灵毓秀，真是一个天设地造的求学之地！记得当时在77、78级同学中流行一句口号“把‘四人帮’耽误的青春夺回来”，我这个79级的大龄学生，也是被耽误了青春的人，所以我也在暗暗下决心要努力学习，不负校园好时光，不负改革开放的时代给我带来的这个机会。

武汉大学图书馆学专业是中国图书馆学教育的发源地，到1979年我们入校时，她已有将近60年的历史，为中国乃至世界的图书馆事业培养过不少杰出的人才，这里也聚集过许多著名的图书馆学家。只是到我们入校时，许多大师级人物已经故去，但我还有幸见到几位文华的前辈。一位是皮高品先生。20世纪80年代初，皮先生年事已高，很少到系里参加活动。有一次在系办公室偶然遇见了一位白发稀疏但精神矍铄的老人，得知是皮高品先生，不觉肃然起敬。1984年冬天，皮先生85岁寿辰，学院领导和老师去先生家里为他祝寿，当时我已留校工作，便和老师们一同去了，聆听了先生的讲话，并留下了一张珍贵的合影。皮先生80岁以后还在做研究、写论文，从80岁到95岁，竟然发表了40篇文章，学术生命力之顽强，令人惊叹！1998年皮先生以98岁高寿离世。还见到的一位文华老人，也是20世纪80年代初在系办公室，见到一位身材瘦小、步履蹒跚的老人，办公室老师告诉我说那是吴鸿志先生。当时我还没什么感觉，后来才在一些文献看到，老先生是1928—1930年的文华图专本科生。后来我在做图书馆学教育史研究时，更发现了老先生1929年发表的《武昌文华图书科之过去现状及其将来》是我的一篇重要的参考文献。当然，文华图专后期的几位毕业生留在武大工作的，在1980年代正是教学科研的中坚力量。如1953年毕业的傅椿徽老师，曾是沈祖荣先生的助教。她教我们的中文图书编目，讲课慢条斯理但极有条理。与傅老师同班的孙冰炎老师，没有给我们上课，但当时是系副主任，经常给我们讲话，她的和蔼、慈祥给我们留下深刻印象。最熟悉的当然是彭斐章老师，他是文华图专的最后一届毕业生，教我们“目录学概论”。留苏博士，气度儒雅，让我们对彭老师格外崇拜。还有一位文华前辈是邓铭康老师，彭老师的夫人和同班同学，在系资料室工作。资料室是我们同学特别喜欢去的地方。武汉的冬天很冷，那时又没有空调，但邓老师早早就在资料室生好了炉子，室内温暖无比，白天只要没课，我们总是待在资料室里。

那时给我们上课的老师，都是20世纪50年代后期和60年代前期毕业的一批中年骨干教师。沈继武、郭星寿老师教“图书馆学基础”，给我印象最深的是这门课的讨论，分小组在宿舍里进行，老师和我们围坐一起，大家发言随意、自由，感觉这种学习收获特别大。周继良、周绍萍老师教我们“图书分类学”。大家对这门课很感兴趣，尤其是实习课，觉得它很实用，同学们还常为一些图书的分类争来争去。詹德优老师教“中文工具书使用法”，让我们能够从浩瀚的工具书里面找出那些诗文典故的出处，也觉得挺开心。谢灼华老师教“中国图书与图书馆史”，他的客家话口音有时不好懂，他就大量使用板书，谢老师的板书很漂亮。王秀兰老师教我们“西文工具书”。听说她原来学的不是英文，因为教学的需要，能在短时间将英文的工具书讲得那么好，可见下了多大的功夫。廖延唐老师教“古籍整理”，让我们领略了他渊博的古文献知识。王作梅老师教我们“西文编目”，将一门内容有点枯燥的课讲得让我们还比较爱听。在那时的老师中还有一位是我们特别不能忘记的，那就是时任图书馆学系主任的黄宗忠老师。他没有给我们上过课，但我们多次听过他的报告、讲座。我们特别佩服他的学术成就，但他的湖南娄底口音实在比较难懂，连我这个湖南人有时也听得吃力。还有俞君立老师和曹之老师，虽然没有给我们上过课，但分别带过我们班两个组的同学去西安和长沙的实习，和同学们建立了很深的感情。特别是俞老师，当 2019 年我们 79 级入校 40 周年返校聚会时，在师生见面会上，俞老师还能仅凭记忆准确地逐一念出他带过的十位实习学生的名字，让我们惊叹不已。图专还有一些当时刚毕业留校工作不久的年轻老师，当然印象最深的是我们班的辅导员曾秀华老师。我们班同学除了少数几名"大龄"学生，大多数年龄较小，最小的入学时才 15 岁。曾老师特别关心和爱护学生，经常到寝室来了解同学的情况，与同学交流，帮助同学尽快适应大学生活。当时的年轻老师中还有一些在给年长的老师当助教，如袁琳、赵纪元、李建民、熊传荣等老师，也给我们上过一些课，和同学们也比较熟悉。除了图专的老师，还有科技情报专业的一些老师也给我们上课，如王昌亚老师给我们讲"情报分析与研究"、焦玉英老师讲"科技文献检索"，都给我们留下了深刻印象。如今，这些老师都已退休，有时在校园里还能见到他们，我总要趋前问候。有的老师已经去世，我也去了殡仪馆送别他们。

武汉大学图书馆学专业有雄厚办学基础和良好的教育传统，可惜十年"文革"把这些都毁掉了。所以，1977 年恢复高考以后的前几年，图书馆学教育面临的艰巨任务就是重建图书馆学教育内容体系。记得我们当时学的不少课程内容就是对图书馆业务工作的描述和总结，相当肤浅。理论课讲的内容，还有"图书馆的阶级性"之类已经过时陈旧的东西。特别无奈的是，大学四年，基本没有用过一本正式出版的专业教材，全是油印的讲义，复习考试全要靠课堂上抄的笔记。对这种状况，同学们当然是不太满意的。但抱怨归抱怨，大多数同学学习还特别认真。尤其是 77、78 级同学，他们那些刻苦学习的情形，至今历历在目。如 77 级的学姐胡承仁，入学时已经 31 岁，但学习特别用功，各门功课优秀，提前修满学分，成为全校 17 名提前毕业的学生之一(当时学校作为激励措施，规定修满学分可以提前毕业)。77 级的邓应烈，掌握了十几门外语，让我们崇拜得不得了。还有 77 级的曾蕾，成绩特别优秀，成为系里的学习标兵。78 级的张克科，担任学习委员，组织班上开展各种学习活动，还不时被请到我们 79 级介绍学习经验。难能可贵的是，他们中不少人不仅勤奋学习，还敢于思考和探索图书馆学学术问题。如 77 级的刘迅，担任过系学生会主席，大学期间就发表多篇学术论文，大学刚毕业发表的《论图书馆学情报学理论的共同基础——关于波普尔世界 3 理论的思考》等论文，在图书馆学研究领域引起轩然大波，触发了一场关于图书馆学理论基础的大讨论，其影响至今还在。可惜刘迅英年早逝，令人惋惜。

我们 79 级图专被编为 7901 班。7901 班也有不少刻苦学习的同学。比如柯平，学习特别用功。他有个习惯就是凡事都做笔记，听课、听报告时总在不停地记。由于他的名字与"copy"谐音，所以同学们就送了个外号叫他 copy。这个好习惯他保留至今。现在我常和他在一起参加一些会议，还是见他开会时总在不停地记笔记。陈传夫似乎从本科开始就爱上了做科研、写文章。那时，系学生会办了一个学生自己的学术刊物《图书情报学习》，是 78 级的张克科等人创办的，陈传夫担任了编委，78 级毕业后，传夫就担任了主编，79、80、81 级的图书馆学专业和情报学专业都有同学担任编委。虽然那只是一本油印刊物，但也是同学们发表学术成果的一块小小的园地。而且，那时并没有什么评奖推免、成果考核之类的压力，没有功利目的，完全是同学们出于对专业的热爱的自觉自愿的行为，今天看来，实在难能可贵。我们班也有同学不满足于只学习一个图书馆学专业，选修了其他专业的课程，如余敏友，系统选修了法律学的课程，本科毕业考取了法律学的研究生，如今成为知名的国际法专家。今天回过头来看，我们 7901 班的同学确实是非常优秀的，毕业后在各行各业都干得很出色，尤其是在图书馆学领域。看看当今中国的图书馆界，活跃在舞台中心的"大咖"，有多少来自 7901！以至每当国内图书馆界举办重要的学术会议或活动，就被人戏称为"武大图专 79 级的聚会"。前几年中国图书馆学会学术研究委员会的 8 名副主任委员中，就有 4 名来自我们的 7901。作为 7901 的一员，我为此深感自豪。

大学四年，我始终牢记自己入学时的"誓言"，要不负时光，学有所成。这四年，应该是做到了。学习专业课，我与很多同学一样，虽不满意学科现状，但还是认真去学，认真去考，所以每门课的成绩都很好。对目录学似乎更感兴趣一点，读了不少目录学的书，毕业论文写了《论余嘉锡的〈目录学发微〉》，指导老师是彭老师。论文评了"优"，毕业后我投稿给《四川图书馆学报》发表了。没想到 20 多年后，文章被湖南大学一位研究湖湘学派的教授看中了(余嘉锡是湖南人)，和我协商后，将这篇论文作为他的专著的一节又出版了。这算是对我本科学术研究成果的一种肯定吧。

大学四年，我还特别不能忘记的是，我们的 7901 这个温暖的班集体。7901 有两个特点，简直是"空前绝后"，一是人数多，全班 61 人，不分小班；二是性别比例，和现在完全是倒过来的，男生 52，女生 9 名。1979 年 9 月 13 日新生入学，我很晚才到达学校，第二天一早，曾秀华老师就找到我，要我担任临时班长，说我年龄比较大，还当过老师，先负责开学一段时间班上的工作。我完全没有思想准备，但也只好答应下来。开学初的一段日子，当班长还真的事情很多，那时寝室没有电话，更没有手机，发一个通知、分发一个材料、召集开个会，要每间寝室都跑，但也很快就和全班同学熟悉了。我这个人并没有特别强的组织能力，但为同学们服务的心还是很真诚的。所以后来的选举，同学们还是选举我当了班长。当了一年半班长以后，我就被调到系学生会、团总支任职去了，但班上的大小事情，班干部和同学还是来找我商量，所以我组织和参与组织过那几年班上的各种集体活动。同学们信任我，连续几年推选我为学校的优秀学生干部，我还成为班上的第一名党员。特别让我感动的是，几十年来，同学们都很少叫我的名字，大多直接叫"班长"，更亲近的人叫我"老肖"。几十年的同学情谊，常常使人想起来都热泪盈眶。

我随"图专"成长

1983 年我毕业以后，留在系里做学生思政工作，担任系团总支书记。但我总觉得自己不适合做这方面的工作，同时我心里总有一种"图专"情结，希望回到专业从事教学与科研。于是在两年以后向学院(1984年已成立学院)申请并获批，1985年下半年我正式转入图书馆学系。

1985年的图专，再也不是1979年我们入学时候的图专了。1984年11月，在原来图书馆学系的基础上成立了图书情报学院。这是武汉大学最初成立的两个学院之一，另一个是经济管理学院。当时在大学下面设立学院在国内还是很稀罕的事，武汉大学本来就是先行者，图书情报学院成为先中之先，我们都倍感骄傲。图书情报学院下设两个系，图书馆学系和情报科学系。图书馆学系下面有分3个专业：图书馆学专业、档案学专业和图书发行管理。从办学规模来看，1979年图书馆学系学生不到200人，到1984年图书情报学院成立时本科生已增加到800多人。从办学层次来看，由原来单一的本科教育发展为研究生、本科与专科三个层次的教育，1984年已有硕士研究生50多人。从1982年起，图书馆学专业就结束了没有正式教材的教学。较早问世的是武大和北大两校图书馆学系合编的《图书馆学基础》《目录学概论》《图书馆古籍编目》。随后武汉大学图书馆学系出版了20多种教材，纳入高等学校文科教材系列，如彭斐章教授的《目录学》(1986)、廖延唐教授的《图书馆古籍整理》(1986)、谢灼华教授的《中国图书和图书馆史》(1987)、黄宗忠教授的《图书馆学导论》(1988)等，都是各领域的扛鼎之作。先后有20多种教材获得了各级奖励，其中《目录学概论》《图书馆学基础》《中文工具书使用法》等获得了国家教委优秀教材一等奖。很显然20世纪80年代图书馆学专业已经进入了一个蓬勃向上的发展期。

我正是在这样的时候回到了图专。回来后先是协助沈继武老师承担《藏书建设》这门课的教学，1986年年初，沈老师就调任武大图书馆馆长，我就将这门课接下来了。1986年下半年，我就正式开始主讲《藏书建设》，这一讲就是30多年。

那时候对教学可真是投入，也有条件投入，因为科研任务不重，不用整天忙于课题、经费，因此可以将很多时间投入教学。那时备课也特别认真，其实没有谁来检查，但写的教案一丝不苟。不仅如此，我还从当年沈老师、郭老师到我们寝室来和我们一起讨论的事得到启发，所以尽管我当时既不是班级导师也不是辅导员，但我不时到学生宿舍去跟他们交流，聊学习，聊生活。以至于前几年我在广东见到一名88级学生时，他还跟我说："肖老师，记得那时你常到我们宿舍聊天，对我们帮助特别大。"

1989年，一部已列入国家教委"高等学校文科教材"计划项目、由沈继武老师担任主编的教材《图书馆藏书建设》，因为沈老师忙于馆务而没有按时启动，系里就与沈老师商量，建议由沈老师和我共同编写这本教材。在沈老师同意后，我就着手教材的编写工作。我注意到当时图书馆的资源建设从内容到方式都在发生变化，已有学者在使用"文献资源建设"这个概念，所以我建议我们编写的教材要改书名为《文献资源建设》，沈老师同意了。于是我用了1989年下半年和1990年上半年的时间，完成了这本教材的编写。当然，其中有相当一部分内容是从沈老师1987年出版电大教材《藏书建设与读者工作》中改编的。1991年，《文献资源建设》教材出版。这是国内最早以"文献资源建设"为书名的教材，使用的学校众多。这也是我出版的第一本书。

1990年，彭斐章老师、严怡民老师等多位学者几经努力争取的图书馆学情报学博士学位授权点获批，这标志着学院的学科建设跃上一个新的台阶，也是图书馆学情报学教育的一个重大突破。这个突破也极大地提振了学院师生员工对学科的自信心和自豪感。我一方面为学院和学科的这一重大进展感到欢欣鼓舞，同时我也在思考着自己未来的发展，考博士无疑是一个最明智的选择。但首届招考报名已经开始，我觉得自己还准备不足，就决定第二届再报考。我向彭老师汇报了我的想法，彭老师表示支持。但或许是为了要“初试”一下吧，他交给我一个任务，就是协助他完成一项刚接的国家社科规划办委托起草“八五期间图书馆学情报学研究课题指南”的任务。在彭老师的指导下，我在短时间内查阅图书馆学情报学各研究方向的重要文献，撰写了各领域的研究现状和发展趋势，同时对各研究方向的专家提出的建议研究课题进行整合，并且负责提出图书馆学教育课题研究的建议。这次任务完成得很好，彭老师感到很满意。经过近一年时间的准备，1992年，我考取了目录学方向的博士研究生，开始了在学术道路上新的探索之路。

彭老师指导研究生很有章法。他也讲授课程中的一些重要内容，但更多的时间是指导我们阅读文献，然后进行讨论。讨论一般在老师家中，师母还给我们每人冲上一杯咖啡，气氛很温馨，但讨论问题却是很认真的，几个研究生还常常有争论。这种教学方法，充分调动了我们的学习主动性和积极性，“逼”着我们去思考，收获很大。彭老师对我这名一边在校工作一边学习的研究生，实施的是“目标管理”，明确布置学习和研究任务，定期汇报进度，定期拿出成果。所以在读研的几年中，我在包括《中国图书馆学报》在内的核心期刊发表了十多篇论文。博士论文的写作，更是从选题，到资料搜集、调研、框架构思、内容撰写，每一个环节都得到导师的点拨。正是由于导师的严格要求和悉心指导，我的博士学位论文在外审和答辩中获得了全优，并于1998年被评为首届湖北省优秀博士学位论文。1997年，我的博士论文以专著的形式正式出版。

读博期间，我还参加了一次重要的学术活动，这次活动无论是对学科还是对我本人都有重要的影响。那是1993年12月13—15日，由华东师范大学情报学系和中国台湾的中华图书资讯学教育学会主办的首届海峡两岸图书资讯学学术研讨会在上海举行。海峡两岸图书情报(资讯)学界都派出“豪华”的参会团。中国台湾来了沈宝环、王振鹄、胡述兆、卢荷生、李德竹、吴明德、卢秀菊等知名学者，大陆则有武汉大学的彭斐章、黄宗忠、谢灼华、陈光祚、马费成、乔好勤，以及北京大学的周文骏、吴慰慈、王万宗，中科院的孟广均、南京大学的倪波、中山大学的谭祥金、上海图书馆的吴建中、广东省立中山图书馆的黄俊贵等重量级的专家学者，可谓群贤毕至。会议在两岸学者的倡议下，邀请了两岸的博士生代表参加了会议，大陆地区的博士生有武汉大学的柯平和我，北京大学有王益民、杨晓骏，台湾地区的博士生有王梅玲、庄道明、陈昭珍等5人。这次会议的成果之一，是使海峡两岸图书资讯学术研讨会这一形式机制化，成为两岸交流一个比较稳定的平台，此后每两年举办一届，至今已办了14届。另一个成果就是为两岸的青年学者建立了一条交流沟通的渠道。我在那次会议上结识了台湾的几位博士生，从此成为好朋友，并保持联系至今。后来我几次去台湾参加学术活动，都是应这些台湾同仁邀请而去。1997 年 3 月，第三届海峡两岸图书资讯学学术研讨会在武汉大学举行，时任学院院长的马费成老师让我负责会议的筹备工作，我又和台湾的图书资讯界的同仁有了更加广泛的接触。

1995 年，我在获得博士学位的同时也晋升为副教授，随即担任了图书馆学系副主任，负责本科教学工作，在系主任詹德优老师的带领下，为全系的老师学生服务。当时，学院有一个外派访问学者的项目，是美国俄亥俄州肯特州立大学图书情报学院争取到一笔经费，资助武汉大学图书情报学院从 1994—1996 年先后安排 6 名教师到该校做访问学者，我忝列其中。1996 年 3 月至 9 月在美国期间，我结合自己在国内的教学和研究，重点关注了美国的图书馆馆藏发展政策研究情况，收集了不少资料。回国以后我申请了国家社科基金项目“面向 21 世纪的中国图书馆藏书发展政策研究”并获批。项目发表了 10 余篇质量较高的论文，并出版了专著《中国图书馆藏书发展政策研究》。

1999 年，我应聘去了广东佛山科技学院图书馆任馆长。从我毕业留校的 1983 年至 1999 年，是学院，同时也是图书馆学专业蓬勃发展的时期。办学规模不断扩大，多层次的图书情报学教育体系形成，学科建设成绩显著，科学研究取得重要成果。我感到很庆幸，我搭上了学院和学科发展的顺风车，在学术上的成长之路走过了一段不平凡的里程。

我为“图专”耕耘

我在佛山工作了五年多，其实也干得顺风顺水的，但心头挥之不去的“图专”情结，使我总觉得自己还是比较适合从事教学科研工作。于是我向武大提出，希望回校工作，感谢武大的宽容，2004 年 11 月，我又回到了阔别五年多的“图专”。

离开五年多，学院，还有“图专”，变化实在太大了。首先是原来的“图书情报学院”先是与新闻学院合并，改名为“大众传播与知识信息管理学院”，2001 年又在武大和其他三校合并、学科专业整合的过程中，组建并改名为“信息管理学院”。其实改名的事，我离开前的 20 世纪 90 年代已经讨论多时，因为意见还不统一而搁置下来了，这时候改名确实是顺应时势之举。它不仅能更真实地反映了在新的信息环境下，学院在人才培养和科学研究方面发生的变化，也有利于宽口径培养人才，适应社会各种不同的信息职业对人才的需求。第二个方面的变化是学科建设方面的重大成就。2000 年获得全国第一个“图书馆、情报与档案管理”一级学科博士学位授权点。2001 年图书馆学和情报学被评为国家重点学科。2002 年设立出版发行学博士学位授权点。2003 年建立“图书馆、情报与档案管理”一级学科博士后科研流动站，还获得“管理科学与工程”一级学科博士学位授予权。我回来后的 2007 年，“图书馆、情报与档案管理”被评为该领域全国唯一的一级学科重点学科，也是武汉大学的 5 个一级学科国家重点学科之一。信息管理学院获批国家“985 工程”

哲学社会科学研究创新基地、“211 工程”建设单位和教育部人文社会科学重点研究基地。在各种官方和民间的学科排名中，武汉大学的图书馆学情报学都稳居第一。回到这样的环境，我既兴奋，又倍感压力。2006 年年初，因为王子舟调离了武大，我担任了图书馆学系主任，我更感到多了一份责任。

2003—2005 年，图书馆学系与美国匹兹堡大学、加州大学伯克利分校连续三年联合举办三届面向西部的中美图书馆员高级研究班，产生了重要的社会影响。前面两届我还没有回到武大。2005 年 7 月的第三届我参与了筹备和组织。在这届研究班期间举办了一个“中国大学图书馆馆长论坛”，北京大学、清华大学、复旦大学、南京大学、南开大学、中山大学等 50 余所高校图书馆的馆长参加了这个论坛。在筹备这个论坛时，传夫跟我说，想在论坛上弄出一个文件，将我们对图书馆合作和信息资源共享的一些理念、主张，通过论坛宣传出去，如果弄得好，可以让论坛有持久的影响，甚至载入历史，不要像很多会议，会议结束了，就什么东西也没有了。我们将这个文件定名为《图书馆合作与信息资源共享武汉宣言》，并且从结构到表述、措辞，进行过多次讨论。我负责起草，传夫则提出很多重要的修改意见，并做了精心修改。最后我们拿出了这个《宣言》，参加论坛的 60 多位馆长和馆长代表签署了这个《宣言》。《大学图书馆学报》2005 年第 6 期刊登了这个《宣言》。刊出以后，影响很大，好评如潮，那些评论我一直还保留着。《大学图书馆学报》2006 年第 2 期，又做了一个专题来解读这个《宣言》，程焕文、燕今伟、郑建明、萧德洪、张勇等高校和公共图书馆馆长都撰文对《宣言》的核心理念、重要意义进行阐释。在 2006 年的中国图书馆学学会年会的大会上，北大图书馆戴龙基馆长又对《宣言》作了专题解读。《宣言》果然如传夫预期的那样，产生了历史性的影响。我作为主要参与者，也觉得有成就感。

2006 年 10 月，学院举办了“第二届中美数字时代图书情报学教育国际研讨会”，会议期间举办了“图书情报档案学教育家与实践领导者的链接与对话”“中美大学图书情报学学院院长/系主任圆桌会议”。这次会议又沿用了上一年“中美图书馆员高级研究班”的模式，即由会议发布一个文件《中国图书情报与档案学类教育发展方向及行动纲要》并在期刊上发表。我负责起草了这个文件，几经讨论通过后发布。2008 年 7 月学院又举办了“第九届海峡两岸图书资讯学学术研讨会”，我也是这次会议的主要“操盘手”之一。30 多位海峡两岸图书情报学系的系主任或主任代表举办了联席交流会，形成了关于图书情报学专业教育若干问题的八点共识。

从我 2006 年初担任系主任，到 2012 年底卸任，我印象特别深的就是系里每年都有各种名目的申报，而我们的方针是逢项目必申报，志在必得。在我的电脑里留下的那些年的申报资料中，还可以找出比较大的项目有“湖北省高等学校品牌专业”(2007)、“教育部高等学校特色专业建设点”(2007)、“武汉大学图书情报核心课程国家级教学团队”(2007)、“湖北省高等学校省级教学团队”(2010)、“学科专业国际化试点基地”(2010)、教育部“高等学校专业综合改革试点项目”(2012)等。这些项目有些我是负责人，有些我是主要参与者。但不管是负责还是参与，每次申报都要投入大量精力和老师们一起写材料。尤其是有些项目申报的时间很紧，更是把人累得半死。记忆最深刻的是 2007 年 11 月申报“教育部高等学校特色专业建设点”，我是负责人，为了赶写申报材料，我和时任图书馆学系副系主任的司莉，还有冉从敬等几位老师在办公室一边讨论一边写，熬了整整一个通宵，天亮后赶去打印，下午就在学校汇报和答辩。那些年申报的项目大多获批了，所以觉得付出的辛劳也值了。

2008 年，图书馆学系还接受了一项特别的任务，就是受教育部图书馆学教学指导委员会(教指委)的委托，起草一个“图书馆学专业本科教学指导性规范”，明确本专业的培养目标和规格、专业教育内容和知识体系、专业教学条件等，以指导和规范各图书馆学本科教育机构的办学活动。接到这个任务后，我和时任副系主任的黄如花和司莉老师进行过讨论，黄如花还搜集了国外有关这方面的一些资料，我则负责起草这个文件。在系里讨论后提交给教指委。经过 2008 年在太原、2009 年在西安两次教指委会议的讨论通过以后，上报给教育部高教司形成了文件下发。这也是我们专业为图书馆学教育所作的一项贡献吧。

进入 21 世纪后的前十余年间，图书馆学系举办的这一系列大型的学术会议、学术活动、成功获得的这一系列项目，有力地推动了图书馆学系和信息管理学院在人才培养、学科建设、科学研究和社会服务等方面迈上一个又一个新的台阶，大大扩展了学院和图书馆学科在国内乃至国际上的影响力。我能够参与这一进程，与有荣焉。

在参与系里这些工作的同时，我也在自己的教学科研领域为学院、为“图专”作贡献。2008 年我主编的教材普通高等教育“十一五”国家级规划教材《信息资源建设》出版。这本教材在全国高校的图书馆学专业普遍使用，至 2019 年已第 9 次印刷，印数已超过 2 万册。同年我与其他老师合作还出版了一部专著《数字信息资源建设与服务研究》。也是同一年，我主讲多年的《信息资源建设》被评为国家精品课，课程网站上线。2013 年该课程又获评国家精品资源共享课，并在“爱课程网”上线。2008 年，我还申请并获批国家社科基金项目《信息资源共享系统的绩效评估研究》，该项目的最终成果，同名专著于 2012 年入选“国家哲学社会科学成果文库”。这份崇高的荣誉，不仅属于我个人，也属于我的图书馆学专业。2012 年，我还承担了一个教育部人文社会科学重点研究基地重大项目《iSchool 运动发展趋势及对国内外信息领域的影响》，项目的最终成果也是与参与项目的老师合作出版的一部专著《iSchool 运动与图书情报教育的变革》。2013 年，我又申请并获批了国家社科基金重点项目《公共数字文化服务中资源整合研究》，项目以在 SSCI 期刊和包括《中国图书馆学报》在内的 CSSCI 期刊发表 30 多篇论文结题。2017 年，我历时 6 年完成的《中国图书馆史(现当代图书馆卷)》由国家图书馆出版社出版。顺便介绍的是，《中国图书馆史》是我国第一部图书馆通史性著作，全书四卷，200 多万字，我承担其中一卷，而其他三卷中，有两卷的著者就是我 7901 班的同学程焕文和汪东波。稍微盘点一下，从开始涉入图书馆学领域到现在，我发表了 220 多篇论文，出版了 10 部著作或教材，主持了六七个国家级或教育部项目。这些成果实在不算多，但我也尽力了。

从1983年毕业留校到今天，我在“图专”工作30多年了，我的同事已经换了一茬又一茬，然而“图专”的优良传统却在一代又一代地传承和弘扬着。如果让我来总结她的传统和优点，我想到了两个字，第一是“和”，就是很团结，很和谐；第二是“拼”，大家都心无旁骛做学问，拼事业。就说“拼”吧，目前图书馆学系有9位教授，除了两位刚评上教授的年轻老师，其余7位教授手里都有这几年申请到的国家社科基金重大项目或教育部哲学社会科学重大课题攻关项目。我想这恐怕不仅在武汉大学绝无仅有，在全国也不多见吧。所幸的是，我也在2017年获批了国家社科基金重大项目“中国图书馆学教育百年史及其文化影响”，总算没有扯图专的后腿。2019年，或许是从事30多年的教学还算有点成绩，我获评武汉大学“杰出教学贡献校长奖”，也算是给学院、给“图专”争了一点光。

“潮”与“脉”

2019年，是我们79级入学40周年。全校的77、78、79级同学捐建了一座雕塑《潮》立于校园内。我们是在改革开放的大潮中走进武汉大学的，没有改革开放就没有我们的今天，我对此感受殊深。因此我要感谢这个改革开放的伟大时代。40年中，我和我的“图专”都是时代大潮的弄潮儿。“弄潮儿向涛头立，手把红旗旗不湿”，我们投身图书情报教育事业，克服了许多艰难困苦，将我们的学院、我们的学科建设得如此强大，如此充满活力。我搏击在这一时代大潮中，何其有幸！我也要感恩学院，感恩我的“图专”，她像是一片沃土，我们是这片土地上的树苗，有了她提供的充足的养分，我们才能茁壮成长，枝繁叶茂。

在纪念我们79级入校40周年的时候，我们图专7901班的同学相聚珞珈山下，在信息管理学院身旁，种下了两株红枫，并勒石纪念，石上刻的字是“7901·脉”。我们想要说的是，信息管理学院、图书馆学专业，永远是我们的学术之脉、事业之脉、心灵之脉，无论我们走得多远，身处何方，我们永远都不会忘记，这里，是我们的根脉！

2020年1月1日于珞珈山

作者简介

肖希明，男，1955年出生。1979年考入武汉大学图书馆学专业。1983年毕业后留校任教。1992—1995年在武汉大学图书情报学院攻读博士研究生，获理学博士学位。1996年在美国俄亥俄州肯特州立大学做访问学者。1999年至2004年应聘担任佛山科技学院图书馆馆长，2001年晋升教授。2004年11月返回武汉大学信息管理学院任教授、博士生导师，2006—2012年担任图书馆学系主任，2014年被评为二级教授。兼(曾)任教育部高等学校图书情报工作指导委员会委员、教育部高等学校图书馆学教学指导委员会委员、中国图书馆学会理事、中国图书馆学会学术研究委员会副主任委员、资源建设与共享专业委员会主任委员、湖北省图书馆学会常务理事，《中国图书馆学报》《大学图书馆学报》等学术期刊编委。

长期从事信息资源建设、图书馆学基础理论方面的教学和研究，主持多项国家社科基金项目、教育部人文社科基金项目、教育部人文社会科学重点研究基地重大项目、国家社科基金重点项目，2017 年承担国家社科基金重大项目《中国图书馆学教育百年史及其文化影响》。出版《文献资源共享理论与实践研究》《中国图书馆藏书发展政策研究》《信息资源建设》《数字信息资源建设与服务研究》《公共图书馆文献资源建设法律保障研究》《信息资源共享系统绩效评估研究》《iSchool 运动与图书情报教育的变革》《中国图书馆史(现当代图书馆卷)》等学术著作 10 部，发表学术论文 220 余篇，获各级教学科研奖励 10 余项，专著《信息资源共享系统绩效评估研究》2012 年入选《国家哲学社会科学成果文库》。2019 年获“武汉大学杰出教学贡献校长奖”。

回首风行处

——记忆中的学院更名过程

马费成

今年是武汉大学信息管理学院建院100周年，也是我在学院学习和工作的第40个年头。这40年是我人生中最长的一段经历，而且还要继续下去。这一阶段恰值我国改革开放40年，是我国历史上最好的发展时期，国家各项事业都取得了快速发展，我们学院也步入了历史上最辉煌的发展阶段。40年里，我见证和亲历了学院的许多大事：硕士点、博士点相继建立，国家级重点学科成功立项，博士后流动站获批，教育部人文社会科学重点研究基地建立，教育部和国家社科基金重点重大项目获批数十项，多名国字号人才脱颖而出，图书馆、情报与档案管理一级学科在全国历届学科评估中被评为第一，图书情报与数据科学学科入选国家“双一流”建设学科，获批本学科第一个国家自然科学基金创新研究群体等——所有这些都在学院发展史上留下了重要的一笔。

翻开学院百年大事记，许多人和事跃然纸上、历历在目。提笔才发现，在学院百年历程中，仅仅最近的这40年，值得记述的事也非常多，在此仅仅谈一谈我感触最深的一件事——那就是学院名称的演变。算起来我们学院创建至今，一共经历了五次名称变更，每次名称变更都伴随着学院的变革和发展，成为学院成长发展的烙印。

第一次更名发生在1953年，武昌文华图书馆学专科学校并入武汉大学，更名为武汉大学图书馆学专修科。经此更名，武昌文华图书馆学专科学校从一所单一的私立图书馆学专科学校并入全国重点综合性大学，成为武汉大学的一个专业，一位前辈校友评价“这是一次脱胎换骨的改变”。第二次更名发生在1956年，武汉大学图书馆学专修科改制并更名为图书馆学系，学制变为4年，这使得图书馆学专业有了按本科规格培养专业人才的资格，不仅提高了图书馆学学科的地位，而且提高了图书馆工作者的地位。

我于1980年考取武汉大学科技情报专业研究生，此前曾在一机部贵州山地农机研究所情报研究室从事情报调研工作5年，到武汉大学求学更使我与图书情报学结下了一生之缘。学院前两次更名时，我还是遥远他乡的孩童，没有亲身经历。而20世纪80年代后的三次更名我都见证并亲身经历，记忆和感受深刻。

学院第三次更名是在1984年。经教育部批准，在武汉大学图书馆学系基础上成立了武汉大学图书情报学院，那一年我刚刚留在系里工作一年。1984年11月19日，武汉大学图书情报学院在没有特别宣传和特别准备、也没有隆重仪式的情况下宣布成立了。犹记得学院成立当日下着小雨，学校当时条件很简陋，找不到一个可以容纳几百人的会场，成立大会就在学校梅园操场的演出台上举行。数百师生把整个演出台挤得满满当当，没有主席台，也没有讲话席，书记宣读批复文件以及校长讲话都只能站在人群中。当时是刘道玉校长主政，他在学院成立大会上的讲话主要是鼓励全院师生以学院成立为契机，进一步加强学科建设，保持优势，取得更大发展。经上级批准，学院由彭斐章老师任院长，黄宗忠老师和严怡民老师任副院长，傅敬生老师任书记，王秀华老师任副书记。学院下设图书馆学系和情报科学系2个系，档案学和图书发行管理学2个独立教研室，1个科技情报培训中心，1个图书馆学情报学研究所和1个函授部。我被任命为情报科学系副主任，也是当时最年轻的系副主任，难怪当书记宣读文件读到我的名字时，许多研究生使劲鼓掌表示鼓励。这次更名标志着我国第一所图书情报学院正式建立，在当时无论于学院还是于我国图书情报学界都是一件大事，这为学院今后一段时间的教学和科研奠定了发展基础。

图书情报学院的成立对学科发展起到了很大的促进作用，学院各项工作都走在了全国前列。当兄弟院校在传统图书馆学领域还仅只有一个专业时，我们就已经成立了学院，有四个专业。学院具有同一领域的不同学科，并具备了一定的规模，同时拥有更大的空间和主动权来协调组织不同学科方向的发展，实施教学改革和科学研究。国家当时正处于改革开放初期，经济实力不够，教学和科研条件并不好，仅有的资源必须优先保证教学，科研条件相较就更差，基本上没有任何科研基金和项目，老师们的科研自觉和素养也不高。当时的科研工作多是学院组织编写教材和出版著作，老师们都很努力，开设了很多新课程，编写了不少全新的教材，在国内独树一帜，为我国图书情报学教育作出了重要贡献。也是在这期间，学院对课程体系和教学内容进行改革，吸收新思想、融入新方法，拓展和深化了图书馆学情报学教育体系。1989年，学院教学成果“图书馆学情报学教学体系的深刻变革”获评湖北省教委颁发的优秀教学成果一等奖以及国家教委颁发的国家级优秀教学成果奖，这在当时是非常重要的奖项。此外，在武汉大学图书情报学院与各方的努力呼吁下，教育部人文社会科学基金和国家社会科学基金先后设立了专门的图书情报与文献学评审组，这对推进图书情报学科发展具有举足轻重的作用。

学院第四次名称变化是在四校合并前的1999年4月，当时我已经在学院任院长8年。时任校领导认为学校的学院太多，需要进行整合以迎接即将到来的四校合并。学校在没有征求任何方面意见的情况下，对所有学院进行了大规模调整，图书情报学院与新闻学院合并，改名为大众传播与知识信息管理学院，我被任命为新学院院长。大概早就意识到要分开，被合并的学院仅仅是在一起开会，被动传达布置学校的任务，其他资源并没有整合，例如我们学院与新闻学院的教学、科研、资料室和实验室仍旧各自运行、分别管理。

这次大规模的学院合并更名被视为武大的自我折腾，无论是对机构改革还是对教学与科研发展都没有任何意义。热火朝天的院系大合并持续了不到一年，在四校合并时即宣告结束，除了经济与管理学院外，所有被合并的学院都恢复到原来的状态。老师们普遍认为，这次合并幸好时间短，否则不知会是什么结果。但是这次合并更名还是带来了同事间情感的伤害。合并时，学校为了压缩编制，下文要求 1950 年前出生的行政人员全员内退。这是一项十分艰难的工作，我们开了两次会都没有结果，最后只好按学校文件的规定处理。这样，在此年龄线内的三位老师刚好都是我们图书情报学院的职工，当时她们都不到退休年龄。我作为新学院的院长有许多苦衷，只好勉为其难地执行文件。

2000 年 8 月四校合并后，所有原武汉大学被合并的学院陆续分开回归原来的学院。2000 年 11 月，新闻学院从大众传播与知识信息管理学院中分离，这时学院的名称究竟是继续沿用原来的图书情报学院还是改为新的名称，成为大家关注的焦点。自 1992 年 9 月国家科委宣布将“科技情报”改名为“科技信息”之后，科技情报专业也进行了相应调整，先是改为科技信息管理，后又与管理信息系统、经济信息管理、信息学和林业信息管理等专业合并为信息管理与信息系统专业，这在全国产生了巨大影响。在此背景下，北京大学率先将图书馆学情报学系改为信息管理系。其实在北京大学之前，美国加州大学伯克利分校图书情报学院就已经更名为信息管理与系统学院。加之合校后原武汉水利电力大学的信息管理与信息系统专业并入我院，同时我们已经设置了出版发行专业，还将在信息管理与信息系统专业基础上新办电子商务专业。考虑到学科国内外的发展现状，以及学院的包容性和未来发展的延伸性，我们最后确定将学院更名为武汉大学信息管理学院。

我们的这次更名与美国加州大学伯克利分校图书情报学院更名有很大不同。该院不仅仅是更名，而是彻底放弃了图书馆学专业，明确是面向互联网时代的信息管理与信息系统。其更名后聘任的第一任院长是该校校友、《信息规则》一书的作者、著名经济学家和信息学家、密西根大学教授哈尔·瓦里安。他上任后完全调整了专业的培养模式和教学内容。2006 年我在该院访学时，瓦里安已经不再担任院长，但学院的办学方向基本上还是当时他确定的方向。2006 在伯克利分校时，著名图书情报学家、曾任美国情报学会主席的迈克尔·巴克兰德教授请我吃饭，他谈及该校图书情报专业的遭遇，显得十分无助和无奈。

相较之下，我们学院则完全不同，我们不仅保留了原有的专业和办学特色，而且融入了现代技术元素和管理元素，在此基础上，陆续新办了电子商务、数字出版、保密管理、数据科学等专业，学院学科体系进一步发展壮大。值得一提的是，在此期间，经武汉大学信息管理学院与多方的共同努力，国家自然科学基金将图书情报档案管理列入专门资助目录，这无疑对促进图书情报学科发展、提高图书情报学科的专业地位具有十分重要的意义。学院的教学和科研均呈现出勃勃生机和巨大的发展潜力。晓光教授告诉我，2013—2014 年他在美国排名第一的伊利诺伊大学香槟分校图书情报学院访学时，该院为了适应学科专业的发展正在论证将学院名称改为信息管理学院，当得知我们学院在 2001

年就调整为此名称时，该院一些教授无不感叹于我们学院的敏锐力和预见性。

其实学院更名为信息管理学院后的一年，还发生了一个迄今我从未提及的插曲。原武汉水利电力大学并入武汉大学后，其信息管理与信息系统专业并入我们学院，管理科学与工程专业和工程管理专业转入经济与管理学院。经济与管理学院的几位老师联名向学校呼吁，希望以这两个专业和我们学院的信息管理与信息系统专业为基础建立武汉大学工程管理学院。最重要的理由是中国工程院刚设立了工程管理学部，工程管理可以评定院士，单独建立工程管理学院可以促进我校工程管理学科的快速发展。这个动议得到了当时学校领导的认可，学校组织部一位副部长专门就此事到学院听取我的意见，我否定了这个建议。我的意见是我绝不反对学校建立工程管理学院，但信息管理与信息系统专业不能从信息管理学院分离出去。因为我们学院信息管理与信息系统专业的背景是情报学，在研究生目录中也是情报学，在20多年的办学中该专业已经和学院的其他专业尤其是和图书馆学专业互为支撑、融为一体。国家级重点学科、教育部人文社会科学重点研究基地都是建立在这两个专业基础上的，同时信息管理与信息系统专业也和档案学、出版发行和电子商务等专业关系密切，如果将信息管理与信息系统专业分离出去，将会导致整个学科和学院的衰退，武汉大学长期保持优势的图书情报学科将不复存在，影响深远，代价太大。最终学校采纳了我的意见，没有实施这一方案。

信息管理学院历经20年，在学院百年院史上也占了五分之一的时间，而且是迄今最近的20年。这期间适逢国家经济高速发展，学院各项事业也得到极大的促进和发展，许多有关学科建设和科学研究的重大项目都是在这一时期完成的。21世纪以来，信息技术日新月异，信息社会全面进入大数据时代。信息管理学院迎来了全新的发展机遇，同时也面临巨大的挑战，相信它会乘着时代高速发展的列车，取得更好的成绩，谱写新的华章。

回首风行处，我们充满期待！

作者简介

马费成，男，1980—1983年武汉大学科技情报专业研究生，1983年毕业留校任教。1988年晋升副教授，1990年晋升教授。曾任武汉大学信息管理学院院长、教育部人文社会科学重点基地武汉大学信息资源研究中心主任。现为武汉大学人文社会科学资深教授、武汉大学大数据研究院院长。主要从事数字信息资源管理与数字经济、数据分析与管理、知识组织与知识网络等领域的研究。先后承担国家社会科学基金重大项目，国家自然科学基金重大研究计划重点项目、国际合作重点项目和常规重点项目，教育部哲学社会科学研究重大课题攻关项目及其他省部级科研项目30多项，出版著作20余部，发表论文200余篇。先后获得宝钢优秀教师特等奖、国家教学名师、全国百篇优秀博士论文指导教师等称号；获教育部人文社会科学研究优秀成果奖一等奖、二等奖，国家教学成果一等奖、二等奖，湖北省社会科学优秀科研成果一等奖、科技进步奖等国家及省部级教学科研成果奖20余项。

我们的四年

——图书馆学专业 81 级集体回忆录

贺子岳　周黎明　整理

往事的片段与点滴，典藏起我们在珞珈山的时光与记忆，展现着我们青春的心路与风貌……

一、结缘珞珈

1. 高考志愿

为什么选择图书馆学，是一种什么样的缘分让我们走到了一起，成为武汉大学“八一图专”六十人的集体，并在一起相处了不可忘怀的四年！

云波：我高考是全市文科第一名，第二名是同班同学，我们一起在班主任家报志愿，他报了武大世界经济系。我父母认为图书馆是个干净、安静、与人不打交道的地方，适合女孩。我也对专业介绍中的目录学非常好奇，不知要学什么、干什么，于是听话地随了家长的愿。

书勤：我在我们班考第二。第一名上了北大，第三名上了复旦。我本要上北京师大的，而我们的刘老师是湖北人，说武大很漂亮，他当年没有上，去了陕西的西北大学。我实际上是圆我班主任的梦，才冒险报武大的。

泰岩：当时正在宣传陈景润的“哥德巴赫猜想”，陈景润就是在厦门大学图书馆工作时完成这个猜想的。我就想学图书馆学，而且对国际问题，特别是中东问题有兴趣，今后利用图书馆搞自己的研究。我当时的高考成绩是湖北省的前 100 名。第一、二志愿一直在国际法和图书馆学之间犹豫，最后还是把图书馆学放在了第一。

逸玲：说到选专业，我也有点故事，当初 1980 年我们南宁十四中有位美女报了这个专业，招生的老师已经口头答应录取了，谁知后来有别的分数更高的考生从其他专业落选后取代了她，到了 1981 年我们的老师一致认为我应该报这个专业，算是圆了老师的梦了，当然老师和家长也都认为我适合这个专业。如果我们那位美女上了图书馆系，肯定是位风云人物，不仅漂亮，而且文体都厉害，篮球、足球都厉害。

根兴：为什么报武大？高考成绩出来后，我是我所就读的乡(当时叫公社)高中的文科第一名。报哪个大学呢？对一个农村孩子来说，家里很难给出意见，只能靠自己拿主意。我那时特别想离家远一些，以便能更多地了解我不知道的世界。我家住在黄河边的平原地区，特别向往南方的山清水秀。由于看过了混浊的黄河，就特别想去看看清澈的长江(我一直想象长江的水一定是清灵灵的，春来江水绿如蓝嘛!)。于是我第一志愿报了川大，第二志愿报了武大，班主任老师一看说武大比川大好，应把武大放在第一志愿。我想武大虽没有川大远，但一样能看到长江，于是听取了老师的建议，冥冥中进了中国最美的校园。与许多同学的专业志愿不同，我的第一志愿是图书馆学(据说很多同学是被调剂来的)，这基于两个原因：一是觉得将来在图书馆里好看书，而更主要的原因是高考的压力。在那个万人同挤独木桥的年代，能考上大学是第一目标，对农村的孩子更是如此。为了确保被录取，老师也会建议学生报冷门专业，相对于中文、经济、法律等热门专业，图书馆学属于冷门，很多人都不知道是干什么的，于是我报了图书馆学专业。冥冥中从此又与图书及图书馆结下了不解之缘。

新才：高考一结束，我就回家放牛去了。现在想起放牛，那才真叫个乐呀！那个时代我觉得唯一的乐趣就是童年可以无忧无虑地玩。我们那地方在湖乡深处，找个老师都难。但幸运的是，到我上高中的时候，高中已办起来了。大多数老师虽非名校毕业，但都认真负责。高考分数出来了，我的考分超出重点线很多，接下来就得考虑填志愿。填什么呢。班主任是华师中文系毕业的，对中文情有独钟，还给我们看过他发表过的论文。所以他建议报武大中文。我想报复旦新闻来着。老师说，报武大保险，多少有些熟人。现在武大的名教授刘 DH 就是师母同学。好吧，我也没啥主见，武大就武大呗。那时武大在全国是四大名校之一。老师补充说，第二志愿就填图书馆学。毕业后肯定在大城市工作，有书读。老师见过世面，不像我，放牛伢一个。那就听老师的嘛。然后老师说，他给刘教授联系联系。所以我算是走了个“后门”进了图书馆学系。后来听说当年系主任非常重视招生，亲自坐镇，将凡填报有图书馆学志愿者，一概优先招了。

树芳：我就读茶陵一中(1949 年前是湖南省立二中)，高考结束后填报志愿的时候，班主任强烈建议我第一志愿填报湘潭大学中文系，认为跳出农门最要紧。当时我知道茶陵一中教导主任的小孩正在北京大学图书馆学系学习，我最后一咬牙，自己决定第一志愿填报武汉大学图书馆学系，至于武汉大学的校园美不美根本不清楚。记得大学毕业前有一次在系办公室听黄宗忠老师说是他亲自录取我的，我一直很感激他，遗憾的是毕业后再也没有见到黄老师。

子岳：选择志愿时“文革”的流毒还未肃清。高考结束后，全家开始讨论我的志愿。妈妈怕因言惹祸，主张远离文史哲，后来又加上新闻、法律等。这样我的志愿选择就集中到了博物馆学和图书馆学。长姐发言了，她说妹妹不能学博物馆学，因为打烂一片瓦都赔不起啊。此话一出，同意者众，他们意指少年的我丢三落四。这样我就报了图书馆学，妈妈进一步补充图书馆学的优点，可读书，清静，在大城市工作，全国只有两个学校有。为什么选择武汉大学？专业定下来后，我的第一志愿是北京大学图书馆学，第二志愿是中国人民大学，第三志愿是中山大学。当时狂啊！但没有狂几天就遭了打击。1981 年 7 月，四川省总分场就在我家对门一百米外的教学大楼里。楼里的人进进出出的，连门卫都神气。大楼传来消息，高分如何如何多。终于，我的自信崩溃，认为自己进不了北大。于是，某年某月的某一天，我和父亲从后门进入了志愿档案室，我将志愿表拿出来后，发现"图书馆学"四个字上盖了章，这样我就只能改成武汉大学了，因为全国只有武大和北大两个学校有这个专业。就这样，我来到全国最美丽的校园，来到了亲爱的珞珈山。宿命和缘分是我对自己与珞珈山和图书馆学的关系的总结。

2. 报到(1981 年 9 月 1—3 日)

子岳：1981 年 8 月 30 日是我首次登上开往武汉的火车的日子。当时，凭借大学录取通知书购买了半价火车票，16.5 元，我还记得这个数字。现在这点钱已经很渺小了，但当时，足够一人一月的生活费。所以，购买卧铺是想都不敢想的事情。我 8 月 30 号傍晚出发，9 月 1 日中午到达。总共 42 小时(注意这是正点到达)。耗费一个半白天，两个晚上。以后，我们发现晚点才是铁路正常的行为，于是，我们不得不花更多的时间行进在这条路上，最长的一次，我花了 50 多个小时！

在老十二路车站，图书馆学系建立了迎新站。迎新的某天，老师很着急，说是有位同学听不懂普通话，只会说广东话。最后找了位广东老师翻译，才解决沟通问题。这位同学叫杜秦生，后来的深圳图书馆副馆长，一口普通话早就非常流利了。

根兴：报到的日子到了。哥哥把我送到郑州，送上了南下的火车。经过一夜的轰鸣，黎明时分列车到了汉口，广播说列车将经过武汉长江大桥了。我赶紧趴在窗口，生怕错过了我魂牵梦绕的长江。可当我从铁路桥上往下看时，我好不失望——我想象的长江应是波澜壮阔、清澈无比，眼前的长江却是又窄(与我看到的黄河比)又浑。不过当我到达秀丽的珞珈山时，那种失望之情一下子就烟消云散了。我清楚地记得，我到校后给父母、老师、同学的第一封信都特别厚，都是加倍付费后才邮出的，因为里面满纸都是我对美丽校园的描绘。

我是第一天报的到，当我从行政楼办完手续走到物理楼的斜坡处时，遇到一位新生用地道的武陟家乡话问我报到手续在哪里办？我问他叫什么名字，他说叫潘启龙；问是哪个专业的，他说是图书馆学专业的；问是哪里的，他说是河南武陟的。一听是老乡，又是同学，我很高兴，就转身带他去办报到手续。不过我也很惊奇，因为在我报志愿时，老师曾告诉我，我是全县文科第二名，第一名报了北大，报武大的就我一个，怎么会又冒出来一个呢？于是我一边走一边问，才知道他高考分数下来时只有 360 多分，他和他的老师都觉得不可能这么少，通过查卷才知道，其地理少加了 40 多分，于是他的成绩变成了409分，成为全县第二名，我是405分降为了第三名。没想到我们都报了武大图书馆专业，分班时我们又被分到了同一班、同一组、同一宿舍，自此我们成了莫逆之交、生死与共的兄弟。

在桂园宿舍，我遇到了办完报到手续的另一位同学，我问他是哪里的，叫什么名字?他只是啊啊地叫，我意识到他听不懂我的武陟话，我也听不懂他的家乡话，于是我们就说一句，再用纸笔写出来，才知道他名字叫张方云，来自江苏镇江。

3. 新宿舍和新食堂

学校新的宿舍启用，我们班级男女生分别分到桂园。

罗西：刚入学时，记得最清楚的是武大的蚊子。我来自北方，蚊帐不是那么普及，虽说武大录取通知书上明明写的是要带蚊帐，但家里却是能省就省。等我到了学校，全宿舍8个人，就我一人没有蚊帐，成了众蚊子之的。一个星期过后，身上已没有一块好地方了。我记得那会儿我天天哭，后悔没有在西安上大学，跑到了这个“鬼地方”来。实在没办法忍受了，听说学校可以给经济条件不好的同学补助，于是就大胆地去找校长了。到了校长办公室，看见屋里坐了很多人，也不知哪位是校长。别人就问我找谁，我就说“找校长”。全屋子的人都瞪着我看。后来还真申请到了一顶蚊帐，用了四年。再后来就分到了西安，领到第一个月的工资后，就先给自己买了一顶新蚊帐，但从那以后却很少用过蚊帐了。武大改变了我的人生！她岂止只是给了我蚊帐，给了我教育，还给了我一个老公，才有了今天的人生。

子岳：在桂园居住的时候，与我同寝室的人有芙蓉、妙辉、先媛、宏霞、逸玲、玉玲、美秀。芙蓉、妙辉、先媛和美秀是父母送来的，其他人则单枪匹马闯武汉。妙辉是湖南平江人，因湖南话妙辉发音是“miàofēi”，所以，我们都叫她飞飞，经常写作“菲菲”。芙蓉是宁波余姚人，时不时我们叫她“河姆渡人”。芙蓉会唱越剧，初见芙蓉，她正在北窗下唱“葬花吟”，唱得人肝肠寸断。玉玲是汉口人，对我们进行了武汉话启蒙教育，玉玲教我们说武汉话“冇得”，发音很难得到玉玲的认可。于是我教她四川话“啥子”，发音也很难得到我的认可。宏霞、逸玲是广西来的，因广西称呼人用“阿”，于是我们叫她们逸玲和阿哈(霞用广西梧州话发音是“哈”)。逸玲教我们唱歌，声音轻柔缭绕。先媛是学习模范，是我学习的榜样。但我学习她的结果是认真看小说。记得托尔斯泰的作品比较难啃，为了鼓励自己快速读完《安娜卡列尼娜》，我和玉玲展开学习竞赛，比赛每天谁读的页数多，似赢过玉玲，窃喜。

梅花：那个年代也是高等教育百废待兴的年代。学校的很多基础设施都是新建的。桂园启用了新食堂，吃了一个月的包伙。每天那排队打饭的两条长龙很壮观啊，男生不够吃，女生有富余的。可那个年代，“共享”这个词还不盛行。大锅饭看来很有营养，第一学期结束时很多同学(尤其是女生)吃胖了，被人笑话怎么眼睛越来越小！

记得刚离开家到学校时，饭量大增，每餐要打四两饭，打饭的师傅说，小女生怎么要吃四两，不好意思只好打三两，有时二两，如果碰上掌勺不稳的师傅抖一抖，就没剩多少了。于是就有了同学们的“上课日当午，饥肠响如鼓，谁知盘中餐，有没有排骨”的名句。

花萍：那会儿每逢考试，食堂就有加餐，而黎明每次都说，“不吃不吃”，可到时却比谁都跑得快，吃完后又喊肚子疼。哦，是夜宵，不是加餐。

4. 开学典礼

体育馆，校长刘道玉为新生作报告。

泰岩：我坐在较前排，看到校长的整个报告过程，没有喝一口水。分班见面会，校长又来到我们班看望大家，并与大家一一握手。

单波：开学典礼上记忆犹新的是刘道玉校长的讲话。当时，武大人津津乐道于刘校长是全国最年轻的大学校长，锐意改革，且亲近学生，所以对他的讲话充满期待。想不到，他的讲话是那么朴实，没有豪言壮语，也没有官话套话，直接面对学生谈心。他说，看到台下这么多学生戴眼镜，感到很担心，说明大家过度用眼，没有保护好“心灵的窗户”。他还说，一个不爱劳动的大学生，也谈不上是一个爱学习的学生，一方面不爱劳动说明这个人有懒惰的毛病，另一方面，不爱劳动说明这个人的学习是单一的，学习还包含生活、生存与社会实践的学习。最让人感觉牛的是，他不拿发言稿，直接对着我们娓娓道来，一口水也没有喝，一个结巴也没有打。后来，我留校做了《图书情报知识》编辑，有一次我负责整理他在全国图书馆学研讨会上的即席讲话，发现其逻辑性、生动性依然如故。

5. 当学生干部

大约 11 月，八一图专分成两个班。

子岳：我们读书的前两个月未分班，60 人一个大班。老师指定鲁成文当班长。为何指定成文？因为是我四川老乡，似乎可以问问究竟。后来与成文聊，成文说他大学六个自愿都是报“图书馆学专业”，与众不同啊！

一班：班长泰岩，书记书勤，文艺委员叶枫，体育委员老潘，生活委员是根兴，管饭票的，学习委员晓燕……

二班：班长培生，书记李波？体育委员田宏？

培生：分为小班后的第一任班长是我。大班的时候还是指定的。晓鹏是跟李波，一个班长，一个书记？谢篓子是体育委员，先华是学习委员，永英是副班长，建荣当过生活委员。

李波：我没当过书记，当班长也较晚（当班长前是系里的治保委员），与晓鹏搭档，直到毕业。好像前面还有建荣当过班长。

晓林：泰岩后来到学生会当干部，班长就交给老窝（维华）了。

泰岩：我后来到校学生会生活部了，老窝接班。

书勤：说到我当书记，才意识到我当过书记，我一直认为云波是书记。不过泰岩的领导才能确实是从小见大。我当过女生部长，后来升到学生会副主席。80 级师兄李湘东是学生会主席。叶枫是系学生会文艺委员吧，就是她被刘辅导(辅导员刘建设)点名降职，那次把我提升为学生会副主席，可以想象我的心情有多么尴尬复杂。

子岳：叶枫是系团总支副书记，谢汉斌是情报专业 8103 的团支部书记，他们利用工作机会接近，后来就置名利不顾了，因谈恋爱成了刘辅导关注的对象，后被降职。

云波：书勤是书记，后调学生会，然后子岳是书记，子岳休学，然后我是书记。

6. 关怀

美兰：刚入校不久，就有 77 级的张玉川老大哥到我们宿舍认他的两位陕西老乡。张是真正的老大哥，总是面带微笑，话语轻柔和缓，他对我们这些初入大学校门的少女们无微不至的关怀，让我们如沐春风，吹开了我们少女的心扉，呵呵。感受到大学生活的美好和做天之骄子的骄傲，出门都喜欢戴上武汉大学的校徽。

我刚入校时，有 80 级的师姐师兄帮忙搬运行李，从老体育馆门前的解放牌大卡车用三轮车将行李转托到桂园新生宿舍。我一路上都用河南话跟他们交谈，只觉得他们总在笑我，可不知道缘由。待到大约两周之后，一天晚上全宿舍的 8 位女生在一起侃山，我很认真地问大家，在家乡时是否说普通话，他们回答是：当然说家乡话！这才让我明白，原来在大学里要讲普通话呀！从此改口。

刚入校时，李婷便认我做“妹妹”，对我很是关心照顾。她看我不学习，很是着急，主动带我去山坡树林中读书，晚上去教室自习。我当时在教室，如坐针毡，东张西望，不知道要学什么。我因为中学未住过校，确实不知道还要上晚自习，也不知道下了课要读书，很没有良好的学习习惯，一放学就回家了。我当时对她真是佩服呀，果然是家学渊源深厚啊。我就像我们中学语文老师说的：我们是化肥煨出来的，缺乏根基和后劲。

7. 五届同堂会

培生：我们进校时，77 级学长们还没有毕业。所以出现非常难得的五届同堂现象。记得五届同堂晚会是在樱顶的大学生俱乐部举行的，时间大约是在 1981 年的冬天，期末考试之前。我是被建荣拉上的，配合他唱越剧。

泰岩：的确，我也参加了在大学生俱乐部举行的五届同堂晚会，看到师兄师姐的表演，还是蛮有感慨的，特别是那个“如果幸福，你就拍拍手，你就揪揪耳……”留下了深刻的印象。今天看来，为什么 7902 网站基本上是 77 级到 81 级同学的交流，82 级以下基本上没有，这也许是个原因吧！

梅花：记得五届同堂文艺演出，感觉图书馆学系人才挺多，个个才华横溢，一直到现在，我都这样认为，校长、厅长、专家、教授、名记、名编，学图书馆学就是好。

8. 红棉袄和助学金

子岳：1981年12月1日，武汉入冬第一次下雪。我因出生于巴山蜀水，少见风雪，于是特意记下这个时间。因为天气冷，学校决定补助受冷受寒的同学，班上发下两件红棉袄，是女中式棉袄，尺寸不大，唯洪波和新才能穿进去，故理当归之。第二日，“红棉袄”走进教室，引起全部瞩目，尤其是女同学的瞩目，我就是在那个时候记住了两大才子的姓名。

新才：那时实在是那个穷啊！现在看当时的登记卡片，上面填的是贫农。可不是赤贫如洗么！从小到大，都不知什么叫水果。有次看见一个小朋友吃橘子，直吞口水。进了校，每月生活补贴17.5元。OMG，我王某某长到那大还没有见过那么多钱呐。所以能领个棉袄，那可不是雪中得炭么！我那个感激啊！

这个年代，一切都是配给制。班上的多数人都有助学金，17.5元为甲等助学金，是最高的补助，发放的是饭菜票；乙等助学金13.5元；丙等助学金9.3元。晚自习下来后，楼道里常常传来“欢喜坨”“糯米鸡”的叫卖声。用粮票去换“欢喜坨”就是当时同学们最大的消费项目了。那时粮票还未取消，全国粮票比地方粮票可以多换一点“欢喜坨”。

9. 女排精神

入学的这个学期，发生了两件能引起群情高涨的体育赛事。

1981年10月8日，中国足球3：0大胜科威特，整个校园狂欢。

1981年11月17日，中国女排以3：2战胜日本队，首捧世界冠军奖杯。整个校园彻夜不眠。女排的拼搏精神也成了激励60后的主流精神之一。

定峰：记得刚进校不久，女排夺冠，接着男足冲世界杯差一点就成了，我们都在校内集体游行了，那叫个激动啊……“振兴中华”，言犹在耳！

晓林：印象深刻，不认识的同学手挽手游行，好像走到了华师。

树芳：那次游行太激动，我把校徽都弄丢了。

10. 文艺活动、看电影、游玩三镇

子岳：对三件趣事记忆犹新：

走大桥。开学后没有多久，我就去试走武汉长江大桥，当时还未有“暴走”这一说法，走大桥只是为了体验长江的波澜壮阔。走一次要40分钟。又坐公共汽车过大桥，坐车时间不少于10分钟，还得加上前后等车的时间，这样一比觉得“走大桥”在时间上比较划算。后来又骑车过大桥，要20分钟。

坐轮渡。坐轮渡比走大桥的次数多很多。商品经济不发达的年代，买双鞋子都得去汉口。坐12路汽车到江边，然后转轮渡到江汉关，再步行到中心百货商场。坐轮渡的过程比较享受，空气好，体会茫茫楚天，让人想起“昔人已乘黄鹤去”“孤帆远影碧空尽”之

类的古诗。

看电影。5 分钱一张电影票(红色，塑料，圆形)，小操场就是露天电影院，简易但浪漫。黑暗中不知谁挨着谁，正好方便谈恋爱。电影和轮渡两件毫不相关的事情因“票”紧密联系起来。轮渡票与电影票很相似，但六分钱一张，电影票五分钱一张，于是有天才学生买电影票代替轮渡票以节约一分钱。轮渡公司找到武大交涉过。最终轮渡票改成白色。

那个时代，先后流行了关牧村、郑绪岚、关贵敏等歌星的歌。台湾校园歌曲是一波，张明敏歌曲是一波，北国之春、红河谷等外国歌曲是一波，革命歌曲是一波，电影歌曲是一波。松花江水波连波，图书馆学系也是波连波(班上有六个同学名字含“波”)。来了山口百惠，于是女生都想象着和心中的三浦友和相遇。朱明瑛来了，海风吹，海浪涌，随我漂流四方。有没有喜欢过朱逢博：一条小路曲曲弯弯细又长……有没有喜欢过李谷一：你的歌声，永远印在我的心中。我们唱啊，军港的夜啊静悄悄。绿岛之夜，姑娘啊你也在我的心中摇啊摇。我们盼望踏上思念路，飞纵千里山。天边归雁披残霞，乡关在何方？我们珍惜光阴，金梭和银梭，日夜在穿梭，光阴快如箭提醒你和我。我们惜别，再过二十年我们来相会，伟大的祖国，该有多么美。我们道声珍重，亲爱的弟兄，当心夜半北风寒，一路多保重！难忘今宵，难忘今宵。但愿相逢日，青山在，人未老。

洪波：电影《少林寺》，这是一个重大事件啊。哪一年的？内地第一部可以上映的功夫片。李连杰的出道片子，轰动一时。学校没放映，我们是到洪山露天电影场看的，武大好多人去看，还有湖医的学生也很多。

子岳：电影《人到中年》很轰动，裴多菲那首诗，我愿是激流……在《人到中年》中反复出现。还有潘虹那双忧郁的眼睛。男主角叫达式常，在那个年代也算是偶像了，类似濮存昕的风格。

云波：纪念 12·9 全校合唱比赛也是一件大事。先各系比，然后全校比。图书馆学系的比赛曲目是《太行山上》，由情报专业的谭金泉指挥。

先华：记不清是大二还是大三(反正不是“五世同堂”那一次)系里举办的联欢会，我们几位个子不高的女生(好像有梁宏霞、孙逸玲等)，编排并跳了一支曲名为《读书郎》的大头娃娃舞。我第一次戴着面具跳舞，整个面部被道具娃娃遮住，既不“露脸”，而且闭气，视线也不透明，一支舞蹈下来，喘气都困难，好在最后我们硬撑着跳完了整支舞蹈。

11. 彷徨

书勤：那时候的口号是 60 分万岁。自己的学习成绩都很差，但老是学雷锋做好事，不专但红，所以领导们对我很呵护，成了重点培养对象。我那时最爱跳舞，可刘辅导做工作，不让我跳。一会儿说跳舞是文明社会的象征，一会儿说跳舞是资产阶级生活方式。我有次在食堂跳舞，他不到 10 点就去拉灯，气得我还和他顶嘴了。

云波：哦？所以典型不是好当的。

书勤：覃光师兄在一旁帮我，让我很感动。我好几次在桂园跳到半夜，李婷还给我做工作，说你姐姐知道了会有多伤心。我骨折那年，很多同学背我去上课，友情啊。

李婷：书勤，可曾记得骨折上课背得最多是小美和我，你那硬邦邦的大长腿直绷绷地，太难抓了。晓燕也背了不少次。

书勤：我实际上对武大最大的遗憾是没有好好谈恋爱，那么浪漫的地方，我们那么好的年龄，人性被摧残了。所以自己就编织梦中情人。

培生：我高考英语获得将近 80 分，结果让我们从 ABC 学起。四个学期的英语课我都没有上，每个学期都让我考过了，但是到了考研的时候就吃亏了，这四年的英语基本荒废了。就像书勤讲的，因为没有方向，有很多不清楚的东西，所以就一边玩一边学，对啥感兴趣就做啥。

12. 友情

那时，同学之间的帮助是真诚的、不计回报的。

单波：我记得我的母亲经常来看我，而我每次都要红着脸去敲女生宿舍的门，为母亲找住宿的地方。但书勤等同学总是热情地安排我的母亲住下，而自己则和同学挤在一起。

我记得我的身体总是不争气，大病过一场。当时因肺部问题而吐血，寝室里的同学轮流为我送饭送水，还送去欢笑与安慰。病情严重时，多位同学陪护在病房。泰岩班长尤为细心，我的每一次咳嗽都会使他起身探望，这让我不得不使劲忍住咳嗽。

汗颜的是，我为同学做得太少，唯一能记住的事，就是为老杜代写情书。老实说，是连写带抄，移植了《林海雪原》中的一些情话，居然有了效果。

罗西：对大多数人来说，我大概是他们听说过的唯一对鸡蛋和牛奶过敏的人。虽说我尽量避免吃鸡蛋，但还是防不胜防。武大食堂师傅的打菜勺，打了这个再打那个，我的菜里就难免会粘上鸡蛋，于是我就要闹一回胃痛。吃冰棍，也只能吃 4 分钱的豆沙的，哪回如果吃了一只奶油的，也保准要跑一回医务所。四年下来，一本病例写满了“胃痛”。19 岁那年，由黎明、花萍、明波、菊香等四位陪同，去了湖北医学院的附属医院做了一次“胃镜”，被诊断为“萎缩性胃炎”。如今想起来，我都心存感激，因为她们那会儿充当着的是家人的角色，在我最困难的时候，是同学的友谊给了我家人不能给的慰藉。再下一次做胃镜就是分到西安以后了，那时我已有了“他”的陪同，胃病也随后因为有了家而逐渐好了起来。

美兰：记得启龙因打球运动量大，饭票不够吃，快毕业时，大家都比较富裕了，女生会接济他们一点。开始时，大家都用饭票换“欢喜坨”、尼龙丝袜去了。

13. 理发 DIY

培生：入校时，学校里只有一个理发店。理出来的发型惨不忍睹，加之价格不菲，所以同学们很少去那里理发。各级各班几乎都有一套理发工具，来一个发型 DIY。

我们 81 级的理发工具是 77 级老大哥们在离校的告别座谈会时，由老大哥们亲手交到我的手上。那天去开会的有我和泰岩。回来以后，从来没有理过发的我开始自学理发手艺，同学们的脑袋就成了我的试验品。图专的男同学绝大部分都理过。

记得晓鹏的发质细软又卷曲，理起来最难以定型。启龙头发硬又直，比较容易理。

最惨的一次是给田宏理发，手剪出了状况，很难用上劲，加了 N 次润滑油也无济于事。由于中间中断工作多次，造成左右半边不成系统，没有整体感，只得修整再三，结果越理越短，害得田宏不敢出门。到毕业时，田宏给我的留言中仍然耿耿于怀。

14. 70 周年校庆

书勤：1983 年 11 月，举校庆祝校庆 70 周年。用篝火及舞蹈庆校庆。我们还做了个大花篮。花篮是在水房旁 301 寝室做的，刘辅导(刘建设)指派的活，他那时好像到校团委任职了。我记得黎明和 82 级肖迎跳《月光下的凤尾竹》。

黎明：对，是为了什么联欢？哪个学期记不清了？不知道为什么和她两个跳的，是她教我的。开始班上女生晚上在宿舍楼前的路边练集体舞蹈，后来怎么没有跳？

书勤：围着篝火跳集体舞时，认识了 KK(78 级张克科师兄)。他舞跳得特别好，虽然就那么和他转了一下，非常优美有感染力。

云波：为了校庆，校文工团扩招，逸玲、宏霞、永英和我都进了合唱团，排练曲目有《黄河大合唱》等红歌，还有为校庆创作的歌曲《珞珈山之歌》。1983 年 11 月 15 日校庆演出后，四位同学合影留念。

15. 足球赛

班级足球赛，很精彩。

书勤：我就记得鸡冠花(晓鹏)的头发，赛场上帅呆了。

晓林：记得有次踢球，不知道是哪位，一大脚开过去，刚好打在某女生的胸部，后踢到宿舍前的那块小坪里。(演义吧，醉了，醉了！)

新才：我们班足球水平参差不齐。我记得技术派的有范鸡冠、田猪(田宏)、老残(俊滨)。守门的是谢篓子(树芳)。中场实力较强的有潘篓(启龙)等。我通常被拉去充数，踢后卫。临毕业时搞了场江南江北大赛。

晓林：南北大赛时，我的脚扭了。从没有踢过球，被拉上去，一脚就扭了。呵呵。

根兴：我也参加了，还稀里糊涂地踢进了一球。

新才：抗议！你什么时候进了球？江南江北中踢进了一个球，只进了一个，是在下踢进的！

根兴：要不是京广东对京广西？也可能是与其他班的比赛。而不是江南江北？

黎明：需要裁判上场了。

根兴：反正是进过一球，我记得很清楚。

新才：毕业前夕正规比赛只踢了一场。我进的球有田猪毕业留言为证。

根兴：我从不踢足球，也是被拉上充数的，结果混战中我稀里糊涂地踢进了一球，所以印象极其深刻。是一班对二班？明天问问老潘。

新才：前锋是谁已记不清了。江北队人才不济，老窝（维华）、泰岩、根兴，包括我，能上的都上了。（你进过球？醉话）就怕你们不信，我已让子岳扫描田猪留言。哈哈。江南队守门的是谢篓子。江北守门的是潘猪，号称铁门（比国足还有内幕）。谢篓子的守门功夫也堪称一流。在与其他班级的对抗中多次建功（确实，他手长）。

根兴：守门确实是他们俩，一、二班比赛也是他们俩守门。

新才：但江南江北赛的时候，我记得我开始是踢后卫的，但直到快结束了，大家都进不了球。我一急就从后卫的位置跑偏了。一直跑到了前场，正好球在混战中传到我面前，我抬脚背掂了一下，球就进了。谢篓子气得鼻子都快歪了。一下子从门前冲着俺跑过来。

晓林：你是江北队的？我以为是江南了。

书勤：我怎么不记得这场南北大战？

根兴：大家都一样，我也是被安排踢后卫的，但因不懂规则，只管往前冲，追着球跑，结果跑到前边去了。

新才：俺正在激动中，也在跑动中，一侧身就跑开了，没给他抓着。真担心他抓着了俺是不是要揍俺。（南北大赛演义呢！）（当时没叫女生做拉拉队吗？）（貌似没有。）（有，但人不多。）（女朋友去了吧。）你们要知道田猪可是技术派的呀。他踢球服过谁？（你是表演派的？）便是范鸡冠、老残都不在他眼下。

晓林：新才是偶像派的。

根兴：我印象中那场不止进了一球，好像是两球。（再来一个班脚，就演义成进三球了。）

新才：我是充数派的。

书勤：像新才这样的小虾米，根本就不知道他踢过球。

新才：俺进的球是临近终场进的。我那时主要是跑步和练单双杠，基本不踢足球。进球后谢树芳很不服气的。哈哈，是啊，要是技术派踢进的也就罢了。偏偏是个充数派踢进的。

晓林：我体育成绩最好的是武术。

书勤：像新才这样的小虾米，这叫防不胜防，让小人得逞（小人=小个子人）。

根兴：不过我们的篮球还行。说到篮球，一班原来就老潘、方云、立海和我四个人打，连五个人都凑不够，后来把乐民培养上了。

晓林：根兴打篮球厉害，有个特别的投篮动作，又准确又隐蔽，叫别人防不胜防，是从腰间投出去的。

新才：呵呵，感觉是从腰间掏秘密武器。

书勤：我要不是腿骨折，也是体育健将。

李波：大多数人上大学前没碰过足球，到毕业时踢得有模有样，大学四年见证了我们的成长，表现在足球方面，也表现在其他各方面。综合来看，踢足球是我们男生大学时代最重要的体育活动。范篓、田猪是技术最好的，谢篓、老潘、俊滨、洪波、建新等也都是主力。图专 30 来个男丁，基本上个个都上场、人人皆好汉。平常搞内斗，人多多踢，人少少踢，一边十几个人也可搞一盘，重在参与。偶尔对外，十几个主力队员打到后来也是越来越有阵形、有章法、有套路了。多数情况下是一班和二班比赛。毕业前最重要的一场比赛是江北对江南。双方势均力敌，很难进球。后来江北队打破僵局，取得了领先。是谁踢进的，已不记得，应该是“小虾米”。这让拥有范篓(晓鹏)、田猪的江南队很没面子，毛焦火辣。越踢越急，越急越不进，渐渐地，杀红了眼，有点火药味了。我于是见好就收，说今天的比赛就打到这里吧。比分就此定格。大家探讨得失、总结经验，又愉快地开始了新的谋划……

16. 贫寒年代

晓鹏：说说大学时饥饿的感觉吧。那时男同学普遍吃不饱，好在女同学们发扬了人道主义精神，支援我们粮票、饭票，使我们度过了那饥肠辘辘的年代。不记得是哪位外号“单调”的同学，一餐能吃八个包子。还记得武大的包子吗，那才叫大！记得最难熬的就是下了晚自习之后，既想听到那“欢喜坨”的叫卖声，又怕听到，因为穷啊。那时树芳是校长跑队的，有补助，加之训练耗费体力，所以晚上常常吃方便面，害得我和洪波躲在蚊帐里(大学时蚊帐一年四季都挂着)把书翻得哗哗作响，以掩盖那吃面的声音入耳。

晓林：当时能吃八个包子的的确就是老潘一个。

洪波：我也记不准了，是不是老潘啊，就算诬蔑他一下也没事儿。这事儿就先这么着定下来，哪天他来了，让他自己来洗，不来就让他冤到底。当然我也热切地期望同学们实事求是，如果我记得不对，大家立马指出来。

树芳：晓鹏说我经常在晚上吃方便面，其实是冤枉。我的情况大家都清楚，参加校长跑队的训练，一个学期才发三斤白糖，可我不到一个星期就吃完了。那时真是吃尽了苦头，一个星期至少要跑一个一万米，那种饥饿感现在还记忆犹新，那真是恨不得吃人。记得在梅园的几年里我一直担任着班生活委员，说是生活委员，其实就是为大家发放主副食票，其中最主要的一项事情便是为女生们退主食票。在我的记忆中，在我司职生活委员的几年里没有出过任何差错，这经得起历史的考验。看着子岳发的这些照片，遥远的故事就像发生在昨天，她真是做了一件好事。我在这里谢谢她！

17.《女大学生宿舍》电影拍摄

美兰：记得《女大学生宿舍》副导演到我们学院选群众演员。当时，我们刚上大二，功课还不算紧张。选演员是在行政大楼进去后，正对大门的大会议室。会议室中间有方方正正一圈桌子。刘建设老师陪着《女大学生宿舍》的副导演(导演是史蜀君)、美工薛建纳及助手坐北朝南，面对围坐四周的图书情报学院 80 级和 81 级大约 30 名左右的男女学生。副导演介绍了《女大学生宿舍》拍摄的一些情况，薛美工介绍了该片的外景选址过程等。其他人介绍情况时，刘建设与副导演窃窃私语，并不时打量在座同学，同时还记录着什么。当时，并未告知我们他们要选演员。几天后通知来了，说是谁谁要去做《女》电影的群众演员。每天补助 8 毛，不上课就去拍片。

作为群众演员，零距离观看拍片过程，确实让我们长了不少见识，揭开了电影的神秘面纱，倍感拍片工作远非浪漫可言，其实颇为艰苦、琐碎、甚而效率低下，而且演员的风采也不再耀眼夺目了。记得饰演男一号蓝为的，是一位当时已小有名气的演员王伟平，他跟女一号匡亚兰的扮演者罗燕，前一秒钟还在说说笑笑，后一秒钟，随导演“开拍”的号令一下，脸部表情立刻由晴转阴，变得严肃而沉重。这瞬间的变脸，既让我佩服，也令我倍感困惑：他真的是在“演戏”，他“入戏”了吗？我很怀疑。一个镜头，可以重复拍四五遍，3 分钟的镜头，已算是长镜头了。电影镜头并非按剧本依序拍摄，而是分场景，一个地方出现的镜头要一次性拍完，所以才有了分镜头脚本，才有了“打板”上的“××幕××场××镜头”的提示，也才有了场记的行当，也有了演员在前一场戏中已经去世，忽而又在下一个镜头中活过来的不合逻辑。画面中远处的行人，原来是我们这些群众演员“默默奉献”做的背景。

我将自己的风景速写给薛美工看，与他套上近乎，有次在老宅舍上图书馆拍学生自习镜头，他特意关照我，把我从里面的座位调换到中间走廊边上，摄像机沿轨道行走拍摄，镜头就这样从侧边缓缓扫过。

据叶枫讲，《女大学生宿舍》五位舍生中的一位，由于天天吃食堂，感到非常艰苦难以忍受，以致哭将起来。叶枫怒其娇作，铿锵斥曰：这饭我们吃了两年了！罗燕与其他女演员颇为不同，她利用拍片间隙，埋头读书，凸显其卓然不群的气质，导演对她赞誉有加。

二、学海泛舟

图书馆学系的办公室，坐落在行政大楼旁的左侧楼里，进校时有图书馆学和情报学两个专业。我们将近毕业时，成立了图书情报学院，学院的规模也越来越大，后更名为信息管理学院。大学的课程之余，就是去图书馆阅览室，临近考试的时候就去教室占位子上自习。四年过程中，教学计划规定总学分是 145 分。我们先后上了三十门左右的课程，大多数是专业课，一些课程对同学们产生了终身影响。

1. “中国图书馆事业史”

“中国图书馆事业史”是第一学期的专业课，由赵纪元老师执教。

美兰：第一学期考图书馆事业史，当时全宿舍的人集体背书，有一题有 8 条，我们 8 人分工，每人记一条，考试时，通过回忆某一条是谁背的作为线索，来帮助回忆具体内容。结果考试时，其他 7 条我都记得，恰恰是我应背的那一条，忘记了。

子岳：那时不知“中国图书馆事业史”这两学分的课程对我是如此重要，后来忝为人师，执教“中国出版史”，讲起课来有自信，因为老师教过(给力啊)。这门课对我的另一重要影响是认识了谢灼华教授，虽然那一年并不是他讲这课程，但教材是他主编。

2. “图书馆学基础”

“图书馆学基础”是一年级上学期的课程，主讲者为黄宗忠老师。

单波：黄老师操一口湖南娄底话，一开始让人很难适应。他点名点到我时，发出的口音是“xianbo”，以至于好半天我不知道在叫自己。黄老师去美国访问过，比较喜欢提美国的图书馆事业，介绍美国图书馆的开架、信息服务，喜欢以美国为参照谈图书馆改革，给我们很多启发。

根兴：黄老师讲基础，有一次问大家：“我讲课你们听懂听不懂?”大家齐声说：“听不懂!”黄老师苦笑，无奈地摇摇头说：“那以后我就多写吧!”于是每堂基础课下来，握笔的手指都不知道是谁的了！不过，对图书馆学的兴趣也正是在此时培养起来了！

子岳：黄老师叫我“huoziyio”，叫美秀“linmeixio”，声调抑扬顿挫，听黄老师点名总有点如听仙乐的感觉。黄老师很有创新思想，而且很民主。我们可以随便和他辩论，观点激进甚至反对他，他也不以为意。他是个心胸开阔的老师。我的好友周玉玲、霍国庆、张晓娟等都是他的嫡传弟子。我的导师是谢老师，但常常在路上碰见黄老师，对他的口音渐渐适应了，说的话也多起来。他退休后还发表长篇重量级论文“论数字图书馆”等。我写文章缺天分，就将黄老师等大咖的文章反复琢磨，模仿他们大气而严谨的文风。黄老师八十岁寿辰时，我在北京出差，接到寿宴的电话，立刻就约霍国庆一同返回武汉。见到黄老师时，感到他身体非常羸弱。寿宴当天，他特地点名要我回顾这些年受教的点滴，但当时抢话筒的人多，很多人都长篇大论。我想，他们都是外地回来的，应当面多谢谢黄老师，而我毕竟是在武汉工作的弟子，我应另寻机会看望黄老师。就这一犹豫后悔一生。一周后，黄老师溘然长逝。原来他自知来日不多，欲借寿宴见见遍布天下的桃李。记得我接到黎明的电话，说黄老师去了，我顿时泪如雨下。现在每经过寿宴时的那个瑞安酒店，仍然想起敬爱的黄宗忠老师。

3. “图书分类学”

“图书分类学”开课时间长，要学一年，从一年级下学期至二年级上学期，由张燕飞老师和周绍萍老师执教。主要讲授分类理论及中国图书馆分类法，间或也学中国科学院图书资料分类法、人民大学图书馆分类法。图书分类学让弟子们受益无穷，很多人回忆当年哪一门课程用途广，较多同学都会提到分类学。

美兰：记得张老师，他当时用的是湖北方言，后来大家提意见，张老师于是改讲普通话，但很吃力，典型的“汉普”。他上课总会点名。有一次，他点到谷建新，可“骨碌”就在堂上坐着，硬是沉住气不出声。我当时很是纳闷。他当时用的是湖北方言，具体说是武汉话。谷建新并不是胆大包天不应声，而是因为听不明白。

子岳：学了分类学才知道分类学是有阶级性的，由此知道图书馆也是意识形态斗争的领域。学分类学时是一个一个类目学的，一些通用原理很有实用价值，比如分类号要可扩展、类目可互相参见等。分类学的二位老师比较严格，期末考试竟然有四位同学不及格，其中有文才(笑)。很多年以后，有一次和文才一起见到张燕飞老师，我们笑着说大学时分类不及格的事情，张老师竟然有些尴尬，对给如此杰出的文才不及格很歉意，但文才则不以为然。

4. “中文工具书使用法”

“中文工具书使用方法”是第三学期必修课程，由詹德优老师主讲。

新才：詹老师温文尔雅，他的课非常实用。他也很喜欢举例。有一次以鲁迅诗“岂独少黄羊”让我们查“黄羊”的出处。他最有名的，大概要算是“弄璋弄瓦”了。今天大家都有了弄璋或弄瓦之喜，而我们能知道这一典，实在要算詹老师的功劳。图书馆学专业的很多课都很实用，极大地扩充了我们的知识面。今天我们学图书馆的在各行各业都能有所成就，与我们在图书馆学所学到的知识与技能密不可分。

子岳：学中文工具书课程时，喜欢詹老师娓娓道来的讲课方式，此外，也尤其喜欢图书馆学系为方便教学而建立的中文工具书实习室。詹老师常常布置作业，让我们去中文工具书室查找资料。新才说的查阅“弄璋弄瓦”典故出处就是作业之一。多年后，我在武汉理工大学编辑出版专业任教，出版专业曾经开设有“工具书的编辑”一课，准备由一位学古典文学的老师担任教师，但被这位老师拒绝。我只好请詹老师出马救燃眉之急，詹老师一口答应。一学期下来，我也辅助詹老师做一些答疑改卷之类的工作，此时，离詹老师给我们授课已二十年了，我竟还能记得很多内容，实是因詹老师当时教学扎实和中文工具书实习室之功。

5. “科技文献学”

云波：“科技文献学”是两个男老师讲授的——邱均平和胡昌平。两位老师肤色一白一黑，文质彬彬，但名字到现在也没分清。我现在单位有位同事是他们中的一位学生，我整天考证到底谁是胡老师、谁是邱老师，哈哈。(两位老师桃李满天下呢!)

子岳：我必须感谢“科技文献学”的老师。这门课教材 16 开的大本子，快两厘米厚了，淡蓝色封面。这是二年级下学期，我从正月就开始住医院，病情缓解后，就望着这教材本子发愁，这么厚的书，这么陌生的学问，二位老师是理科背景，学问仿佛很遥远精深，我啃不下来，不知如何才好。但胡昌平老师得知我生病后，专门上门辅导讲解，感激涕零啊！最终通过了这门考试，79 分，我很满意了，表面上是自学的，实际上是胡老师小灶课学成的。

6.“目录学概论”

“目录学概论”是第四学期必修课程，由彭斐章教授担纲。

单波：彭老师是那种非常典型的儒雅学者，身上总是一尘不染，双目总是炯炯有神，口中总是文采飞扬，刘向、刘歆等人的经典话语总是信手拈来，一字不差。我开始对目录学没有什么兴趣，愣是被他教出了浓厚的兴趣。

云波：彭老师最爱给大家介绍苏联目录学。

新才：彭老师上课也是一口湖南话。湖南人真多真牛啊。彭老师上课脸上总带着笑容。

先华：原本以为目录学是一门枯燥无味的专业课程，但在彭老师带有一口湘音的普通话的讲授下，却变得妙趣横生起来。彭老师在目录学课程的导论中就开宗明义地援引清代史学家王鸣盛的名句：“目录之学，学中第一紧要事，必从此问途，方能得其门而入……”一语就点出了目录学的功能和作用，使得我对目录学有了初步认识，并不由自主地喜欢上了《目录学》这门学科。

先媛：说起彭老师，有感而发。彭老师阅历丰富，学术视野开阔，文章写得大气，刚开始不懂，后来慢慢地懂了。偶尔与彭老师闲谈聊天，那种浸透了岁月沉淀的睿智闪烁其间，让人受益匪浅。记得当年我老公想考博士时，非常迷茫，不知何去何从，彭老师开宗明义提出两点：第一要选朝阳专业不选夕阳专业；第二要选前沿导师，不仅让你少走弯路，还会铺平道路，让你迅速地站在学科前沿。彭老师的一席话，使我们茅塞顿开，终身受益。

李婷：我只记得当年的留苏博士彭老师风度翩翩、笑声朗朗。以至多少年脑子里仍回响着彭老师那极富感染力的湖南口音：“辨章学术，考镜源流，方能得其门而入……”

7.“中国文学文献学”和“古籍整理”

谢老师担纲“中国文学文献学”；曹之老师主讲“古籍整理”，这两门是专业选修课。

子岳：我是谢老师的弟子，但细细回忆，在本科时没有上过谢老师的课。事业史学了谢师写的教材，但是由赵老师讲授。后来因为喜欢王老师，到王老师家里去请教毕业论文，就和谢老师说上了话。谢老师平易近人，在武大路上总是碰见他，后来就读了谢老师的博士。在谢老师的书房中，他给我一人开课，这才上了他的课。谢老师和王老师对学生都很好，因为他们对学生好，所以，我常常想自己也应该对学生好。一个老师对学生的影响很大，对于我来说，他们影响了我做老师的基本原则。

曹之老师讲授古籍整理的时候很投入，这是一门很枯燥的课程，但曹老师国学功底深厚，常常引经据典，课程因此满堂笑声。曾经去过曹老师的家里，他的书房叫“三耕堂”，读书叫“目耕”，写作叫“笔耕”，上课叫“舌耕”，他的书柜中放满了手稿，一生著述不辍。

8. “文献复制”和摄影

晓林：有个照相的熊传荣老师，很帅的哦，我们在课程中学习了照相。这在当时都是时髦的新课。我从此就喜欢上摄影了。

洪波：学了“文献复制”后，很多人迷了照相。当时120相机多见，凤凰多，海鸥算高级。印象中有一次哪个老师带同学们去到华工做什么，首次见到了海鸥牌135单镜头反光照相机。当时系学生会还开展勤工俭学，给人印照片，几分钱一张。徐建荣认识一名日本留学生，他的相机能将135胶卷照出72张相片来。去鄂州西山和东坡赤壁春游时，用的就是那部相机。

9. “情报检索语言”

张琪玉老师主讲“情报检索语言”。

李波：在学校时没怎么认真学张老师的课，毕业后省里的电大班有这门课却要我辅导，皆因这门课是省图书馆的前辈们没接触过的，我是科班出身，“受过专门教育”。开课前各省的辅导老师到上海接受耳提面命，我有幸再次聆听张老师教诲。我告诉张老师我是他81级的学生，他很高兴，但没有以尊长自居，对我很关心、很客气，和蔼可亲。回武汉一段时间后，我写信给他要点资料，他在寄回资料时，给我回了一封信，写得比较长，耐心细致地给我讲解一些相关的问题，字写得一笔不苟，极为工整。我给老师写信时，自然是不敢“龙飞凤舞”的，但与老师相比，自觉汗颜。

10. “西文工具书”和“西文编目”

王秀兰老师教授“西文工具书”，王作梅老师和严一桥老师主讲“西文编目”。

云波：王秀兰老师教我们“西文工具书”，还记得她熟练运用英文打字机的情景，让我很是羡慕。工作后，在电脑还没普及时，我就练就了正确的打字技巧，和王老师有很大关系。大学快毕业时准备考研，我自以为英文还凑合，对工具书解疑释惑的功能也很感兴趣，于是想报考王老师的研究生，和老师讲后她很高兴，不记得给我开了几次小灶，但记得很清楚的是，临考前王老师找到我，像母亲一样鼓励我好好考，让我感动至今。后来有幸做了王老师的第一个弟子，经常在老师家上课、蹭饭，感受到比其他同学更多的母爱，回想起来真是幸福啊。

晓林：王作梅老师的嗓子很亮，要求很严，但对我们也很关心。王老师人也很好，后来在深圳我见过一次。这一代的老师，为人都很好。师德呀！

还有一个教“西文编目”老师，记得叫严一桥的老师，瘦瘦的。

建平：我想起来了，那个年轻清瘦的严老师当时是助教，和王作梅老师一起教《西文编目》。严老师跟我们蛮熟的，带着我们踢足球、打排球。现在好像转行做金融了，做得还很成功。

11. “中文文献编目”“科技文献检索”“图书馆自动化”“藏书建设”

“中文文献编目”是傅椿徽老师和孙更新老师执教。傅椿徽老师五官端正，肤色白净，授课时表情比较严肃，措辞严谨。“中文文献编目”课程理论穿插实践，课程内容有些枯燥，但实践课让我们获益甚多。读研究生时，凌美秀、石从珍跟随傅老师做这方面的研究。毕业多年后，同学聚会提起傅老师，才知道她已经去世了，愿她在天堂安好！

“科技文献检索”由卢素心执教。卢老师跟我们班关系很好，我们经常跑到实习室去。卢老师是华侨美女呢，当时最时尚的年轻女老师。老师每天讲一个学科，牛得很呢。想想我们知识面有多广！

卢老师当时年轻，面色白皙红润，男同学应该都记得吧。后来调到深圳图书馆了。看来女生只记得男老师。男生只记得漂亮女老师。嘿嘿，这正常。卢老师每次上课都是一套新衣，一门下来，没重复过。

刘荣老师教“图书馆自动化”。刘荣老师太亲切了，是个大帅哥。

还有沈继武老师教“藏书建设”，沈老师在咱们毕业之后到武汉大学图书馆当馆长了。沈老师严肃而不失温和，教学非常认真。

12. 文学情结

单波：我们寝室的同学都有着浓厚的文学情结，好几位同学都选了陆耀东先生的“诗歌艺术”、陈美兰老师的“小说创作”等课程。大家经常在寝室里谈论徐志摩、冯至、沈从文、普希金、歌德，传看《歌德谈艺录》《少年维特之烦恼》《蒙田随笔》《泰戈尔诗集》等名作；大家明显偏爱 1949 年以前的中国作家，对当代作家和作品总是颇多批评，不过《高山下的花环》等反思性的文学作品还是引起了大家的兴趣。记得张维华每天午休时，总是打开收音机，让大家静静地收听中央人民广播电台的《长篇小说连播》，以至养成了在收听中闭目养神的习惯。

记不得是哪个学期，著名诗人叶文福来学校演讲。教二楼的大教室座无虚席，不料突然断电，室内一片漆黑。诗人兴致不减，提出到室外的场地上继续演讲。他站在鲲鹏展翅的雕塑下，激情依旧，不断地朗诵他的诗作。

子岳：梅园的那棵古树下，那时有一个新华书店。每天下课后，我几乎都要去新华书店看上一看。节衣缩食地先后从那个书店购买了裴多菲诗集、普希金、少年维特之烦恼、泰戈尔文集，以及朦胧派诗歌，等等，这些书都珍藏至今。大学时文学情结深入骨髓，会反复研读诗歌，和寝室同学讨论、争论，并去选修或偷听相关课程。凡被我们称为“才子”的男同学无一例外都是擅长文学写作的。可惜才子不少，才子佳人的故事未有。我大学时代多病，为赋新词强说愁，也因此更在文学中找知音。不知什么年代，书店拆除不复见，从此古树空悠悠。这是我对母校最大不满，一直盼望重建书店。黎明曾吹牛，要忽悠老鱼来投资，在汉林广场周围重建书店，但只空想了一下。

13. 创办刊物

一班的《新月》，单波写的发刊词。二班的《湖芥》。

单波：办刊的风是被 77 级、78 级的学兄、学姐们吹起的，每当读到那些张扬个性与血性的文字、展现自由与开放的思想，我们就羡慕不已。大约到了第二学年的下学期，我们终于意识到“临河而羡鱼，不如归家结网”，大家一合计，说办就办。大家提出了很多刊名，最后定名为《新月》。我记得大家的注意力被印度大作家泰戈尔的《新月集》所吸引，什么“生如夏花之绚烂，死如秋叶之静美”，什么“孩子在纤小的新月的世界里，是一切束缚都没有的”，等等。其实，还是心中“羡”的那条自由、美丽的思想之鱼。子岳说我写的创刊词，我也记不得写了什么。毕竟，鱼被时间风干了，我们如何能记得起其中的内容呢？也许，鱼被时间风干了，我们只需凭吊曾经美丽的鱼，而不必在意它曾经说了些什么。

可以肯定的是，那确是一条自由、美丽的思想之鱼，二十周年聚会时，还有同学拿出来展示过，大家为曾经表现的热情、清澈的思想而感叹不已。

当然，也不是什么都不记得了，我唯一能记起的是立海兄刻钢板，愣是一笔一画把大家的作品艺术地再现出来了。

子岳：单波说忘记了《新月》的内容。真的，全刊内容是忘记了。但我自己写的一首七言八句却留下来了。现在看，真幼稚。其中有“茫茫烟云家何在，沉沉暮霭楚天寒。少年应恨蹉跎事，岁月难改苍凉颜”几句。无非就是感叹自己艰难。我在大学期间，发出的最多感叹就是因体弱多病而备感艰苦。现在还记得同学们常说我是林妹妹。电视剧《血疑》后，又有人说我像幸子，总之，就是体弱多病要死不活的形象。我很不满意这个印象，但也毫无办法，自己当时确实多病。

根兴：关于一班班刊《新月》，有我写的一篇小文，题目好像是“武大新馆掠影”。记得当时武大新馆刚开工，为了写此文，我专门跑到工地上，见人就问，好几个人都不了解情况（估计是施工的工人），终于找到一位图书馆的负责人，他介绍了新馆的总投资、面积、层高、可容纳的藏书量等，当时听了很是激动，颇为母校将建造这么大的新馆而自豪，回去赶紧写了这篇几百字的报道，印制时好像还配了新馆的手描画（此画出自美兰之手？）。

新才回忆八一级自创刊物《新月》和《湖芥》而赋诗《沁园春 · 新月湖芥》：

> 行李轻背，好趁秋风，放眼珞珈。适东湖水涨，清波浪涌；近山绿泛，远岭云遮。噪耳鸣蝉，间关飞鸟，兴动枝头意最奢。
>
> 方年少，恰桂香浓处，更识樱花。等闲日欲西斜。信愿有无穷生有涯。忆梅园

四舍，流光三载；天萌新月，芥发湖芽。怅恨凭舒，心思堪写，绪乱黄昏似跳虾。谁与醉，把琼杯高举，月色先赊。

14. 教三楼 101 的选修课

子岳：记得有人说过，到武汉大学读书，不上 101 的选修课，等于没有读武大。101 教室在教三楼，应该可容纳 300 人左右吧。选修学生特多的课主才能获准在 101 开课，所以，101 的主讲尽是名师——学生心目中的名师。我在 101 上过“中国古典文学”，开课的是武大名嘴李敬一。为了占座位，我几乎不吃晚饭，从傍晚到晚上九点下课，全部奋斗只是为了听课。座无虚席这个词汇形容场面已经太小巫了，窗户外，门口都站着听讲的学生。其气氛之热烈与听课之安静形成强烈反差。老师分析楚辞，讲到《山鬼》，即兴背诵一段，激情飞扬，扣人心弦，催人泪下。我从此认为山鬼才是中国最美丽的女人。一同学习的人来自全校各系。我几次碰见中文系作家班的学生与我邻座，课间休息，问问姓名，原来都是成名作家。有一个是苗苗，即电影《苗苗》的编剧，她丈夫的姓名我忘记了，也是名作家，也是作家班学生。招收作家班是道玉校长的创新，为武大办学赢得了声誉。我当时幼稚地问苗苗，你们都是名作家了，听“中国古典文学”还觉有收获吗？她说，老师讲得太精彩了，不能不听。

记得云波也给我说过选修课的事情。云波是在看百家讲坛的时候，觉得易中天面熟，才想起了他是武大选修课课主。云波说，当时，年轻的未成名的易中天在武大开课，学生为了听课，踢破了教室的门。

后来忝为人师，一直懊恼没有主讲古典文学课，否则或可模仿一下当年崇拜的那个影子(距离讲台远，没有能清楚地看见老师的模样，老师的姓名也没有真正弄清楚，但求能听清楚声音)。

15. 毕业实习

第八学期主要内容是“毕业实践”和“毕业论文”。全年级分为湖北省馆组、湖北省社科院组、湖南省馆组、重庆组、湘潭组和南京组。毕业论文由同学和老师双向互选，一个老师带三五个学生。

南京实习由周绍萍老师带队。

罗西：我能到南京实习，实际上是走了后门的。大家都知道，我几乎每个寒假都是在武大过年的，最后一个也是如此。那一年的春节晚会好像是第二届，办的正红火。我们在系里看了晚会，学校还给我们发了面粉之类的东西，自己包了饺子吃。系主任郭星寿老师也少不了来看我们，我就跟他提出，我是一个北方人，从没坐过船，请求他让我们组去南京，没想到他还真答应了我的请求，于是就去了南京。同去的我们组的人有：花萍、先华、中秋、玉玲、煜峰、田宏、三国、少波、梅花等，带队老师是周绍萍老师。

南京大学好像离南京图书馆不远，我们这帮子就老想进去转转。但人家要凭校徽出入，于是我们就想了一个办法，把武大的校徽带到西装与毛衣的中间，让西装把“武汉”两字遮住，只留“大学”两字在外，就混进去了。

让我终生难忘的就是实习结束时三人组的“杭州之行”了。由于离回武汉的日子还有几天，周老师就允许大家自由活动。于是我、花萍和少波就结伴去了杭州。记得我们是坐苏杭大运河的船过去的，我们几个穷大学生大概买的是最便宜的船票，坐在船的下一层，地方狭小，空气污浊，同船的大部分是拿着蛇皮袋的农民，我们的腿都很难伸直，如同逃难的难民。

新才：湖北省图书馆组由王作梅老师带队。在湖北省馆组，省馆的徐孝宓先生是版本专家。徐先生有次见了我，不知说起什么事，他老人家谈兴来了，我记得最清楚的一句是“河间献王修古好学”，也不知引用的是史记呢还是汉书，总之是古书，俺心中那个服啊，佩服的服。我在省馆没有一个一个部门转，主要在古籍部，原因是古籍部需要一个写字的。古籍部有很多刚整好的书，封面需要抄写，我的字实际写得也不好，但大家都不想去，我就被赶鸭子上架了。所以等哪天俺出了名，你们可以到省馆找俺的手迹。呵呵！

洪波：省社科院实习组。当时是在省社科院情报所和图书馆实习。省社科院情报所杨所长是社科情报界名人，人大那本社科情报杂志的编委，其也是从人大资料中心调来社科院的。我们在情报所撕了几天杂志，就是把过刊中有价值的文章给撕下来保存作资料，过刊就扔了。杨所长说，图书馆才保存文献，情报所保存有价值的情报就好了，而且过了一段时间，那些保存下来的，也可能扔掉。

在社科院图书馆，首次看到了中国香港《明报》、中国台湾的《中华民国年鉴》，以及美女割双眼皮。那时还没有双湖桥，我们每天有时搭车，先从珞珈山 12 路到汉阳门，再从汉阳门 14 路到东湖前一站下，正好是省社科院；有时就走路越过湖医门前的土路去实习。印象中社科院伙食比梅园食堂好。

16. 毕业论文

当时的毕业论文是不用答辩的。

李波：毕业论文写作完全是书本到书本，没有一点实践基础。我和老田合作，居然写了 5 万字。现在看来，有点不知天高地厚的味道。

子岳：写毕业论文的时候，我已经休学到了 82 级读书，与 84 级北京班同学住一起。当时王秀兰老师是北京班的班主任，常常来寝室看望北京班同学，也经常和我聊天。王老师讲授《西文工具书》，其中尤其大百科全书给我印象深刻。对大不列颠百科全书、美国百科全书以及科利尔百科全书有些高山仰止了。于是，毕业论文时选择了王老师出的课题，对工具书之王百科全书的查考功能进行研究。但当时并不会“研究”，在图书馆查到的资料也很少，于是，就到王秀兰老师家中借书和请教。她与谢灼华老师是夫妻，住在北三区的一套两室一厅中。这次访行改变了我的一生，我与谢灼华教授有了第一次近距离谈话(我由于休学漏选了谢老师的课程)，为多年后投身谢老师门下攻读博士打下了情感基础。整个毕业论文都是在王老师密切指导下完成。王老师告诉我百科全书具有教育和工具书双重功能，这正合我的看法，我太喜欢把百科全书当小说读了。由此，也更喜欢诲人不倦的王老师和谢老师。对我来说，他们既是良师，亦兼家人，正如百科全书的双重功能。毕业三十多年后，有一次去探望他们，谢老师将我引至书房，从一叠书中抽出一小本充满幼稚笔迹的文稿，上面赫然印着"《武汉大学毕业论文》，题目：论百科全书的工具书作用；学号：8110052；姓名：贺子岳"。原来恩师三十余年都为弟子保留着这些稚拙的论文。

三、致敬母校，致敬图书馆学

图书馆学专业 81 级共六十人。毕业后，大多数同学在图界躬耕，部分同学任职教育和文化行业或企业等，皆能秉承母校精神，德业并进，卓有建树。刘洪波同学曾撰写《我们永远的欢乐颂》，向母校致敬！谨以此文作为这篇集体回忆录的结尾。如下：

> 感谢武汉大学，感谢珞珈山，还有，曾经让我们梦想高飞而又不无失落，最终仍然令我们骄傲的名字——图书馆专业。当年，我们是以全校文科各专业最高平均高考分数聚集在珞珈山。在一个文化饥渴的年代，"图书馆"三个字给了我们无边的想象。我们大多经历了如同青春叛逆年代一样的"专业叛逆时期"，而后来再回首，无论我们从事何种工作，都会感激图书馆学给予我们的问学眼界和文化滋养，感激各位老师展现给我们的风范，感激武汉大学图书馆学系给予我们的光荣。而我们无论怎么努力，也难说回报得了母校、母系的培育，我们唯以谨遵校训去面对社会，作为无愧于珞珈流风的证明。
>
> 感谢母校，感谢珞珈山，还有，我们在彼此生命中的出现，从此，我们就成为永远可以坦然相对的亲人。
>
> 自从那个四年聚首到达不愿分离而必须分离的时刻，我们如同孩子必须离开母亲一样从母校分离。我们的人生际遇与生活场所都越来越远，然而从懵懂不知人间事的当年到岁月蚀刻容颜改的今天，我们在心里从没离开，我们的情谊如同霜重色愈浓的红枫一般因年而长。这就是，为什么现在我们一声轻语，就再次聚集，不远万里。这就是，为什么我们会相约下一次相聚，而且不准相隔二十年、十年。这就是，为什么我们甚至开始设想退休之日，能够有更多的机会随兴成聚，发狂作痴。
>
> 20 世纪 80 年代，已经成为今日时常被人怀想的理想年代。我们正是在那样的年代走进大学，并踏入社会。在那个大学仍属稀缺的年代，我们既有过"骄子"的豪气，也有过"骄子"的轻狂。我们少年说愁，也少年言志。我们怀想爱情，又怀抱羞怯。

我们饱满激烈，又饱持怀疑。

现在，一切经历都沉淀为美好，而生活已教会我们成熟。我们已经知所进止，却更加怀想当年那全部的真纯。我们知道现实中很难御甲前行，但自然而然地，我们在一起却永远无需防御，我们永不彼此放弃。

此刻，笑意写满了我们的脸庞。让我们共道：相聚且作永远，瞬间可以永恒。忘却离情别绪，再收思泪念雨。人生得意须尽欢，不言宴乐终有时。

我们，武汉大学图书馆学系图书馆专业八一级，我们六十人的集体，现在可以彼此相告：你是我实现了的梦想，也是我现世的乌托邦；你是我真实的天堂，也是我不老的欢乐颂。

谨以此文献给武汉大学信息管理学院百年华诞！

“这是一次肩负历史责任的盛会”

——关于首届全国中青年图书情报理论研讨会的点滴回忆

席　丹

武汉大学信息管理学院在中国图书情报事业中具有独特的历史地位，2003年《图书馆》杂志开展的“20世纪中国图书馆100件大事”评选中有许多大事都与信管院有关。其中，“1986年5月28日—6月1日，国家教委和武汉大学联合在武汉大学举办首届全国中青年图书情报理论研讨会”被列为第67件大事。作为当年此事的主要组织者之一，我将有关情况回忆一下，为信管院100周年大庆增添一点花絮。

一

20世纪80年代是一个激动人心的时代，在中国，思想的解放带来了学术的繁荣，改革开放引进了大量的学术思想、学术观点、学术方法，给一代青年学子以极大的鼓舞。

我个人感觉当年的许多新思想新思潮影响了图书馆学情报学的发展。在哲学层面有，1959年英国哲学家波普尔的著作《科学发现的逻辑》，1962年美国哲学家库恩的著作《科学革命的结构》，对我们的思维逻辑和思维方法产生了极大的冲击。在技术层面有，诺贝尔奖得主普里高津的“耗散结构”理论，香农的“信息论”，维纳的“控制论”，这些方法几乎可以渗透所有的自然科学和社会科学研究领域。在未来学层面有，美国作家托夫勒的著作《第三次浪潮》，奈斯比特的著作《大趋势——改变我们生活的十个方面》，这两本书的中文版分别于1983年、1984年出版，成为当时国内开展新技术革命大讨论的必读书目。一大批介绍国外新思想新思潮的书籍纷纷出版，我现在还保留着四川人民出版社出版的《走向未来丛书》中的几本，都被统一印制成白色的小册子，涉及社会科学和自然科学的多个方面，包括了外文译作和原创著作。丛书出版时间始于1984年，终于1988年，时间跨度五年。《走向未来丛书》在当时的年轻人中有着极大的影响。

具体来讲，当时对图书馆学情报学有三个方面的影响，即学科观念与方法的冲击、研究对象的拓展、研究手段的提升。这些要求古老的图书馆学要有结构性改变，要求年轻的情报学进行科学性定位，在学科理论、人才培养、体制与改革、方法与技术等方面，青年学者迫切需要求新、求变、求实，一个共同声音就是，我们必须改变。

武汉大学是中国图书馆学情报学教学科研的两大重镇之一，老一代图书馆学情报学家在国内地位极高，以中青年教师和研究生为主体的新生学术力量正在崛起，图书馆学情报学专业的研究生和青年教师求新、求变的热情也很高。青年学者有许多新的思想、新的观念，也有强烈的使命感，他们渴望走出传统的思维范式，走出理论与实践脱节的怪圈，走出国门与世界接轨。正是这样的背景，催生了“首届图书馆学情报学中青年研讨会”在武汉的举行。正如我在研讨会开幕式上所表述的心愿：“这是一次肩负历史使命的盛会。”

二

1985年秋冬，我和罗文杰、邵元溥等同学，负责武汉大学图书馆学情报学学院研究生会的工作。当时参加研究生会工作的同学充满了热情，确实想做一些事情，除了帮助同学们解决学习与生活中的一些问题，心中始终揣着四个字：“责任、作为”。大家认为，研究生最为重要的是在学术上开辟新的事业，积极回应时代召唤、不断解决学科问题，而研究生会要为同学们构建推进学术交流的新平台，让他们尽快成就事业，而举办属于自己的学术研讨会是重要的举措。几个青年研究生的小主意与我国图书馆学情报学的大背景，有机而自然地结合在了一起。如何构建学术交流的新平台，我们的思考有这么几条，一是交流的范围为研究生或者中青年学者。那个时代，研究生是天之骄子中的骄子，我的印象中，1985年武汉大学仅招录了两百多名硕士研究生，似乎现在武汉大学每年招收的博士研究生就已达1500余名。我们学校在校教师中拥有硕士学历的也不多，更不用说博士学历。二是学术研讨的范围是图书馆学和情报学。因为武汉大学当时的图书馆学情报学特殊的背景，尽管我们学生会的三位主要负责人都是情报学的研究生，但是我们还是把研讨会的研讨范围定位在图书馆学和情报学。据事后有人考证，这也是中国第一次将图书馆学和情报学两个学科合在一起召开研讨会。三是地域范围。曾经也商量过，利用武大与美国西蒙斯学院的历史渊源，将研讨会冠以国际研讨会的名义，但这要报经国家有关部门审批，还要提前一年，所以我们当时就放弃申报，将其定义为全国性的研讨会。四是会议要抓紧筹办。从小的方面讲，武大的年轻人还有与另一所著名大学在图书馆学情报学领域展开良性竞争的意味，担心被他们抢了先。五是会议的名字也是反反复复，最早我们确定的名字是“全国图书馆学、情报学青年学者研讨会”，国家教委批复的是“图书馆学、情报学理论研讨会”，但是以青年为主。没想到，这个会自发地开成了全国性会议，还被许以“首届”的桂冠，而且办了八届。

任何事情都是边设计、边策划、边推进的，一个偶然的机会，我们听说国家教委高等教育一司副司长蒋妙瑞同志正在武汉大学公干，我和罗文杰同学一起行动，当天晚上直奔武汉大学招待所，面见蒋妙瑞同志。34 年前的深秋，武汉大学招待所还挂有蚊帐，一个个头不高、和蔼可亲、讲话带有下江话口音的长者，坐在有点昏暗的房间内，似乎有点闲，不像现在中央机关来的官员，那一定是高朋满座、宾客盈门。两位不速之客做了自我介绍，蒋妙瑞同志客气地给我们让座。罗文杰同学讲话略显急促，由我主汇报，肚子里憋满了新技术革命与现代图书馆学情报学、青年学者与学科发展等话题，结果没有讲太长时间，蒋司长立马表态：同意举办这次研讨会，由国家教委高等教育一司或者全国高校图书馆工作委员会与武汉大学合办，经费由国家教委与武汉大学共同承担，时间由我们确定。我们当即表示，要以武汉大学的名义写出报告，去北京汇报，蒋司长说不用去北京汇报了，他回去以后会要求全国高校图书馆工作委员会肖自力同志专程到武汉大学商量此事。时间不超过 20 分钟，我们便从珞珈山武汉大学招待所走下来。秋风渐凉，但心情澎湃，没想到这么大一件麻烦事，一下子就有了眉目。我们两个人当即决定，明天早上就去校园小路“堵截”校长刘道玉。刘道玉是那个时代最具创新精神的大学校长，每天早晚，他手夹公文包，步行上下班。在武汉大学校园堵截刘道玉，成为校长与学生们交流的一种常态。什么事情一顺就百顺，我们两个站在梅四宿舍边上的校园小路上等校长，慢慢地看到他和别人一起走来，我们两个尾随他几步，终于有时间插话了。用了几句话汇报了昨天和蒋司长商量的情况，刘道玉校长的回复非常简单：蒋司长同意武汉大学就同意，他出多少钱我出多少钱。走了不到两百米，到行政楼的楼梯上，此事又谈妥。后面的一切都顺理成章，全国高校图书馆工作委员会的秘书长肖自力同志也如约来到了武汉大学，于是就有了经国家教委批准、全国高等院校图书馆工作委员会与武汉大学联合举办的全国图书馆学情报学理论研讨会。那个时候的物价可真便宜呀，国家教委出了 2000 块，武汉大学出了 2000 块，学校要求图书情报学院也买个单，花了 1000 块，召开了 5 天的研讨会，收到论文 352 篇，参加人数近百人，会议举办地在军区第四招待所，一个人住房费是 8 块，最后武汉大学宴请会议嘉宾的标准是一桌 24 块钱。

这里还有一个小故事，1999 年我受组织委派到美国华盛顿边上的马里兰大学接受历时半年的培训，那时候去美国进修的中国官员很少，我们应该是那个学校接待的第二批中国培训班，中国驻美国大使馆非常重视，我们去的那个星期的周末，大使馆教育处在华盛顿特区华人街宴请我们，举行欢迎晚宴。主持晚宴的是一位公使衔参赞，我一见面就乐了，这不就是蒋司长吗！过了 14 年，没想到在美国重逢，我故意问他，记不记得，他很清晰地回答：应该是见过面。我和他很幸福地回忆起，当年昏暗灯光下见面的一幕，真是感谢这位老领导，他还记得我们在会后给他寄的感谢信和会议资料，我告诉他这个会议一直在延续举办，这也应该成为图书馆学情报学中青年研讨会历史上的一段佳话。

为了便于讨论，研讨会设定了五个专题讨论小组，理论 1 组、理论 2 组、教育组、体制及改革组、技术方法组。会议一开始，就出现了广泛的讨论课题和热烈的讨论氛围，如，图书馆学系的改建、图书馆学研究方向、图书馆事业发展战略、文献计量学的发展方向、情报学研究等会议热门课题，我们就在饭店一楼大堂设立了一个黑板，让有兴趣的个人或者单位，自己出题目、自己定房间，邀请大家参与研讨，一时间会场热闹非凡，思想火花充分碰撞，创造了研讨会的新形式。这件事现在还为许多当年的参与者津津乐道。从这一点看，就充分体现了刘道玉校长在开幕式上所讲的：“青年人总是跟‘新’联系在一起，有发明创造的火花，青年的‘敏感’‘兴奋点’常常能够抓住一些科学前沿的东西。”

这次会议也是武大校友的回校日和学术聚会日，张克科、刘迅、刘烈、张伟华、张玉川、孙志坚、吴荣杰、邓小夏等校友回到学校，我们举办这个活动还有一个“小九九”，就是要举起学科的武大旗帜。但是在实际的讨论中，感到“珞珈派”的声音还不够大、力量还不够强，反而是上海、北京、四川等地青年学者的声音给我留下了深刻的印象，如范并思等；有些别的学科出身的才俊更是独领风骚，如郑廷、张晓林等。

三

时间过去了33年，当年组织此事的几个青年研究生早已各奔东西，许多离开了图书馆学情报学理论与实践的领域，邵元溥同学去了北美，现在在加拿大从事企业工作，罗文杰同学在中央机关事业单位从事业务工作，我一直在地方党委和政府从事政策研究和管理工作。虽然我们离开了这个领域，但是中青年研讨会这面旗帜仍然在飘扬。1987年，上海华东师范大学举办了全国图书馆学情报学理论研讨会，接过了我们的旗帜。华东师大是图书馆学情报学专业的“新贵”，大有重组“北有北大，南有武大”格局的气势。这次会议的名字也很牛，叫“新思想、新观点、新方法”研讨会；1988年，北京大学接着举办了一届图书馆学情报学学术研讨会，并正式冠名为全国第三届图书馆情报学理论研讨会；1989年，在长春市，由东北师范大学承办了第四届图书馆学情报学理论研讨会，武大出身的刘迅在北大图书馆学的传统领地东北率先举旗；1990年，第五届全国中青年图书馆学情报学理论研讨会在中山大学举办，那是武大的“势力范围”，中大的程焕文、曹树金等都是首届会议的重要人物；1991年，第六届全国中青年图书馆学情报学理论研讨会在重庆市的西南师范大学举行；1992年，这个会议再次回到了武汉，但不是在武汉大学，而是在一路之隔的华中师范大学；1997年，第八届中青年图书馆学情报学理论研讨会又在华中师范大学召开。至此，研讨会已经举办了八届，延续的时间超过了十年，它不是由一个单位来举办，也不是由一个学术组织加入的年度学术计划，但是它能够持续，就是因为它切中了那个时代中青年学者的关注点与学科的关键点。

因此，1986年我们现在冠以“首届”的全国中青年图书馆学情报学理论研讨会，被评选为20世纪中国图书馆事业一百年大事之一。我们几个当年的亲历者，有时调侃：我们也一不留神做了件百年大事。翻开中国图书馆学情报学学科史、事业史等大事迹学术著作等，都对此事有专门的记载。几年后，我们中间的一些人包括我离开了这个学术领域，我确实难以对它的历史价值做出评价。最近我在中国期刊网做了点搜索，读了几篇文章，感慨万千。一是1991年程焕文老师的文章《青年人成才的摇篮——全国图书馆学情报学青年学术研讨会五年回顾》称全国图书馆学情报学青年学术研讨会的“圣火”在武汉大学珞珈山被点燃。他说，五年的历史证明，全国图书馆学情报学青年学术研讨会事实上已成为“青年人成才的摇篮、二十世纪的流动大学”；图书情报界对于青年的成长寄予了无限的希望；研讨会所取得的成果是老一辈辛勤汗水与新一代艰苦努力的结晶。二是1994年周礼智的文章《全国中青年图书馆学情报学研讨会的回顾与展望》对前后七届的学术观点进行了梳理，总结四条基本经验，即坚持正确的方向、明确服务宗旨；领导专家重视、中青年响应组织落实；强调适合国情、突出地方特色；研究与实践相结合、直接为图书情报事业服务。三是2006年韩继章、刘芳、王旭明、周浪同志发表的长文《一代图书馆学人的心路历程——纪念首届中青年会20周年》，文章分上、下篇刊登。四是范并思老师在纪念武汉大学首届中青年20周年笔会上的文章《图书馆学“新启蒙”进程中的一次标志性会议》，给予会议很高的评价，他称之为催生新图书馆学的理论碰撞，青年图书馆学者以整体姿态进入了中国图书馆学基础理论前沿，成为当时冲击经验图书馆学、催生新图书馆学的最积极力量。五是张克科接受《图书馆》杂志采访的报道《难忘的八十年代》，他认为，1986年的首届研讨会上有人“揭竿而起”，提出理论与实践结合的问题，并展开图书馆事业发展战略研究，这些都是顺理成章的事。

当年，中青年学术研讨会的骨干有的已经转行，也有出国的，但大多在各自的领域卓有成就，例如：张克科学长在深圳长期从事科技创新产业，任过深圳市科技局的负责人，是深圳科技创新事业的推动者、创新者。同期，叶千军学兄在上海浦东新区担任科技局副局长，后来成为张江高科的高层。我则在武汉市科技局担任同样的职务，武大前校长刘经南院士与我们三人都相识，觉得图书情报学院的学生很有特点。刘迅师兄后来南下深圳，脱离了图书馆学，居然成为了教育家，可惜英年早逝。程焕文学长独霸岭南图书馆学界，现在是中国在国际图联的唯一理事成员，撑起了我国图书馆学的半边天。范并思老师一直坚守在图书馆学情报学研究的阵地，他对中青年图书馆学情报学研讨会如数家珍，赞誉有加、赞不绝口。十几年前我们有一次偶遇，对酒当歌，他鼓励我把当年的旧事做点记载，一晃十几年过去了，到今天才始得此文。

作者简介

席丹，男，1963年8月出生。1985年武汉大学科技情报专业本科毕业，1988年武汉大学科技情报专业硕士毕业，2002年武汉大学政治经济学专业博士毕业。现任武汉市政府副秘书长。

亲历“发行专业”二三事

方　卿

武汉大学的发行专业(大家都习惯这么称呼她)，在业界小有名气。院友们总自豪地将其比作发行行业的“黄埔军校”。可惜了，我不是这个“黄埔军校”的毕业生，是杂牌货，在发行专业的院友面前总觉得低人一等。但值得庆幸的是，“革命不分先后”，后来我总算混进了这个专业，而且一混就是整整30年，也沾上了“黄埔军校”的一点仙气。因此，也就有了机会，聊聊发行专业的一些事儿。

一、闹心的“颜值”

有人说，当今是个看脸的时代，高“颜值”是走向成功的通行证。我想说的第一件事，就与“颜值”有关。虽然纯粹是件自黑的事儿，但还蛮好玩的，给我混迹于发行专业留下了美好的回忆。

大家都知道，高校招生录取的依据肯定是高考成绩，高分进名校好专业，低分只能听任“调剂”，与“颜值”应该没有多大关系(艺术类考生不在此列哈，你懂的)。事实证明，情况并非总是如此。我原本有机会改写自己结缘发行专业的历史，提前七年进入这个专业，成为“黄埔军校”的一期生，但因为低“颜值”而错过。当然，这一切我都被蒙在鼓里，并不知情。谜底的揭晓，则是七年后研究生毕业留发行专业任教时的事了。

武大发行专业，1983年首次招生。同年，我考入武大图专，与发行专业同在一个系——图书馆学系。就学科而言，也算得上是根正苗红了。当时就听老师们讲，武大图专很牛。1977年恢复高考后，图专的录取分数是武大文科最高的专业之一，比什么什么专业都高。自己考分不高，进了这么牛的专业，自豪呀！于是，一口气念了七年。1990年，硕士研究生毕业留校，我被安排到了发行专业任教。这样就与发行专业结下了缘分，也才有了后来所谓闹心的“颜值”故事。

我留校时，发行教研室有十几位教师，有孙冰炎老师、乔好勤老师、罗紫初老师、黄凯卿老师、吴平老师、彭建炎老师、卿家康老师、余世英老师、朱静雯老师、黄先蓉老师等。教研室的氛围不是一般的好，大家没大没小，什么玩笑都可以开，什么话都可以说。那时，政治学习不多，周四例会大家以聊天为主，而聊天又以损人为乐。罗紫初老师，我们都叫他老罗，学生们称他罗爷爷，军人出身，豪爽得很，损人也没底线。我的闹心“颜值”故事，就是他揭晓的谜底。

据老罗讲，他是1983年武大招生组成员，全权负责当年图书馆学系的招生录取工作。录入图书馆学系的新生分专业就是他操刀的(估计，他是吹牛的)。他说，因为自己是发行专业的人，为发行专业招人，他有私心。要进这个专业得符合两个条件，或者其中的一个非常突出。一是考分高；二是“颜值”高(他的原话是要长得好看，长得丑的不要)。因为这两条件我都不具备，所以就没有把我放到发行专业。他这么一讲，把大家给乐坏了。我是因为长得丑而没有被录入发行专业的说法，也就这么传开了。大家乐了，我可不开心呀。回家对着镜子反复照，五官该有的都有呀，摆的也算是地方，怎么就成了老罗眼中的“长得丑”呢？三人成虎呀，坐实了事儿，想不通也不行呀。看看当时我们教研室的各位老师，个个仪表堂堂、一表人才，老罗的说法也不算太离谱。再看看今天的网红，人家靠“颜值”带货几分钟就能赚你一辈子都挣不到的钱。这样一想，我也就慢慢心安了，接受了这个低“颜值”的美名。

以貌取人，貌似不妥，但强调一个人的气质却是必需的。发行专业虽没有“美颜”“整容”之功能，也绝不是老罗所说的“以貌取人”，但在培养一个人的气质方面，发行专业却有自己的一套。发行专业，培养的是文化商人，也就是“儒商”呀，必须内外兼修才行。不是说腹有诗书气自华吗？培养得好，也是可以提升“颜值”的。这些年来，武大发行专业的毕业生一直很抢手，步入社会后大多也“混”得不错，不知跟“颜值”和气质有没有点关系。如果有的话，那我这个“颜值”的故事就有了正面的意义了。

二、永远的“情缘”

扯完闲篇，再说点正经的。头一件正事就是武大发行专业与新华书店的情缘。

发行专业来得不易。武汉大学这个专业能办起来，得益于两位先生。一位是时任新华书店总店总经理汪轶千先生，一位是武汉大学时任校长刘道玉先生。不是汪先生的执著，中国高等教育体系中不一定会有图书发行这个专业；没有刘道玉校长的开明，这个专业也不一定就办在了珞珈山、办在武汉大学。发行专业和武大的结缘，得益于他们二位。

作为时任新华书店总店总经理，汪先生为争取高校设立发行专业，付出了太多。先生曾与我谈及过其中的一些细节。从1981年起，他就开始积极寻求与高校合作开设相关专业，但遗憾的是，相关高校都不积极，始终没有得到响应。直到他亲自找到武汉大学时任校长刘道玉先生，才得以玉成此事。1983年4月，教育部正式复函同意武汉大学设立图书发行管理学专业。在他的不懈努力下，“要选择有条件的大学设立图书发行专业”，终于写入了1983年中共中央、国务院颁发的《关于加强出版工作的决定》这一官方文件。

为支持这一专业建设，全国新华书店系统从办学经费、师资培训、课程教学和实习实训等方面给予了武大发行专业大量无私的支持。办学经费方面，1983 年全国新华书店系统向武汉大学无偿提供 280 多万元的共建经费。师资培训方面，总店下文要求全国新华书店系统无条件接受武大发行专业教师的专业学习和调研工作。办学初期，教研室规定凡留发行专业任课的教师都必须深入新华书店进行发行业务学习。可以说，我们第一批发行专业教师的成长都是与新华书店的培养分不开的。课程教学方面，由于新办专业师资力量严重不足，新华书店总店从全国选派理论素养好专业技能过硬的发行专业人员参与学校的教学活动。学生实习实训方面，全国所有新华书店无条件接收发行专业毕业生的实习，而且指派最好的实习指导教师，不少书店甚至还提供免费食宿。我成为发行专业的教师后，就先后去过数十家新华书店调研学习，得到了所有书店的热情接待和专业指导，亲历和见证过与新华书店系统的这种深厚情谊。

虽然发行业的市场化发展，改变了新华书店原有的计划体制，却没有改变新华书店与武大发行专业的这种情谊。新华书店总店，始终牵挂着武大发行专业的发展。2018 年，我还曾收到新华书店总店发来的公函，咨询发行专业名称变化的相关情况，希望武大发行专业继续在发行人才培养上作出新的贡献。我们武大发行专业，当然不会辜负这种期待和重托。虽然学科专业名称受教育部相关要求的限制，但我们还是在政策允许的范围内力保“发行”这一关键词。记得 2002 年，教育部启动研究生学科专业备案时，其他高校均将硕博士研究生专业名称确定为“编辑出版学”（与本科专业名称一致），但我们确定坚持保留“发行”这一关键词，将硕博士研究生专业定名为“出版发行学”，而且一直坚持至今。这是全国高校唯一带有“发行”字样的硕博士研究生专业。曾经有人问我为什么要这样做，很简单，为的就是这份情谊。

三、尚需努力的“户口”

高校的人都清楚，业界的不一定了解，学科地位是与《学科目录》直接相关的。这里的所谓《学科目录》是指国务院学位委员会和教育部联合颁发的《学位授予和人才培养学科目录》，早期叫《授予博士、硕士学位和培养研究生的学科、专业目录》。严格意义上讲，只有上了这个目录的学科专业，才算有了“户口”，才能培养硕博士研究生，或者说，上了目录、有了“户口”，才有地位，否则就不能招收研究生，就没有地位。这个目录并不是每年都更新或曰调整的，一般十年才有一次调整的可能。

与发行相关的学科，如所谓编辑学、出版学、发行学或编辑出版学等，都没进这个目录，也就是说没有解决“户口”问题。因此，我们说，发行学等学科没有学科地位。

既然这个目录这么重要，我们为什么不进去呢？不是不想进，是人家不让。为进这个目录，编辑、出版、发行业界和学界一直都在努力，但至今仍然被挡在门外。这是几十年来我们发行专业的一大烦恼。

自 1983 年和 1984 年发行学和编辑学相继进入《普通高等学校本科专业目录》，获得正式的本科生招生权之后，出版学进入《学位授予和人才培养学科目录》，争取研究生招生权，就得以提上出版学高等教育的日程。20 世纪 90 年代初期，我刚留校时，发行专业的负责人是黄凯卿老师。关于发行专业的一些学术活动，他都放手让年轻人参加。因此，刚进入发行专业，我就有不少亲历学科建设的各类学术活动。近 30 余年来，我亲历过出版管理层、业界和学界为出版学进《学科目录》所做过的各种努力，但遗憾的是，每一次都是从希望到失望。

在我经历过的这些活动中，有两次活动给我留下了极其深刻的印象。

较早的一次是 1992 年 5 月在武汉大学召开的各相关大学参加的"全国高等学校编辑出版学专业建设座谈会"。会议是由中文系编辑学专业承办的，负责人是向新阳老师。新闻出版署分管教育和干部工作的时任副署长卢玉忆参加了这次座谈会。座谈会还形成了《高等学校编辑学专业座谈会纪要》，纪要后来还报到了教育部，作为争取进目录的支撑材料。虽然座谈会讨论的议题，主要是编辑学本科专业建设，但同时大家也呼吁要"在研究生专业目录上增加编辑学"，"改变目前借用其他学科培养编辑学专业研究生的借窝下蛋'的办法"。那时，我还是刚刚留校不到两年的青年教师，没有发言的机会，说亲历是为了好听，实际上不过是旁听了这次会而已。当时的感觉就是，副署长亲自出席，咱们这个专业有希望了。正是这次会议，让我树立了对专业的信心。我就这样一直活在希望之中。

另一次是 2004 年 8 月在北京印刷学院召开的"纪念编辑出版学专业创办二十周年座谈会"。这次会议的级别更高，时任教育部副部长吴启迪和新闻出版总署副署长柳斌杰两大部委领导同时出席。在此次座谈会上，多位重量级专家，如宋木文就编辑出版学研究生教育和学科进《学科目录》展开过深入讨论。大家一致认为，编辑出版学本科专业已经办了 20 年，培养研究生的条件已经成熟，编辑出版学完全应该进《学科目录》。在我印象中，吴启迪副部长当时还明确表态支持编辑出版学进《学科目录》的建议。这是我在经历过的多次座谈会中感觉希望最大的一次，但还是无疾而终。我们至今仍然游离在《学科目录》之外，始终没有获得我们期待的所谓"户口"。

此后，学科建设方面的座谈会、研讨会几乎年年都有，参加会议的新人也越来越多。2007 年总署人事司成立的"全国高校出版专业学科建设协作小组"、2013 年改名为"高等学校出版专业教学指导委员会"、2010 年教育部成立的出版硕士专业学位教指委、2016 年中国新闻史学会设立的编辑出版研究委员会等，每每开会讨论出版人才培养问题。几乎每次会议，都会涉及出版学进《学科目录》的问题。这些活动讨论的很多问题，也都是在"炒现饭"。因为我入行早，绝对算得上是参加此类活动的老人了，没有了年轻人的那种冲劲，对学科进《目录》一事也已不再抱太大希望了，只是抱一种平常心听听而已。

中国编辑学会的孙文科先生、张曾顺先生等领导曾多次联系我，希望在学会里牵头成立一个高教分会，大家一起努力争取进目录的事。我对他们的信任万分感谢，但我积极性并不高，一直就没有行动，实在是辜负了他们的这种信任。因为长期的努力没有得到回报，那点热情也就被浇灭了。

2002年年初的一个深夜，传夫院长突然电话我，说是教育部启动了研究生教育学科专业备案制度，可在一级学科内自设二级学科，而且只剩两天时间就要截止了。陈院长和我连夜赶材料，第二天办完学校的手续，晚上就乘火车往北京赶。早上7点钟我们就到了教育部门口。零下20多度的气温，我俩想找个避风的地方都找不着。冻得实在受不了了，我们就叫了辆的士，在的士上待了半个多小时。后来终于在截止日前将自主设置出版发行学和信息资源管理二级学科授权点的两份材料递到相关部门。材料虽然收了，但结果却不得而知。我们当时的心情犹如北京的天气，一点都轻松不起来。可真是苍天不负有心人，我们竟然顺利地获得了在“图书馆、情报与档案管理”一级学科自主设立“出版发行学”硕博士点的权利。虽然不算正式“户口”，但我们毕竟可以自主招收硕博士研究生了。与我们同年获得首批研究生招生权的还有北京广播学院，它们是在新闻传播学一级学科自主设立的“编辑出版学”学科点。我们的出版发行学虽然是寄生在“图书馆、情报与档案管理”一级学科之下，我竟有了一种“大树底下好乘凉”的轻松感。是武汉大学“图书馆、情报与档案管理”这个一级学科收留了我们，因此，我始终对“图书馆、情报与档案管理”学科和信息管理学院心存感激。

一想到出版发行专业成功备案这件事儿，我总会联想起另外一件事，而且身怀负罪感。那还是世纪之交，作为发行专业教研室主任，我曾挑头要离开当时的图书情报学院，想加入新闻学院。可人算不如天算，刚刚闹出点动静时，图书情报学院就与新闻学院合并了，让我就这样避免了闹分裂和影响学科发展的骂名。2000年，新武汉大学成立后，两个学院又要分开。校学科办专门派人来学院征求意见，了解发行专业是留还是去的意愿。此时，我挺身而出，组织老师们统一口径，向听取意见的领导表达了大家全部希望留在图书情报学院的愿望。这才有了发行专业今天的发展。想起这件事儿，真是觉得很可笑。从发行专业初创时期的图书馆学系，到后来的图书情报学院，一路走来，院系的主要领导黄宗忠主任、彭斐章院长、马费成院长、陈传夫院长等，对发行专业其实一直照顾有加。在早期研究生招生指标极其有限、发行专业也没有获得研究生招生授权的情况下，我们专业很早就挂靠在图书馆学之下开始培养研究生。如果放在其他学院，这几乎是完全不可能的事了。真是少不更事，险些闹成大祸。这算是学科建设中的一个小插曲吧。

还是回到自主设立出版发行学研究生专业。备案制度，并不是所有高校都像我们一样幸运，大多数高校并不具备自主设置研究生学科专业的条件。因此，这个制度虽然解决了我们的问题，但解决不了大多数高校的问题。因此，进《学科目录》仍然是困扰出版学发展的一大难题，还需要大家共同来面对。

2019年年底，风传新一轮的学科目录调整工作又要启动了。不知是哪来的冲动，我竟又鼓起勇气给相关主管部门写了份《关于增设出版学一级学科的报告》，而且很快就得到了高层领导的批示。因为与以往选择的途径不同，而且相关部门又很重视，希望再一次被燃起。受相关部门的委托，整个疫情期间，我多半时间都在折腾这件事。当然结果仍然还只是个未知数。都说谋事在人成事在天，成不成也就只有看天意了，只要努力了也就问心无愧。

这就是我亲历发行专业的二三事，都是些陈谷子烂芝麻的事儿，说道说道也就完了，并不指望它有什么意义，就算是对发行专业 30 多年发展的一点纪念吧。

作者简介

方卿，男，55 岁，湖北蕲春人。1983—1987 年，图书馆学专业本科生；1987—1990 年，图书馆学专业硕士研究生；1998—2001 年，图书馆学专业在职博士研究生。1990 年至今，任教于出版科学系，现任教授、博士生导师、人文社会科学研究院院长，曾任信息管理学院院长。入选多个国家级人才计划，获国家出版政府奖、中华优秀出版物奖、湖北出版政府奖等奖励多项。

抓住时代变革特征，引领情报信息管理学科发展

刘细文

在教育部组织的“双一流”学科评估中，武汉大学信息管理学院位列图书馆情报档案学科前列，引领着我国信息管理领域的相关学科发展。作为武汉大学信息管理学院校友，我想就信息管理、情报学的发展背景和信息生态，从情报学研究对象变化的角度和情报学变革发展的大历史方面，谈一点个人理解和认识。

一、对情报学发展时代特征的再认识

回顾情报学发展历程，可以理解文献学、信息管理系统和信息爆炸是推动情报学发展的重要历史背景[1]。然而这样的学科发展范式中，忽视了基于 intelligence 和 intelligence studies 的情报学演化路线。情报学的学科内涵与演变历程具有明显的时代特征，主要特点是情报学研究对象的不断深化，如从学术文献到学术思想表达和演变，文献、信息、信息系统的演变轨迹，文献、情报、信息、思想的深层递进。认识情报学的演进，需要我们从近代科学发展历史和人类社会信息化历程中理解和把握情报学的变革与发展特征。

科学研究的学术与学理逻辑和社会应用需求是现代科学发展的两大动力源。按照学理逻辑发展的学科是遵行好奇心驱动的学术研究机制，而按照社会应用需求发展的学科则是技术推动的学术研究机制。情报学是一个应用学科，其发展明显是遵从社会需要和技术应用的需求推动机制，信息技术发展和决策服务需求是情报学的重要驱动力。情报学的学术演变与情报的载体与表达形式变革有关[2]，比如纸质文献向电子文献演变，文献结构特征向学术内容与学术思想特征描述的深化等。按照社会信息服务需求（学术信息服务需求）的变化趋势，可以将情报学的发展阶段划分为科学交流时代、信息技术时代、数字信息时代、数据信息时代、数据智能时代，情报学研究的对象演变可以简单区分为：学术文献、文献信息系统、数字化文献、数据化信息和智能化数据。我们需要从这些情报学研究对象的演变中，认识情报学发展的时代特征，进而抓住本学科发展的历史机遇。

二、抓住情报学研究对象的演变趋势，推动信息管理学科发展

情报学的产生始于文献学应对近代科学快速发展所提出的社会化学术信息交流的需求。随着科学研究成果的不断涌现，“已经发表的科学研究论文和成果经常被遗忘，在图书馆中重新发现的难度和不确定性比第一次在实验室中被发现更大”[3]。因此，需要创建新型的、可以适应大规模科学交流的方法与机制，如科技期刊、文摘期刊、学科领域百科、数据手册、工具书手册等，建立文献组织、管理与服务的科学规范流程，推动图书馆事业发展。成立于1919年的武汉大学图书馆学专业，应该是抓住了学术信息交流(文献交流)领域的第一次发展机会，也为信息管理学学科奠定了基础。

信息技术的广泛应用和发展，将情报学带入了第二个辉煌的时代，这个时代持续了几十年，直到20世纪90年代互联网的普及和应用。信息技术在情报交流和学术信息交流中的应用，是一个漫长渐进的过程。第一台通用电子计算机的发明，展现了信息技术的巨大潜力，集成电路计算机在图书馆管理、信息交流中率先得到应用，甚至推动了情报学的产生，建立了基于信息管理系统(MIS)的情报学学科发展模式。因此，国内外诸多学者将布什(Bush)作为情报学确立的开山鼻祖，他在《大西洋月刊》发表《诚如所思》文章所提出的“MEMEX”机器，率先构思了以计算机科学为基础的信息检索和基于信息交流的信息交互框架[4]，形成了以MIS为核心的情报学技术方法。武汉大学信息管理学院率先开展书目交流研究，建立计算机化的书目流程，发展图书馆自动化系统；率先开展科技情报学科教育，开展以情报检索系统为核心的情报学技术方法研究，侧重科技文献检索、科技信息交流服务等。同时，我国1956年在中国科学院设立中国科学院科技情报研究所，同年划归科技部组建中国科学技术情报研究所，模仿苏联建设国家科技情报事业体系，并在我国科技发展和国民经济建设中发挥了重要作用。国家科技情报事业的发展需要培养专业性科技情报人才。

在这样的社会需求和情报学发展需求的推动下，武汉大学图书情报学院第二次抓住历史机遇，着重沿着信息技术应用的发展逻辑，于1978年创建科技情报专业，深耕情报检索技术、国际联机检索系统、信息管理系统、书目数据存储与利用、图书馆自动化系统、发展科技情报研究与服务方法、商业信息咨询与服务等，并以信息技术应用和信息系统为突破口，以信息交流、文献交流为理论指导，拓展书刊发行与交流等。

随着时间推移，我们进入了20世纪90年代，互联网成为了引领时代的火车头。1980年，美国未来学家阿尔温·托夫勒发表《第三次浪潮》专著，预言了信息化时代和信息社会的来临。其预言是在基于半导体集成电路芯片计算机的飞速进步，把计算机成本降低到可以个人拥有的水平，这进一步加快了社会信息化进程，提高了全社会信息化水平。社会信息化的通讯基础设施、个人信息处理系统和广泛的信息资源，以及全社会对信息化赋能效益的认知，为互联网发展打下了坚实的信息基础。全球信息高速公路建设，为

全球信息资源的快速流动提供了良好的基础设施。互联网推动的社会信息化，对情报学提出了严峻挑战，原有基于 MIS 的情报学学术范式遇见了空前困难，情报机构和大学院系纷纷改名“信息管理”，在延续图书馆学情报学名称的同时，极力与计算机科学相区分，进而规范情报学的学术研究域(Domain)。在互联网发展时代，从情报学角度看，最为核心的研究主题应该是信息资源，强调数字化信息的丰富和完善。因此，在图书馆情报学领域，最为集中的学术主题是数字图书馆、信息资源和管理体系建设等。在第三个历史阶段，由于情报学改名信息管理的冲击，再加上文献信息机构等实践部门大力投资建设数字图书馆，发展数字图书馆服务，使得武汉大学信息管理学院的发展看起来相对滞缓。

三、把握数据时代学科发展的脉搏，丰富基于智能数据的信息管理学学科内涵

随着社会信息化和数字化信息资源建设的理念提升和完成，数字化信息时代很快结束，全社会快速进入数据信息时代。2008 年，《自然》杂志发表 *Big data*：*Science in the petabyte era* 系列文章，提出了大规模数据带来的科技创新挑战；2011 年 5 月，麦肯锡发表题为 *Big data*：*The next frontier for innovation*，*competition*，*and productivity* 的研究报告，将大数据的价值和重要性正式呈现出来，标志着大数据时代的兴起。

大数据的理念、大数据思维方法、大数据组织技术、大数据分析技术为情报学的创新发展提供了新的机遇[5][6][7]，并呼吁建立数据情报学[8]。近 10 年来，图书馆、科技信息机构和学术咨询机构，都大力推动数据化的信息资源体系建设，如将图书馆目录作为关联数据发布、建立本体工具、知识库建设、基于 XML 的全文检索服务平台建设等，都将原有信息管理模式，拓展为数据管理机制，不断推进信息管理向信息内容与内涵管理方向发展。

武汉大学信息管理学院及时抓住了信息向信息数据化演变的历史机遇，面向大数据管理信息技术和深度信息分析技术的发展趋势，积极整合信息管理学科的学术资源，深化信息资源的学术研究，从更高的高度和信息资源的本质结构上整合数据化信息资源、信息管理技术平台和信息服务研究，向数据管理和数据科学研究方向拓展，充分利用数据科学的管理方法与技术，深化信息管理的学术研究内涵。基于数据化信息的情报学研究及学科，武汉大学信息管理学院已经取得了良好绩效，处于学术领先地位。

伴随学术大数据的模式冲击和基于社会信息化带来的高度丰富数据，为智能技术突破发展带来了新的机遇，数据智能成为人工智能的新研究领域或主题。在数据化过程快速推进的同时，数据的智能化展现了新的前景。从信息管理和情报学的学术视角，数据智能化成为必然的发展趋势，在情报学发展历程中呈现出“信息化→数据化→智能化”的演进格局。对智能化数据的管理、挖掘、工具、平台系统建设必将成为情报学下一步发展的核心内涵。武汉大学信息管理学院已经在智能技术应用、信息管理智能化、数据智

能化、智能化情报分析等领域率先优先布局，发展智能化本体技术，深化知识图谱应用，让布鲁克斯的“知识地图”设想快速走向现实，进一步引领情报学和信息管理学科发展前沿。

在我国情报学中，一直存在着“信息(information)”和“情报(intelligence)”的争议[9]，近期又出现了信息管理和信息资源管理的名称争议[10]。信息管理(information management)和情报研究(intelligence study)都是有明确内涵的行业职业，科技情报研究(scientific and technological intelligence)诞生于第二次世界大战期间[11]，基于信息管理的情报学诞生于19世纪末的近代科学体系(牛顿力学和达尔文进化论科学体系)架构完成和现代科学(以量子力学为标志)即将突破的黎明时期。这些争议的本质是对information和intelligence内涵和外延的理解，其中概念区分的难点在于“认知”主题域，信息着眼于信息资源的客观存在，情报着眼于决策的服务支撑，情报其本质更多是强调与认知相关的思维活动，将信息的概念与认知能力相关联，如布鲁克斯的情报方程。在人工智能(AI)技术飞速发展的大背景下，情报学要积极介入人工智能技术的应用研究，可以填补information和intelligence概念争议的“鸿沟”，实现信息和情报的内涵整合。人工智能与商业情报、竞争情报、知识管理具有密切关联，是战略情报服务的“硬核”部分，表明在智能时代情报可以从应用角度整合信息管理、知识管理和商业竞争情报[12]，实现战略情报服务能力提升，构建虚拟情报空间和实体信息化空间相协调的知识生产模式[13]。图书馆学、情报学、出版学、档案学等多学科融合一直是老一辈信息管理学家们的梦想[14]，以文献作为学科整合的媒介，面临诸多学术阻力和障碍，也许在数据时代，以智能数据为整合载体，可以推动文献-档案-情报-数据的融合发展。相信武汉大学信息管理学院在智能时代，依然可以引领学科发展。

参考文献

[1]马费成. 情报学发展的历史回顾及前沿课题. 图书情报知识[J]，2013(2)：4-12.

[2][3]Vickery B. A Century of Scientific and Technical Information. Journal of Documentation [J]，1999，55(5)：476-527.

[4]王知津，王金花. 布什的memex构想对后世的影响[J]. 图书与情报，2008(5)：13-17.

[5]苏新宁. 大数据时代情报学学科崛起之思考[J]. 情报学报，2018，37(5)：451-459.

[6]曾建勋，魏来. 大数据时代的情报学变革[J]. 情报学报，2015，34(1)：37-44.

[7]王知津. 大数据时代情报学和情报工作的“变”与“不变”[J]. 情报理论与实践，2019，42(7)：1-10.

[8]彭知辉. 数据：大数据环境下情报学的研究对象[J]. 情报学报，2017，36(2)：123-131.

[9]固朝. 两种情报观：Information还是Intelligence?[J]. 情报学报，2005，24(3)：

259-267.
[10]赖茂生. 信息管理学科发展如何破解瓶颈悖论？[J]. 大学图书馆学刊，2019，37（5）：3-7.
[11]Clark R M. Scientific and Technical Intelligence Analysis[EB/OL]. https://www.cia.gov/library/center-for-the-study-of-intelligence/kent-csi/docs/v19i1a06p_0001.htm。
[12]Liebowitz J. Strategic Intelligence：Business Intelligence，Competitive Intelligence，and Knowledge Management[M]. Auerbach Publications，Taylor & Francis Group，2006.
[13]王飞跃. 知识产生方式和科技决策支撑的重大变革[J]. 中国科学院院刊，2012，27（5）：527-537.
[14]周文俊. 文献交流引论[M]. 北京：书目文献出版社，1986.

作者简介

刘细文，男，1965年出生，籍贯湖北黄陂。1983—1987年就读于武汉大学图书情报学院科技情报专业，2016年获武汉大学信息管理学院在职博士学位。现任中国科学院文献情报中心副主任，二级研究员，博士生导师；《智库理论与实践》主编、《高科技与产业化》常务副主编、中国科学院大学特聘岗位教授、中国图书馆学会专业图书馆分会秘书长；获国务院政府特殊津贴、中国科学院特聘骨干人才称号。长期从事科技政策与战略情报研究，科学计量、信息政策、竞争情报和技术竞争情报研究、区域创新研究等。完成多项国家级科技政策与战略研究项目和课题，完成《科技政策研究之科学计量学方法》《图书馆著作权工作实务》等专著6部，发表论文80余篇。

育人科研　百年奋进　合作开放　造福人类

陈江萍

我于1984年以第一志愿考入武汉大学图书情报学院科技情报专业，本科期间的专业导师为胡昌平老师，辅导员为肖希明老师。武汉大学山清水秀，是一个孕育人才的钟灵毓秀之地。图书情报学院的老师们都十分优秀，同时非常爱护学生，教学气氛宽松自由，师生关系和谐融洽，造就了我心中最美的一段学习时光。大学期间，我有幸参与了老师们的一些研究，在这个过程中开始初步接触到了科研，对我后来走上科研道路有着重要影响。大学毕业之际，面临着求职的人生选择，胡昌平老师为我的求职之路积极出谋划策，对我关怀有加，令我至今难忘。大学毕业后，我加入中科院武汉图书馆，成为了一名助理研究员。在图书馆工作的几年间里，我还有机会经常回到母校，回到学院，与老师同学们一起追忆过去的美好时光。后来，我到北京读研究生，随后留在原北京电子部情报所工作。1997年，我准备报考美国的博士研究生，马费成老师和胡昌平老师亲自为我撰写了推荐信，并为我提供了大量的相关资料，令我至今心怀感激。

后来我入职美国北得克萨斯州大学图书情报学院(School of Library and Information Science，University of North Texas)，我与武汉大学信息管理学院的学术合作正式开始于2004年。那年，李纲老师来北得克萨斯州大学图书情报学院访问，他不仅向信息科学系(Department of Information Science)的老师们介绍了武汉大学美丽的校园，也介绍了武汉大学信息管理学院各个专业的教学和科研情况，让美国的同行了解到在中国有这样一所美丽的大学和这样一个优秀的信息管理学院。随后，通过李纲老师和院里其他老师的介绍，国内其他学校图书情报专业的学者也陆续来到北得克萨斯州大学访问，让我们的信息科学系和国内同行们的交流越来越深入。李纲老师回国几年后，我也开始回母校访问。每次回母校都受到盛情款待，有幸与原来的老师们相聚，和院领导与同行们交流。我也有幸被学院聘为客座教授，与陆伟老师的实验室开展了比较深入的合作研究，还为信息科学系招来了一位优秀的博士生。2018年担任系主任之后，我也有幸与方卿老师、黄如花老师一起切磋，请教他们院系管理的方法和经验，另外在和信管院学生的交流中我也学到了很多。目前信息科学系有三名来自武汉大学信管院的联合培养博士研究生，希望能够和学院的老师们一起努力，好好培养这些孩子们。

信管院的百年是创新奋进的百年，为中国和世界培养了许多人才。近几年信管院大力引进人才，科研硕果累累，成绩有目共睹，在国际上的影响也越来越大。2018 年，信息管理学院对北得举办的 JCDL 2018 国际会议给予了大力赞助，并派出强大的师生阵容投稿参会，体现了学院对国际化的强力支持。JCDL 2018 办得非常成功，信息管理学院功不可没！

回想过去，我非常幸运，能够在武汉大学信息管理学院学习，享受老一辈图书情报学专家的教诲和指导，后来又能够与院里年轻有为的才俊们交流探索。展望未来，我相信信息管理学院会继续创造辉煌，在科研、人才培养、图情学界服务等各方面走在领域前列。合作开放是成功之本。图书馆与信息科学领域需要不断开阔思路，扩大学科影响力，在与其他学科多方面合作中探索本学科特有的理论、方法和应用。我们的目标是造福人类，用新颖的信息理论、技术和应用让所有人都能有效存取、理解和利用信息，增强独立思考的能力，消除贫困和战争，共同拥有平安、美好的生活。

2020 年希望能够有机会再回母校访问，向大家学习，和大家一起进步。

2019 年 11 月 30 日
美国丹顿市

作者简介

陈江萍，女，1984 年考入武汉大学图书情报学院科技情报学专业。1988 年获情报学学士。2018 年以来至今现任美国北得克萨斯大学(University of North Texas，USA)信息科学系主任、教授。

陈江萍研究领域包括多语言信息检索、自然语言处理、数字图书馆，以及信息系统的设计与评价。已发表英文专著一部，各类中英文期刊、图书章节和国际顶级会议论文七十余篇。她曾获得 2003 年美国科学术信息学会(ASIS&T)博士论文基金和 ACM 2018 组织 JCDL 会议服务奖。她在跨语言信息存取、数字图书馆方面、本科生数据科学研究经历等方面的研究获得总额超过一百万美元的美国联邦政府支助。她关于跨语言信息存取研究着重评价了机器翻译系统对数字图书馆元数据翻译的性能，探讨了世界上不同多语言数字图书馆的特征，并提出了不同数字图书馆实现多语言信息存取的途径和策略。陈博士曾担任英国出版商 Emerald Publishing 旗下 *The Electronic Library* 杂志主编(2013—2019)。她教授有关研究方法、数字图书馆、信息体系结构和数据库系统的研究生和博士生课程。

最忆珞珈求学时

——武汉大学信息管理学院百年院庆寄语

何丽君

题记：值武汉大学信息管理学院百年院庆之际，承蒙院方邀请撰写在母校学习与成长的经历。本文在写作过程中得到匡安荣同学的大力支持；导师商学兵、同学蒋年平、黄军会等提供了珍贵的在校学习与生活片段，多位同学参与了回忆，特此致谢。

金秋十月，我再次走进巍峨古朴的武大校园；回到珞珈，我又闻到了那无比熟悉的桂花芬芳。在这个春华秋实的季节里，我们怀着无限的感恩与喜悦之情迎来了武汉大学信息管理学院的百年院庆。风雨百年，贤良辈出！对武汉大学信息管理学院来说，这既是承先启后、继往开来的一座里程碑，也是乘风扬帆、行稳致远的一段新征程。百年庆生，令人感慨光阴易逝而情谊长存。

35 年前，也就是 1984 年秋季，我来到珞珈山报到求学。那一年，国家举办了盛大的 35 周年国庆阅兵活动，图书情报学院成为武汉大学成立的第一个学院。35 年弹指一挥间，2019 年，国家又举办了更为盛大的 70 周年国庆阅兵仪式，而今天信管学院走过她 100 年的辉煌足迹。回忆起在武汉大学求学的四年时光，我深深感受到，珞珈山下承载着我们太多的感动，更忘不了老师们的谆谆教诲和同学们的绵绵情谊。

一、珞珈山是快乐的

每一个日子都是一首歌。歌声里，充满着春天的生机、夏天的活力、秋天的热情、冬天的诗意。春天，我们在樱花大道上疾步而走，为的是准时上课，也会在校园中采摘荠菜，品赏春天的滋味；夏天我们在东湖边手抓鱼虾，也会击水湖中；秋天，我们坐在草地上沐浴阳光，而中秋之时会坐在湖边游泳池的跳台上共赏明月；冬天，我们更会抓住时机大打雪仗。在武汉大学求学的四年，我从懵懂走向成熟，从无知走向理智，从浅薄走向充实。在樱花绽放的校园漫步，我们放飞青春；在窗明几净的教室学习，我们勤奋耕耘、播撒希望。全班同学那种团结友爱和执著坚持至今难忘，有时忍不住回母校去看看走走，体验一下当初的感觉。

二、珞珈山是有温度的

四年光阴，并不算长，但武汉大学信管学院仿佛是一台摄像机，永远记录下了我们校园生活的点点滴滴，记录下了师生之间最纯真、最美好的友谊。校园里的每一间教室、每一张课桌、每一棵树、每一朵花，甚至每一颗石子，都是我记忆中难忘的风景。忘不了导师商学兵老师对我们无微不至的关怀，既关心又严格管理，经常与我们交流学习、畅谈理想，亦师亦友。也忘不了张天望老师的认真、文际平老师的敬业、王三山老师的诙谐、朱玉媛老师的温和等，还有很多很多给予我知识和智慧的老师们。

三、珞珈山是有速度的

虽说“所谓大学者，非谓有大楼之谓也，有大师之谓也”，但没有校园，怎么筑建大楼，又怎么礼聘大师。世人只知武汉大学校园之美，但知珞珈校园之大的唯有她的学子。我们刚入学时，大多同学没有出过远门，进校后惊诧于武大之大！曾记得上学期间的抢座大战，我们没有固定的教室，有很多公共课和专业课是与全院同级校友一起上的，上课座位经常要抢占，特别是考试前，教室和图书馆的座位更是一座难求，我们免不了要与全院其他姊妹专业暗暗较劲，但大教室第一排抢先落座的总是我们班的同学们。我们笃信，离老师越近，离巨人的肩膀也越近，至少外面的诱惑会少一些。我们平时不得不经常穿梭于教一、教二、教三、教四、化学楼、老斋舍图书馆、文学院、理学院等，特别是在中途更换教室之际，唯有跑步抢占，否则稍慢一点便没有座位。快跑！速度！快跑！速度！

忆起入学住湖滨八舍的一年，全班同学相约每天在东湖边晨跑，不管天晴天阴、天热天凉，雷打不动。运动场上，我们更是斗志昂扬，全力拼搏。还记得以我班男生为主的院男子长跑队，连续包揽全校三届珞珈杯越野赛团体冠军，曹红斌同学曾荣获湖北省高校万米越野赛第三名。代表院男子篮球、排球、足球参加全校竞技的，也不乏我们的身影。

四、珞珈山是有追求的

求学的几年，改革开放正从农村走向城市，深入各行各业。因教学改革力度大，武汉大学有“教育界的深圳”之称。其综合改革的制度设计之一是导师制，就是取消辅导员，各班配备指导学生的导师。我们的刘道玉校长提倡学生自我管理，导师商学兵提议我们“轮流执政”，每学年更换一届班、团干部，大家都积极参与到班级活动和管理之中。是时学生思想活跃，学校鼓励学生组织各种社团。只要有兴趣，你就可以申请成立社团，不论大小。现在全国大学生樱花诗文大赛就是由武汉大学浪淘石文学社于 1983 年发起，由最初的武汉大学校内诗歌比赛逐渐发展为全国高校学子诗歌爱好者的交流盛会。一时之间，校园处处是开放的讨论、自由的风气，充满着积极进取的精神。

荀子《劝学》说，“蓬生麻中，不扶正直”。置身武大这样的氛围，怎能没有心动？况且对于我们这个专业，文华图书馆专科学校于 1934 年设档案管理特种教席，1940 年建档案管理科，1947 年停办，1984 年重建。我们是中华人民共和国成立后学校第一届本科招生，可谓前无学长撑腰，而为了保证质量，次年没有招生，隔年方有脚步追随，可谓又无学妹助力。我们就是这个专业两年的独苗，可谓“天造草昧”。

1985 年导师商学兵邀请张清明老师给我们讲授“文书学”，朱玉媛老师和商老师分别给我们讲授“档案学概论”“档案管理学”等。在老师们的传授和启发下，同学们试图探讨这个专业习之所得。匡安荣同学与我和黄军会、李萍、蒋年平、李虹等同学商定，准备成立武汉大学文书与档案协会，创办《珞珈档案》会刊，想为文档协会创造点名声。所谓雁过留声、人过留名是也。让我们没有想到的是，匡安荣同学竟然得到了张清明、商学兵老师的鼓励，又征得主管副院长黄宗忠教授的支持，还请原副校长、著名历史学家吴玉廑先生题写了《珞珈档案》刊名。吴先生可是珞珈山上的“哈佛三剑客”之一，德高望重，又是书法大家。又请王三山老师设计了刊物封面。三山老师的书画本为极佳，他以行政大楼图形勾画做背景，整个设计简洁、端庄、大气。今天想起这样的封面，上品的书法，极佳的绘画，自是一番美景在眼前，它并不逊色于那些公开发行的大型杂志封面。社长匡安荣同学非常认真，亲自组稿、审稿、跑印刷。《珞珈档案》我们在校时一共办了三期，每位同学都有文章面世，虽然稚嫩，亦欠厚重，但对于增进友谊、切磋学问、磨洗笔锋很有助益。同学黄军会毕业分配至国家档案局带回消息说，“咱们的《珞珈档案》摆在国家档案局的图书室，大家颇为称赞”。

值得自豪的是，除了编辑《珞珈档案》杂志，我们还有不少同学在毕业前就公开发表了专业论文。

五、珞珈山，其道光明

母校是我们心中最温暖的记忆，我们是母校记忆中最长久的温暖。古之圣人云：“时止则止，时行则行，动静不失其时，其道光明”。珞珈山，不仅仅是一座自然的山，而且是一座人文的山，还是一座厚重的书山，更是海内外武大学子心中朝圣的圣山。珞珈山，高不过 118 米，不足江城地标建筑的五分之一。但她，育才育人，勤勤恳恳，传播大学之道；授学授德，兢兢业业，不负名校之风。我们赞美珞珈山，赞美母校，她无愧是知识的高峰、文化的殿堂、精神的圣地。“自强、弘毅、求是、拓新”的校训，激励着一代又一代武大学子勤奋攀登、立志报国、服务社会，为实现中华民族伟大复兴贡献武汉大学的科教力量。

百年珞珈依然朝气蓬勃，百年信管依旧栋梁林立。我们今天之所以在各自的岗位上取得了些微成绩，那是因为我们青春的时光就读于流风甚美的珞珈山而获得的，我们永远是母校的一分子。在母校信管学院百年院庆之际，我谨以一首小诗，表达对母校的衷心祝愿——

感恩母校

岁月如歌，想当年
每天把你的名字挂在胸前
我能够感受到你博大的爱
情怀依旧，看如今
你是我生命里的一片森林
而我是你一粒报恩的种子
感谢母校的美丽樱花
浪漫了我们青春的记忆
感谢师长的谆谆教诲
滋养了我们饥渴的心田
一年四季，樱花烂漫
珞珈山水，育林成栋梁

作者简介

何丽君，女，武汉大学信息管理学院84级档案学专业，现任湖北省人民政府办公厅副主任职务。

一身黄河水，两度珞珈山

——怀念武汉大学信息管理学院的流金岁月

王子舟

我在武汉大学学习、工作近13年。第一段是从1985年到1988年，在武汉大学图书情报学院读硕士，第二段是从1996年到2006年春，先在武汉大学信息管理学院读博士，后留校任教。这是我人生中最美好的两段经历，它不仅铺垫出我学术生涯的底色，也是我取得学术成果的丰获阶段，还是我工作、生活最为心情舒畅的时期。那些铭心刻骨的人和事，经常梦牵魂绕，难以忘怀。

一、求学时光

我出生在内蒙古包头市，在九曲黄河流经的塞北高原长大。1985年考入武汉大学图书情报学院读硕士，是第一次从北方到了南方，来到武大一下子就喜爱上了山清水秀、楼台巍峨的美丽校园。这里四季都有鲜花，冬有各种梅花，春有迎春、樱花，接着还有泡桐、玉兰、紫荆、桃杏、石榴、栀子、夹竹桃等，纷纷争艳，花开不败。

9月入学时，导师廖延唐(1932—2010)因解决孩子工作等原因已经调到了湖北十堰大学去了，我和廖老师招收的另一位研究生李婷，转到了谢灼华老师名下。当时谢老师已招收周晓燕、胡先媛两名女生，加上我们俩，谢老师当年就带了四名研究生。那时候，我一门心思用在学习上，上过谢灼华、黄宗忠、彭斐章、查启森、曹之等老师的课。除了学习本专业开的课程，还经常选修一些其他系的课，如中文系宗福邦先生的“汉语音韵学”、罗邦柱先生的“训诂学”、哲学系萧萐父(1924—2008)先生的“佛教哲学”等。听“佛教哲学”课的学生不多，萧萐父先生奇怪图书情报学院的学生为什么来听，问我，我答喜欢，他一笑而过。萧先生一头白发，上课充满激情，给我留下深刻印象。

除了上课，平时就泡在图书馆里，幸得武大图书馆四楼的保存本书库的工作人员让我进库查找书籍，给我看书提供了极大方便。有时也去老斋舍上面的古籍馆看书，到现在我还记得有时翻开古籍书页能看到蠹鱼残骸，能看到抗战时期武大西迁在江中遇袭古籍遭水泡浸的痕迹。我的硕士毕业论文写的是《六朝隋唐佛教藏书考》，资料不太好找，远非现在丰富与方便，所以只能多翻阅一些古籍(包括《大藏经》)。有一篇外审评阅书是北京大学白化文先生写的，评价还不错。记得在答辩的时候，曹之老师发言说，这篇论文可贵之处就是用了大量一手资料，不是“二道贩子”。

我们那届研究生都住在枫园，我在枫园一舍。我在班里当过生活委员，负责每月给同学发助学金之类的事务，加之年龄也大过应届考上来的同学，所以大家都叫我“王兄”或“老王”(后来基本都叫我“老王”)。在枫园的三年生活中，我教会了几名男生游泳和划拳。霍国庆(现为中国科学院研究生院管理学院教授)、刘焕成(现为郑州航空工业管理学院教授)的游泳教练都是老王。霍国庆学会游泳后，敢于游向远方，挑战湖浪。男生的划拳都是跟我学的，但是后来者居上，臧国全(现为郑州大学信息管理学院教授)的划拳十分厉害，师傅往往败于徒弟。

那时候同学们风华正茂，意气风发，组织骑自行车去黄陂的木兰山。我们一路同行，领略乡村田野风光，在木兰山上远眺，青春的风华融入了壮美的山河。还有一次，我们同舍86级的彭海斌(现为深圳市人大常委会副主任)，邀我和臧国全骑车去麻城他的老家。100多公里，清晨出发，晚上才到。次日再骑回学校，一路上坡下坡，修过好几次自行车。85级同学王新才(现为武汉大学图书馆馆长)邀请我们几位同学到汉川老家做客，在稻田里钓到不少鳝鱼，还在他家吃到美味的粉蒸肉。1987年秋实习考察，同学们选了南京、上海、北京等地，我独自一人选了敦煌，在敦煌看了很多洞窟。特别是在17号洞窟“藏经洞”盘桓许久，驰想当年斯坦因、伯希和在此翻阅经卷的情形，还躺在对面沙丘上仰望夕阳云霞，独自和大自然对话。途经西安，专门去看了大慈恩寺的大雁塔，那时候登塔要交1块钱，我为能亲临这个现存的最古老的藏书建筑(专门收藏玄奘取回的梵文经本)而激动不已。时隔八年，我重回院里读博，当年院里给我办请款的会计杨永莲(时已退休，2011年辞世)来院里办事，见到我还说，你就是去敦煌的那位同学吧。

1988年6月我们毕业，每位同学都有一本毕业纪念册，里面有临别赠言和同学交换的照片，至今我还珍藏着。离校时，同学们依依不舍。我和霍国庆等几名北方学生坐火车返家，途经石家庄，霍国庆转车去太原，我们流着泪水挥手告别。离开武大返回内蒙古的八年里，美丽的武大经常出现在我的梦境里。直到1996年再度来武大攻读博士，这种梦境才一度不出现了。

1996年返回武大读博，继续师从谢灼华先生。学业荒废了八年，回归母校后我重整旗鼓，每天沉醉读书不可自拔。

读博第一年，在完成其他课业的情况下，由王余光老师(现为北京大学信息管理系教授)推荐，我写出了平生的第一本书《陈寅恪读书生涯》(长江文艺出版社1997年出版，1999年又被台湾新视野出版社出版了繁体字版)，接着第二年完成了傅璇琮先生和谢灼华导师主持的《中国藏书通史》第四编“隋唐五代藏书”部分的撰写，又完成了湖北人民出版社邀约的人物传记系列《陈寅恪》的书稿。期间还发表了几篇论文。第三年确定毕业论文写《杜定友和中国图书馆学》，在不到一年的时间里，我北上南下，拜访杜定友先生的女儿杜鶼、女婿梁国权，旧部张世泰(1918—2006)、刘少雄(1922—2014)、高炳礼等，查阅了大量资料，特别是利用了本院资料室内杜定友先生捐赠的部分图书资料，终于完成了论文写作。

1999 年 5 月 18 日上午在学院四楼图书馆学教研室进行了博士论文答辩，答辩委员会主席是孟广均先生，委员有吴慰慈、彭斐章、詹德优、曹之、王余光、谢灼华诸位先生、老师，最终评委投票以全优通过了我的论文答辩。当时旁听的硕博士生有 20 来人，其中 97 级硕士生邓咏秋(现为国家图书馆出版社编审、图书馆学编辑室主任)写了一篇稿子《一场精彩的论文答辩》①，记叙了这次答辩过程，用电子邮件发给《大学图书馆学报》后，居然还被发表了。

在读博的三年中，谢灼华老师、王秀兰老师给予我无微不至的关怀。谢老师在学业上对我耳提面命，平时还一起逛书店。谢老师经常说，自己年过花甲，看书时间有限，就不多买书了。可是到了书店，见到喜爱的书，不由分说又买了下来。每次去谢老师家，我会跟他汇报一下近期学业进展，谢老师听后会给我一些建议，之后还聊一下自己最近看了些什么书，有哪些内容值得注意。谢老师博览群书，甚至还看通俗小说。谢老师对我自由问学的宽容，对我清傲性格的包容，都是我终生所感念的。王老师则在生活上关照我，每周末都叫我去她家吃中饭。当时外婆还在，见我来了，也笑盈盈地叫我“王之纠”(“王子舟”的广东话)。我们吃完饭，谢老师招一下手，我就和他到阳台上吸一根烟，顺便再聊一阵。后来谢老师因心脏出问题住院手术，从那以后他就不再摸烟了。王老师在我留校后还专门帮我点选新房，找木工做了两个书架送给我。这些都是我生命流水中泛起的浪花，如今仍感怀不已。

院系里的年轻老师对我也很照顾，如王余光、王新才、王三山等。新才是我读研的同学，见老王重新回炉，十分高兴，几次叫到他家吃饭。余光老师找我参加学术名人读书生活系列著作的编写，见我犹豫，还亲自找我的导师沟通。那时我们常去余光老师家聊天，余光和婉约夫妇知道我吃食堂无油水，也总叫我到他家吃饭。起初因心存敬意，每见到余光老师，还称呼他“余光老师”；后来熟了，就改称“余光兄”了；再后来，连“兄”字也省了，直呼其名。一次余光老师调侃我：你对我的称呼实现了三级跳啊。在读博的三年，我和王余光、王新才、王三山、黄鹏等诸位好友过从甚密，隔三差五相伴去逛书店，之后一起吃饭，足迹遍及汉口、武昌，也不知道一起吃过多少顿饭。1999 年我留校任教，余光老师则调离武大去了北大，他家里的旧冰箱、洗衣机、电饭煲等都搬到了我的家里。

在枫园的三年岁月，我和同宿舍楼里的本院同学结下深厚友谊，如赵海军(94 博)、刘磊(95 博)、杨超(96 博)、匡文波(97 博)等，还交往到了一些外院系的学友，如哲学系郭齐勇先生指导的龚建平、丁为祥、丁四新，历史系陈国灿先生指导的刘安志，陈勇

① 邓咏秋. 一场精彩的论文答辩[J]. 大学图书馆学报，1999(4)：78-79.

先生指导的叶明勇，朱雷先生的访问学者刘进宝，以及经济科学高级研究中心邹恒甫先生指导的龚关、龚强等。我们经常在一起海阔天空地散步、聊天、打牌，在相互聊天中彼此收获学习心得与见识，在打牌中排遣紧张、放松情绪。

要说在武大有不如意的地方，就是食堂的伙食太差了。桂园食堂稍好，枫园食堂最差。读硕临近毕业的时候，已不能接近食堂饭厅，一闻其味就倒胃口。读博的时候，枫园食堂也依然如此，粗劣的大米、败口的菜肴，时间一长难以下咽。快毕业那年，我们通常是到临近东湖边的私人小摊上进餐，炒一个素菜两元，荤菜四元，外加五角的米饭，还算过得去。哲学系毕业的一位博士在其毕业论文后记中云："回想起在武大度过的岁月，不禁感慨万端，枫园食堂难以下咽的饭菜曾让我的肠胃饱受痛苦"①，在严肃的学术著作后面吐槽一个食堂，可见该食堂有多差了。枫园食堂唯一可取处是早饭的肉包子，小包子一个0.36元，大包子一个0.47元，味道还不错。所以，在武大读书，经常为吃饭发愁，偶有朋友请客，或到老师家里吃饭，皆大好事，立提兴致。

二、工作的日子

1999年6月我从图书情报学院图书馆学系毕业，获得管理学博士学位。7月留院里图书馆学系任教，赶上了学院从图书情报学院改名为大众传播与知识信息管理学院(1999年4月至2000年12月与新闻学院合并)的调整期。2000年8月，武汉大学与武汉水利电力大学、武汉测绘科技大学、湖北医科大学合并组建新的武汉大学，12月院系进入调整，原图书情报学院恢复独立并吸收原武汉水利电力大学信息管理与信息系统专业，从2001年改名为信息管理学院，校方将原武汉测绘科技大学的印刷学科与原武汉大学的新闻传播学科合并，成立了新的新闻与传播学院并予以独立。

那时图书馆学系是院里资格最老的系，但是很缺老师。王余光老师、胡先媛老师等刚刚调离或出国，一下子有几门课没人上。1999年秋季一开学，我连准备的时间都没有，系里就安排我给本科生上"图书馆学基础"(必修)、"比较图书馆学"(选修)两门课，并为研究生主讲"文献学概论"(公共必修)等课程，那时备课相当紧张，头两天备好的内容第二天一次讲完，马上就得备下次课。我为了讲得有内容，常常熬夜到一两点。次年我又接任了本科的"当代图书馆学"(选修)、"历史文献学"(选修)、"文学文献学"(选修)等课程。所承担的教学任务十分繁重。

好在学校分配给我的住房在校内，具体地址是湖滨教工宿舍2栋2单元202室，2室1厅，使用面积44平方米，虽然空间不算太大，但是新落成的楼房，面对葱翠的山坡，背临浩渺的东湖，留校的博士大多住在这里，大家很满意。我们上课方便，到超市、菜场买东西也方便。我在这里居住了将近7年。调到北京后，每次回武大出差，我都会去曾

---

① 卢风．历史、理性与自由：波普社会历史观述评[M]．长沙：湖南师范大学出版社，1993.

经居住的地方散步，在附近找个地方一个人坐在那里待一会儿。

出于院系发展的需要，院里在2001年2月任命我为图书馆学系主任。当时碰到的头件大事就是教育部开展重点学科评审。在教育部“图书馆、情报与档案管理”一级学科评估中，北京大学有图书馆学优势，武汉大学有情报学优势，中国人民大学有档案学优势，三校已确定各自申报这三个重点学科。但是马费成院长、陈传夫副院长等认为，武汉大学的图书馆学专业历史悠久，在全国享有很高的声望，也应该申请一下，或许能成功。于是申报材料的编写任务落在我的肩上，我负责具体起草撰写，苦干数日，最终填好了二十页的《申请高等学校重点学科简况表》。2001年12月中旬，我和副院长陈传夫到北京友谊宾馆顺利完成了申报答辩，最终与北京大学信息管理系并列获得了教育部图书馆学重点学科的批复。那年四校合并后的武汉大学获得20个国家重点学科，我们学院一下就占两项(情报学、图书馆学)，不仅为武大争了光，而且加强了学院在武大乃至全国的重要地位。

系里的工作能有条不紊地推进，既有赖于院领导的支持，也有赖于党支部书记袁琳、副系主任黄如花(负责教学)、副系主任付立宏(负责科研)的积极配合，以及全系老师的辛勤工作。除了系里正常教学与科研工作，那几年我深度参与的事情还有以下几件：

一是与武大出版社合作，打造了一批新的图书馆学系列教材。20世纪80年代院里曾经推出过一套图书馆学系列教材，最初虽非公开出版物，但在国内产生了良好的影响，后来这些教材也都陆续得以正式出版。不过二十年过去了，系里急需重修、新编一套高质量的本科教材，不仅供本科教学使用，也可供继续教育教学使用，还可供其他兄弟院校使用。我和出版社商定出版一套新的教材，使用统一的版式和装帧，成熟一本推出一本，不设硬性完成时间表。同时也动员系里老师积极行动，编写出高品质的教科书。这套书后来终于陆续面世，在本科教学、继续教育教学中发挥了积极作用，也得到了兄弟院校使用者的高度赞扬。武汉大学出版社的严红女士为此不知付出了多少艰辛的汗水，我俩也因此成了十分要好的朋友。我本人编写的《图书馆学基础教程》(2003年8月)也厕身其中，倍感荣幸，后被国内诸多高校指定为考研参考书。

二是在院领导尤其是时任副院长陈传夫老师的直接安排下，由美国的亚洲基督教高等教育联合董事会(United Board for Christian Higher Education in Asia)、国家教育部的资助，我系于2003年至2005年和美方合作，成功举办了三届“中美图书馆馆员高级研究班”(Sino-U. S. Advanced Training Program for Librarians and Library Professionals)。第一届是2003年10月在武大，第二届是2004年7月在内蒙古大学，第三届2005年7月还是在武大，招收学员以西部及贫困地区高校或各地民族院校图书馆的骨干力量为主，培训带有公益性质，不收会务费，对来自贫困地区的学员还给予了适当补贴。三届学员加起来达260人，每次会期都是十几天，强化训练。前后邀请了美国匹兹堡大学、加州大学伯克利分校、威斯康星大学信息研究学院以及武汉大学等众多国内外一流学者给予授课，研讨数字化信息资源组织与检索、数字图书馆、信息资源数据库开发、信息资源配置与共享、数字图书馆法律、数字化参考服务等。

三是积极开办研究生课程进修班、师资班等。经过多方联系，系里于 2001 年在内蒙古大学、北京广播学院、武汉大学开办了三个硕士研究生课程进修班；2002 年在国家图书馆开办了双证研究生班、研究生课程进修班，在甘肃省图书馆、广东省立中山图书馆开办了研究生课程班；2003 年至 2005 年在武汉大学连续开办了三届高校教师在职攻读硕士学位班(简称"师资班")；2004 年与浙江高校图工委合作，在浙江大学西溪校区开办研究生课程班；2005 年与云南省图书馆合作，在昆明开办图书馆学研究生课程进修班等，为各地图书馆培养了一批高学历、高素养的专业人员。那时候学校鼓励各院系创收，而院系创收主要靠办班。我在负责系里办班工作中，严格按照学校的要求，不敢违规收费，还要请最好的老师上课，把好教学质量关。

当时院里也有个好的传统，就是每年元旦过后召开一次迎新春离退休教师茶话会，马费成院长代表院里向各位退休老师汇报工作，征求大家意见。受此启发，我和支部书记袁琳商量，每年元旦过后也邀请本系的退休教师共同聚一下，在一起吃个饭、聊聊天，不仅增进大家之间的感情，还能得到前辈的指教，如傅椿徽(1924—2007)、周继良(1929—2018)、黄宗忠(1931—2011)、郭星寿、查启森(1937—2010)、傅敬生(1938—2020)等前辈，我来到系里工作时他们已经退休了。就是在和他们的几次聚会之后，慢慢和其中几位熟悉起来，才有了向他们请教的机会。

2000 年 6 月我被评为副教授，2001 年开始带硕士研究生，在信息管理学院工作期间，培养了五届研究生，在校三年制的有 2001 级的张洲英、林丽，2002 级的有肖雪、彭莲好、唐晓荃①、梁曦，以及在职"国图班"的方允璋(福建省图书馆)、姚迎(国家图书馆)；2003 级的部向荣、陈玉顺、郭卫宁、蒋业政。两年制的有 2004 级的夏凡、刘金；2005 级的张果果。此外我还指导了数名师资班、课程班的研究生。我所指导的本科生的毕业论文，有的曾经获得过"湖北省优秀本科生毕业论文"的称号。2003 年 11 月我因达到了相应的评聘条件而被破格评为教授，次年被评为博士生指导教师，从 2005 年开始带博士，招收了肖雪、马艳霞，当时有彭莲好、杨晓农都上了线，也很优秀，但是因名额限制没有办法录取，非常遗憾。

在武大带的研究生中，方允璋是非常特别的，她是我执教中带的唯一比我年龄还大的在职研究生，下过乡，当过村小教师，读过师范，1984 年开始在福建省图书馆工作，长期担任研究辅导部主任，读研时已经五十岁。她以拼搏精神学完研究生课程，写出了《图书馆与非物质文化遗产》的毕业论文，并获得了全票优秀通过，后于 2006 年由北京图书馆出版社正式出版，成为我国第一部将非物质文化遗产与图书馆关联研究的力作。我在和她通信时，从来都是称她"方老师"，因为她为人谦和、诚恳，做事敬业认真，在做人、求学上就是我的榜样和楷模。

① 肖雪、彭莲好、唐晓荃最初硕士指导老师是俞君立，俞老师退休时转给我指导。

三、师长与学友

我在武大结识了众多师长学友，他们在我成长的过程中给予了热忱的关爱与帮助，使我从一个普通的图书馆员转变为一个站三尺讲台的教师，从一个粗通学术门径的年轻人成为一名现已发表150余篇文章、8部著作的图书馆学专业研究者。

引我入门的是廖延唐老师，硕士生与博士生导师是谢灼华老师，本系给我以教诲、厚爱有加的有前辈彭斐章、黄宗忠(1931—2011)、詹德优、周绍萍、俞君立、黄葵、曹之、刘荣等老师，他们的言行举止熏陶着我，让我体会到了怎样做才称得上符合教师的职业规范与道德。如前任老院长彭斐章老师每周四下午系里的例会都会按时到来，为系里的发展献良策、把方向；黄宗忠老师虽然已经退休，但我每次上门请益，他都会跟我讲自己的教学、科研体会与见解；詹德优老师将系主任的接力棒传给我，手把手地传帮带，甚至和我一起跑研究生课程进修班的报批手续；刘荣老师上课认真，我旁听过一次就留下深刻印象。

稍长于我并能给予关怀和帮助的是张燕飞、赵纪元、肖希明、孙更新、袁琳等诸位老师，年轻于我的陈传夫、陆颖隽、付立宏、司莉、黄如花等老师也均曾给我的工作以大力支持。张燕飞的老大哥气质、赵纪元洒脱的微笑、肖希明谦和的话语、孙更新腼腆的神态，袁琳为系里每位老师排忧解难的操劳、陈传夫协调系里与外界的能力、陆颖隽对老武大的熟悉、付立宏认真的性格、司莉的勤奋、黄如花的聪慧，图书馆学系这个大家庭充满了友爱与温暖，激发了我奋力工作、为大家服务的热情。

因篇幅有限，廖延唐、谢灼华两位恩师对我的栽培、影响将另外行文以述，系里老师仅选俞君立、黄葵老师，还有曹之老师，以他们为例，叙述一下图书馆学系老师的优秀品行。

俞君立、黄葵夫妇同在系里任教。俞君立老师曾在武汉大学图书馆、陕西图书馆做图书分类工作多年又重新回到院里教授图书分类学，他实践经验丰富，能够理论结合实际，讲课生动，深受同学们的欢迎。因在文献分类学的理论与应用上提出过诸多创建，被选为《中国图书馆分类法》第三版、第四版编辑委员会编委。俞老师编写的《中国文献分类法百年发展与展望》(武汉大学出版社2002年)，对20世纪现代文献分类法的引进、编制、理论研究、重大学术争论等做了梳理，对101篇(部)中国文献分类学名著进行了筛选与评介，探讨了我国文献分类法未来的发展。该书要言不烦，内容扎实，学术价值、资料价值都很高，作为国家社科基金项目也得到了有关部门的好评。中国分类学史的代表作有两部，民国时期的是蒋元卿的《中国图书分类之沿革》(1937年)，1949年以来的就数俞老师这部作品。黄葵、俞君立老师合著的《阅读学基础》(武汉大学出版社1996年)则是当时高校最有代表性的一部阅读学教材。

俞老师、黄老师凡事为他人着想的胸怀、凡事精益求精的态度给我留下深刻的印象，如2000年12月我紧接俞老师去福州上函授课，住福州东湖宾馆，我到了他才走，俞老师行前将住宿需注意的方方面面都叮嘱我一遍，小到洗澡水龙头如何开、下电梯按哪个键到一楼大堂等均一一演示给我，之后才放心地踏上返程。他在写《中国文献分类法百年发展与展望》这部书时，经常和黄葵老师两人到老斋舍山顶图书馆老馆去查民国时期的书刊资料，我常见到他们在翻阅的书籍旁边，放着剪刀、糨糊、卡纸、线绳、胶带纸等，原来他们要是借到破散的期刊，看完之后就要仔细修整一下再还回去。

2001年夏天学期末考试，我作为系主任巡查各考场，7月3日那天气温高达40度，教学楼里没有空调，只有吊扇。教五楼一间教室里主考老师是黄葵，她专门从家里带来仁丹、清凉油等药品放在讲桌，黑板上写着“有需要降暑药的到讲桌上取”，学生们虽汗流浃背地答题，但秩序井然，鸦雀无声。那个场面历久弥新，至今深深地镌刻在我脑海里。

俞老师带的2002级研究生彭莲好一次生病住在武大校医院，彭莲好的爱人也从外地赶来陪床，俞老师和黄老师一日三餐给他们做饭送饭，彭莲好住院一周，俞老师送了一周的饭。还有一次黄葵老师生病在市里住院，俞老师请了一位女护工，女护工每晚要回家，俞老师都为她叫出租车并给费用，待女护工上车后，他还记下车号以防有意外。

说起曹之老师，我从读博士起，就常去曹老师家拜访。曹老师见到我，三句话不到就开始讲学术。1996年国庆节去曹老师家，刚进门他就跟我讲近日考出《汉书·艺文志》颜师古注的一条笔误，即颜注里提及与刘向校书的“杜参”应为“富参”，并列举理由，兴奋之态溢于言表。后来英山发现毕昇墓碑，当地政府和部分学人认为这是活字印刷术发明者毕昇的坟墓，英山乃为活字印刷的起源地等，曹老师言此毕昇非彼毕昇，同名同姓者多矣，仅凭姓名相同就认定而无证据证明，其法不可取，对此曹老师还专门撰文以述①。

曹老师家里藏书极多，约略有两万册，分经史子集四部排架。他的书桌前贴有自书警语“座无虚席”。他跟我几次提到，在其读硕士时，廖延唐先生嘱咐他通读《四库全书总目提要》，他前后精读三遍，每次都有不同的收获，因为不断翻阅，《四库全书总目提要》的三个牛皮纸包书皮都被翻烂了，此可与孔子“韦编三绝”媲美。他后来用此法还精读过《说文解字》《辞源》，将其中有关书籍的字词及解释都抄录过一遍。曹老师治学接近陈援庵先生“竭泽而渔”的方法，资料丰富、佐证详实是其著述的一大特点，这从曹老师的代表作《中国印刷术的起源》(武汉大学出版社1994年版)中就能得到验证。

曹老师还有一大特点是非常注重身体锻炼。院系如果在外面有饭局，只要路途在五公里内，他都要走回家。他的名言是：身体练好了，你能多活十年，学术生涯不也就延长十年吗？他反对争分夺秒地做学问，说这对身体不好。我调到北大以后，曹老师还到北大找过我，我请他吃饭聊天，他跟我倾诉些知心话。曹老师其实是个不善言辞的人，

① 曹之．毕昇考证：兼谈湖北英山出土的毕昇碑[J]．出土文献研究，1998(2)：139-154.

谈起学术话如河水，聊起其他则言如滴水。不过我俩能聊到一起，就是不怎么说话的时候，也能相对静默坐一会儿。这两三年听闻曹老师因身体抱恙而记忆减退，有时已难辨同事了。我祈祷曹老师能安度晚年。

除了本系以外，院里其他系所也有很多经常交往的师长和学友。信息管理学院虽然分设有几个专业，但是专业界限并未阻隔教师之间的交往，不同专业的教师之间还能形成最要好的朋友。曾经给予过我关爱的院里其他系所的前辈，依齿序有严怡民、王昌亚、陈光祚(1935—2017)、焦玉英、董慧、杨元生(1943—2013)、黄凯卿、张玉峰、马大川、张煜明、罗紫初、马费成、邱均平、沈祥兴等。如陈光祚老师喜欢和我聊天，我就去他家和他一边吸烟一边听他说话，他的烟瘾太大，有时一根吸完又接一根，我去见他时就带上一条烟；焦玉英老师见到我就嘘寒问暖，对我的生活、孩子很关心；董慧老师爱谈学问，他跟我讲述他的研究思路时总是那么投入，极有吸引力；杨元生老师见我到《图书情报知识》编辑部闲转，有时会拿出一份稿子说："这个写得不错，你看看。""这个稿子句子有问题，你看怎么修改一下。"马费成老师身为院长，但从来都没有架子，每次和我谈工作都和颜悦色。有一次我看到有人全盘抄袭马老师十年前的文章，十分气愤，用红笔将抄袭部分都标示出来给他看，马老师平静地说："是不像话，你致函编辑部说明一下吧。"

和我年龄不相上下的年轻老师，平时熟悉、要好的就更多了。信息管理科学系有何绍华、李纲、查先进，出版科学系有吴平、朱静雯、方卿、黄先蓉、王清、张美娟、吴永贵、姚永春、徐丽芳；档案学系有刘家真、熊传荣、朱玉媛、王三山、张晓娟、周耀林、王新才；信息系统与电子商务系的有唐晓波、李枫林、陈远、张李义等，还有院《图书情报知识》编辑部的周黎明、李明杰。由于几个系的正副系主任常在一起开会，所以李纲、唐晓波、张李义、方卿、黄先蓉、刘家真、王新才和我交往机会多些，我对他们几位身上的敬业精神、超群才华甚为敬佩。周黎明不仅关心我家属工作调动，而且每有同学聚会就叫上我；李明杰跟我探讨学问、学风，都让我十分铭感。

院里长期坐班的院领导李桂安书记、张荣山副院长，研究生干事刘秋霞，教学干事李长年、白小柳，资料室的曾秀华、乔静、李建民、傅西平，办公室的傅强、陈历奇、耿长志等，他们也都给过我极大的帮助。张荣山副院长经常跟我探讨古今人物轶事；曾秀华、乔静给我查资料提供许多方便；办公室主任傅强每次听到叫他"主任"，总是乐呵呵地应答；陈历奇有时下班后在电脑上下盘象棋，我在一旁支招，他赢了对手会像孩子般兴奋地笑起来，然后关机回家。

上述这些信息管理学院的师长、学友，在我撰写此文时，一位位又都生动地浮现在我眼前，似乎没有时空的距离。其中许多师长和学友在我离开武汉到北京后，还一直保持着联系，他们是我终生的朋友。我前几年在看电视天气预报节目时，看完北京，还要看呼和浩特、武汉两地。北京是我现住地，呼和浩特是我的家乡，那里还有我的亲人，而武汉是哺育我的第二故乡，那里有我众多的师友以及我熟悉的一草一木。

四、学术研究

我从 1985 年在图书情报学院读研那年开始发表论文，从此走上了图书馆学研究之路。截至 1999 年正式加入大众传播与知识信息管理学院大家庭时，已经在国家或地方专业刊物上发表了 34 篇论文。这期间最主要的成果就是我的硕士论文《六朝隋唐佛教藏书考》(1988 年)，虽然过去已有一些研究古代佛教藏书的文章，但是系统梳理佛教传入中国以后佛教藏书制度的著述还没有，我当时很想完成这样一部著述，遗憾的是当时未能完成这一宏愿，只写到了隋唐时期。硕士毕业后曾想接着做，但终未成功。

读博士阶段，参与傅璇琮先生和导师谢灼华主持的《中国藏书通史》的撰写，完成了其中第四编“隋唐五代藏书”约 9 万字的任务，该书于 2001 年由宁波出版社出版，2002 年 11 月获中国出版工作者协会“第十三届中国图书奖”，与北方任继愈先生领衔主编的《中国藏书楼》(辽宁人民出版社 2000 年，2001 年 10 月获得了第五届国家图书奖提名奖)成为当时南北中国藏书史的两部代表性著作。在 1998 年 10 月做博士论文开题报告时，谢灼华老师让我在当代图书馆学史中选题，后来也因时间紧张，选做了杜定友先生研究，完成了《杜定友和中国图书馆学》的博士论文，该论文后由北京图书馆出版社 2002 年出版，我还专门寄一册送给杜定友先生女儿杜鵻鵻，以表示图书馆学人没有失去对她父亲的感念。这一时期，我的研究方向逐渐由古代图书馆史转向现代图书馆学。

1999 年夏留校任教，我接了图书馆学本科核心课“图书馆学基础”的教学任务。在教学中我潜心研究图书馆学基础理论问题，站在“知识论”的立场，对图书馆学研究对象、发展简史、内容体系、学科性质、相关学科、理论基础、核心内容、研究方法等进行了系统梳理与探索，发表了系列文章，其中最有代表性的是 2000 年刊发的《知识集合初论》《知识集合再论》，在此基础上最终形成了一部新的教材《图书馆学基础教程》(武汉大学出版社 2003 年版)，提出了图书馆的本质、研究对象是知识集合，认为应根据“客观知识→知识集合→知识受众”及其相互关系来建立图书馆学研究客体体系。教材中吸取了诸多其他人文社会科学的学术资源，同时对图书馆学的未来发展做出了分析与预测。这部教材出版后引起了学术界的关注，于鸣镝先生称本书为“推陈出新的好教材”①；也有对我的观点提出质疑的，如马恒通先生②。不管如何，对图书馆学理论问题的全面梳理，为我以后开展图书馆学研究打下了坚实基础，也提供了良好的方向感。

留校的前两年，我参与了导师教育部博士点基金项目“世界与中国图书馆事业发展趋势研究”、詹德优老师的教育部博士点基金项目“当代图书馆学教育发展趋势研究”的编

---

① 于鸣镝．推陈出新的好教材：试评图书馆学基础教程[J]．图书情报知识，2005(1)：110-111，113.

② 马恒通．追寻图书馆本质的新成果：《图书馆学基础教程》述评[J]．图书馆，2006(1)：115-117，114.

写，参加了彭斐章老师主持的教育部“图书馆、情报与文献学十五研究规划及课题指南”的起草工作，这些科研活动锻炼了我做课题的能力。1999年到2006年，即从留校任教到调离前的7年里，我以武汉大学信息管理学院为单位名义，先后发表学术论文36篇，其中被人大复印报刊资料全文转载19篇，还有两篇转载于中国台湾胡述兆、王梅玲主编的《图书馆新定义》，这是自己平生学术文章最高产的时期。当时的学术兴趣主要集中在几个方面：图书馆学原理(基础理论)、当代图书馆学史、图书馆学教育发展、知识管理与图书馆学科的交叉、图书馆弱势群体知识援助的制度建设、图书馆公共空间性质等。

在所涉诸方面研究中，我都有意识地呼吁图书馆学的研究重心应从过去的“图书馆域”转向“知识域”。记得那几年武汉图书馆等单位请我演讲，主要讲的一个题目就是“面向知识的图书馆学发展新趋势”。后来随着知识组织、知识服务、知识资源等话语的增加，2006年9月我在北京大学图书馆学高层开放论坛上做了这个题目的最后一次演讲，以后就不再这样呼吁了。

有的研究兴趣得以日后继续延伸，这也是机缘所致吧。2004年，图书馆学界热谈知识自由、读者权利，探索图书馆精神等。我意识到在两极分化较为严重的特定社会状态下，我国的图书馆应该在推进社会公平与包容方面承担责任、发挥作用，于是我为《图书情报知识》杂志组了一组相关主题的稿件，范并思、韩继章、蒋永福、李金荣等鼎力相助，献出大作刊载于2005年第一期上，其中有我和肖雪的《弱势群体知识援助的图书馆新制度建设》。那时国家社科基金规划办征集研究指南，我推荐了弱势群体知识援助的题目，并被列入指南里，后来自己经过申报，获得了2005年国家社科基金重点项目“弱势群体知识援助的图书馆新制度建设”(05ATQ002)。如今我在乡村民间图书馆、留守儿童家庭阅读等方面做了多年公益项目，并与合作者出版了《乡村民间图书馆田野调查笔记》(2019年)，其实就是这个课题的某种延续。

我和图书馆结缘是恢复高考以后上了内蒙古大学等七所高校举办的图书馆学专修班(大专，当时武大的廖延唐、焦玉英和北大的朱天俊等老师曾亲临授课)；我和图书馆学结缘是武汉大学图书馆学系给了我两次求学机会，并引导我走入图书馆学的门径。年过花甲之际，回首往事，感慨良多，我将在图书馆学研究这条路一直走下去，奉献自己的余生。

最后我还想着重说出我的一个心声：从走上社会以后，在武大生活的13年才是我人生最美好的时光，之所以这样讲，不仅是武大哺育了我，而且还是武大提携了我。许多师长和学友对我真挚的关爱和帮助，这是对我最好的恩赐；信息管理学院不拘一格用人，让我当系主任，这是对我最大的信任；具备了相应的条件就被破格评聘为教授，这是对我最高的奖掖。“士为知己者死”，我本应在信息管理学院终身执教来报答母校的恩情，但我工作不足7年就调离了武大，我觉得自己愧对了母校，这种愧疚将随我走到人生终点而不可释怀。

作者简介

王子舟，男，1957 年生人。1985 年与 1996 年先后在武汉大学图书情报学院攻读硕士和博士学位，分别获文学硕士、管理学博士学位。

1999 年博士毕业后留武汉大学信息管理学院图书馆学系任教，2001 年起兼任图书馆学系主任。2006 年 2 月调入北京大学信息管理系，为该系图书馆学教研室教授及博士生导师，现在职。曾兼任北京大学信息管理系副主任、系学术委员会主任、北京大学图书馆工作委员会副主任、中国图书馆学会学术委员会副主任、图书馆学基础理论专业委员会主任等。

研究领域为图书馆学基础理论、图书与图书馆史、图书馆学史、民间图书馆发展等。主要著作有《中国藏书通史》(参编，2001 年)、《杜定友和中国图书馆学》(2002 年)、《图书馆学基础教程》(2003 年)、《图书馆学是什么》(2008 年)、《弱势群体知识援助的图书馆新制度建设》(2010 年)、《民间力量建设图书馆的政策与模式》(2011 年)、《图书馆学研究法：学术论文写作摭要》(2017 年)、《乡村民间图书馆田野调查笔记》(2019 年)等。发表学术论文 160 余篇。

三十四年图林路，此生缱绻珞珈情

谢春枝

误入图林仙家地

1986年的那个夏天，对我来说郁闷大于欢喜。因为高考语文科目的失利，我不得不报考武汉大学。当时可以填报四个志愿，记得前三个志愿填的是国际法、经济法等法律专业，第四个实在不知道填什么好，兄长说武汉大学图书情报学院在全国影响力不错，我就随手填了上去。没想到这个无意之举，竟阴错阳差将我与学院结出30多年绵延不绝的情缘。

我在学院是一个不听话、不争气的孩子。刚入校时，因为认定是“发配”而来，对专业和老师是百般不情愿，从心底里抵触。第一次专业课，黄宗忠老师让我们每个人上台发言，讲一讲对“图书馆学概论”这门课的理解。我竟无知无畏，上台说，我不喜欢这个专业，我是“发配”“充军”而来。同学们当然是哄堂大笑，黄老师竟不以为意，宽容地笑笑，事后还给了我一个不错的分数。

20世纪80年代末期的武汉大学图书情报学院拥有一段精彩纷呈的岁月，我们有幸受教于这个学科的领军人物：彭斐章、黄宗忠、谢灼华、詹德优……有幸经逢中国高等教育改革的许多第一，比如为本科生配备辅导员，我们8601班的辅导员就是早我们几年毕业的学长陈传夫老师。那个时候，武汉大学图书情报学院已经呈现出人才梯队建设、学术代续传承的优势，现在国内图书馆情报学领域的大咖级专家，如陈传夫、肖希明、方卿、王新才等，当时已经初显锋芒，我们也有幸亲见了他们风华正茂的青年岁月。除了几位老教授外，图书情报学这门学科，很大程度上也是这几位青年老师带领我们管窥蠡测的。历任我们院团委书记的陈安丽老师、黄泰岩老师、钱建国老师等与我们同属60年代，也很快与我们这些青年学生打成一片，不少同学还与这几位老师成为终身的朋友。我对专业课上老师的教学内容大多记不太清晰了，但每每提及老师们的名字，他们的音容笑貌竟是历历在目，宛若眼前。比如俞君立老师和黄葵老师贤伉俪，俞老师儒雅风趣，黄老师娇小严肃。记得俞老师有次在课上，不知为何讲解起陆游和唐婉，现场朗诵那两首著名的唱和《钗头凤》，俞老师在台上抑扬顿挫陶醉其中，我们在座下联想传说中俞老师与夫人诗词传情的佳话，那种学术与浪漫的结合，应该是年轻的我们心目中爱情的最好模样。

我们86级也是第一批实行入学军训的本科生，且军训地在省外。刚进校不久，我们就坐着绿皮火车远赴湖南耒阳。那是我生平第一次坐火车离家远行，心中充满了兴奋和向往。两个月的军训，运动量大，饭量也大。我们拉歌、训练、实弹、拉练、叠“豆腐块”，白天太阳下暴晒，傍晚去营地附近的山坡上看星星，晚上瑟缩在黑乎乎的营房外面站岗，体验着一个军人的生活和训练方式。担任我们女生376团的团长就是时任学院团委书记的陈安丽老师。她不仅要负责我们军训内容安排，还要操心我们的一日三餐、策划我们的业余文体活动。军训联欢晚会上，美丽优雅的陈安丽老师一曲《春光美》惊艳全场。在军营清一色的绿色中，陈老师作为晚会主持人，一根乌黑亮丽的长辫，落落大方、明媚知性，定格成为我青春岁月中永难磨灭的倩影！三十多年来，每每听到《春光美》前奏，我的眼前就浮现出陈老师高贵典雅的舞台形象，耳畔响起她轻柔甜美的歌声。军训期间，学院在376团和378团组织了一次征文比赛，我的散文《军营不止是绿色的》有幸获得了一等奖，正是陈老师，亲自为我颁发了证书和奖品，一个绿皮的日记本！

大学时，我与陈安丽老师的交集仅限于大一的几次活动。后来，陈老师调离武汉大学，但冥冥之中似乎总有一根线，串联着我与老师之间的联系。2004年夏，我在武汉大学图书馆工作期间，曾随馆领导向省教育厅领导汇报湖北省高校数字图书馆建设情况，会议间隙与时任分管副厅长陈安丽老师有过短暂交谈。令人惊喜的是，在我调入湖北省图书馆工作两年后，陈老师又履新湖北省副省长并分管文教卫工作。在我承担的湖北省委政研室重大调研课题“湖北乡村文化振兴路径研究”结题中，做了重要批示。

重回珞珈承师恩

图书情报学院的老师们对于我来说，一直是终身可以信赖的师友和引路人。从入学、毕业、工作，到以后的考研、留校、读博，以至离开学校，每次我遇到困难，只要向老师们求助，无论他们是否教过我，只要听说我是图书馆学专业86级的学生，无一不倾力相助。

大学毕业后，我在中南路街道办事处短暂工作了半年，然后选调到武昌区档案局（馆），一待就是八年。图书情报学院的学科体系可以触类旁通，我虽然学的是图书馆学专业，但对于档案管理，很快也能上手，曾经以为自己会一直这样工作下去，和当年许多回到家乡和基层的同学一样，奉夫教子，守一份波澜不惊的生活。1997年春末，图书情报学院档案学系的张煜明老师带领档案专业的本科生到武昌区档案馆实习，同为武大校友，馆领导指派我接洽和做这些学生的指导老师。

与这些学弟学妹们的交流，让我感受到久违的珞珈山书香气韵。张老师了解到我的经历和工作现状后，鼓励我考研，重回母校。对于放下专业书本、远离学术近八年的我来说，这个决定既充满了诱惑，也意味着风险。我的先生，也是武汉大学的毕业生，第一个对我表示了支持。张老师为我找来了教材，实习生们为我提供了考研复习资料。那一届实习生中，也有几位准备考研的学生，但他们毫不藏私，对我的需要有求必应。为了多了解一些学科专业方面的动态，我还专程拜访了当时的档案系主任刘家真老师。刘老师本科时教过我们《文献保护技术》，对我这个不爱学习的学生来说，刘老师应该不会有更深的印象。但我冒昧登门后，刘老师不仅热情接待，还为我详细描述了这个专业的前景和未来，并让我放下顾虑，好好把握这样一次重新深造的机会。

那十几个档案专业的实习生可爱极了，他们毫不介意我这样一个大学姐与他们同时赴考，丝毫没有竞争对手间的相互提防。他们是我带过的第一批学生，也是我的老师。因为诸多考虑，我选择悄悄复习，由于工作和家庭事务冗杂，有些周末的考研辅导课也没时间去听。他们及时告诉我一些辅导课信息，还把课堂笔记和真题资料提供给我。在最后的冲刺阶段，他们甚至为我考虑到赴考时的午休问题，为我提供宿舍，帮我准备午餐。时至今日，我已经忘记了他们的姓名和面容，但对武汉大学图书情报学院的学生们，我永远怀着感念之心。

1998 年，我重新回到了校园，脱产攻读硕士学位。我的先生和两岁多的孩子陪我回到了母校。我不知道有没有比我更特殊的学生，那个 9 月的早晨，站在校门口，我感慨万千：

重回珞珈

轻轻拭去岁月的铅华
在一个初秋的早上，我背起行囊
走进风雨萧瑟的珞珈
空气中漂浮着雨水的清凉
我长久伫立，像久别重逢的朋友
万语千言却不知如何表达
……

这首诗创作于 1998 年 9 月，在院里为新入学研究生举办的联欢会上，我请我的室友李晓芸同学朗诵了这首诗，表达了我重回母校的复杂情愫。

八年基层工作，虽然有了一定的社会阅历，但远离学术那么久，心里暗暗有些自卑。与那些小我将近一个时代的学弟学妹们同坐教室读书，是压力更是动力。我不得不重拾英语，重新泡在图书馆、院资料室，将图情领域的学术刊物一本本精读，希望更快弥补逝去的光阴。

好在老师没有放弃我。记得刚回校办人事关系手续时，在人事部二楼走廊，迎面看见时任人事部长的黄泰岩老师，时光似乎没有在黄老师身下留下过多痕迹，我刚唤了一声“黄老师”，他就叫出了我的名字，和善地说：“回来了？手续办好了吗？”其实本科时我与黄老师没有更多的交集，没想到他居然还记得我。那一声回家的召唤，让我突然感受到游子归家的温暖和宠爱。

研究生阶段，年轻的同学们有扎实的英语，有娴熟的计算机操作技能，这些都是我需要学习的。我将两岁多的孩子送了全托幼儿园，天天泡在学校里。我的导师刘家真老师没有觉得我这个大龄学生不争气，给了我许多珍贵的资料，让我很快了解到这个学科最前沿的信息。

研究生阶段选了几位心仪老师的课。王余光老师幽默风趣，听他课堂上旁征博引，信手侃侃，会感觉学问做到王老师这个地步真是一种快乐和境界。肖希明老师的方法论课程是我们的必选，隔了十年再上肖老师的课，一如既往的严谨。不过，我始终不是一个好学生，记得院里四楼那间小教室，有次下午肖老师的课程，阳光照进教室，我居然困意汹涌，可是正对着老师啊，实在忍不住了，只好把桌上的一盆花悄悄拉过来，挡在眼前，所谓掩耳盗铃是也。想肖老师看见一盆塑料花后有颗脑袋一点一点地往下低，不知当时识破了我的拙劣伎俩没有？

硕士三年的学习，让我很快重回图书馆学专业领域，但八年的光阴实难弥补。硕士毕业论文完成后，要找几位校内专家评审，其中一位是王子舟老师。那时的王老师，应该比我年长不了几岁，似乎博士毕业刚刚留校两年，但在图书馆学基础理论方面的学养与成就已成为我们心目中神话一般的人物，我虽久闻其名，但从未亲见。得知我的论文需要王老师亲审时，同学们都为我捏一把汗，说王老师非常严苛，铁面无情。我硬着头皮联系了王老师，他嘱我将论文放到院里的信箱，几天后再反馈。两三天后，我在院里的办公室见到了王老师，心里万分忐忑，没想到王老师非常和善，指出了我论文的一些问题后，对我的行文作了肯定，还围绕我的选题进行了探讨，引导我思考更深刻更全面。王老师的建议给了我极大信心，从此我与王老师虽是师生，竟有了惺惺相惜的知音之感。后来留校武大图书馆时，见过几次王老师，言语总是极其平易。之后王老师离开了武大，我也去了省图。偶尔在学术活动中见到，依旧如沐春风。去年希腊国际图联大会间隙，又一次与王老师偶遇，我们咖啡小坐了一会，王老师对乡村公共文化服务的研究与我目前的学术关注点恰好重合，王老师对我的课题思路给予了肯定，并表示会尽力提供研究和实证方面的帮助。

2001 年硕士毕业留校图书馆时，图书情报学院与新闻学院合并而成的大众传播与知识信息管理学院，又更名为信息管理学院了。因工作原因，我又结识了新的老师和朋友，如负责《图书情报知识》的周黎明老师，图书馆每年办学术增刊，我与周老师多次接洽，深为她办刊的严谨、为人的率直和生活的情趣所折服，成为了难得的知己。邱均平老师的《评价与管理》刊物与我馆合办，老师的学科评价理论和方法也让人耳目一新，每次他来馆里商谈刊物一事时，我都惊叹于邱老师思维的活跃和成果的迅捷。

特别需要提及的是我的导师刘家真教授。作为图书馆学的本科生，我在职八年再报考研究生，无论知识结构还是相关技能以及投入时间与应届学生都有很大差距。蒙老师不弃，潜心相授，给我提供了很多学习机会，我的第一次学术论文的选题资料就是老师在国外进修期间收集的大量外文资料，她全部打包给我，让我得以窥见学术研究的奥妙。刘老师是我近距离接触到的学院派高级女知识分子，她集现代高校知识女性的诸多优点于一身，知性、优雅、敬业，学术触角和视域极其广阔，从不故步自封，从档案保护、电子资源长期保存、政府信息资源管理到古籍保护……刘老师总能与时俱进，研无止境，成为我工作和研究上引以为傲的学术典范和楷模。

老师的先生王文海老师，我们都尊称为师爷，也待我亲如家人。我是师门较早的学生，但惭愧的是，因为工作和家庭原因，我对后来的师弟师妹们关注较少，但刘门子弟已经遍布海内外，大家亲如一家，微信群里总洋溢着快乐。

2003 年，我又在职攻读了博士学位，还是师从刘家真老师。对于工作繁忙没有太多精力从事科研的在职博士生，很多导师是不太愿意招收的。但刘老师丝毫没有嫌弃，知道我想继续深造的想法后，第一时间给我提供了资料目录。

博士阶段给我留下深刻印象的还有马费成老师。之前我没有上过马老师的课，常听硕士班的小学妹们提起马老师如何儒雅、博学，心向往之，所以特地在读博时选了《信息经济学》这门课。这门课需要一定的情报学基础，对于我来说难度较大。马老师每次课基本都要上足 3 个学时，信息量非常大，我需要集中全部注意力才能努力跟上，课下再拼命看资料。老师非常耐心和认真，每堂课板书密密麻麻，时任院长的他，有时会出差，但落下的课程，他从来都不会取消，甚至会利用晚上时间为我们补上。那是一门我学习起来非常吃力但为我打开了学术视野的课程，我学会引入其他学科的研究方法和角度去思考图书馆学问题，正是为了完成这门课的作业，我撰写的论文《图书馆联盟的成本效益分析及决策选择》在 2007 年第 1 期的权威期刊《中国图书馆学报》发表了，也是这门课程给予我的另一个收获。

松篁台殿情三世

回望我与图书情报学院，可以说三生三世的情缘。我亲历了她的三次更名，从图书情报学院到大众传播与知识信息管理学院，再到信息管理学院，恰巧对应了我的本科、硕士和博士阶段，亲见了她从国内一流学科专业发展成为世界瞩目的专业集群，专业设置越加完备，国内外影响力愈加深远。几任学术领军人物，我都有幸亲聆指教，甚至终身受惠于他们。在我留校武汉大学图书馆工作期间，又与院系资料室的傅西平、学报刊物编辑部的李明杰老师们有过多次合作。2016 年，我离开武汉大学，选调至湖北省图书馆工作，我用一首《再别珞珈》表达了对母校的依依难舍之情。

再别珞珈

我是鱼

逃不出你目光编织的网

我是鹰
注定要带着你的期许飞翔
每一次离开
其实都为追寻你根植的梦想
每一次回首
你始终守候在这个世界最美的地方
……

从高校馆到公共馆，工作环境、业务内容和管理要求都发生了较大变化，每当有新的困惑时，只要我向学院求援，老师们都给予了我无私的帮助。陈传夫老师为我牵头组织的《湖北省图书馆“十三五”发展规划》提出了重要意见并担任了专家论证会组长；肖希明老师在我负责的《湖北省图书馆文献资源发展政策》制定过程中给予了充分的专业指导，并提供了极有价值的资料。

其实何止专业与学术！自我进入图书情报学院，学院和老师们就成了我个人职业发展和科研工作的强大依靠。在我人生的很多关键阶段，在我遇到艰难和抉择时，只要我一转身，老师们都永远站在那里，为我答疑解惑，举凡个人生活、学术研究、课题申报等，无不援手。包括黄泰岩老师、陈传夫老师和王新才老师，都曾为我指点迷津、多方斡旋；马费成老师、胡昌平老师、陈传夫老师、肖希明老师，在我几次准备课题申报时，都百忙之中抽出时间，为我逐字审阅、提出宝贵的修改建议。每次与老师们交流，我都宛然又重回珞珈山求学时代，并为自己能永远作为他们的学生而深感幸福和满足。

除了工作和学业，图书情报学院和老师们也给予了我最大宽容，宽容我的“任性”，宽容我的“不务正业”，宽容我对于文学梦想的执著和追求。

从入学第一天起，我就对自己所要学习的专业心生抵触，而将大部分精力投入文学和写作爱好上，但老师们从来没有指责我。从军训时我参与的征文获得一等奖后陈安丽老师亲自颁奖并给予鼓励，到我回校后第一年参加大学生写作竞赛获得一等奖后学院师生由衷赞扬；从在专业课上当着黄宗忠老师的面对专业课程表示轻视，到我大学二年级发表了第一部中篇小说、大三发表第二部中篇后，老师们在各种场合表达的关爱和欣赏，他们从来没有因为我耽于写作忽视专业而批评我，甚至未曾流露一点点担忧。这些肯定和赞许，使我虽然未能中文系科班，但先后发表三部小说、创作了散文、诗歌等作品近百万字，与老师们一路的支持密不可分。

或许这也是命运的安排。我虽然被动选择了这个专业，但兜兜转转还是以它作为了终身职业。我个人环境的改变受益于它，个人知识结构的形成、学术方法的多维以及创新创意能力的加持，也都得益于学院本、硕、博阶段严格的专业训练、学科知识体系认知的潜移默化以及图书情报学对于新知识新方法的兼收并蓄和无限的包容与扩展。它使我面对一个新知识时，懂得如何从学科知识体系中寻求它的来龙去脉；面对一项新课题时，知道如何在浩如烟海的信息中筛选、辨析和捕捉；擅长从既有的现实中拓展出新的空间和格局。它让我的思维更为严谨，视野更为开阔，创新更有张力，认知更为理性。

风华岁月忆同窗

图书情报学院对于我的意义还在于，因为三个阶段的学习，我因此结识了一批又一批同学，成为我最宝贵的精神财富。正如本科时的刘道玉校长所言，武汉大学的学生都是没有血缘关系的兄弟姐妹。而图书情报学院，可以说将我带入到一个温暖的大家庭，他们在我生命的各个阶段，赋予我丰富的人生体验，感受到人世间的美好和情谊。

本科阶段，我们图书馆学专业 8601 班，31 位同学，来自祖国各地，在桂园共同生活了四年。20 世纪 80 年代后期的武大，人文风气甚浓，同学们各有才学，在当时的辅导员陈传夫老师鼓励下，我们创办了学院第一份班级刊物《足迹》，我和几个同学成为了首任编委。刊名是陈老师为我们取的，他不仅为我们题写了刊名，还亲自撰写了发刊词。事隔三十多年了，我已经忘记了发刊词的内容，但依然记得和同学一起去陈老师湖滨宿舍取文稿时那些温馨细节；老师送我们回桂园，一路谈及他自己的求学经历，与我们交流对专业对人生的看法。从湖滨那条路沿坡而上，途经樱花大道，再从桂园校区穿行而过，直到现在的工学部计算机大楼，当年还是一个小水塘。在我们人生观价值观初步形成的时候，得遇一位优秀的同龄老师言传身教、平等相待，是青春岁月里最珍贵的记忆。

为了办好这份刊物，我们设定了轮值，每期都指定一位同学担任责编，负责组稿、排版、用蜡纸钢板刻印，同学们踊跃投稿，班级才子才女众多，男生有黄鹏、石雁飞、王靖、张挺，女生有张彩雯、张春蕾、黄琼、郜淑俭等，都是投稿的常客。班刊上登载的作品涉及散文、诗歌、小小说等各种体裁。每月班刊出版时，大家都争相阅读，看到自己和同学的文字散发出油墨香，看到我们日常生活在同学笔下呈现出别样面貌，我们有兴奋、有得意，更有一份发自内心的集体自豪。1990 年夏天我们带着忧伤和彷徨离开母校，各自纷飞。四年的经历岂是几件行李所能承载，宿舍内外一片狼藉，所幸班长张挺同学细心地收藏了每一期《足迹》，10 年后我们再次相聚时，张同学提起此事，同学们都深觉庆幸。

8601 班值得骄傲的另一件事，就是我们创作了自己的班歌。这首名为《启航》的歌曲由我作词，叶汉平同学作曲。创作的动因源于同学们提议。叶同学爱好音乐，举凡古典、现代音乐，西洋和民族音乐都能领略其精妙，也自己作词谱曲。同学推荐我俩负责词曲创作，我冥思苦想了几天后，突然在一个早上，想到了第一句歌词，我们从不同的地方启航，早晨的太阳燃烧在帆上……兴奋不已的我赶紧跑到隔壁宿舍，找到张彩雯同学，把歌词念给她听。记得她还帮我改过一句，但具体哪一句记不太真切了。那天上午专业课，我将匆匆而就的歌词交给了叶同学。下课后，他告诉我别走，说谱好曲了。我们俩就在教二楼的小教室里，听他一句句唱给我听，边唱边改。当天下午，他将谱好的词曲拿去请华师的一位钢琴老师弹奏，当我第一次从他录制的磁带中听到钢琴曲《启航》小样时，那种创作的兴奋久久挥之不去。那期班刊登载了这首词曲，叶同学在班会上反复教我们唱。这是我生平第一次写歌词，2016年，在武汉大学举办的校园歌曲30年颁奖晚会中，《启航》获得了最具影响力奖。彼时，叶同学已经因意外而于2010年10月故去，我特地与筹委会沟通，请叶同学的女儿和姐妹等家人来到武汉大学颁奖晚会现场。整台晚会以《启航》为开场，时任信息管理学院副院长的黄如花同学与院方联系，特地邀请了在校的学弟学妹们合唱了这首歌曲。那个夏天的傍晚，信息学部大学生活动中心，《启航》的钢琴前奏如叮咚泉水破空而来，大屏幕上变换出武大的樱花和四时风景，我仿佛穿越回三十多年前的那个上午，我们在教二的小教室里，为8601班31名同学的欢聚和梦想抒写出最青春的华章。组委会后来将这首歌曲收录进武汉大学80年代原创校园歌曲CD专辑《珞樱＊1980s》中，我的车载音乐里至今还保存着这首歌曲的mp3文件。每当穿行于城市的夜晚，偶尔点开这首歌曲，那优美的旋律宛如时光潮水将我再次淹没……

学院老师们的记忆中，8601班也是最有情怀的一个集体。不幸的是已有三位同学英年早逝：何智勇同学，是我们班当时唯一毕业读研的男生，可惜硕士毕业不久便病故。张绍仁同学，2010年车祸离开。叶汉平同学，在我们班毕业20年聚会后，不到一个月也因意外离世了。而正是那次聚会上，他还为我们带来了他钢琴十级的女儿为我们调奏的《启航》伴奏，并带领我们在聚会时再次合唱。

回想我们8601，除了何智勇同学毕业读研外，其他大部分同学都分配回原籍从基层做起。或许是武汉大学四年给予了我们丰沛的精神养分吧，无论多么贫瘠的土壤，无论多么纷杂的境遇，同学们都一直抱持着当初陈传夫老师为我们题写班刊《足迹》时的初心，一步一个脚印，即使低到尘埃里也在努力地生根、开花、攀延不息。历经三十多年的努力，同学们已成为各自领域的佼佼者，或从政，如刘勇、石雁飞、吴鹏程、郜淑俭等；或经商，如杨捍东、黎明发等；或在各图书馆成为领导和骨干，如黄鹏、王靖、刘志洲、谢芦青、杨永红、邓凤芝、张彩雯、黄琼、张春蕾等；或从事文化相关的工作，如金慧娟、关学海、吴丽萍、刘红等；而两年后考研并留母校的黄如花同学目前担任了信息管理学院副院长，早已成为蜚声海内外的图书馆学专家！几位在海外工作的，如邵燕、李晖和杨志红，虽与我们相隔万水千山，但在班级微信群里，大家没有丝毫睽违，现代科技消除了时空之间的距离，让8601班依然保持着当年的凝聚力。特别是今年新冠肺炎疫情在武汉爆发后，海外同学格外关注，经常隔空问候大家，邵燕同学还在美国亲自组织了抗疫物资募捐，并寄送到武汉相关医疗机构。

众星罗列夜明深

我的硕士和博士同学毕业多年后在各自领域更是星光熠熠，如贾君枝同学，很早就成为高校的博导，文燕平和丁波涛伉俪情深，毕业后同赴上海，一个在高校卓有建树，一个已经是上海社科院信息研究所领导了。颜端武和李晓鹏同落户南京理工大学，成为咱们硕士班的另一对夫妻档。陈幼华同学是图书馆阅读推广方面的专家，汪涛同学和王友富同学都在出版社担任要职，赵琴同学在深圳书城、杜佳同学在深圳市标准技术研究院事业也都风生水起。我的同门师弟王少辉，留校公共管理学院任教。当时与我共同承师刘家真老师攻读博士，给予在职读博的我很多帮助。毕业前，我身穿博士服在校园内拍照，竟在樱园顶上闻一多的塑像前遇到少辉及其父母，特地合影留念。王阿姨边给我们拍照边笑说，你们两人看上去，真像一对亲姐弟。

在学院读书各个阶段，与许多不同班级同学，因相同志趣爱好也成为终身的朋友。如本科阶段隔壁宿舍情报专业李昕同学，我们课余经常泡在一起，某些晚自习后，我们跑去桂园宿舍楼顶跳舞，她带着我跳快三，裙袂如飞。她很早就展露出摄影方面的天赋，在东湖、磨山和校园里为我拍了不少照片。毕业后，始终未弃摄影方面的爱好，每年辗转世界各地，采风摄影，曾经评为大众摄影年度十佳摄影师，开设了自己的摄影工作室，为多家图片社的签约摄影师，其中包括全球最大的图片商盖蒂图片社。2014 年，知我乔迁新居，她特地为我选了几幅自己的摄影作品，制作成装饰画，从上海寄到武汉，为我的陋室增添了不少空灵之气。

研究生时，我因在班级年长，得老师信任，先后担任院研究生会副主席和副书记，和比我小七八岁的同学们一起学编程，打辩论赛，开晚会，嗨皮起来丝毫感觉不到年龄上的差距。记得 2000 年学院举办迎接千禧年晚会，希望研究生出个节目，情急之下我创作了一首长诗《等你一千年》，由同班李晓芸同学和当时合并前新闻学院的在职研究生彭松同学共同朗诵。彭同学是我们的老院长彭斐章先生的公子，彼时还是湖北电视台的主持人。由他亲自配乐并编排的诗朗诵，大开大阖，深情浪漫，将我创作时想表达的人类对于新千年的梦想和展望完美演绎出来，也让我第一次领略到朗诵艺术的魅力。2017 年夏天，因偶然机会我们重新相遇，互加微信后，提及 17 年前的那次诗朗诵，都记忆犹新。彭同学已经是华中科技大学新闻学院的教授了，他居然找到了当年的朗诵文稿，特地又为我录制了一次。听到他发来的音频文件，我仿佛又看到逸夫楼报告厅那个光华灿烂的舞台，晓芸柔美的女声、彭松充满磁性的男声，在音乐的配送下，沿着时光的长河缓缓流淌……

研究生同宿舍的张勤同学，本科英语专业、研究生学旅游管理、博士攻读信息管理学院的信息经济学，毕业后到武汉一所高校短暂任职后，居然又进驻武大商学院博士后工作站。张同学是我见过的不可多得的学术科研奇才，她跨界如此流畅，在权威和核心期刊上发表学术论文如探囊取物。博士后出站她便到北京与先生团聚，任教一所市属院校。不到三年，将国家、省、市各级科研基金项目全部拿遍，每每提及实在让我感佩不已。

其他的同学，如司莉同学、陆伟同学，现在也是图书馆学情报学领域大咖级人物，每次回校时偶遇，总是言谈甚欢。现任国家图书馆出版社图书馆学编辑室主任的邓咏秋同学，研究生时就是才女一枚。我到湖北省图书馆工作后，因业务关系与邓同学有了更多交集，她思维敏捷、逻辑清晰、写稿极快，字里行间洋溢着学术和人文情怀。

母校和学院，也给了我无限的创作灵感，2019 年 11 月 30 日，在我个人诗集《大雨未至》的诗歌分享会上，诗人黄斌(也是武汉大学 86 级中文系的校友)问我诗作中为何多次出现石头的意象时，我竟脱口而出，我所有文学作品的环境和原型都根植于珞珈山！这句话后来被《长江日报》引用为新闻报道标题。是啊，鉴湖的枯荷，遮挡来路的垂柳，枫园的红叶，桂园操场旁那棵与地面倾斜达 30 度的槐树，秋天的情人坡银杏叶铺陈出延绵的金黄……这里的一草一木永远浸染着我的文学、我的生命。我在本、硕、博阶段相识、相知以及受教的同学和老师们，更是为我的文学创作提供了取之不竭的人物原型。无论是《流逝的云》中的余心蓝、陈君如和楚峰，还是《紫藤》中的子昕、苏淳等，他们的眉梢眼角、风采情怀无不得益于那片校园里的沉淀和累积！记得我发表第一部中篇小说《四月雪》后，同学们拿到样刊，纷纷在文中寻找自己的影子，猜测谁是白莉，谁是顾月，谁是春妮，谁是赵原林……时至今日，当年的室友黄如花同学还时常打趣我，说帮我抄写过小说稿。其实，抄没有抄手稿我真的不记得了，但两篇小说的稿费拿到后，女孩子们一起欢笑着去咖啡馆喝咖啡、去小操场看电影时的雀跃和疯闹确实定格成大学时代难以忘怀的分镜头。

正如珞珈山的樱花一样，盛时清雅艳丽，落时风流缱绻……母校和图书情报学院将她的每一个孩子都打磨成一颗颗钻石，无论拥有怎样的向度，只要你面对燃烧的太阳，都可以折射出动人独特的光芒！在我人生最好的年华，有幸与她相遇，宛若一枚经年沉淀的酒曲，投入到我的生命之河里！从此，无论惊涛骇浪还是峡谷幽涧，这河，便烙上了珞珈山的永久印记，每一滴水，都散发出一路的醇香和意韵……

2020 年 5 月 10 日于紫藤居

作者简介

谢春枝，笔名紫藤冰冰，女，1968 年生，湖北人。1986 年考入武汉大学图书情报学院图书馆学专业本科，1998—2001 年、2004—2007 年先后在该学院攻读硕士、博士学位。本科毕业后先后担任武汉市武昌区人民政府档案局(馆)办公室副主任、武汉大学图书馆党政办公室副主任、武汉大学图书馆医学分馆馆长，现任湖北省图书馆副馆长，研究馆员。参加各级各类科研项目，参与国家和文化部科研项目 3 项，承担省和高校项目 3 项．独著学术专著 1 部，编著学术著作 1 部、副主编学术著作 3 部。发表学术论文 30 多篇。业余时间从事文学创作，发表过中篇小说《四月雪》《流逝的云》，出版长篇小说《紫藤》和个人诗集《大雨未至》。诗文散见《诗刊》《汉诗》《诗探索》《浙江诗人》《长江丛刊》《芳草》《幸福》《湖北日报》《长江日报》等报刊和网络媒体，诗歌《武汉，我是春天》参加《诗刊》社《青春诗会 春天里的中国》，诗作获得过部分诗赛奖励，入选过多部诗集。

珞珈山下塑身心

杨列勋

十年树木百年树人，在武汉大学信息管理学院成立百年之际，回顾其所走过的发展历程，离不开一代代教师职工薪火相传兢兢业业的优良传统，离不开教师们对莘莘学子传道授业解惑的良苦用心，离不开教师们对学科前沿、教学规律的殷殷求索与改革创新。从21世纪以来教育部学位与研究生教育评估中心历次发布的图书情报与档案管理一级学科评估排名结果看，信息管理学院的学科排名一直名列全国第一，且遥遥领先于其他学校，并于近期率先进入双一流建设学科。学院取得如此骄人的成绩，是求学于此的每一位学子的骄傲。我为学院感到自豪！我为学院的老师们感到自豪！我为自己是学院的毕业生感到自豪！

我1986年9月考入武汉大学科技情报专业，编为8602班。1990年本科毕业工作一年后，于1991年秋季重返学院科技情报专业读硕士研究生。在珞珈山下东湖之畔度过了美好的七年求学光阴。二三十年前的学习生活场景，历历在目，恍若眼前，让人不胜感慨，往事并不如烟！

20世纪80年代，改革之风劲吹，武汉大学在全国高等教育改革中领风气之先。我到学校后首先感受到学习气氛浓、学习环境自由，除必修课外，学生可以根据自己的兴趣爱好选择不少选修课，且每周都有几位名师在各教学楼作报告，有时因想听的报告时间安排冲突很难取舍，即便想听也得早早去抢个座位，去晚了就只好站走道或在教室外旁听了。老师们知识渊博、诲人不倦，像陈光祚教授讲课水平非常高，深入浅出、旁征博引，把深奥的知识娓娓道来，让学生容易理解。老师们不仅教学生知识，更对学生关爱有加，视如己出。

有两件事让我终生难忘。

1990年7月初，在本科毕业办理离校手续时，学校规定必须还清在校期间向学校借贷的钱，否则不发派遣证。我需要一次性还给学校不少钱，由于一下子来不及凑齐，只好气喘吁吁跑到湖滨宿舍张进老师住处借钱，碰巧张老师因急着要出差几天，他就干脆把存折给了我，并告诉我密码，让我自己去银行取钱后再把存折从门缝里塞回去，根本就没问我何时还钱，也没问需要多少钱，更没想过要是这学生毕业一走不还钱了的可能性。当时特别感动，觉得张老师真是太信任学生了，若干年后向张老师提及此事，他竟然一点都想不起来，根本就没有当回事，这让我更加感动、感恩！

1994年6月底，研究生毕业论文答辩后，在离校之前的最后几天，同学们都依依不舍，经常相互之间约上几位谈得来的同学朋友聚餐。有一次几位研究生同学一起到枫园旁边的东湖水厂开的小餐馆午餐，席间不知道什么原因，与酒店工作人员争吵了起来，酒店老板一言不合就推推搡搡拉拉扯扯动手动脚，把同学打了，有同学及服务员出血上医院了。此事惊动了学校保卫处，也惊动了学院老师。当时马费成老师也听说了此事，就派人询问杨列勋有没有参与，其他同学情况如何，听说我没参加聚餐后，他又嘱咐同学们不要意气用事，在校最后几天时间一定要注意安全，争取平安顺利毕业。老师的关爱让我既感到暖心，又感到惭愧，心想离校前这几天一定不给老师和学院添乱！

润物细无声，学院老师们不仅教我们学识，更用爱心滋润学生的心田，塑造学生的身心，让学生受益终身。

谁言寸草心，报得三春晖！

祝福信息管理学院在新时代不断开拓创新发展越来越好！祝福学院各位老师幸福安康！

作者简介

杨列勋，男，1986年9月至1990年7月，在图书情报学院科技情报专业读本科，1991年9月至1994年7月在图书情报学院科技情报专业读硕士研究生。现为国家自然科学基金委员会管理科学部副主任，研究员。

不忘初心，不负珞珈

张彩雯

离开武大整整三十年了。一直以来，我虽然仍在武汉市内生活和工作，与武大近在咫尺，却极少回母校看看。也许是忙于生计，也许是人生太过平凡而愧对母校，所以无颜去面对老师和同学吧。

当年选择到武汉大学求学，并不知道她到底有多美、有多牛，只是因为知道她有当时全国最好的图书馆学系、有世界顶级的图书馆学专家。我儿时的梦想就是坐拥书城，终身以书为伴，就读武汉大学图书馆学系正好可以实现我的这个愿望。

可进校后发现理想很丰满，现实却非常骨感，特别是毕业分配到最基层的公共图书馆工作后，正值国家经济建设高速发展时期，过度追求经济效益使得大部分人阅读观念发生改变，区级图书馆在很长一段时间里门庭冷落。梦想与现实的落差、收入的微薄，让我对当初的理想产生了极大的怀疑。于是我去找当时在区里当检察长的舅舅，求他找关系把我调到政府部门去。面对我的请求，舅舅只说了两句话：如果你尊重自己的理想，就不要放弃自己热爱的专业；如果你不从政，你的生活可能会幸福很多。

有一种状态，叫苟且。舅舅的话，虽然我不太认同，但我总觉得是有些道理，所以还是听从了他的劝告，在基层图书馆里无可奈何地待了下来。和单位许多人一样，我缺乏工作上的热情，没有生活上应有的姿态，只是不求有功，但求无过地混着日子。更多的时候，我甚至害怕别人提及我毕业于武汉大学图书馆学系，我害怕听到“可惜”这两个字。

同学聚会我也更喜欢与中学同学在一起。一是因为我出生的小城作为高中同学聚会的主场，多年来我成了高中同学的轴心；二是因为在大部分高中同学眼中，我有一份轻松优雅的工作也还不错，因而自己的自尊能得到一小点满足。但是和大学同学一起，感觉却完全不同。每一次见到春风得意的同窗，听着他们说自己如何忙、如何忙到没有自己的生活时，我都会特别特别地感觉受到打击！武大图书馆人的身份，于我来说，算什么呢？平凡的人生、平静的生活、平淡的事业，我是一万分地辜负她了！

我儿时的梦想愈走愈远了，远得我的思维和视线已无法触及它！它和武汉大学、和图书馆学系一道被平庸的我辜负得太久太久了。

但是随着时间的推移，见过许许多多人事沉浮，再去回首自己的过往，才蓦然发现我当初的梦想还在。从某种程度上说，它并未曾离开过我，只是我自己未曾觉察。

有一次，跟一个事业上很有成就的朋友聊天，我问她的理想生活是什么样的。她说：拥有一份清闲而又有意义的工作，在一个空气新鲜的小地方，和家人在一个带小院的房子里安静地生活！如果这番话摆在几年前说，可能是一个成功者刻意地矫情。但此时我听了却有一些吃惊！原来她想要的，竟是我早就拥有了的生活啊，而我却一直傻傻地纠结了这么这么多年。

是啊，仔细想想，我从小的梦想不就是这样吗？我何尝想过要过高官厚禄的生活呢！为什么一直以来，看着别人的风光和物质上的富有，却一味否定自己所拥有的一切呢？我的梦想之花只不过是开在了贫瘠的土地上，但它却一直没有失去应有的娇艳，它用它独特的美，映照着周围，更一直照亮着我的内心。

这么多年来，我又何尝辜负过我的珞珈和我的图书馆学系呢？我在最平凡的岗位上努力地捍卫着武大图书馆人应有的荣耀。我不断地学习和提升，竭尽所能地充实和丰富着自己，并不是为了自己能干出点惊天动地的事业来，只是希望无论何时何地，从我身上散发出的，永远都是一个武大图书馆人应有的魅力，以此才不辱没它的名声，仅此而已。

所以即便是无意争春，我也能在有限的领域里，轻松地施展着自己的“才华”。虽然我并没有建立过惊天动地的业绩，却也在最基层的岗位上实现着自己一点点价值。辅导建设起来的上千个农村书屋、学校图书馆，培养过一代又一代基层图书管理员，一沓沓荣誉证书，这些都印证着一个武大图书馆人所有的情怀和执着！

不忘初心，不负珞珈，人生丰盈而滋润；久闻墨香，腹有诗书，生活恬静而怡然！毕业三十年之际，将一首《我还是你原来的那个我》献给我的武大。

我还是你原来的那个我

——毕业30年之际献给我的武大

好像从来就没有离开过
心跳总能和着你的脉搏
数了一路又一路的风雨
我在你目光注视下漂泊

是因为有你和你的嘱托
我把平凡过得陆离斑驳
也是有了你和你的荣耀
我才没有忘记一路拼搏

任我在地球的哪个角落
总能看见我珞珈的磅礴
你用你无限大气的手笔
谱写着青砖璃瓦的传说

在海边我拾起一枚贝壳
泪水滑落似珍珠般婆娑
在山顶我托起一次日落
滚烫的是我不变的承诺

三十年的思念汇成了河
你成了我一生膜拜的佛
当我顶着礼归来的时候
你该怎样再次将我点拨

十月校园杏叶落满山坡
无名湖水也会含情脉脉
再次投入到你温暖怀抱
我还是你原来的那个我

作者简介

张彩雯，女，图书馆学86级，毕业后供职于武汉市新洲区图书馆。

珞珈七载，最忆是师恩

陈祖芬

肖秋会师姐说，咱们信息管理学院2020年要举办百年院庆，从1920年的文华图专到今天的信息管理学院有一个世纪了！屈指数来，离硕士毕业竟然已快16年了！想来自己也是七载珞珈人，关于学院、关于老师、关于同学，那些人、那些事，记忆的闸门突然间打开了……

查启森老师是我本科时的导师。他身材魁梧，声音洪亮。每个学期他都会到宿舍来看我们，拉拉家常，讲讲班上的事。平时给我们上中国档案史、方志学等科目，我对史志的了解就是从那时候开始的。可以说，查老师的课给我的启蒙为博士期间研究档案学史、参与福建省方志委组织的《妈祖文化志》的编纂工作奠定了良好的基础。依稀记得查老师的课是在鲲鹏广场旁边的教二楼的102教室。那是一间很小教室，座位很少，刚够我们这个小班。我们班一共只有18位同学，后来休学一位、又插班一位，仍然是18位。查老师当时讲课的内容虽然已随记忆远去，但一直记得他每次上课都会用一只很旧的杯子带一杯很浓的茶来，历史拌茶，别有韵味儿。因为窗外就是武大著名的鲲鹏广场，樱花节来临时，窗外热闹非凡，我们就无心上课了：有心花随着樱花飞舞的，有在课堂上对景作诗的。查老师不愠也不火，换个话题就把我们拉了回来。

查老师不仅是我们学习上的导师，也关心我们的课余生活，他一生与图书档案事业结缘，也希望我们与图书走得更近一些。师母在图书馆工作，有一次，查老师问我们想不想去图书馆帮忙，顺便也可以多看看书。我和另两位同学报名了，那是我们平生第一次的勤工俭学经历。工作很简单，就是晚上到图书馆的社科阅览室轮值，发发代书板、借借书，自己也可以多看一些书，兼顾晚自习。我就是在那时候翻阅通读了不少管理学的理论和中国文化方面的图书，在图书的海洋里工作的确是一种享受。而一个晚上好像还能挣到一块钱，这样每个月积攒起来也算是一笔小"财富"。

查老师生活俭朴、执着学问。2001年9月，我再赴母校攻读硕士研究生。当时查老师已经退休了，但一直没有搬家，我凭着本科时去过他家的印象，去拜访查老师。这次拜访，我印象十分深刻。老师的家与我读本科时并没有太大变化，他的大半辈子就住在这里：旧餐桌、旧家具、旧院子、昏暗的底层。我看着有点不忍心，可查老师说："习惯了，这里方便。"再话家常，一是明显感觉老师苍老了许多，二是明显感觉老师看到我时是多么地高兴。如果说本科时，他还把我们当孩子，到我攻读硕士的时候，他已经觉得可以像同行一样与我讨论学问，也希望我能更多地了解他正在做的事了。那段时间，查老师在研究历法，其实我对历法是一窍不通的，但我明显地感觉到查老师那种想在一两个小时内把他的研究成果告诉我的迫切，更感觉到一种莫名的压力。中华优秀传统文化中有太多的博大精深，这些学问需要代代相传。查老师已去世多年，我自愧无法继承老师研究历法的衣钵，但仍然会常常回想起老师当初的迫切……

张煜明老师是我硕士研究生的导师，我在武大的第二位导师。张老师本科教我们文书学和图学基础。文书学应该是在化北楼上的。我本科毕业后在一座小城的专科学校从事秘书学专业教学，也像张老师一样长期从事文书学的教学与研究工作。在我刚毕业任教的那些年，我还与张老师保持着通信往来，信中，老师的鼓励和释疑总能给我战胜困难的勇气。这些书信我存档至今。

工作几年后，我决定考回珞珈山读研，就考张老师的研究生。一切似乎都那么顺理成章，我又回到了魂牵梦绕的珞珈山。新的起点，新的希望。硕士研究生的几年，是我这只"青椒"迅速成长的几年。张老师并没有给我下很多学习任务，他只是告诉我要厚积薄发，脚踏实地做好每一篇文章。所以，硕士研究生阶段的每一篇课程论文，我都很用心地去写。这样，我在硕士研究生阶段发表了 8 篇论文，其中在《档案学研究》发表的那篇文章还是张老师让我去试试的。我自己一直没有勇气投高级别刊物，因为张老师的鼓励，没想到真的发表了。那些年，张老师给我最大的认可是：我在阅读文献和引用文献时并没有生搬硬套，而是能够恰当地融入自己的文章中。这个肯定，也让我受用一生。在后来更多的研究工作中，我不仅认识到站在前人肩膀上前行的重要性，更认识到要在前人说话的语境当中去理解前人的思想，这一点在我后来做博士论文时有了更深的体会。

因为我自己长期从事着教师职业，所以可能也更能理解师生情。硕士二年级下学期时，已经有不少同学准备考博了。而我的孩子还小，一直由父母带着，总觉得亏欠孩子亏欠父母，于是打算读完硕士就回原单位教书。但是，看着大家都在前进，心里又多少有些不甘。就在我犹豫不决的时候，张老师已经帮我打听了中国人民大学的博士生导师招生情况，鼓励我去报考人大的博士。这也是我一直很期待去的一所大学。张老师让我大胆去考，我当时真的没有底，就是懵懵懂懂地按部就班地去努力，竟然也考上了。说实在，没有张老师的鼓励，我当时可能还真是下不了决心。幸亏读了博士，我才能在后来工作单位升本科后，可以以博士的身份安心教书、做学问，而硕士与博士期间规范的科研训练也让我迅速成长。

如今，张老师退休了。每逢年节，我也会像我的学生一样，给我的老师发一条拜年信息或者打一通问候电话。刚刚过去的教师节，我也像往常一样祝老师节日快乐。张老师还是一如既往地激励我不断取得新的成绩。一代又一代的珞珈人，一代又一代的文华人的师承都是这样的吧。

文华百年，我只拥七载，但终生难忘。翻开当年的影集，我又看到了记忆中的老师们！美丽大方的朱玉媛老师，您教我们档案学概论，引领我们走进兰台之门；缜密慎思的王新才馆长，您在课堂上启发我们不要人云亦云，有太多的档案学理论需要重新思考，从内涵到外延。

记忆中，还有太多感动于心的故事和场面。陈传夫院长，也许您早已不记得，曾经有一位读研的同学因为孕产请假休学，如果没有您的鼎力支持，当时可能就与母校失之交臂。刘家真老师，您教我们如何做文献综述，为我们开启了一扇扇域外新知之窗。您会给在小城工作的我寄来武大的明信片祝贺新年，您还会发来微信说以我为自豪。我深知离您的期待还很远很远，可是，我亲爱的老师，您对自己的学生就是这么宽容而有信心！王三山老师，忘不了您的大胡子和您的折扇，忘不了您讲魏晋风流时的投入。我们读书时，您给我们上的是专业课；后来，您开了公选课，立刻成了武大名嘴，还获得了“武汉大学杰出教学贡献校长奖”，这让我顿时觉得当过您的学生真是人生一大幸事！

2004年的夏天。雨季，我硕士毕业。行政楼前，学院毕业合影。一拨拨的同学在换着拍，老师们却被淋得透湿……大家的脸上却都绽放着开心的笑容！

1996年的夏天。也是一个雨季，我本科毕业。梅园小操场，毕业典礼。陶德麟校长在我们临行前提醒：“同学们，你们就要去经风雨了！”满怀期许，充满慈爱。

每一次走出珞珈，风雨必相随。风雨过后，是会有彩虹的吧？

个人简介

陈祖芬，女，1974年生。1992年9月—1996年7月，武汉大学图书情报学院档案学专业本科生，获文学及法学双学士；2001年9月—2004年7月，武汉大学信息管理学院档案学专业硕士研究生，获管理学硕士学位。现为莆田学院教务处副处长、三级教授、博士，福建师范大学社会历史学院档案学专业硕士生导师，福建省非物质文化遗产学会副会长兼秘书长，莆田市高层次人才协会监事。长期从事档案学和妈祖文化教学与研究工作。主要研究方向有：档案学基础理论、档案学史、非物质文化遗产档案、档案与新媒体。

主持国家社会科学基金项目2项，国家社科基金特别委托项目子课题1项，省社会科学基金项目4项，省科技计划项目1项，省教育厅重点项目1项，省高校新世纪优秀人才计划项目1项，省级教改项目1项，校级教改项目3项；参与各级各类其他项目多项。获福建省社科优秀成果奖二等奖1次、三等奖1次，获福建省本科优秀特色教材1部，获福建省教学成果奖一等奖(排名第5)1次，成果其他获奖多项；主参编学术著作8部，其中，独立完成档案类学术专著2部；主参编教材10余部；发表论文百余篇，被CSSCI来源期刊收录24篇。专著《档案学范式的历史演进及未来发展》获福建省第九届社会科学优秀成果二等奖；专著《妈祖信俗非物质文化遗产档案研究》获福建省第十一届社会科学优秀成果三等奖。

代表性的学术研究成果有：

专著《档案学范式的历史演进及未来发展》获福建省第九届社会科学优秀成果二等奖(该届评奖中，图书馆、情报与档案管理一级学科中一等奖空缺)。

专著《妈祖信俗非物质文化遗产档案研究》获福建省第十一届社会科学优秀成果三等奖。是主持完成国家社会科学基金项目“妈祖信俗非物质文化遗产档案研究”的最终成果。90 万字，出版后，在档案学界和妈祖文化研究界都得到了广泛赞誉。

获得的荣誉称号有：

入选福建省百千万人才工程省级人选、福建省高校新世纪优秀人才、福建省首批档案专家、莆田市优秀人才。获“国际非遗文化使者提名奖”“莆田市十佳优秀人才”“莆田市优秀教师”“莆田市师德标兵”“莆田市十大杰出女性提名奖”“莆田市三八红旗手标兵”“莆田市巾帼科教之星”“莆田市践行社会主义核心价值观基层最美人物(最美教师)提名奖”“莆田市民革优秀党员”“莆田学院教学名师”“莆田学院科研先进个人”“莆田学院年度精神文明建设先进个人”“莆田学院勤奋敬业骨干教师”“莆田学院优秀班主任””等荣誉称号多项。

一个寝室的四分之一个世纪

周　畅

1993年9月，我考入武汉大学，报到后在桂园一舍的412安顿下来。每个寝室门口都有六个名字，我第一个抵达，俨然如主人般等待小伙伴一一到来，心里有些惴惴不安。接下来的三天时间里，天南海北的舍友陆续抵达，我们开始互相熟识。后来才知道寝室的住宿安排是学生会里高年级学长随机安排的，我们就这样“凑”在一起了。

我们选择了珞珈，出版选择了我们。我们就读的出版发行专业远没有像现在威名远扬，班上大部分同学都是被调剂过来的。我们像是误打误撞闯入书海的少年，登时被迷怔住了，不过幸运的是我们都最终爱上了这个行业并为之坚守。

20世纪90年代初的武大校园依然弥漫着自由包容宽松的氛围，出版发行专业进入第十个年头，课程设置和师资力量渐入佳境。紫初老师的激昂、凯卿老师的缜细、方卿老师的诙谐、吴平老师的严谨、先蓉老师的绵密、静雯老师的平易……让一个个课堂生动活跃丰满起来。女生总是最爱学习的，她们坐在教室的最前排，一双双求知的大眼睛脉脉地盯着老师。男生们蜷缩在教室后排，打打瞌睡、发发呆，偶尔也会发神经地举手提些让老师难以回答的问题。下课后男生们总是冲锋般蹿进食堂，填补嗷嗷待哺的肚子。女生不紧不慢地收拾书本，意犹未尽地围住老师交流。

专业的课业负担没有那么繁重，因此在自由的空气中，我们朝各个方向野蛮生长。来自川中的老大是个诗人，他总是就着一盘花生米，喝着一杯小酒，拿着一根手电筒，苦熬一夜后一篇大作就出稿了。《诗神》《诗刊》《中国大学生》等雪片般的稿费单寄来，让我们艳羡不已，“谁的长发为我而留”这样的诗句让我至今难忘。满子是社会活动家，燕赵人氏，骨子里流淌着燕赵壮士慷慨悲歌的血液，侃起大山两个小时不带重样的。他在学生会上书房行走，整个楼道都是他忙上忙下的声影。光光是寝室长，默默奉献的老黄牛。蹩脚的湘乡普通话被我们经常嘲笑，备受打击的恋爱经历也是我们取笑的谈资。不过他越挫越勇，有一股湖南人的蛮劲，四年时间硬是从一个连运球都不会的球盲成长成为院队主力替补前锋。希增是个书迷，他平日里话语不多，图书馆阅览室是常客。中原人士的他说话做事总是四平八稳，不过辩论起来则是高手，每天晚上他和下铺的光光基本上总有论战，变成了寝室的保留节目。陈公子是班草，家境优渥，每当开学季从家里带来的腊鱼腊肉变成我们打牙祭的美味。他亦是舞林高手，一到周末流连在各大高校舞会上，凭翩翩舞姿引来大批迷妹，是赫赫有名的“图院三剑客”之一。

图1　大一寝室合照

大二时我们从412搬到了321，一住就是三年。每个寝室都有各自鲜明的烙印和特点，我们都不是偏执孤僻的人，在一方小天地里其乐融融。大三过后，时间总是轻飘飘的。老大从一首诗走入另一首诗；满子从一个寝室走入另一个寝室；光光从一段感情走入另一段感情；希增从一本书籍走入另一本书籍；陈公子从一个舞会走入另一个舞会；我读着他的诗，听着他的故事，看着他的书，传着他的绯闻，做着自己的事，日子倒也轻快。

转眼四年过去，我们也到了毕业季。选择出版发行专业成了我们每个人的小幸运，基本上大四上学期都找到了理想的单位，被“抢购一空”了。1997年的夏天，我们如蒲公英一样吹落到祖国的四面八方，像极了寝室名，三个去了北京，两人去了长沙，我一人来到广州。

初入社会，我们都经历过一段挣扎。每年年初我们都相聚在北京图书订货会，几盅热酒下肚，一腔苦楚道来。到底是书的质量重要还是业务员的酒量重要？我们究竟是卖书的还是卖笑的？图书滞销到底是编辑的责任还是发行的锅？这些都是伴随我们初涉出版界共同的苦恼和纠结。有些问题永远找不到答案，年轻的我们用放纵去抗争，不停顿地飞翔直至撞到南墙，豕突狼奔后又遍体鳞伤。

时间是最好的老师，我们用不同的速度成长。几年之后，诗人老大最先当上出版社发行部的领导，在酒酣耳热之际他却悄悄告诉我什么是“拔苗助长”的含义。希增用自身经历告诉我在出版的路上我们还是小学生，要终身学习。我们就这样相互鼓励，互相守望。

后来，老大辞职下海，当上了民营书商，策划的畅销书一时风头无两。希增厌倦了无休止的吃喝应酬，从发行转到印制出版。陈公子从军队出版社退伍转业，成为一名公务员。我则是浅尝了下海的滋味，被苦涩的海水呛到后连忙撤退到岸上，从北京回到广州，“321”又恢复了平衡。

再后来，我们结婚生子，从翩翩少年变成了油腻中年。我们聚少离多，看着孩子的成长细数头上的华发。我们有的成了出版企业的领导，有的成了大权在握的处级干部，有的成了重新创业的教育家。每个人都用不同的方式回答命运的选择，急流勇退还是安贫乐道，华丽转身还是独立潮头，我们有幸一起用25年的时间体会到中国出版业的风雷激荡和潮起潮落，用自己的青春谱写着中国出版乐章里属于自己的音符。

没有听过凌波门外东湖的浩渺涛声，你无法领会珞珈出版人的孤傲风骨；没有见过樱园顶上漫山的迤逦花海，你无法体会到珞珈出版人的浪漫情怀。所以我们是幸运的，在对的时间对的地点选择了对的专业，遇见对的人从事对的行业。一个寝室的四分之一个世纪，六个人的二十五年，从风华正茂到过尽千帆，只是当时的月亮还能照映在少年们青葱的脸庞上吗？

图2　班级毕业照——人文馆前

作者简介

周畅，男，45岁。1993—1997年武汉大学图书情报学院出版发行管理学系本科；2015—2018年武汉大学信息管理学院编辑出版专业博士。现任教于广东财经大学人文与传播学院新闻传播系，副教授，硕士生导师，高级经济师。

珞珈图院忆师长

王友富

1994年夏，一纸入学通知书，把我从湘南偏僻的小山村带到了美丽的珞珈山，开始了在图书情报学院(1999年4月改名为大众传播与知识信息管理学院，2000年12月改名为信息管理学院)七年的学习和生活。大学是人们为步入社会奠基的关键阶段。在珞珈山的七年是我人生中的一段重要时光。每每回想起这段岁月，浮现在眼前的是师友的音容笑貌，历历在目的是印象深刻的图院的人和事。而其中最令我难以忘怀的还是老师们对我的教导和帮助。

教导我或辅导我的老师有很多。本科生的课程很多，记得我们那届要有170多个学分才能毕业。不少学术大家和老师都给我们上过课。目录学概论是彭斐章先生(当时读博士的王新才先生带过两次课)，图书馆学导论和文献资源建设是肖希明老师，中文工具书是詹德优老师(当时的系主任)，英文工具书是王秀兰老师(当时读硕士的黄如花老师带过一次课)，图书分类法是周绍萍老师，中国图书与图书馆史是谢灼华、赵纪元和胡先媛三位老师，古代汉语和古籍版本学是曹之老师，中国文化概论是王余光和王三山老师，信息产业是张燕飞老师，文献分法专题是俞君立老师，文献编目法是黄葵老师，计算机基础是毛玉姣老师，程序设计是刘荣老师，文献保护法是刘家真老师，历史文献学是王余光老师(吴永贵和阮阳各带过一次课)，文献检索是孙更新老师，社科文献概论是郭星寿老师，文献社会学是卿家康老师，著作权法是袁琳老师。这些老师的言传身教让我打下了图书馆学专业的知识基础，养成了图书馆学的专业思维，培养了我的专业精神和敬业精神，让我受益终生。兹记录几位对我帮助和影响较大的几位老师的事迹，作为代表。

三位导师

袁琳老师

袁琳老师是我们本科班的导师。袁老师是一位慈祥、善良，散发着母性光辉的老师。上学那时每次去她家，她都热情地拿出各式各样的水果招待我们。工作后回母校去看她，她像迎接远行的儿女回家一样，欣喜与幸福溢于言表，临走时每回都坚持送到楼下交叉路口，叮嘱再三，舍不得离开。袁老师不仅对学生好，在学院里人缘也好。有一次我在家属区前面的路上看到她往家走，一脸的疲惫，上前一问才知道，学院里有位老师住院了，她去陪同，刚从医院回来。当然，袁老师也有“刚”的一面。我们班可能是袁老师第一次带班，而且是一个有着40多名同学的大班。班里同学都来自天南海北，恰同学少年，意气风发，在一些事情上颇有一些谁也不让谁的气势，袁老师当时没少操心。忘了是第二学期还是第三学期开学伊始，因为班干部的事，有几位同学在班会上提出来不能指定，要竞选。于是，一次原本平淡的班会变成了颇有火药味的“战场”。突发情况不仅让同学们吃惊，袁老师也遭遇到了很大的压力。这时，她“刚”的一面显现了出来，她沉着冷静，因势利导，及时化解了矛盾，公开竞选产生了新的班委。值得一提的是，挑头的两位同学成功进入了班委，现在发展都不错。作为老生活委员的我放弃了竞选，不是因为有给其他同学机会的高尚想法，而是当时固执地认为班委的锻炼不是唯一的路，犯不着去争。人生如长跑，某个阶段的领先或落后不代表永远领先或落后。只要确定发展方向、瞄准阶段目标和长远目标，坚持不懈的奋斗，迟早会成功。

王新才先生

新才先生是我的硕士导师。长我9岁，才华横溢。我的本科论文选的是导读书目，正是新才先生的博士论文研究的主题，在王余光老师的引荐下，我去鲲鹏广场旁边的教学楼请教过他。后来缘分又使我们成为了师生。

我是新才先生的第一个硕士生，也是他招收的唯一的现代目录学方向的硕士。新才先生的编制在档案系，在我之后招收的都是档案学方向的学生，我也就成了师门“神秘的大师兄”了。

因为只有我一个学生，新才先生给我上课选地方颇费周折，占用一个教室似乎太浪费。因此，我们上课时“打游击”。大多数时候是在新才先生的办公室或院办的空闲教室，偶尔也会去他家里。新才先生以他的博士论文为例，手把手地教我如何查找资料，如何阅读文献，如何选题，如何写作。每每有学期作业，新才先生都会让我到他家，在他家的电脑上翻阅，一边读一边给我指点，最后给我总的修改意见。当时，电脑办公开始兴起，新才先生很快就学会了五笔打字，较早采用了这种“新”的写作方式。

师从新才先生时，他留校任教不久，正在事业发展期。当时出国访学已成为教师晋升的必经之路。为此，他先是脱产去广州学英语，后又赴美国访学。外语并不是新才先生的擅长，但他克服了重重困难，做到了。可见，所有成功都不是轻松容易就能获得的，但只要努力，所有目标都是能实现的。新才先生的这种迎难而上的精神一直感染着我。

毕业后我在高等教育出版社工作。2004年我负责编辑图书馆学教指委组编的“面向21世纪课程”系列教材。其中就有彭斐章先生、陈传夫先生和新才先生等合编的《目录学教程》。新才先生负责目录学史部分，但该书实际的编校联络工作都由他负责。于是，在编辑加工的过程中，我又有了向他请益学习的机会。这次特殊的审稿经历，既坚定了我发挥自身优势，帮助作者完善书稿，弥补失误的信心，又让我深深地认识到了尊重作者、换位思考和对编辑工作持有适度敬畏心的重要性。这次编辑经历记在了《我给“导师”做责编》《追求“满意”功不唐捐》两篇文章中，前文被我社社庆60周年纪念文集收录，后文获得教育部“我的教育梦”征文三等奖。

新才先生对我期许很高，工作中对我提点颇多，评副高的推荐意见也是新才先生帮我写的。我在事业上了有进步，向他汇报时，他的回复“你应得的或早该如此了”，既让我感动，又让我汗颜——与新才先生的期待而言，我还做得很不够。新才先生诗文俱佳，在微信朋友圈发表的诗作都是极好的学习材料。新才先生的博学、创作激情和厚积薄发时刻鼓舞着我，值得我一辈子学习。

王余光先生

推荐新才先生作为我导师的人正是王余光先生。这其中还有一段插曲。本科快毕业时我一心想读出版方向的研究生，余光先生的课极有魅力，但凡他开的课我都选了，但凡他的讲座我都去听了。考上研究生后自然就想选他作为导师。那届有同样想法的还有汪涛和陈幼华两位同学。报方向时有几个志愿，我第一志愿自然填了王余光老师，第二志愿填了肖希明老师。报上去后才知，据说由于汪涛和陈幼华只报了王余光先生，系主任詹德优老师大笔一挥，就把我判给了肖老师。虽然肖老师人很好，但方向不是我喜欢的，我不干，坚持我的第一志愿。于是，余光先生就把我们三个叫去，说最多只能招两个人。然后抛出了一个诱饵，说如果这次谁放弃了选他，可有三个优惠条件：一是他推荐到新才先生名下，读的也是“出版”方向；二是虽然不是他名下的学生，但他会视他为学生，仍可以参加他的学术和聚餐活动；三是可以给他一个承诺，如果同时考他博士，在通过的情况下会优先考虑招他。让我们选择，陈幼华当时没有考博的想法，毫不犹豫就做选择了。汪涛和我都有点蠢蠢欲动，先后表达了要考博的打算。于是，情势戏剧性地逆转了。汪涛和我从争当余光老师的硕士生，变成了争未来八字还没一撇的博士生资格。谁也没有改变主意，只好抓阄。吴永贵师兄作为裁判，拿出一毛钱，为我们投硬币。一人要面值，一人要国徽。谁赢了就赢了当博士生的资格。结果我赢了。后来发现“上当”了，这三个条件一个都未实现。出版方向因为彭斐章先生的坚持没有实现，改成了现代目录学。参加的学术和聚餐活动寥寥无几。最后一条，在硕士毕业十年后即2011年历尽艰辛终于通过了北京大学的博士生考试(王余光先生当时已调到北京大学)，满以为可以圆十年前的梦了。没想到，余光先生说一位他尊敬的老师点名要招我，作为晚辈，他没法拒绝。我又一次错过了入他门下的机会。差可欣慰的是，我社对编辑实行社内社外双“导师”培训制度，余光先生是我的社外导师，期间参与不少余光先生的学术和聚餐活动。

两位“贵人”

陈传夫先生

陈传夫先生既是我尊敬的师长，也是我参加工作后的“贵人”。

本科时未上过传夫先生的课，但凡有外宾来讲学时，传夫先生都担任翻译。英俊潇洒，博学多才，是传夫先生留给我的印象。读硕士时，传夫先生是学院的副院长，有次在院办楼梯口碰见他，他一边走一边问我学习的情况，还对我发表的文章表扬了几句，给我莫大鼓励。

工作后，经常在图书馆学教指委会上碰见传夫先生。每次传夫先生都会询问我的近况，常加勉励。2014 年，我在“爱课程”中心工作，负责湖北地区在线开放课程建设推进工作，当时传夫先生在本科生院任院长。在线开放课程建设是一个新事物，大多数学校教务处和教师们还没意识到它的重要性，推行的难度可想而知。我向传夫先生求助，希望武汉大学作为第一批试点高校推荐课程，他听后二话没说，就同意了，并认为这是一个很好的趋势。

推荐课程清单很顺利，但是本科生院的其他老师并没有认识到在线开放课程与精品课程、精品资源共享课的区别，以为是推荐了就可以有称号有经费，一下推荐了文学、历史、哲学、经济、生命科学等学院十几门课程。当要落实课程建设时，他们才弄清楚，在线开放课程采取的是先建设、上线再认定的模式，积极性就不高了，甚至要求把发布出去的课程“收”回来。传夫先生知道后指点我，这件事他出面没有问题，但不能事事他冲在前面，下面的人不参与后面的事也推进不了。他提议，让我们当面来谈一次。于是在传夫先生的促成下，当年 7 月 18 日我们一行三人与武汉大学第一批报慕课的老师们座谈。我们系统介绍了在线开放课程建设的形势、趋势和相关情况，传夫先生发言定了基调，武汉大学第一批至少建设 5 门，后续的课程分批建设，成熟一批上线一批。武汉大学的老师们利用暑假时间制作了几门课，于 2014 年下半年陆续在“爱课程”网中国大学 MOOC 上线，一炮打响。此后，武汉大学的在线开放课程(慕课)开课门数、选课人数在“爱课程”网中国大学 MOOC 平台一直稳居前三，在全国范围也是名列前茅。这份成绩得益于传夫先生的远见。由于传夫先生的支持，我打开了湖北高校在线开放课程建设的大门，与一批高水平大学建立了合作。

黄如花老师

武汉大学第一批的课程名单里没有信息管理学院的课程，我与传夫先生商量，让信息管理学院至少推荐 2 门课，如黄如花老师的课。后来信息管理学院报了两门课程：马费成先生的课和黄如花老师的课。

在我读本科时，黄如花老师曾在王秀兰老师英文工具书的课上上过一次课。和黄老师联系时她已是信息管理学院的副院长了。当时黄老师的“信息检索”课程已经是国家精品课程、国家精品资源共享课。把她“拉下水”做在线开放课程，为此黄老师付出了很多。黄老师做事认真，课程大纲就几易其稿，脚本一磨再磨，拍摄关键的时候一天只能睡三四个小时，甚至还推迟了一个重要课题的结项时间。但这些努力和付出不是白费的。“信息检索”MOOC 一上线就受到全国学习者的好评，成为当年的热门课之一。2015 年，黄老师作为三门慕课专家之一登上了全国在线开放课程论坛的报告台，为全国教师介绍慕课建设的经验。黄老师的慕课也毫无悬念地成为第一批精品在线开放课程。

2015年图书馆学教指委年会在黑龙江大学举行，黄老师和我都意识到，在线开放课程建设是图书馆学课程建设和知名度提升的好机会。于是，我们联合策划了一个在线开放课程议题，由她先在会上介绍慕课制作的情况，我从课程编辑的角度谈如何操作，再请传夫先生来点评。这个议题的目的是邀请所有有条件的老师都来参与新兴的在线开放课程建设。

2015年底北京大学博士生论坛期间，黄老师和我再次不谋而合，认为很有必要推动高校图书馆和图书馆学院系建立联盟，提前布局，推进慕课建设，使图书馆学在慕课领域占有一席之地。说干就干，黄老师和我找到参会的朱强馆长，建议高校图工委和教指委联合成立在线课程联盟。这一想法得到了朱强馆长的首肯，具体的文字和联络工作由我来负责。2016年3月15日，高校图工委、教指委和爱课程三家联合签署了合作协议，成立图书馆(学)在线课程联盟，并向全国征集在线课程。2017年1月，成立大会暨首届评审会在北京大学信息管理学院召开，首批评审出18门课程。图书馆(学)在线课程陆续上线，成为一道亮丽的风景线。作为社科类第一个在线课程联盟，该联盟成为其他学科学习的榜样。

图书馆(学)在线开放课程的兴起，受益的是广大学子和老师，作为推动人之一的我也从中受益不少，而这离不开黄老师慕课的示范效应。

一位前辈

彭斐章先生是图书情报学院的元老之一，但彭先生给我的印象是学问渊博，谦逊和气。

硕士生复试时我抽的是目录学的题目。教材中的要点我都记得，但显然，复试的要义不是考查基础知识掌握得如何，而是要看应试者的研究能力、问题意识、拓展和应对能力。答完基本点后，彭先生开始追问，我穷思极想，也没想出个所以然来。彭先生追问了我几个问题，我都没答上来，让我直冒冷汗。彭先生最后温和地说，可以了。这次复试给我印象深刻，彭先生的追问如同当头棒喝，打醒了我的盲目自信和认知，让我清楚地认识到，学习不仅仅是掌握教材就行了，在研究的路上需要博览群书，需要有自己的思考、自己的观点。

彭先生是新才先生的博士生导师，我也就成了彭先生的再传弟子(似乎还是第一位再传弟子)。再次有幸上了彭先生的研究生课“书目情报概论”。彭先生为我们展现了学者的魅力。彭先生在课上鼓励我们多读书多思考。在他的引导下，我的学期作业选了书目情报研究理论综述，经过仔细搜罗文献，认真阅读、梳理，最后成文，作业经彭先生指点后投给《图书情报工作》，并发表了。

彭先生是我的硕士论文答辩主席，记得他那天很高兴，他问了一个问题，“知识组织”研究是新瓶装旧酒还是老树开新花。会后方卿老师解读为彭先生研究的方向是“老树开新花”。

2004年全国目录学第五届学术年会在南开大学召开，我已在高等教育出版社工作，有幸与会，再次见到了彭先生和诸位师长。离会时，导师和师长们给我一个重要任务，陪同彭先生去北京坐列车。会务组安排车送彭先生和我到北京西站南广场。离上车时间还早，就去旁边的小餐馆吃饭，彭先生执意要买单，说我刚参加工作，困难。彭先生询问我的工作情况和生活情况，多有勉励之词。在彭先生的勉励和鼓舞下，我结合自己的工作开辟了新的研究方向。

2013年当接到全国目录学第六届学术年会召开和征文的通知后，我想作为彭先生第一个目录学方向的再传弟子，有义务要做点什么。于是，我结合多年编辑工作体会，认真准备，写了一篇《普及公民信息素养：数字时代目录学知识普及的现实选择》应征，赖师长提携，被评为一等奖，并发表在《图书情报知识》第一篇。学术年会在武汉大学召开。其间，我随周黎明等老师专程拜望了彭先生，彭先生还记得我。聊起当年在北京西站吃饭的事，彭先生会心一笑。自那以后，已有多年未见彭先生，衷心祝愿彭先生身体康健，福寿绵绵。

除了上述几位老师之外，还有很多老师给过我帮助，如何绍华老师，是我们硕士班的带班老师，当我刚参加工作不顺时，何老师鼎力支持帮助我渡过难关。还有刘家真老师，我从发行部转到编辑岗位时，编辑部的老师找她打听我的情况，刘老师毫不犹豫地为我“助攻”。王子舟老师在图书馆学教指委会上遇到我社的领导，大力为我美言……在珞珈山生活的七年以及毕业后的岁月，已受过了太多老师的教诲和教导，篇幅所限，容后再叙，但对老师们的感恩之心和对学院的感激之情终生不变。

作者简介

王友富，男，1994—1998年就读于武汉大学图书情报学院图书馆学专业，1998—2001年继续在武汉大学信息管理学院攻读硕士学位，师从王新才先生，研究方向为现代目录学。现任高等教育出版社中职出版事业部副主任、编审，中国图书馆学会目录学专业委员会委员，中国职教学会德育工作委员会理事，教育部中等职业学校思想政治课程标准研制组成员。公开发表学术论文30多篇，主要研究方向为文献学、目录学、编辑实务、数字出版、课程建设、出版史。参与《教育部关于加强高等学校在线开放课程建设应用与管理的意见》《中等职业学校思想政治课程标准(2020年版)》起草。高教版图书馆学系列“面向21世纪课程教材”责任编辑，图书馆(学)在线课程联盟主要发起人和组织者。论文《我国编辑加工社会化的现状与探索》获“第二届中华优秀出版物论文奖”(2009年)，合著(第二作者)《小小读书郎》(武汉大学出版社2007年版)入选新闻出版总署“第六次(2009年)向青少年推荐百种优秀图书”。

我的大学

——感念十年珞珈时光

吴　赟

自1997年9月至2007年6月，我负笈珞珈，在武汉大学度过了人生中最美好的十年青葱岁月。寒暑十易，我在武大的仁山智水中得其熏陶、教化，受益良多，武大的一些精神、文化传统对我产生了重要影响，甚至可说已浸入了我的血液。武汉大学，早已成为我生命中重要的精神家园。正是在这里，我不仅得到一批良师益友的关爱、帮助，而且收获了爱情，结识了自己的人生伴侣。我很荣幸，十年珞珈时光让我和武汉大学信息管理学院产生了紧密的交集。在这座信息管理教育与学术的圣殿里，我接受了系统的理论教育和学术训练，收获了学士、硕士、博士三个学位，并从这里顺利走上学术科研道路。珞珈十载，我在武汉大学经历了人生中诸多的"第一次"，从中获得成长、感悟。欣逢武汉大学信息管理学院创建一百周年，我愿意用自己的若干记忆片段来充实同仁对于武汉大学信息管理学院的"集体历史记忆"，遂写就这篇有关五个"一"的小文。

"第一学期"

1997年高考后，我误打误撞进入武汉大学编辑出版学专业(入学时专业名称为"出版发行学")。本科阶段的第一学期，课程不多，专业课程只有两门——罗紫初老师的"图书发行学概论"和吴平老师的"图书学"。在这样宽松的氛围下，我和同学们得以较快地熟悉了武大的环境。也得益于武大的环境，我所在的本科班内最终结为"秦晋之好"的同学就有3对(全班25人)。这一成功比率在武汉大学出版科学系乃至武汉大学的历史上实属罕见。

本科阶段上的第一次专业课是吴平老师讲授的"图书学"课程。这门课让我至今记忆犹新，吴老师让大家在课堂上辩论电子书和传统纸质书孰优孰劣、纸质书是否会消亡等问题。为了让大家对出版物形式的演进有直观的认识，吴老师从家里带来了自己收藏的一些珍贵图书。吴老师的学识、气质、谈吐，奠定了我对大学教授的第一印象。

罗紫初老师讲授的“图书发行学概论”是出版专业重要的基础理论课程。当时针对出版专业的许多新生是在高考录取中被调剂到该专业的事实，罗老师在给我们上的第一堂课上对大家进行了专业思想教育。罗老师说明了出版专业的特色和发展前途，让大家安心专业学习。罗老师的话中我印象最深的当数其中一句“发行，发行，发奋才行”(当时的专业名称中有“发行”二字)。先生的一番话使不少同学在思想上拨云见日，很快稳定了专业思想。

经历了军训、金秋艺术节等大型集体活动，第一学期在懵懵懂懂中很快就结束了。考试自然是学生最为关心的事情之一。那个时候出版专业的本科生是有考前辅导的，罗紫初老师、方卿老师、吴永贵老师等师长都曾深入我们的寝室，为同学们进行考前答疑。答疑时，大家在寝室将老师团团围住，老师很和蔼地逐一“答记者问”，这情景是我们许多人在上大学之前未曾想到的。

“第一次科研”

严格地说，我的第一次科研只能算是“业余科研”，因为那只是本科阶段的一个sophomore在科研、学术门外的一次“探头张望”。大二期间，我写了一篇《我国书籍定价过高探源》，当时也没发表的想法，纯属有感而发，写好后也不管它，锁进了抽屉。后来因为学校举办一年一度的大学生课外科研创作竞赛，我又把它拿出来，将手写稿复印了两份，找到方卿老师和黄先蓉老师，请他们帮我指正。两位老师看了后，很快给我回复，并让我去拿评语。令我感动也出乎意料的是，两位老师在评语中给予那篇稚拙的文章以很好的评价，还在评语中专门说明“建议评一等奖”。后来，我的这篇“作品”荣获那一年度的武汉大学大学生课外科研创作竞赛一等奖。再后来，十年之后，我申报的研究课题“中外出版价格体系比较及完善我国出版物定价机制的对策研究”获得2008年度的国家社科基金项目资助。也许这是一种历史机缘巧合(该课题与当初的论文相关)，但我想，如果没有那“第一次”，就没有我之后的成长和进步。

时至今日，尽管住处换了很多次，但我仍然很好地保存了当时方卿老师、黄先蓉老师给我写的评语原件和论文的手写稿原件。于我而言，这些是记录我第一次科研经历的珍贵档案。在我看来，这篇论文就是那则爱因斯坦儿时故事中的“糟糕的小板凳”，但我很庆幸，我的老师没有像爱因斯坦的老师那样生气、批评，老师们给予我的是可贵的勉励和提掖。

“第一篇论文”

在珞珈山求学期间，我发表了自己的第一篇学术论文。这篇论文的题目是《试析晚清教科书出版的几个主要特征》，是在硕士第一学期修读王子舟老师的“文献学理论研究”课程时撰写的课程论文，王子舟老师和我的导师罗紫初老师从论文选题、资料查找和谋篇布局等多个环节给了我精心的指导。论文完成于2001年冬天，2002年春天我在班级同学中比较早地得到了正式的论文录用通知，2002年9月发表在中文核心刊物《图书情报知识》上。

我的第一篇学术论文从写作到最终发表，其间经历了将近一年的时间。在这篇论文的发表过程中我没有遇到退稿或收取版面费的情况。在与《图书情报知识》杂志编辑部的杨元生老师、周黎明老师打交道的过程中，我印象最深的有两点：其一，他们没有因为我当时只是一名硕士生而轻易"枪毙"我的论文(当时硕士生在该刊独立发文是比较难的事情)，坚持了以质取文的原则；其二，两位老师以其独到的专业眼光和高度的敬业精神对我论文的标题和部分文字进行了润色，使得论文的质量得到了提升。第一篇论文的发表给了我在学术道路上最初的信心和勇气。我非常感谢几位老师在这篇论文撰写、发表的过程中给予我的鼓励和帮助。

"第一次讲课"

2001年，我有幸投入罗紫初老师门下，在先生的指导下研习出版学理论。罗老师和师母杨永莲女士对学生视同己出，在学业、生活上给予悉心的关怀。如今师母已仙逝好几年了，但当年她热情款待我们这些学生的情形仍历历在目。在整个研究生阶段，罗老师对学生宽严相济，给予学生很多锻炼的机会。给学生创造上台讲课的机会即为其中一例。刚师从罗老师攻读硕士学位时，罗老师就推荐我和同学胡苗去武汉信息传播职业技术学院讲课，讲授"出版学概论"课程。我还记得那个冬天，罗老师叫了一辆的士，带着我和胡苗，前往位于雄楚大道的武汉信息传播职业技术学院，找到一位系主任，把我们这两个学生介绍给那位主任，并亲自帮我们把教学上的一些事情落实好。为了帮我们尽快适应角色，罗老师把自己的教学讲义给我和胡苗使用，并就授课技巧对我们进行提点。后来读博期间，我曾在罗老师的课堂上给武大的本科生讲过两次课。2009年，我在浙江大学遇到一位2005年考入武大、毕业后进入浙大出版社工作的师弟，他第一次遇见我时亲切地说道："你在'罗爷爷'的课堂上给我们上过课。"

正是在武大读书时的这些教学历练，使我得以在进入浙江大学之后，较快地适应了从讲台之下到走上讲台的角色变换，较好地完成了自己的各项教学工作。在武大求学期间，出版科学系有不少赴外地函授讲课的机会，黄先蓉老师和各位导师有时会把这些机会给一些研究生同学，这给我们创造了一些绝佳的"游学"经历——在授课的同时，我们可以和业界人士愉快交流，并得以了解当地的风土人情、欣赏祖国的大好河山。其间还有很多温馨的回忆：我和同学刘超到昆明讲课，遇到徐丽芳老师，徐老师邀我们一同上街去吃汽锅鸡和过桥米线；同学朱丹红在外讲课时，行李箱坏了，恰好也在同一学校讲课的黄凯卿老师知悉情况后，热心相助，在经过一番认真研究之后，帮她修好，解除了朱丹红对回程的担忧。

“一棵树”

在武大读研期间，枫园的“一棵树”在我和同学们的生活中占有重要地位，那里是大家改善伙食、谈天侃地、交友论道的好去处。“一棵树”是一家位于留学生公寓对面的小饭馆，因其在装修时将一棵枝繁叶茂生机盎然的大樟树的树干包进屋内而得名。紧邻“一棵树”的是“国际大饭店”，这是一家正对留学生公寓大门的饭馆，平日里肤色不同的各国友人频繁光顾于此，店内备有中、英、法文对照的菜单。两家饭馆都不过80~90平方米，装修简陋，四壁萧然，服务员也不过是几位毫无风姿可言的大妈，但生意奇好。读研时我所在的2001级出版专业硕士班(共15人)是一个朝气蓬勃、团结奋进的班集体，老师们对我们这个班也多有称赞。其实，我们和谐的班级文化中有一个重要的“关键词”——“一棵树”。那时，但凡班上同学有新作发表、获得奖励荣誉等喜事，或者有新成员要“入伙”(初涉爱河的班级成员将自己的那个“他”或“她”介绍给同学们)，大家会很自然地相约前往“一棵树”聚会一番。让同学们称道的是，罗紫初老师也曾深入基层，和我们在“一棵树”聚餐、讨论课题。

2004年，我继续在武大读博，某日下午我和女朋友(现在的太太)再次前往“一棵树”，愕然发现“一棵树”和“国际大饭店”已成一堆瓦砾。二人唏嘘一番，颓然而返，以至于后面好长一段时间都颇感失落。不知道它们是否遭遇了“强拆”。今天想来，假若两家饭馆乐于做“钉子户”，一定会有众多的武大中外籍学生和校友力挺它们。因为，这两家小饭馆和武大梅园的老邮局一样，不仅曾是武大校园文化的重要构件，而且也承载了珞珈学子对母校的许多温情记忆。

作者简介

吴赟，1997年考入武汉大学编辑出版学本科专业学习，后继续攻读硕士、博士学位，2007年获管理学博士学位，现为浙江大学传媒与国际文化学院副教授、博士生导师，浙江大学城市学院特聘教授、浙江大学求是青年学者、仲英青年学者、浙江省首批“之江青年学者”、浙江省151人才(第二层次)。

那些被“文华精神”照亮的岁月

胡程立

如果有人问我上大学以后的人生轨迹，我会非常简洁地告诉他，分为两段：第一个10年在武汉大学读书，第二个10年在武汉大学出版社工作。我的求学经历很简单，在武大出版学专业读完本科、硕士，直到获得博士学位；我的工作经历也很简单，毕业后做了10年不折不扣的出版人，后来到学校教书。而我这20年，与武汉大学信息管理学院，与“文华精神”总是有着紧密的联系。

“文华精神”生根发芽

1998年那个炎热的9月，特大洪水的灾情刚刚过去不久，父母送我到武大报到。在新生报到处接到我，带着我们一家去办入学手续的，是一位谈吐不凡的师兄，后来我才知道，他是我们的学生会主席——96级的王海宁。用现在流行的话说，萌新到来，大学生活拉开了序幕。我们的学院当时叫做图书情报学院，我们的专业叫出版发行学，我们班简称“98发行”。我们给外地的同学写信，交换了通讯地址，于是后面收到的来信出现了各种各样的简称——“图院”“情院”，这需要我们一次又一次地去解释，我们所在的到底是怎样的一个学院，是怎样的一个专业。

新生开学典礼上，时任院长的马费成老师给我们做了讲话，告诉我们：我们的学院历史悠久，可以追溯到1920年；我们的学院实力雄厚，在全国乃至世界具有领先水平。懵懂的我们记下了，1920年美国的韦棣华女士和中国的沈祖荣先生创办文华大学图书科，仿美国纽约州立图书馆学校办学制度，收大学毕业和肄业二年以上学生学习图书馆学专业。1929年8月，经湖北省政府教育厅及国民政府教育部批准立案，成立私立武昌文华图书馆学专科学校。1931年5月韦棣华逝世，由沈祖荣先生任校长，经费来自中美庚款补助和公私赞助。学制为二年。1938年因抗日战争迁至四川璧山。1940年开始招收高中毕业生入校，开办二年制的档案管理科。1953年并入武汉大学，成为武汉大学图书馆学专修科。毕业于文华图书馆学专科学校的学生，大多成为推动中国近代图书馆事业发展的重要成员，进而奠定当今海峡两岸图书馆事业发展的基石。我们的学院培养的档案管理人才多数成为当时各档案管理部门的中坚力量，在档案管理界成为号称“文华集团”的精英群体。从那时起，“文华精神”就在我们的心里播下了种子，生根发芽。正如新生开学典礼上马院长勉励我们的，在大好的青春时光里，保持勇于尝试与追求的心，在新时代坚守住、传承好文华精神；在全国最好的图书情报学院学习，书写青春的华章，为社会贡献更大的力量。

我的武大老师们

军训时，夏义堃老师带我们98级。那时候的夏老师，30岁的模样，娇小的个子，一头短发，白净的脸庞，说起话来声音脆脆的，很温柔，但是对我们要求特别严格。每天军训结束，有一项规定任务是写思想汇报，有时候站了一天的军姿身体特别疲乏，我们的小腿都是肿的，于是大家商量着能不能给老师撒娇卖萌，免去一点作业。然而，不论我们软硬兼施，在夏老师那里没有半点讨价还价的余地。那时候，说起夏老师，大家肚子里多少还是有点意见的。然而，正是她，在我们班同学有困难时，第一个挺身而出，多次给予帮助；正是她，当我们毕业多年后偶遇在校园的小路上，能够毫不犹豫地叫出我们每一个人的名字。毕业十年返校时，全班同学聚在一起，说起夏老师，我们的心里都是暖暖的。

军训结束，专业学习开始，我们迎来了为我们“传道、授业、解惑”的人。

罗紫初老师给我们讲“出版学基础”，声音洪亮，中气十足，讲起课来激情澎湃。在罗老师的讲述中，出版产业朝气蓬勃，在当时是名副其实的“阳光”产业。也许是受到罗老师的影响，我的大学同学们在本科毕业以后，除了几位读研深造的，不约而同都投身出版行业。如今，他们在各大出版单位重要的岗位上绽放光彩，各自精彩。记得罗老师的课结束时考了一个名词解释——什么是“核红”，贪玩的我背了无数遍也没弄明白究竟是拿什么样比对什么样，直到我进入出版社工作的第一个月，才恍然大悟“核红”的要义。大学同学们毕业后谈心时纷纷说起，罗老师的课上讲了那么多定义、公式、基本的道理，上学时没能好好学习，工作以后发现全派上了用场。

方卿老师为我们讲“图书营销学”，课堂上幽默风趣，一度成为众多女生心目中的“男神”。方老师浓重的蕲春口音普通话我们听起来有些吃力，而他的英文表达似乎比中文更为流利，这两方面合起来无疑增加了课程学习的难度。为了课程考试能顺利过关，不知不觉中我们都更加努力。记得考试那天，我们按照方老师的要求带上计算器去了考场，两个小时下来大家都没能做完试卷，因为题目的计算量实在太大，于是方老师又给大家延长了15分钟的考试时间，这在武汉大学的考试史上只怕也算罕见的操作。然而，成绩出来，大家都还考得不错。后来，但凡遇到和营销学相关的科目，我都很有底气地对自己说：“没事，我可以，因为我的‘图书营销学’学得很好。”

如果说方卿老师是“男神”一般的存在，那么吴平老师无疑是“女神”。吴老师为我们上“图书学”“编辑学概论”，30出头的年纪，气质特别娴静；扎一个简单的马尾辫，白皙的皮肤，光洁的额头，修长的脖颈；课堂讲授娓娓道来，语速不急不缓，每一句话、每一个字眼都打动人心。吴老师会鼓励我们更多地参与课堂，更多地表达自己，比如在“图书学”课上我们做了好几次讨论，印象比较深刻的是“你心中最美的书”和“你认为未来电子书会取代纸质书吗?”。为了完成“你心中最美的书”这个主题的课程作业，我去图书馆找了不同版本的《老人与海》进行比对分析，手写了一份演讲稿，在课上讲给大家听，赢得了一片掌声。课后，吴老师在我的演讲稿上写了一句批语：“脱稿的演讲很好。”这份作业我一直保存着，直到大学毕业。“你认为未来电子书会取代纸质书吗?”这个话题即便放到现在也一点儿都不过时，而吴老师组织我们讨论这个话题是20年前了。也许就是本科学习时留下的美好的印象，考上硕士研究生以后我选择了吴平老师作为我的导师，十分幸运地跟着她一直读到博士毕业。记得选了硕导以后第一次和吴老师见面，是在她教务处的办公室，我怯生生地向吴老师保证：“以后我一定好好学习。”吴老师笑了，温和地说：“我记得你，你的演讲很好。”于是我第一次见导师的紧张和不安就这样被吴老师轻松化解了。

吴平老师是我的授业恩师，她和我们几个学生亦师亦友，我们对吴老师的感情既有对师长的敬畏，也有朋友间的轻松愉快。每逢节日，吴老师会带我们到学校附近的餐馆，点一桌硬菜为我们改善伙食，笑眯眯地看着我们大吃一顿。记得那时武大正门附近的“秀玉”刚开，吴老师特意带我们去尝试了西餐。结果一顿饭吃完，一个师妹感叹了一句：“这样吃每人只有一个菜，还是吃中餐比较好。”吴老师和我们一起哈哈大笑。吴老师和我们学生在一起，还有一个保留节目，就是每次聚餐的时候，会写好小纸条，带上很多礼物，由我们抽签决定，而我们还会为抽到的礼物是否合自己心意争论不休，吴老师在一旁看着呵呵笑。正是这样的氛围，让我们同门之间的关系都非常亲密，直到毕业后多年，大家都还是无话不谈的朋友。

大概从我2005年攻读博士学位的时候开始，吴老师先后带领我们8人的学术团队，历经10年，完成了填补编辑思想研究领域空白的著作——《中国编辑思想史》，而我的博士学位论文是其中第一个完成的。当时，在一个鲜少有人问津的学术领域，做最初始的探索，面临的困难可想而知。我不能忘记那一个个深夜，和老师在QQ上长谈，告诉老师我遇到了哪些困难，面临哪些困惑，有哪些苦闷，她都耐心地为我一一解答。这条学术探索的艰难之路也越走越明朗，自我之后，吴老师的博士生们——我的师弟师妹们，相继围绕编辑思想史研究做出了一系列的博士论文。最终在我们7个人博士论文的基础之上，合力而成《中国编辑思想史》。正是在这样一位导师的带领下，10多年以后，虽然我们分散在全国各地，高校或者业界，我们依然还是一支稳固的研究团队，至今仍然围绕相关主题展开研究，并取得了显著的进展。项目组成员以“编辑思想研究”为主题申请国家社科基金，已斩获3项立项。

回忆那些青葱的岁月，很难想象，在我们一无所知时，如果没有各位师长的指引，没有他们用肩膀托起我们朝前看，我们将会多么迷茫。在往后的日子里，每当回忆起珞珈山上的求学岁月，内心都是满满的幸福感，让我能够笃定地前行。

“文华”精神薪火相传

2012年春天，我接手武汉大学出版社学术分社的工作，当时面临的一项紧迫任务是为2013年武汉大学校庆120周年献礼——《武汉大学百年名典》的出版工作。《武汉大学百年名典》的出版，是一项庞大而复杂的系统工程，为了使这项工程得以顺利实施，武汉大学成立了“百年名典编审委员会”。编委会遵循“学术史的眼光、经典化的策略”，对入选书目进行严格把关。简而言之就是“大师的经典之作”：要求入选作者是某一学科领域的杰出代表，大师级的人物，入选作品以作者在武大工作期间的著述为主；要求入选著作是某一学科的开山之作、奠基之作或权威之作，具有重要的文化积累意义和学术传承价值，以及深远的国际国内影响。

我作为武汉大学出版社《百年名典》这一项目的主要执行者，怀着对母院的深厚感情、对“文华精神”的崇敬和向往，从书目遴选过程开始就倾注了很多心力。我希望通过我的努力，能够将武汉大学信息管理学院历史上先贤的经典之作发扬光大。

在书目遴选的过程中，我从图书馆、档案馆查阅大量的文献资料，再结合学校和学院提供的备选作者和作品信息进行整理，然后走访著名学者，请他们参与选目和论证，最后将所有的信息整理后交由《百年名典》编委会遴选并确定书目。最终确定入选的书目为沈祖荣《沈祖荣文集》、毛坤《档案经营法》、皮高品《图书分类法评论选集》、黄宗忠《图书馆学导论》、吕绍虞《中国目录学史稿》。

在书目确定之后，对每一本学术经典如何进行编辑加工，我也经历了深入的思考。《百年名典》并非简单的旧书重刊，也不是“拾遗补漏”，而是在尽可能保持历史原貌的前提下做了一些订正和版本的提升，有些加了补充的附属内容，使其更有当代价值。我与毛坤之子毛相骞先生取得联系，他给我介绍了《档案经营法》手稿整理过程的来龙去脉，无论是电子邮件还是通话，我都能深深地感受到，毛坤先生的家庭对武汉大学信息管理学院的情谊。我恳请信息管理学院的青年教师彭敏慧帮助我们整理《沈祖荣文集》，她在繁忙的工作之余一字一句敲完了整本书，碰到不懂的地方，就向她的导师彭斐章先生请教。为了找到皮高品先生关于图书分类法的一些文章，他的亲属陪着我到信息管理学院的资料室复印一沓又一沓的资料。还有和黄宗忠先生的女儿黄力女士的交往，她在电话中一再叮嘱我要出好父亲的书，这一切都让我深切地体会到当“文华”的精神得到弘扬和光大，“文华”后辈们心中的那种自豪和骄傲。经过整理和推介，这些泽被当时、惠及后人的学术精品、上品，在现时代得到了更为广泛的发扬和传承，“文华精神”将被薪火相传发扬光大！我作为一个被“文华精神”泽被的学子，能为“文华”精神的流传贡献一己之力，是多么有意义的一件事情！

回忆往昔，我特别感谢过去的20年，被“文华精神”照亮的岁月。可以说，在整个中国现代学术的建立与变迁过程中，“文华”人既是历史的创造者，也是历史的见证者。2020年的秋天，我们将迎来武汉大学信息管理学院一百周年华诞，这是全体“文华人”“武大信管人”的共同庆典。一百年风雨历程，“文华人”所秉承的“开拓创造”“务实创业”“引领创新”的精神，将继续引领着我前进，奔向光辉的未来。

作者简介

胡程立，女，华中农业大学文法学院副教授。1998年进入武汉大学图书情报学院出版发行学专业学习，直至2008年获得出版学博士学位。曾任武汉大学出版社学术分社社长。

我心中信管院的样子

寇广增

我在武汉大学信息管理学院读了9年书，本科、硕士、博士都在这里度过。有人曾问我，信管院是什么样子的?

这里是让你一试所想、不怕失败的大舞台。相比于社会的激烈残酷，大学更应鼓励创新、包容失败。信管院就四处洋溢着这种自由、奔放的氛围，只要你有好的idea，老师们都鼓励你去闯、去试、去干。2005年，那时同学们找工作，需要不断去刷新珞珈山水、白云黄鹤、水木清华、北大未名等BBS，还有各大高校的就业网站，担心错过重要的招聘信息。我和师兄袁亮、同学魏泉看到这种情况，也感同身受，就想我们能不能设计一套信息抓取程序，把各大高校BBS和就业网站的招聘信息都采集到一起，这样只需要看一个网页就够了。没有什么顾虑，说干就干，李纲老师指导，学院提供机房和服务器，一周左右就上线了，结果广受同学们欢迎。后来由于种种原因，最终没有能够坚持下来，但在这个过程中我们学到了很多书本里领会不到的东西。毕业之后回头再看，那种想干就干、不怕失败、大不了从头再来的精神和氛围，是如此宝贵!

这里有为你解疑释惑、修路架桥的人生导师。学院各位老师与学生关系十分融洽，师生互动很好，许多老师对同学们的求学、成长之路都十分关心和支持。我的导师是李纲老师，读硕士博士都是跟着李老师。李老师专业没得说，而且人好、有魅力。他幽默，每次上课李老师都拎着一个书包，同学们笑他像个卖盗版光盘的，他乐呵呵地接受了，还经常拿此自嘲。类似的例子还有很多。这种气质感染了同门的每一个人，不论学习还是课余生活，大家都十分欢快，氛围特别好。他睿智，似乎没有他解决不了的难题。我们几个人碰到什么问题或困难，都喜欢找他倾诉，听听他的意见。虽然李老师很忙，但每次他都会抽出时间、抽丝剥茧般把问题剖析清楚，你这么办会怎么样、那么办会不会怎么样，等等，直至你心里的疙瘩解开。毕业之后，大家碰到什么问题还是喜欢和李老师聊一聊，也许这是家人之外最了解你的人，更会换位思考为你着想的人。李老师热爱生活，他有时会和我们一起打扑克牌、玩双升，输了也心甘情愿去钻桌子；他喜欢玩滑翔伞，有一次差点受伤，但依然故我、乐此不疲；他说生活也是一门课，课下和我们聊天，经常传授他工作生活的种种心得体会，等等。这种达观、积极的生活态度，值得一生去学习。

这里教会你终生受用、一通百通的硬本领。读书时不觉得我们学到了多么了不起的知识，但毕业之后愈发感到信管院教会了我们很多东西。比如快速学习，这也许与我们专业课比较庞杂有关系，需要在短时间内入门、找出关键点，还经常需要上台与同学们演示分享。毕业后，我从事的工作与所学专业相差较大，很多内容都需要从头学起，好似大学新开了一门专业课，快速搜寻资料、消化吸收、现学现卖，以适应新的工作领域。再比如信息素养，爱搜索、收集、挖掘各种信息资源，整合之后为我所用。工作期间我曾在一家企业挂职，负责信息化建设。虽然毕业已六七年，但没想到在信管院学的知识还是那样深刻，好似学会了骑自行车就很难忘记一样，已内化为了行动自觉，努力推动公司启动了信息化项目。不禁感叹，离开专业那么多年，还能够把项目推起来，主要靠信管院的底蕴。

到现在我毕业已 9 年了，时间越久，信管院在我心中的样子反而越来越清晰，更加怀念在信管院度过的大学生活。

祝愿信管院越来越好！

作者简介

寇广增，男，2001 年进入武汉大学信息管理学院信息管理系学习，2005—2010 年在武汉大学信息管理学院攻读硕士、博士学位，目前在农业农村部工作，曾就农村产业融合发展、农村人居环境整治等发表多篇文章。

信管六年，让我相信

李　江

在武汉大学信息管理学院百年华诞之际，我为学院在立德树人、引领学科发展、服务国家战略需求等方面所取得的成就感到骄傲，也衷心祝愿学院能够再创辉煌。

2001 年 9 月，我进入武汉大学信息管理学院信息管理与信息系统(电子商务方向)专业学习。2005 年本科毕业后，我继续在信息管理学院攻读硕士学位，2007 年 6 月毕业。在六年的专业学习中，我找到了职业方向。如今，我也成为这个学科的一名老师，一边在继续接受老师们的指导中成长，一边把从老师们身上学到的内容教给我的学生们。

相信教育的力量

大学期间看了一部电影——《放牛班的春天》，讲的是 1949 年法国乡村的寄宿学校里，体罚对于一群问题儿童司空见惯，但马修克莱门特来任教之后，尝试用自己的方法打开了学生们封闭的心灵，改变了他们的世界和未来。电影对于当时的我产生了巨大的冲击，让我相信教育对于改变一个人命运的力量，也让我后来毫不犹豫地选择读硕士博士并选择教师这个职业。

如果电影只是点燃了引擎，那后来从同学身上看到的变化就是源源不断的动力。大学时期的同学大多并非来自一二线城市，那种弥漫在同学之间的不断蜕变的力量，让我们后来并没有回到舒适区的故乡。任教之后，最大的愉悦也来自于见证学生的成长。

以身作则的力量可能超过我们的想象。六年里，我看到学院很多老师精益求精的样子。印象很深刻的一次是听到一位老师讲到：差不多？那就是还是差一点点啰！从此以后，但凡跟这位老师沟通时，我都如履薄冰，沟通之前都力求做到最好，绝不敢“差不多”。在我步入职业生涯之后，每次感觉差不多的时候，都提醒自己还差一点点。

从相处时间上来看，班主任王林老师是我在大学期间印象最深刻的老师。她不仅关心我们的学业，也关心我们的生活，甚至每天打电话催逃课睡懒觉的同学起床。我在需要帮助的时候，也时常拨通王老师的电话。她对于班主任角色的认真，影响了后来也当班主任的我。2017 年 10 月，我回母校举办了一场学术沙龙。开场前，我在熙熙攘攘的人群里一眼认出了王老师，但来不及打招呼。在主持人把话筒递给我之后，我向在场所有人介绍坐在后排的王林老师的时候，我看到她瞪大眼睛感觉到不可思议的表情，同时从嘴里准确地冒出我的名字。她显然不知道那场活动的主讲人是我。那一天距离我们上一次见面有十二年之久，期间我们联系不多，但淡若水的相交经得起时间的冲刷。

相信理想

六年中，我见过一些老师努力的样子，像蜡烛那样。

在中学时期养成的线性思维中，我们坚信一分耕耘一分收获，成功源于努力。然而，上了大学之后，我们发现，在东西部教育资源差异、经济条件差异、家庭环境差异的现实中，结果并非总是如此。就业之后，我们发现，在各种小概率事件中，结果更非如此。《黑天鹅：如何应对不可预知的未来》(纳西姆·尼古拉斯·塔勒布著)告诉我们：生活的本质是非线性的，所以，把一个人的成功归结于努力是一种傲慢。那么，努力的意义是什么？从把教书育人置于个人名利之上的老师身上，我明白：努力的人生中，除了世俗意义的成功，还有许多种可能。

理想，是我们相信年少时向往的完美世界无论经历多少风吹雨打依然不会褪色，如同相信无论名与利如何驱使，依然有老师甘当蜡烛。

相信爱情

2002年9月，我遇见后来与我结婚并生育一子一女的女生。那一年，她19岁，我20岁。

她从武大信息管理学院电子商务专业本科毕业后到南京大学读硕士，我留在学院读硕士，硕士毕业后去南京大学读博士。我从英国读完博士培养的一年回国时，她从南京毕业去了北京工作。我后来又去往杭州工作，2018年回到南京，她又去了香港……至今，我们仍然在不同的城市工作，但我们依然相信爱情。

感谢在武大信管就读的这六年，让我看见教育的力量，看见理想，看见爱情，也让我在怀疑的时代依然相信。

作者简介

李江，南京大学信息管理学院教授、博士生导师。2001—2007年就读于武汉大学信息管理学院，获学士与硕士学位，2007—2010年就读于南京大学信息管理学院与英国谢菲尔德大学，获博士学位(南京大学)，2011—2018年，在浙江大学信息资源管理系任讲师、副教授，2018年至今在南京大学信息管理学院任教授、博士生导师。

教育让我们成为更好的自己

——回忆在信管院读书的岁月

王鹏涛

如今站在大学讲台上，面对一张张朝气蓬勃、求知若渴的面庞，记忆中的如鳞细波，仍然呈现的是当年珞珈山下求学的点点滴滴。2020年是武汉大学信息管理学院的百年华诞，至今我也从母校毕业十年了，依然走不出这镌刻在心的记忆。珞珈求学，学友们给予了很多关怀和鼓励，不是他们的帮助和搀扶，我真不知道自己能不能顺利完成学业。毕业多年后，我才意识到，武大特别是信息管理学院提供给我们的不仅是一流的师资和平台，还有学识渊博的学友和善良有趣的灵魂。每次高质量的思想交锋和聚谈互动，都是让我成长的宝贵机会。不同的人、不同的经历、不同的视角、不同的思维、不同的性格，让我们可以获得很多洞察和启示，收获同理心和尊重差异的习惯，这或许才是教育的真谛所在。

2000年，我从古城西安来到了桂子飘香的珞珈山，就读于武汉大学政治学专业，同时在武汉大学商学院(现更名为武汉大学经济与管理学院)攻读工商管理第二学位。在政治学专业，我领略到了思想火花散发出来的灼灼光芒，精神殿堂对自我升华的召唤。在工商管理专业，我学习到了经营管理的方略智慧，市场上的纵横捭阖不仅可以成就商业奇迹，也是社会进步的重要驱动。前者提供的思想史训练让我可以纵深地思考许多社会结构性问题，后者带来的经营视角让我明白了传奇的创意必须有商业模式作为支撑。然而，和一众同窗在落樱缤纷的樱花大道散步时，我总在思考这样一个问题，如何将人类思想进步的成果惠及更多渴望知识的人，惠及那些渴望成为更好的自己的人。怀着关于知识信息传播的思考，我接触到了出版发行学专业，旁听了罗紫初老师、方卿老师、吴平老师和黄先蓉老师的课。在此，特别感谢武大的自由选课制度。在几位老师的课堂上，我尝到了出版学理论知识对人的启迪，对老师们的授课风采非常倾慕，几位老师对我的殷殷关怀更是永感在心。至此，对出版学理论较为系统的学习，解开了我先前关于知识信息传播的疑惑，也找到了兴趣和志业所在。我决定调整专业方向，迎接新的挑战。2005年，我如愿以偿考上了出版发行学专业的硕士，继续追寻我的梦想。

硕士入学后，住进东湖边的三环学生公寓，尽管宿舍条件一般，却是我求知生涯中的重要片段。在这段时间里，我徜徉于知识的海洋，尽享阅读的乐趣，与同道中人一起学习思考提问、感受成长的欢欣和喜悦。

武大图书馆拥有丰厚的馆藏，我可以随意看书，在书海中尽情遨游。完成资格论文发表任务后，我读完了高阳和南怀瑾的著作，翻阅过曾国藩的书信文集，还浏览了很多中西方哲学和经济管理方面的经典著作。由于长期泡在图书馆，以书为媒，我跟图书馆的管理员老师结下了深厚的感情。很多管理员老师不仅认识我，甚至还能记住我的名字，对我关爱有加。我也常常在下班时帮管理员做点整理桌椅的杂务。这段读书时光大大地拓展了我的理论视野和思考能力，为博士期间的学术训练打下了坚实的基础。

“独学而无友，则孤陋而寡闻。”硕士期间，宿舍虽然是按学院划分，但同舍和邻舍住有其他专业方向的同学，有情报学专业的，有管理科学与工程专业的，还有信息资源管理专业的、图书馆学专业的、档案学专业的和出版学专业的，不同背景的学生住在一起，分享不同的兴趣和观点，形成了复杂的生态，各自的步调虽然不一致，每个人脾性也存在差异，但这些不同的侧面并不影响我们通过交流切磋来超越自身和专业的局限，成为一个更加完整更加开放的人。同学们白天各自忙碌，或者上课读书，或者在实验室做事，晚上回来转换成玩伴的角色，共享同龄人的热闹与放松。对面宿舍的孙超同学(管理科学与工程专业)特别喜欢串门过来跟我聊他读过的历史书，分享其中的精彩情节和观点。我以恭听为主，偶尔也会插言，表达我的看法，有时候还会激烈辩论，引来其他同学热情参与，将单打变成团体赛，结束后偶尔还会选择去烧烤小酌。后来，孙超同学和我的同班同学江玲恋爱结婚，现在两人在北京育有一子一女，生活得非常幸福。不知回味这些过往趣事，心中是否会泛起一丝涟漪而会心一笑?

隔壁宿舍的吴钢同学，一直在图书馆学专业就读，博士毕业后留校任教。我从政治学转过来读出版学，信息检索技能不太熟练，不能满足学术研究的需要，查找资料遇问题时，我就会去向吴钢请教。吴钢温和谦虚、睿智敦厚，每次都会耐心地回答我的一些“低级”问题。后来我们同一届读博士，同住枫园十三舍，交往就更加频繁了。我属于后知后觉的那种人，在很多事情上懵懵懂懂，加上经济条件有限，一直没有个人电脑，很多事情都是吴钢同学及时告知我、提醒我，生活上的照顾和学业上的交流让我受益无穷。吴钢的思维方式和处世之道也是我学习的榜样，给我很多启发和思考。这份友情，我倍加珍视，念念不忘。

学友们不吝赐教，倾囊相授，促我走好学业旅程。攻读出版发行学博士，是我在信息管理学院完成的更高维度的挑战。准备博士考试期间，为了提高效率，我和几个同学天天从三环公寓步行去枫园自习室学习。从三环公寓绕至东湖边走到珞珈山脚下，再通过台阶进入枫园阅览室，地图上看着不远的距离，却需要翻山越岭走上二十几分钟，沿途湖光山色景致优美，但是高低起伏也颇费脚力。复习的时节临近寒假，天气特别冷，有天晚上下雪结冰，路上泥泞难行，我的鞋子进了水，冻得哆哆嗦嗦。到了公寓门口，一起回来的吴宗朝同学请我吃了一碗兰州拉面，虽然后来工作后我们没能再聚到一块儿，但是每到冬季下雪，我都会记起那晚的面条，都能感受到那份温暖的情意。

武汉这座城市，冬天的阴冷和夏天的酷热，一样令人难以忍受，暑假尤其难熬。写博士论文的那个夏季，我跟室友张丕万(新闻传播学博士，夏倩芳老师的高足，现在西北大学新闻传播学院任教)都热得难以入眠，就起来聊一会儿论文选题和框架，然后更睡不着了，干脆打开电脑，一起坐在地上看电影，那是一部叫《吴清源》的电影，节奏异常缓慢，不知不觉中就慢慢睡着了。

好在付出终有回报，如愿得以在珞珈山读博。导师罗紫初教授除了大方向指引，对我干预很少，给我很大的探索自由。当时学院正在推进研究生培养工作改革，奖学金评比、论文发表数量增加等新政策的出台，时刻提醒博士生不能懈怠。我用了一年半时间发表了足够的资格论文，然后就开始围绕毕业论文选题来展开阅读、研究和写作。由于目标聚焦且清晰，在武大求学期间养成的时间管理习惯就发挥了重要作用。每天一大早，就去学校图书馆电子阅览室占一个座位，查文献，写论文。下午有时候在图书馆继续阅读写作，有时候会出去兼职讲课，晚饭跟一个朋友——刑法学博士陈璇同学(马克昌先生的高足，现在中国人民大学法学院任教)一起走到梅园食堂去吃，然后再绕道樱园或湖滨回到枫园宿舍，晚上看一会儿纸质书。每天大致都是这样的安排，看起来实在是机械无趣、平淡无奇，却使我能平静而有条无紊地完成博士论文这个大型工程。

博士期间的生活虽然简单而枯燥，但放在整个人生的格局中来观照，真的是最美好、最平静、最充实的一段岁月。三年时光，几无干扰，我需要做的就是按部就班地读书、思考、学习，很像僧侣隐居泉林潜心修行，虽然清苦但自得其乐。每天早上，我从宿舍出发去图书馆都能在行政大楼附近遇到武大资深教授冯天瑜先生，冯先生是从家里到办公室，我则是从宿舍到图书馆，冯先生不认识我这个后生晚辈，但是我很仰慕冯先生的学识和风范。每次遇到冯先生，我就知道今天起得不晚，肯定能在电子阅览室占到如意的位置来展开一天的工作。这个场景后来常常在睡梦中重演，它很像是一个隐喻——年轻一代学人只要早起勤奋，找准方向，总能在学术大道上与前贤相遇。

求学期间，我曾在武汉其他高校做过兼职老师，贴补日常花费，从来没想过后来会一辈子做教师。虽然授课是读书时的小插曲，却锻炼了表达能力，积累了教学经验。博士毕业后，我来到南京大学任教。在教学过程中，我积极借鉴导师和几位倾慕的老师的授课风格，不断尝试，持续改进，看到学生们满意的笑容，感到莫大的欣慰。这也算是学统相承、薪火相传吧！

十年光阴，一晃而过。工作成家后琐事缠身，总在念叨回武汉看师友赏樱花，尽管宁汉两地相隔不远，却总是难以成行，令人无奈又惭愧。珞珈十年，是我人生中最难忘的金色年华，正是这段教育经历，改变了我的命运格局，让我在之后的岁月中无论何时都会心无畏惧，一直向前。

作者简介

王鹏涛，男，1982 年生于陕西西安，2005 年到 2010 年在武汉大学信息管理学院出版科学系攻读硕士、博士学位，2015 年到 2016 年在英国剑桥大学社会学系进修，现供职于南京大学信息管理学院出版科学系，任教授、博士生导师。出版《读者信任视角下的出版品牌管理研究》等专著 3 部，发表学术论文 50 余篇，主持国家社科基金、江苏省社科基金等课题多项。

在武汉大学信息管理学院的美好时光

朱　宁

武汉大学信息管理学院即将迎来百年华诞，回想2007年我进入武汉大学信息管理学院就读本科，一晃已过去12年。至今回首在信管院度过的4年，仍历历在目。

在信管院的4年时光，是我努力学习的时光。我所就读的档案学专业的各位学识渊博的老师们，在专业课堂上毫不保留、循循善诱地向我们传授专业知识和学术方法。对于我们在学习中的疑问，各位老师也是不厌其烦地给我们解答。各位专业造诣精深的老师，对我们也是严格要求。在学校开设的公共选修课中，也有一些学院老师开设的课程，也是各位老师潜心研究多年、有所心得的内容。这些公选课中我也选择了不少进行学习。在全校学生的课堂上，我感受到了学院老师在更大范围内的学术影响和人格魅力；在公选课中，我也有幸和其他学院其他专业的校友沟通切磋，增长了见识，也结交了朋友。除了在专业课和公选课上的学习，课余时间我也经常在学院的自习区学习，也曾去过学院资料室查询借阅过一些书籍。学院的老师们都和蔼可亲，在学习的过程中我认识了一些不同年级、不同专业的院友，在学习中经常沟通交流，同时也深入了解了学院的一些情况。在信管院的4年时光，无论是专业领域还是通识教育方面，在学院的培养下，我都打下了坚实的基础，在后来的工作和学习中，我深深感受到学院的图书情报与档案管理专业在全国高校的领先地位，我也由衷地感到骄傲和自豪。

在信管院的4年时光，是我积极参加各种活动的时光。我所在的档案专业班级是一个温暖的大家庭。整个班级的面貌积极向上，大家在学院和班干部的带领下，积极地争先进、夺荣誉，还记得班级积极参加学院组织的各项活动，还记得班级组织到福利院看望老人，还记得班级举行的联欢、出游活动，这都是班级凝聚力的见证。除了班级活动，在信管院的4年，我也参加过学院的活动，例如在迎新晚会上和同班同学说过相声；也参加过学院的合唱团，作为其中的一分子代表学院参加全校的合唱比赛。回想起来，这些美好的时光都仿佛发生在昨天一样，记忆犹新。在学院的活动上，我有机会认识学院的不少老师和院友，这也是积极融入学院大家庭的一种机会。在这样的场合，我见识到了学院的人才济济，见识到了学院其他同学的多才多艺，也见识到了学院乃至学校的深厚底蕴。除了参加班级活动和学院活动，大一暑假，在学院的指导下，我也有幸和本专业的几位学姐和同学，在武汉和河北唐山开展了一次专业相关的社会实践，加深了对专业的认识，提高了综合能力，也增长了见识。此次社会实践有幸获得湖北省大学生暑期社会实践活动团队一等奖。至今想起，仍令人兴奋不已。

在信管院的4年时光，是我度过丰富多彩生活的时光。当时我们这届学生住在东湖边上的湖滨宿舍，男生们住在设施相对较新的一栋楼，相对于女生们住的老楼，大家甚感幸运。我住的宿舍一间4人，虽然大家来自不同地域，大学之前的经历各不相同，生活习惯也有不少差异，但是经过4年的磨合和彼此之间的理解和包容，毕业时大家的关系甚是融洽，成为了共同成长的好兄弟。还记得曾经我们在临睡前经常举行的“卧谈会”，天南地北侃大山；还记得我们曾经一起外出聚餐、游玩，认识武汉的大街小巷；还记得我们经常在宿舍里互帮互助，其乐融融……不仅我所在的寝室，我们专业十几个男生的关系也不错，记得我们经常一起打牌、打篮球，记得我们经常在节日拉上几个女生外出觅食、轧马路，记得我和班上同学还一起送过一个酒醉的男生到医院挂水……毕业时，班上的男生都依依不舍。除了班上的男生，很多学院的院友也让我的生活变得更加丰富。在课余时间我同他们交流过学习，他们在我前进的道路上也曾给我指点迷津，在生活上也给予过我帮助和支持，我们也一起进行体育锻炼、强身健体。以上种种，都是浓浓的同学情、院友情，在学习和活动之外，丰富了我在学院的4年时光，让我在学院的4年生活过得充实且有意义。

总而言之，回想起来，在信管院的4年时光，我收获颇丰。在知识上，无论是在专业课上还是在学校的公共选修课上，学院各位学术造诣深厚的老师尽其所能传道授业解惑，一方面带领我进入了档案学以及图书情报学科的浩瀚之海，一方面在通识领域也为我打下了广博的基础，这都让我领略到学院和学校在历史发展中绵延不断的学术传承和积淀下的深厚内涵，为我今后的工作、学习铺石筑路。在能力上，通过学院和班级这两个平台提供的工作、社团和各项实践活动的机会，让我在实践中锻炼能力、增长才干，也让我总结了很多为人处世的方式方法，为我本科之后的工作、学习、生活积累了丰富的经验，是一笔宝贵的财富。最后不得不说的是，在信管院的4年时光，我也收获了深厚的友谊，无论是班级同学还是院友乃至校友，他们是我在信管院的4年乃至我今后人生不可或缺的重要组成部分，一些同学和朋友在本科毕业之后仍经常联系，大家经常一起回忆在信管院共同度过的那些日子。

我在信管院的4年时光是弥足珍贵的，感谢信管院对我的栽培，感谢各位恩师的辛勤培养，感谢在信管院的美好时光里有各位同学、院友的陪伴和帮助！

作者简介

朱宁，男，在武汉大学学习的时段：2007—2011年，专业为档案学。目前工作单位为中国人民大学苏州校区，职务为图书馆设备管理与技术服务。

兰台璞玉　档案风华

——记信息管理学院2009级档案学班集体

陈水湖

“09档案，王者风范；档案09，真诚携手”，这句班级口号曾在珞珈山下的无数个地方响起，九·一二操场、梅操、桂操、信管院、教五，还有武汉大学先进班集体标兵答辩现场……2018年4月，毕业五周年的我们重回母校，像开班会一样聚在新信管学院的教室，一个提议下，我们又一次喊起了曾经的班级口号，一样的响亮、一样的自信，不一样的是，这一次呐喊，唤起了逝去的青葱岁月。

2013年6月毕业时，09档案将两份沉甸甸的荣誉收入囊中——武汉大学先进班集体标兵，分别是2010—2011年度和2011—2012年度，这份荣誉可谓百里挑一，09档案从近千个班级中脱颖而出连续两年蝉联“武汉大学先进班集体标兵”荣誉称号。

秉承“自强，弘毅，求是，拓新”之校训精神，09档案在学院、学校老师的谆谆教导下、在学长学姐的榜样引领下，以“自立、自律、自强”为本色，用一个个向上的奋斗姿态，点燃了09档案璀璨的荣光。这是一个朴素却又充满力量的班集体，一个沉稳而又充满活力的班集体，一个四年太短愿用一辈子用心珍惜的班集体。

遥想那些年，我们思想政治觉悟高。班级共18名党员，比例达55%，学生时代的我们虽然纸上谈兵，但胸怀天下，挥斥方遒，两周一次的党小组会议既有对热点的关注，也有对批评与自我批评的践行。彼时，党的十八大提出了“中国梦”，这让即将走出象牙塔的我们兴奋不已，既有对未来的期盼，也有对未来的不安。

遥想那些年，我们学习科研样样通。“传、帮、扶”三管齐下，先进带后进，实现班级成员优势互补。创办班刊，关注专业前沿，剖析经典案例，为班级同学提供课余阅读的最佳素材，共48人次参加16项科研活动，公开发表学术论文18篇，多次获批“诚信考场”，最终荣获“武汉大学诚信考试先进班集体”，班级成绩优良率达97.06%，四级通过率100%；六级通过率90.625%。

遥想那些年，09档案“出道即巅峰”。在2009年新生入学的排球比赛中获得了冠军，排球虽小，分量很重，从那时起就串联起了09档案这个班集体以及关心呵护这个新集体的学长学姐们。充满着青春荷尔蒙的我们酷爱文体活动，学院合唱比赛、班级羽毛球活动还有每年的排球赛，虽然不是最好，但我们有着称霸全场的拉拉队，摇旗呐喊着“09档案，王者风范；档案09，真诚携手”。

遥想那些年，我们社会实践年年做。7名党员赴大别山开展暑期社会实践，最终荣获湖北省优秀团队。共67人次参与社会实践，16人次获得社会实践先进个人。注册中国青年志愿者34人，参加各类志愿服务219人次。

遥想那些年，我们相濡以沫为彼此。大学四年，09档案的同学们大部分都当过班委，同学们在当家做主中学会换位思考，因为有真心的奉献，所以有了发自内心的挚爱，在班委们的付出下，我们有过圣诞夜“夜闯”男女生宿舍送苹果的暖心，有过桂操一起瓜分茶叶蛋的惊喜，有过樱花之家其乐融融的温馨，也有过寿星看着大学期间成长视频的感动……点滴记忆，此生难忘。

不忘初心，方得始终。曾经最亲密的小伙伴，即使相隔千里，我们还是彼此最熟悉最亲切的同学。一方水土，养一方人。珞珈山下的这方热土，养育了我们这群朴素坚强、坚守初心的人。来自西藏那名同学，当年学习杨昌林老师“情系西藏”事迹时，在中央电视台《新闻联播》中说道：“我毕业以后要回到西藏，像杨老师一样，用实际行动去影响身边的人，做藏汉人民团结的桥梁。”如今，她回到了哺育她的热土，身体力行的为家乡谋发展作贡献，践行着她当年许下的承诺。

2009年，我们怀揣着录取通知书从五湖四海汇聚到一起。2013年，我们怀揣着毕业证书又各奔东西，向梦想和远方出发。2019年的我们，拼搏着，奋斗着，骄傲着！岁月了无痕，却无法褪去09档案人的本色，感谢师长们的教诲，感谢同学们的陪伴，无论我们身在何方，09档案人身上的顽强精神不会被磨灭，镌刻在09档案人身上的良好品质不会被磨灭！

作者简介

陈水湖，男，2009—2013年在武汉大学信息管理学院档案学系学习。目前工作单位为中国舰船研究院，职称为馆员，工作业务方向为档案信息化，目前参与国家档案局科研课题立项项目1项。

我与信管

刘靓靓

一百年，无论是对于一个人还是一个集体来说，都是一段颇有分量与厚度的时间。作为一名二十来岁的后辈，能够见证武汉大学信息管理学院迎来百年纪念，无疑是荣幸而快乐的。我从大学本科读书，成为了2012级图书馆学本科生的一员，到如今重回母校攻读硕士研究生，与珞珈、与信管院，都是一段炽热且深情的缘分。

2012年我参加高考，作为一名北京考生，那会儿还是考前填报志愿，发给每位学生一个“大黄本儿”，内容是各高校招生章程和历年录取数据等，作为填报志愿的参考。武汉大学是一所学术地位和社会声望俱佳的知名学府，加上我父亲也毕业于武汉大学，我听他讲过在武大时期度过的很多美好时光，以及优美迷人的校园环境，令我对武大心驰神往。看“大黄本儿”的时候，父亲特别对我说，武汉大学的图书馆学专业历史非常悠久，学术实力也是全国第一的，可以考虑读这个专业。我上网查了很多资料，正如我后来在我们图书馆学专业的培养方案里所看到的一样，我了解到，图书馆学不仅仅是“司书”那么简单，而是面向更宽广的信息领域，培养学生适应于各行业环境的信息与知识服务及管理工作。“万变不离其宗”，很多工作中信息数据采集、处理与分析的技能都是图书馆学专业所教授的。怀着这样的期许，我便填报了图书馆学专业，在大学时走入了这个令我期待的专业领域。

回顾我大学的四年，除了在知识上有所收获，我认为信管院使我受益良多的，还来自三个方面。

第一，是培养了我的独立。“培养独立”被单独拿出来说，似乎有些过于隆重了。但是，对于身为独生子女、18年来第一次离开家，来到一千两百多公里之外的城市求学、生活的我来说，刚开始一点儿都不紧张那是假的。更重要的是，这种独立不仅是生活上的，更是思想上的独立、自信和挺拔。学院在我们学生探索、成长的时候，充分给予了关爱与包容。

2012年时还没有开通北京到武汉的高铁，我和父母坐了一夜的火车，拿着大小行李来到了武大。我对武大的第一印象是“大”——在报道那天的高温里，边走边擦汗，而第二印象是“秩序井然”，各项报道手续很快就完成了，我至今还记得梅园小操场红白相间的小帐篷、热情的迎新队伍。我们白天军训，晚上则会有不同内容的新生教育、分团委学生会及社团招新等内容。无论是学院的老师还是学长学姐，都在欢迎着、引导着我们，做我们初入大学的引路人。周力虹老师，作为我们的班级导师，也是图书馆学系的老师，在大一以及接下来的三年时光里，指导、陪伴着我们，给予我们专业上、生活上的支持。居森林老师是我们年级的辅导员，尽职尽责，非常关心学生，令我十分敬佩。本科办的白小柳老师，无论是培养、教学、学分等各方面的事宜，总是不厌其烦地解答着我们的问题。

来自学院、学系各位老师、学长学姐的关心与爱护还有很多，而且常无声流露于课堂和生活中，如春风化雨，温暖人心，一直有着这样一种良好的传统与氛围：鼓励学生去尝试与锻炼、不害怕失败，保持好奇心。学院鼓励学生参加科研训练、学生工作和社会活动，提供大力支持。我先后参加校级大学生创新创业训练计划项目 3 项、国家级项目 1 项，大学生暑期社会实践 4 项，获得过校级优秀学生干部、院级优秀学生干部标兵等荣誉，其中既有良师指导，又有益友帮助。大一时我作为申请人填写项目申报书，非常青涩，是司莉老师全流程地给予我耐心指导，带领我完成了第一次“科研之旅”。2011 级图书馆学专业的李樵学姐也在科研与生活方面给了我很大的帮助。学生工作方面，我加入了院分团委学生会的新闻部，先后担任部委、副部长和记者团的团长。居森林老师和祁天老师给予了我极大的指导和帮助，时任新闻部部长的徐楚瑶学姐经常告诉我们作为新闻工作者要保持的新闻敏锐度与好奇心，平时要从学习和生活中多思考有深度、有温度的选题，经常组织部委培训；徐承宇、刘怡丹、柯绵绵学姐和侯沐伟学长悉心指导我们的采访与写作。几位学姐的摄影水平极好，总是热情借给我单反相机拍照练习。在排版《信风》、编辑与运维时，又体现出严谨细致的工作态度。他们的工作风格对我担任记者团团长期间有着很大的影响，我也经常组织部委培训，联系其他院系的“达人”进行分享，因为我知道这种成长与学习的重要，而这种重要性正是从我新闻部的前辈们那里学习到的。我还记得我举着相机蹲在地上，寻找报道新生军训的拍照角度，还记得金秋系列活动采编大家轮番上阵，好不热闹，还记得我们采编了高数学习、人物志、毕业季等图说和专题聚焦新闻，得到了肯定与好评。李坤、韩蓓蓓、满满、陈欢、胡煜春、许庆、曾美玲等都是我在新闻部与记者团的伙伴。学院为学生提供锻炼的舞台、学习的机会，让我们在尝试中成长。我在这个过程中也更加自信——自信“我能行”，组织与沟通能力提升，考虑问题也更加周全细致了。

第二，是学院老师严谨治学的师风深深打动我，塑造了我对于“做学问”的态度，可以说是三观之外的“第四观”了。平时上课时，从幻灯片、板书到授课内容，都能感觉到老师们的精心、用心和悉心。肖希明老师教我们图书馆学基础和信息资源建设两门课，他上课总是笑眯眯的，但是对待学术一丝不苟。我记得大一的图书馆学基础课，肖老师给我们布置了《图书馆学的未来之我见》主题小论文，大家结合文献基础，大谈畅谈。肖老师在鼓励我们的同时，指出参考文献一定要引用规范、格式正确，使我印象深刻。信息检索课，黄如花老师结合买特价机票的例子，让我们充分感受到信息检索的实用性与重要性。我们的目录学概论课程由于精品课程录像，有幸由王新才老师、陈传夫老师、司莉老师、冉从敬老师接力授课，老师们不同的授课风格与学术视角令还在大一的我们大开眼界。“辨章学术，考镜源流”八个字，相信每一位上过课的图专人都不会忘记。我在假期中完成目录学的课程作业，遇到疑问，在QQ上请教冉从敬老师，冉老师也是牺牲休息时间及时答复我。吴钢老师在知识产权法和信息用户与服务课程上，总是会分享最新鲜的案例供我们讨论分析，视角往往具有独到之处。彭敏惠老师在中国图书馆和图书馆史课程上带我们回溯了文华图专的历史、名家大家，讲到动情之处还落下泪来。罗紫初老师的实用写作课，让我们对使用标点符号有了重新而正确的认识。赵蓉英老师的文献计量学课程让我们体会定量研究的奥妙。武大图书馆的盛芳老师教我们图书馆系统维护与评价课，她总是会结合图书馆工作谈一些经验与总结，当时的我听着可能会懵懵懂懂，而今在图书馆工作，想必现在重温的话，一定会有更深刻的感受吧。

除了书本与课堂，还有“诗与远方”。老师们除了讲授基本知识，还延伸了学习场景，从多个角度帮助我们加深理解、熟练技能。我很喜欢实验课程，认为这是动手检验所学知识的好机会。实习课有“纸版”和“上机版”。司莉老师的信息组织课程，我们在实习课上拿起厚厚的《中图法》，还走进武大图书馆文献采编部门，近距离了解编目工作。还有李明杰老师的中国古籍版本学课程，我们检验古籍善本的基本信息，翻阅起这些纸张都是一种享受。吴丹老师的信息描述实验课，让我们加深对于信息描述和编码语言的印象。吴志强老师的高级语言程序设计实验课程，让我的Java水平在曲折中有所前进。陆颖隽老师的网站设计与开发课程，教会我做出美美的网页。

外出参观也是我们喜爱的课程设计之一，在湖北省图书馆新馆启用的前一天，我们有幸在肖希明老师的带领下前往省图参观、听报告，还前往中科院武汉文献情报中心，了解国内顶尖科研机构信息资源建设的最新进展。许多课程作业离不开小组合作、互动讨论，在周力虹老师的图书馆学专业英语课程上，我和陈玄凝、李坤等同学的小组第一个上场，用英语进行汇报展示，留下美好的回忆。有关于各位老师的回忆太多太多，是他们严谨负责的治学态度、一丝不苟的研究精神、尽善尽美的事业追求，才使得我们信管学子接受到最好的教育、塑造起最端正的工作态度。难忘师恩!

最后一点，是体会到图书馆学和图书馆事业“传承”的意义。我们图书馆学系的不少老师本、硕、博教育是在信管院完成的，每当他们回忆起昔日读书、今日教书的种种经历，脸上都会浮现出一种自豪感、幸福感，可以说，那是一种“整齐划一”的微笑。在我看来，图书馆学是重要的，图书馆事业是伟大的，老师们在授课治学的过程中展示了图林人的风范——智慧、大气、从容，让我震撼而敬佩。我想，这些风采不仅来自于他们几十年如一日的学术耕耘，更离不开他们对于事业的追求与热爱。我很喜欢图书馆，这个保存与记录人类文明的见证者，安静却充满力量。我毕业后也投身于自己所喜爱的图书馆事业，成为了一名图书馆员。我在工作中，愈发感念于我所学到的专业知识，让我在工作中更容易上手。工作三年，我以第一作者身份发表了两篇学术论文，其中一篇被

毕业留念

CSSCI 收录；以口头发言或者海报形式参加过多场会议，其中两次获得中华医学会全国医学信息学术会议的优秀论文奖。同时，我也感受到所掌握知识的有限。适逢学院 2018 年招收非全日制图书情报研究生，开设北京班，我以第一名的好成绩考取了该专业。我本科的毕业论文有幸在吴丹老师的指导下完成，她严谨精湛的学术作风与和蔼可亲的笑容都令我如沐春风，她认真负责的指导让我收益良多。联系导师时，吴老师欣然接受了我，我特别高兴，就这样重回母校，与信管“再续前缘”。

从本科毕业算起已有三年，但是，我却感觉信管院离我并不远——“特别响，非常近”。攻读硕士研究生使我有机会经常回到学院，见到熟悉的老师同学，无比亲切、温暖；作为图书馆员，参加业内会议及培训，会听到学院老师的大名被提起、被赞誉，有时候还有机会在会场上和老师们相逢；在别人介绍自己时，有时会加上一句“是武大图书馆学毕业的”，让我的心里更多了一份沉甸甸的责任：要练好专业本领。山水一程，三生有幸，我相信，我与武大、我与信管的故事还会继续书写下去。

刘靓靓

2019 年 12 月于北京

作者简介

刘靓靓，女，1994 年 4 月出生，武汉大学信息管理学院 2012 级图书馆学本科、2018 级图书情报硕士研究生。工作单位：中国医学科学院图书馆。已发表论文 3 篇，曾获中华医学会第二十三次全国医学信息学术会议优秀论文奖、中华医学会第二十四次全国医学信息学术会议优秀论文二等奖。

我与学院

张溪源

2019年12月，距离毕业已经6个多月了。作为千万毕业生中的一员，我选择了背上行囊，赴美留学。新的环境、新的同学、新的朋友、新的生活，我时常能想到她的倩影，挥之不去。

2019年12月，即将迎来她的100岁生日。百年间，她曾屹立于风雨飘摇之际而不倒，也因新时代的到来而焕然一新，兼容并包，最终成为我熟悉的她——武汉大学信息管理学院，为国家培养出一代又一代的青年学子，我深深地为她感到骄傲，也为我曾是信管人而感到骄傲。

初　见

2015年秋，当北方已经可以感受到一丝凉意的时候，我收拾好了行装，怀着一份迟疑与兴奋，来到了这个陌生的地方。武汉，是我的终点，也是我的起点。最初，武汉并不在我的梦想之中，阴差阳错，我来到了武汉，来到了武汉大学信息管理学院。我记得刚下火车的时候，车站人来人往，仿佛看不到尽头，带着热浪的风好像要把你的最后一丝汗水也蒸发掉，让我对四年的生活产生了怀疑。在不知所措时，我看到武汉大学信息管理学院的接车牌，感受到学长学姐们热情的介绍，让我对未来有了一丝期待。

新生开学，马上迎接的就是军训。在教官和辅导员的陪伴下，我们度过了从高中到大学的适应期。在烈日下，我们顶着高温站着军姿，踢正步，走方阵，学院贴心的安排了下班党员关心我们的生活。令我印象特别深刻的是，我们在军训期间迎来的中秋节。“但愿人长久，千里共婵娟”，中秋节本来是家人团聚的日子，我们却身处远方第一次与家人分离，幸而学院为我们组织了各种活动，还给我们准备了月饼，让我在异乡感受到了家的温暖。我也忘不了精彩的迎新晚会，各式各样精彩的节目，学长学姐们热情的表演，各类社团争奇斗艳。当然，还有学院组织的各种体育活动，新生排球赛、篮球赛，为我们单调的军训生活添上了浓墨重彩的一笔。在这些活动中，我看到了信管学子们不仅在学习上名列前茅，也能兼顾兴趣爱好；看到了学院鼓励学生的多元发展，甚至鼓励创新创业；看到了学院因材施教、尊重每一个学生的个性，我深深为自己是学院的一分子而感到自豪。

相　处

“东湖之滨，珞珈山上，这是我们亲爱的学堂。信息管理学院就坐落在东湖边。”记得第一次走进教室，方卿院长对我们这样说。大一到大四，老师教会了我们如何成为一名合格的数字出版人。徐丽芳老师在课上总是温柔又不失严厉。许洁老师每次在课上都会和我们聊梦想和规划，也会认真帮我们总结，让学长学姐们给我们分享经验。张美娟老师对我们更是严格，但就是因为她的一丝不苟，让我们掌握了更为牢固的基础知识，为以后的工作学习打下了基础。我也仍然记得王晓光老师在课上说过，希望我们能够在大学四年找到自己喜欢的东西，并且为之努力，而不仅仅是学习。还有王清老师、黄先蓉老师、吴永贵老师、姚永春老师、袁小群老师、徐雷老师、张晋朝老师……他们的谆谆教导，让我深深认识到了武汉大学自由创新、兼容并包的氛围。

在学院良好的学习氛围中，我发奋努力，这四年我获得了奖学金，参加了比赛，参加了国家级科研立项，获得了各类奖项。四年间，我从刚入学的新生到一名合格的毕业生，走过鲜活灵动的校园，樱顶的骄阳、东湖的风、疾驰拥挤的校车、教五门前的风筝，当然还有喜欢弹奏古筝的宿管阿姨、带着不解问路的游客、漫步在校园中的珞珞和珈珈，一切连同那琉璃绿瓦，仍在眼前却又即将镌入记忆。四年间，我也经历了奋斗拼搏，感受到了信管人的惺惺相惜。无论是考试前夜图书馆楼道间的朗朗书声，还是金秋之夜梅操舞台上的精彩演绎，抑或是宋卿体育馆里的击鼓呐喊，都是我们大学四年最为闪光的时刻，是属于我们全部信管人的记忆。很感谢信管院，从院领导到辅导员，从班级到学生组织，正是大家温暖的关怀，家一般的体谅，让我学会了理解和交流，锻造了我们启程时的从容和成熟。也感谢每一位老师，用最高水准的教学深入浅出地带我们在知识的海洋中破浪前行，打造了我们得以前进的铠甲与武器。

相　逢

四年光阴，我还收获了陪伴和感动。因为信管院，我遇到了和我一样的人，我喜欢的人。从大一进校，我们就在同一个班级，虽然认识却不熟悉，大二进了同一个专业，我们成为好朋友，可以一起讨论，一切学习，一起复习，每次遇到不会的作业，她都会发给我，让我帮她思考。选修课有时候她偷懒，也会善意地帮她答个到，一来二去，我们比朋友更多了一丝熟稔。大二下学期，我们一起报名了华科的计算机双学位，讨论了未来想要继续研究的方向。周末的时候，我们一起坐公交车去华科上课，从早上到晚上，都在一起学习。上了双学位后，她就有更多不会的题目问我，我也越来越习惯生活中有她相伴，我们顺顺利利地在一起了。

我们对于未来的规划出奇一致：都想要去美国读研究生。因为我的行动力比较差，她总是会和我一起去图书馆监督我的学习，我也会辅导她的薄弱项。在学校的日子，总是很快乐，我们会一起去图书馆复习，期末的时候轮流预约图书馆的位子，互相帮忙整理笔记，复习重点内容。那时候，每天最大的纠结是去哪里吃饭，韩日馆、麻辣香锅、双喜、鱼来了、肯德基、梅园食堂，每一处都留下了我们的脚步。每一次考试我都会帮她总结，督促她刷绩点，互相检查对方的出国材料和文书，共同定下出国的学校，提交申请。大三的时候，我们一起参加比赛，申请到了国家级的科研立项，一起写项目计划书，一起做 PPT 答辩，在托福没有考好时我们互相鼓励，实习不顺利时互相加油打气。大三结束的那个暑假，我们一起去了北京实习，我在京东、她在华为，紧张的工作之余我们一起复习备考 GRE 和托福，一起走过北京的大街小巷。

常说大学毕业就分手，我们好像逃过了这个魔咒。一步一步走，一天一天过，一转眼就到了毕业的时候，我们突然对学校感到不舍，在莫名的伤感氛围中，我们一起等待 offer。结果终于出来了，我拿到了卡耐基梅隆大学信息系统专业的录取通知，而她也收获了纽约大学技术管理专业的 offer。我们都收到想要去的学校的邀请，虽然不能在一个城市，却因能共同赴美求学而倍感安慰。毕业季，我们每天会在学校走一走，看东湖的栈桥，看梅操的电影，怀念一起走路回寝室互相抽查对方的背诵、想念去操场散步、想念樱花大道盛开的樱花、想念樱顶上的风景、想念校园门口的美食、想念没课时候优哉游哉的时光……我时常想，如果我没有在信管院学习的四年，我会成为怎样的人？会遇到怎样的人？何其幸运，我在，我遇到了她。

在信息管理学院，我也遇到了我最好的朋友焦柯翰同学。我们一起上课、一起吃饭、一起学习，互相鼓励、互相陪伴。我和焦柯翰以前就是高中同学，虽然是一个高中，却不那么熟悉，直到上了大学，才慢慢有了交集。渐渐地我发现焦柯翰同学的闪光点，和他成为最好的朋友。平日里，我们总是一起上课，会在路上交流生活的趣事、学习的心得。下课之后，也会对上课的内容展开讨论，深入理解老师所讲的内容。大三那一年，我们都决定出国，虽然我去美国，他去英国，这并没有影响我们之间的友谊。相反，我更加珍惜在学校的日子。现在，虽然我们不在同一个地方，我们仍然保持着密切的联系，交流我们的日常生活，我相信我们永远不会忘记在信息管理学院的日子，感谢信管院，让我可以遇到我最好的朋友，遇见你，我才可以成为最好的我。正是身边的每一位同学每一位良友，寝室里深夜的交流，路边摊上一同端起的酒杯，梅操电影前的欢声笑语让我们明白了相遇相知的意义。

分　别

一晃到了现在，离开学校也有半年，相比大学，研究生阶段的学习更加注重自主性，要求也更加严格。感谢信管院，让我养成了良好的学习习惯，在研究生的学习生活上，才能做到游刃有余。毕业典礼的大雨倾盆，校长老师的发言，拍摄毕业照的时候才惊觉自己已经毕业了，要告别这片熟悉的地方。来了美国之后，仍然会觉得时光飞逝，有时会看到仍在信管院读研究生的同学分享自己的生活，发现依旧那么熟悉，老师同学还是一样可爱，武大还是一样的美丽。长亭外古道边，我不讨厌分别，即使可能很难重逢，这些记忆总是最美好的，想念每一个相逢的时刻，也想念每一个分别的时刻。最后，回首四年，回首在信管院生活的点点滴滴，我得到了对自我的认知和认同。考研时校园内的点点星光、球场上挥洒的汗水、学生活动中的栉风沐雨，感谢自己，能够平衡学习和生活，给理想和现实画下一笔笔无悔的逗点。

祝信息管理学院生日快乐！

作者简介

张溪源，男，23岁。2015—2019年在武汉大学信息管理学院数字出版专业学习。目前于卡耐基梅隆大学读硕士。

图书在版编目(CIP)数据

世纪筑梦：武汉大学信息管理学院百年纪念文集/肖希明，宋恩梅主编．—武汉：武汉大学出版社，2020.9
武汉大学信息管理学院百年纪念丛书/方卿，傅兴荣主编
ISBN 978-7-307-21700-3

Ⅰ.世… Ⅱ.①肖… ②宋… Ⅲ.武汉大学信息管理学院—纪念文集 Ⅳ.G649.286.31-53

中国版本图书馆 CIP 数据核字(2020)第 153282 号

责任编辑:詹　蜜　黄河清　　责任校对:李孟潇　　整体设计:涂　驰

出版发行：**武汉大学出版社**　(430072　武昌　珞珈山)
(电子邮箱：cbs22@ whu.edu.cn　网址：www.wdp. com.cn)
印刷:武汉市金港彩印有限公司
开本:787×1092　1/16　印张:25.5　字数:573 千字　插页:2
版次:2020 年 9 月第 1 版　2020 年 9 月第 1 次印刷
ISBN 978-7-307-21700-3　定价:165. 00 元
